"비록"에서 "아멘"까지

− 웨스트민스터 신앙고백 해설 −

| 이 책의 출간을 위해 고현교회가 연구비를 후원해 주셨습니다. |

비록에서
아멘까지

웨스트민스터
신앙고백
해설

이성호 지음

목차

제1장 성경

제2장 하나님과 거룩한 삼위일체

제3장 하나님의 영원한 작정

제4장 창조

제5장 섭리

제6장 인간의 타락, 죄, 그리고 죄에 대한 형벌

제7장 인간과 맺으신 하나님의 언약

제8장 중보자 그리스도

제9장 자유 의지

제10장 효과 있는 부르심

제11장 칭의

제12장 양자 됨

제13장 성화

제14장 구원하는 믿음

제15장 생명에 이르게 하는 회개

제16장 선행

제17장 성도의 견인

제18장 은혜와 구원의 확신

제19장 하나님의 율법

제25장 교회

제26장 성도의 교제

제27장 성례

제31장 공의회

제32장 인간의 사후 상태와 죽은 자들의 부활

제33장 최후의 심판

추천의 글

　장로교 목사로서 신앙고백서를 잘 가르쳐야 한다는 부담이 늘 있었습니다. 여러 해설서를 참고하고 강의들을 들춰보았지만, 17세기에 작성된 문서의 특성 때문인지 해설과 강의 역시 지루하고 따분한 경우가 적지 않았습니다. 핵심적인 내용을 잘 파악해서 흥미롭게 가르치고 싶었지만, 초년생 목사에게는 쉬운 일이 아니었습니다. 그러던 중에 이성호 교수님의 신앙고백서 해설을 손에 쥐게 되었습니다. 각 장과 항의 요지를 파악하기가 쉬웠고, 해설의 내용을 그대로 살려서 가르치는 데에도 편리했습니다. 저자가 왜 해설서를 직접 써야겠다고 마음먹게 되었는지 각 장을 읽을 때마다 느낄 수 있습니다. 오랜 기간 신앙고백서를 가르친 선배 목사의 연륜과 지혜를 단시간에 활용할 수 있었던 것이 저에게는 큰 유익이었습니다. 장로교 목사라면 신앙고백서를 잘 가르쳐야 한다는 부담이 있을 것입니다. 부담을 기대로, 지루함이 즐거움이 되도록 도와줄 좋은 해설서가 나왔습니다. 저와 비슷한 고민을 하고 있는 목사님들에게 이 책이 큰 도움이 되리라 생각하며 기쁘게 추천합니다.

심성현 목사 (광교장로교회)

어떻게 가르칠 것인가?

큰 빚을 갚았다는 느낌이 든다. 어려서부터 "웨스트민스터 신앙고백서 및 대·소교리문답을 우리의 신조로 한다"는 학생신앙운동(SFC)의 강령을 중고등부 모임 때마다 수없이 제창했다. 그 당시에는 신앙고백서의 내용에 대해서 전혀 몰랐지만, 제창 그 자체가 상당히 멋있어 보였다. 신학교에 입학하고 나서 전도사로 사역하는 동안 주일 학교 교사들에게 소교리문답을 가르쳤다. 그 당시에는 교재도 거의 없었기 때문에 나름대로 교재를 만들어 사용해야만 했다. 유학하는 동안 고백서를 부분적으로 공부할 기회는 있었지만 신앙고백서만 제대로 깊이 공부할 수 있는 시간은 없었다.

유학을 마치고 하나님의 섭리로 두세 가정과 교회(광교장로교회)를 개척하게 되었다. 무엇을 가르칠까 고민하다가 오전 예배 후에 「신앙고백서」를 가르치기 시작했다. 로버트 쇼가 쓴 『웨스트민스터 신앙고백 해설』이라는 좋은 교재도 있었다. 신학교에서도 신앙고백서와 관련된 과목을 개설하기도 했다. 고백서를 실제로 가르치면서 해설서를 직접 써야겠다는 생각이 많이 들었지만 집필에 집중할 기회가 없었다. 감사하게도 2022년이 시작되면서 기회가 주어졌다.

장로교 목사라면 「신앙고백서」에 대한 부담감을 다 가지고 있을 것이다. 엄밀히 말해서 신앙고백서를 가르치지 않는다면 그 목사는 진정한 장로교 목사라고 할 수 없다. 왜냐하면 「신앙고백서」야말로 장로교회의 정체성이기 때문이다. 장로교회가 한국 교회의 과반을 차지하고 있지만 고백서에 관한 관심이 없는 것은 통탄스러운 일이다. 현실에서 한국 장로교회는 무늬만 장로교회라고 할 수 있다. 슬프게도 이런 현상은 앞으로도 크게 나아지지 않을 것 같다.

누군가 이렇게 반론을 제기할 수 있을 것이다. "지금까지 고백서를 가르치지 않고도 잘 성장했는데 굳이 고백서를 가르칠 필요가 있는가? 그냥 성경을 잘 가르치면 되지 않는가?" 나는 이렇게 답하고 싶다. "지금까지 잘 지내왔다고 해서 앞으로도 잘 된다는 보장은 없다." 교회 부흥의 시대에는 목회를 대충 해도 교회가 성장할 수 있었다. 하지만 이제는 아니다. 교회 쇠퇴의 시대에는 분명한 정체성을 가진 튼튼한 교회만 생존할 수 있다고 나는 확신한다. 이제는 생존을 위해서라도 크기가 아니라 정체성에 관심을 가져야 할 것이다. 장로교회의 경우 그 정체성은 「신앙고백서」이다.

물론 신앙고백서를 가르친다고 해서 정체성이 자동으로 확보되는 것은 아니다. 아무리 좋은 내용이라고 해도 가르치는 방법이 부실하면 차라리 가르치지 않는 것이 낫다. 이것은 특별히 신앙고백서에 적용될 수 있다. 신앙고백서는 법조문과 같은 형식으로 작성되었다. 이것을 지루하게 가르칠 수도 있고 재미있게 가르칠 수도 있다. 나는 신앙고백서를 가르칠 때 정확하게 가르치는 것에도 관심을 가졌지만, 재미있게 가르치는 것에 더 많은 관심을 가졌다. 결코 쉬운 일은 아니었지만 많은 경험을 통해 가르치는 기술이 이전에 비해서 많이 늘었다.

교회를 개척한 후 '교리반'이라고 불리는 신앙고백서 반을 운영했다. 아마도 주님 오실 때까지 운영될 것이다. 새가족이 오면 반드시 이곳을 거치게 되어 있다. 따라서 교리반과 새가족반은 같은 반이다. 이와 같은 운영방식은 큰 장점이 있다. 특히 100명 이하의 작은 교회에 유익하다고 생각한다. 작은 교회는 새가족반을 별도로 운영할 필요가 없다고 생각한다. 요즘에는 새가족이 잘 오지도 않지만, 오더라도 한두 명으로 반을 운영해야 하는데 반 분위기가 서먹서먹할 뿐 아니라 작은 교회에는 별도의 반을 운영할 여력이 거의 없다.

교리반은 교회 안의 교회라고 할 수 있다. 교리반은 다수의 신입 '기존 가족'과 소수의 새가족으로 구성된다. 교리반의 목적은 적당한 시간 안에 '기존 가족'을 졸업시켜서 다른 반으로 보내는 것이다. 하지만 제대로 배우고 싶은 성도들은 자발적으로 재수를 선택하기도 한다. 2~3년 있다가 복학하기도 한다. 「신앙고백서」는 체계적으로 구성되어 있으나 굳이 처음부터 차례대로 배울 필요가 없다. 또한 모든 내용을 다 배울 필요도 없다. 언제든지 참여해도 새가족은 해당 주제를 '기존 가족'과 같이 배울 수 있다. 나는 이것이 교리반의 가장 큰 장점이라고 생각한다. 사실 새가족이나 기존 가족이나 고백서에 대해서 잘 모르는 것은 마찬가지다. 고백서를 완전히 소화하지 않은 이상 교리적인 질문을 했을 때 자신 있게 답할 수 있는 성도는 그렇게 많지 않다.

신앙고백서를 재미있게 가르치기 위해서는 어떻게 해야 할까? 개념 파악과 핵심 정리가 기본이다. 이를 위해서 우선 신앙고백서를 성경처럼 평소에 많이 읽어야 한다. 소리를 내어서 읽는 것이 좋다. 그러다 보면 고백서의 내용이 조금씩 익숙해진다. 그다음에 중요한 단어나 표현에 집중하면서 핵심적인 내용을 파악한다. 고백서는 아주 정교하게 작성돼서 단어 하나하나가 중요하지 않은 것이 없지만 가르칠 때는 그 모든 것을 다 가르칠 필요가 없다. 주의해야 할 것은 교리 논쟁으로 번지지 않도록 하는 것이다. 교리 교육의 목적은 신앙의 성숙이지 논쟁이 아니라는 것을 절대 잊어서는 안 된다.[1] 이를 위해서 그날 가르쳐야 할 핵심 주제를 선명하게 인식하고 있어야 한다.

고백서에 대한 기본적인 연구를 마친 다음에 해야 할 일은 '고민'이다. 본인이 잘 이해하는 것과 그것을 잘 가르치는 것은 전혀 다른 문제이다. 고백서를 재미있게 가르치기 위해서는 끊임없는 고민이 필요하다. 이 부분은 누가 가르쳐 줄 수 있는 것이 아니다. 상황에 따라 대상에 따라 너무나 다르기 때문이다. 물론 무조건 고민을 많이 한다고 좋은 것도 아니다. 하지만 적어도 고민의 방향은 잘 정해져 있어야 한다.

첫 번째로 해야 할 고민은 "이 교리가 정말 필요한가?"이다. "공의회"(31장)를 예로 들어 보자. 대부분의 성도는 수십 년 동안 노회가 무엇인지도 모르고 신앙생활을 했다. 그런 성도들에게 공의회의 유익성을 가르치는 것은 결코 쉽지 않다. 해당 내용을 가르치기 전에 그 필요성을 인

---

1 이 부분과 관련해서는 3장 8항을 참고하라.

식시키는 것이 가장 좋은 공부 방법이다. 참고로 제1장 1항은 성경이 왜 필요한지를 다루고 있다.

두 번째로 해야 할 고민은 "이 교리가 현실성이 있는가?"이다. 오늘날 교회가 힘을 잃어가고 있는 가장 큰 이유는 믿는 대로 행하지 않기 때문이다. 교리 공부를 통해서 노회나 총회의 중요성을 배웠다고 하더라도 개체 교회에서 실제로 중요성을 경험하지 못한다면(예를 들어 노회나 총회의 중요한 보고서를 정기적으로 알리지 않는다면) 그 공부는 아무런 유익을 주지 못한다. 가르칠 때 적어도 "우리 교회는 이런 부분이 아직 약하지만 앞으로 이 고백서에 따라서 이러저러하게 교회를 세워갈 것입니다"라는 정도의 말은 할 수 있어야 한다.

세 번째로 해야 할 일은 끊임없이 성경과 대화하는 것이다. 고백서의 권위를 잘 인정하지 않는 성도들은 끊임없이 고백서와 성경을 비교할 것이다. 그들은 "그런 것이 성경에 어디에 있습니까?"라고 묻는다. 다행히 고백서는 아주 유익한 수많은 근거 구절들을 제시하고 있다. 하지만 여기에 쉽게 수긍하지 않는 신자들을 보게 될 것이다. 따라서 고백서는 항상 성경과 함께 공부할 필요가 있다.

네 번째로 해야 할 일을 좋은 질문을 제기하는 것이다. 좋은 스승은 잘 가르치는 자가 아니라 좋은 질문을 제기하는 자라고 생각한다. 평범한 질문도 의미 있는 질문으로 만들 수 있다. 예를 들면, "죽음이란 무엇인가?"는 아주 평범한 질문이지만 이 질문을 "고백서에 따르면 죽음이란 무엇인가?"라고 바꾸면 흥미로운 질문이 될 수 있다. 상식적으로 생각하는 죽음과 고백서가 가르치는 죽음을 비교하는 것은 좋은 교육 방법이다. 고백서가 가르치는 죽음과 성경이 가르치는 죽음이 다르지 않다는 것을 확신할 때 신자들의 삶의 태도가 바뀔 것이다.

마지막으로, 고백서는 역사적 문헌이라는 것을 잊지 말아야 한다. 역사적 배경에 대한 지식이 전혀 없이 신앙고백서를 읽으면 흥미를 느끼기가 쉽지 않다. 그냥 다 성경에 나와 있는 좋은 교훈이라고밖에 생각하지 않을 것이다. 신앙고백서는 그 당시 수많은 논쟁을 통해서 최종적으로 정리된 문서다. 고백서 자체를 통해서는 그런 수많은 논쟁이나 역사적 상황을 읽어낼 수 없다. 따라서 가르치는 자는 평소에 당시의 역사적 상황을 별도로 공부할 필요가 있다. 본 해설서는 목적에 충실하기 위하여 역사적 상황은 최소한으로 다루었다.

『"비록"에서 "아멘"까지』는 이와 같은 경험과 고민에서 나온 신앙고백서 해설이다. 해설서를 쓰면서 나는 최대한 본문에 집중하려고 노력했다. 또한 독자들이 각 장의 중심 메시지를 잘 이해하도록 애썼다. 너무 많은 설명은 오히려 중심 내용을 이해하는 데 방해되기 때문에, 상대적으로 사소한 것이나 논쟁이 되는 부분은 과감하게 생략했다. 사실 이 부분이 가장 어려웠다. 각 장의 내용을 제대로 다루려면 장마다 한 권의 책이 필요할지도 모른다. 이 책을 기초로 해서 다른 책들을 참고함으로 고백서에 대한 이해를 더 높이기를 바란다.

교회를 개척한 지 10년째 되는 해 나는 교회를 내 제자에게 이양했다. 이제 성도 수도 150명이 넘는다. 고백서를 열심히 가르친다고 해서 무조건 교회가 성장할 수 있다고 말하고 싶지는 않다. 하지만 고백서가 광교장로교회가 성장하는 데 가장 큰 역할을 했다는 것은 명백한 사실이다.

지난 10여 년 동안 강단에서 성경적 설교가 선포되고, 매주 성찬을 통해서 풍성한 예배가 시행되고, 예배를 섬기는 신실한 직분자가 세워지고, 그리스도의 제자를 삼기 위해서 신앙고백서와 교리문답이 부지런히 가르쳐졌다. 그 결과 오늘날 작지만 귀한 성장의 열매를 누릴 수 있게 되었다. 이 쇠퇴의 시대에 개혁교회를 세우기를 열망하는 모든 이들도 동일한 복을 누리기를 간절히 바란다.

천안삼거리 공원을 바라보며
2022년 12월 1일
正木 **이 성 호**

웨스트민스터 신앙고백서 둘러보기[1]

서론

신앙과 고백

신앙고백서는 교회가 내적으로 확신하고 믿는 것을 고백을 통해 밖으로 드러낸 것이다. 믿음은 보이지 않는 영적 실체이지만, 고백은 보이는 외적 형식이다. 따라서 이 둘은 항상 같이 가야 하며 서로 분리될 수 없다. 아무리 믿는다고 하지만 그것이 고백으로 드러나지 않는다면 그 신앙은 죽은 신앙이라고 할 수 있다. 로마서 10장 10절의 말씀이 이것을 잘 드러내고 있다. "사람이 마음으로 믿어 의에 이르고, 입으로 시인하여 구원에 이르느니라." 교회 역사 속의 수많은 순교자들은 엄밀히 말하면 자신의 신앙 때문이 아니라 자신의 고백 때문에 순교의 제물이 되었다.

역사 속에서 교회는 신앙고백서를 통해 자신의 정체성을 드러냄과 동

---

1 이 장은 다음 책에서 일부 수정 발췌한 것임. 이성호, "웨스트민스터 둘러보기," 이신열 편, 『교리학당』 (부산: 개혁주의 학술원, 2016), 130-159.

시에 거짓 교회와 자신을 분리했다. 참된 교회는 신앙고백서를 통해 거짓 교회와 치열한 전투를 수행했다. 그렇기 때문에 신앙고백서는 '전투하는 교회'의 성격을 가장 잘 드러낸다. 시간이 흐르면서 교회의 더 큰 원수들이 등장했고 그에 따라서 교회 역시 더 견고한 신앙고백서를 작성할 수밖에 없었다. 16세기 종교개혁 당시에 교회의 거대한 적은 로마 가톨릭교회였는데 이 거짓 교회로부터 참 진리를 지키기 위해 종교개혁가들은 위대한 신앙고백서들을 작성했다. 그리고 이와 같은 신앙고백서들에 근거하여 100년 정도 지난 1647년에 영국에서 가장 체계적인 신앙고백서가 작성되었으니 그것이 바로 오늘날 한국 장로교회가 받아들이고 있는 『웨스트민스터 신앙고백서』이다.

성경과 고백

고백서는 성경의 내용을 '체계적'이고 '포괄적'으로 요약한 것이다. 이것을 교리라고 한다. 교리는 그 내용이 성경과 다르지 않다. 다만 성경은 정확무오한 하나님의 말씀이지만 교리는 교회가 만든 것이기 때문에 미흡할 수 있다. 그러나 신자에게 성경뿐만 아니라 교리가 필수적인 이유는 성경의 주된 내용을 분명하고도 쉽게 파악할 수 있게 하는 도구가 필요하기 때문이다. 잘 알지 못하는 어떤 산에 오르기 위해서 지도가 필요한 것과 마찬가지다. 지도가 없어도 산을 오를 수는 있다. 그러나 자칫 너무나 많은 시간이 소비될 뿐 아니라 길을 잃고 목적지에 도달하지 못할 가능성도 매우 크다.

흔히 교리 없이 성경을 있는 그대로 읽어야 한다는 말을 많이 하는데 그런 사람들은 일반적으로 심히 교만한 사람들이다. 그들은 역사 속에서 이루어진 하나님의 섭리를 제대로 이해하지 못하고 있다. 그런 사람들에게는 신앙의 선배들이 이룬 탁월한 결과를 무시하는 경향이 많다. 그런 사람들은 겉으로는 성경을 대단히 높이는 것 같지만 실제로는 성경의 기반을 허물어뜨려왔다. 왜냐하면 교리가 없다면 결국 인간의 전통이나 이성이나 체험으로 성경을 해석할 수밖에 없기 때문이다.

한국 교회에서는 교리 공부보다 성경 공부가 보편적으로 자리를 잡았다. 성경 공부가 한국 교회가 성장하는 데 대단히 중요한 공헌을 해 온 것은 사실이다. 하지만 교리 공부를 소홀히 함으로 수많은 이단이 한국 교회에서 활개 치게 된 것도 잊지 말아야 한다. 한국 교회의 이단은 교리 없는 성경 공부가 얼마나 성도들의 신앙을 부실하게 만드는지를 잘 보여 준다. 신천지의 등장은 교회에게 교리 교육의 중요성을 일깨워 주었다. 이단에 대한 가장 강력한 무기는 성경이지만, 가장 효과적인 무기는 신앙고백서이다.

고백서와 교리문답

웨스트민스터 신앙고백서는 항상 웨스트민스터 대·소교리문답과 함께 생각해야 한다. 웨스트민스터 신앙고백서를 작성한 사람들은 교리문답도 함께 작성했다. 앞에서 언급했지만 신앙고백서는 성경의 주된 가르침을 체계적이고 총괄적으로 요약한 것이다. 교리문답은 이 신앙고백서를 가르치기 위한 교육 지침서라고 할 수 있다. 따라서 고백서와 교리문답은 그 내용이 일치하지만 그것을 진술하는 형식이 다르다고 할 수 있다.

'문답'은 가장 오래된 교육 방법으로 그 효과가 역사적으로 검증되었
다. 신앙을 고백하는 것과 신앙을 가르치는 것은 다른 문제이다. 아무리
신앙을 잘 고백한다고 하더라도 그것이 반드시 신앙을 자녀들에게 잘 가
르칠 수 있다는 것을 의미하지는 않는다. 웨스트민스터 신앙고백서의 작
성자들은 교리문답도 함께 작성함으로 자녀교육의 토대를 확립했다. 소
교리문답이 신자의 자녀들을 위해 작성되었다면 대교리문답은 그들을
가르치는 목사들을 위해서 작성되었다.

웨스트민스터 신앙고백서의 역사적 배경

명칭

'웨스트민스터'는 오늘날 영국 런던의 중심에 있는 대성당이 위치한
지역 이름이다. 이 거대하고 아름다운 성당은 잉글랜드 왕을 위한 특별
한 성당으로 왕의 대관식이나 결혼식과 같은 중요한 국가적 행사들이 이
곳에서 개최되었다. 「신앙고백서」가 이곳에서 작성되었기 때문에 우리는
이 신앙고백서를 '웨스트민스터 신앙고백서'라고 부른다. 1643년부터 그
당시 경건과 학식에 있어서 최고로 뛰어난 100여 명의 신학자들과 국회
의원들 및 스코틀랜드에서 파견된 총대들이 이곳에 모여서 오랜 기간 수
많은 회의를 거쳐 신앙고백서를 작성했다. 1646년에 총회에서 완성되었
으며 1647년에 스코틀랜드 교회에서도 인준을 받았다.

총회와 의회

웨스트민스터 신앙고백서를 작성한 주체는 웨스트민스터에 모인 신학자들의 모임(assembly)이다. 이 점에서 웨스트민스터 신앙고백서는 이전의 고백서와는 다른 중요한 차이점을 지닌다. 종교개혁 당시 수많은 신앙고백서와 교리문답이 작성되었는데 주 작성자는 한 명이거나 소수의 위원들인 경우가 많았다. 예를 들어, 벨직 신앙고백서의 작성자는 귀도 드 브레(Guido de Brès)이고, 하이델베르크 교리문답의 주 작성자는 우르시누스(Zacharias Ursinus)이며, 제2 스위스 신앙고백서는 하인리히 불링거(Heinrich Bullinger)이다. '스코틀랜드 신앙고백서'의 주 작성자 역시 존 녹스와 그와 함께 한 6명의 신앙 동지들이었다. 물론 이 고백서들은 최종적으로 교회의 검토와 수정을 거쳐서 확정되었다. 하지만 웨스트민스터 신앙고백서는 처음부터 교회의 회의를 통하여 작성되었다.

웨스트민스터 총회는 잉글랜드 의회에 의해서 소집되었다. 처음부터 끝까지 총회는 의회에 의해서 움직였는데 총회의 의제도 의회가 정했고 의제 순서도 의회가 상황에 따라 바꾸기도 했다. 총회가 의회로부터 받은 임무는 크게 4가지였는데 신앙고백서, 교리문답, 교회정치 규범, 공예배지침을 작성하는 것이었다. 이 4가지를 합하여 웨스트민스터 표준문서라고 한다. 따라서 웨스트민스터 신앙고백서를 제대로 이해하기 위해서는 이 4가지를 총체적으로 이해할 필요가 있다. 총회는 이 임무를 성공적으로 감당했고 이 작업을 마친 후에는 목사의 자격을 심사하는 기구로 축소되었다.

아마 유럽의 교회사를 모르는 사람들은 의회가 교회 회의를 소집하는 것이 이해되지 않을 것이다. 오늘날 국회가 장로교회 총회를 소집한다고 가정해 보자. 한국에서 그것이 가능하다고 믿는 사람은 아무도 없을 것이다. 이런 소집이 17세기 잉글랜드에서 가능했던 것은 그 당시 잉글랜드가 철저한 기독교 국가였기 때문이다. 기독교 국가에서는 정치와 종교가 밀접하게 연결되었는데, 그래서 당시에는 한 나라에 두 개 이상의 종교가 존재한다는 것은 상상하기 힘들었다.

세속 위정자가 교회 회의를 소집하는 예는 아주 오래전부터 있었다. 325년에 니케아에서 모인 최초의 세계적 공의회는 성자의 신성에 대한 논쟁을 해결하기 위해 로마의 황제였던 콘스탄티누스가 소집했다. 이와 같은 전통은 이후에도 계속 이어졌는데 서로마 제국이 멸망하면서 교황이 소집권을 행사하기 시작했다. 이 권한은 황제에 의해 도전받기도 했는데 최종적으로 교황이 차지하게 되었다. 의회가 교회 회의를 소집했다는 것은 이제 권력의 중심이 왕에게서 의회로 옮겨졌다는 것을 의미한다. 실제로 웨스트민스터 총회는 왕의 승인 없이 의회의 권한으로 개최되었다. 그럼에도 불구하고 총회에 많은 신학자가 참석했다는 것은 이 회의가 정당하다고 판단했기 때문이다.

잉글랜드 교회 (The Church of England)

의회가 웨스트민스터 총회를 소집한 가장 중요한 목적은 잉글랜드 교회를 보다 철저하게 개혁하기 위해서였다. 이를 이해하기 위해서는 그 당시 영국의 역사적 상황을 잘 이해할 필요가 있다. 오늘날 영국은 스코틀랜드, 잉글랜드, 웨일스, 그리고 북아일랜드가 합하여 형성된 국가다.

1534년 헨리 8세의 수장령의 선포로 잉글랜드 교회가 로마 교회와 분리하면서 종교개혁이 시작되었다. 이 법령의 선포로 잉글랜드의 왕이 잉글랜드 교회의 최고 수장이 되었다. 왕은 고위 성직자인 주교를 선출할 수 있었고 이 주교를 통해 잉글랜드 교회 전체를 통치했다.

잉글랜드의 종교개혁은 정치적인 성격이 너무나 강했기 때문에 로마 교회와의 분리 외에는 실질적인 교리적 개혁이 이루어지지 않았다. 헨리 8세의 아들 에드워드가 왕위를 이어받고 나서 보다 큰 개혁이 이루어졌다(1547년). 하지만 에드워드가 일찍 죽고 가톨릭 신자였던 메리가 왕이 되면서 모든 노력이 물거품으로 돌아갔다(1553년). 다행히 메리는 후사가 없이 일찍 죽었고 개신교인이었던 엘리자베스가 왕위에 오르면서(1558년) 잉글랜드 교회는 다시 종교개혁의 노선에 서게 되었다. 엘리자베스가 여왕이 되고 나서 39개 조항으로 이루어진 잉글랜드 교회의 신조가 공포되었고, 『공동기도서』(The Book of Common Prayer)가 제정되어서 이 규범에 따라 모든 교회가 예배를 시행했다. 수장령, 주교제, 39개 신조, 공동기도서는 잉글랜드 교회의 핵심 기둥이었다.

잉글랜드 교회는 신조와 예배와 교회정치에서 분명히 로마 교회와 구별되었으나 보다 성경적인 교회를 추구하는 청교도들에게는 만족스러운 교회가 전혀 아니었다. 이들은 엘리자베스 통치 기간에 더 철저하게 개혁하려고 노력했다. 그러나 주교제를 옹호하는 기득권 세력의 반대로 그들의 개혁은 좌절되고 말았다. 청교도들은 억압적인 주교제보다는 노회 제도를, 공동기도서에 따른 획일적 예배보다는 개체 교회의 판단에 따른 보다 자유로운 예배를 옹호했다. 하지만 국교회를 지지하는 세력들은 이런 시도들이 교회의 통일성을 파괴하는 매우 위험한 생각이라고 간주했다.

1603년 엘리자베스가 사망하자 잉글랜드는 역사적으로 매우 새로운 단계에 진입하게 되었다. 여왕의 대를 이은 사람이 스코틀랜드의 왕이었던 제임스였기 때문이었다. 제임스의 즉위로 하루아침에 두 나라가 한 왕의 통치를 받게 되었다. 물론 의회와 교회는 여전히 독립적인 관계를 유지했다. 제임스는 스코틀랜드 출신이지만 잉글랜드 교회 체제를 훨씬 선호했다. 그는 스코틀랜드의 장로교회가 마음에 들지는 않았지만 왕으로 재위하는 동안 교회의 자율성을 어느 정도는 보장해주었다.

1625년에 제임스의 아들 찰스가 왕이 되자 상황은 크게 바뀌었다. 그는 비록 스코틀랜드인이었지만 잉글랜드에서 태어나고 자랐기 때문에 스코틀랜드 상황을 이해할 수 없었다. 그는 스코틀랜드 교회의 독립성을 무시하고 잉글랜드 교회로 합병하려고 했다. 하지만 이런 강압적 조치에 맞서 수천 명의 스코틀랜드 지도자들이 '국민언약(National Covenant)'을 제정하고 서명함으로 두 나라 사이에 전쟁이 일어나게 되었다. 이 전쟁은 결국 영국 역사에서 가장 위기의 사건인 영국혁명으로 이어지게 되었고, 웨스트민스터 총회는 이 시기에 개최되었다.

영국혁명: 총회가 모인 시기

찰스 1세는 스코틀랜드와 전쟁을 치르기 위해서 막대한 재정이 필요했다. 찰스는 오랫동안 의회 없이 통치해 왔는데, 이제 전쟁을 치르기 위해서는 의회를 소집해야만 했다(1640년 4월 13일~5월 5일). 그동안 무시당했던 의회는 왕에게 전비는 지원하되, 이것을 기회로 왕의 권한을 상당히 약화하려 했다. 당연히 찰스는 이와 같은 요구를 거절했다. 왕은 재정만 필요했을 뿐이고 자신의 권력이 약화되는 것을 전혀 원하지 않았기 때문에 의회를 곧바로 해산시켰다. 한 달도 열리지 않은 이 의회를 단기의회라고 한다.

의회의 재정 지원 없이 독자적으로 스코틀랜드와의 전쟁을 시도한 찰스는 크게 패하고 말았다. 찰스는 패전으로 인해 막대한 배상금까지 물어내게 되었으며 어쩔 수 없이 두 번째 의회를 소집했다. 이 의회를 장기의회(1640~1653년)라고 하며 영국혁명을 주도하게 된다. 장기의회는 이전과 같이 왕에 의해 해산당하지 않기 위해서 의회의 결정 없이는 해산하지 않기로 결의했기 때문에, 올리버 크롬웰(Oliver Cromwell)에 의해서 해산될 때까지 회기를 유지할 수 있었다.

시간이 지날수록 장기의회와 왕과의 대립은 점차 심화되었다. 왕이 의회의 지도급 인사 5명을 체포하려고 시도하면서 둘 사이에 내전이 발생하게 되었고(1642년), 영국의 역사는 걷잡을 수 없는 격변의 소용돌이에 휘말리게 되었다. 개전 초기에 불리한 입장에 서게 된 의회파는 스코틀랜드에게 군사적 협조를 요청했다. 스코틀랜드는 이 요청을 받아들이는 대신, 찰스의 강압으로부터 스코틀랜드 교회의 독립을 영구적으로 확보하기 위해서 두 나라의 교회를 말씀에 따라 가장 개혁된 교회로 세우는 것을 요구했다. 이 요구에 따라 두 나라 사이에 '엄숙 동맹과 언약(Solemn League and Covenant, 1643)'이 체결되었다. 그리고 이 언약을 확실하게 보장하기 위하여 잉글랜드 의회는 웨스트민스터 총회를 소집했다. 스코틀랜드 역시 자국 내에서 최고의 신학자들과 총대를 이 총회에 파송했다. 비록 이들은 소수였지만 회의에 적극적으로 참석하고 발언하여 자신들의 견해를 상당히 관철하기도 했다. 잉글랜드의 입장에서는 이들의 견해를 결코 무시할 수 없었다. 따라서 웨스트민스터 표준문서가 전적으로 잉글랜드의 것이라고는 말할 수 없다.

총회의 목표가 잉글랜드 교회를 개혁하는 것이기 때문에 잉글랜드 교회를 지탱하고 있었던 신조, 교리문답, 주교제, 공동기도서를 개정하거나 새로 작성하는 것이 총회에게 주어진 임무였다. 처음에는 기존의 39개조 신조를 개정하려고 했으나 완전히 새로운 신앙고백서가 작성되었다. 이렇게 웨스트민스터 신앙고백서는 잉글랜드 교회를 개혁하기 위한 작업 중의 하나로 작성되었다. 1646년 12월 3일에 신앙고백서가 총회에서 작성되었고 이 고백서는 잉글랜드와 스코틀랜드 의회에 송부되었다. 스코틀랜드 의회는 이 고백서를 수정 없이 전적으로 받아들였으나 잉글랜드는 20장과 24장의 일부, 그리고 30장과 31장 전부를 삭제하고 받아들였다.

총회 이후

웨스트민스터 신앙고백서가 잉글랜드에서 채택되었지만 혁명이 진행되면서 주도권이 의회에서 군대로 넘어가게 되자 신앙고백서는 실질적인 힘을 상실하게 되었다. 군대는 주로 회중교회파가 주도권을 가지고 있었기 때문에 노회파가 중심이었던 총회가 작성한 신앙고백서를 인정하지 않았다. 회중파들은 총회에서 소수파였기 때문에 자신의 의사를 관철할 수 없었다. 그러나 이제 회중파인 크롬웰이 집권하자 사보이에 모여서 웨스트민스터 신앙고백서를 일부 수정하여 사보이 선언(Savoy Declaration)이라고 불리는 자신들의 신앙고백서를 완성했다(1658년).

크롬웰이 죽고 나서 다시 왕정이 복구되자 혁명 때 이루어졌던 모든 작업은 폐기되었다. 웨스트민스터 신앙고백서도 마찬가지의 운명을 겪었다. 하지만 스코틀랜드 교회는 이 고백서에 근거하여 지속해서 왕과 투쟁했고, 1688년 명예혁명으로 종교의 자유가 주어졌을 때 웨스트민스터 신앙고백서는 스코틀랜드 교회의 신앙고백서로 확고하게 자리를 잡게 되었다.

웨스트민스터 신앙고백서는 이후에도 여러 방면에 영향을 주었다. 명예혁명이 일어난 다음 해인 1689년에 개혁파 신학을 따르던 침례교회는 웨스트민스터 신앙고백서의 일부를 고쳐서 자신들의 신앙고백서로 삼았다. 미국 장로교도들 역시 웨스트민스턴 신앙고백서에 기초하여 교회를 세웠다. 미국의 웨스트민스터 신앙고백서는 영국에서 독립한 이후에 약간 수정되고 내용이 조금 첨가되었으나 기본적인 틀과 내용은 현재까지 그대로 이어지고 있다.

신앙고백서의 구조와 특징

구조

최초로 작성된 웨스트민스터 신앙고백서는 총 33장으로 구성되어 있으며 각 장의 제목들을 주제별로 크게 구분하면 다음과 같다. 도표를 보면 쉽게 알겠지만 신앙고백서는 성경에서 시작하여 종말에 이르는 성경의 주요 교리를 모두 담고 있다. 따라서 신자들은 이 고백서만 잘 이해하여도 성경의 핵심 항목들을 쉽게 파악할 수 있을 것이다.

서론	1) 성경
신론: 하나님과 그분의 사역	2) 하나님과 거룩한 삼위일체 3) 하나님의 영원한 작정 4) 창조 5) 섭리
기독론: 죄와 구속	6) 인간의 타락, 죄, 그리고 죄에 대한 형벌 7) 인간과 맺으신 하나님의 언약 8) 중보자 그리스도
구원론: 구속의 적용	9) 자유 의지 10) 효과 있는 부르심 11) 칭의 12) 양자 됨 13) 성화
신자의 의무	14) 구원하는 믿음 15) 생명에 이르게 하는 회개 16) 선행 17) 성도의 견인 18) 은혜와 구원의 확신
신자의 삶	19) 하나님의 율법 20) 그리스도인의 자유와 양심의 자유 21) 종교적 예배와 안식일 22) 합법적 맹세와 서약 23) 국가 위정자 24) 결혼과 이혼
교회론	25) 교회 26) 성도의 교제 27) 성례 28) 세례 29) 주님의 만찬(성찬) 30) 권징(교회의 책벌) 31) 공의회
종말론	32) 인간의 사후 상태와 죽은 자들의 부활 33) 최후의 심판

특징

1) 이 고백서는 보편적 특성을 지니고 있다. 신앙고백서 자체가 특별한 교회를 추구하기보다 보편적 교회를 추구하기 때문이다. 따라서 신앙고백서 안에는 교파와 상관없이 모든 신자가 동의해야 하는 내용이 많이 담겨 있다. 대표적인 예로 삼위일체론이나 기독론은 전통적인 신경들이 가르치는 내용과 전혀 차이가 없다. 이를 통해서 신앙고백서는 보편교회

의 전통적 신조와 일치한다는 것을 확실하게 천명했다.

2) 개혁파 신학의 특성을 분명하게 드러내었다. 비록 이 고백서가 잉글랜드 사람들에 의하여 작성되었다고 하더라도 작성자들은 잉글랜드 고유의 새로운 신조를 작성하려고 하지 않았다. 그들은 유럽의 다른 개혁파 교회들과의 일치를 대단히 중요하게 생각했다. 이와 같은 이유로 신앙고백서는 다른 개혁파 신조들과 내용이 본질적으로 일치한다. 개혁파 신조들을 서로 비교하면서 보충하는 일은 유익하다. 그러나 어느 신조가 더 낫다는 식으로 접근하는 것은 교회를 세우는 데 전혀 도움이 되지 않는다. 오늘날 개혁주의 교회를 지나치게 협소하게 생각하는 이들이 이런 경향을 보이고 있는데 상당히 위험한 신앙의 자태이다. 한 세기 전에 작성된 벨직 신앙고백서가 열정적으로 작성되었다면, 웨스트민스터 신앙고백서는 체계적으로 작성되었다. 각자 장단점을 가지고 있으며 어느 것이 더 뛰어나다고 말하기가 쉽지 않다. 어떤 이들은 "둘 다 받아들이는 것이 좋지 않겠는가?"라고 제안하지만 목회 현실에서는 하나라도 제대로 가르치기가 쉽지 않다. 한국 장로교회는 웨스트민스터 신앙고백서에 충실하면서 다른 개혁파 신조들이나 교리문답을 보충 교재로 사용하는 것이 좋을 것이다.

3) 로마 가톨릭교회의 핵심 교리들을 단호하게 정죄했다. 로마 교회의 교리를 모른다면 고백서의 내용이나 의도들을 제대로 알기 어렵다. 어떤 경우에는 로마 교회의 교리를 암시적으로 정죄하고 있지만 어떤 경우에는 명시적으로 정죄하고 있다. 대표적인 예가 25장 6항이다. "주 예수 그리스도 외에 교회의 다른 머리는 없다. 로마 교황은 어떠한 의미에서

도 교회의 머리일 수 없다. 오히려 그는 하나님으로 불리는 모든 것과 그리스도에 대적하여 교회 안에서 자신을 높이는 적그리스도요, 불법의 사람이요, 멸망의 아들이다." 첫째 문장이 교황을 암시적으로 정죄한다면, 둘째 문장은 명시적으로 정죄하고 있다. 이 점에서 웨스트민스터 신앙고백서는 "천주교와 개신교가 무엇이 다른가?"라는 일반 성도들의 질문에 대해서 가장 효과적으로 대답을 제공하고 있다.

4) 아르미니우스주의, 재세례파, 루터파, 회중교회파, 율법폐기론자들과 선을 그었다. 신앙고백서는 로마 교회를 단호하게 정죄했을 뿐 아니라 그 외의 오류들에 대해서도 입장을 분명히 밝혔다. 그러나 정죄의 정도에 있어서는 차이가 있다는 것도 고려할 필요가 있다. 개혁파는 재세례파나 루터파 교리들의 일부를 틀렸다고 정죄했으나 그들을 거짓 교회라고 규정하지는 않았다. 신앙고백서는 유아 세례와 관련하여서는 재세례파, 성찬론과 관련해서는 루터파, 구원론의 문제에서는 아르미니우스주의, 교회론에서는 회중교회파, 율법 이해와 관련해서는 율법폐기론자들과 분명한 선을 그었다. 17세기에는 이와 같은 다양한 교파들이 존재했기 때문에 한 세기 전 종교개혁 시대보다 더 치열한 교리 논쟁을 할 수밖에 없었고, 그와 같은 상황 속에서 더 치밀하고 철저한 고백서가 필요하게 되었다. 웨스트민스터 신앙고백서는 이와 같은 작업을 아주 탁월하게 수행했다.

5) 신앙고백서의 적지 않은 부분이 신자들의 삶에서 민감한 부분들을 다루고 있다. 대표적인 예가 예배와 결혼에 대한 항목이다. 이 점에서 교리와 삶을 분리하려는 모든 시도는 거부되어야 한다. 교리는 믿음과 행

함에 관한 것이기 때문에 교리를 강조하면 삶이 부실해진다는 주장은 전혀 근거가 없는 이야기다. 신앙고백서가 이혼과 재혼을 자세히 다루는 중요한 이유는 잉글랜드의 역사 속에서 찾을 수 있다. 잉글랜드의 종교개혁은 헨리 8세가 정부인과 이혼하고 새로운 여자와 재혼을 시도하면서 시작되었다. 만약 교황이 혼인무효를 허락했더라면 잉글랜드에서는 종교개혁이 일어나지 않았을지도 모른다. 고백서가 결혼에 대한 상세한 항목들을 가지고 있는 것은 잉글랜드의 역사적 상황을 반영한다고 보아야 한다.

6) 신앙고백서는 성경의 교리를 전부 다 철저하게 다루려고 한 것은 아니다. 대표적인 예로 종말론에서 가장 중요하게 다루어지는 천년 왕국에 대해서 신앙고백서는 침묵하고 있다. 이것은 천년 왕국 교리가 중요하지 않기 때문이 아니라 여기에 대한 성경의 가르침이 상대적으로 모호하기 때문이다. 일반적으로 개혁파 안에서는 무천년설을 따르는 사람들이 많았지만 후천년설이나 전천년설을 따르는 이도 적지 않았다. 신앙고백서는 몇 가지 이슈에 대해서는 침묵함으로써 상대적으로 사소한 교리들 때문에 신조의 일치가 훼손되지 않도록 했다.

제1장 성경

1항. 비록 본성의 빛 그리고 창조와 섭리의 사역들이 하나님의 선하심과 지혜와 능력을 인간이 핑계할 수 없을 정도로 분명하게 나타낸다고 하더라도,[1] 구원에 필수적인 지식 곧 하나님과 그분의 뜻에 대한 지식을 전달하기에 충분하지는 않다.[2] 그러므로 주님은 여러 시대에 그리고 다양한 방식으로 자신을 계시하시고 자신의 뜻을 교회에 선포하기를 기뻐하셨으며,[3] 그이후에 육신의 부패 그리고 사탄과 세상의 악의에 맞서 진리를 보다 잘 보전하고 전파하기 위하여 그리고 교회를 더욱 굳게 세우고 안위하기 위하여 그것들을 전부 기록하게 하시기를 기뻐하셨다.[4] 이와 같은 이유로 또한 하나님께서 자기 백성들에게 자신의 뜻을 계시하셨던 이전 방식들이 이제 중단되었기 때문에 성경은 지극히 필수적이다.[5][6]

2항. 기록된 하나님의 말씀 혹은 성경이라고 불리는 책에는 구약과 신약의 모든 책이 이제 포함되어 있는데, 그것들은 다음과 같다.

구약: 창세기, 출애굽기, 레위기, 민수기, 신명기, 여호수아, 사사기, 룻기, 사무엘상, 사무엘하, 열왕기상, 열왕기하, 역대상, 역대하, 에스라, 느헤미야, 에스더, 욥기, 시편, 잠언, 전도서, 아가, 이사야, 예레미야, 예레미야 애가, 에스겔, 다니엘, 호세아, 요엘, 아모스, 오바댜, 요나, 미가, 나훔, 하박

국, 스바냐, 학개, 스가랴, 말라기.

신약: 마태복음, 마가복음, 누가복음, 요한복음, 사도행전, 로마서, 고린도전서, 고린도후서, 갈라디아서, 에베소서, 빌립보서, 골로새서, 데살로니가전서, 데살로니가후서, 디모데전서, 디모데후서, 디도서, 빌레몬서, 히브리서, 야보고서, 베드로전서, 베드로후서, 요한일서, 요한이서, 요한삼서, 유다서, 요한계시록.

이 모든 책은 하나님의 영감에 의해 믿음과 삶의 준칙으로 주어졌다.[7]

3항. 보통 외경이라고 불리는 책들은 신적 영감에 의하여 기록되지 않았기 때문에 결코 정경에 속하지 않으며, 따라서 하나님의 교회에서 어떤 권위도 가질 수 없고 인간이 쓴 다른 책들 이상으로 달리 인정되거나 사용되어서는 안 된다.[8]

4항. 우리가 믿고 순종해야 하는 성경의 권위는 어떤 인간이나 교회의 증거가 아니라 (진리 그 자체이시고) 성경의 저자이신 하나님께 전적으로 의존한다. 그러므로 성경은 그 자체가 하나님의 말씀이기 때문에 그렇게 받아들여져야 한다.[9]

5항. 교회의 증거로 감동과 인도함을 받아 우리는 성경을 존귀하고 경건하게 볼 수도 있다.[10] 그리고 그 내용의 천상성, 교리의 효력, 문체의 장엄함, 모든 부분의 일치, (모든 영광을 하나님께 돌리려는) 전체의 의도, 인간 구원의 유일한 길에 대한 확실한 증거 제시, 그 외에 비교할 수 없는 많은 탁월함과 성경의 전적 완전성은 성경이 하나님의 말씀이라는 것을 풍성하게 증언하는 논증들이다. 그러나 그럼에도 불구하고, 무오한 진리와 성경의 신적 권위에 대한 온전한 납득과 확신은 말씀에 의하여 그리고 말씀과 함께 우리 마음속에서 증거하시는 성령의 내적 사역으로부터 나온다.[11]

6항. 하나님의 영광, 인간의 구원, 믿음과 삶에 필수적인 모든 것에 대한 하나님의 뜻 전부는 성경에 명시적으로 기록되었거나 선하고 필연적인 추론에 의해 성경에서 연역될 수 있다. 여기에 어떤 것도 성령의 계시나 인간의 전통에 의해서 첨가되어서는 안 된다.[12] 그럼에도 불구하고, 말씀에 계시된 것들에 대한 구원론적 이해를 위해 하나님의 성령의 내적 조명이 필수적이라는 것,[13] 그리고 하나님께 드리는 예배와 교회 정치에 수반되는 사항들, 즉 인간의 행위들과 모임에서 공통적으로 적용되는 것들은 항상 준수되어야 하는 말씀의 일반적 규칙에 따라 본성의 빛과 그리스도인의 사리분별에 의해 정해져야 한다는 것을 우리는 인정한다.[14]

7항. 성경에 있는 모든 것은 그 자체로 똑같이 명료하지는 않으며 모든 사람에게 분명하지도 않다.[15] 그러나 구원을 위해 우리가 반드시 알아야 하고, 믿어야 하고, 순종해야 하는 것들은 성경의 이곳저곳에서 분명하게 설명되고 공개되었기 때문에, 배운 사람뿐만이 아니라 못 배운 사람이라 할지라도 일반적인 수단들을 제대로 사용하면 그것들에 대한 충분한 이해에 도달할 수 있다.[16]

8항. 히브리어(옛날 하나님의 백성들의 모국어)로 기록된 구약 성경과 헬라어(신약이 기록될 당시 대부분의 나라에 알려졌던)로 기록된 신약 성경은 하나님의 직접적인 영감으로 기록되었고 그분의 특별한 보호와 섭리로 모든 시대를 통하여 순전하게 보존되어 왔기 때문에 참되다.[17] 따라서 모든 종교적 논쟁에 있어서 교회는 최종적으로 여기에 호소하여야 한다.[18] 그러나 성경에 대한 권리와 권한을 가지고 있으며 하나님에 대한 경외심 속에서 성경을 읽고 그 의미를 찾도록 명령받은 하나님의 모든 백성에게 이러한 원어들이 알려지지 않았기 때문에[19] 성경은 전해지는 모든 각 나라의 언어로 번역되어야 하며,[20] 그리하여 하나님의 말씀이 모든 사람에게 풍성하게 거함으로 그들이 합당한 방식으로 하나님을 예배하고[21] 성경의 인내와 위안을 통하여 소망을 가지도록 해야 한다.[22]

9항. 성경 해석의 무오한 준칙은 성경 자체이다. 그러므로 성경의 참되고 온전한 의미(여러 가지가 아니라 하나임)에 관하여 의문이 있으면, 보다 분명하게 말하고 있는 다른 본문들을 통하여 그 의미를 탐구하여 알아내야 한다.[23]

10항. 모든 종교적 논쟁을 종결시키고, 모든 공의회의 결의들, 옛 저자들의 견해들, 사람들의 교훈들, 그리고 사사로운 영들을 검증하는 최고의 재판관은 다른 어떤 분도 아닌 성경 안에서 말씀하시는 성령뿐이시며 우리는 그분의 판결문에 승복해야 한다.[24]

---

1) 롬 2:14-15; 1:19-20; 시 19:1-3;
   롬 1:32; 2:1.
2) 고전 1:21; 2:13-14.
3) 히 1:1.
4) 잠 22:19-21; 눅 1:3-4; 롬 15:4;
   마 4:4, 7, 10; 사 8:19-20.
5) 딤후 3:15; 벧후 1:19.
6) 히 1:1-2.
7) 눅 16:29-31; 엡 2:20; 계 22:18-19;
   딤후 3:16.
8) 눅 24:27, 44; 롬 3:2; 벧후 1:21.
9) 벧후 1:19, 21; 딤후 3:16; 요일 5:9;
   갈 1:11-12; 살전 2:13.
10) 딤전 3:15.

11) 요일 2:20, 27; 요 16:13-14;
    고전 2:10-12; 사 59:21.
12) 딤후 3:15-17; 갈 1:9-9; 살후 2:2.
13) 요 6:45; 고전 2:9-12.
14) 고전 11:13-14; 14:26, 40.
15) 벧후 3:16.
16) 시 119:105, 130.
17) 마 5:18.
18) 사 8:20; 행 15:15; 요 5:39, 46.
19) 요 5:39.
20) 고전 14:6, 9, 11-12, 24, 27-28.
21) 골 3:16.
22) 롬 15:4.
23) 벧후 1:20-21; 행 15:15-16.
24) 마 22:29, 31; 엡 2:20; 행 28:25.

| 일러두기 | 신앙고백서 본문의 증거 구절 번호는 영어 원문의 순서를 따른 것입니다.

모세와 선지자들에게 듣지 아니하면
비록 죽은 자 가운데서 살아나는 자가 있을지라도
권함을 받지 아니하리라.

(눅 16:31)

서론: 신앙고백의 첫 항목

「고백서」는 성경론으로 시작한다. 반면에 벨기에 고백서나 39개조 신조는 하나님으로 시작한다. 성경론으로 시작한 가장 큰 이유는 「고백서」에 큰 영향을 미친 아일랜드 신조(1612년)를 따랐기 때문일 것이다. 「고백서」는 2장부터 다루어질 모든 종교적인 교리를 다루기 전에 1장에서 그 교리들을 판단할 준칙인 성경을 다룬다. 제1장에서 다루어진 성경론을 한마디로 요약하면 '오직 성경(sola Scriptura)'[2]이라고 할 수 있다. 이 용어는 주의가 필요하다. '오직 성경'은 오직 성경만 최고의 규범이라는 뜻이지, 성경만 있으면 되고 다른 책들은 필요 없다는 개념이 전혀 아니다. '오직 성경'은 '성경과 전통'을 모두 하나님의 말씀으로 보는 로마 교회의 입장을 정면으로 거부한다. 이와 같은 이유로 제1장은 왜 성경만 유일한 하나님의 말씀인지에 대해서 다른 어떤 개혁파 신조들보다 체계적이고 치밀하게 설명하고 있다. 미국 구 프린스턴의 대표적인 신학자였던 벤저민 워필드는 제1장을 개신교 신앙고백서 중에서 가장 정교한 장이라고 평

---

2 이성호, 『성도생활백과』 (서울: 좋은씨앗, 2018), "도대체 '오직 성경'이 무엇인가요?", 19-22.

가할 정도였다.[3] '오직 성경' 교리 때문에 로마 교회와 개신교회는 하나가 될 가능성 자체가 없어졌다. 왜냐하면 교리의 진위를 판단할 기준 자체가 달라졌기 때문이다.

제1항 성경의 필수성

제1항은 성경의 필수성을 다룬다. 성경이 필수적이라는 것에 대해서 반대하는 기독교인들은 아무도 없을 것이다. 하지만 왜 필수적인지, 어느 정도 필수적인지에 대해서는 교파마다 의견 차이가 작지 않다. 심지어 종교개혁 당시 로마 교회는 평신도들에게 성경이 꼭 필요하다고 생각하지도 않았다. 교회의 가르침만 있어도 충분하다고 생각했기 때문이다. 실제로 제대로 된 번역 성경이 없었기 때문에 평신도들은 성경을 읽을 수도 없었다. 이와 같은 상황은 현대 개신교회라고 하더라도 크게 다르지 않다. 예전과 달리 신자들은 여러 권의 성경을 소장하고 있을 뿐 아니라 마음만 먹으면 언제 어디서든지 휴대폰으로 성경을 접할 수 있다. 하지만 개신교회 안에서도 성경을 열심히 읽지 않거나 성경에 무지한 신자들이 적지 않다. 이런 신자들은 머리로는 성경의 필수성을 믿지만 행위로는 성경의 필수성을 부인하는 자들이라고 할 수 있다.

'지극히 필수적이다(most necessary)' 필수적이라는 말은 단지 있으면 좋고 없어도 된다는 말도 아니고 신앙생활에 상당히 유익하다는 뜻도 아니

3　Benjamin B. Warfield, *The Westminster Assembly and Its Work* (Grand Rapids: Baker Book House, 2000; reprint), 57.

다. 필수적이라는 말은 없으면 안 된다는 말이다. 따라서 '필요'라는 말보다는 '필수'라는 말이 더 적절한 단어다. 지극히 필수적이라는 말은 절대적으로(absolutely) 필수적이라는 말과도 구별되어야 한다. 성경은 지극히 필수적이지만 시간이나 장소와 상관없이 절대적으로 필수적인 것은 아니다. 모세 이전에는 성경이 아예 존재하지 않았을 뿐 아니라 신약 성경이 완성되기 전 교회는 부분적으로만 성경을 가지고 있었기 때문이다.

성경이 없어도 교회가 존재할 수 있었는데 그렇다면 왜 성경이 지극히 필요한가?

1) 일반계시의 유용성과 불충분성

일반계시는 크게 두 가지로 구분된다. **1) 본성의 빛(light of nature) 2) 창조와 섭리의 사역.** 이 본성의 빛[4]은 인간 안에 있는 이성과 양심(도덕적 법지식)이라고 할 수 있고 창조와 섭리의 사역은 인간 밖에 있는 자연법칙이라고 할 수 있다. 이 두 일반계시는 하나님의 선하심, 지혜, 그리고 능력을 인간에게 드러낸다(manifest).[5] 만약 인간이 타락하지 않았더라면 인간은 일반계시를 통하여 충분히 하나님과 깊은 교제를 나눌 수 있었을 것이다. 하지만 타락 이후 인간은 자신들의 죄로 인하여 "하나님을 알되 하나님을 영화롭게도 아니하며 감사하지도 아니하고 오히려 그 생각이 허망하여지며 미련한 마음이 어두워져서 썩어지지 아니하는 하나님의 영

---

4 '본성의 빛'은 제21장에서 예배의 관점에서 다시 한번 더 다루어진다.
5 고재수, 『교의학의 이론과 실제』 (부산: 고려신학대학원출판부, 1992), 47. 「고백서」는 일반계시/특별계시라는 용어를 사용하지 않지만 나타냄(manifest)과 계시(reveal)라는 말로 내용상 구분하고 있다.

광을 썩어질 우상으로 바꾸어 버리고 말았다"(롬 1:20-23 참고).

일반계시는 하나님의 일부 속성들을 너무나 확실하게 증거하기 때문에 인간이 하나님 앞에서 변명할 수 없다. '변명'이란 단어는 하나님의 심판을 전제하고 있는데, 쉽게 말하면 이 일반계시 때문에 "나는 하나님이 계신 것을 몰랐다"라는 변명이 통할 수 없다. 타락한 죄인들에 대한 하나님의 심판을 정당화한다는 점에서 일반계시는 매우 유용하다. 어떤 이들은 일반계시 자체를 부정하는 사람들이 있는데 일반계시를 부정하면 불신자들에 대한 심판의 정당성을 설명하기가 쉽지 않다.

일반계시는 매우 유용한 내용을 담고 있지만 구원에 필수적인 지식을 전달하기에는 충분하지 않다. 하나님에 대한 모든 지식은 참된 지식이지만 그 모든 것이 구원에 이르게 하는 지식이 될 수는 없다. 예를 들어 하나님은 정말 위대하신 분이라는 것은 참된 지식이지만 이 지식이 구원에 이르게 할 정도로 충분한 것은 아니다. 구원받기 위해서는 하나님 자신과 하나님의 뜻(will)을 알아야 하는데 이 둘은 일반계시를 통해서 알 수 있는 것이 아니다. 구원받기 위해서는 내가 죄인이라는 것, 이 죄로부터 구원받기 위해 반드시 대가가 치러져야 한다는 것, 오직 하나님만이 이 대가를 치를 수 있다는 것, 오직 중보자이신 그리스도께서만 이 일을 하실 수 있다는 것을 알아야 하는데, 일반계시는 이런 내용을 우리에게 전혀 전달하지 않는다.

2) 특별계시: 미기록계시의 한계 vs 기록계시의 필수성

구원을 위해서 일반계시가 불충분하므로 하나님께서 사용하신 방식이 특별계시이다. 이 특별계시는 두 가지로 구성되는데 하나는 미기록계시이고 다른 하나는 기록계시이다. 우리에게 구원에 필수적인 지식을 전달하시기 위해서 하나님은 여러 시대에 다양한 방식으로 자기 자신을 계시하시고(reveal) 자신의 뜻을 선포하셨다(declare). 이것을 미기록계시라고 하는데 꿈이나 환상이나 기적이 여기에 포함된다. 이 계시를 통하여 그 당시의 사람들은 하나님과 그분에 대한 지식을 충분히 얻으므로 구원받을 수 있었다. 또한 이 계시들은 구전으로 후세들에게 전달되어 그들의 후손들도 구원받을 수 있었다. 예를 들어 이스라엘 백성들은 출애굽 사건을 통하여 하나님의 구원을 실제로 목격하고 경험했을 뿐 아니라 그들의 자녀들도 부모들을 통해 전해진 말씀을 통해 구원에 관한 지식을 충분히 얻을 수 있었다.

이 미기록계시 자체는 완전한 참 계시였지만 여러 가지 관점에서 한계를 가지고 있었다. 특히 보전과 전파에 있어서 두 가지 큰 장애물이 있었다. 하나는 '육신의 부패'이고 다른 하나는 '사단과 세상의 악의(malice)'이다. 만약 인간이 죄가 없는 완전한 의인이고 진리를 대적하는 사단이 존재하지 않았더라면 미기록계시만으로 충분했을 것이다. 하지만 아무리 진리를 잘 보존하기를 원하는 참된 신자라고 하더라도 육신에 남아 있는 죄로 인하여 진리를 완벽하게 보존할 수 없으며, 사단과 세상은 항상 이 진리를 제거하고 왜곡시키기 위해서 온갖 노력을 다하고 있다. 이와 같은 이유로 시간이 지나게 되면 구전으로 전달된 특별계시는 원래의 계시와 달라질 수밖에 없었다. 각자 이해하고 있는 계시가 서로 다른 경우에 참과 거짓을 판단할 수 있는 기준 자체가 존재할 수 없다.

미기록계시의 한계를 잘 알고 계신 하나님께서는 구원에 필요한 모든 지식을 '전부' 기록하게 하셨다. 이 기록된 계시를 성경(the Holy Scripture)이라고 한다. 이 기록된 성경은 미기록계시를 모두 기록했다는 의미는 아니다. 하지만 우리의 구원에 필요한 모든 계시를 다 포함하고 있다. 따라서 오늘날 우리에게 더 이상 새로운 계시는 필요 없다. 더 나아가 하나님은 이전의 계시 방식들을 중지하셨기 때문에 성경은 지극히 필수적인 계시의 수단이 되었다. 오늘날 신자들은 오직 성경을 통해서 하나님과 그분의 뜻에 대한 지식을 얻어서 구원에 이를 수 있다.

> "또 네가 어려서부터 성경을 알았나니,
> 성경은 능히 너로 하여금
> 그리스도 예수 안에 있는 믿음으로 말미암아
> 구원에 이르는 지혜가 있게 하느니라."
>
> (딤후 3:15)

논점들

1. 트리엔트 공의회 역시 하나님의 말씀을 미기록전승(unwritten tradition)과 기록전승(written tradition)으로 구분한다. 차이점은 다음과 같다. 종교개혁의 입장은 하나님께서 구원에 관한 모든 지식을 기록하게 하셨다는 것이고, 로마 교회는 부분적으로 기록하게 하시고 나머지는 기록하지 않은 채로 두셨다고 본다. 그리고 바로 이 기록되지 않은 전승을 자신들이 계속 소유하고 있다고 로마 교회는 주장한다. 따라서 로마 교회에 따르면

성경은 '부분적으로' 하나님의 말씀일 뿐이다.

2. 로마 교회는 전통적으로 '교회밖에는 구원이 없다'는 입장을 취했으나 바티칸 공의회 이후에는 입장이 바뀌어 일반계시를 통한 구원의 가능성을 약간 열어 두었다. 특히 그들은 복음을 듣지 않은 자들이 양심에 따라 선하게 살면 구원받을 수 있다고 생각한다. 하지만 웨민 고백서는 이 가능성을 부인하고 있다. 이와 관련하여 신자들에게 참으로 곤혹스러운 질문이 하나 있다. "예수님을 몰랐던 세종대왕이나 이순신 장군은 지옥 갔는가?" 우선 구원은 전적으로 하나님께 달려 있기에 이 질문에 대한 절대적으로 확실한 답을 우리는 알 수 없다. 그러나 그들이 일반계시(도덕적 선한 삶)를 통해서 구원받을 가능성이 없다는 것은 확실하다. 그들이 훌륭한 사람인 것은 맞지만 그들이 구원에 이를 정도로 선한 사람들은 아니다. 실제로 역사 사료를 보면 그들이 잘못한 점도 많은데 그것들은 거의 알려지지 않았다.[6]

3. 오늘날에도 하나님의 계시가 계속된다고 주장하는 사람들이 있다. 그렇게 주장하는 사람들은 대부분 하나님의 계시를 가볍게 생각하는 경향이 있다. 하나님의 계시는 그 자체가 하나님의 말씀이기 때문에 절대적인 권위를 갖는다. 따라서 정말 하나님의 계시를 받았다면 어떤 일이 일어나더라도 그 계시의 말씀에 순종해야 한다. 예를 들어서 기도하는 중에 하나님이 나타나셔서 신학교에 가라고 말씀하셨다고 가정해 보자. 그렇다면 그 말씀을 들은 신자는 입학시험에 계속 떨어지더라도 합격할

---

6 특별계시 외에 다른 방식으로 구원받는 것에 대해서 「고백서」는 단호하게 거부한다. 제10장 4항 참조.

때까지 신학교에 지원해야 한다. 결혼 문제도 마찬가지다. 하나님이 어떤 자매와 결혼하라는 계시를 어떤 형제가 받았다면 다른 계시가 주어지지 않는 한, 그 형제는 하나님께서 지시하신 자매와 결혼하려고 노력해야 하고, 심지어 그 자매가 결혼하더라도 본인은 죽을 때까지 독신으로 지내면서 기다려야 한다. 오늘날도 꿈이나 환상과 같은 현상들이 생길 수 있으나 그것을 하나님의 계시(절대 무오한 말씀)로 보는 것은 매우 위험한 일이다. 만약, 어떤 사람이 자신이 꾼 꿈이나 본 환상이 하나님의 계시라고 주장한다면, 우리는 그 꿈과 환상이 정말 하나님의 계시인지 합리적이고 객관적으로 판단할 수 있어야 한다. 하지만, 오늘날에는 권위를 갖고 판단해 줄 선지자나 사도가 없다. 또 하나님께서 완성하여 주신 성경 계시는 그러한 꿈과 환상의 필요를 부정한다. 그런데도 어떤 사람이 자신이 꾼 꿈이나 본 환상이 하나님의 계시라고 판단하고 주장한다면, 그것은 계시에 대해 가르치는 하나님의 말씀보다 자신이 더 위에 있다고 말하는 것이며, 자신이 하나님의 말씀에 대한 재판장이 되겠다는 것과 마찬가지다.

제2항과 제3항 성경의 명칭과 범위

기록된 하나님의 말씀

한국어로 성경은 성서라고 불리는데 큰 차이는 없다. 중요한 것은 어떤 의미로 사용하는가이다. '서'는 책이라는 뜻이고, '경'은 '경전'의 줄임말로 어떤 종교의 교리를 적은 책이니까 개념상으로는 성경이 보다 협소한 의미를 지닌다. 일반적으로 보수적인 교회는 성경을, 진보적인 교회는 성서라는 말을 선호하는 것 같다. 성경을 가르치는 일반적인 영어 명칭은 문자적으로 '거룩한 책들(Holy Scriptures)'이다. 이렇게 부르는 이유는 이 성경이 '기록된 하나님의 말씀'이기 때문이다. 이 표현이야말로 성경의 의미를 정확하게 드러내고 있다. 하지만 '기록된 하나님의 말씀'이 일상적으로 사용되기에는 불편한 면이 있으므로 간단하게 성경이라고 불린다.

하나님의 말씀에는 여러 가지 종류가 있다. 최초의 말씀은 기록된 말씀이 아니라 들려진 말씀이었다. 이 들려진 말씀이 구두로 전승되었고 이렇게 전달된 하나님의 말씀도 교회 안에 오랫동안 하나님의 말씀으로 존재했다. 하지만 무엇보다 예수님이야말로 하나님의 말씀이시다. 그분은 나시기 전부터 하나님의 말씀으로 계셨다(요 1:1). 하나님의 말씀이신 예수님은 하나님이셨으며 하나님과 함께 계셨다. 성육신하신 이후에도 그분은 여전히 하나님의 말씀이시다. 그분의 말씀뿐만 아니라 그분의 삶 자체가 하나님의 말씀이다.

선포된 말씀인 설교도 하나님의 말씀이라고 할 수 있다. 기록된 말씀은 읽혀야 할 뿐 아니라 설교를 통해 선포되어야 구원에 이르게 하는 효과적인 수단이 된다(대교리 155). 제2 스위스 신앙고백서는 "하나님의 말씀의 설교는 하나님의 말씀이다(The preaching of the Word of God is the Word of God)"라고 고백하고 있다. 물론 목사들이 하는 모든 설교가 무조건 하나님의 말씀인 것은 아니다. 설교가 하나님의 말씀을 설교할 때 하나님의 말씀으로 받아들여야 한다는 의미이다. 이것이 의도하는 바는 설교자의 도덕적 자질과 상관없이 설교의 내용 자체가 중요하다는 것이다. 따라서 청중은 설교자의 자질보다는 설교의 내용에 더욱 주목할 필요가 있다.

설교가 들리는 하나님의 말씀이라면 성례(세례와 성찬)는 보이는 말씀 (the visible word)이라고 할 수 있다. 전달 내용에 있어서 설교가 성경의 모든 내용을 분명하고 상세하게 다룬다면 성례는 오직 복음의 핵심만을 다룬다는 점에서, 그리고 전달되는 방식에서 설교가 들려준다면 성례는 보여 준다는 점에서 차이가 있지만 하나님의 말씀이신 그리스도를 전달한다는 점에서는 아무런 차이가 없다. 성례가 하나님의 말씀이라는 의식이 한국 교회에서는 너무 약한데 하루속히 시정되어야 한다.

성경의 영감: 신행의 준칙 (The Rule of Faith and Life)

성경은 말이 아니라 글이다. 그렇다면 성경은 하나님의 말(씀)이 아니라 하나님의 글이라고 불러야 할 것이다. 성경을 하나님의 말씀이라고 하는 이유는 하나님께서 성경을 통해서 오늘날도 신자들에게 실제로 말씀하시기 때문이다. 이것이 가능한 이유는 성경이 하나님의 영감을 받았기 때문이다. 영감이라는 말은 디모데후서 3장 16절에 나오는 표현인데 헬라어로 테오프뉴토스이고 문자적인 뜻은 '하나님의 숨이 들어간(God-breathed)'이다. 이 표현은 인간의 창조를 기억하게 한다. 하나님께서 흙으로 사람을 만드시고 코에 숨을 불어 넣으셨을 때 사람은 살아 있는 존재가 되었다. 이 사실을 우리는 성경에도 적용할 수 있을 것이다. 영감이 없다면 성경은 그야말로 종이와 글자로 구성된 문서에 지나지 않는다. 하지만 하나님께서 그 모든 글자에 숨을 불어 넣으셨기 때문에 (성령으로 역사하셨기 때문에) 그 글자들은 살아 있는 하나님의 말씀이 되었다. 이것을 히브리서 기자는 다음과 같이 설명한다. "하나님의 말씀은 살아 있고 활력이 있어 좌우에 날 선 어떤 검보다도 예리하여 혼과 영과 및 관절과 골수를 찔러 쪼개기까지 하며 또 마음의 생각과 뜻을 판단하나니"(히 4:12).

성경의 영감은 특별히 절대적 권위와 밀접한 관계를 맺는다. 하나님의 영감으로 기록되었기 때문에 성경은 절대적으로 무오할 뿐 아니라 신자들에게 '믿음과 생활의 준칙'으로 불린다. 준칙(rule)은 카논(cannon)이라고 하는데 판단의 기준을 의미한다. 소교리문답(제3문답)은 성경의 주된 가르침이 신자가 하나님에 대하여 믿어야 하는 것과 하나님께서 우리에게 요구하시는 의무라고 잘 요약하고 있다. 이 사실은 우리가 성경을 어떻게 읽어야 하는지에 대한 중요한 지침을 제공한다. 성경은 하나님의 말씀이고 신앙과 생활의 준칙이기 때문에 단순히 호기심으로 읽어서는 안 된다. 만약 성경을 읽고 새로운 내용을 알았다면 그것은 절대적인 진리이기 때문에 전심을 다하여 믿어야 하고 또한 그 믿음대로 순종하면서 살아야 한다.

성경의 범위: 구약과 신약 66권

그렇다면 성경의 범위는 어디까지인가? 웨민 고백서는 구약과 신약 66권의 목록을 제시하고 있다. 성경의 범위에서 로마 교회와 개신교는 상당히 큰 차이를 보이고 있는데 신약에 관해서는 서로가 일치하고 있지만 구약에 대해서는 큰 차이가 있다. 따라서 구약을 어디까지 볼 것인가가 가장 중요한 이슈이다. 구약의 차이는 근본적으로 70인역과 상관이 있다. 기원전 3세기경에 알렉산드리아에서 헬라어를 사용하는 자녀들을 위해 유대인들은 구약 성경을 헬라어로 번역했다. 이때 히브리어로 기록된 39권뿐만 아니라 그리스어로 기록된 7권의 책을 포함시켰는데 이 7권을 외경이라고 한다.[7] 성전이 완전히 무너지고 나서 A. D. 90년경에 유대인들은 회의를 열어 히브리어로 된 구약 성경만을 정경으로 인정했다. 하지만 5세기경 제롬이 서방 라틴교회를 위하여 성경을 번역할 때 70인역을 사용했다. 이 라틴어 성경은 서방교회에서 표준이 되었다.

성경의 범위는 중세 동안 큰 문제가 되지 않았지만, 종교개혁 당시 성경이 핵심적인 의제에 오르게 되자 성경의 범위도 자연스럽게 중요한 논쟁 대상이 되었다. 모든 개신교회는 유대인들을 따라 히브리어로 된 성경만을 정경으로 받아들였다. 이 때문에 종교개혁가들은 로마 교회로부터 유대주의자라는 비판을 들어야 했다.

외경이 성경의 범위, 즉 정경에 들어가지 않는 이유는 '신적 영감'에 의한 것이 아니기 때문이다. 신적 영감이야말로 정경과 비정경을 구분하는 최고의 기준이다. 「고백서」는 왜 외경이 신적 영감으로 쓰이지 않았는지는 설명하지 않는다. 외경은 정경이 아니기 때문에 교회에서 어떠한 권위를 가질 수 없고 교회 안에서 특별한 대우를 받아서도 안 된다. 여기서 주의해야 할 것은 외경의 내용이 모두 틀렸다는 것을 의미하지 않다는 것이다. 개신교 신자들은 외경에 대해서 너무 무지하거나 지나치게 부정적으로 생각하는데 그것은 잘못이다. 그것들은 구약 이해에 도움이 되는 여러 중요한 역사적 정보들을 많이 담고 있으며 신앙생활에 도움이

---

7 7권의 외경은 다음과 같다. 토빗기, 유딧기, 지혜서, 집회서, 마카베오 상/하, 바룩서. 이 외경은 영지주의자들과 같은 이단들이 저술한 수많은 위경들과는 구별되어야 한다.

되는 유익한 지침들도 많이 제공한다. 외경을 기독교 강요나 천로역정과 같은 책처럼 읽는다면 많은 유익을 얻을 수도 있다. 하지만 외경에 근거하여 신앙과 생활의 준칙을 정해서는 안 된다.

생각해 볼 문제

결국 성경 66권은 개신교가 정한 것이 아닌가? 그렇다면 교회가 성경보다 더 큰 권위가 있는 것이 아닌가?

교회는 성경이 아닌 어떤 책을 성경으로 만들 수 없다. "지금부터 이 책을 성경으로 선포합니다"라고 해서 그 책이 일반 책에서 하나님의 말씀으로 변경되는 것이 아니다. 오직 하나님만이 성경의 저자이시기 때문에 교회는 그분의 말씀을 수납하고 보존하고 공포하는 수종적 역할만 할 수 있을 뿐이다. 교회가 어떤 성경을 하나님의 말씀으로 확인하고 공포한 이유는 스스로의 권위에 의해서가 아니라 그 성경 안에 들어 있는 내용 자체의 권위 때문이다. 이것은 다음 항목에서 더욱 자세하게 다루어진다.

제4항과 제5항 성경의 자증성(autopistis & 성령의 내적 증거)

제4항은 성경이 '왜' 하나님의 말씀인가를 다루고 제5항은 성경이 '어떻게' 하나님의 말씀인지 확신할 수 있는가를 다룬다. 우리는 성경을 하나님의 말씀으로 받아들여야 하는데 "왜냐하면 성경이 하나님의 말씀이기 때문이다." 이것을 간단하게 성경의 자증성이라고 한다. 자증성은 '1+1=2'와 같이 누구나 알 수 있는 자명한 진리를 의미하지 않는다. 태양

은 그 자체로 밝지만 맹인에게는 그렇지 않은 것처럼 성경은 그 자체로 하나님의 말씀이지만 믿지 않는 자들에게는 그렇지 않은 것과 같다.

성경의 자증성이란 성경이 하나님의 말씀이라는 것을 성경 스스로 증언하기 때문에 성경 외에 다른 권위가 필요 없다는 뜻이다. 이 성경의 자증성은 「고백서」에 따라 정확하게 이해할 필요가 있다. 제4항을 간단히 정리하면 다음과 같다. "성경이 왜 하나님의 말씀인가? 성경 그 자체가 하나님의 말씀이기 때문이다." 제4항은 전형적인 순환논법에 속한다. 일단 순환논법이 무조건 잘못된 것이 아니라는 것을 기억할 필요가 있다. 제4항이 이렇게 설명해야만 하는 이유는 "성경의 권위가 오직 성경의 저자이신 하나님께 전적으로 의존하기 때문이다." 성경이 하나님의 말씀이라고 한다면 인간들이 성경을 판단할 수 없다.

만약 성경의 권위가 성경 밖에 있다고 가정해 보자. 그것은 사람의 이성이 될 수도 있고, 교회의 판단이 될 수도 있을 것이다. "내가 성경을 읽어보니 성경이 하나님의 말씀이 맞다"라고 하면 나의 이성이 성경을 판단하는 기준이 될 것이고, "교회가 그렇게 가르쳐 주니까 성경이 하나님의 말씀이라고 믿는다"라고 하면 교회가 성경을 판단하는 기준이 될 것이다. 그렇다면 인간의 이성이나 교회의 판단이 성경의 권위보다 우위에 있을 수밖에 없다. 하지만 이것은 불가능하다. 성경의 권위는 오직 그 저자이신 하나님께 의존할 수밖에 없으며, 따라서 성경은 그 자체가 하나님의 말씀이기 때문에 그렇게 받아들여져야 한다.

성경의 자증성이 교회의 증거를 완전히 배격하는 것은 아니다. 이점에서도 '오직 성경'은 성경만 있으면 된다는 것을 의미하는 것은 아님을 기억해야 한다. 교회의 가르침을 잘 받으면 성경에 감추어져 있는 중요한 성격들을 훨씬 더 잘 이해할 수 있다. 그것들은 다음과 같다.

1. 성경의 내용은 하늘에 속한 진리를 다룬다. (내용의 천상성)
2. 성경의 교리는 공허한 진리가 아니라 확실한 효력을 발휘한다. (교리의 효력)
3. 성경에서 사용된 문체는 아주 장엄하다. (문체의 장엄성)
4. 여러 시대에 걸쳐 수많은 저자들이 기록했음에도 불구하고 성경의 모든 부분은 서로 일치하며 상호 간에 모순이 없다. (각 성경의 일치성)
5. 모든 성경의 의도는 궁극적으로 하나님께 영광을 돌리는 것이다.
6. 구원에 이르는 유일한 길을 확실하게 제시하고 있다.
7. 그 외에도 비교할 수 없는 탁월함과 전적인 완전함을 보유하고 있다.

이 모든 것을 성경의 외적 증거들이라고 한다. 이 증거들은 성경이 하나님의 말씀이라는 것을 '풍성하게' 증언한다. 또한 교회의 도움으로 신자들은 이것들을 쉽게 발견할 수도 있다. 이 점에서 교회의 증거는 매우 유익하며 신자들은 교회의 가르침을 결코 경시하지 말아야 한다. 또한 자녀들에게 성경을 부지런히 가르쳐야 한다. 성경을 처음 읽는 사람이 성경이 하나님의 말씀이라는 것을 어떻게 알 수 있을까? 실제로 거의 대부분의 사람은 목사나 부모들이 하나님의 말씀이라고 하니까 하나님의 말씀으로 믿는 경우가 많다.

이 모든 것에도 불구하고 성경의 진리와 그 신적 권위에 대한 '온전한 납득과 확신'은 오직 말씀과 함께 우리 안에서 역사하시는 성령의 내적 사역에서 비롯된다. 초신자들은 목사나 교회의 지도를 받아서 성경이 하나님의 말씀이라고 확신할 수 있다. 하지만 이 확신은 부실한 확신일 뿐이다. 신자들은 이 확신에 머물지 않고 성경과 함께 말씀하시는 성령의 내적 증거를 통하여 온전한 확신에 이르도록 노력해야 한다.

부연 설명

성경과 하나님의 말씀 사이의 관계에 대하여 크게 다음과 같은 입장이 있다.

1) 성경도 하나님의 말씀이다. (로마 교회)
2) 성경에는 하나님의 말씀이 들어 있다. (자유주의 신학)
3) 성경은 하나님의 말씀이 된다. (실존주의)
4) 성경은 하나님의 말씀이다. (종교개혁)

처음 3가지의 입장들은 서로 구분되지만 성경의 자증성을 부정한다는 점에서 공통점을 가진다. 결국 성경이 하나님의 말씀인지 그렇지 않은지를 판단하는 것은 성경 자체가 아니라 교회가 되든지, 인간의 이성이 되든지, 아니면 인간의 체험이 된다. 고고학이나 과학이 발달하면서 성경은 여러 방면에서 비평의 대상이 되어왔다. 하지만 시간이 지나면서 그 발견들 역시 새로운 발견에 의해서 비판받고 있다. 따라서 고고학이나 과학도 절대 무오한 것이 아니다. 참고로 진화론은 과학이 될 수 없다. 과학이란 실험을 통하여 검증된 지식을 말하는데 진화는 실험을 통해서 검증하는 것이 불가능하기 때문이다. 진화론은 생명의 다양성을 설명하기 위해 만들어낸 개연성 있는 하나의 이론에 불과하다.

제6항과 제7항 성경의 필수 교리와 성경의 명료성

필수 교리의 범위:

'하나님의 모든 뜻' & 명시적인 교훈 & 선하고 필연적인 추론

모든 성경이 하나님의 말씀이지만 성경 전부를 알아야 구원을 받는 것은 아니다. 만약 그렇다면 신자들은 창세기에서 요한계시록에 이르는 모든 내용을 다 읽어야 할 뿐 아니라 다 이해해야 구원을 받을 것이다. 「고백서」에 따르면 성도들이 꼭 알아야 하는 성경의 필수 교리는 하나님을 영화롭게 하는 것과 신자의 구원(믿음과 삶)에 관한 '하나님의 모든 뜻 (the whole counsel of God)'이다. 사도 바울은 에베소 교회 장로들을 향한 그 유명한 설교에서 자신이 거리끼지 않고 "하나님의 뜻을 다" 전했다고 강조했다(행 20:27).

필수적인 교리에 대한 하나님의 모든 뜻은 성경에 두 가지 방식으로 기록되어 있다. 어떤 것은 명시적으로 기록되어 있어서 누구나 쉽게 알 수 있고 어떤 것은 선하고 필연적인 추론을 해야 알 수 있다. 아무리 배움이 없는 사람도 예수님이 하나님의 아들이며 예수님을 믿어야만 구원받을 수 있다는 것을 분명히 안다. 이와 반대로 삼위일체 교리는 성경에 명시적으로 진술되어 있지 않기 때문에 선하고 필연적인 추론을 해야 제대로 알 수 있다. "선하고 필연적인 추론"은 「고백서」에서 매우 중요한 개념이었고 특히 장로교 교회정치를 변증하는 데 긴요하게 사용되었다.[8]

---

8 C. J. Williams, "웨스트민스터 신앙고백서의 타당하고 필연적 결론," in ed. 안토니 T. 셀바지오, 『단번에 주신 믿음: 웨스트민스터 총회의 유산』, 김은득 역, (서울: P&R, 2007), 299-328.

「고백서」가 말하는 "선하고 필연적인 추론"[9]은 이해하기가 어려운 개념인데 유아 세례를 통해 검토해 보도록 하자. 유아 세례는 하나님을 영화롭게 하고 어린 자녀들의 구원과 관련이 있기 때문에 매우 중요한 교리이다. 그런데 성경 어디에도 유아에게 세례를 주라는 명시적인 명령이 없다. 오늘날 침례교가 유아 세례를 거부하는 핵심적 이유이다. 하지만 우리는 선하고 필연적인 추론을 통해서 유아 세례를 다음과 같이 변증할 수 있다.

1. 모든 인간은 태어날 때부터 아담의 죄를 가지고 태어난다.
2. 죄인이 교회의 회원이 되는 유일한 방법은 세례이다.
3. 언약 안에서 태어난 신자의 자녀가 불신자와 달리 교회의 회원이 라는 것은 분명하다.
4. 따라서 유아들에게 세례를 주어 교회의 회원으로 받아들여 불신 자들의 자녀와 구분해야 한다.

이와 약간 성격이 다른 예를 하나 더 들어 보도록 하자. 성경의 가르침에 따르면 말씀을 가르치고 성도들을 감독하는 직분자(즉, 목사)는 '한 아내의 남편'(딤전 3:2)이어야 한다. 이것은 명시적인 가르침이고, 이 가르침에 근거하여 선하고 필연적인 추론에 따르면 다음과 같은 결론이 나온다. 1) 동성애를 인정하지 않는 한 목사는 남자일 수밖에 없다. 2) 첩 제도를 인정한 나라에서도 첩을 둔 사람은 목사가 될 수 없다. 그런데 필연

---

9 양성만, "『웨스트민스터 신앙고백』 1장 6절의 '바르고 필연적인 귀결'", 「신앙과 학문」 22 (2017):177-211.

적인 추론에만 따르면 아내가 죽고 독신으로 지내는 목사는 현재 한 아내의 남편이 아니니 목사 자격을 상실했다고 할 수 있다. 하지만 이것은 선한 추론은 아니기 때문에 받아들여질 수 없다. 성경의 가르침이 되기 위해서는 그 추론이 선하고 필연적이어야 하며 이 조건을 만족시키면 성경의 교훈으로 간주되어야 한다.

성령의 조명 & 지혜로운 분별력

성경에 명시적으로 기록된 것과 선하고 필연적인 추론에서 나온 교훈 외에는 그 무엇도 "하나님의 모든 뜻"에 첨가되어서는 안 된다. 교회의 전통은 말할 것도 없고 심지어 성령의 "새로운 계시"라고 할지라도 받아들여질 수 없다. 이 점에서 「고백서」는 로마 교회뿐만 아니라 성령의 새 계시를 앞세우는 분파주의에 대해서도 확실하게 선을 그었다. 하지만 이 것을 잘못 이해하면 성령의 사역을 무시한다는 인식을 줄 수 있기 때문에 부연 설명이 필요하다. 성령의 새로운 계시를 부인한다는 말은 성령의 조명(illumination)을 부인하는 것은 아니다. 조명은 그야말로 빛을 비춘다는 것이다. 빛을 비춘다고 해서 없던 내용이 새로 생기는 것은 아니다. 조명은 이미 성경 안에 들어 있는 내용을 더 잘 이해하게 도와주는 역할을 할 뿐이다.

「고백서」는 성령의 새로운 계시는 단호하게 거부하지만, 성령의 조명은 필수적이라는 것을 강조한다. 성령의 조명이 없어도 성경의 명료한 진리를 정확하게 이해할 수는 있지만 그 지식은 구원을 가져오지 못한다. 구원받게 하는 지식은 단지 정확한 정보의 지식을 의미하지 않고 성령에 의한 깨달음이 수반되어야 하기 때문이다. 우리는 이와 유사한 예를 씨뿌리는 비유(마 13장)에서 찾아볼 수 있다. 길 가나 돌밭이나 가시밭이나 좋은 밭에 떨어진 사람들은 모두 말씀을 듣고 이해했다. 지식의 내용에 있어서 그들은 아무런 차이가 없었다. 하지만 오직 좋은 밭에 떨어진 자만이 그 말씀을 '깨달았고' 삼십 배, 육십 배, 백배의 결실을 얻을 수 있었다. 따라서 성경을 읽기 전에 신자들은 가장 먼저 성령의 조명을 위한 기도를 해야 한다. 웨민 공예배지침에 따르면 설교 전에 성령의 조명을 위한 기도의 순서가 있다.

성경이 명시적으로 가르치지도 않고 선하고 필연적인 추론을 통해서도 알 수 없지만 경건한 신앙생활(특별히 예배와 교회정치)에 수반될 수밖에 없는 공통적인 사항들(circumstances common to)은 어떻게 결정해야 하는가? 성경의 명시적인 가르침에 따르면 신자들은 주일에 공예배를 드려야 한다. 하지만 몇 번을 드려야 하는지, 몇 시에 드려야 하는지, 어떤 순서에 따라 드려야 하는지는 명시적으로도 암시적으로도 나타나 있지 않다. 이와 같은 문제들은 신앙의 본질적인 문제는 아니지만 이에 대하여 어떤 결정이 내려지지 않는다면 공예배를 실시하는 것은 불가능하다. 성령의 조명이 이와 같은 구체적인 사항들까지 필요한 것은 아니다. 이것들은 본성의 빛과 지혜로운 분별력(prudence)에 의해 결정되어야 하되 말씀의 일반적인 규칙에 따라야 한다. 말씀의 일반적 규칙에 따르면, 예배의 요소는 설교와 성례와 기도이고, 교회의 직분자는 목사, 장로, 집사로 구성된다. 이 규칙 내에서 예배의 순서와 시간은 신자의 이성적 판단(본성의 빛)에 따라 결정할 수 있고, 교회의 직분자는 지혜로운 분별력에 따라 선출할 수 있다.

부연 설명

성령의 이름으로 새로운 계시를 주장하는 사람이 오늘날에도 있다. 그들은 성령의 능력을 강조하면서 성경의 완전성을 부정한다. 성령님께서 할 수 있다는 것과 하시기를 원하시는가는 구분되어야 한다. 만약 새로운 계시가 있다고 한다면 선지자로서 예수님의 중보 사역이 부족하다는 것을 의미할 수밖에 없어서 우리의 구원이 불안하게 된다. 또한 아무리 작은 양의 새로운 계시라 하더라도 그것은 절대 무오한 하나님의 말씀이기 때문에 성경 66권의 모든 말씀이 새 계시에 의해 판단을 받아야 한다. 새로운 계시를 주장하는 대표적인 이단들이 시한부 종말론자들이다. 시한부 종말론의 근본 전제는 "새로운 계시가 가능하다"는 것이다. 미련한 인간들은 종말의 시간을 정확하게 아는 것이 유익하다고 생각한다. 하지만 가장 지혜로우신 하나님은 그것을 우리에게 감추셨다. 그 이유는 그렇게 하는 것이 신자들에게 유익하다고 판단하셨기 때문이다.

성경의 명료성(perspicuity)

7항은 6항에 잠시 언급된 성경의 명료성을 더 분명하게 설명한다. 성경의 명료성은 필수적인 교리가 비밀스럽거나 감추어지지 않고 누구나 알 수 있도록 분명하게 서술되어 있다는 것을 의미한다. 이 성경의 명료성은 초대 교회 이후로 계속 도전을 받았다. 초대 교회의 대표적인 이단인 영지주의(Gnosticism)는 성경의 참된 의미는 쉽게 알 수 없다고 주장했다. 그들은 영과 육의 이분법을 성경 해석에 잘못 적용해서 성경의 문자적 의미는 육적인 껍데기일 뿐이며 영적인 진짜 의미는 문자 속에 감추어져 있다고 주장했다.[10] 그들에 따르면 성경의 진짜 의미가 사람들에게 감추어져 있기 때문에 이 의미를 찾기 위해서는 특별한 지식이 필요하다. 결국 성경을 제대로 이해할 수 있는 특별한 지식을 가진 비범한 사람들에게서 성경을 배워야 한다고 주장하면서 영지주의는 신자들을 자신들의 교회로 유혹했다.

영지주의는 특별한 영적 성경 지식을 추구한 자들이라고 할 수 있는데, 성경의 핵심 의미가 평범한 일반인들에게 감추어져 있다고 주장하는 점에서 로마 교회 역시 일종의 영지주의라고 할 수 있다. 다른 점은 영지주의는 성경을 제대로 해석하는 자들이 교회 밖에 있다고 주장하는 반면 로마 교회는 그들이 교회 안에 있다고 주장하는 것이다. 영지주의는 오늘날에도 다양한 형태로 드러난다. 특히 비유 풀이로 유명한 신천지와 같은 대부분의 하급 이단들은 영지주의의 아류일 뿐이다. 그들은 자신들에게만 특별한 성경 해석 방법이 있으며, 자신들에게 와야 성경을 제대로 배워서 구원받을 수 있다고 가르친다. 성경을 잘 배우려는 열정을 가진 성도일수록 이와 같은 영지주의에 쉽게 빠질 수 있기 때문에 교회는 평소에 모든 성도에게 성경의 명료한 의미를 잘 가르칠 필요가 있다.

성경의 명료성은 성경의 모든 내용이 정도에 있어서 다 똑같이 명료하다든지, 모든 사람에게 차별 없이 명료하다는 의미가 아니다. 누구나 인

---

10 대표적인 근거 구절은 누가복음 10장 21절이다. "천지의 주재이신 아버지여 이것을 지혜롭고 슬기 있는 자들에게는 숨기시고 어린아이들에게는 나타내심을 감사하나이다."

정하듯이 성경에는 어려운 내용도 많고 아직도 정확한 뜻을 모르는 단어도 종종 나타난다. 교회사를 보면 중요한 교리에 대해서 심각한 논쟁이 오랫동안 지속되기도 했다. 이단들은 항상 잘못된 성경 해석을 통하여 많은 성도를 미혹하기도 했다. 이와 같은 이유를 핑계로 로마 교회는 오랫동안 개인이 성경을 읽는 것을 금지하기도 했다. 무엇보다 성경 번역이 이루어지지 않았기 때문에 일반 대중들은 성경을 읽을 수조차 없었다. 이 모든 것은 성경의 명료성을 거부했기 때문에 나타난 현상들이었다.

성경의 필수 교리들은 분명하게 설명되었을 뿐 아니라 이곳저곳에 공개되어 있다. 따라서 계시나 관상(contemplation)과 같은 특별한 성경 해석 방법이 필요한 것은 아니다. 대신 체계적인 교리 교육이 필요하다. 왜냐하면 필수 교리들이 성경 이곳저곳에 분산되어 있기 때문이다. 이 필수 교리를 아는 데는 일반적인 성경 교육만으로도 충분하다. 이 교육만 실시하더라도 학식이 떨어지는 사람조차 구원에 필수적인 성경 지식을 충분히 얻을 수 있다. 일반적 방식에는 개인 성경 읽기, 교리 공부, 설교가 포함된다. 교회의 지도자들은 신자의 성장을 위해서 특별한 방식을 찾아 헤매기보다는 일반적인 교육 방식을 효과적으로 사용하는 데 역량을 쏟아야 할 필요가 있다.

적용

성경의 명료성을 믿는다면 어린이들에게 어떻게 설교해야 할까? 어린이들에게 성경이 너무 어렵다는 것을 지나치게 강조해서는 안 된다.

이 점에서 신명기 6장은 아주 중요한 교훈을 제공하고 있다.[11] "자녀들에게 부지런히 가르치라"는 명령은 성경의 명료성을 전제하고 있다. 어린이도 성경을 이해할 수 있다면 어른들은 훨씬 더 잘 이해할 수 있을 것이다. 성경의 명료성은 어린이 설교를 위한 좋은 안내서가 된다. 어린이들에게 성경의 필수 교리들을 가르치기보다 그냥 재미있는 성경 이야기를 전달하는 경향이 많은데 성경의 명료성을 믿는다면 시정될 필요가 있다.

제8항 성경 본문: 원본, 사본, 번역

제8항은 정확한 성경 본문이 무엇인가를 다룬다. 제2항에 따르면 성경은 크게 구약과 신약으로 구성된다. 구약 성경은 히브리어로 기록되었고, 신약 성경은 헬라어로 기록되었다. 이 중에서 원본(autograph)은 하나도 남아 있지 않고 수많은 사본만 존재하고 있다. 인쇄술이 등장하기까지 사본은 사람의 손에 의해서 작성되었기 때문에 완벽한 사본은 존재할 수 없었다. 이와 같은 상황에서 사본에 대한 신뢰성이 문제가 될 수 있다. 아무리 성경이 하나님의 말씀이라고 주장하더라도 실제로 어느 것이 원본에 가까운지 알 수 없다면 성경에 대한 지금까지의 논의는 사상누각에 지나지 않을 것이다.

여기에 대한 「고백서」의 답은 다음과 같다. 원본은 하나님의 직접적인 영감으로 기록되었고 사본은 "특별한 보호와 섭리"에 의해서 보존되

---

11 이성호, 『결혼한 자들에게 내가 명하노니』 (안성: 그 책의 사람들, 2020), "신명기 6장에 나타난 자녀교육의 대헌장," 44-56.

었기 때문에 사본은 충분히 신뢰할 만하며(authentic) 모든 교리적 논쟁의 기준이 될 수 있다. 먼저, 원본과 사본의 정확한 관계를 파악할 필요가 있다. 원본과 사본이 100% 일치하지 않는다는 것은 너무나 분명한 사실이다. 중요한 것은 얼마나 어느 정도의 차이가 있는가이다. 로마 교회는 이 차이를 지나치게 강조하여 사본의 진정성을 부인했다. 그 결과 교회가 인정한 라틴어 번역 성경을 하나님의 말씀으로 받아들였다. 그리스 정교회도 헬라어 구약 성경(70인역)을 더 권위 있게 생각한다.

수많은 사본이 존재하지만 그들 사이의 차이는 무시할 정도로 작다. 그마저도 전치사, 관사 등과 같이 사소한 차이들이 대부분이다. 심지어 그 차이들도 서로 비교하거나 문맥을 통하여 원문을 확정할 수 있다. 그렇다면 다음과 같은 결론이 나온다. 1) 적어도 사본들 사이에 일치하는 거의 대부분의 본문은 원본과 동일하다. 2) 차이가 나는 것 중 명백하게 본문을 확정할 수 있는 것도 원본과 동일하다고 볼 수 있다. 3) 원문을 확실하게 확정할 수 없다고 하더라도 그것은 극히 사소한 문제이기 때문에 이것을 근거로 사본 자체의 신뢰성을 거부할 수 없다.

성경 사본의 신뢰성은 확보되었으나 히브리어와 헬라어를 모른다면 성도들에게 큰 의미가 없을 것이다. 이와 같은 이유로「고백서」는 종교개혁의 전통에 따라 성경 번역의 필요성을 강하게 주장했다. "하나님의 모든 백성"은 성경을 읽고 그 의미를 찾아야 하며 그 결과 하나님의 말씀이 그들 속에 풍성히 거하여(골 3:16) 하나님을 올바로 예배하면서 인내와 위안 속에 소망을 가지도록 노력해야 한다(롬 15:4). 여기서 원어 성경과 번역 성경이 각자 고유의 역할을 수행하고 있음을 보게 된다. 교회 안에서 종교에 관한 논쟁이 발생하면 원어 성경이 최종적인 판단 기준이 되어야 한다. 하지만 신자들이 함께 모여 하나님께 예배할 때에는 모국어를 사용해야 한다.

번역에 실수가 있을 수 있고 성경 원어와 모국어가 서로 다르기 때문에 번역에 한계가 있을 수밖에 없다. 하지만 이와 같은 차이를 지나치게 강조하여 번역 성경을 무시하는 것도 올바른 태도가 아니다. 실제로 이슬람교는 오직 아랍어로 된 꾸란만 인정하며 번역된 꾸란은 꾸란에 대한 해설로 볼 뿐이다. 하지만 번역된 성경도 그 자체가 성경의 진리를 바로 전달하는 한 하나님의 말씀으로 보아야 한다. 비록 교리 논쟁에 있어서 번역 성경은 최종 권위를 갖지 못하지만, 신자들로 하여금 성경의 진리를 깨달아 하나님을 바르게 예배하게 한다는 점에서는 원어 성경보다 더 큰 유익을 제공한다.

생각해 볼 점

"축도의 마침 문구를 어떻게 해야 하는가?"에 대한 질의가 총회에 올라 온 적이 있었다. 논쟁의 핵심은 "있을지어다"로 할 것인지 아니면 "하기를 축원하옵니다"로 할 것인지였다. 여러 토의가 있은 후 "성경대로 하기로 하다"라고 결론을 내렸다. 이 결론은 몇 가지 문제점을 가지고 있다. 기본적으로 장로교 총회는 교리적 논쟁에 있어서 원어 성경에 근거하여 판단해야 한다. 문제는 원어 성경에는 해당 문구가 존재하지 않는다는 것이다. 해당 문구는 자연스러운 문장으로 번역하기 위해서 첨가된 것이다. 실제로 어떤 한글 성경에는 해당 문구만 작은 글씨로 표기해서 원문에 없다는 것을 간접적으로 표현했다. 총회에 참석한 회원들에게 "성경"은 당연히 그 당시 사용한 한글 성경을 의미했을 것이다. 만약 이후에 한글 성경이 표현을 바꾸면 또다시 논쟁이 될 수밖에 없다. 원어 성경에는 없으니까 없는 대로 사용하는 것이 더 성경적인 것도 아니다. 「고백서」에 따라 풍성한 예배를 위해서 해당 문구는 첨가되어 번역되어야 한다. 어떻게 번역할 것인가? 원어 성경을 잘 살펴서 그 정확한 의미를 찾은 후에 가장 합당한 번역을 확정해야 진정한 장로교 총회라고 할 수 있다.

제9항과 제10항 성경의 해석: 무오한 준칙 & 최고의 재판관

성경: 무오한 준칙(The Infallible Rule)

이전의 8항에 따르면 성경은 모든 종교적 논쟁에서 최종 권위를 갖는다. 하지만 이것이 구체적으로 실천되기 위해서는 성경에 대한 권위 있는 해석이 가능해야 한다. 예를 들어 어떤 교리적 논쟁이 발생하여 교회가 성경을 연구해서 어떤 해석을 도출했는데 그것이 과연 바른 성경 해석이라는 것을 어떻게 결정할 수 있는가? 이 질문에 대해서 로마 교회는 사도단을 지도하고 있는 교황이 최종적인 해석 권한을 가진다고 주장한다. 이것을 교도권(magisterium)이라고 하는데 이 교리에 따라 오직 로마 교회만이 참된 진리를 보존하고 있다. 심지어 로마 교회는 교황 무오설까지 발전시켰는데, 통상적으로 알려진 것과 달리 교황이 죄가 없다는 말이 아니고 교황이 자신의 주교좌의 권한으로 신앙과 행위에 대해서 어떤 교리를 선포하면 그 교리는 무오하다는 뜻이다.

9항은 로마 교회의 교도권 교리를 정면으로 거부한다. 성경 해석에서 성경 그 자체가 무오한 준칙이다. 단어를 어떻게 정의하는가에 따라 다르겠지만, '무오하다(infallible)'는 단순히 성경에 오류가 없다는 의미뿐만 아니라 오류에 빠질 수도 없다는 뜻을 지닌다. 따라서 '무오(無誤)'보다는 '불오(不誤)'라는 말이 더 적절하다. 따라서 모든 성경 해석은 성경 자체의 준칙에 따라 판단을 받아야 한다. 이것을 구체적으로 다음과 같이 적용할 수 있다. 쉬운 본문이 있고 어려운 본문이 있다면 어려운 본문은 보다 명백하고 쉬운 본문이 의미하는 바에 따라 해석되어야 한다.

이와 같은 해석 방법이 가능한 이유는 66권 성경 전체가 하나님의 말씀이기 때문에 성경 안에는 어떠한 오류도 없고 또한 상충하지도 않는다는 전제가 있기 때문이다. 특히 제9항은 성경의 참되고 온전한 의미(true and full sense)는 여러 개가 아니라 하나라고 주장한다. 이것은 설명이 필요한데 「고백서」는 성경의 모든 본문은 하나의 의미로만 해석되어야 한다고 주장하는 것이 아니다. 「고백서」의 의도는 기본적으로 중세 동안 깊게 뿌리내렸던 성경의 4중 해석 방법(quadriga)을 부정하는 것이다. 이 해석 방법에 따르면 성경의 모든 본문은 4가지 의미를 지닌다. 그것들은 문자적(literal) 의미, 모형론적(typological) 의미, 풍유적(allegorical) 의미, 유비적(analogical) 의미이다. 제9항은 성경 본문에 다양한 의미가 있다는 것을 부정하는 것이 아니라 서로 연결되지 않은 별도의 다중 해석 방법을 부정하는 것이다.[12] 예를 들어 예루살렘은 기본적으로 문자적인 의미에서 예

---

12 Douglas Wilson, *Westminster Systematics: Comments and Notes on the Westminster Confession* (Moscow: Canon Press, 2014), 11.

루살렘 도시를 의미하지만, 설교의 적용 부분에서는 모형론적인 의미에서 신약교회를 가리킬 수 있다. 종교개혁가들은 하나의 문자적(역사적) 의미에 기초하면서 다른 해석들을 여기에 종합시킴으로 온전한(full) 성경의 의미를 찾으려고 노력했다.

성령: 최고의 재판관 (The Supreme Judge)

성경이 해석에 있어서 무오한 준칙이라면 성령은 "최고의 재판관"이시다. 성경이 헌법이라면 성령은 대법원장이시라고 할 수 있다. 이 표현이야말로 성경과 성령의 관계를 잘 보여 준다. 성령은 절대로 자유로우신 분이지만 자신이 직접 쓰신 성경과 상관없이 판단하시는 분이 아니다. 교리적 판단에 있어서 성경과 성령은 항상 같이 간다. 성경의 준칙을 무시하면 교회의 판단을 최고로 생각하는 로마 교회의 입장을 따르거나 개인의 영적 판단을 최고로 여기는 오류에 빠지게 된다.

"최고(supreme)" 재판관이라는 말은 성령이 유일한 재판관이라는 말이 아니다. 대법원이 있고 지방법원이 있듯이 최고 재판관이신 성령 이외에도 하급 재판관들이 있다. 여기에는 공의회, 초대 교부들, 뛰어난 신학자들과 같은 것들이 포함된다. 종교개혁가들은 결코 공의회나 초대 교부들의 권위를 무시하지 않았다. 오히려 그들은 공의회나 초대 교부들을 열심히 연구하여 자신들의 입장을 효과적으로 변호했다. 공의회가 갖는 권위의 한계에 대해서는 제31장 4항에서 한 번 더 언급된다.

제2장 하나님과 거룩한 삼위일체

1항. 존재와 완전성에서 무한하신,[3] 살아계시고 참되신 하나님은 오직 한 분 뿐이시다.[1][2] 그분은 가장 순수한 영으로서[4] 불가시적이고,[5] 형체나 부분들이나 (우리와 같은) 성정이 없으시다.[6][7] 불변하시고,[8] 측량할 수 없으시고,[9] 영원하시고,[10] 불가해하시다.[11] 전능하시고,[12] 가장 지혜로우시고,[13] 가장 거룩하시고[14] 가장 자유로우시고[15] 가장 독립적이셔서[16] 자기 자신의 영광을 위하여[18] 자신의 불변하고 의로운 의지의 뜻을 따라 모든 것을 행하신다.[17] 가장 사랑이 많으시고,[19] 은혜로우시고, 자비로우시고, 노하기를 더디 하시고, 선함과 진실에 있어서 풍부하셔서서 악과 과실과 죄를 용서하신다.[20] 자신을 간절히 찾는 자들에게 보상하는 분이시며[21] 그와 동시에 심판에 있어서 가장 의로우시고 두려운 분으로서[22] 모든 죄를 미워하시고[23] 범죄자들의 벌을 결코 면제하시지 않는다.[24]

2항. 하나님은 모든 생명,[25] 영광,[26] 선과[27] 복을[28] 자신 안에 스스로 가지고 계신다. 그분은 홀로 자신 안에서 완전히 자족하시기 때문에 자신이 만든 어떤 피조물도 필요로 하지 않고,[29] 그것들로부터 영광을 얻고자 하시지 않으며,[30] 단지 자신의 영광을 그것들 안에서, 그것들에 의해서, 그것들을 위해서 나타내실 뿐이다. 그분은 모든 존재의 근원이시니 만물이 그분에게서 나오고 그분으로 말미암고 그분에게 돌아간다.[31] 그분은 만물 위에 최고의 주권적 권세를 행사하시며 자신의 기쁘신 뜻에 따라 만물에 의해서, 만물을 위하여, 만물 위에 행사하신다.[32] 그분의 눈앞에서 만물은 공개되고 드러난다.[33] 그분의 지식은 무한하고 불오하며 피조물에 의존하지 않기 때문에[34] 그분에게는 비연적(contingent)이거나 불확실한 어떤 것도 존재하지 않는다.[35] 그분은 자신의 모든 경륜에 있어서, 모든 사역에 있어서, 그리고 모든 뜻에 있어서 가장 거룩하시다.[36] 하나님께서 요구하기를 기뻐하시면, 그것이 예배든 섬김이든 순종이든 무엇이든지 천사나 사람이나 다른 모든 피조물은 마땅히 그분께 드려야 한다.[37]

3항. 신성의 하나 됨 속에서 한 본질과 능력과 영원을 가진 세 위격이 존재하시니 곧 성부 하나님, 성자 하나님, 성령 하나님이시다.[38] 성부는 누구에게도 말미암지 않으시니 곧 나시거나 나오지 않으시며, 성자는 성부에게서 영원히 나시고,[39] 성령은 성부와 성자로부터 영원히 나오신다.[40]

---

1) 신 6:4; 고전 8:4, 6.

2) 살전 1:9; 렘 10:10.

3) 욥 11:7-9; 26:14.

4) 요 4:24.

5) 딤전 1:17.

6) 신 4:15-16; 요 4:24; 눅 24:39.

7) 행 14:11, 15.

8) 약 1:17; 말 3:6.

9) 왕상 8:27; 렘 23:23-24.

10) 시 90:2; 딤전 1:17.

11) 시 145:3.

12) 창 17:1; 계 4:8.

13) 롬 16:27.

14) 사 6:3; 계 4:8.

15) 시 115:3.

16) 출 3:14.

17) 엡 1:11.

18) 잠 16:4; 롬 11:36.

19) 요일 4:8, 16.

20) 출 34:6-7.

21) 히 11:6.

22) 느 9:32-33.

23) 시 5:5-6.

24) 나 1:2-3; 출 34:7.

25) 요 5:26.

26) 행 7:2.

27) 시 119:68.

28) 딤전 6:15.; 롬 9:5

---

29) 행 17:24-25.

30) 욥 22:2-3.

31) 롬 11:36.

32) 계 4:11; 딤전 6:15; 단 4:25, 35.

33) 히 4:13.

34) 롬 11:33-34; 시 147:5.

35) 행 15:18; 겔 11:5.

36) 시 145:17; 롬 7:12.

37) 계 5:12-14.

38) 요일 5:7; 마 3:16-17; 28:19; 고후 13:14.

39) 요 1:14, 18.

40) 요 15:26; 갈 4:6.

누가 주께 먼저 드려서 갚으심을 받겠느뇨?

이는 만물이 주에게서 나오고 주로 말미암고 주에게로 돌아감이라.

영광이 그에게 세세에 있으리로다. 아멘.

(롬 11:36)

서론: 신학 & 신론

신앙고백은 원리적으로 하나님에 대한 고백이다. 따라서 하나님이 누구신지, 하나님이 어떤 일을 하시는지가 신앙고백의 전부가 되어야 한다. 비록 신앙고백에는 인간도 들어있고, 교회도 들어있고, 심지어 국가도 들어있지만, 이 모든 것들은 유일하시고 참되신 삼위 하나님과의 관계 속에서 다루어져야 한다. 따라서 신학(theology)은 근본적으로 신론(the doctrine of God)이 되어야 한다. 오늘날 신학이 전문화되면서 신학이 점점 인간학으로 바뀌는 현상을 보게 된다.[13] 성경이 말하는 하나님이 아니라 인간의 이성이나 경험이 말하는 하나님이 중심 주제가 되어버렸다. 이제 하나님 중심적인 신학을 회복할 때이다.

제2장은 하나님의 본질과 세 위격을 다룬다. 이를 통해 하나님이 어떤 분이신지를 고백하고 있다. 이 신론에 있어서 종교개혁가들과 로마 교회는 근본적인 차이가 거의 없었다. 또한 동방교회와 서방교회의 가장 중요한 교리적 문제인 필리오케에 대해서도 종교개혁가들은 심각하게 고민하지 않았다. 그들은 이전의 서방교회의 신론을 성경적이라고 생각하고 그대로 이어받았다. 16세기에 종교개혁가들은 로마 교회와 마찬가지로 삼위일체를 부정하는 이단들은 사형에 처해야 한다고 생각했다. 대표적인 예가 세르베투스(Servetus)다. 삼위일체를 부정했던 세르베투스는 목숨을 건지기 위해 가톨릭 지역을 탈출해서 칼뱅이 목회하고 있었던 제네바로 피했지만 결국 처형되고 말았다.

신론에 있어서 교파들 사이에 본질적으로 큰 차이가 없었기 때문에 16-17세기 개신교 신조들은 신론을 자세히 다루지 않는다. 39개조 신조의 경우 신론을 간단하게 두 문장으로 요약할 뿐이다. 「고백서」역시 전통적인 신론에 매우 충실하며 이를 통해서 공교회적인 신학을 그대로 물려받았다는 것을 잘 표명하고 있다. 「고백서」의 뛰어난 점은 이전의 신조들보다 훨씬 더 정교하게 신론을 체계적으로 정리했다는 사실에 있다. 여러 가지 신학적 용어들이 자세한 설명 없이 계속 나열만 되어 있는 이

---

13 신학에 대한 기본 개념에 대해서는 다음 저서를 참조하라. 유해무, 『개혁교의학』 (서울: 크리스찬 다이제스트, 19970, 21-30.

유는 「고백서」가 신학 해설서가 아니고, 그 당시에 그 용어들이 이미 보편적으로 받아들여졌기 때문이다.

제1항 하나님의 속성: 어떤 하나님을 믿는가?

하나님의 존재와 정의

"오직 살아계시고 참되신 한 분 하나님": 「고백서」는 첫 문장에서 무신론과 다신론과 범신론을 단호하게 거부한다. 하나님께서는 여러 신 중에 하나라든지 여러 신 중에 가장 높은 신이 아니시다. 이 하나님 외에 하나님이라고 불리는 것들은 모두 거짓되거나 죽은 하나님일 뿐이다. 이 점에서 기독교는 배타성을 가질 수밖에 없다. 오늘날 종교 다원주의가 여러 가지 형태로 교회 안으로 밀려오고 있는데 「고백서」가 가르치는 유일신론을 확고하게 붙들어야 한다.

"존재와 완전에서 무한하신":[14] 무한은 하나님과 피조물을 구분하는 가장 근본적인 기준이다. 무한의 기본적인 개념은 '제한이 없다'는 뜻이다. 피조물 중에서 가장 뛰어난 인간도 존재와 완전에 있어서 제한을 가진다. 시간과 공간의 제약을 받을 수밖에 없으며 인간의 이성도 그 자체가 한계를 가지고 있을 뿐 아니라 외부 세계에 의존할 수밖에 없다. 이와 반대로 하나님은 존재에 제약을 받지 아니하시고 완전성에 있어서도 어

---

14 17세기에 소시니우스주의나 극단적인 아르미니우스주의자들은 하나님의 무한성을 인정하지 않았다. 오늘날에도 과정신학이나 열린 신론(open theism)을 주장하는 이들은 하나님을 계속 자기 발전을 하는 과정에 있는 존재로 설명한다.

떤 제약을 받지 않는다. 이와 같이 무한한 존재는 둘이 될 수 없다. 한 신이 무한한 지식을 가지고 있다면 다른 신은 그 지식 외에 다른 지식을 가질 수 없다. 무한한 능력을 가진 두 신이 존재한다면 이 세상은 끊임없이 대립하면서 혼동에 빠질 수밖에 없다.

"가장 순수한 영": 하나님은 영이시다(요 4:24). 기본적으로 영은 비물질적 실체를 의미한다. "순수(pure)"라는 말은 상당한 설명이 필요한 어려운 단어다. 잘못하면 하나님은 죄가 없이 깨끗한 분이라는 생각을 갖게 한다. 이 단어는 신학적으로 하나님의 '순일성(simplicity)'을 표현하는 단어이다. 보통 '단순한'이라고 번역되는데 "하나님이 단순하다"는 말 역시 이해하기 어렵기 때문에 보다 정확한 '순일(純一)'이라는 단어가 더 적절하게 보인다. 이 순일과 반대되는 말은 합성(composite)이다. 즉, 하나님은 합성된 존재가 아니라는 것이 "가장 순수하다"는 뜻이다. 순수한 영이시기 때문에, 참되신 하나님은 보이지 않으시고, 육체가 없으시고, 부분으로 합성되지 않으시고, 우리와 같은 성정들이 없으시다(without passions, 행 14:15). 하나님의 순일성은 다른 모든 신적 속성에 선행하는 역할을 한다. 하나님의 순일성은 성경에 명시적으로 드러난 개념이 아니기 때문에 헬라 철학의 산물이라는 비판을 많이 받았지만, 이 개념은 하나님의 하나님 되심을 가장 잘 표현하는 용어이기 때문에 전통 신학에서 그릇된 신론을 비판하고 참된 신론을 변증하기 위해서 계속 사용되었다. 「고백서」역시 이 점에서 전통적인 신론에 충실하다.[15]

---

15 개혁주의 관점에서 하나님의 순일성을 탁월하게 변증한 연구에 대해서는 다음 저서를 참조하라. James E. Dolezal, *God without Part: Divine Simplicity and the Metaphysics of God's*

이 순일성에 따라 하나님의 다른 모든 속성들은 부분들로 존재하지 않고 하나로 일치한다. 즉 하나님의 공의와 하나님의 자비가 하나님 안에서 부분적으로 존재하지 않는다. 하나님의 어떤 행동은 공의롭고, 다른 행동은 자비로운 것이 아니라 (우리 눈에는 그렇게 보이지만) 그분의 모든 행위가 공의로우면서도 동시에 자비롭다. 또한 하나님의 공의와 하나님의 자비는 서로 상충할 수 없다. 하나님은 어떤 죄인을 용서하여 자신의 자비를 나타내려고 할 때 자신의 공의에 손상을 주실 수 없다. 마지막으로, '가장' 순일하신 하나님은 '절대적으로' 순일하지는 않으시다. 만약 신성에 있어서 어떠한 구분도 인정하지 않는다면 신성 안에 세 위격의 구분도 불가능할 것이다. 「고백서」는 다신교도 거부하지만 유대교나 이슬람교 및 여호와의 증인과 같은 이단의 단일신론도 거부한다.

불감수성(impassibility): 하나님은 가장 순일하시므로 그분은 외적인 요인 때문에 여러 감정들에 의해 휘둘리지 않으신다. 하나님에게는 고통이나 수치심이나 자부심과 같은 감정이 존재하지 않는다. 이것을 불감수성이라고 하는데 이 말은 하나님께서 돌과 같이 아무런 감정이 없다는 말이 아니다. 이것이 가리키는 바는 하나님이 인간들처럼 변덕스러운 감정을 지니신 분이 아니라는 말이다. 따라서 하나님은 우리가 하는 행동에 따라 기분이 좋아지고 나빠지는 분이 아니시다. 물론 하나님은 우리가 찬송할 때 기뻐하시지만 우리가 찬송을 드렸기 '때문에' 기분이 풀리시는 분이 아니시다. 성경에 하나님을 감정적으로 서술하는 것들을 문자적으

Absoluteness (Eugene: Pickwick Publications, 2011).

로 그대로 해석해서는 안 된다. 마찬가지로 "하나님을 기쁘시게 합시다"라는 말도 비유적으로 사용할 필요가 있다. 순일성은 하나님을 인간처럼 서술한 성경 본문들을 보다 정확하게 이해하는 데 큰 도움을 준다.

하나님의 속성(성품)

인간의 언어는 하나님의 속성을 제대로 표현하는 데 한계가 있다. 이와 같은 이유로 신학자들은 전통적으로 부정 방식과 탁월 방식을 사용했는데 전자는 부정어를 사용하여 하나님의 속성을 표현하고, 후자는 최상급을 사용하여 하나님의 속성을 표현한다. 「고백서」역시 이와 같은 전통적 방식을 잘 사용하고 있다.

1. 부정 방식(via negativa): 제1항에는 모두 4개의 부정 속성이 제시되어 있다.

   1) **불변성:** 하나님은 "본성의 완전성에 있어서" 더 좋거나 더 나쁘게 변할 수 없다. 하나님은 더 많은 능력을 가질 수도 없고, 더 좋은 하나님이 될 수 없고, 계획도 바꿀 수 없고, 약속도 바꿀 수 없다. 이 불변성 때문에 하나님의 언약적 신실함이 확실하게 보장된다. 불변성은 하나님이 가만히 계신다는 말이 아니다. 하나님께서는 변하지 않으시는 본성에 따라 끊임없이 세상을 변화시키시는 분이다. 성경에 "후회하셨더라"와 같은 표현들은 비유적(신인동형론적)인 표현으로 이해되어야 한다. 불변성은 특별히 우리의 구원과 밀접한 관계를 맺는다. 「고백서」에 따르면(제17장 2항), 성도의 견인 교리는 하나님의 불변

하는 작정에 기초한다.

2) 불측성(immensity): 하나님은 무한하시기 때문에 그분을 측량하는 것은 불가능하다. 이것이 공간에 적용될 때에는 불측성이라고 하고, 시간에 적용될 때에는 영원성이라고 한다. 간단히 말해서 하나님은 무소부재하신 분이시다. 하나님의 불측성은 큰 주목을 받지 못했는데 시편은 이 교리가 신자에게 주는 큰 위로를 다음과 같이 노래로 표현했다.

> 내가 주의 영을 떠나 어디로 가며 주의 앞에서 어디로 피하리이까?
> 내가 하늘에 올라갈지라도 거기 계시며
> 스올에 내 자리를 펼지라도 거기 계시니이다.
> 내가 새벽 날개를 치며 바다 끝에 가서 거주할지라도
> 거기서도 주의 손이 나를 인도하시며
> 주의 오른손이 나를 붙드시리이다. (시 139:7-10)

3) 영원성(eternal): 성경은 곳곳에서 하나님의 영원성을 언급한다. 일상적으로 영원은 아주 오랜 시간을 의미하지만, 하나님의 영원성은 단지 하나님이 죽지 않고 오랫동안 사신다는 것을 의미하지 않는다. 하나님이 영원하시다는 말은 그분의 무한성에 따라 하나님의 존재가 공간에 제약을 받지 않을 뿐만 아니라 시간에도 제약을 받지 않으신다는 것을 의미한다. 창조되지 않으셨기 때문에 하나님은 시작도 없고 끝도 없으신 분이다. 사도 요한은 계시록에서 다음과 같이 선포했다. "주 하나님이 이르시되 나는 알파와 오메가라 이제도 있고 전에도 있었고 장차 올 자요 전능한 자라 하시더라"(계 1:8)! 하나님은 영원하시기 때문에 특히 그분의 지식에 있어서 동일하시다. 하나님은 과거, 현재, 미래에 모두 현존하시기 때문에 피조물에 대한 완벽한 지

식을 갖고 계시고 이것은 시간에 따라 변하지 않는다.

4) 불가해성(incompresibility): 시간과 공간을 초월하시는 측량할 수 없는 하나님의 본성을 피조물인 인간이 완전히 이해하는 것은 불가하다. 이 사실은 "유한은 무한을 파악할 수 없다(Finitum non possit capere infinitum)"라는 유명한 경구에 잘 드러나 있다. 불가해성은 인간이 하나님에 대해서 아무것도 알 수 없다는 불가지론을 의미하지 않는다. 하나님께서는 계시를 통하여 인간에게 자신을 알리셨다. 이 계시는 하나님에 대한 완전한 지식은 아니지만 구원에 이르게 하는 참된 지식이다. 불가해성 교리로 인해 인간은 스스로 교만하지 않고 하나님께서 허락하신 계시에 만족하면서 행복한 삶을 살 수 있다.

욥기에 나타난 불가해성: 욥과 욥의 친구들은 하나님에 대한 상당한 지식을 가지고 있었고 이 지식에 근거하여 욥이 당하고 있는 고난의 이유에 대하여 논쟁을 벌였다. 욥의 친구들은 그 이유가 욥이나 욥의 가족이 뭔가를 잘못했기 때문에 하나님께서 벌을 내리셨다고 주장했다. 욥은 현재 당하는 그 엄청난 고난이 자신이 지은 죄 때문에 오는 것이 아니라는 것은 확신했으나 그 이유를 알지 못했다. 하지만 욥은 하나님께서 그 이유를 잘 가르쳐 주시면 알 수 있을 것으로 생각했다. 모든 논쟁이 끝난 후 하나님께서 나타나셔서 욥의 친구들의 추론이 틀렸다고 정죄하셨다. 그리고 욥에게는 답을 가르쳐 주기 보다는 오히려 수많은 질문들을 제시했다. 하지만 욥은 그 모든 질문에 하나도 답을 제시할 수 없었기 때문에 자신의 지적 한계를 고백하면서 하나님을 찬양했다. 의인이 당하는 고통의 이유는 오직 하나님의 의지(본성)에 속하는 것이기에 인간의 이해를 벗어난다는 것을 욥기는 잘 가르쳐 주고 있다. 하나님의 모든 것을 알 수 없더라도 우리에게 주신 계시에 만족하면서 계시 속에서 나타난 하나님을 신뢰하는 것이 참된 신앙인의 자세이다.

2. 탁월 방식(via eminentia):「고백서」는 5가지 속성을 탁월 방식으로 제
   시하고 있다. 하나님을 단순히 자비로우시다고 하면 어떤 임금의
   자비로움과 구별하기가 불가능하다. 따라서 최상급을 써서 하나님
   의 자비로우심과 인간의 자비가 정도에 있어서 비교할 수 없다는
   것을 나타낸다.

   1) **전능하심(almighty)**: 인간이나 천사들도 상당한 능력을 가지고 있
   으나 하나님은 모든 것을 하실 수 있다는 점에서 훨씬 탁월한 능력의
   소유자이시다. 하나님의 전능성은 하나님께서 아무것이나 다 하실
   수 있다는 뜻이 아니다. 의외로 하나님은 하실 수 없는 것이 많다. 몇
   가지 예를 들면 다음과 같다. 1) 하나님은 과거를 바꿀 수 없으시며,
   2) 하나님은 동물이 될 수 없으시며, 3) 하나님은 둥근 세모를 만들
   수 없으시며, 4) 하나님은 자기가 들 수 없는 무거운 돌을 만들 수 없
   으시다. 하나님의 전능성은 하나님께서 자기의 본성에 어긋나지 않
   는 한 자신의 기쁘신 뜻에 따라 무엇이든지 하실 수 있다는 말이다.
   하나님의 전능성을 가장 잘 보여 주는 것은 사도신경이 고백하는 대
   로("전능하사 천지를 만드신") 하나님의 창조 사역이다. 따라서 우리는 하
   나님께서 무엇을 하실 수 있는가를 질문할 필요가 없다. 중요한 것은
   하나님께서 무엇을 하시기 원하시는가이다. 그런데 이것은 성경에
   기록되어 있기 때문에 우리는 부지런히 성경을 상고해야 한다.

   2) **가장 지혜로움**: 지혜는 목적을 이루기 위해 수단을 잘 사용하는
   지식이라고 정의할 수 있다. 지혜는 특히 어떤 일을 계획하고 결정하
   거나 어떤 사건을 판단하는 데 매우 중요한 자질이다. 이 점에서 하
   나님은 가장 지혜로우신 분이시다. 하나님의 지혜는 특별히 창조와

구속에서 가장 찬란하게 빛난다. 하나님은 지혜로 세상을 창조하셨다. 창세기 1장은 하나님께서 창조하시고 나서 그 피조물이 하나님이 보시기에 좋았다(good)는 것을 계속 강조한다. 좋았다는 말은 원래의 계획한 대로 세상이 창조되었다는 것을 의미한다. 시편은 노래한다. "여호와여 주께서 하신 일이 어찌 그리 많은지요? 주께서 지혜로 그들을 다 지으셨으니 주께서 지으신 것들이 땅에 가득하니이다"(시 104:24). 구원의 사역 역시 하나님의 지혜의 탁월함을 드러낸다. 사도 바울은 하나님께서 놀라운 방식으로 유대인들과 이방인들을 구원하시는 과정을 다 서술한 후, 다음과 같이 탄성을 지른다. "깊도다! 하나님의 지혜와 지식의 풍성함이여! 그의 판단은 헤아리지 못할 것이며 그의 길은 찾지 못할 것이로다"(롬 11:32)! 바울은 또 하나님께서 선택한 은혜의 외적 수단인 설교의 능력을 강조하면서 "하나님의 어리석음이 사람보다 지혜롭다"고 주장했다(고전 1:25).

3) 가장 거룩하심. (제2항 참조)

4) 가장 자유로우심: 하나님은 가장 자유로우신 분이다. 인간도 자유롭지만 자신의 능력이나 상태에 따라 자유가 제약을 받는다. 인간은 아무리 날고 싶어도 날 수 있는 능력이 없다. 또한 타락한 인간은 죄의 영향을 받기 때문에 은혜의 도움 없이는 스스로 선한 일을 할 수 있는 자유가 없다.

이와 반대로 하나님의 능력은 무한하시기 때문에 원하시는 일을 수행하는 데 제약이 없다. 통상적으로 알려진 바와 달리 엄밀한 의미에서 자유는 선택의 다양성을 의미하지 않는다. 예를 들어 하나님은 죄를 선택하실 수도 없고, 하나님은 더 나은 세상을 창조하실 수도 없다. 왜냐하면 하나님은 자신의 무한하신 지혜와 선하심에 따라 세상을 창조하실 수밖에 없기 때문이다. 이처럼 본성의 필연성에 따라 하는 행동도 자유이다.

5) 가장 독립적이심: 하나님은 외부에 의존하지 않으시고 반대로 모든 피조물을 자신에게 의존하게 하신다. 이것을 하나님의 절대성(absoluteness) 또는 독립성(independence)이라고 하는데 이 독립성이 보장되지 않는다면 하나님의 자유는 보장될 수 없다. 하나님은 모든 선한 것을 다 가지고 계시며 부족한 것이 없으시다. 하나님은 뭔가 부족해서가 아니라 당신의 선하심을 나누기를 기뻐하셔서 세상을 창조하셨다. 하나님의 독립성은 특별히 올바른 신앙생활을 하는 데 매우 중요한 교리이다. 하나님이 절대적으로 독립적이시고 외부에 전혀 의존하지 않으신다는 것을 안다면 기도의 내용이나 자세가 많이 바뀔 것이다.

하나님의 일하심

이상에서 우리는 하나님이 어떤 분인지 살펴보았다. 하나님의 속성을 제대로 알아야 하나님께서 어떻게 행하시는지(working)를 이해할 수 있다.

1. **"자신의 영광을 위해서" 일하심:** 하나님은 어떤 일을 하실 때 자신의 영광을 위해서 일하실 수밖에 없다. 이것을 잘못 이해하면 하나님은 상당히 이기적인 분이라는 생각을 하게 된다. 하지만 하나님께서 자신이 아닌 다른 어떤 것을 위해서 일한다고 가정해 보자. 그것은 하나님보다 조금이라도 덜 선하고, 덜 지혜롭고, 덜 거룩할 수밖에 없다. 만약에 그

렇게 일하신다면 하나님의 완전성은 손상될 수밖에 없고 그런 하나님은 하나님이라고 할 수 없다. 하나님께서 모든 일을 자신의 영광을 위해서 하신다면 우리도 무슨 일을 하든지 하나님의 영광을 위해서 해야 하고(고전 10:31), 하나님의 이름이 거룩히 여김을 받도록 기도해야 한다.

2. "자신의 변함없고 의로우신 의지의 목적에 따라"(엡 1:11): 자신의 영광을 위해서 일하시는 하나님께서는 자신의 뜻에 "따라" 일하신다. 이로써 하나님의 자유와 하나님의 절대성이 확보된다. 하나님의 의지는 앞에서 언급된 하나님의 여러 속성을 따를 수밖에 없기 때문에 불변하고 의롭다. 따라서 하나님의 의지의 결과인 하나님의 일도 불변하고 의롭다는 것을 우리는 확신할 수 있다. 그리고 하나님의 일하심의 대상은 모든 만물이다. 당연히 만물에는 인간의 타락과 죄도 포함된다.

하나님의 도덕적 속성

1. 용서하시는 분: 사랑, 은혜, 자비, 인내, 인자와 진실
「고백서」는 출애굽기 34장 6절[16]의 말씀을 거의 그대로 인용하면서 하나님의 속성을 열거한다. "죄가 더한 곳에 은혜가 더욱 넘쳤다"(롬 5:20)는 말씀은 죄가 이 세상에 들어 온 것이 하나님의 실수처럼 보이게 한다. 하지만, 이 말씀은 죄를 용서하시는 사역을 통해 하나님께 사랑, 은혜, 자

---

16 출 34장의 배경은 모세가 시내 산에 두 번째로 올라가서 십계명을 받을 때 하나님께서 자신의 이름을 선포하시며 모세에게 계시하신 사건이다.

비, 인내, 인자, 진실이 얼마나 풍부한지를 우리에게 알려 준다. 특히 은혜와 자비는 죄가 존재하지 않았더라면 우리가 알 수 없는 하나님의 속성이다.

2. 보상하시는 분

믿음 장(章)이라고 불리는 히브리서 11장은 에녹의 믿음을 설명하면서 "하나님께 나아가는 자는 반드시 그가 계신 것과 또한 그가 자기를 찾는 자들에게 상 주시는 이심을 믿어야" 한다고 가르친다. 하나님의 독립성과 무감수성(impassibility)은 하나님께서 우리가 하는 일에 아무런 관심이 없다는 것을 의미하지 않는다. 물론 우리가 하는 일 자체에 무슨 가치나 원인이 있어서 하나님께서 우리에게 보상하는 것은 아니다.

3. 심판하시는 분: 의로움과 두려우심

하나님은 죄를 용서하실 뿐만 아니라 죄인들을 벌하시는 분이시다. 하나님은 모든 죄를 미워하실 뿐만 아니라 죄를 범한 자들에 대해서 진노하신다. 진노만 하시고 벌을 내리지 않는다면 아무도 하나님을 두렵게 여기지 않을 것이다. 하나님이 두려우신 이유는 그분의 벌이 매우 엄중하기 때문이다. 하나님은 또한 가장 의로운 재판을 통하여 형벌을 내리신다. 이 심판을 통해서 우리는 하나님께서 가장 의로우신 분이라는 것을 깨닫게 된다. 오늘날 심판하시는 하나님이나 두려우신 하나님에 대한 인식이 너무 흐려졌다. 사랑의 하나님과 공의의 하나님은 동일한 하나님이시다. 어느 하나를 더 강조하는 순간 그 하나님은 진정한 하나님이 아니다.

제2항 하나님과 피조물의 관계

제1항에서 우리는 하나님께서 절대적으로 독립적인 분이라는 것을 확인했다. 그런데 그 하나님께서 세상을 창조하셨는데 그 이유는 무엇일까? 하나님의 완전성을 부인하는 이들은 하나님에게 뭔가 부족하기 때문에 세상을 창조하셨다고 주장한다. 「고백서」는 여기에 대해서 하나님은 스스로 자신의 영광을 나타내기를 원하셨기 때문이라고 답한다.

하나님의 자존성(aseity)

제2항에 열거된 하나님의 속성을 한 단어로 표현하면 자존성이다. 이것을 영어로 'aseity(아세이티)'라고 하는데 라틴어에서 나왔다. 라틴어로 a는 '~~로부터'를 의미하고, se는 '그 자체(self)'를 의미한다. 이 아세이티가 가장 잘 나타난 곳이 로마서 11장 36절이다. "만물이 주에게서 나오고 주로 말미암고 주에게로 돌아감이라. 그에게 영광이 세세에 있을지어다!" 이 구절을 잘 이해하면 「고백서」에 나타난 하나님과 피조물의 관계를 잘 이해할 수 있다.

1. 만복의 근원: 하나님은 모든 좋은 것(생명, 영광, 선, 복)을 다 가지고 계신다. 따라서 피조물에게서 어떤 영광도 필요로 하지 않으신다. 그렇다면 왜 세상을 창조하셨는가? 그것들을 통하여서 자신의 영광을 드러내시기를 기뻐하셨기 때문이다. 이는 특별히 예배를 이해하는 데 매우 중요하다. 우리가 하나님께 영광을 돌리면 하나님은 더 영광스러운 분이

되는 것이 아니다. 따라서 예배를 드릴 때 우리는 단지 하나님의 영광을 나타낼 뿐이다.

2. 절대 주권: 하나님은 모든 피조물에 대해서 절대적인 주권을 행사하신다. 자신이 기뻐하시는 일은 무엇이든지 행사하실 수 있으시며 피조물에 의해서 행동하지 않으신다. 물론 이 말은 하나님이 피조물을 로봇이나 노예처럼 부린다는 의미는 아니다. 모든 일이 하나님의 뜻대로 이루어진다는 뜻이다. 여기에 대해서는 하나님의 작정에서 보다 상세하게 다루어질 것이다.

3. 절대 지식: 하나님은 모든 만물을 다 아시기 때문에(전지성) 그분의 지식이 피조물에 의존하지 않는다. 간단히 말해 하나님은 피조물을 알기 위해서 공부할 필요가 없다는 말이다. 이것은 기도에 특별히 적용할 수 있다. 이방신들과 달리 하나님은 우리가 구하기 전에 이미 구할 내용을 다 알고 계신다(마 6:8). 시간을 초월하신 하나님은 이미 미래에 우리가 무엇을 구하고 있는지를 다 보고 계신다. "모든 것이 그분 앞에 공개되어 있고 드러나 있기" 때문에 그분의 지식은 "무한하고 불오하고 피조물에 독립적이어서" 어떤 것도 하나님께는 "불확실하거나 비연적[17]인 것이 없다." 즉, 모든 것이 필연적이다.

---

17 "contingent": 상당히 어려운 개념을 담고 있어서 여러 단어로 번역되며 아직 정착된 단어가 없다. 기본적인 뜻은 "어떤 일이 일어날 수도 있고 일어나지 않을 수도 있는"이며 우연이라는 개념과도 구분된다. 보다 자세한 것은 3장 1항에 대한 특강을 참고하라.

하나님의 전지성은 특별히 우리의 구원을 위해서도 매우 중요한 속성이다. 하나님이 우리의 모든 것을 다 알고 사랑하시는 것과 우리를 다 알지 못하고 사랑하시는 것과는 큰 차이가 있다. 하나님이 전지하지 않다면 인간처럼 "그럴 줄 몰랐다"고 하면서 우리에 대한 사랑을 거둘 수 있을 것이다. 하나님께서 우리가 정말 사악한 죄인이라는 것을 완전히 알고 우리를 선택하셨기 때문에 우리는 그분의 사랑을 신뢰할 수 있다.[18]

4. 절대 거룩: 하나님의 주권과 달리 하나님의 거룩은 특별히 이성적 피조물과 관련되어 있다. 성경은 하나님의 거룩하심에 관해 많이 말하지만, 아쉽게도 거룩이 무엇인지 정의하고 있지는 않다. 「고백서」에서 주목할 점은 하나님의 거룩이 천사와 인간들에게 예배와 순종을 요구하고 있다는 것이다. 거룩은 기본적으로 '구별'이라는 뜻을 지니고 있지만 구별이 부정적인 뜻으로도 사용될 수 있기 때문에 (예: 열외) 이 정의만으로는 충분하지 않다. 거룩은 도덕과 윤리에서 탁월성을 의미하며 하나님은 다른 피조물이 결코 도달할 수 없는 지고한 신적 성품을 가지고 계신다.[19] 거룩의 의미를 유추할 수 있는 좋은 예는 이사야 6장에서 찾아볼 수 있다. 이사야는 천사들이 서로 화답하면서 "거룩하다! 거룩하다! 거룩하다! 만군의 여호와여 그의 영광이 온 땅에 충만하도다!"라고 찬송하는 것을 목격했다. 우리는 여기서 하나님의 거룩과 하나님의 영광이 밀접하게

---

18 Millard J. Erickson, *God the Father Almighty: A Contemporary Exploration of the Divine Attributes* (Grand Rapids: Baker Book House, 1998), 185.

19 기동연, 『레위기』 (서울: 생명의 양식, 2019), 34-35.

연결되어 있다는 것에 주목하게 된다. 하나님의 영광은 그분이 경배의 대상임을 가르쳐 준다. 결국 하나님의 거룩은 우리를 예배로 초청한다. 구약의 예배인 제사를 다루는 레위기에서 거룩이라는 단어를 가장 많이 발견하는 것은 아주 자연스러운 일이다. 하나님의 거룩하심은 또한 신자로 하여금 거룩한 삶을 살도록 요구한다. "내가 거룩하니 너희도 거룩하라"(레 11:44; 벧전 1:16). 하나님께서 모든 거짓 신들과 구분되는 것처럼, 신자들도 이방인들의 모든 더러운 행실을 버리고 깨끗한 삶을 살아야 한다.

제3항 삼위 하나님[20]

신적 본성에 있어서 절대적으로 하나이신 하나님은 성부, 성자, 성령 삼위 하나님으로 존재하신다. 앞에서 설명했지만 하나님의 순일성은 위격적 구분을 거부하지 않는다. 삼위일체는 상당히 깊은 내용을 담고 있지만 「고백서」는 아주 간단하게 한 문장으로 정리한다. 첫 문장은 이전의 39개조 신조와 비교하면 정관사(the) 외에는 어떤 차이도 없다. 이것은 신앙고백서의 고백적 특성을 잘 보여 준다고 하겠다. 「고백서」를 작성한 주체가 잉글랜드 교회라는 것이 이 문장에서 확실하게 드러난다. 「고백서」는 신학 해설을 위해 작성된 것이 아니며, 새로운 교리를 만들어 발전시키려고 하지도 않았다.

---

20 다음 저서는 삼위일체 교리를 대중적으로 탁월하게 풀어내었다. Michael Reeves, 장호준 역, 『선하신 하나님』 (서울: 복있는 사람, 2015).

39개조 신조 (제1조)	웨민 고백서 (2조 3항)
And in unity of this Godhead there be three Persons, of one substance, power, and eternity; the Father, the Son, and the Holy Ghost.	In the unity of the Godhead there be three Persons, of one substance, power, and eternity: God the Father, God the Son, and God the Holy Ghost.

삼위일체에 있어서 39개조 신조와 웨스트민스터 신앙고백의 비교

본성에 있어서 일치하시는 삼위 하나님은 위격적으로 어떻게 구분되시는가? 첫째, 이름으로 구분되신다. 성부도 하나님이시고, 성자도 하나님이시지만 성부는 성자가 아니시다. 이 구분을 위해서 다른 이름이 사용된다. 둘째, 순서에 있어서 구분된다. 성부, 성자, 성령은 본성에 있어서 완전히 동일하시지만 순서에 있어서는 구분되신다. 성부는 성자에, 성자는 성령에 항상 앞에 서시며 이것이 신적 동등성을 침해하지 않는다. 셋째, 존재 방식에 있어서 구분되신다. 성부는 누구에게서도 나시거나 나오지 않으시며, 성자는 성부에게서 영원히 나시고, 성령은 성부와 성자로부터 영원히 나오신다.

나심(발생)과 나오심(발출)은 성경의 계시에 근거한 표현이고, 이것은 두 가지를 의도한다. 하나는 성자와 성령이 성부와 동일한 하나님이라는 것이고, 성자는 성령과 구분된다는 것이다. 나심과 나오심은 창조되지 않았다는 것을 의미하고, 성자와 성령이 창조되지 않은 완전한 하나님이라는 것을 말한다. 이것은 아리우스 논쟁 때 전면에 부각되었는데 성자는 "나셨으나 창조되지 않으셨다(begotten not made)"가 니케아 공의회에서 채택되었다. 목수가 책상을 만들었을 때 그 책상은 목수의 성격을 희미하게 드러낼 수 있지만 책상과 목수의 본질은 서로 완전히 다르다. 하지

만 목수의 아들은 목수가 가지고 있는 본질을 다 가지고 있듯이, 성자와 성령은 성부의 본질을 완전히 가지고 있다. 나심과 나오심은 또한 성자와 성령의 차이도 설명한다. 이 차이를 통해서 성령이 성자에 이어 두 번째 아들이 아니라는 것을 알 수 있다. 하지만 나심와 나오심이 정확하게 어떻게 다른지는 인간의 이성으로 알 수 없다. 분명한 것은 성령께서 성부와 성자에게서 나오시는 하나님이시기 때문에 "성부와 성자와 함께 찬양과 경배를 받으시는" 하나님이라는 사실이다(니케아 신경).

이 삼위일체 하나님이야말로 성경이 계시한 유일하고 참되신 하나님이시다. 기독교는 무신론, 다신론, 범신론뿐 아니라 단일신론도 거부한다. 삼위일체를 몰라도 신앙생활을 하는 데 지장이 없다고 생각하는 신자들이 많다. 또 삼위일체를 말로는 믿는다고 하지만 실제로는 양태론과 같은 단일신론을 믿는 신자들도 의외로 많다.[21] 대표적인 예가 '주여 삼창'이다. "주여! 주여! 주여!"라고 외쳤을 때 "주"가 성부, 성자, 성령 삼위 하나님을 의미하지 않고 막연한 한 하나님만을 의미한다면 실제적으로는 단일신론이라고 할 수 있다.

신앙생활에서 삼위일체는 신자들이 성경을 읽는 데 매우 중요하다. 성경은 하나님의 말씀이며 성경에서 가장 많이 나오는 단어가 하나님이다. 창세기 1장에 나오는 하나님은 어떤 하나님인가? 유대인들의 하나님인가? 그렇지 않다. 비록 성경에 명시적으로 설명이 나와 있지 않지만 성경에 나오는 하나님은 모두 성부, 성자, 성령 삼위 하나님이 될 수밖에

---

21 이성호, 『성도생활백과』, "도대체 삼위일체 교리가 왜 중요한가요?", 43-47.

없다. 따라서 성경을 읽을 때 하나님이라는 단어를 볼 때마다 삼위 하나님을 떠올릴 수 있어야 제대로 성경을 읽는 것이다.

삼위일체는 무엇보다 올바른 예배를 정립하기 위해 필수적이다.[22] "누구에게 예배를 드리는가?"가 예배에 있어서 가장 중요한 질문이 되어야 한다. 삼위 하나님이 예배의 대상이라면 삼위 하나님을 고백하고 세례를 받은 신자들만이 예배자가 될 수 있을 것이다. 예배 속에서 삼위 하나님의 이름을 부르고, 송영으로 삼위 하나님을 찬송하며, 기도로 삼위 하나님께 도움을 구하고, 설교를 통해 삼위 하나님의 구원 사역을 선포하며, 성찬으로 삼위 하나님과 가장 깊은 교제를 나누며, 축복으로 삼위 하나님의 복을 받는 것이야말로 진정한 예배가 된다. 모든 예배의 타락은 삼위 하나님에 대한 지식이 흐려지는 것에서 시작한다.

부연 설명

1. 니케아 공의회 (325년)

초대 교회 이후 교리적인 논쟁이 벌어지면 여러 교회의 지도자들이 모여서 공회를 통해서 해결하는 전통이 있었다. 박해의 시대에는 교회의 생존이 가장 큰 문제였기 때문에 교리적 논쟁을 할 여유가 별로 없었고, 교리적 논쟁이 발생하더라도 그 영향이 제한적이었다. 하지만 313년 콘스탄티누스 황제가 기독교를 공인하고 나서 상황이 많이 바뀌었다. 한

---

22 이성호, 『예배를 알면 교회가 보인다』 (서울: 좋은씨앗, 2020).

지역의 교리적 논쟁은 쉽게 로마 제국 전체로 번질 수 있었다. 성자의 신성을 부정한 아리우스의 단일신론이 대표적인 예였다. 콘스탄티누스 황제는 이 문제를 해결하기 위해서 휴양지였던 니케아에서 교회 역사상 처음으로 보편적인 회의를 개최였다. 이 회의를 통해서 성부와 성자의 관계를 동일본질(호모우시오스)로 규정한 니케아 신경이 작성되었다. 이와 더불어 유월절과 관련된 절기 문제도 최종적으로 결정되어 오늘날까지 이르고 있다. 니케아 공의회 이후에도 여러 종류의 아리우스주의가 교회 안에서 득세했기 때문에 381년 제국의 새 수도인 콘스탄티노플에서 두 번째 공의회가 개최되었다. 이 회의는 종전의 신경을 약간 확대 개정한 신경을 최종적으로 확정했다. 이 신경도 일반적으로 니케아 신경이라고 부르는데 엄밀하게 말하면 니케아-콘스탄티노플 신경이라 할 수 있다.

2. 개념정리: 필리오케(filioque)

1) 필리오케는 라틴어로 아들로부터(filio)+도(que)라는 뜻이다.

2) 필리오케는 기본적으로 성령이 어떤 분이신가에 대한 교리이다.

3) 「고백서」는 서방교회의 전통을 따라 필리오케의 교리를 받아들인다.

4) 필리오케는 원래 니케아 신경(381년)에 없었고 나중에 서방교회에서 첨가되었기 때문에 역사적 정당성을 인정받기는 어렵다.

5) 성령이 성부에게서만 나오시는가 아니면 성부에게서뿐만 아니라 성자에게서도 나오시는가가 핵심적인 차이로 동방교회는 전자를, 서방교회는 후자의 입장을 따르고 있다. 성령이 성부에게서 나오신다는 것에 대해서는 아무도 반대하지 않는다.

6) 필리오케와 관련된 가장 중요한 성경 구절 중의 하나는 요한복음 15장 26절이다. "내가 아버지께로부터 너희에게 **보낼** 보혜사 곧 아버지께로부터 **나오시는** 진리의 성령이 오실 때에 그가 나를 증언하실 것이요."

7) 서방은 성부와 성자의 완전한 하나 됨을 강조했기 때문에 성령이 성부에게서만 나오시면 성부와 성자는 서로 다른 존재가 된다고 생각하여 필리오케가 성경적이라고 생각했고, 동방은 필리오케를 받아들이면 성령이 서로 다른 두 신성에서 나올 수밖에 없는데 이 교리는 서로 다른 두 신성을 전제하는 다신론이라고 생각했다.

3. 삼위일체에 대한 흔한 오해

삼위일체는 「고백서」에 가장 분명하고 간단하게 잘 정리되어 있다. 하지만 삼위일체를 잘못 설명하는 몇 가지 예들이 있는데 주의해야 한다.

1) 삼위일체를 '3=1'로 설명하는 것. '3=1'이 틀렸다는 것은 초등학교 학생도 안다. 차라리 '3:1'로 설명하는 것이 더 나을 수 있다. 삼위일체는 말 그대로 동일한 하나님이 위격의 관점에서 보았을 때는 셋, 본질의 관점에서 보았을 때는 하나라는 뜻이다.

2) 양태론적 설명: 동일 인물을 기능에 따라 달리 부르는 것을 의미한다. 동일인이 집에서는 아버지, 회사에서는 과장, 부인에게는 남편으로 불리는 것과 같다. 구약은 성부의 시대, 신약은 성자의 시대, 지금은 성령의 시대로 설명하는 것도 대표적인 양태론이다. 당연히 어제나 오늘이나 내일이나 성부, 성자, 성령 삼위 하나님의 시대이다.

3) 뿌리, 줄기, 가지가 한 나무를 이룬다고 보는 것. 삼위일체는 성부, 성자, 성령 삼위 각각이 완전한 하나님이라는 뜻이지 삼위가 합쳐져서 하나님이 된다는 뜻이 아니다.

제3장 하나님의 영원한 작정

1항. 하나님은 영원부터 자신의 의지의 가장 지혜롭고 거룩한 뜻을 따라 자유롭고 불변하게 일어날 모든 일을 정하셨다.[1] 그러나 그렇다고 해서 하나님이 죄의 조성자가 되시는 것은 아니며[2] 피조물의 의지가 침범당하는 것도 아니고 제2 원인들의 자유나 비연성이 제거되는 것도 아니며 오히려 확립된다.[3]

2항. 하나님은 가정할 수 있는 모든 조건에서 일어나거나 일어날 수 있는 어떠한 일이라도 다 아시지만,[4] 그 일을 장래 일로 미리 보셨거나 그 일이 어떤 조건에서 일어날 것을 미리 보셨기 때문에 작정하신 것은 아니다.[5]

3항. 하나님의 작정에 따라 어떤 인간들이나 천사들은 그분의 영광을 드러내기 위하여[6] 영원한 생명으로 예정되었고, 다른 이들은 영원한 사망으로 기정되었다.[7]

4항. 이와 같이 예정되고 기정된 천사들이나 인간들은 개별적이고 불변적으로 정해졌기 때문에 그들의 수는 너무나 분명하게 확정되어서 증가할 수도 감소할 수도 없다.[8]

5항. 세상의 기초가 놓이기 전에 하나님은 자신의 영원하고 불변한 목적과 자신의 의지의 감추어진 뜻과 선한 기쁨에 따라 그리스도 안에서 생명으로 예정된 인간들을 영원한 영광에 이르도록 선택하셨다.[9] 이 일은 그들 안에 믿음이나 선행이나 견인이나 피조물 안에 있는 다른 어떤 요소를, 하나님으로 하여금 그렇게 행하도록 하는 조건이나 원인으로 미리 보셨기 때문이 아니라 오직 그분의 값없는 은혜와 사랑에서 비롯된 것이며,[10] 전적으로 그분의 영광스러운 은혜를 찬송하도록 하기 위한 것이었다.[11]

6항. 하나님께서 택자들을 영광에 이르도록 지정하셨듯이, 그것에 이르는 모든 수단도 자신의 의지의 영원하고 가장 자유로운 목적에 따라 미리 정하셨다.[12] 그러므로 아담 안에서 타락했으나 선택된 자들은 그리스도에 의해서 구속을 받고,[13] 적절한 때에 역사하시는 그의 성령에 의해 그리스도를 믿는 믿음에 이르도록 효과적으로 부르심을 받고, 의롭게 되고 양자가 되고 거룩하게 되며,[14] 그분의 능력에 의하여 믿음을 통하여 구원에 이르도록 붙드심을 받는다.[15] 택자들 외에 어느 누구도 그리스도에 의해 속량을 받거나, 효과적으로 부르심을 받거나, 의롭게 되거나, 양자가 되거나, 거룩하게 되거나, 구원을 받지 못한다.[16]

7항. 하나님은 피조물들에 대한 자신의 주권적 권능의 영광을 나타내기 위하여, 원하시는 대로 자비를 베푸시기도 하고 거두시기도 하는, 탐지할 수 없는 자기 자신의 의지의 뜻을 따라 나머지 인간들을 간과하시기를 기뻐하셨다. 하나님은 자신의 영광스러운 공의를 찬양하도록 하기 위해 비택자들을 그들의 죄 때문에 수치와 진노에 이르도록 하시기를 기뻐하셨다.[17]

8항. 지극히 신비로운 이 예정 교리는 그분의 말씀 안에서 계시된 하나님의 뜻에 주의하고 그것에 순종하려고 하는 사람들이 자신들의 효과적 부르심에 대한 확실성으로부터 자신들에 대한 영원한 선택을 확신하도록 특별히 신중하고 조심스럽게 다루어져야 한다.[18)19)] 그렇게 되면 이 교리는 복음에 신실하게 순종하는 모든 사람에게 하나님에 대한 찬양과 경외와 경배의 내용뿐만 아니라[20] 겸손과 부지런함과 풍성한 위로의 내용도 제공한다.[21]

---

1) 엡 1:11; 롬 11:33; 히 6:17; 롬 9:15, 18.

2) 약 1:13, 17; 요일 1:5.

3) 행 2:23; 마 17:12; 행 4:27-28; 요 19:11; 잠 16:33.

4) 행 15:18; 삼상 23:11-12; 마 11:21, 23.

5) 롬 9:11, 13, 16, 18.

6) 딤전 5:21; 마 25:41.

7) 롬 9:22-23; 엡 1:5-6; 잠 16:4.

8) 딤후 2:19; 요 13:18.

9) 엡 1:4, 9, 11; 롬 8:30; 딤후 1:9; 살전 5:9.

10) 롬 9:11, 13, 16; 엡 1:4, 9.

11) 엡 1:6, 12.

12) 벧전 1:2; 엡 1:4-5; 2:10; 살후 2:13.

13) 살전 5:9-10; 딛 2:14.

14) 롬 8:30; 엡 1:5; 살후 2:13.

15) 벧전 1:5.

16) 요 17:9; 롬 8:28-39; 요 6:64-65; 10:26; 8:47; 요일 2:19.

17) 마 11:25-26; 롬 9:17-18, 21-22; 딤후 2:19-20; 유 1:4; 벧전 2:8.

18) 롬 9:20; 11:33; 신 29:29.

19) 벧후 1:10.

20) 엡 1:6; 롬 11:33.

21) 롬 11:5-6, 20; 벧후 1:10; 롬 8:33; 눅 10:20.

모든 일을 그 마음의 원대로 역사하시는 자의 뜻을 따라
우리가 예정을 입어 그 안에서 기업이 되었으니.

(엡 1:11)

서론: 하나님은 어떻게 작정하시는가?

제2장에서 우리는 하나님의 속성, 즉 하나님이 어떤 분이신가를 살펴보았다. 제3, 4, 5장은 하나님의 사역을 다룬다. 신자는 성경을 통하여

하나님이 어떤 분이신지도 알아야 하지만 그 하나님이 어떻게 행하시는 지도 정확히 알아야 올바른 신앙생활을 할 수 있다. 제3장은 창조 이전의 하나님의 작정, 제4장은 하나님의 창조, 제5장은 창조 이후의 하나님의 섭리를 다룬다. 하나님의 속성과 하나님의 사역은 당연히 밀접한 관계가 있다. 존재론적인 순서로 보면 하나님의 속성이 하나님의 사역보다 앞서 지만, 인식론적인 측면에서 볼 때 유한한 인간은 하나님의 사역을 통해 하나님의 속성을 보다 쉽게 이해할 수 있다. 예를 들어 하나님의 전능성 은 상당히 막연하지만 천지창조는 하나님의 전능성을 아주 구체적으로 보여 준다.

제3장은 하나님의 작정을 다룬다. 이 작정에서 우리는 하나님과 인간 의 차이를 확실히 실감한다. 인간은 어떤 결정을 할 때 이미 상당한 제한 을 가지고 있다. 인간은 항상 자신의 능력 안에서 어떤 결정을 한다. 오 르지 못할 산을 오르겠다고 결정하는 사람은 없다. 또한 돈 한 푼 없는 거지가 집을 사는 결정을 할 수는 없다. 이렇게 인간의 결정은 자신의 지 식과 능력에 따라 제약을 받는다. 하지만 무한하신 하나님은 어떤 환경 에도 제한받지 않으시기 때문에 자유롭게 결정하신다. 이와 같은 하나님 의 작정은 반드시 이 세상에서 이루어지기 때문에 하나님께서 어떻게 작 정하시는지 잘 알아야 인간은 그분의 뜻에 따라 행복한 삶을 누릴 수 있 을 것이다.

제1항 작정의 정의[23]

기본 개념

1) 작정은 하나님의 의지의 행위이며 어떤 것을 결정하는 힘이다.

2) 작정은 영원 전의 행위이다.[24] 창조 이전에는 시간이 없었다는 것을 기억할 필요가 있다. 영원 전에 하나님께서 가만히 계시다가 어느 시점에서 천지창조를 결정하셨다는 말이 아니다. 그렇게 되면 하나님의 의지가 변했다는 말인데 이것은 하나님의 불변성과 상충한다.

3) 하나님의 작정은 독단적이지 않고 "가장 지혜롭고 거룩한 목적을" 추구한다. 물론 이 목적은 하나님 스스로 가지고 계신다.

4) 작정의 대상은 이 세상에 일어날 모든 일이다.

5) 하나님의 작정은 자신의 속성, 특별히 독립성과 불변성을 따른다(2장 1항 참조). 하나님은 어떤 일을 어쩔 수 없이 작정하지 않으시고 일단 작정하시면 그 작정은 변할 수 없다.

죄와 자유 의지의 문제

하나님께서 모든 것을 작정하셨고 그 작정이 불변하다면 2가지 큰 문제가 생길 수 있다. 하나는 죄의 문제이고 다른 하나는 자유 의지의 문제

---

23 대교리문답 12문답, 소교리문답 7문답.
24 잘 알려진 가스펠 송 중에 이런 노래가 있다. "아주 먼 옛날 하늘에서는 당신을 향한 계획 있었죠." 이 가사의 의도는 알겠지만 하나님의 작정과 계획을 동화처럼 들리게 하는 위험 요소를 안고 있다.

이다.

이 세상에는 죄가 존재하기 때문에 "모든 것"에는 죄도 포함된다. 따라서 하나님이 죄도 작정하셨다는 말인데 그렇다면 하나님께서 죄의 원인자가 되는 것이 아닌가 하는 질문이 제기될 수 있다. 하나님이 죄의 원인자라면 하나님이 악한 신이라는 뜻이 되기 때문에 신성모독적인 생각이다. 하나님이 모든 것을 작정하셨다고 해서 하나님이 모든 것을 실제로 행하셨다는 말은 아니다. "죄의 조성자" 문제는 섭리에서 보다 상세하게 다루어진다(5장 4항).

특강: 필연, 자유, 비연(非然, contingency)

이 세상에는 2차 원인들이 존재한다. 이것들은 크게 자연법칙, 자유의지, 그리고 비연(contingency)으로 구분된다. 하나님의 절대적인 지식에 따라 영원하신 하나님에게는 모든 일이 필연적이고 확실하기 때문에 비연적인 것은 존재할 수 없다(제2장 2항). 하지만 피조물 그 자체만 본다면 완전히 자유롭다. 하나님의 작정이 인간의 자유 의지나 비연성을 제거하지 않고 오히려 확립한다는 것은 작정을 이해할 때 대단히 중요한 개념이다.

이 세상에서 어떤 일은 필연적 원인으로 일어난다. 달은 중력의 법칙에 따라 지구를 돌 수밖에 없다. 이 경우에 달은 자유 의지를 전혀 가지고 있지 않다. 하지만 자유 의지를 가진 인간은 어떤 외적인 원인에 의존하지 않고 자유롭게 선택을 할 수 있다. (예: 사과를 먹을지/배를 먹을지) 또한 이 세상에는 비연적인 것도 존재하는데 어떤 경우나 조건에 따라 일어날 수도 있고 일어나지 않을 수도 있는 것을 말한다. 예를 들어 니느웨에 대한 하나님의 심판은 요나의 복음을 듣고 니느웨가 회개하는가에 따라 결정된다. 즉, 하나님은 그냥 아무 조건 없이 니느웨를 심판하시는 것이 아니라 니느웨가 회개하지 않을 때 심판하신다. 이 심판은 필연적인 것도 아니고 자유로운 것도 아니고 비연적 혹은 조건적이다. 이 비연적 사건은 자유 의지의 결과물이라고 할 수 있다.

비연이라는 말은 영어로 컨틴전시(contingency)라고 하는데 우리 말에 없기 때문에 상당히 번역하기 어려운 말이다. 신학적으로 아직 통일된 용어가 없어서 학자들마다 다른 용어를 사용한다. 종종 우연이라고 번역되는 경우가 많은데 우연은 하나님의 의지를 배제하기 때문에 하나님의 작정과 조화를 이룰 수 없다. 비록 비연은 사용되지 않는 언어이지만 현재로서는 원래의 의미를 가장 유사하게 드러낸다는 점에서 큰 장점이 있다. 하나님의 절대주권은 절대로 인간의 자유 의지와 같은 2차 원인들을 배격하지 않기 때문에 개혁파 신자들은 하나님의 절대주권을 남용하지 말아야 한다.

비연은 성경에 등장하지 않기 때문에 많은 비판을 받기도 했다. 어떤 이들은 비성경적이라고 주장하면서 그리스 철학의 영향을 받은 사변적 개념이라고 폄하하기도 한다. 비록 그리스 철학의 영향을 받은 것이기는 하지만, 비연은 성경적 진리를 설명하는 매우 중요한 도구이다. 만약 이와 같은 단어가 없다면 하나님의 작정과 인간의 자유 의지의 관계를 설명하기가 매우 어려울 것이다. 종교개혁은 이전의 신학적 개념들을 무조건 배척하기보다는 오히려 그것들을 잘 사용하여서 성경의 의미를 더욱 분명히 드러냈다. 「고백서」는 곳곳에서 비연성에 대해서 언급하고 있는데 특별히 섭리를 이해하는 데 중요하다(5장 2항 참조).

작정의 구분: 허용적 작정

죄와 작정의 관계를 설명할 때 허용적 작정(permissive decree)이라는 말을 사용하는데, 이것은 주의가 필요하다. 허용은 하나님께서 마지못해서 허락한다는 뜻이 아니다. 허용적 작정은 하나님께서 작정을 실행시키는 '방식'에서 자신이 적극적인 원인자가 되지 않게 결정하는 것이다. 예를 들어 구원에 있어서 하나님은 적극적으로 행하신다. 성령을 보내셔서 조명하게 하시고 은혜를 주셔서 죄인을 변화시킨다. 하지만 죄의 경우에 하나님은 가만히 계신다. 가만히 계심으로 자신의 뜻을 확실하게 실현하신다. 따라서 허용적 작정도 분명한 작정이고 다만 방식에 있어서 구분될 수 있을 뿐이다.

칼뱅의 설명: 욥의 예[25]

1. 하나님은 자신의 선한 의도에 따라 욥을 시험하시기로 작정하셨다.
2. 하나님께서 사단에게 시험하는 것을 허락하셨다.

---

25 John Calvin, *Institutes of the Christian Religion*, I. xviii. 1.

3. 사단이 갈대아 사람들을 격동시켰다.

4. 욥의 아들이 다 죽었다.

욥의 아들이 죽은 것은 누구 때문인가? 최종적이고 궁극적인 원인은 하나님께 있다. 하나님께서 허락하지 않으셨다면, 아들이 죽지 않았을 것이다. 따라서 욥의 아들의 죽음 그 자체는 하나님의 작정의 범위를 벗어나지 않는다. 하지만 하나님은 선한 의도로 욥을 시험하셨다. 하지만 사단과 갈대아 사람들은 악한 의도로 욥의 아들을 죽였다. 동일한 사건에서 선과 악이 동시에 존재할 수 있다. 선은 하나님이 원인자이지만 악은 사단과 갈대아인들이 책임을 져야 한다.

제2항 하나님의 지식 & 하나님의 작정

제2항 이후는 아르미니우스주의를 정면으로 비판한다. 제2장 2항에서 우리는 하나님의 지식이 무한하고 불오(infallible)하다는 것을 이미 확인했다. 이 지식에 따라 하나님은 미래에 일어나거나 일어날 수 있는 모든 가능성에 대한 지식을 다 가지고 계시다. 그렇다면 그 무한한 가능성 중에서 하나님이 어떤 일을 결정하실 때 하나님은 어떻게 결정하실까? 이것은 하나님의 지식과 의지의 관계를 다루는 문제이다. 인간은 어떤 물건을 구매할 때 다 알아보고 마음에 들어서 사기도 하고, 물건에 대한 지식이 없는 경우에는 그냥 사기도 한다. 하나님께서는 모든 것을 다 아시되, 그 지식 "때문에" 어떤 일을 작정하시지 않는다. 만약 그 지식 때문에

어떤 일을 결정하게 되면 하나님의 결정은 피조물에 대한 지식에 의존할 수밖에 없는데, 이것은 하나님의 절대성을 손상한다.

제3항과 제4항 이중 예정과 그 확정성

예정은 분명한 성경의 가르침이다. 바울은 하나님의 예정을 에베소서 1장에서 다음과 같이 찬미한다.

> 찬송하리로다! 하나님 곧 우리 주 예수 그리스도의 아버지께서 그리스도 안에서 하늘에 속한 모든 신령한 복을 우리에게 주시되, 곧 창세 전에 그리스도 안에서 우리를 택하사 우리로 사랑 안에서 그 앞에서 거룩하고 흠이 없게 하시려고 그 기쁘신 뜻대로 우리를 예정하사 예수 그리스도로 말미암아 자기의 아들들이 되게 하셨으니 이는 그가 사랑하시는 자 안에서 우리에게 거저 주시는 바 그의 은혜의 영광을 찬송하게 하려는 것이라.

바울의 이 찬송보다 예정을 더 아름답게 설명하는 것도 불가능할 것이다. 예정은 찬송의 제목이고 이 예정 교리를 통하여 우리는 하나님의 은혜가 무엇인지를 분명히 인식할 수 있다. 따라서 예정 교리를 부인하는 자들은 이단이다. 심지어 예정을 공개적으로 부인하는 신자들도 있는데 스스로 이단임을 증명하는 것뿐이다. 예정이 성경에 분명하게 계시된 교리이기 때문에 모든 정통 기독교는 예정론을 믿고 가르쳤다. 예정 교리는 새로운 교리가 될 수 없다. 칼뱅이 예정론을 만들어냈다는 이야기는 완전히 교회사에 대한 무지에서 비롯된 것이다. 심지어 칼뱅의 예정론은 중세 최고의 신학자였던 아퀴나스의 예정론과도 별 차이가 없다. 예정론에 관한 논란은 예정이 성경적인가 그렇지 않은가의 문제가 아니라 예정을 어떻게 이해할 것인가의 문제에서 비롯되었다.

예정은 하나님의 작정의 일부로서 이성적 피조물에 대한 것이다. 이 작정은 선택과 유기로 구성되는데 이것을 이중 예정이라고 한다. 예정을 선택과 동일하게 사용하는 경우가 많은데 문맥에 따라 구분해서 사용할 필요가 있다. 하나님은 영원 전부터 어떤 이성적 피조물을 선택하기로 작정하셨고, 그 외는 버리기로 작정하셨다. 예정에서 유기에 대한 작정을 제외하는 경우가 있는데 이것을 단일예정이라고 한다. 이 단일예정에 따르면 하나님은 타락한 인간들 중에서 일부를 구원하시기로만 작정하셨다. 따라서 나머지는 선택에서 자동으로 제외된다고 보았다. 일부 신학자들이 이런 교리를 주장했는데 그들의 의도는 하나님을 유기의 책임에서 벗어나도록 하기 위함이었다. 하지만 이와 같은 생각은 유기를 하나님의 작정에서 제외한다는 점에서 큰 문제를 안고 있다.

목적에 있어서 선택과 유기는 아무런 차이가 없다. 하나님의 영광을 나타내는 것이 선택과 유기의 목적이다. 하나님께서 자신의 영광을 나타내시기 위하여 어떤 인간들을 유기하기로 작정하셨다는 것은 매우 부담스러운 내용이다. 하지만 이것을 통해서 우리는 성경에 계시된 거룩하신 하나님을 확실하게 인식하게 된다. 하나님께서 악인들을 심판하심으로써 영광 받기를 원하신다는 것이 성경의 분명한 가르침이다. 「고백서」는 선택과 유기를 설명할 때 이 둘을 신중하게 구분한다. 선택에 대해서는

"예정하셨다(predestinated)"는 단어를 사용하고 유기에 대해서는 "기정하셨다(fore-ordained)"는 단어를 사용한다. 의미에는 차이가 없지만 둘의 차이점을 구분하기 위해서 상이한 단어를 사용했다. 이 둘의 차이점에 대해서는 5항 이후에서 다루어질 것이다.

하나님의 선택과 유기는 구체적이고 확정적이다. 어떤 신학자들은 하나님의 예정을 구체적인 개인이 아니라 한 민족이나 그룹에 관한 것으로 이해한다. 로마서 9장 13절에서 하나님께서 야곱은 사랑하시고 에서는 미워하셨다고 말씀하신다. 아르미니우스는 이 구절을 두 민족(이스라엘과 에돔)의 대표로 이해한다. 이렇게 예정을 이해하면 하나님은 예정의 일반적인 조건들만 지정하실 뿐이며, 실제로 선택과 유기는 개인들의 결정에 따라 달라진다. 그렇게 되면 선택된 자와 유기된 자의 숫자는 확정될 수가 없다. 이러한 견해에 대해서 「고백서」는 선택과 유기의 숫자는 확정적이며(definite) 따라서 증감될 수 없다고 선언한다.

제5항 선택

1) 선택의 대상: 생명으로 예정된 인간들
2) 선택의 시기: 세상의 기초가 놓이기 전
3) 선택의 기준: 하나님의 영원하고 불변한 목적 & 하나님의 의지의
   감추어진 계획과 선한 기쁨에 따라
4) 선택의 수단: 그리스도 안에서
5) 선택의 결과: 영원한 영광

6) 선택의 원인: 오직 값없는 은혜와 사랑. 미래의 믿음이나 선행이나 견인(끝까지 인내)이나 다른 어떤 것도 선택의 원인이 될 수 없다. 이렇게 하신 이유는 전적으로 하나님의 영광스러운 은혜를 찬미하도록 하기 위해서이다(엡 1:6, 12).

「고백서」는 하나님의 작정의 일반적인 규칙을 따라 예지예정을 거부한다. 잘못 이해하면 「고백서」가 하나님의 예지도 거부한다고 생각할 수 있는데 예지예정은 예지에 근거한 예정을 의미하며 당연히 하나님은 미래에 일어날 모든 일들을 아신다. 보통 "하나님께서 왜 다른 사람이 아닌 나를 선택하셨을까?"라는 질문에 대해서 "나는 믿고 저 사람은 믿지 않았기 때문"이라고 답을 하는 경우가 많은데 하나님의 선택이 창조 전에 있었다는 기본적인 사실만 알아도 정답이 아니라는 것을 쉽게 알 수 있을 것이다. 아직 '내'가 존재하고 있지 않은 상태에서 (당연히 나의 믿음이나 선행도 존재하지 않음) 내 속에 있는 어떤 것이 하나님의 선택에 영향을 줄 수는 없다. 따라서 선택의 원인은 전적으로 하나님의 은혜와 사랑이라는 것을 고백하게 된다. 이 항목이야말로 '오직 은혜'가 무슨 뜻인지 정확하게 전달하고 있다. 그렇다고 해서 우리의 믿음이 별로 중요하지 않다는 말은 결코 아니다. 다만 믿음이 선택의 원인이 될 수 없다는 말이다. 믿음은 선택의 결과이며 구원을 얻는 유일한 수단이라는 점에서 매우 중요하다.

제6항 선택을 실현하는 구원론적 수단

하나님은 택자들의 선택을 실현하기 위한 모든 수단도 영원하고 자유로운 의지의 목적을 따라 미리 정하셨다. 선택과 그것을 실현하는 수단을 구분하는 것은 선택을 이해하는 데 매우 중요하다. 선택을 잘못 이해하면 신앙생활에 대해서 무관심할 수 있기 때문이다. 하나님은 자신이 선택하신 인간들을 아무런 과정 없이 직접 영생으로 인도하시지 않는다. 선택된 자들, 곧 아담 안에서 타락하고 그리스도 안에서 속량 받은 자들은 효과 있는 부르심을 받아 적절한 시간에 성령에 의해 다음과 같은 과정을 거치게 된다. 1) 칭의 2) 양자 3) 성화 4) 견인. 오직 선택된 자들만이 이와 같은 구원론적 은혜를 받게 된다. 이 은혜들은 이후에 상세하게 다루어질 것이다.[26]

제7항 유기

유기의 대상은 택함 받지 못한 모든 자이다. 선택과 마찬가지로 유기 역시 하나님의 의지에 의한 것이다. 「고백서」는 이 사실을 강조하기 위하여 선택항목에서와 달리 소유격을 강조하는 "own"을 첨가하고 있다.[27] 또한 하나님께서 유기의 작정을 "기뻐하셨다"고 분명히 서술한다. 이처

---

26 속량(8장), 효과 있는 부르심(10장), 칭의(11장), 양자(12장), 성화(13장), 견인(17장).
27 5항과 6항에서 단순히 "his will"로 서술되어 있지만 유기에서는 "his own will"이라고 서술되어 있음.

럼 유기를 하나님의 의지와 거리를 두려고 하는 모든 시도를 「고백서」는 거부한다. 하지만 하나님의 동일한 의지에 대한 강조점은 조금씩 다르다.[28] 유기는 "탐지할 수 없는 하나님의 뜻"에 따른 예정이다. 하나님은 자비를 베풀 수도 있고 거두어들일 수도 있는데 그 이유는 우리가 알 수 없다. 이 유기의 목적은 "피조물에 대한 절대적 능력"이 얼마나 영광스러운지를 나타내는 것이다. 참된 신자들은 유기의 교리를 배울 때 두려워하기보다는 하나님의 능력의 찬란함을 볼 수 있어야 한다.

유기를 시행하는 방식은 "간과(pass by)"이다. 간단히 말하면 하나님은 유기를 시행하실 때 그냥 가만히 계신다. 하나님은 유기를 시행하기 위해서 선택을 시행하실 때와 같이 어떤 수단이나 방식을 사용하지 않으신다. 이것은 유기를 이해하는 데 매우 중요하다. 하나님의 시행 방식 때문에 결국 유기의 책임은 유기자들에게 있다. 유기는 하나님께서 작정하시지만 유기의 원인과 책임은 그들 자신의 죄 때문이다. 유기의 결과 유기자들은 "수치와 진노"에 이르게 되고 또한 하나님의 영광스러운 공의를 찬양하게 된다. 유기의 교리를 알지 못하고 하나님의 공의를 온전히 이해하는 것은 불가능하며, 하나님의 공의를 찬양하는 것도 불가능하다.

---

28 제5항: "his eternal and immutable purpose, and the secrete counsel and good pleasure of his will." 제6항: "eternal and most free purpose of his will" 제7항: "the unsearchable counsel of his own will"

제8항 예정 교리를 어떻게 가르칠 것인가?

예정이 성경이 분명히 가르치는 중요한 교리이지만 가장 중요한 교리는 아니다. 중요도를 굳이 따지면 삼위일체 교리나 기독론이 예정 교리보다 더 중요하다고 할 수 있다. 다른 교리에 비해서 예정 교리는 상대적으로 이해하기가 어려운 교리라는 점도 놓치지 말아야 한다. 어린이들이나 이제 막 신앙생활을 시작한 성도들에게 예정론을 자세하게 가르치는 것은 결코 지혜로운 일이 아니다. 그들에게는 예정론을 교리적으로 가르치기보다는 차라리 예정 교리와 관련된 찬송을 가르치는 것이 훨씬 더 효과적일 수 있다. "아! 하나님의 은혜로 이 쓸데없는 자, 왜 구속하여 주는지 난 알 수 없도다!"

예정이 무엇인지 정확하게 아는 것도 중요하지만 어떻게 적용하고 가르치는지는 더 중요하다. 아무리 올바른 교리라고 하더라도 그것을 어떻게 사용하는가에 따라 전혀 다른 결과가 나타날 수 있다. 예를 들어 똑같은 칼이라고 하더라도 의사가 사용하면 생명을 살리지만, 조폭이 사용하면 생명을 죽이는 것과 마찬가지이다. 악한 자들이 바른 교리를 통하여 얼마든지 교회를 파괴하거나 영혼을 죽일 수 있다.[29] 이것은 특별히 예정 교리에서 그러하다. 이와 같은 점을 잘 알았기 때문에 「고백서」는 특별히 제8항을 첨부했다.

---

29 마 4:6. 사탄은 시편 91편을 이용하여 예수님을 시험했다.

1. 특별한 지혜와 주의가 필요함. 예정론을 주의 깊게 공부하지 않으면 하나님의 예정을 핑계로 전도하지 않게 된다. 이것은 예정 교리를 잘못 적용한 대표적인 실례이다. 예정의 교리를 바로 믿는다면 오히려 하나님의 예정에 대한 확신에 근거하여 어떤 어려움과 환경 속에서도 복음을 전할 수 있을 것이다. 이와 같이 교리를 잘 적용하기 위해서는 목회적 지혜가 필요하다. 예정 교리를 무작정 성도들에게 가르칠 것이 아니라 상황에 따라 지혜롭게 가르칠 필요가 있다. 예를 들어서 예정 교리를 초신자나 어린 아이들에게 가르치는 것은 지혜롭지 못한 신앙교육이다.

2. 예정 교리는 선택을 확신하도록 해야 함. 예정교리를 배우게 되면 "나는 선택 받았을까?" 혹은 "내가 선택을 받지 않았으면 어떡하지?"라는 두려움을 갖는 경우가 많다. 따라서 예정 교리는 "말씀에 계시된 하나님의 뜻"에 늘 주의하면서 순종하려고 하는 성도들이 배워야 한다. 그냥 호기심으로 예정 교리를 공부하는 것처럼 비효과적인 것이 없다. 잘못하면 끊임없는 논쟁으로 마치는 경우가 많다. 예정 교리 역시 성경에 계시되었기 때문에 배워야 하고, 성경이 계시한 대로 이해하려고 노력해야 한다.

3. 예정 교리의 유익. 예정 교리는 "복음에 신실하게 순종하는 모든 이들"에게 큰 유익을 준다. 이것은 「고백서」가 작성된 상황을 보면 쉽게 이해가 된다. 「고백서」는 내전 중에 작성되었다. 「고백서」를 작성한 이들은 전쟁의 결과에 따라서 목숨을 잃을 수도 있다. 박해와 고문 속에서 끝까지 복음에 순종할 수 있다는 것을 어떻게 확신할 수 있을까? 예정 교리야말로 그들에게 가장 큰 확신을 줄 수 있을 것이다. 이 교리를 통하여 신

실한 신자들은 하나님을 찬양하고, 경외하고, 경배할 뿐만 아니라 겸손함과 부지런함 속에서 풍성한 위로를 경험하면서 살게 될 것이다. 따라서 예정 교리를 가르칠 때 지나친 사변에 빠지지 않도록 주의해야 한다. 예정 교리를 잘 가르쳤는지 그렇지 않은지는 교리의 목적에 따라 판단될 수 있다. 만약 성도들이 예정을 배우고 나서 확신과 위로를 얻었다면 그것은 올바른 교육이라고 할 수 있다. 반대로 예정 교리를 배우고 나서 교만과 게으름에 빠졌다면 그것은 잘못된 교육이기 때문에 가르치는 자는 교리 교육 방식을 다시 점검해야 한다.

4. 효과적인 교육을 위해서는 교리의 목적을 정확하게 이해하는 것이 중요하다. 목적은 교육의 방향을 의미한다. 아무리 열심히 교리 교육을 해도 방향이 틀리면 그 교육은 헛된 교육이 될 수밖에 없다. 목적을 정확하게 알아야 무엇(what)과 더불어 어떻게(how)를 고민하게 된다. 이 점에서 8항은 예정 교리뿐만 아니라 모든 교리 교육에 대한 훌륭한 나침반이 되기 때문에 가르치는 모든 자는 늘 명심해야 한다.

제4장 창조

1항. 성부, 성자, 성령 하나님께서는[1] 그의 영원한 능력과 지혜와 선하심의 영광을 나타내시기 위하여[2] 태초에 세상과 세상에 있는 보이거나 보이지 않는 모든 만물을 6일 동안 창조, 즉 무에서 만드시는 것을 기뻐하셨다. 그 결과 모든 것이 심히 좋았다.[3]

2항. 하나님께서는 다른 모든 피조물을 만드신 후, 인간을 자신의 형상을 따라 남자와 여자로 창조하셨다.[4] 이에 따라 그들은 이성적이고 불멸하는 영혼을 소유했고,[5] 지식과 의와 참된 거룩을 부여받았으며,[6] 그들 마음에 쓰인 하나님의 법도 소유했고[7] 그 법을 이룰 수 있는 능력도 소유했으나,[8] 변할 수 있는 그들 자신의 의지의 자유에 따라 범죄할 가능성 아래에 놓이게 되었다.[9] 그들 마음에 쓰인 이 법 외에도 그들은 선악을 알게 하는 나무의 실과를 먹지 말라는 명령도 받았는데, 그 명령을 지키는 동안 그들은 하나님과의 교제 속에서 행복했고[10] 다른 피조물들에 대해서 통치권을 행사했다.[11]

---

1) 히 1:2; 요 1:2-3; 창 1:2;
   욥 26:13; 33:4.
2) 롬 1:20; 렘 10:12; 시 104:24; 33:5-6.
3) 창 1:1-31; 히 11:3; 골 1:16; 행 17:24.

4) 창 1:27.
5) 창 2:7; 전 12:7; 눅 23:43; 마 10:28.
6) 창 1:26; 골 3:10; 엡 4:24.
7) 롬 2:14-15.

---

8) 전 7:29.

9) 창 3:6; 전 7:29.

10) 창 2:17; 3:8-11, 23.

11) 창 1:26, 28.

믿음으로 모든 세계가

하나님의 말씀으로 지어진 줄을 우리가 아나니

보이는 것은 나타난 것으로 말미암아 된 것이 아니니라.

(히 11:3)

서론: 작정과 창조

하나님의 작정은 반드시 실현된다. 하나님은 결정만 하시고 시행은 하지 않는 분이 아니시다. 이 시행은 두 가지로 구성되는데 하나는 창조이고 다른 하나는 섭리이다. 창조가 단회적 행위라면 섭리는 지속적 행위이다. '창조와 섭리'는 서로 떨어질 수 없는 하나님의 사역으로서 1장 1항에서 일반계시의 방식으로 간단하게 이미 소개가 되었다. 이제 4장과 5장에서 각각이 의미하는 바가 무엇인지 상세하게 설명되고 있다.

창조는 아주 간단하게 두 항목으로 정리되어 있다. 17세기에 과학의 발전으로 신앙은 여러 방면에서 도전받기 시작했지만 (대표적으로 갈릴레오의 지동설) 창조 교리는 19세기에 진화론이 등장하기 전까지 큰 도전을 받지 않았다. 하지만 17세기에는 거의 모든 교파가 창조 교리에 대해서 동의했기 때문에 큰 논쟁이 없었다. 「고백서」 역시 신자들이 꼭 믿어야 할 전통적인 창조 교리를 잘 정리했고 이를 통해 공교회적 신학을 잘 전수하고 있다.

제1항 창조의 정의

1) 창조자: 「고백서」는 창조주가 성부, 성자, 성령 삼위 하나님이라는 것을 명시적으로 언급하고 있다. 성자와 성령은 창조의 수단이나 능력이 아니라 인격적인 창조주이시다. 하지만 세 창조주가 아니라 한 창조주가 존재할 뿐이다. 삼위일체 교리에 있어서 창조주와 하나님은 사실상 동의어이다. 이 점에서 삼위일체를 설명하는 유명한 경구를 기억하는 것이 유익하다. "삼위 하나님의 대외적인 사역은 구분되지 않는다(Opera trinitatis ad extra indivisa sunt)." 작정 교리에서 전제되어 있던 삼위 하나님이 창조 교리에서는 수면 위로 드러나 있음을 보게 된다. 창조가 삼위 하나님의 사역이라는 것은 성경 곳곳에 드러나 있지만 창세기 1장의 첫 두 구절만 보더라도 쉽게 알 수 있다. 성자는 말씀으로 계셨으며(요 1:1) 하나님의 성령은 수면 위를 운행하고 계셨다(창 1:2). 성자와 성령도 창조주라는 인식은 삼위 하나님과 그분의 사역에 대한 이해를 더욱 풍성하게 한다. 창조주에 대한 믿음은 특별히 고난을 당할 때 신자들에게 큰 위로를 준다. 전도서는 이것을 다음과 같이 노래하고 있다.

> 너는 청년의 때에 너의 창조주를 기억하라!
> 곧 곤고한 날이 이르기 전에,

나는 아무 낙이 없다고 할 해들이 가깝기 전에

해와 빛과 달과 별들이 어둡기 전에,

비 뒤에 구름이 다시 일어나기 전에 그리하라.

(전도서 12:1-2)

2) 창조의 목적: 세상은 하나님의 영원하신 능력과 지혜와 선하심의 영광을 나타내기 위해서 창조되었다. 이것은 「고백서」 1장 1항을 연상하게 한다. 선하심, 지혜와 능력이 순서만 바뀌었을 뿐이다. 참고로 창조는 하나님의 도덕적 속성을 드러내지는 않는다. 예를 들어서 공의나 자비는 창조를 통해서 알 수 없다. 거듭나서 새로운 영적인 눈을 가진 신자들은 성경을 통해서 뿐만 아니라 창조를 통해서도 하나님의 영광을 보고 찬양할 수 있어야 한다.

3) 무에서 창조(ex nihilo): 진정한 창조는 무에서의 창조이다. 이 창조 개념만이 성경적 창조 개념이다. 고대 그리스 철학자들도 창조에 관해서 이야기했지만, 그들이 말하는 창조는 무에서의 창조가 아니다. 기존에 있는 물질에서 지금 존재하는 세상이 만들어졌을 뿐이다. 그들에 따르면 하나님은 창조주가 아니라 혼돈하는 물질에 질서를 부여하는 건축가일 뿐이다. 하지만 집을 짓는 건축가는 자신이 사용하는 재료에 의존할 수밖에 없기 때문에 그 건축가는 진정한 하나님이라고 할 수 없다.

4) 창조의 시점: 태초. 세상은 태초에 창조되었다. 시간도 세상과 더불어 시작되었다. 태초 이전에는 아무것도 없었기 때문에 시간도 존재할

수 없었다. 보통 하나님께서 세상을 창조하시기 전에 무엇을 하고 계셨는가 하는 질문을 하는데, 아우구스티누스가 잘 대답했듯이 창조의 '이전' 자체가 존재하지 않았기 때문에 그런 질문 자체가 무의미하다.[30]

5) 창조의 대상: 세상, 세상 속에 있는 모든 것, 그리고 보이는 것이나 보이지 않는 것. 이 표현은 골로새서 1장 16-17절을 그대로 반영하고 있다. "만물이 그에게서 창조되되 하늘과 땅에서 보이는 것들과 보이지 않는 것들과 혹은 왕권들이나 주권들이나 통치자들이나 권세들이나 만물이 다 그로 말미암고 그를 위하여 창조되었고 또한 그가 만물보다 먼저 계시고 만물이 그 안에 함께 섰느니라." 이 구절에서 왕권들, 주권들, 통치자들, 권세들은 천상의 영적 세력을 가리키는 용어들이다.[31]

6) 창조의 기간: 6일 동안.[32] 무에서의 창조가 하나님의 능력의 영광을 나타낸다면 6일 동안의 창조는 하나님의 지혜의 영광을 나타낸다. 하나님은 자신의 능력으로 얼마든지 단번에 모든 세상을 창조하실 수도 있었다. 하지만 그런 식으로 창조하셨더라면 우리는 창조의 오묘한 질서를 전혀 알 수 없었을 것이다. 6일 동안의 창조는 하나님께서 이 세계를 얼

---

30 Augustine, *Confessions*. 11. 13. 15
31 길성남, 『골로새서, 빌레몬서』 (서울: 이레서원 2019), 87.
32 "6일"의 하루를 문자적으로 보는 것은 몇 가지 문제를 가지고 있다. 적어도 해와 달을 창조하기 이전에는 오늘날과 같은 하루가 존재할 수 없었기 때문이다. 그러나 그렇다고 해서 이 하루를 아주 긴 시간으로 보는 것도 문제가 있다. 무엇보다 성경적인 근거를 가지고 있지 않기 때문이다. 창세기가 여기에 대한 답을 제공하지는 않기 때문에 성경이 말하는 의도에 만족하여야 한다.

마나 질서 있게 창조하셨는지를 잘 보여 준다.[33] 6일 창조에서 중요한 것은 이것이 인간들을 위한 하나의 도덕적 규범의 근거가 되었다는 것이다. 제4계명은 인간들에게 왜 안식일을 지키라 하는지 그 이유를 다음과 같이 설명한다. "엿새 동안은 힘써 네 모든 일을 행할 것이나 일곱째 날은 네 하나님 여호와의 안식일인즉 너나 네 아들이나 네 딸이나 네 남종이나 네 여종이나 네 가축이나 네 문안에 머무는 객이라도 아무 일도 하지 말라. 이는 엿새 동안에 나 여호와가 하늘과 땅과 바다와 그 가운데 모든 것을 만들고 일곱째 날에 쉬었음이라"(출 20:9-11).

7) 창조의 결과: "심히 좋았더라." 하나님께서 창조하신 세계는 심히 좋았다. 그 이유는 말씀하신 그대로 되었기 때문이다. 하나님의 가장 선하신 본성이 창조를 통해서 드러났다. 타락 이전에 온 세상은 하나님의 선하심으로 가득 찬 세상이었다. 창조의 선함을 제대로 알아야 타락의 심각성을 제대로 이해할 수 있고, 나아가 우리가 받은 구원이 얼마나 감사한지 알 수 있다.

제2항 인간의 창조

1. 하나님의 형상

하나님은 다른 모든 피조물을 다 만드신 후에 인간을 만드셨다. 이것

---

33 보다 상세한 것은 다음 주석을 참고하라. 기동연, 『창조부터 바벨까지』 (서울: 생명의 양식, 2009), 50-67

은 모든 피조물이 인간을 위해서 존재하며, 인간 창조야말로 창조의 절정이라는 것을 보여 준다. 하나님은 "자신의 형상"을 따라 인간을 창조하셨으며 이 점에서 인간은 다른 피조물들과 근본적으로 다르다.

1) 남자와 여자로 창조하심. 하나님은 인간을 남자와 여자로 창조하시고 하나가 되게 하셨다. 남자 혼자만, 혹은 여자 혼자만 하나님의 형상을 온전히 나타낼 수 없다. 6일 창조와 마찬가지로 남녀의 창조 이야기 역시 신자들에게 엄중한 도덕적 규범을 제공한다.

첫째, 「고백서」는 성경의 가르침에 따라 남자와 여자가 아닌 제3의 성을 인정하지 않으며 동성애를 인정하지 않는다. 동성애 성향을 지닌 남자가 여자에 대해서 음욕을 품듯이 남자에 대해서 음욕을 품을 수 있으나 둘 다 간음에 해당하는 죄며, 실제로 행위를 하는 것은 더 큰 죄다. 물론 그들에게도 복음을 전해야 하지만 진정한 구원은 죄로부터의 구원이다.

둘째, 남녀의 하나 됨은 나눌 수 없다. 예수님은 창세기 2장 전체를 해석하시면서 "하나님이 짝지어 주신 것을 사람이 나눌 수 없느니라!"라고 결론을 내리셨다(마 19:6). 바울 사도도 "만일 갈라섰으면 그대로 지내든지 다시 그 남편과 화합하든지 하라"(고전 7:11)고 말씀하셨다.[34] 일반적으로 신화처럼 보이는 아담과 하와의 창조 이야기는 실제로는 하나님의 참 형상이신 그리스도와 교회의 관계를 보여 준다.[35] 동물의 경우 수컷과 암

---

[34] 결혼과 이혼에 대한 보다 상세한 내용은 「고백서」 제24장을 참조하라.
[35] 보다 자세한 것은 다음 저서를 참조하라. 이성호, 「결혼한 자들에게 내가 명하노니」 (안성: 그 책의 사람들, 2020), "최초의 결혼: 둘이 한 몸이 됨," 10-28.

컷의 교미는 단지 번식의 수단일 뿐이지만 남편과 아내의 사랑은 가장 친밀한 사랑으로 존재하시는 삼위 하나님의 속성을 나타낸다.

2) 지식과 의과 거룩: 하나님은 흙으로 사람을 만드신 후 그 코에 생기를 불어서 사람이 생령이 되게 하셨다. 이로써 인간은 육체와 영혼이 결합된 존재가 되었다.[36] 그 결과 하나님의 형상을 따라 이성적이고 **"불멸하는(immortal)"** 영혼을 소유하게 되었다. 영혼불멸설은 플라톤주의를 따르는 철학적 진리가 아니라 성경이 분명하게 가르치는 전통적인 교리이다.[37] 영혼이 창조되었고 그 불멸성은 본래적이 아니라 하나님으로부터 주어졌다는 점에서 플라톤주의와 차이가 있다. 또한 사람은 이성적 영혼을 소유하게 되었기 때문에 지식과 의와 거룩으로 하나님을 알고, 그분의 뜻에 순종하고, 그분을 경배할 수 있게 되었다.

3) 도덕적 존재: 하나님의 율법이 그들의 마음에 새겨졌을 뿐 아니라 그것을 수행할 수 있는 능력도 부여받았기 때문에, 타락 전 인간은 자신 안에 새겨진 율법을 통해서 선과 악을 분별할 수 있을 뿐만 아니라 얼마

---

36 17세기에 영-육 이원론은 합리주의자들에 의해서 본격적으로 비판받기 시작했다. 이들은 유물론에 근거하여 영혼의 실체를 부정했는데 토마스 홉스(Thomas Hobbes, 1588-1679)가 대표적인 인물이었다. John W. Cooper, *Body, Soul & the Everlasting: Biblical Anthropology and the Monism-Dualism Debate* (Grand Rapids: Eerdmans, 1989), 16.

37 영혼불멸 교리는 최근에 여러 가지 이유로 공격받았다. 가장 큰 이유는 성경이 이 용어를 사용하지 않는다는 것이고, 이 교리가 성경의 핵심 교리도 아니며, 종종 영혼이 오히려 멸망 당할 수 있다고 성경이 가르치기 때문이다. Anthony Hoekema, 이용중 역, 『개혁주의 종말론』 (서울: 부흥과개혁사, 2012). 131-132. 영혼불멸에 대한 논의는 32장 "사후 상태와 죽은 자의 부활"에서 보다 상세하게 다루어질 것이다.

든지 행할 수 있었다. 인간은 이렇게 창조되었기 때문에 율법을 몰랐다
거나 율법을 지키기가 너무 힘들다고 변명할 수 없다.

2. 가변적 존재[38]

가장 선하게 창조되었던 인간은 또한 가변적 존재였다. 하나님은 처
음부터 완벽한 천국을 만들지 않으시고, 첫 인간을 다음과 같은 가변적
상태에 놓이게 하셨다. 1) 창조된 인간은 죄를 범할 가능성에 놓여 있었
다. 2) 그들의 의지는 변할 수 있었다. 3) 하나님은 그들이 자유롭게 선택
하는 대로 그대로 두셨다. 가변적 존재라는 것은 아담의 존재 안에 뭔가
문제가 있다거나 아담 자체가 연약하다는 것을 의미하지 않는다. 하나님
께서 창조하신 인간은 심히 좋았다. 이것은 인간의 가변적인 상황 자체
도 포함한다. 물론 우리가 생각하기에 가변적이지 않은 상태로 창조한
것이 더 낫다고 생각할 수는 있을 것이다.

합리주의자들은 아담을 성인으로 자라가야 할 순진하고 연약
한 어린아이로 본다. 이와 유사하게 로마 교회도 아담에게 본래 욕
정(concupiscence, 탐욕)이 있었다고 설명한다. 이 욕정은 그 자체는 죄
가 아니지만 잘 다스려져야 하는데 이를 위해서 추가적인 은사(donum
superadditum, 의와 지식과 거룩)가 있어야 한다고 생각했다.[39] 이 교리에 따르
면 아담은 뭔가 중요한 점에서 부족한 상태로 창조되었다. 인간의 창조

---

38 제9장(자유 의지) 2항에서 다시 한번 더 강조된다.
39 보다 상세한 내용은 제6장 2항의 설명을 참조하라. 창조와 타락을 서로 비교해서 이해해야 할
    필요가 있다. 당연히 개혁신학은 탐욕을 죄라고 보고 창조 때에 인간에게 내재되었던 본성으
    로 보지 않는다.

를 이렇게 이해하게 되면 죄에 대한 책임이 일정 부분 하나님께 돌려지게 된다. 더 나아가 이와 같은 교리는 타락에 대한 이해에도 영향을 주는데 로마 교회에 따르면 인간의 타락은 인간 본성의 타락이 아니라 (자유의지나 이성은 아무런 영향을 받지 않음) 추가적인 은사의 상실에 불과하다. 결국 타락은 부분적 타락이며 타락의 깊이도 그렇게 심각하지 않다.

3. 하나님의 언약 동반자: 선악과를 주신 이유

1) 하나님은 율법(the law)을 마음에 새기시고 명시적인 특별한 명령(command)을 주셨다. "동산 중앙에 선악을 알게 하는 나무는 먹지 말라!" 명령 자체가 하나님이 아담에 대해서 주권을 가지고 있다는 표시이다. 마음에 새긴 율법을 통해서도 하나님의 주권을 알 수 있지만, 선악과 금령을 통해 아담은 훨씬 더 분명하게 그 사실을 인지할 수 있었다. 이 금령은 아담에게 특별계시였다.

2) 만약 선악과 금령이 없었다고 가정해 보자. 아담은 이 세상의 모든 열매가 하나님께서 주신 선물이 아니라 자연의 소산이라고 생각했을 것이다. 아담은 하나님의 명령에 순종해야만 나머지 모든 열매를 먹을 수 있었다. 선악과를 통해 아담은 "사람이 떡으로만 살 것이 아니요, 하나님의 입으로부터 나오는 모든 말씀으로 산다"(마 4:4; 신 8:3)는 것을 알 수 있었다. 사실 절대 주권자이신 하나님은 오직 선악과만 먹고 살라고 명령하실 수도 있었다. 따라서 선악과 금령은 우리의 예상과 달리 하나님의 너그러우심을 보여 준다.

3) 만약 하나님께서 아담에게 명령만 주셨다면 하나님은 전제군주에 지나지 않을 것이다. 하지만 선악과 금령 속에는 약속이 담겨 있다. "먹으면 정녕 죽는다"라는 말은 "먹지 않으면 정녕 산다"와 동일한 말이다. 따라서 선악과 명령은 생명에 대한 약속을 담고 있다. 실제로 선악과 옆에는 생명 나무도 있었다. 금령을 지킬 때 아담은 하나님과 교제를 나누면서 복을 누릴 수 있었고 또한 하나님의 대리 통치자로 모든 피조물을 다스릴 수 있었다. 하지만 타락으로 인해 이 모든 것들이 상실되었다. 이 항목은 제6장 제2항에서 다시 한번 언급된다.

제5장 섭리

1항. 위대하신 만물의 창조주이신 하나님은[1] 모든 피조물과 행동들과 사물들을, 가장 큰 것에서부터 작은 것에 이르기까지,[3] 자신의 무오한 예지와[5] 자유롭고 불변하는 의지의 뜻에 따라,[6] 자신의 지혜와 능력과 의와 선과 자비의 영광을 찬송하도록 하기 위해,[7] 가장 지혜롭고 거룩한 자신의 섭리에 의하여,[4] 붙드시고 인도하시고 유도하시고 통치하신다.[2]

2항. 모든 일은 제1원인자 되신 하나님의 예지와 작정과의 관련 속에서 불변하고 무오하게 일어나지만,[8] 동일한 섭리에 의하여 그분은 제2원인자들의 본성에 따라 필연적으로, 혹은 자유롭게, 혹은 비연(非然)적으로 그 일이 일어나도록 명하신다.[9]

3항. 일반적 섭리에서 하나님께서는 수단들을 사용하시지만,[10] 그것들 없이,[11] 그것들을 초월하여,[12] 그리고 그것들에 반하여 자신의 기쁘신 뜻대로 자유롭게 일하실 수 있다.[13]

4항. 하나님의 전능하신 능력, 탐지할 수 없는 지혜, 무한한 선은 그의 섭리 속에서 아주 분명하게 나타나며, 이 섭리는 첫 타락과 다른 모든 천사들과 인간들의 죄까지 미친다.[14] 하나님은 이 죄들을 단지 허용에 의해서가 아니라[15] 그 허용과 더불어 여러 가지 다른 방식으로 그분 자신의 거룩한 목적을 위하여 가장 지혜롭고 강력하게 통제하시고, 그뿐 아니라 주관하시고 통치하신다.[16][17] 그럼에도 불구하고 그들의 죄성은 하나님이 아니라 오직 피조물에게서 나온다. 가장 거룩하시고 의로우신 하나님은 죄의 조성자나 승인자가 아니시며 그렇게 될 수도 없으시기 때문이다.[18]

5항. 가장 지혜로우시고, 의로우시고, 은혜로우신 하나님은 종종 잠시 자신의 자녀들을 여러 시험과 그들의 마음의 부패에 처하게 하셔서, 이전에 그들이 지었던 죄에 대해서 징계하시거나 그들로 하여금 자신들의 마음의 부패와 기만의 숨은 힘을 발견하게 하여서 그들로 하여금 겸손하게 하신다.[19] 또한 그들을 지원하셔서 그들이 더욱 친밀하고 지속해서 자신에게 의존하고, 미래에 지을 모든 죄의 가능성에 대해서 더욱 경계하게 하신다. 또, 여러 다른 의롭고 거룩한 목적을 위해서 하나님은 그와 같이 하신다.[20]

6항. 이전에 범한 죄들 때문에 의로운 재판장이신 하나님께서 눈을 멀게 하시거나 강퍅하게 하시는 악하고 불경한 사람들에 대해서 말하자면,[21] 그분은 그들의 지성을 밝히고 그들의 마음에 역사했었던 은혜를 유보하시고,[22] 종종 그들이 갖고 있었던 은사들을 거두시고,[23] 그들의 부패가 죄를 지을 기회를 제공하는 상황에 그들이 노출되게 하기도 하신다.[24] 이것을 통해 하나님은 그들을 그들 자신의 정욕, 세상의 유혹, 사탄의 권세에 내어주어 그들은 스스로 강퍅하게 된다.[25] 그들은 심지어 다른 이들을 부드럽게 하려고 쓰시는 수단들 아래에서도 그렇게 된다.[26]

7항. 일반적으로 하나님의 섭리가 모든 피조물에게 미치듯이, 가장 특별한 방식으로 그 섭리는 그의 교회를 돌보시고 모든 것이 교회의 선을 이루게 하신다.[27]

1) 히 1:3.

2) 단 4:34-35; 시 135:6;
   행 17:25-26, 28; 욥 38-41.

3) 마 10:29-31.

4) 잠 15:3; 시 104:24; 시 145:17.

5) 행 15:18; 시 94:8-11.

6) 엡 1:11; 시 33:10-11.

7) 사 63:14; 엡 3:10; 롬 9:17; 창 45:7;
   시 145:7.

8) 행 2:23.

9) 창 8:22; 렘 31:35; 출 21:13; 신 19:5;
   왕상 22:28, 34; 사 10:6-7.

10) 행 27:31, 44; 사 55:10-11;
    호 2:21-22.

11) 호 1:7; 마 4:4; 욥 34:20.

12) 롬 4:19-21.

13) 왕하 6:6; 단 3:27.

14) 롬11:32-34; 삼하 24:1; 대상 21:1;
    왕상 22:22-23; 대상 10:4, 13-14;
    삼하 16:10; 행 2:23; 행 4:27-28.

15) 행 14:16.

16) 시 76:10; 왕하 19:28.

17) 창 50:20; 사 10:6-7, 12.

18) 약 1:13-14, 17; 요일 2:16; 시 50:21.

19) 대하 32:25-26, 31; 삼하 24:1.

20) 고후 12:7-9; 시 73; 시 77:1-12;
    막 14:66-72; 요 21:15-17.

21) 롬 1:24, 26, 28; 롬 11:7-8.

22) 신 29:4.

23) 마 13:12; 마 25:29.

24) 신 2:30; 왕하 8:12-13.

25) 시 81:11-12; 살후 2:10-12.

26) 출 7:3; 출 8:15, 32; 고후 2:15-16;
    사 8:14; 벧전 2:7-8; 사 6:9-10;
    행 28:26-27.

27) 딤전 4:10; 암 9:8-9; 롬 8:28;
    사 43:3-5, 14.

참새 두 마리가 한 앗사리온에 팔리지 않느냐?
그러나 너희 아버지께서 허락하지 아니하시면
그 하나도 땅에 떨어지지 아니하리라.

(마 10:29)

제1항 섭리의 정의

1) 섭리자: 창조자는 또한 섭리자이시다. 17세기 초 잉글랜드에는 이신론(Deism)이 본격적으로 등장했다.[40] 이 이론에 따르면 하나님은 세상을 창조하신 후 세상이 시계처럼 그대로 굴러가도록 하셨다. 이신론자들은 하나님의 존재를 부정하지 않았기 때문에 무신론자는 아니었으며 스스로 기독교인이라고 생각했다. 그들이 이신론을 주장한 것은 그 당시 흥기하고 있던 합리주의에 대하여 기독교를 변증하기 위함이었다. 17세기는 법칙이 지배하는 이성의 시대였는데, 법칙이 지배하는 곳에 하나님의 섭리가 들어설 자리는 없었다. 이신론자들의 의도는 기독교를 합리적인 종교로 설명하여 기독교를 변증하는 것이었지만 실패할 수밖에 없었다. 제1항의 첫 문장은 이와 같은 이신론을 단호하게 배격한다.

2) 섭리: 섭리(攝理)는 잡을 '섭'과 다스릴 '리'로 구성된 단어로 섭리가 무슨 뜻인지 아주 잘 전달하고 있다. 섭리란 하나님께서 창조하신 피조 세계를 붙들고 다스리신다는 뜻이다. 섭리는 크게 보존과 통치로 구분한다. 하나님의 섭리가 없다면 세상은 존재할 수도 없고, 혼돈에 빠질 것이다. 「고백서」에는 이 외에도 "인도(direct)와 유도(dispose)"가 추가되었다. 이 둘은 모두 큰 틀에서 통치에 속하며 자유 의지와 죄와 관련하여 사용된 용어로 다음 항목에서 다루어진다.

3) 섭리의 대상: 창조의 대상이 모든 만물이듯이 섭리의 대상도 모든

---

40 처음으로 이신론을 본격적으로 주장한 책은 1625년에 출간된 허버트 경의 『진리론』(De Verite)이었다.

만물이다. 「고백서」는 보다 구체적으로 "가장 큰 것에서부터 가장 작은 것에 이르기까지"라고 섭리의 대상을 규정하고 있다. 이 표현은 하나님이 큰 역사적 사건만 다스리시고, 우리 일상에 일어나는 사소한 것들까지는 섭리하지 않으신다는 생각을 거부한다. 우리가 믿는 하나님은 "머리털까지 세시는 하나님"(마 10:30)이시다. 이 말씀은 전형적인 '하물며 논증[41]'을 사용하고 있는데, 머리털까지 세신다면 우리의 머리(즉 생명)까지 보호하신다는 것은 너무나 자명하다는 뜻이다.

4) 섭리의 기준: "무오한 예지와 자유롭고 불변하는 의지의 뜻에 따라." 섭리는 하나님의 지식과 의지에 따른 행위이다. 우리가 이 세상에 일어나는 모든 일의 원인을 다 이해하지 못하더라도 하나님을 "까닭 없이" 경외할 수 있는 이유가 여기에 있다(욥 1:9).

5) 섭리의 목적: "자신의 지혜와 능력과 의와 선과 자비의 영광을 찬송하도록 하기 위해." 창조와 달리 섭리에 "의와 자비"가 포함된다. 이것은 섭리에는 죄의 심판과 용서가 포함되기 때문이다. 하나님의 섭리가 없다면 이 세상은 우연이나 필연에 의해서만 움직이게 되는데 그런 세상에서는 하나님의 영광이 나타날 수 없다. 또한 인간은 거대한 바다 가운데 떠있는 나무 조각이나 거대한 기계의 부품에 지나지 않기 때문에 인간의 존엄성도 동시에 사라진다.

6) 섭리의 속성: 섭리는 "가장 지혜롭고 거룩하다."

---

41 최승락, 『하물며 진리』 (서울: 킹덤북스, 2013).

제2항 섭리와 제2원인들

창조는 전적으로 유일하게 하나님만 원인이시고 섭리는 하나님이 제1원인이시다. 유일한 원인과 제1원인은 세밀하게 구분되어야 한다. "무에서 창조"는 창조에 있어서 어떤 수단이나 원인도 배제한다. 하지만 섭리에 있어서 하나님은 제1원인으로서 종속적인 여러 제2원인들이나 수단들을 사용하신다. 하나님께서 제1원인자라는 것은 그분의 뜻이 없으면 어떤 일도 발생하지 않았다는 의미이다. 하지만 하나님의 창조와 섭리에 의해 발생되는 여러 제2원인들을 하나님은 무시하지 않으신다. 하나님께서 다스리신다는 말은 하나님께서 직접 하셨다는 의미는 아니다. 이점에서 창조와 섭리는 명확하게 구분된다.

섭리는 제2원인들을 포함한다.[42] 이 세상의 모든 일이 섭리에 따라 일어나지만 동일한 방식으로 일어나지는 않는다. 어떤 것은 필연적으로, 어떤 것은 자유롭게, 어떤 것은 조건적으로 발생한다. 하나님의 섭리는 결코 결정론(determinism)이나 운명론을 의미하지 않는다. 섭리는 우연도 거부하지만 운명도 거부한다. 그 이유는 하나님께서 여러 2차 원인들을 그 본성에 맞게 사용하셔서 세상을 통치하시기 때문이다. 따라서 하나님의 절대주권이라는 이름으로 세상에 존재하는 2차 원인들을 무시하거나 그것들에 무관심해서는 안 된다. 오히려 하나님의 심오한 뜻은 실제로 나타나기 전까지 감추어졌기 때문에 유한한 인간은 하나님께서 허락하

---

42 여기에 대해서는 제3장 1항에 대한 특강을 참고할 것.

신 여러 수단을 열심히 사용해야 한다. 대표적인 예로, 설교와 성례는 우리의 구원을 이루기 위해 하나님께서 허락하신 중요한 외적인 수단이다.

제3항 섭리와 기적 (일반 섭리 vs 특별 섭리)

하나님의 섭리는 두 가지 방식이 있다. 하나는 앞에서 언급한 2차 원인들을 그 본성에 따라서 사용하는 것이고, 다른 하나는 "그것들 없이 (without)," "그것들을 초월하여(above)," "그것들에 반하여(against)" 섭리하는 것이다. 전자를 일반 섭리라고 하고, 후자를 특별 섭리라고 한다.

1) 직접적 섭리: 하나님은 어떤 수단도 사용하지 않고 자기 백성을 구원하신다. "내가… 활과 칼이나 전쟁이나 말과 마병으로 구원하지 아니하니라"(호 1:7). 오늘날 하나님은 일반적으로 말씀과 성례와 같은 수단을 사용하여 택자들을 구원하시지만, 태아들이나 유아들이나 지적 장애인들의 경우 하나님은 외적인 수단들 없이 직접 구원하신다.

2) 초월적 섭리: 주로 하나님께서 행하신 이적들을 의미한다. 성경에는 수많은 기적이 2차 원인들을 초월하여 발생했다. 사라가 임신한 것도, 예수님이 부활하신 것도 초월적 섭리의 대표적인 예들이다.

3) 대항적 섭리: 하나님의 섭리는 때로는 2차 원인들을 거스르기도 한다. 도끼가 물에 떠오르거나(왕하 6장), 태양이 뒤로 물러간 것이 대표적인 예이다(왕하 20장). 심지어 하나님은 인간의 의사를 거슬러 자신의 목적을 이루기도 하신다. 요셉의 고백을 들어보자. "당신들은 나를 해하려 하였으나 하나님은 그것을 선으로 바꾸사 오늘과 같이 많은 백성의 생명을

구원하게 하시려 하셨나니"(창 50:20).

특별 섭리에서 주목할 것은 이 특별 섭리가 제2차 원인들을 파괴하거나 무효화하지 않는다는 것이다. 이것은 기적을 이해하는 데 대단히 중요하다. 18세기 경험론을 주장한 대표적인 철학자 데이비드 흄(David Hume)은 『기적론』(On Miracle)에서 기적의 불가능성을 논증하려고 했다. 그는 기적을 "자연법의 위배"라고 정의했는데 이 정의에 따르면 자연법은 하나님께서 제정하신 것인데, 기적은 하나님께서 자신이 제정하신 그 법을 어기는 것이기 때문에 기적 자체가 불가능하다. 따라서 기적은 실제로 존재하는 것이 아니고 신자의 마음속에 존재하는 것이라고 흄은 주장했다.

하나님께서 자연법을 제정하신 것은 맞지만 하나님은 그 법에 매이는 분이 아니시다. 하나님은 그 법을 초월하여 자신이 원하시는 것을 이루시는 분이다. 이적과 자연법은 서로 상충하는 것이 아니다.

제4항 섭리와 죄

제4항은 섭리와 죄의 관계를 다룬다. 이 죄에는 아담과 천사들의 타락 및 모든 인간의 죄가 포함된다. 죄 문제는 섭리 교리에서 가장 어려운 부분이고 오랫동안 신학적으로 첨예하게 논쟁이 되었던 부분이다. 「고백서」는 신학서가 아니기 때문에 우리가 믿어야 할 진리만 확실하게 정리하고 있다. 논쟁을 하더라도 이 성경적 진리의 범위 안에서 논쟁하면서 하나님의 뜻을 더 깊이 알려고 노력해야 한다. 그렇지 않고 계속 논의하

다 보면 아무런 유익도 남지 않는 소모적인 논쟁이 될 뿐이다. 죄와 섭리
에 대한 모든 잘못된 교리는 「고백서」의 가르침을 벗어나는 것에서 시작
된다. 제4항을 요약하면 다음과 같다.

1. 하나님은 모든 일을 섭리하신다.
2. 모든 일에는 죄도 포함된다.
3. 죄도 하나님의 섭리를 따른다.
4. 하나님은 죄의 조성자가 아니다.
5. 죄성은 오직 피조물에서 나온다.

이 중에서 가장 자명한 진리는 "하나님은 죄의 조성자가 아니라"는 것
이다. "죄의 조성자" 문제는 제3장 1항에서 잠시 언급되었다. 그때는 작
정과 죄의 관계를 다루었지만, 지금은 섭리와 죄의 관계를 다룬다. 섭리
에 있어서 하나님이 악의 조성자가 되기 위해서는 하나님이 악을 만드시
든지 하나님에게서 악이 나와야 하는데 어떤 경우에도 이것은 불가능하
다. 악한 하나님은 그 자체가 모순이며 신성모독이다. 마찬가지로 선한
하나님이 악을 인정하는 것도 불가능하다. 따라서 하나님께서 죄의 조성
자가 아니라는 것을 논증하기 위해 죄를 하나님의 섭리 밖에 두는 시도
들이 있었다. 대표적인 인물로 4세기 말에서 5세기 초에 활동했던 펠라
기우스가 있다.

펠라기우스의 입장은 죄의 책임 문제는 해결했지만 하나님의 섭리에
심각한 손상을 주었다. 그에 따르면 하나님의 섭리는 단지 부분적 섭리
에 지나지 않기 때문이다. 죄라는 것은 아주 심각한 문제인데 이 문제에

대해서 하나님께서 그냥 가만히 계신다는 것은 하나님이 무책임하거나 무능력하다는 것을 의미한다. 이 역시 신성모독이라고 하지 않을 수 없다. 머리카락과 같이 아주 사소한 일도 섭리의 대상이라면, 죄는 더욱 하나님의 섭리의 대상일 수밖에 없다.

따라서 하나님은 죄를 섭리하시되, 죄의 조성자는 아니시라는 것이 전통적인 입장이다. 죄에 대한 섭리를 통하여 하나님의 "전능하신 능력, 탐지할 수 없는 지혜, 무한한 선"이 나타난다. 「고백서」는 세 가지 형용사를 사용하여 창조에 나타난 "능력, 지혜, 선"(4장 1항)을 보다 더 강조하고 있다. 물론 이것은 인간에게 그렇게 인식된다는 것이지 섭리가 창조보다 더 하나님의 능력을 나타낸다는 말은 아니다. 실제로 창조보다 죄에 대한 섭리가 인간들에게는 이해하기 더 어렵다.

죄는 단지 허용으로만 발생하지 않는다. 이 점에 있어서 「고백서」는 개혁주의 입장을 선명하게 드러낸다. 하나님은 단지 죄를 허용만 하시는 것이 아니라 그 죄들을 강력하게 통제[43]하셔서 죄가 더 이상 진행되게 하지 못하게 하시거나 아니면 그 죄를 주관하셔서 자신의 거룩하신 목적을 이루신다. 둘 중 어떤 경우에도 죄는 하나님의 통치를 받고 있다. 이와 같은 주장으로 개혁신학은 하나님을 필연적으로 죄의 조성자로 만든다는 비난을 받기도 했다. 하지만 「고백서」가 로마 교회의 허용 교리를 거부한 이유는 죄에 관해서도 하나님께서 절대적인 통치권을 행사하신다는 것이 성경의 분명한 가르침이라고 확신했기 때문이다. 성경의 가르침

---

43 "bounding": 라틴어 번역은 "limitatio." 대교리문답 19문에는 "bounding"과 "ordering"이 함께 사용되어 대구를 이루고 있음.

에 충실한 결과 「고백서」는 섭리와 죄의 문제를 이성적인 타협으로 해결하려고 하지 않았다. 제4항이야말로 「고백서」가 성경보다는 교리나 신학에 의존했다는 주장이 별 근거가 없다는 것을 아주 분명하게 보여 준다.

제5항과 제6항 신자들을 향한 섭리 & 악인들을 향한 섭리

제5항과 제6항은 죄에 있어서 신자들과 악인들에게 하나님의 섭리가 어떻게 다르게 시행되는지를 보여 준다. 이 둘을 각각 따로 이해하기보다는 서로 비교하면서 공부하는 것이 내용을 이해하는 데 훨씬 도움이 될 것이다. 신자들에게 하나님은 자비로운 아버지이지만, 악인들에게 하나님은 의로우신 재판장일 뿐이다. 따라서 신자들에게 죄는 하나님의 목적을 이루기 위한 훈련이지만 악인들에게 죄는 공의로운 심판에 대한 이유일 뿐이다. 악인들을 섭리하실 때 하나님은 은혜를 유보하시거나 은사들을 거두셔서 그들의 마음을 완악하게 하시지만 그들에게 어떤 악한 생각을 주입하거나 원하지 않은 일을 강압적으로 시키지 않으시기 때문에 그들의 범죄는 그들이 책임을 져야 한다.

예수님을 믿고 구원받은 신자들도 아직 완벽한 상태가 아니기 때문에 죄를 지을 수 있다. 이때 절망에 빠질 수 있는데 죄에 있어서 신자들을 향한 섭리의 차이를 이해한다면 상당히 큰 위안을 얻을 수 있을 것이다. 또한 신자들은 악인들을 향한 섭리를 보면서 스스로 경계하고 은혜의 수단을 부지런히 사용하면서 하나님께 은혜를 간절히 구해야 한다. 은혜의 수단이 아무런 소용이 없게 되면 더 이상 구원받을 가능성은 존재하지 않기 때문이다.

	신자들을 향한 섭리	악인들을 향한 섭리
섭리자	지혜로우시고 의로우시고 은혜로우신 하나님(아버지)	의로우신 재판장
섭리의 대상	하나님의 자녀들	악하고 불경건한 자들
섭리의 방법	- 종종 (항상이 아님) - 잠시 동안 (영구적인 아님) - 여러 유혹과 마음에 부패에 처하게 하심	- 은혜를 유보하심 - 은사를 거두심 - 죄를 지을 상황에 노출시키심 - 육신의 정욕과 세상의 유혹과 사단의 권세에 넘겨주심
섭리의 목적	- 그들이 지은 죄를 징계하심 (chastise: 처벌이 아님, 히 12:7) - 마음의 부패와 기만의 숨은 힘을 발견하게 됨 - 겸손하게 되어 더욱 하나님을 의지하게 됨. - 미래에 지을 모든 죄의 가능성을 경계하여 죄를 덜 짓게 됨 - 그 외에 여러 거룩하고 의로운 목적이 있음	심판을 통해 하나님의 공의를 드러냄
섭리의 결과		- 스스로 강퍅하게 되어 은혜의 수단도 더 이상 소용없게 됨

제7항 교회를 향한 섭리: "교회 중심"

마지막 제7항은 교회를 향한 하나님의 섭리를 다룬다. 섭리는 모든 피조물에게 영향을 미치지만, 하나님께서는 그 모든 것이 교회의 선을 이루게 하신다. "여호와의 눈은 온 땅을 두루 감찰하사 진심으로 자기에게 향하는 자들을 위하여 능력을 베푸시느니라"(대하 16:9). 이와 같은 섭리는 하나님의 작정을 이해하는 데 도움이 된다. 하나님의 작정이 모든 피조물에게 미치지만, 그분의 예정은 택한 자를 향한 것이다.

제7항은 아주 간단하지만 신자들에게 큰 위로를 준다. 교회는 하나님의 특별한 관심의 대상이어서 하나님께서는 가장 특별한 방식으로 교회를 돌보신다. 「고백서」는 특별한 방식에 대해서 언급하지 않았지만 특별계시에 나타난 내용, 즉 그리스도를 보내셔서 교회가 그리스도의 몸이 되게 하시고 성령을 교회에 주셔서 교회가 하나님의 성전이 되게 하신 것이 대표적인 특별한 방식이라고 할 수 있다.

교회를 향한 섭리는 교회를 세우려고 하는 자들에게 특별히 유익하다. 이 항목에서 언급하는 교회는 보편적 교회를 가리키는 것이 틀림없다. 하지만 「고백서」의 작성자들은 자신들이 속한 잉글랜드 교회를 생각하지 않을 수 없었을 것이다. 그들은 내전 가운데서 잉글랜드 교회를 완전히 개혁하기 위해 말씀에 근거한 신앙고백서를 작성하고 있었다. 그들은 이 결정적인 시기에 하나님은 교회를 위해 "가장 특별한 방식으로" 섭리하신다고 확신했고 그것을 신앙고백서에 담았다.

결론

이상에서 살펴보았듯이 비록 성경에 등장하지 않는 단어이지만 섭리는 성경의 가르침을 정확하게 표현하는 단어이다. 이 단어는 일반적으로 잘 쓰이는 용어가 아니기 때문에 처음 접하는 사람들은 어렵다고 생각할 것이다. 하지만 어렵다기보다는 생소하다는 것이 정확한 표현일 것이다. 따라서 교회는 성도들이 이 섭리 교리를 익숙해할 때까지 지속해서 잘 가르칠 필요가 있다. 다른 교리들도 마찬가지이지만 「고백서」는 어려운 개념을 아주 정확하게 정리하고 있다. 간단하게 말하면 섭리는 '하나님은 온 세상의 왕'이라는 교리이다. 그렇다면 신자들은 자신이 섬기는 왕이 도대체 어떻게 온 세상을 통치하시는지 성경을 통해 잘 알아야 할 것이다. 하나님이 죄에 대해서도 완벽한 통제권을 가지고 계시다는 것은 개혁교회 신자들만이 누릴 수 있는 기쁨과 위안이다. 또한 왕이신 하나님의 주된 관심이 교회에 있다면, 그분의 백성들도 온 세상을 향한 관심을 놓치지 않으면서 '교회 중심'의 신앙생활을 해야 할 것이다.

제6장 인간의 타락, 죄, 그리고 죄에 대한 형벌

1항. 우리의 첫 부모는 사탄의 간계와 시험에 미혹되어 금지된 과일을 먹음으로 죄를 지었다.[1] 하나님께서는 자신의 지혜롭고 거룩한 뜻에 따라 그들의 이 죄를 허용하시기를 기뻐하셨는데, 그것을 자신에게 영광이 되도록 의도하셨기 때문이다.[2]

2항. 이 죄에 의해 그들은 원의(原義)와 하나님과의 교제로부터 떨어지게 되었고[3] 죄로 죽게 되었으며[4] 영혼과 몸의 모든 부분과 자질들이 전적으로 더러워지게 되었다.[5]

3항. 그들은 모든 인류의 뿌리였기 때문에, 이 죄의 죄책은 그들로부터 보통 출생으로 태어나는 모든 후손에게 전가되었고, 죄로 인한 그들의 사망과 부패한 본성도 전달되었다.[6][7]

4항. 이 원 부패로 인하여 우리는 모든 선을 전적으로 싫어하고 그것을 행할 수도 없고 오히려 그것에 대항할 뿐이며[8] 모든 악에 치우치게 되는데,[9] 이 부패에서 모든 자범죄가 나온다.[10]

5항. 이 본성의 부패는 중생한 자들에게 이 생애 동안 남아 있다.[11] 비록 그것은 그리스도를 통해 용서받았고 죽임을 당했지만, 그 부패 자체와 그것에서

나오는 행동들은 참으로 그리고 진정한 의미에서 죄다.[12]

6항. 모든 죄, 즉 원죄와 자범죄는 하나님의 의로운 율법을 범하는 것과 그 율법에 반하는 것으로서[13] 죄인에게 본질상 죄책을 초래한다.[14] 이에 따라 죄인은 하나님의 진노와[15] 율법의 저주에 넘겨져서[16] 영적이고,[18] 일시적이고[19] 영원한 모든 비참과 함께 사망에 처하게 되었다.[17][20]

---

1) 창 3:13; 고후 11:3.

2) 롬 11:32.

3) 창 3:6-8; 전 7:29; 롬 3:23.

4) 창 2:17; 엡 2:1.

5) 딛 1:15; 창 6:5; 렘 17:9; 롬 3:10-18.

6) 창 1:27-28; 창 2:16-17; 행 17:26; 롬 5:12, 15-19; 고전 15:21-22, 49.

7) 시 51:5; 창 5:3; 욥 14:4; 욥 15:14.

8) 롬 5:6; 롬 8:7; 롬 7:18; 골 1:21.

9) 창 6:5; 창 8:21; 롬 3:10-12.

10) 약 1:14-15; 엡 2:2-3; 마 15:19.

11) 요일 1:8, 10; 롬 7:14, 17-18, 23; 약 3:2; 잠 20:9; 전 7:20.

12) 롬 7:5, 7-8, 25; 갈 5:17.

13) 요일 3:4.

14) 롬 2:15; 롬 3:9, 19.

15) 엡 2:3.

16) 갈 3:10.

17) 롬 6:23.

18) 엡 4:18.

19) 롬 8:20; 애 3:39.

20) 마 25:41; 살후 1:9.

그러므로 한 사람으로 말미암아 죄가 세상에 들어오고
죄로 말미암아 사망이 들어왔나니
이와 같이 모든 사람이 죄를 지었으므로
사망이 모든 사람에게 이르렀느니라.

(롬 5:12)

서론: 타락을 알아야 하는 이유

제6장의 주제는 타락과 죄와 형벌이다. 이 세 가지는 완전히 구분되지만 서로 밀접하게 연결되어 있어서 전체적인 관점을 가지고 있지 않으면 각론을 제대로 이해할 수 없다. 아담의 타락은 죄의 뿌리이고 형벌은 죄에 대한 하나님의 심판이다. 이 장을 이해하기 위해서 몇 가지 단어에 대한 간단한 정리가 필요하다.

> 타락(the Fall): 어떤 높은 상태에서 낮은 상태로의 떨어짐
> 죄(sin): 하나님의 율법을 어기거나 순종함에 있어서 모자라는 행위
> > (소교리 14)
> 죄책(guilt): 죄에 따르는 법적인 책임
> 부패(corruption): 죄로 인한 본성의 부패

오늘날 신자들은 죄에 대해서 이야기하는 것을 부담스러워한다. 목사나 신학자들은 죄를 단도직입적으로 성경대로 이야기하지 않고 완곡하게 이야기하는 경향이 있다. 죄라는 말보다는 상처가, 회개라는 말보다는 치유와 같은 용어들이 더 많이 사용된다. 죄에 대해서 설교하면 청중이 불쾌하게 생각하기 때문에 설교에서 죄를 아예 제외한다. 교회 부흥이 절대적인 가치로 잡은 상황에서 죄와 심판이 없는 복음이 계속 울려 퍼지고 있다. 그 결과 복음이 너무나 가벼워지고 있고 구원의 가치가 형편없이 떨어지고 말았다.

죄를 설교하면 교회가 부흥되지 않는다는 말은 전혀 근거가 없는 설

에 불과하다. 적어도 교회 역사에서 증명될 수가 없는데, 죄에 대한 설교가 오히려 부흥 운동을 주도한 경우가 많았다. 18세기 미국의 대각성 운동만 하더라도 설교자들은 죄의 문제를 결코 회피하지 않았다. 이 당시 미국 최고의 신학자이자 설교자였던 조나단 에드워즈는 "진노하시는 하나님의 손 안에 있는 죄인"이라는 제목의 설교를 통해 지옥의 생생함을 청중이 체험할 수 있도록 했다. 1907년 평양 대부흥 운동도 죄에 대한 통회와 자복이 그 중심에 있었다.

신자들이 죄에 대해서 정확하게 알아야 하는 이유는 죄와 구원이 밀접한 관계를 가지고 있기 때문이다. 죄의 본성을 잘 알면 알수록 자신들이 받은 구원이 얼마나 귀한지를 알게 되어 진정으로 회개와 감사의 삶을 살 수 있다. 따라서 죄는 구원의 복음과 함께 선포되어야 한다. 은혜가 없는, 소위 '치는 설교'는 설교자를 바리새인으로 만들고 신자들을 절망에 빠뜨릴 뿐이다. 죄에 대한 「고백서」의 가르침을 제대로 배운 신자들은 자신의 비참을 더욱 깨달아 오직 하나님의 은혜를 간구하는 삶을 살게 될 것이다.

제1항 첫 번째 죄

이 세상에 악이 보편적으로 존재한다는 것은 누구나 인정하는 사실이다. 하지만 이 세상의 악이 어디에서 오는 것인지에 대해서는 어떤 종교나 철학도 제대로 설명할 수 없다. 그것은 인간의 이성을 벗어나는 영역이다. "세상은 원래 악하다"라고 생각한다면 이 세상은 악한 세상일 뿐이며 그것을 만든 창조자도 악한 신일 뿐이다. 그와 같은 상황에서는 도덕과 윤리가 이 세상에 존재할 수 없을 것이다.

이 세상에 존재하는 악의 시작에 대해서「고백서」는 아주 간단하고 분명한 답을 제시한다. "우리의 첫 부모는 사탄의 간계와 시험에 미혹되어 금지된 과일을 먹음으로 죄를 지었다." 첫 번째 죄는 다음과 같이 요약된다.

> 누　가: 우리의 첫 부모(parents, 아담과 하와)
> 어떻게: 사탄의 간계와 시험에 미혹되어
> 무엇을: 금지된 과일을 먹음
> 방　식: 하나님의 지혜롭고 거룩한 계획에 따라
> 목　적: 하나님의 영광

에덴동산, 아담과 하와, 선악과, 사단은 일반인들에게 하나의 신화처럼 들릴 것이다. 심지어 기독교인 중에서도 성경 전부를 하나님의 말씀으로 받아들이지 않는 이들은 에덴동산의 사건을 역사적 사건으로 인정하지 않는다. 만약 그렇다면 창세기 3장의 이야기는 우리와 아무런 상관이 없을 것이다.「고백서」는 이런 생각을 단호하게 거부한다. 첫 죄를 범한 자, 아담과 하와는 **"우리의 첫 부모"**이다. 이 표현은 타락을 이해하는 데 대단히 중요하다. 타락은 실제로 일어난 사건이고 우리 이야기이다. 만약 이 사건이 역사적 사건이 아니고 단지 도덕적 교훈을 주기 위한 이야기에 불과하다면 우리는 악의 시작에 대해서 아무것도 알 수 없을 것이다. 또한 아담을 우리의 첫 아버지로 받아들이지 못하면 예수님을 우리의 구원자로 받는 것도 불가능하고, 예수님의 아버지이신 성부 하나님을 우리의 아버지로 받는 것도 불가능하다.

첫 죄를 이해하는 것은 죄의 본질을 이해하는 데 대단히 중요하다. 이 첫 죄는 이 세상에서 악의 기원을 설명한다. 물론 그 이전에도 사단이 존재했다. 하지만 사단이 존재한다고 해서 이 세상에 악이 존재하게 된 것은 아니다. 또한 사단이 "간계와 시험"으로 첫 부모를 미혹했다고 해서 첫 번째 죄의 책임이 사단에게 있는 것은 아니다. 오직 금단의 명령을 어긴 "우리의 첫 부모"에게 죄책이 있다. 하지만 이 사실에서 우리는 사단의 능력을 잘 알 수 있다. 우리보다 더 고상한 상태에 있었던 아담이 유혹에 빠졌다면 그보다 아래에 있는 신자들은 유혹에 훨씬 더 쉽게 빠질 수 있을 것이다.

이 점에서 우리는 마태복음 4장에 나오는 예수님의 시험을 기억할 필요가 있다. 세례를 받고 하나님의 아들로 인정받은 예수님은 광야에서 마귀에게 시험을 받으셨다. 예수님이 받으신 첫 번째 시험도 '먹을 것'과 관련이 있었다. 40일 동안의 금식으로 극도로 쇠약한 상태에서 예수님은 어떻게 이 시험을 이길 수 있었는가? 예수님은 사단의 능력을 잘 알고 있었고 철저하게 하나님의 말씀을 의지했다. 그 결과 시험에서 승리할 수 있었다. 사단은 오늘날도 실재하는 영적 세력이다. 사도 베드로는 신자들에게 "너희 대적 마귀가 우는 사자같이 두루 다니며 삼킬 자를 찾는다"고 엄중하게 경고한다(벧전 5:8).

첫 번째 죄의 구체적인 내용은 금하신 과일을 따 먹은 것이다. 여기서 우리는 죄의 본질을 보게 되는데 그것은 불순종이다. 열매 하나를 따 먹는 것은 아주 사소한 일로 보이고, 그 열매 하나 먹었다고 해서 사망의 형벌을 내리시는 하나님이 지나치시다는 생각이 들 수 있다. 하지만 선악과는 하나님께서 인간의 복종을 검증하시는 수단이었다. 이 선악과가 있었기 때문에 하나님과 인간의 관계가 창조주와 피조물의 관계라는 것이 아주 분명해졌다. 하나님은 이 명령이 결코 사소한 것이 아님을 사망의 형벌로 확증하셨다. 하와는 이 선악과를 만져서도 안 된다고 생각했다(창 3:3). 종종 이를 하나님의 명령에 대한 하와의 불만으로 해석하기도 하지만 오히려 하와가 하나님의 금령을 정확하게 이해했다고 볼 수 있다.[44] 죄의 객관적 크기는 죄에 상응하는 형벌을 통해서만 정확하게 알 수 있는데 선악과 금령에 첨가된 형벌은 이 명령이 얼마나 엄중한지를 충분히 보여 준다. 아담과 하와도 그것을 충분히 이해했을 것이다.

하나님은 "이 죄를 허용하시기를 기뻐하셨다." 이 표현에서 「고백서」의 개혁파적 신학이 잘 드러나 있다. 물론 이 구절은 잘 이해되어야 한다. 하나님은 아담과 하와가 금단의 열매를 따 먹기만을 바라면서 기다리다가 그들이 따 먹었을 때 좋아서 손뼉을 치신 것이 아니다. 우리는 작정과 섭리에서 하나님이 죄의 문제를 어떻게 처리하시는지 잘 살펴보았다. 이 첫 죄는 단지 허용이 아니라 "지혜롭고 거룩한 뜻"에 따라 이루어졌다. 또한 놀랍게도 「고백서」는 이 허용이 "자신의 영광이 되도록" 하기 위해서라고 분명하게 고백하고 있다.

물론 타락 자체가 하나님께 영광이 될 수는 없다. 죄의 허용을 잘못 이해하면 하나님이 타락마저 자신의 영광을 위한 수단으로 삼는 이기적인

---

44 기동연, 『창조에서 바벨까지』, 104.

분이 아닌가 하는 생각이 들 수 있다. 하지만 「고백서」가 강조하는 바는 하나님은 그 타락조차도 자신에게 영광이 될 수 있게 하신다는 사실이다. 이것이야말로 하나님의 지혜이고 하나님의 능력이다. 이것이 어떻게 가능한지를 보여 주는 것이 성경에 나타난 하나님의 놀라운 구원역사이다. 성경 곳곳에는 하나님께서 죄를 사용하셔서 당신의 백성을 구원하시고 자신의 영광을 나타내는 이야기로 가득 차 있다.

제2항 타락과 그 결과

우리의 첫 부모는 죄를 지음으로 타락했다. 타락(the Fall)이란 어떤 상태에서 떨어지는 것을 의미한다. 죄는 법을 어기는 행위인데 죄는 필연적으로 그것을 행하는 사람을 타락하게 만든다. 아담은 **"원의(原義)"와 "하나님과의 교제"**에서 떨어졌고, 이제는 죄 안에서 죽었고 그들의 영혼과 몸은 전적으로 더러워지게 되었다. 원의는 창조되었을 때의 인간 상태를 말하고 하나님과의 교제는 원의로 얻게 되는 축복을 의미한다. 타락으로 인해 아담과 하와는 이 둘을 완전히 상실하게 되어 죄의 상태로 떨어지게 되었다.

이미 제4장 2항은 인간이 어떻게 창조되었는지를 잘 설명했다. 창조되었을 때 인간의 의로움을 원의(原義, original righteousness)라고 한다. 하지만 이 원의에 대해서 로마 교회와 종교개혁가들 사이에 심각한 차이가

있었기 때문에 설명이 필요하다.[45]

로마 교회에 따르면 아담은 순수하고 의롭게 창조되었다. 이 점에서는 개신교와 아무런 차이가 없다. 창조된 인간의 본성 안에는 죄를 향한 경향성(concupiscence)이 있었다. 이 경향성 자체는 죄가 아니고 이 경향성을 절제하기 위해 하나님은 추가적인 은사(donum superadditium)를 주셨다. 하지만 타락으로 이 은사는 손실되었고 인간의 본성은 손상되었다. 은사의 손실로 죄의 경향성은 통제할 수 없게 되었고, 본성은 손상되었지만 그대로 남았다. 상실된 은사는 인간의 순종으로 회복될 수 있다.

이렇게 로마 교회의 가르침에 따르면 인간의 창조는 뭔가 심각한 결함을 가지게 된다.

반면에 「고백서」 4장 2항은 아담에게 죄를 지을 가능성이 있다고 했지 그의 본성 안에 죄를 향한 경향성이 있다고 말하지는 않는다. 죄를 향한 경향성 자체가 죄이기 때문이다. 또한 의와 지식과 거룩으로 창조되었기 때문에 아담의 본성 자체가 의로움으로 창조되었다(donum concreatum). 따라서 아담은 더 이상 추가적인 은사 없이도 얼마든지 하나님과 교제를 누리면서 살 수 있었다. 간단히 말하면, 창조되었을 때 인간은 어떤 부족함도 없이 가장 선한 상태에서 창조되었다. 하지만 타락으로 인해 본성 자체가 완전히 부패했기 때문에 더 이상 선한 것이 남아 있지 않고 그 결과 전인이 오직 악으로 기울게 되었다.

이상에서 살펴본 바와 같이 창조와 타락은 밀접한 관계를 갖는다. 종

---

45 우병훈, "청교도의 인간론: 윌리엄 에임스를 중심으로," 『종교개혁과 인간』, 개혁주의 신학과 신앙 총서, 제15집(2021): 283-310.

교개혁의 관점에서 보았을 때 로마 교회는 창조의 상태를 너무 낮게 보고, 타락 이후의 상태를 너무 높게 본다. 로마 교회와 달리 개신교는 타락을 훨씬 더 심각하게 본다. 3층에서 떨어지는 것과 10층에서 떨어지는 것에는 엄청난 차이가 있기 때문이다. 이와 같은 생각이 인간을 너무나 비관적으로 바라보게 한다는 비난이 있지만 타락을 정확히 이해해야 우리의 능력이 얼마나 보잘것없고 우리의 구원이 얼마나 큰 선물인지를 제대로 이해할 수 있다. 만약 타락이 단지 손상이라면 치료를 통해서 회복될 수 있지만, 타락이 본성의 부패라면 치료나 수술이 아니라 본성의 변화, 즉 중생을 통해서만 회복될 수 있다.

제3항 원죄

제3항은 타락과 후손들의 관계를 다룬다. 아담의 죄가 후손들에게 미치는 죄를 원죄라고 하는데 일반인들은 물론이고 신자들도 가장 이해하기 어려운 내용이다. 이와 같은 이유로 기독교 안에는 원죄를 완전히 부정하거나 부분적으로 부정하는 이들이 나타나기도 했다. 신자 중 상당수는 원죄 교리는 신앙생활과 별 상관이 없다고 생각하는데 원죄가 없다면 유아 세례도 사실상 불가능하기에 원죄 교리를 결코 사소하거나 사변적인 교리라고 무시할 수 없다.

남이 지은 죄에 대해서 왜 내가 책임을 져야 하는가에 대해서 완전한 답을 얻기가 쉽지는 않다. 오해를 막기 위해서 몇 가지 정리가 필요하다. 인간은 아담이 지은 모든 죄에 대해서 책임을 지지 않는다. 아담이 지은 첫 번째 죄에 대해서만 모든 인간이 책임을 진다. 아담은 우리와 똑같은 본성을 가지고 있지만 수많은 인간 중의 한 명이 아니라 첫 번째 인간이며, "모든 인류의 뿌리"이고, 또한 모든 인간을 대표한다.

「고백서」가 원죄 교리를 그대로 받은 이유는 이 교리가 성경의 가르침에 충실하기 때문이다. "그러므로 한 사람으로 말미암아 죄가 세상에 들어오고, 죄로 말미암아 사망이 들어왔나니 이와 같이 모든 사람이 죄를 지었으므로 사망이 모든 사람에게 이르렀느니라"(롬 5:12). 이 구절은 오랫동안 논란이 되었지만 적어도 한 가지는 확실하다. 모든 인간은 아담의 죄와 무관하지 않으며 아담의 죄에 대해서 어떤 식으로든 책임을 진다.

전가와 전달. 원죄가 모든 인류들에게 전해지는 방식은 두 가지이다. 아담의 죄책은 직접적으로 전가(impute)되고, 그의 사망과 부패는 부모를 통해서 전달(convey)된다. 따라서 모든 인간은 아담이 지은 죄에 대해서 죄책을 가진다. 여기에 대해서 "왜 내가 아담의 죄에 대해서 책임을 져야 하는가?"라고 항의 할 수 있을 것이다. 하지만 만약 그렇다면 "왜 내가 예수님의 의 때문에 의인으로 인정받아야 하는가?"라고도 항의해야 할 것이다. 아담의 죄의 전가를 받아들이지 못한다면 예수님의 의의 전가도 받아들일 수 없다.

원죄로 인한 부패한 본성은 부모를 통하여 후손에게 전달한다. 다윗은 원죄 교리를 기도로 이렇게 표현했다. "내가 죄악 중에 출생하였음이여, 어머니가 죄 중에서 나를 잉태하였나이다"(시 51:5). 다윗은 이 기도에서 자신의 죄를 모친에게 돌리지 않는다. 그는 자신을 돌아보면서 죄에 대해서 깊은 고민을 하게 되었고 마침내 그 죄의 뿌리가 태어나면서부터 자기 속에서 자라기 시작했다는 것을 깨닫게 되었다. 그러고 나서 그 죄를 도말해 주시기를 하나님께 간구했다. 여기서 중요한 것은 아담의 부패가 부모를 통해서 전달된다는 것이지 부모의 부패가 자녀에게 전달된다는 것은 아니다. 원죄 교리는 '가계에 흐르는 저주'와 같은 사이비 교리와 아무런 관계가 없다.

성경은 원죄 교리를 상세하게 설명하지 않는다. 이 세상에 죄가 보편적인 것은 자명한 사실이고 원죄는 그것에 대한 성경의 설명이다. 이 문제에 대해서 다른 어느 곳에서도 답을 얻을 수 없기 때문에 우리는 성경의 답에 만족하고 받아들이든지 아니면 불가지론에 빠져서 회의적인 삶을 살든지 선택할 수밖에 없다. 원죄 교리를 받아들인다면 자신이 왜, 얼마나 죄인인지를 너무나 잘 이해를 할 수 있을 것이다. 그리고 구원에 대해서 갈망하게 된다. 아담은 죽은 지 너무나 오래 지났고 그 죄책은 나에게 직접 전가되고, 그 부패한 본성은 부모를 통해 전달되었다면 도대체 구원의 길은 어디에 있는가? 죄인인 인간 속에서는 찾을 수 없다. 유일한 방법은 누군가가 죄에 대한 형벌을 받는 것이고, 중생을 통하여 새로운 본성을 얻는 길 뿐이다.

"일반적인 출생" 원죄는 일반적인 출생으로 태어나는 사람들에게만 적용된다. 거꾸로 말하면 특별하게 출생한 사람에게는 전달되지 않는다는 말이다. 원죄는 특별하게 성령으로 잉태되어 마리아에게서 태어나신 예수님에게는 해당이 되지 않는다. 그런데 로마 교회는 원죄의 예외가 마리아에게도 적용된다. 로마 교회의 마리아 무흠수태설에 따르면 마리아는 원죄 없이 부모에게서 태어났다. 이것이 가능한 이유는 예수님의 대속 사역이 마리아에게는 태어났을 때부터 적용되었기 때문이다. 성경에 전혀 근거하지 않은 이 교리는 오늘날 로마 교회의 도그마(무오한 진리)로 인정받고 있다.

원죄에 대한 4가지 견해			
펠라기우스 (소시니우스)	동방교회	로마 교회	개신교
원죄는 단지 아담의 죄며 그들의 죄책과 부패 모두 후손에게 전달되지 않는다.	원죄의 죄책은 후손에게 전달되지 않는다.	원죄의 죄책과 부패 모두 후손들에게 전해진다.	원죄의 죄책과 부패 모두 후손들에게 전해진다.
모든 인간이 죄를 짓는 이유는 아담의 죄를 모방하기 때문이다.	원죄의 결과 인간의 본성이 부패했고 그 이후 모든 인간은 죄인으로 태어난다.	원죄로 인해 아담에게 주신 추가적 은사는 완전히 상실되었고, 인간의 본성은 손상되었을 뿐이어서 자연적인 선은 행할 수 있다.	원죄로 인해 인간의 본성 전체가 뿌리부터 부패하여 어떠한 선도 행할 수 없다.
인간들은 하나님의 은혜가 없어도 자기 스스로 노력하면 구원에 이를 수 있다.	부패에서 구원받기 위해 하나님의 은혜가 필요하며 하나님께서 은혜의 손길을 내밀 때 협력할 수 있다.	원죄는 세례를 통하여 완전히 제거되며, 세례 이후의 죄는 고해성사를 통해서 제거된다.	인간이 구원을 받을 수 있는 유일한 길은 전적으로 하나님의 은혜로 중생을 통하여 타락한 본성이 바뀌는 것뿐이다.

제4항 전적 부패 (total depravity)

제4항은 원죄가 아담 이후의 인간에게 미친 결과를 다룬다. 보통 '전적 타락'이라고 불리는데 전적 부패라는 말이 정확하다. 이 용어도 정확한 설명이 필요하다. 전적 부패는 인간이 최고로 부패하여 사탄이 되었

다는 말이 아니다. 전적 부패는 부패의 정도가 아니라 부패의 범위를 가리킨다. 전적으로 부패했어도 인간은 여전히 인간으로 남아 있다. 전적 부패가 주는 오해를 방지하기 위해 근본적 부패(radical depravity) 혹은 전적 무능력(total inability)이라는 말을 사용하기도 한다. 이 용어들이 전달하고자 하는 의도는 타락 이후 인간들은 영혼의 뿌리인 마음이 부패했기 때문에 하나님께서 명하신 어떤 선도 행할 수 없게 되었다는 것이다.

「고백서」는 아담에게서 전달된 "원 부패(original corruption)"에 의하여 모든 인간은 전적으로 부패하게 되었고, 원 부패로부터 모든 자범죄(실제로 짓는 죄)가 나온다고 선언한다. 전적 부패로 말미암아 인간은 모든 선을 "전적으로(utterly)" 싫어하고, 모든 악에 "전적으로(wholly)" 기울어지게 되었다. 이와 같은 사실은 다음 성경 구절에서 정확하게 확인하게 된다. "의인은 없나니 하나도 없으며, 깨닫는 자도 없고 하나님을 찾는 자도 없고 다 치우쳐 함께 무익하게 되고 선을 행하는 자는 없나니 하나도 없도다"(롬 3:10-12). 인간 영혼의 모든 부분이 부패했기 때문에 자연인에게는 어떠한 선이든 그 선을 행하려고 하는 의지나 그 선을 행할 수 있는 능력 모두 존재하지 않는다.

전적 부패에 반대하는 이들은 종종 불신자들의 선행에 대해서 언급한다. 대표적인 예로 어머니가 자신을 희생하면서 자기 아이를 구하는 것이다. 이것이 선이 아니라면 죄인가? 이 주제는 제16장 7항에서 자세하게 다루어질 것이다. 여기서는 간단하게 중요한 점만 지적하도록 하겠다. 하나님을 모르는 불신자들도 하나님이 명한 선한 행동 그 자체는 할 수 있다. 하지만 그 행동이 온전히 선한 행동이 되기 위해서는 선한 마음에서 나와야 하고 그 목적이 하나님의 영광을 위한 것이어야 한다. 인간의 눈에는 선하게 보이지만 하나님의 눈에는 선하지 않을 수 있다는 것을 기억해야 한다. 불신자들이 행하는 그와 같은 행동은 그들에게 영생의 복을 허락하지 않는다. 다만, 불신자들의 그런 행동은 공동체 생활의 평화와 안녕을 위한 매우 유익한 행동이다.

제5항 중생한 자들 안에 남은 부패

제5항은 탐욕을 진정한 의미에서 죄로 인정하지 않는 로마 교회의 탐욕(concupiscence) 교리를 정면으로 거부한다. 예수님을 믿고 거듭난 이후에도 신자들이 죄를 짓는다는 것은 다 인정한다. 하지만 그 이유를 설명할 때 로마 교회와 개혁신학은 비슷한 점도 있지만 상당한 차이를 보인다. 이 점에서 로마 교회의 입장을 다시 한번 간단히 점검할 필요가 있다.

> 창조되었을 때 아담은 선하게 창조되었지만 탐욕을 가지고 있었다.
> 탐욕은 죄를 지으려고 하는 경향일 뿐 **죄는 아니다.**
> 이 죄를 통제하기 위해서 추가적인 은사가 부여되었다.
> 아담의 원죄는 후손에게 전가되고 전달된다.
> 세례를 받아 중생하게 되면 **원죄를 포함한 모든 죄가 제거된다.**
> 하지만 (죄가 아닌) 탐욕은 그대로 가지고 있기에 죄를 짓게 된다.
> 신자들은 자유 의지와 하나님께서 주신 은혜로 죄와 싸워야 한다.
> 하나님은 은혜로 행한 선행에 대해 그 공로를 보상하신다.

제5항과 관련하여 로마 교회 입장에 관해 우리가 주목할 점은 세례를

통하여 중생하면 원죄를 포함해서 모든 죄가 완전히 제거된다는 것이다. 따라서 세례받은 직후에 신자는 아담과 같이 되지만 아담이 가지고 있었던 탐욕도 그대로 가진다. 하지만 이것은 **"참으로 그리고 진정한 의미에서**(truly and properly)"[46] 죄는 아니다. 세례 이후의 죄는 원죄 때문이 아니고 창조 때 원래 있었던 탐욕을 자유 의지로 잘 통제하지 못했기 때문이다. 이렇듯 로마 교회는 창조를 격하시키고 원죄의 영향력을 과소평가하는 반면 세례의 능력을 지나치게 격상하는 것을 볼 수 있다.

로마 교회의 교리를 염두에 둔다면 「고백서」가 말하고자 하는 의도를 분명하게 알 수 있을 것이다. 제5항은 로마 교회의 원죄 교리뿐만 아니라 세례와 중생을 동일하게 여기는 그들의 중생 교리 또한 거부한다. 비록 원죄의 죄책은 중생한 자들에게 더 이상 전가되지 않지만, 또 원죄의 부패 역시 그리스도를 통하여 용서받았지만, 원죄의 부패는 여전히 신자 안에 남아서 영향력을 행사한다. 이 부패 때문에 신자들은 계속 죄를 짓게 된다. 탐욕 역시 아담의 본성 안에 있었던 것이 아니라 부패에서 나오는 것이고 이것들은 **"참으로 그리고 진정한"** 의미에서 죄다.

「고백서」에 따라 신자들은 죄를 지을 수 없다든지 신자들이 짓는 죄는 더 이상 죄가 아니라는 주장에 주의해야 한다. 오늘날 "그리스도 예수 안에 있는 자에게는 결코 정죄함이 없다"(롬 8:1)는 바울 사도의 주장을 지나치게 강조하면서 신자들이 짓는 죄는 더 이상 죄가 아니라고 해서는 안

---

46 「고백서」에 나오는 이 문구는 트리엔트 공의회에서 그대로 인용한 것이다. W. H. Griffith Thomas, *The Principles of Theology: An Introduction to the Thirty-Nine Articles* (Eugene: Wipf & Stocks, 1930), 172.

된다. 만약 그렇다면 "우리의 죄를 사하여 주옵소서"라고 기도해서는 안 될 것이다. 그리스도의 의로 말미암아 값없이 용서함을 받았지만 우리가 짓는 죄는 분명히 죄라는 것을 오히려 깊이 인식해야 한다.

제6항 죄에 대한 형벌

죄는 하나님의 의로운 법을 어기는 행위와 그 법에 순종함에 있어서 부족한 것이다. 죄는 죄짓는 행위에서 끝나지 않는다. 죄는 죄를 짓는 사람을 부패시키기도 하지만, 반드시 그에 따른 책임도 요구한다. 이 죄책은 죄의 결과이며 책임이 따르지 않는 죄란 존재하지 않는다. 그리고 이 책임은 반드시 그 죄에 따른 형벌이 뒤따른다. 형벌이 없는 책임 역시 존재할 수 없다. 아르미니우스주의를 포함하여 로마 교회는 죄에 대한 책임(범책, reatus culpae)과 벌에 대한 책임(벌책, reatus poena)을 구분[47]하는데 이것은 죄에 대한 상당한 오해를 준다. 이 주장을 받아들이면 예수님의 대속으로 말미암아 범책은 용서받았지만 벌책은 여전히 남아 있다고 주장할 수 있기 때문이다. 이와 같은 교리는 예수님의 구속 사역의 완전성을 심각하게 손상하기 때문에 종교개혁가들에 의해서 전적으로 거부되었다.

---

47 Louis Berkhof, *Systematic Theology* (Grand Rapids: Eerdmans, 1996; new edition), 245-246. 참고로 개혁파 신학은 실재적 죄책(reatus actualis)과 잠재적 죄책(reatus potentialis)은 구별하여 칭의가 모든 죄에 대한 형벌을 제거하지만 형벌의 당위성까지 제거하는 것은 아니라고 잘 규정하여 반율법주의의 오류를 막을 수 있었다. Cf. Herman Bavinck, John Vriend 역, *Reformed Dogmatics: Sin and Salvation in Christ,* vol. 3, (Grand Rapids: Baker Academics, 2006), 171.

죄에 대한 형벌은 크게 3가지로 구분된다. 첫째, 죄는 하나님의 진노를 초래한다. 죄로 인하여 인간은 본질상 "진노의 자녀"가 되었다(엡 2:3). 의로우신 하나님이 자신의 의로운 법을 어기는 것을 보고 그냥 지나치신다면 그분은 결코 의로우신 하나님이 될 수 없다. 하나님께서 죄를 그냥 사랑으로 넘어가실 수 있는가? 그것은 불가능하다. 오늘날 진노하시는 하나님에 대한 거북함이 점점 보편화되고 있다. 이런 경향은 초대 교회부터 있었다. 하지만 성경을 보라. 특히 구약 성경은 진노하시는 하나님에 대한 이야기로 가득 차 있다. 사랑의 표상으로 알려진 십자가 역시 하나님의 진노와 분리되어 생각할 수 없다.

둘째, 죄는 율법의 저주도 초래한다. 만약 어린아이가 잘못된 일을 했는데 부모가 화만 내고 어떠한 벌도 주지 않는다면 그 아이가 부모를 어떻게 생각하겠는가? 그 아이는 부모의 말을 지나가는 잔소리로 생각할 것이고, 부모는 자기 말을 듣지 않은 아이들에게 목소리만 계속 높이게 될 것이다. 결국 부모의 말은 권위를 잃게 되고 제대로 된 자녀교육은 불가능하게 된다. 죄는 하나님의 진노와 더불어 율법의 저주도 포함한다. "누구든지 율법 책에 기록된 대로 모든 일을 항상 행하지 아니하는 자는 저주 아래에 있다"(갈 3:10). 율법은 단지 인간들에게 죄가 무엇인지 알려주기만 하는 것이 아니라 율법을 지키지 않는 자들을 저주 아래 놓이게 한다.

셋째, 하나님의 진노와 율법의 저주가 약간 추상적인 형벌이라면 사망은 아주 구체적인 형벌이다. 오늘날 사망이나 죽음을 형벌로 보지 않고, 오늘날 현대 신학자 중에도 죽음을 자연적인 현상으로 보는 이들이 적지 않다. 하지만 사도 바울은 "죄의 삯은 사망"이라고 분명하게 선언한다(롬 6:23). 죄인은 이 사망과 더불어 영적이고, 일시적이고, 영원한 비참을 형벌로 받게 된다. 죄로 인하여 인간은 이 세상에서 영적이고 육적인 비참을 겪게 될 뿐 아니라 지옥에서도 영원한 형벌에 처하게 되었다.

죄와 형벌의 관계를 잘 알아야 구원에 대해 정확하게 이해할 수 있다. 성경에서 말하는 구원은 죄로부터의 구원이다. 가난이나 억압으로부터의 구원이 아니다. 그렇다면 돈이나 힘이 구원을 줄 수 있을 것이다. 그렇지 않다. 죄로부터의 구원은 필연적으로 형벌로부터의 구원이다. 형벌로부터의 구원은 그 형벌을 치러서 율법의 요구를 이루어 하나님의 의를 만족시키는 방법 외에는 없다. 이것이 어떻게 가능한가에 대해서는 다음 장에서 계속 이어진다.

제7장 인간과 맺으신 하나님의 언약

1항. 하나님과 피조물 사이의 간격이 너무 크기 때문에 비록 이성적 피조물들이 그들의 창조주께 마땅히 해야 할 순종을 하더라도, 하나님 편에서 자발적인 겸하(condescension)가 없으면 그들은 그분으로부터 복락이나 보상과 같은 열매를 누릴 수 없었다. 그런데 하나님은 이 강하를 언약이라는 방식으로 표현하기를 기뻐하셨다.[1)]

2항. 하나님께서 인간과 맺은 첫 번째 언약은 행위언약이었는데,[2)] 이 언약 속에서 완전하고 인격적인 순종을 조건으로[4)] 생명이 아담과 그의 후손들에게 약속되었다.[3)]

3항. 타락으로 인간은 이 언약을 통해 스스로 생명을 얻을 수 없게 되었기 때문에, 주님은 통상적으로 은혜언약이라고 불리는 두 번째 언약을 세우시기를 기뻐하셨다.[5)] 주님은 이 언약을 통하여 죄인들에게 예수 그리스도로 말미암은 생명과 구원을 값없이 제공하시며, 죄인들이 구원을 받도록 믿음을 요구하시고,[6)] 영생을 받기로 정해진 모든 이에게 그들이 자발적으로 믿을 수 있도록 성령을 주실 것을 약속하신다.[7)]

4항. 이 은혜언약은 성경에서 유언이라는 이름으로 종종 언급되어 유언자이신 예수 그리스도의 죽음, 그리고 유언 안에 상속된 영원한 유산(그 유산에

속한 모든 것들과 함께)을 지칭한다.[8]

5항. 이 언약은 율법의 시대와 복음의 시대에 다르게 시행되었다.[9] 율법 아래에서 이 언약은 약속들, 예언들, 제사들, 할례, 유월절 어린양 및 유대 백성들에게 전해진 그 외의 모형이나 규례들에 의하여 시행되었고, 이 모든 것이 오실 그리스도를 예표했다.[10] 이것들은 그 당시에 성령의 역사를 통하여 약속된 메시야에 대한 믿음 안에서 택자들을 가르치고 세우기에 충분하고 효과적이었다.[11] 이 메시야에 의해서 그들은 완전한 죄 사함과 영원한 구원을 받았으니, 이를 구약이라고 부른다.[12]

6항. 실체이신 그리스도께서[13] 나타나신 복음 시대에 이 언약이 베풀어지는 규례들은 말씀의 설교와 세례와 주의 만찬인 성례의 시행이다.[14] 이것들은 비록 수에 있어서 이전보다 적고, 보다 단순하게 시행되고, 외적인 영광은 작지만, 이것들 속에서 이 언약은 모든 민족, 즉 유대인들과 이방인들 모두에게[16] 보다 충만하고 보다 분명하고 보다 영적으로 효력 있게 전파되니,[15] 이를 신약이라고 부른다.[17] 그러므로 본질이 다른 두 개의 은혜언약이 존재하는 것이 아니라 여러 다른 세대에 하나의 동일한 언약이 존재한다.[18]

---

1) 사 40:13-17; 욥 9:32-33; 삼상 2:25; 시 113:5-6; 시 100:2-3; 욥 22:2-3; 욥 35:7-8; 눅 17:10; 행 17:24-25.

2) 갈 3:12.

3) 롬 10:5; 롬 5:12-20.

4) 창 2:17; 갈 3:10.

5) 갈 3:21; 롬 8:3; 롬 3:20-21; 창 3:15; 사 42:6.

6) 막 16:15-16; 요 3:16; 롬 10:6, 9; 갈 3:11.

7) 겔 36:26-27; 요 6:44-45.

8) 히 9:15-17; 히 7:22; 눅 22:20; 고전 11:25.

9) 고후 3:6-9.

10) 히 8-10; 롬 4:11; 골 2:11-12; 고전 5:7.

11) 고전 10:1-4; 히 11:13; 요 8:56.

12) 갈 3:7-9, 14.

13) 골 2:17.

14) 마 28:19-20; 고전 11:23-25.
15) 히 12:22-28; 렘 31:33-34.
16) 마 28:19; 엡 2:15-19.
17) 눅 22:20.

18) 갈 3:14, 16; 롬 3:21-23, 30; 시 32:1;
　　롬 4:3, 6, 16-17, 23-24; 히 13:8;
　　행 15:11.

너희는 귀를 기울이고 내게로 나아와 들으라.
그리하면 너희의 영혼이 살리라.
내가 너희를 위하여 영원한 언약을 맺으리니
곧 다윗에게 허락한 확실한 은혜이니라.

(사 55:3)

서론: 개혁신학의 가장 탁월한 공헌

제6장의 죄와 타락과 형벌은 인간으로 하여금 절망하게 한다. 오순절 이후 베드로가 성령의 감동을 받아 유대인들을 향해 "너희가 십자가에 못 박은 이 예수를 하나님이 주와 그리스도가 되게 하셨느니라"라고 설교를 마쳤을 때 유대인들은 "형제들아, 우리가 어찌할꼬?"라고 하면서 탄식했다(행 2:36-37). 어떻게 보면 이 탄식 안에 답이 들어 있다. 구원은 인간에게서 전혀 나올 수 없고 하나님에게서만 나올 수 있다. 그렇다면 하나님께서 그들을 어떻게 구원하시는가? 하나님은 본성상 필연적으로 인간을 구원하시는 존재인가? 아니면 마음만 먹으면 그냥 바로 구원하시는 분이신가? 제7장부터 하나님께서 인간을 어떻게 다루시는지를 보게 된다. 이것을 통해 우리는 하나님의 놀라운 구원의 경륜을 깨닫게 되

고, 하나님을 더욱 신뢰할 수 있게 될 것이다.

제7장이 다루는 주제는 언약이다. 언약이라는 단어는 성경에 매우 빈번하게 등장하는 용어로 매우 중요한 신학적 개념을 담고 있다. 언약에 대한 다양한 이해들은 사도들을 통하여 교부들에 의해서 깊이 논의되었고 중세 신학에서는 훨씬 더 심도 있는 논의들이 진행되었다. 종교개혁가들 역시 이와 같은 언약 개념들을 잘 받아들여서 성경적 진리를 더욱 명확하게 하는 데 사용했다. 웨스트민스터 총회가 개최될 무렵인 1640년대에는 개혁파 진영 내에서 언약과 관련된 논의들이 체계화되어서 하나의 신학으로 발전하게 되었고 신앙고백서의 "구조적 원리(architectonic principle)"를 제공하기에 이르렀다.[48] 이 언약신학이야말로 신학발전에 있어서 개혁파 신학이 가장 공헌한 부분이라고 할 수 있고 그 핵심적인 내용이「고백서」제7장에 잘 요약되어 있다.

언약의 가장 기본적인 개념은 언약의 두 당사자가 어떤 의무의 관계에 들어간다는 것을 의미한다. 부모와 자녀는 출생을 통해서 관계가 형성되지만, 그 외에는 모두 일종의 언약을 통해서 관계가 형성된다. 계약은 언약의 대표적인 한 형태라고 할 수 있다. 또한 결혼이야말로 성경에 가장 가까운 언약이라고 할 수 있다. 친구 관계도 언약이라는 구체적인 가시적 형식은 없지만 서로 사랑하고 존중한다는 약속은 내재 되어 있다. 성경에는 족장들끼리 언약을 체결하기도 하고 왕과 신하가 언약을 체결하기도 한다.

---

48 Benjamin B. Warfield, *The Westminster Assembly and Its Work* (Grand Rapids: Baker Book House, 2000; reprint), 56.

하나님께서 세우신 언약은 일반적인 언약의 속성들을 다 가지고 있지만 일방성을 가지고 있다는 점에서 구분된다. 하나님은 언약을 맺으실 때 모든 주도권을 본인이 가지신다. 언약을 체결할 때 언약의 당사자인 인간과 의논하지 않으신다. 이 점에서 언약은 계약(contract)과 근본적인 차이가 있다. 따라서 「고백서」의 언약신학이 하나님의 은혜를 약화하게 하고 율법주의에 빠지게 함으로 종교개혁의 정신에서 이탈했다는 비판은 타당하지 않다.[49]

기원에 있어서 하나님의 모든 언약은 일방성을 가지지만 이 일방성은 독선을 의미하지 않는다. 하나님은 자발적 강하를 통하여 인간을 언약의 당사자로 격상하셨으며 이 언약을 통하여 하나님은 스스로 인간에게 채무자가 되셨다. 이에 따라 인간은 언약에 근거하여 하나님께 약속의 시행을 요구할 수 있는 권리를 가지게 되었다. 따라서 기원에 있어서 일방적인 언약은 시행에 있어서는 쌍방적인 성격도 가지며 이 둘을 균형 있게 이해해야 언약을 논의할 때 여러 오류에 빠지지 않게 된다.

「고백서」에서 언약이 중요한 이유는 예정을 균형 있게 이해하는 데 큰 도움을 주기 때문이다. 「고백서」를 스콜라신학의 산물로 이해하는 자들은 「고백서」가 예정과 언약을 이해함에 있어서 치명적인 오류를 범했다고 공격했다. 한편으로는 「고백서」가 예정을 지나치게 도식화하여 예정을 신학의 원리로 삼았다고 비판했고, 다른 한편으로는 「고백서」의 언약신학이 중세의 펠라기우스적 경향을 끌어들였다고 비판했다.[50] 하지만

---

49 김병훈, "웨스트민스터 신앙고백서와 언약신학," 「신학정론」 32 (2014): 325-245.
50 우병훈, 『예정과 언약으로 읽는 그리스도의 구원』 (서울: SFC, 2013), 107.

이 두 견해 모두 「고백서」의 어느 한쪽만 강조하는 심각한 오류를 범하고 있다. 앞에서 살펴보았듯이 「고백서」는 하나님의 절대 예정을 강조하면서도 결코 기계론적 운명론에 빠지지 않았다. 하나님의 절대주권과 더불어 언약신학은 인간의 책임과 의무를 매우 강조한다. 또한 이 언약신학은 예정론으로 인해 펠라기우스의 오류에도 빠지지 않았다. 「고백서」가 언뜻 보기에도 모순되어 보이는 두 교리를 동시에 붙든 것은 이 두 가지가 모두 성경적 가르침이라고 보았기 때문이다. 「고백서」는 이성에 근거하여 세상 철학이나 교회의 전통과 적절하게 타협하지 않았다. 또한 일부 학자들이 주장하듯이 웨스트민스터 신앙고백서의 작성자들이 한 세대 전의 칼뱅과 같은 종교개혁가들의 경건한 신학에서 이탈한 것도 아니다.[51]

제1항 언약의 필요성: 하나님과 인간의 거리

하나님과 인간 사이의 거리는 엄청나게 크다. 이 거리에 대해서 전도서는 다음과 같이 노래한다. "너는 하나님 앞에서 함부로 입을 열지 말며 급한 마음으로 말을 내지 말라. 하나님은 하늘에 계시고 너는 땅에 있음이니라"(전 5:2). 물론 이 거리는 물리적인 거리를 말하는 것은 아니다. 무소부재하시고 전지하신 하나님은 세상 어디에 다 존재하시고 인간의 모

---

51 Richard C. Gamble, "언약신학의 일치 혹은 불일치?: 칼빈에서 웨스트민스터까지," in. ed. 안토니 T. 셀바지오, 『단번에 주신 믿음: 웨스트민스터 총회의 유산』, 김은득 역, (서울: P&R, 2007), 369-413.

든 것을 다 알고 계시기 때문이다. 여기서 말하는 거리는 상호 간 교제의 거리를 의미한다.

하나님과 피조물의 거리를 어떻게 보는가에 따라서 하나님에 대한 인식이 근본적으로 달라진다. 일반적인 종교적 관념에 따르면 하나님과 인간의 관계는 그렇게 멀지 않다. 우리나라에는 "지성이면 감천"이라는 말이 있고, 서양에는 "하늘은 스스로 돕는 자를 돕는다"는 속담이 있다. 둘의 공통점은 인간이 뭔가 선행을 할 때 하나님을 그에 보답해야 하시는 분으로 설명한다는 것이다. 「고백서」는 이와 같은 신 관념을 완전히 거부한다. 하나님과 피조물 사이의 거리가 너무나 크기 때문에 피조물들이 마땅히 순종하더라도 하나님이 그것에 대해서 보상을 해야 할 의무가 전혀 없다.

지극히 멀리 떨어져 있는 하나님과 인간이 서로 가까워지기 위해서는 하나님께서 우리에게 내려오시든지, 아니면 인간이 하나님께 올라가든지, 아니면 하나님과 인간이 중간에서 만나는 방법밖에는 없다. 인간이 하나님께 가는 방법은 전혀 불가능하므로 유일한 방법은 하나님께서 내려오시는 것이다. 물론 인간이 하나님을 내려오게 하는 방법은 없다. 오직 하나님께서 스스로 내려오시는 방법밖에 없다. 이것을 자발적 강하(condescension[52], 겸하: 謙下)라고 한다. 이 강하는 "어떤 것이든지 하나님께서 가지고 계시지 않았던 여러 특성이나 속성을 자유롭게 취하신 것"[53]을 의

---

52 17세기에 사용된 'condescension'의 의미에 대해서는 다음 저서를 참고하라. Robert Letham, *The Westminster Assembly: Reading Its Theology in Historical Context* (Phillipsburg: P&R, 2009), 225.

53 K. Scott Oliphant, *God with Us: Divine Condescension and the Attributes of God* (Wheaton:

미한다. 성육신이야말로 자발적 강하의 대표적인 구원 사건이다.

이 자발적 강하로 하나님과 인간이 교제할 가능성이 열리게 되었으며, 더 나아가 하나님께서는 언약이라는 수단을 통해 이 가능성을 현실화하시기를 기뻐하셨다. 이 언약을 통해 인간은 하나님에게 현실에서 누리지 못하는 복락을 구할 수 있게 되었고 자신이 이 땅에서 한 일에 대해서도 보상을 기대할 수 있게 되었다. 언약이 없었더라면 인간은 피조물로서 하나님을 향한 일방적인 경배만 해야 했을 것이고, 상호 간의 친밀한 교제는 불가능했을 것이다. 언약은 "내가 너희 하나님이 되고, 너희는 내 백성이 되리라"(겔 36:28 참조)라는 말씀에 요약되어 있는데, 이것을 한 단어로 요약하면 '임마누엘'이다.

제2항 행위언약: 첫 번째 언약

하나님께서 인간과 맺은 첫 번째 언약은 "행위언약"이라고 불린다.[54] 이 언약의 당사자는 아담과 그의 후손이었으며, 언약을 통해서 생명이 약속되었고, 약속의 조건은 완전한 순종이었다. 행위언약이라는 용어가 성경에 등장하지 않기 때문에 이 용어가 정착하기까지 많은 논의가 있었다. 심지어 행위언약 교리가 종교개혁자들의 가르침을 왜곡했다는 비판도 적지 않았다.[55] 초기에는 행위언약 대신 창조언약이나 생명언약(대교

Crossway, 2011), 110.
54 행위언약은 율법을 다루는 제19장 1항에서 다시 한번 더 언급된다.
55 류길선, "앤서니 버지스와 윌리엄 스트롱의 율법 이해: 행위언약의 빛에서 본 율법과 은혜의 조화," 「역사신학논총」 34 (2019):155-157.

리 20), 또는 자연언약이나 율법언약이라는 말도 사용되었다. 하지만 둘째 언약인 은혜언약과 대비를 잘 이루기 때문에 행위언약이라는 용어가 최종적으로 정착되었다. 웨스트민스터 「고백서」는 이 용어를 공식적으로 채택한 최초의 비중 있는 「고백서」가 되었다.[56] 그러나 중요한 것은 「고백서」에 나타난 대로 이 용어를 이해하는 것이다.

행위언약에 대한 오해를 방지하기 위해서 가장 유의해야 하는 것은 행위언약이 창조되었을 때의 (타락 이전) 아담에게 주어졌다는 사실이다. 타락 이전 아담은 죄로부터의 구원이 필요 없었기 때문에, 행위언약은 행위를 통해서 구원받는다는 말이 아니다. 또한 행위언약을 시내 산에서 하나님께서 이스라엘 백성에게 주신 시내 산 언약과 혼동하는 경우가 있는데 언약이 주어진 시점만 알아도 이 둘은 서로 다른 언약이라는 것을 금방 알 수 있을 것이다. 타락한 인간과 무죄 상태의 아담은 큰 차이가 있다. 선하게 창조된 아담은 자신의 자유 의지로 얼마든지 하나님의 명령에 순종할 수 있었다.

행위언약의 구체적인 내용은 다음과 같다. "여호와 하나님이 그 사람에게 명하여 이르시되 동산 각종 나무의 열매는 네가 임의로 먹되 선악을 알게 하는 나무의 열매는 먹지 말라. 네가 먹는 날에는 반드시 죽으리라 하시니라"(창 2:16-17). 겉으로 보기에 이것은 그냥 명령으로만 보인다. 만약 이것을 단순한 명령으로만 이해하고 그 속에 들어 있는 약속을 보지 못하면 선악과 금령은 언약으로 볼 수 없을 것이다. 실제로 소시니우

56 Letham, *The Westminster Assembly*, 226.

스주의자들은 선악과 금령에서 명령을 어겼을 때의 처벌만 계시되었으며 약속은 전혀 찾을 수 없다고 주장했는데 여기에 대해서 개혁주의자들은 약속의 관점에서 보아야 한다고 강하게 변증했다.[57] 개혁주의자들은 "먹는 날에는 반드시 죽으리라"는 말에는 "먹지 않으면 영생하리라"는 약속이 분명히 담겨 있다고 보았다.[58]

행위언약의 가장 큰 장점은 앞에서 다루었던 원죄를 가장 잘 설명할 수 있다는 것이다. 행위언약의 당사자들이 아담과 그의 후손이기 때문에 원죄의 죄책이 모든 인류에게 전가된다. 행위언약에 있어서 아담은 모든 인류의 언약의 대표자로 위치한다. 이 언약 관계에 의하여 아담과 그의 후손은 별개로 존재하지 않고 하나의 연대체로 존재한다. 이 연대 때문에 비록 아담의 후손들이 금령을 지키지 않았어도 아담의 범죄에 대해서 책임과 그에 따르는 형벌을 받게 되는 것이다. 아담과 그의 후손 사이의 언약 관계를 부정하면 펠라기우스주의자가 되거나 동방교회처럼 원죄의 부패만 받아들이게 된다. 따라서 행위언약이 펠라기우스주의의 일종이라는 비판은 역사적 사실에 전혀 맞지 않는다.

---

57 Herman Witsius, William Crookshank 역, *The Economy of the Covenants between God and Man Comprehending a Complete Body of Divinity* (Phillipsburg: P&R Publishing, 1990: reprint), Vol. 1, 71.
58 소수의 개혁파 신학자 중에는 선악과 금령은 단지 명령일 뿐이고 그 금령 속에 영생이 약속되어 있다는 것은 성경적 근거가 없는 논리의 비약이라고 주장한다. Cf. Herman Hoekesema, *Reformed Dogmatics* (Grand Rapids: RFPA, 1966), 217.

제3항 은혜언약: 두 번째 언약

「고백서」는 먼저 은혜언약의 필요성에 대해서 이야기한다. 「고백서」에 따르면 은혜언약이 필요한 이유는 인간의 타락 때문이다. 타락으로 인해 인간은 행위언약을 더 이상 지킬 수 없게 되었고 행위언약을 통하여 생명을 얻을 수도 없게 되었다. 하나님은 그들을 다 행위언약에 따라 사망에 이르게 하실 수 있었으나 두 번째 언약, 즉 은혜언약을 세우시기를 기뻐하셨다. 이 언약은 창세기 3장 15절에 처음으로 계시되었으며, 이후에 여러 가지 방식으로 선포되었다. 참고로 5항 이후에서 자세하게 다루어지듯이, 첫 번째 언약은 옛 언약이 아니고, 옛 언약은 새 언약과 함께 은혜언약에 속한다.

이 두 번째 언약이 은혜언약이라고 불리는 이유는 하나님께서 "값없이(freely)" 예수 그리스도를 통한 생명과 구원을 제공하시기 때문이다. 행위언약에는 복과 생명이 약속되었지만, 은혜언약은 죄인들을 위한 것이기 때문에 생명과 더불어 구원도 약속되었다. 「고백서」 본문에는 이 은혜언약이 누구와 체결되었는지를 암시적으로 "영생을 받기로 정해진 모든 이"라고 나타냈지만, 대교리문답 31문답은 하나님께서 은혜언약을 "둘째 아담이신 그리스도와 그분 안에서 그분의 후손이 된 모든 택자"와 맺으셨다고 구체적으로 적시하고 있다. 첫째 아담이 행위언약의 대표인 것처럼, 둘째 아담은 은혜언약의 대표이시다.

은혜언약은 더 이상 인간에게 행위를 요구하지 않고 그리스도에 대한 믿음을 요구하기 때문에 은혜언약이라고 할 수 있다. 행위 자체가 언약에 아무 소용이 없는 것이 아니라 그리스도께서 구원과 생명에 필요한 모든 속량의 행위를 다 하셨기 때문이다. 언약의 복을 받기 위해서 택자들이 해야 할 행위는 아무것도 없다. 또한 은혜언약은 그 믿음조차 하나님의 선물로 약속하기 때문에 은혜언약이라고 불린다. 하나님은 은혜언약을 통해 택자들에게 믿음을 요구하시는데, 타락으로 인하여 믿을 수 없는 그들이 믿게 하도록 성령을 주시기로 약속하셨다. 즉 언약의 조건도 요구하시지만 그 조건을 이루는 것도 약속하신다.

	행위언약	은혜언약
체결 시점	창조 때 (타락 이전)	영원 안에서
시행 방식	한 번으로 종결	시대마다 다른 방식으로 시행됨 (옛 언약과 새 언약으로 구분됨)
당사자	아담과 그의 후손	중보자 그리스도와 그분의 택자들
요구	완전한 순종	그리스도에 대한 믿음
약속	복과 생명	성령 (구원과 생명)
하나님과의 관계	창조주와 피조물	구속주와 죄인

제4항 유언으로서의 언약

은혜언약은 유언적인 성격을 지녔기 때문에 은혜언약으로 불릴 수 있다. 성경에서 언약을 지칭할 때 사용한 단어는 헬라어로 디아테케 (διαθήκη)이다. 이 단어는 신약 성경이 쓰일 당시 일반적으로 유언(testament)

이라는 의미로 많이 사용되었다. 따라서 이 동일한 단어가 유언이라는 의미로 성경에 자주 사용되었다. 「고백서」의 작성자 역시 이 사실을 잘 알고 있었고 이를 은혜언약을 변증하기 위해 효과적으로 사용했다.

유언은 은혜언약에 있어서 주도권이 하나님께 있다는 것을 너무나 잘 보여 준다. 유언을 작성하는 것은 전적으로 유언자가 결정하기 때문이다. 유언은 또한 죽음과 관련이 있다. 왜냐하면 유언은 유언자가 죽고 나서야 효과가 있기 때문이다.[59] 이와 유사하게 은혜언약에 약속된 것도 예수님의 죽으심으로 인해 유산으로 택자들에게 주어지게 된다. 이 유산이야말로 택자들이 받게 될 선물이 은혜로 주어진다는 것을 잘 설명한다.

제5항과 제6항 은혜 언약의 시행: 구약과 신약의 차이[60]

루터파가 복음을 구약과 신약을 연결하는 고리로 이해했다면 개혁신학은 언약을 통하여 성경의 통일성과 다양성을 설명하려고 했다.[61] 은혜언약의 본질이 동일하다는 사실을 통하여 구약과 신약의 통일성을 설명했고 시행 방식의 차이를 통하여 다양성을 설명했다. 이 언약신학으로 인하여 개혁파 신학자들은 구약을 훨씬 더 긍정적으로 이해할 수 있게 되었다. 반면 언약신학을 거부한 재세례파는 구약과 신약의 통일성을 거

---

59 히브리서 9장 16-17절. "유언은 유언한 자가 죽어야 되나니 유언은 그 사람이 죽은 후에야 유효한즉 유언한 자가 살아 있는 동안에는 효력이 없느니라."

60 구약과 신약의 관계에 대해서는 율법을 다루는 19장 3, 4, 5항도 참고할 필요가 있다. 언약과 율법에 대한 바른 이해는 올바른 성경 해석을 위해서 매우 중요하다. 제20장 1항도 그리스도인의 자유가 신약과 구약에서 어떻게 해석되어야 하는지를 잘 보여 주고 있다.

61 우병훈, 『예정과 언약으로 읽는 그리스도의 구원』 (서울: SFC, 2013), 106.

부했고, 특별히 구약의 할례와 신약의 세례를 서로 무관한 것으로 만들어 버렸다. 이것은 개혁파 신학이 유아 세례를 인정한 것과 달리, 재세례파는 유아 세례를 거부한 중요한 이유 중 하나다.

우리는 이미 제1장 5항에서 성경의 통일성에 대해서 다루었다. 66권 각 성경의 모든 교리가 상호 모순이 없다는 점에서 통일성을 가지고 있지만 하나님의 계시가 점점 발전한다는 점에서도 통일성을 가지고 있다. 언약신학은 하나님의 구원 계시의 발전을 설명하는 훌륭한 틀을 제공한다. 이 언약신학에 가장 대조적인 입장을 취하는 세대주의는 시대마다 하나님의 경륜이 다르고, 구원의 방식도 다르다고 주장한다. 구약의 이스라엘과 신약의 교회를 완전히 다른 공동체로 인식한다. 이런 성경 해석은 지나친 문자적 해석과 알레고리 해석과 결부되어 (특히 종말론과 관련) 많은 신자를 유혹하고 있는데 언약에 대한 올바른 지식을 가지고 있으면 그와 같은 종류의 성경 해석이 얼마나 부실한지 금방 이해할 수 있을 것이다.

제5항은 구약 시대에서 은혜언약의 시행을 다루고 제6항은 신약 시대에서 은혜언약의 시행을 다룬다. 이 둘은 상호 간의 비교를 통해서 더 쉽게 이해될 수 있다.

1) 구약과 신약은 서로 다른 실체를 가진 두 언약이 아니라 동일한 은혜언약이다. 이에 반하여 은혜언약과 행위언약은 전혀 다른 두 개의 실체를 가진다. 개혁파 안에서도 구약의 시내 산 언약이나 율법을 은혜언약과 구분되는 별도의 언약으로 보는 이들이 있었지만 개혁신학의 큰 틀

에서 보았을 때 "소수이거나 좀 심하게 표현하면 일탈한 것이라고까지 평가할 수 있다."[62]

2) 구약과 신약은 그리스도를 기준으로 시대가 나뉜다. 전자를 율법의 시대라고 하고, 후자를 복음의 시대라고 한다. 그리스도 이전에 속한 여러 언약(노아 언약, 시내 산 언약, 다윗 언약 등)은 행위언약 이외에 모두 구약에 속한다. 언약의 관점에서 볼 때 율법과 복음은 대립하지 않고 정도의 차이를 나타낼 뿐이다.

3) 구약은 오실 그리스도를 예표하지만, 신약은 실체이신 그리스도를 선포한다. 두 언약 모두 가리키는 본질은 동일하게 그리스도이지만, 정도에 있어서 오실 그리스도와 오신 그리스도의 차이가 있고, 예표와 선포의 차이가 있다. 이 차이는 대단히 큰 것이다.

4) 언약의 시행 당사자에 있어서도 큰 차이가 있다. 둘 다 하나님의 선택된 백성이지만 구약은 유대인만을, 후자는 유대인과 이방인을 포함한다.

5) 구약은 신약보다 훨씬 많은 규례를 가지고 있다. 구약은 유대인들을 가르치고 세우기 위해서 충분히 효과적인 언약이었다. 그 핵심적인 이유는 성령의 사역 때문이다. 「고백서」는 언약에 있어서 성령의 중요성을 놓치지 않았다. 반면 신약의 규례는 숫자도 적고 외형적으로도 화려하지 않지만 그 효력이 미치는 범위와 정도에 있어서는 훨씬 더 뛰어나다.

---

62 안상혁, 『언약신학 쟁점으로 읽는다』 (서울: 영음사, 2014), 258.

언약의 시행에 있어서 구약과 신약의 차이		
시기	율법의 시대	복음의 시대 (시대 기준: 그리스도)
규례들	약속, 예언, 제사, 할례, 유월절 어린 양 등.	설교와 성례 (구약에 비해 숫자는 적고 외적 영광은 떨어짐)
대상	유대인	모든 민족
기능	오실 그리스도를 예표함	실체이신 그리스도를 선포하고 증거함
효과	유대인들을 위해서 충분하고 효과적이었음.	더 충만하고, 더 분명하고, 더 영적으로 효과적임.

제8장 중보자 그리스도

1항. 하나님은 영원한 목적에 따라 독생자 주 예수님을 하나님과 사람 사이의 중보자로 택하시고[1] 세우셔서 선지자와[2] 제사장과[3] 왕,[4] 교회의 머리와 구원자,[5] 만유의 상속자,[6] 그리고 세상의 심판자가 되게 하시기를 기뻐하셨다.[7] 이 예수님께 하나님은 영원부터 한 백성을 주셔서 그의 씨가 되게 하셨고,[8] 때가 되었을 때, 그를 통하여 속량을 받고, 부르심을 받고, 의롭게 되고, 거룩하게 되고, 영화롭게 되도록 하셨다.[9]

2항. 참되고 영원하신 하나님으로서 삼위일체의 제2위, 곧 성부와 본질이 같고 동등하신 하나님의 아들께서는 때가 찼을 때 인간의 본성을,[10] 그 모든 본질적 속성들 및 그 본성의 일반적인 연약함과 함께 취하셨으나 죄는 없으시다.[11] 그분은 성령의 능력으로 동정녀 마리아의 태에서 그녀의 본질을 취하여 잉태되셨다.[12] 그 결과 온전하고 완전하며 구분된 두 본성, 곧 신성과 인성이 한 위격 안에서 변환이나 합성이나 혼동 없이 서로 나뉠 수 없게 연합되었다.[13] 이 위격은 참 하나님이시자 참 인간이시고, 그러면서도 한 분 그리스도, 곧 하나님과 인간 사이의 유일한 중보자이시다.[14]

3항. 이와 같이 신성과 연합된 인성을 지니신 주 예수님은 성령으로 한량없이 거룩하게 되셨고 기름 부음을 받으셨으며,[15] 모든 지혜와 지식의 모든 보화가 그분 안에 있다.[16] 성부께서는 모든 충만이 주 예수님 안에 거하게 하시기를 기뻐하셨다.[17] 이는 주 예수님이 거룩하고 악이 없고 더러움이 없고, 은혜와 진리로 충만하여,[18] 중보자와 보증인의 직무를 수행할 수 있도록 철저히 준비하도록 하시기 위함이었다.[19] 이 직무는 예수님이 스스로 취하신 것이 아니라, 그분의 손에 모든 권세와 심판을 맡기시고 그것을 수행하도록 명하신 성부의 소명에 따라 주어졌다.[20][21]

4항. 이 직무를 주 예수님은 지극히 기꺼이 맡으셨다.[22] 그분은 이 직무를 수행하시기 위해 율법 아래 나셨고[23] 율법을 완전하게 이루셨다.[24] 그분은 영혼으로는 가장 극심한 고문을,[25] 육체로는 지극히 아픈 고통을 견디셨으며,[26] 십자가에 못 박혀 죽으셨고,[27] 장사되셨고, 사망의 권세 아래 머물러 계셨으나 썩음을 보지 않으셨다.[28] 셋째 날에 그분은 고난을 당하신 바로 그 몸을 가지고 죽은 자들 가운데서 살아나셨고,[29][30] 또한 그 몸과 함께 하늘에 오르셨으며, 성부 하나님의 우편에 앉아 계시면서[31] 우리를 위하여 중보기도 하시고,[32] 세상 끝날에 사람들과 천사들을 심판하러 다시 오실 것이다.[33]

5항. 주 예수님은 영원하신 성령을 통하여 하나님께 단번에 봉헌하신 완전한 순종과 희생 제사로 하나님의 공의를 충분하게 만족시키셨다.[34] 그리고 성부께서 자기에게 주신 모든 자를 위하여 화목뿐만 아니라 천국에 있는 영원한 유산도 값을 치르고 사셨다.[35]

6항. 속량의 사역이 비록 그리스도의 성육신 이후에 비로소 실재적으로 이루어졌을지라도, 그분은 어제나 오늘이나 영원토록 동일하신 분이시기 때문에, 속량의 효력과 효과와 유익들은 세상의 시작부터 모든 시대에 걸쳐 약속들, 모형들, 제사들 안에서 그리고 그것들을 통해서 택자들에게 계속 전달되었다. 또한 그것들 안에서 그분은 뱀의 머리를 상하게 할 여자의 후손으로, 세상의 시작부터 죽임을 당한 어린 양으로 계시되시고 예표되셨다.[36]

7항. 그리스도께서는 중보 사역에 있어서 두 본성 모두에 따라서 행하시는 데, 각 본성에 따라 그 본성 자체의 고유한 일을 행하신다.[37] 그러나 그 위격의 통일성으로 인해 성경에서 때로는 한 본성의 고유한 것이 다른 본성에 의해 명명된 위격에 돌려지기도 한다.[38]

8항. 그리스도께서는 값 주고 속량하신 모든 자에게 확실하게 그리고 효과적으로 그 구원을 적용하시고 전달하신다.[39] 곧 그들을 위하여 중보기도를 하시고,[40] 말씀 안에서 말씀을 통해 그들에게 구원의 비밀들을 계시하시고,[41] 성령으로 그들을 효과적으로 설득하셔서 믿고 순종하게 하시고, 말씀과 성령으로 그들의 마음을 다스리시며,[42] 지극히 놀랍고 측량할 수 없는 경륜에 가장 어울리는 방식과 방법을 사용하여 전능하신 능력과 지혜로 그들의 모든 원수를 정복하신다.[43]

---

1) 사 42:1; 벧전 1:19-20; 요 3:16; 딤전 2:5.

2) 행 3:22.

3) 히 5:5-6.

4) 시 2:6; 눅 1:33.

5) 엡 5:23.

6) 히 1:2.

7) 행 17:31.

8) 요 17:6; 시 22:30; 사 53:10.

9) 딤전 2:6; 사 55:4-5; 고전 1:30.

10) 요 1:1, 14; 요일 5:20; 빌 2:6; 갈 4:4.

11) 히 2:14, 16-17; 히 4:15.

12) 눅 1:27, 31, 35; 갈 4:4.

13) 눅 1:35; 골 2:9; 롬 9:5; 벧전 3:18; 딤전 3:16.

14) 롬 1:3-4; 딤전 2:5.

15) 시 45:7; 요 3:34.

16) 골 2:3.

17) 골 1:19.

18) 히 7:26; 요 1:14.

19) 행 10:38; 히 12:24; 히 7:22.

20) 히 5:4-5.

21) 요 5:22, 27; 마 28:18; 행 2:36.

22) 시 40:7-8; 히 10:5-10; 요 10:18; 빌 2:8.

23) 갈 4:4.

---

24) 마 3:15; 마 5:17.

25) 마 26:37-38; 눅 22:44; 마 27:46.

26) 마 26-27.

27) 빌 2:8.

28) 행 2:23-24, 27; 행 13:37; 롬 6:9.

29) 고전 15:3-4.

30) 요 20:25, 27.

31) 막 16:19.

32) 롬 8:34; 히 9:24; 히 7:25.

33) 롬 14:9-10; 행 1:11; 행 10:42;
　　마 13:40-42; 유 1:6; 벧후 2:4.

34) 롬 5:19; 히 9:14, 16; 히 10:14; 엡 5:2;
　　롬 3:25-26.

35) 단 9:24, 26; 골 1:19-20; 엡 1:11, 14;
　　요 17:2; 히 9:12, 15.

36) 갈 4:4-5; 창 3:15; 계 13:8; 히 13:8.

37) 히 9:14; 벧전 3:18.

38) 행 20:28; 요 3:13; 요일 3:16.

39) 요 6:37, 39; 요 10:15-16.

40) 요일 2:1-2; 롬 8:34.

41) 요 15:13, 15; 엡 1:7-9; 요 17:6.

42) 요 14:26; 히 12:2; 고후 4:13;
　　롬 8:9, 14; 롬 15:18-19; 요 17:17.

43) 시 110:1; 고전 15:25-26; 말 4:2-3;
　　골 2:15.

하나님은 한 분이시요,

또 하나님과 사람 사이에 중보자도 한 분이시니

곧 사람이신 그리스도 예수라.

(딤전 2:5)

서론: 중요하지만 무시된 개념

제8장은 "너희는 나를 누구라 하느냐?"는 예수님의 질문에 대한 답이다. 동일한 질문에 대하여 사도 베드로는 "주는 그리스도시요, 살아계신 하나님의 아들이시니이다"(마 16:16)라고 대답했다. 이에 예수님은 베드로에게 복이 있는 자라고 선언하시고 그에게 교회를 세우겠다는 약속을 주셨다. 문제는 그다음이다. 예수님은 그때부터 죽으심과 부활에 대해서

가르치기 시작하셨다. 이 말을 듣고 베드로는 "이 일이 결코 주께 미치지 아니하리이다"라고 예수님을 책망했다. 예수님은 돌이키시면서 베드로를 준엄하게 꾸짖으셨다. "사탄아 내 뒤로 물러가라 너는 나를 넘어지게 하는 자로다. 네가 하나님의 일을 생각하지 아니하고 도리어 사람의 일을 생각하는도다." 순식간에 베드로는 '복자'(복이 있는 사람)에서 사단으로 전락했다. 이것이 어떻게 가능하게 되었을까?

베드로의 고백 사건에서 우리는 중요한 사실을 하나 발견하게 된다. 똑같은 용어라고 하더라도 어떤 관점에서 해석하는가에 따라 완전히 다른 의미를 지닐 수 있다는 것이다. 예수님은 그리스도이시고 하나님의 아들이시다. 그러나 이 단어에 대한 해석이 없다면 이 고백 자체만으로는 부족하다. 이 고백을 사람의 사고방식으로 이해할 수도 있고 하나님의 방식으로 이해할 수도 있기 때문이다. 베드로가 생각한 그리스도와 하나님의 아들은 하나님의 백성인 이스라엘을 로마 제국의 압제로부터 구원해야 하는 존재다. 하지만 하나님이 생각한 그리스도와 하나님의 아들은 "(이방인을 포함한) 자기 백성"을 "죄와 사망으로부터" 구원해야 하는 존재다. 로마에 대적하여 승리하기 위해서는 강한 능력과 군사력이 필요하지만, 사단과 싸워 승리하기 위해서는 속량(죽음과 부활)이 필요했다.

우리는 매주 사도신경을 통하여 "나는 그의 유일하신 아들, 우리 주 예수 그리스도를 믿습니다"라고 고백한다. 하지만, 그 의미를 모른다면 우리도 베드로처럼 예수님을 이해할 수 있다. 이 점에서 「고백서」와 교리문답은 매우 중요하다. 예수님의 질문에 "주는 그리스도시요, 하나님의 아들"이라고 고백하는 자들은 이제 도대체 그리스도가 무엇을 의미하는지 질문해야 한다. 여기에 대한 신앙고백서와 교리문답의 답은 "그리스도는 중보자이시다"이다. 중보자는 그리스도를 이해하는 핵심 열쇠로 중보자에 대한 이해 없이 그리스도를 이해하는 것은 불가능하다.

「고백서」만 보면 제7장(언약)과 제8장(중보자)의 관계를 명확하게 인식하기가 어렵다. 하지만 대교리문답은 왜 언약을 다룬 직후에 중보자를 다루어야 하는지 그 이유를 정확하게 알려 준다. 32문답은 다음과 같다.

> **문:** 두 번째 언약에서 하나님의 은혜는 어떻게 나타났습니까?
> **답:** 두 번째 언약에서 하나님의 은혜는 다음과 같이 나타났습니다.
> 하나님께서 한 중보자를 값없이 예비하여 죄인들에게 제공하시고,[63]
> 그를 통해 생명과 구원을 주십니다. 그리고 그들이 중보자와 관계를
> 맺게 할 조건으로 믿음을 요구하시고 …… 하십니다.

'중보자'는 32문답에서 처음으로 언급된다. 대교리문답은 이어서 은혜언약의 여러 시행 방식에 대해서 35문답까지 다룬 다음, 다시 32문답으로 돌아가 무려 36문답부터 57문답까지 은혜언약의 중보자에 대해서 논의한다. 이것은 중보자가 교리문답에서 얼마나 중요한 위상을 차지하고 있는지를 단적으로 보여 준다. 교리문답과 달리 「고백서」 7장 본문에 중보자라는 단어 자체가 사용되지 않았다는 것이 좀 아쉬운 점이지만,[64] 제8장 제목 자체가 중보자 그리스도라는 것을 기억할 필요가 있다. 예수님

---

63 창 3:15; 사 42:6; 요 6:27
64 제21장 '종교적 예배와 안식일'에는 '중보자'라는 단어가 등장하고 있는데, 이처럼 중보자는 우리의 구원뿐만 아니라 참된 예배를 위해서도 매우 중요한 개념이다.

을 철저하게 중보자의 관점에서 서술하고 있다는 것은 신앙고백과 교리문답의 기초가 언약신학이라는 것을 확실히 보여 준다.

> 그는 새 언약의 중보자시니 이는 첫 언약 때에 범한 죄에서 속량하려고 죽으사 부르심을 입은 자로 하여금 영원한 기업의 약속을 얻게 하려 하심이라.
>
> (히 9:15)

「고백서」는 성경에 따라 중보자를 기독론의 중심에 세웠다. 그리스도를 중보자라고 분명하게 인식하고 고백하는 성도들이 얼마나 될까? 「고백서」를 잘 배워 중보자이신 그리스도에 대한 고백이 분명해지기를 소망한다.

제1항 중보자의 정의

아쉽게도 「고백서」는 중보자의 의미 자체를 제공하고 있지는 않다. 따라서 이 용어에 생소한 이들을 위한 간단한 설명이 필요하다. 중보자란 언약의 두 당사자 사이에서 중개역할을 하는 사람을 의미한다. 잘 아는 사이거나 관계가 좋을 때는 중보자가 필요 없다. 하지만 전혀 모르는 사이이거나 관계가 완전히 틀어졌을 때는 중보자가 필요하다. 타락 이전에 하나님께서 아담과 언약을 맺으실 때는 중보자가 필요 없었다. 하지만 타락 이후에는 완전히 달라졌다. 하나님과 인간이 멀어졌을 뿐 아니라 서로 원수지간이 되었기 때문이다. 중보자 없이 거룩하신 하나님께서 죄인인 인간을 대면하는 순간 인간은 죽음을 면하지 못할 것이다(출 20:19). 은혜언약을 위해서 중보자가 필요한 이유가 여기에 있다. 중보자에 대한 교리를 공부할 때 언약의 당사자가 하나님을 반역한 죄인과 그에 대해서 진노하시는 하나님이라는 사실을 늘 머리에 염두에 둘 필요가 있다.

중보자를 누가 세우셨는가? 하나님께서는 **"영원하신 목적에 따라"** 예수님을 **"중보자로 택하여 세우시기를 기뻐하셨다."** 이것이야말로 은혜언약이 은혜라는 것을 보여 주는 중요한 증거다. 일반적으로 중보자는 죄를 범한 당사자가 준비해야 한다. 피고인이 변호인을 선정해서 준비하는 것과 같다. 하지만 인간은 중보자를 선택할 수도 세울 수 있는 능력도 없다. 또한 행위언약으로 모두가 죄인이 되었기 때문에 인간 중에는 그 누구도 중보의 역할을 할 수 없게 되었다. 이것을 잘 알고 계신 하나님은 "영원한 목적"(엡 3:11)에 따라 인간의 범죄에도 불구하고 자기 아들을 중보자로 세우시기를 기뻐하셨다.

중보자는 누구신가? 중보자는 **"주 예수님"**이시고 **"하나님의 독생자"**이시다. 성자만이 성부에게서 유일하게 성부의 본성으로부터 영원히 나시기 때문에 독생자(유일하게 나신 아들)라고 불리신다. 여기서 우리는 은혜언약에 나타난 하나님의 은혜를 한 번 더 보게 된다. 하나님께서 세우신 중보자는 바로 자기의 유일하신 독생자이시다. 자기의 아들보다 더 나은 언약의 중보자는 존재할 수 없을 것이다. 하나님은 이 아들에게 자신이 해야 할 모든 일을 맡기셨다. 우리는 이 아들을 통하여 하나님께서 자신의 언약을 확실히 지킬 것을 확신할 수 있다.

이 중보자 예수님은 **선지자, 제사장, 왕**이시다. 이것은 예수님께서 그리스도의 3중 직분을 수행하신다는 것을 의미한다. 「고백서」는 여기에 **교회의 머리와 구원자, 만유의 상속자, 세상의 심판자**를 추가한다. 교리문답에서는 그리스도의 3중 직분만 다루어서 중보자의 역할이 이 3가지에 제한된다고 생각하기 쉽지만 「고백서」는 중보자의 역할을 훨씬 더 다양하게 설명한다. 그리스도의 3중 직분은 중보자의 사역을 이해하는 데매우 중요한데 「고백서」는 설명 없이 언급만 하고 있다. 이에 반하여 교리문답은 이것을 매우 상세하게 다루고 있다. 이 점에서 「고백서」와 교리문답은 상호보완적으로 사용할 필요가 있다. 소교리문답의 설명은 다음과 같다.

> **1) 답:** 그리스도는 우리의 구원에 대한 하나님의 뜻을 그분의 말씀과 성령으로 우리에게 계시하심으로 선지자 직분을 수행하십니다. (24문)
> **2) 답:** 그리스도는 자신을 희생 제물로 단번에 드려 하나님의 공의를 만족시키시고, 우리를 하나님과 화목하게 하시고, 또한 우리를 위하여 계속해서 중보기도 하심으로 제사장 직분을 수행하십니다. (25문)
> **3) 답:** 그리스도는 우리를 자신에게 복종하게 하시고, 우리를 다스리시며 보호하시고, 자기와 우리의 모든 원수를 막으시고 정복하심으로 왕의 직분을 수행하십니다. (26문)

참고로 하이델베르크 교리문답은 이 주제를 좀 더 발전시켜서 신자들도 믿음으로 그리스도와 연합하여 그리스도의 세 직무에 참여한다는 점을 강조한다. 왜 신자들이 그리스도인이라고 불리느냐는 질문에 하이델베르크 교리문답(32)은 다음과 같이 답한다. "왜냐하면 내가 믿음으로 그리스도의 지체가 되어, 그의 기름 부음에 참여하기 때문입니다. 나는 **선**

지자로서 그의 이름의 증인이 되며, **제사장으로서** 나 자신을 감사의 산 제물로 드리고, 또한 **왕으로서** 이 세상에 사는 동안은 자유롭고 선한 양심으로 죄와 마귀에 대항하여 싸우고, 이후로는 영원히 그분과 함께 모든 피조물을 다스릴 것입니다."

그리스도의 3중 직분이 주로 하나님을 대신하는 사역이라면, 나머지 세 직분은 우리를 위한 사역이라고 할 수 있다. 중보자 그리스도는 교회의 머리가 되셔서 그 교회를 통치하시고, 또한 그 교회를 구원하시고, 만유의 상속자가 되셔서 모든 만물의 소유주가 되시고, 그것들을 당신의 교회를 위해서 나누어 주신다. 또한 교회의 구원자가 되신 중보자는 세상의 심판자[65]가 되셔서 교회를 변증하시고 보호하신다. 중보자의 사역이 세상에 대한 심판을 포함한다는 것은 중보자를 이해하는 데 매우 중요하다. 이 심판은 제33장에서 자세하게 다루어질 것이다.

영원한 목적에 따라 중보자를 세우신 하나님은 "영원 전에" 중보자에게 "한 백성"을 씨로 주셨다. 한 백성에 대한 약속은 예수님의 중보 사역에 대한 하나님의 보상이라고 할 수 있다. 씨에 대한 언급은 그 유명한 이사야 53장 10절에 등장한다. 문맥에서 보았을 때 오실 "고난의 종이" 자신에게 주어진 고난을 다 담당했을 때 씨를 보는 축복을 받게 된다는

---

65 요한복음 3장 17절과 12장 47절은 예수님이 이 세상에 오신 목적이 세상을 심판하는 것이 아니라 구원하려고 함이라고 밝힌다. 이 구절에 근거하여 중보자이신 예수님은 세상의 심판자가 될 수 없다고 주장한 이들이 있었다. Cf. Thomas Goodwin, *A discourse of the true nature of the Gospel demonstrating that it is no new law, but a pure doctrine of grace : in answer to the Reverend Mr. Lorimer's Apology* (London, 1695), 57. 이 책의 저자 토마스 굳윈(Thomas Goodwin)은 동명이인으로 우리에게 잘 알려진 토마스 굳윈과 다른 인물이다. 「고백서」에 비추어 보았을 때 요한복음에서 언급된 세상은 여러 가지 다른 의미를 가지고 있다고 쉽게 추론할 수 있다.

예언이다. 중보자에게 주어진 한 백성은 약속의 씨이며 어떠한 어려움에
도 불구하고 반드시 때가 되면 **"속량을 받고, 부르심을 받고, 의롭게 되
고, 거룩하게 되고, 영화롭게"** 열매 맺을 것이다. 이 구원의 서정은 이미
하나님의 작정에서 확정되었고(제3장 4항), 은혜언약을 통해서 약속되었
고, 실제로 성령을 통해서 이루어진다(제10장-제13장).

제2항 중보자의 위격 (참 하나님, 참 인간)

제2항은 중보자가 어떤 분이신가를 다루고 있고 제4항은 어떤 일을
하시는가를 다룬다. 이 항목 역시 전통적인 기독론을 그대로 이어받고
있다는 것을 잘 보여 준다.

1. 중보자는 **"하나님의 아들"**이시다. 이분은 **"삼위일체의 제2위"**이시
고, **"참되고 영원한 하나님이시고,"** 제1위 되신 성부와 **"본질이 같고 동
등하신"** 분이시다. 이 조항은 최초의 보편적 신경인 니케아 신경의 표현
을 거의 그대로 이어받는다는 것을 알려 준다(제2장 참조). 이것을 통해 중
보자가 그리스도 탄생 이전에 존재하지 않았다고 주장하는 소시니우스
주의나 창조 전에 존재했으나 피조물이라고 보는 아리우스주의를 배격
한다. "영원"에 대한 언급은 성자의 나심이 시간적으로 이해될 수 없다는
것을 의미한다. "본질이 같다"는 니케아 신경에 "호모우시오스"라는 한
단어로 표현되는데 아리우스주의와 정통신학을 구분하는 핵심적인 표지
가 되었다.

2. 영원에서 성부에게서 나신 성자는 시간 속에서("때가 찼을 때") 마리아에게서 나셨다. 중보자는 신성으로는 성부에게서 나시고, 인성으로는 마리아에게서 나셨다. 이 성육신이야말로 삼위일체론과 더불어 기독교의 가장 신비로운 교리라고 하지 않을 수 없다. 성자는 인간의 본성을 **"취하셨다(take upon)."** 이것을 전문 용어로 '취하심(assumption)'이라고 한다. 이 용어의 의도는 성자가 신성에 어떤 변화도 없이 인성을 취하셨다는 것이다. 또한 성자는 **"죄를 제외하고"** 인성의 모든 연약함을 취하셨다. 죄가 없다고 해서 그 사람이 인간에서 천사나 다른 존재가 되는 것은 아니다. 또한 인간의 연약함은 죄가 아니다. 지식이나 능력이 떨어진다고 해서 그 자체가 죄가 될 수는 없다.

2.2 죄가 없지만 연약하다는 개념은 특히 예수님의 시험을 이해하는 데 매우 중요하다. 예수님이 시험받는 마태복음 4장에서 예수님의 인성을 고려하지 않으면 예수님의 시험은 적어도 신자들에게 아무런 유익이 되지 않는다. 예수님은 죄가 없었을 뿐 아니라 신성을 통해서 얼마든지 사단을 물리칠 수 있는 존재가 되기 때문이다. 만약 예수님의 승리가 신성에 의한 것이라면 이와 같은 능력이 없는 신자들에게 예수님의 승리가 무슨 의미가 있겠는가? 예수님의 시험이 오늘날 신자들에게 위안이 되는 이유는 우리와 같이, 아니 우리보다 훨씬 더 연약하고 열악한 환경(40일을 굶었다고 생각해 보라!)에도 불구하고 사단의 시험에서 이기셨기 때문이다. 무엇으로 이겼는가? 자신의 능력으로? 전혀 그렇지 않다. 오히려 철저하게 하나님의 말씀에 순종하심으로 세 번의 시험을 이기셨다. 이렇게 성경을 보아야 예수님의 시험을 통해 우리가 참된 힘과 소망을 얻을 수

있다. 히브리서 기자는 이것을 다음과 같이 설명한다. "우리에게 있는 대제사장은 우리의 연약함을 동정하지 못하실 이가 아니요, 모든 일에 우리와 똑같이 시험을 받으신 이로되 죄는 없으시니라"(히 4:15). 이단이나 합리주의자들이 예수님의 신성을 거부하는 경향을 보인다면 정통 신앙을 가진 신자들은 예수님의 인성을 진지하게 다루지 않는 경향을 보인다. 이 점에서 「고백서」는 예수님을 바르게 이해할 수 있게 하는 훌륭한 안내서이다.

3. 한 위격 & 두 본성

온전하고(whole), 완전하고(perfect), 구분된(distinct) 두 본성 중보자는 두 본성의 일부분이 아니라 전부를 취하셨다. 또한 두 본성은 부족함이 없는 완전한 본성이다. 이 두 본성은 구분되지만 서로 분리되지 않고 한 위격 안에서 신비롭게 연합되어 있다. 따라서 중보자의 신성이나 인성, 그 어느 것도 과소평가하지 말아야 한다. 신성에 근거해서 인성을 무시하지 말아야 하고, 인성에 근거하여 그리스도의 신성을 약화하지 말아야 한다. 어느 한쪽으로 치우칠 때 성경을 오해하게 되고, 심지어 이단에 빠질 수도 있다.

그리스도의 성육신으로 인하여 서로 다른 두 본성이 한 위격 안에서 **"변환이나 합성이나 혼동 없이 서로 나뉠 수 없게"** 하나가 되었다. 여기서 우리는 또 한 번 부정신학(via negativa)을 보게 된다(제2장 1항). 이 부정신학은 신성과 인성이 한 위격에 연합된 것이 정말 신비로운 교리라는 것을 반증한다. 이 부정신학은 수많은 논쟁을 거쳐 칼케돈 공의회(451년)에서 최종적으로 확정되었다. 「고백서」는 칼케돈 공의회의 용어를 정확하게 따르지는 않지만 기본 정신은 그대로 이어받고 있다.

니케아 공의회를 통하여 성자의 신성이 확보되자 곧이어 성자의 신성과 인성의 관계가 문제가 되기 시작했다. 이 문제를 해결하는 과정에서 여러 이단이 발생하게 되었다. 대표적인 이단은 아폴리나리우스였다. 그는 성자가 인성 중에 육체는 제외하고 영혼만 취하셨다고 주장했다. 또한 유티케스는 성육신을 통해 인성이 신성에 흡수되었다고 주장했다. 반면에 네스토리우스와 같은 이들은 하나님이 성전에 거하시듯이 그리스도의 육체 안에 성자께서 거하신다는 식으로 두 본성의 연합을 설명하려고 했다. 결국 이 문제를 논의하기 위해서 칼케돈에서 공의회가 열렸고 두 본성이 한 위격 안에서 "혼합(confusion), 변성(change), 분할(division), 분리(separation) 없이" 연합되었다는 입장이 확정되었다.

4. "이 분은 …. 유일한 중보자이시다."

도대체 누가 중보자인가? 오직 인성을 취하셔서 참 하나님과 참 사람이 되신 제2위이신 성자만이 하나님과 인간 사이에 유일한 중보자이시다. 이점에서는 로마 교회도 부정하지 않는다. 하지만 그들은 종속적 중보자들이라는 누룩을 첨가한다. 이 누룩에 따르면 마리아나 성인들은 그리스도의 중보 사역을 돕는 역할을 한다. 하지만 「고백서」는 이와 같은 개념을 전면부인하고 오직 그리스도만이 유일한 중보자라고 선언한다. 그리스도인이 선지자, 제사장, 왕으로 봉사하는 것은 그리스도의 중보 사역을 돕는 것이 아니라 그리스도의 중보 사역의 결과물로 보아야 한다.

제3항 중보자의 은사와 자격 (성령)

성자 예수 그리스도를 중보자로 세우신 하나님의 영원한 목적에 따라 때가 찼을 때 그 중보자가 이 세상에 태어나셨다. 중보자, 그리스도, 교회의 머리는 모두 직분과 관련된 용어이다. 하나님은 직분자를 세우실 때 그 직무를 행할 수 있도록 은사도 주셔서 직분자로서 자격을 갖추게 하신다. 제3항은 중보자의 은사와 자격을 다루고 있다. 간단하게 말하면 성령을 통하여 예수님은 중보자의 자격을 갖추셨다. 여기서 우리는 성령의 사역이 얼마나 중요한지 확인하게 된다. 중보자의 완전한 육체를 준비하셨던 성령은 중보자를 위한 은사도 제공하셨다.

"성령으로 기름 부음을 받음" 헬라어인 '그리스도'는 기름 부음을 받은 자라는 뜻이다. 히브리어로는 '메시야'라고 한다. 기름을 붓는 이유는 어떤 사람을 직분자로 세우기 위함이다. '예수'가 고유명사라면 '그리스도'는 직분적 개념이다. 대교리문답에 따르면, 예수님이 그리스도라고 불리시는 이유는 다음과 같다. "우리의 중보자가 그리스도라고 불리셨던 것은 그분이 성령으로 한량없이 기름 부음을 받으셨기 때문입니다. 또한 그렇게 구별되신 그리스도는 모든 권세와 능력을 충만히 부여받으셔서, 그분의 낮아지심과 높아지심의 두 상태에서 동시에 교회의 선지자, 제사장, 왕의 직분을 수행하시기 때문입니다"(42문답).

"모든 지식과 지혜의 모든 보화" 이 문구는 골로새서 2장 3절을 인용한 것이다. 바울은 골로새와 라오디게아 성도들이 그리스도를 깨닫게 하려고 온 힘을 다했다. 그 이유는 바로 그리스도가 하나님의 비밀이기 때문이고, 그 이유는 또한 모든 지식과 지혜의 모든 보화가 그리스도 안에 감추어져 있기 때문이다. 여기서 말하는 지식과 지혜는 하나님 자신과 구원역사를 아는 영적인 지혜와 지식을 말한다.[66] 구원에 관한 모든 지혜와 지식의 모든 보화가 그리스도 안에 감추어져 있기에 그리스도만이 유일한 참된 선지자이며 그분 밖에서 지식을 구하는 모든 시도는 아무런 소용이 없다는 것이 이 문구가 의도하는 바이다.

"모든 충만" 이 문구 역시 골로새서 1장 19절을 인용한 것이다. "아버지께서 모든 충만으로 예수 안에 거하게 하시고 그의 피로 화평을 이루사." 이 본문에서 우리는 모든 충만이 예수 그리스도 안에 거하는 것과 중보자의 본질적인 사역인 화평의 사역을 수행하는 것이 밀접한 관계가 있음을 알 수 있다. 그렇다면 여기서 말하는 충만은 도대체 무슨 뜻인가? 이것은 유사 구절인 2장 9절에 비추어 이해할 수 있다. "그 안에는 신성의 모든 충만이 육체로 거하시고." 따라서 모든 충만이 거한다는 말은 하나님의 본성 전체가 그리스도 안에 거한다는 말이다.[67] 신성이 충만한 그리스도는 자신의 피로 화평의 직무를 능히 수행한다.

"은혜와 진리가 충만함" 이 문구는 요한복음 1장 14절에서 인용한 것이다. 이 구절은 말씀이 육신이 되신 예수님의 영광을 표현하고 있다. "은혜와 진리"는 구약의 출애굽 사건을 배경으로 삼고 있다.[68] 여호와 하나님은 시내 산에서 모세에게 자신을 "인자와 진실"이 많은 분으로 계시

---

66 길성남, 『골로새서』 (서울: 이레서원, 2019), 145.
67 길성남, 『골로새서』 (서울: 이레서원, 2019), 95.
68 권해생, 『요한복음』 (서울: 총회출판국, 2016), 62. 은혜와 진리는 구약의 인자와 진실의 번역으로 볼 수 있다.

하셨다(출 34:6). 그런데 모세가 시내 산에서 십계명을 받는 동안 이스라엘 백성들이 금송아지를 만들어 섬겼다. 이것을 본 모세가 크게 노하여 십계 명을 산 아래로 던져서 깨뜨렸다. 또한 모세는 하나님께 자기의 영혼을 걸 고 이스라엘 백성을 용서해 달라고 간구했다. 모세는 하나님의 명대로 두 돌판을 새로 만들어서 시내 산에 올랐고 하나님은 자신의 이름을 선포하 시고(34:5) 이스라엘 백성과 다시 언약을 세우시고 자신의 진노를 거두셨다 (34:10). 시내 산 사건의 관점에서 볼 때 우리는 왜 「고백서」가 은혜와 진리 를 중보직의 관점에서 보는지 충분히 이해할 수 있을 것이다.

"거룩하고 악이 없고 더러움이 없고" 이 문구는 히브리서 7장 26절의 인용인데 단지 예수님께서 죄가 없다는 것만을 의미하지 않고, 새 언약 의 제사장직을 수행하기 위해 충분한 자격을 갖추셨다는 것을 변증한다.

직무와 소명 중보자의 직무는 너무나 고귀한 것이기 때문에 아무나 이 직분을 스스로 맡데 수 없다. 히브리서는 이 점을 다음과 같이 잘 지 적하고 있다. "이 존귀는 아무나 스스로 취하지 못하고 오직 아론과 같이 하나님의 부르심을 입은 자라야 할 것이니라"(히 5:4). 이것은 직분을 수 행하는 데 소명이 얼마나 중요한지 잘 가르쳐 준다. 아무리 은사가 있고 자격을 갖추었다고 하더라도 하나님의 소명이 없으면 직분자로 세워질 수 없다.[69] 이는 직분을 이해할 때 매우 중요한 요소다. 은사 없이 직무를 잘 감당할 수도 없지만, 은사만 있다고 해서 직무를 수행할 수 있는 것도 아니다. 직분으로 부르시는 하나님의 소명이 모든 직분의 기초다.

---

69 이성호, 『직분을 알면 교회가 보인다』 (서울: 좋은씨앗, 2018), 94-98.

"보증인(surety)" 보증은 법적인 용어로 다른 사람의 빚이나 형벌을 대신하는 사람을 가리킨다. 이 보증은 중보자의 사역을 보다 더 분명하게 보여 준다. 히브리서는 다음과 같이 예수님을 보증인으로 소개한다. "이와 같이 예수는 더 좋은 언약의 보증이 되셨느니라"(히 7:22). 「고백서」가 중보자에 보증인을 첨가한 이유는 소시니우스주의자들이 보증인 개념을 거부했기 때문이다.[70] 그들은 그리스도의 고난을 형벌로 이해하지 않고 우리로 하여금 고난 가운데 인내하도록 하기 위함이었을 뿐이라고 주장했다.

제4항 중보자의 직무 (사도신경)

1. 비하 상태에서 중보자의 직무

　　자발성: "지극히 기꺼이"[71] 주 예수님은 성부께서 정하신 중보자의 직무를 지극히 자발적으로 맡으셨다. 심지어 5항에서 살펴볼 그리스도의 수동적 순종도 자발적 순종이었다. 이 자발적 순종은 그리스도의 중보직을 이해하는 데 매우 중요하다. 죄인들을 구원하기 위해서 속량이 필수적이고, 성부께서 이 직분을 성자께 맡기셨더라도 성자께서 이 직분을

70　중보자와 보증인에 대한 논쟁에 대해서는 다음 논문을 참고하라. William J. van Asselt, "*Expromissio or Fideiussio? A* Seventeenth-Century Theological Debate Between Voetians and Cocceians about the Nature of Christ's Suretyship in Salvation History," *Mid-America Journal of Theology* 14 (2003): 37-57.

71　자발적 순종의 중요성에 대해서는 다음 저서를 참고하라. Stephen Charnock, 김영우/이미아 역, 『죽임당하신 어린양』 (서울: 지평서원, 2011), 129-160.

억지로 맡았다면 중보자의 사역은 아무런 효과도 낼 수 없었을 것이다. 성부께서 중보자와 보증인으로 성자를 청빙했을 때 성자는 이 직무를 억지로 혹은 어쩔 수 없이 맡지 않으셨다. 이 직무는 하나님의 진노를 대신 짊어지는 무거운 짐이었지만 하나님의 영광을 위한 가장 고귀한 직무였기 때문에 성자는 이 직무를 가장 기쁜 마음으로 맡으셨다. 겟세마네 동산에서 그리스도는 인성의 한계에 따라 십자가를 옮겨 달라고 간구하셨지만(눅 22:42) 하나님의 뜻이 분명하게 계시되었을 때에는 그 뜻에 기쁘게 순종하셨다.

"율법 아래 나심" 중보자가 되기 위해서 성자는 성령으로 잉태되어 동정녀 마리아에게 나셨다. 하지만 중보자의 직무를 수행하기 위해서는 율법 아래에서도 나셔야만 했다(갈 4:4). 이것을 가장 잘 보여 주는 예가 예수님께서 난지 팔 일 만에 할례를 받으신 사건이다(눅 2:21). 예수님은 자기 자신을 위해서는 율법을 지킬 필요가 없으셨지만, 중보자로서 죄인이 감당해야 할 모든 율법의 요구를 생애의 가장 처음부터 만족시키셨다.

"영혼의 고문과 육체의 고통" 중보자로서 예수님의 전 삶은 한마디로 고난이었다. 그분은 영혼과 몸의 고통을 당하셨다. 보통 예수님의 고난이라고 하면 육체적 고통만 생각하는 경향이 있는데 영혼의 고통도 육체적 고통 못지않게 극심했다. 「고백서」는 심지어 "고문(torments)"이라는 단어를 사용하여 영혼의 고통의 극심함을 표현한다. 예수님께서 당한 영혼의 고통은 "수치와 모욕"이었다. 대표적인 예로 하나님의 아들이신 예수님은 사단에게서, 유대인들에게서, 심지어 십자가에 함께 달린 강도에게서조차 조롱을 당하셨다. "네가 만일 하나님의 아들이거든 뛰어내리라"는 조롱을 끝내 참지 못하고 뛰어내리셨다면 어떻게 되었겠는가? 예수님은 스스로는 구원했을지 모르지만, 중보자의 사역(택한 백성을 구원하는 것)은 전혀 이루지 못하셨을 것이다. 그분의 육체적 고통 역시 우리의 유익을 위한 것이었다. "그가 찔림은 우리의 허물 때문이요, 그가 상함은 우리의 죄악 때문이라. 그가 징계를 받으므로 우리는 평화를 누리고, 그가 채찍에 맞으므로 우리는 나음을 받았도다"(사 53:5)! "내가 목마르다"라는 외침에서 우리는 부자가 지옥에서 겪게 되는 "타는 목마름"(눅 16:24)의 고통을 실감하게 된다. 하지만 그분이 목마름의 고통을 짊어졌기 때문에 우리가 영원한 생수를 마시게 되었다.[72]

십자가의 죽음, 장사, 사망의 권세 아래 머무심(음부강하) 영혼과 육체의 고통에 대해서 간단히 다룬 다음 「고백서」는 사도신경의 순서에 따라 십자가에 못 박힘, 죽음, 장사, 사망의 권세 아래 머무심(음부강하)을 열거한다. 이 각자의 의미에 대해서는 핵심적인 내용만 정리한 대교리문답을 참고하는 것이 유익하다. 먼저 그리스도의 십자가의 죽으심의 의미에 대해서 대교리문답은 49문답에서 다음과 같이 대답한다.

> 그리스도는 유다로부터 배신당하시고, 자기 제자들로부터 버림받으시고, 세상으로부터 조롱과 배척을 당하시고, 빌라도로부터 정죄 받으시고, 박해자들로부터 고통당하심으로 자신을 낮추셨습니다. 또한 죽음의 공포들과 어둠의 권세들과 싸우시면서 하나님의 진노의

---

72 이성호, 『요한복음, 복음으로 읽기』 (서울: 좋은씨앗, 2020), "그리스도의 목마름: 내가 목마르다," 261-272. 그리스도의 목마름에 대한 해설로 다음 연구서를 참조하라. 권해생, 『십자가 새롭게 읽기』 (서울: 두란도, 2021), "목마름 해소를 위한 십자가," 125-148.

무게를 느끼시고 짊어지고, 자기 생명을 속죄 제물로 내어놓으시고, 고통스럽고 수치스럽고 저주받은 십자가의 죽음을 견디심으로 죽으실 때 자신을 낮추셨습니다.

장사와 음부강하[73]가 중요한 이유는 죽음 이후의 고난을 다루기 때문이다. 보통 예수님의 죽음과 부활을 언급할 때 우리는 십자가에서 죽으실 때의 고통만 생각하지 죽은 이후의 고통에 대해서는 잘 생각하지 않는다. 만약에 예수님이 이 생애에서 당하신 고통만 유효하다면 죄인들이 죽고 나서 담당해야 할 형벌은 어떻게 대속함을 받을 수 있겠는가? 예수님께서 지옥의 형벌까지 다 짊어지셔야 우리가 진정으로 온전히 해방될 수 있다. 대교리문답은 예수님의 죽으심 이후의 그리스도의 사역에 대해서 다음과 같이 대답한다. "그리스도는 죽으신 후에 장사되시고,[74] 제 삼일까지 사망의 권세 아래에서 죽은 자의 상태에 계속 머무심으로 낮아지셨는데[75] 이것을 다른 말로 '음부에 내려가셨다'라고 표현합니다"(50문답).

주목할 것은 대교리문답이 (하이델베르크 교리문답도 마찬가지) "음부강하"를 문자적으로 해석하지 않았다는 점이다. 따라서 음부강하가 예수님께서 음부나 지옥과 같은 어떤 장소에 내려가셨다는 것을 의미하지 않는다. 또한 대교리문답 작성자들이 베드로전서 3장 19절을 음부강하의 증거 본문으로 생각하지 않았다는 것도 기억할 필요가 있다. "음부강하"는

---

73 음부강하에 대한 보다 자세한 논의는 다음 연구서를 참고하라. 이승구, 『사도신경』 (서울: SFC 출판사, 2004), 197.
74 고전 15:3-4
75 시 16:10; 행 2:24-27, 31; 롬 6:9; 마 12:40

한국 개신교회의 사도신경에서 대부분 생략되어 있는데 그 결과 죽음 이후에 대한 성도들의 인식이 부분적으로 흐려지게 되었다. 비록 사도신경에서는 이 항목이 제외되었지만, 신앙고백서와 교리문답이 분명히 가르치고 있는 교리이기 때문에 장로교회는 이 교리를 성도들에게 잘 가르칠 필요가 있다. 음부강하는 예수님께서 성도들을 지옥의 고통에서 해방시켰다는 복음을 담고 있는 매우 중요한 교리이다.

2. 승귀 상태에서 중보자의 직무

"바로 그 몸을 가지고(with the same body)" 비하 상태에서 그리스도의 중보 사역을 다 언급한 다음 「고백서」는 승귀 상태에서의 그리스도의 중보 사역을 사도신경에 따라 부활, 승천, 좌정, 심판 순으로 언급한다. 이 항목들 역시 대교리문답에서 상세하게 다루어지고 있기 때문에 필요한 경우 대교리문답을 참고하면 큰 유익을 얻을 것이다.

주목할 것은 「고백서」는 특별히 그리스도의 몸을 강조한다는 점이다. 「고백서」는 두 번이나 고난 당하신 그 몸을 언급한다. 이를 통해 「고백서」는 몸의 부활을 부인하는 소시니우스주의를 단호하게 배격한다는 것을 알 수 있다. 그런데 오늘날에도 부활을 죽었던 영혼이 다시 살아나는 것으로 생각하는 신자들이 의외로 많다. 하지만 이것이 틀렸다는 것은 사도신경만 알아도 금방 알 수 있다. 사도신경에 따르면 우리는 "몸의 부활"을 믿지, 영혼의 부활을 믿는 것이 아니다. 사실 제4장 2항의 인간의 창조에서 다루었듯이 영혼은 죽을 수도 없다. 몸을 취하신 성자는 그 몸을 그대로 가지고 부활하셨고 그 몸을 가지고 승천하셨다. 당연히 그 몸을 가진 채로 성부 우편에 앉아계시다가 그 몸을 가지고 심판주로 재림하실 것이다.

좌정과 중보기도 「고백서」는 중보자에 대한 다른 항목에 대해서는 거의 설명하지 않고 사도신경을 그대로 인용할 뿐이지만 좌정에 대해서는 "우리를 위하여 중보기도(intercession) 하시고"라는 설명을 제공하고 있다. 대교리문답도 좌정에 대한 항목을 다룬 다음(55문답), 별도의 다음 질문에서 그리스도의 중보기도를 다룬다. 이것은 기본적으로 로마 교회에 대한 변증 때문이다. 부활, 승천, 재림에 관해서 로마 교회와 개신교회는 아무런 교리적 차이가 없었으나 좌정 교리에 관해서는 큰 차이가 있었다. 로마 교회는 죽은 성인들도 하늘에서 우리를 위해 부분적으로 중보기도를 할 수 있다고 주장했지만, 종교개혁가들은 오직 그리스도만이 하늘에서 우리를 위해서 중보기도를 하실 수 있다고 주장했다.

성인들의 중보기도를 거부한 점에서 개신교회는 바른 교리를 확보했지만, 좌정 교리에 대해서 제대로 인식하고 있는 성도들은 거의 없는 것 같다. 좌정 교리는 "중보자 예수님이 지금 무엇을 하고 계신가?"에 대한 답이라고 할 수 있다. 이 질문에 대해서 예수님은 지금 성부 하나님 우편에서 우리를 위해서 기도하고 계신다고 자신 있게 답할 수 있는 성도는 얼마나 되며, 그 사실에서 위안을 얻는 성도들은 얼마나 될까? 좌정 교리가 사도신경에서 예수님의 현재의 사역에 대한 유일한 교리 항목이라는 것을 알면 이 교리의 중요성을 쉽게 깨달을 수 있을 것이다.

심판: 우리는 제1항에서 중보자의 직무에 "세상의 심판자"가 포함된다는 것을 배웠다. 이 심판은 제33장에서 더 자세하게 다루어질 것이다.

지금은 간단하게 몇 가지를 정리하도록 하겠다.

1) 심판은 재림의 목적이다. 주님의 재림을 왜 기다리는가? 심판이 있기 때문이다. 오늘날 성도들이 재림을 기다리지 않는 이유는 심판에 대한 관심이 없기 때문이다. 그렇다면 누가 주님의 재림을 간절히 기다리는가? 바로 의로운 심판을 기다리는 자들이다. 시편은 이들이 누구인지 너무나 잘 설명하고 있다. 가난한 자, 억울한 자, 핍박받는 자 등이다. 결국 하나님을 경외하는 참된 신자는 세상에서 인내하면서 하나님의 의로운 심판을 기다리는 자이다.

2) 한 번 더 강조하지만 심판하시는 자는 중보자이시다. 예수님은 하나님으로 심판하시지만 또한 신자의 머리로서 심판하실 것이다. 이 심판에는 우리도 참여한다. 신자들은 믿음으로 그리스도와 합하여 그의 죽음뿐만 아니라 그의 부활에도 참여한다(롬 6:3-5). 또한 그분과 "함께" 일으킴을 받아 "함께" 하나님의 보좌에 앉아 있다(엡 2:6). 따라서 우리도 그분과 함께 마지막 날에 세상을 심판할 것이다.

3) 사도신경은 심판의 대상을 "살아 있는 자들과 죽은 자들"이라고 표현하지만 「고백서」는 "사람들과 천사들"이라는 용어를 쓰면서 우리로 하여금 천사에 관심을 두게 만든다. 이 사실이 우리에게 어떤 유익을 주는가? 아마 대부분의 개신교 성도들은 천사에 대해서 별 관심이 없을 것이다. 반면에 천주교 신자들은 천사에 대해서 지나치게 많은 관심을 가지고, 숭배하기까지 한다. 이것이 틀렸다는 것을 우리는 중보자이신 그리스도께서 그들의 심판자가 되신다는 교리를 통해 확신하게 된다. 다시

한번 우리가 기억해야 할 것은 택한 백성들도 중보자이신 그리스도의 심판 사역에 참여하게 된다는 것이다. 신자들이 천사들을 심판하게 된다는 증거 본문 중의 하나는 고린도전서 6장 3절이다. 신자들이 마지막 날에 천사들을 심판할 존재라는 사실에 근거하여 사도 바울은 성도들끼리의 송사를 강력하게 금하면서 "차라리 불의를 당하는 것이 낫지 아니하냐?"라고 고린도 교회 성도들을 책망한다. 중보자의 심판을 믿는 참된 성도들은 자신들이 천사들보다 존귀한 자라는 것을 인식하고 이 세상에서 억울한 일을 감내하면서, 자신의 의를 증명하기보다 하나님의 이름과 교회의 영광을 위해 살게 된다.

제5항 중보 사역의 효과: 만족과 속량

"**순종과 희생 제사**" 그리스도께서 중보자로서 하신 모든 일(제4항)을 요약하면 순종과 제사라고 할 수 있다. 순종을 통해 중보자는 율법이 요구하는 바를 다 수행했고, 또한 십자가의 희생 제사를 통해 죄인들을 향한 율법의 형벌을 다 받으셨다. 「고백서」는 이 순종이 "**완전한**" 순종이었고, "**영원하신 성령으로**" 성부께 바쳐진 제사라고 설명한다. 삼위일체 교리는 그리스도의 중보 사역에서 아주 분명하게 드러난다. 히브리서 기자는 그리스도의 제사가 동물의 피가 아니라 그리스도의 피에 의해서 그리고 성령에 의해서 바쳐졌기 때문에 하나님과 인간의 화해가 가능하게 되었다는 것을 강조한다. "하물며 영원하신 성령으로 말미암아 흠 없는 자기를 하나님께 드린 그리스도의 피가 어찌 너희 양심을 죽은 행실에서 깨끗하게 하고 살아 계신 하나님을 섬기게 하지 못하겠느냐"(히 9:13)?

"완전한(perfect)" 「고백서」 작성 당시 순종의 성격에 대해서 상당한 논쟁이 있었다. 어떤 이들은 그리스도의 수동적(passive) 순종만 인정했고, 다른 이들은 능동적(active) 순종도 완전한 순종에 포함해야 한다고 생각했다.[76] 이 논쟁에 대해서 「고백서」는 명시적으로 결론을 내지는 않았지만 "완전한"이라는 용어를 통하여 암시적으로 능동적 순종이라는 개념을 받아들였다. 회중파 지도자들이 작성한 「사보이 선언」은 능동적/수동적 순종이라는 용어 자체를 사용함으로써 이 논쟁을 확정지었다.

공의의 만족(satisfaction) 중보자 예수님은 완전한 순종과 피와 성령의 제사를 통하여 율법의 요구와 형벌을 수행함으로 하나님의 공의를 "충분히(fully)" 만족시켰다. 이 공의의 만족은 중세 동안 그리스도의 사역을 설명하는 매우 중요한 개념이었다. 하나님은 죄인을 그냥 용서할 수 있는가 하는 질문에 거의 모든 신학자는 불가능하다고 대답했는데 그 이유는 그것이 하나님의 공의에 손상을 주기 때문이라고 생각했다. 따라서 죄인이 하나님의 사랑을 받아 구원받기 위해서는 반드시 하나님의 공의가 만족되어야 한다고 생각했다. 이 입장을 보편화시킨 사람이 캔터베리의 안셀무스(Anselmus)였다. 하지만 안셀무스는 이 만족을 형벌과 대립되는 것으로 이해하여 형벌을 만족에서 제외했다. 이에 반하여 「고백서」는 개혁

---

76 비록 그리스도의 순종은 본질적으로 하나의 순종이지만 두 가지 측면에서 구분될 수 있다. 하나는 하나님의 율법에 대한 순종이고 다른 하나는 십자가의 희생 제사이다. 일반적으로 전자를 능동적 순종이라고 하고 후자를 수동적 순종이라고 한다. 웨스트민스터 표준문서와 능동적 순종에 대해서는 다음 논문을 참고하라. 권경철, "웨스트민스터 표준문서와 그리스도의 "온전한 순종" 문제: 안토니 버지스(Anthony Burgess, 1600-1664)의 『참된 칭의 교리』로부터 단초 찾기," 「부흥과 갱신」 (2021): 143-172.

파 신조에 따라 형벌과 만족을 긴밀하게 연결했다(부연 설명 참조).

속량[77]: 화목과 유산 중보자 예수님은 순종과 제사로 하나님의 공의를 완전하게 만족시켰기 때문에 이것이 그분의 공로가 되었고, 이 공로에 근거하여 택한 백성들을 위하여 그들에게 필요한 것을 당당하게 요구하실 수 있게 되었다(대교리문답 55문답). 예수님은 제사로 화목을, 순종으로 유산을 신자들을 위해 값을 치르고 사셨다. 이제 하나님은 신자들에 대한 진노를 거두셨고 더 나아가 그들을 아들로 삼으셔서 그들이 천국의 "영원한 유산"을 상속하게 하셨다.

제6항 속량(redemption)의 효력: 예수님 탄생 이전의 택자들은?

제6항은 성육신 이전의 택자들에게 속량의 사역이 어떻게 적용될 수 있는지를 다룬다. 이 질문에 대한 「고백서」의 답은 다음과 같다. 속량에 있어서 구약과 신약의 통일성은 칭의를 다룰 때 한 번 더 강조된다(제11장 6항).

1) 예수님은 어제나 오늘이나 동일하시기 때문에 속량의 사역은 시간에 제한되지 않는다.
2) 예수님은 세상의 시작부터 뱀의 머리를 상하게 할 여자의 후손이고 죽임당한 어린 양이시다.
3) 이 내용들은 약속들과 예표들과 제사들을 통해서 계시되고 예표되었다.

---

77 이전에는 주로 "구속"이라는 단어가 사용되었으나 일반인들에게 오해를 줄 가능성이 많아서 최근 성경에서는 대부분 속량으로 번역되고 있다.

4) 속량의 효력, 효과와 유익들은 그것들을 통해서 택자들에게 계속 전달되었다.

제7항 중보 사역과 속성의 교류 (communicatio idiomatum)

"두 본성에 따라" 그리스도의 중보 사역은 두 본성에 따라 시행된다. 즉, 그리스도의 중보 사역은 인성뿐만 아니라 신성에도 적용된다. 이와 달리 로마 교회는 그리스도의 중보 사역은 오직 인성에 따라 시행된다고 주장한다. 그들이 사용한 대표적인 증거 본문은 디모데전서 2장 5절이다. "하나님은 한 분이시요, 또 하나님과 사람 사이에 중보자도 한 분이시니 곧 사람이신 그리스도 예수라." 여기에 대해서 에드워드 레이 (Edward Leigh)와 같은 이들은 "사람이신 그리스도"를 사람으로서의 그리스도가 아니라 사람이 되신 그리스도로 해석해야 한다고 주장하면서 그리스도께서 인성으로만 중보하신다면 성인들과 같은 다른 인간들도 중보자가 될 수 있다고 비판했다.[78]

속성의 교류

신학적인 개념 없이 제7항을 이해하는 것은 매우 어렵다. 제7항은 중보자의 사역과 중보자의 위격의 관계를 다루고 있다. 이것을 좀 쉽게 풀어 보자. "예수님은 어디 계실까?"라는 질문에 답은 무엇인가? 어린아이

---

78 존 페스코, 『웨스트민스터 신앙고백서』, 235.

들은 종종 "내 마음에 있어요"라고 답한다. 하지만 사도신경은 예수님이 "성부 하나님 우편에 앉아 계시다"고 답한다. 물론 둘 다 맞는 답이다. 보다 엄밀하게 말하면 예수님은 신성에 따라 우리 마음에 계시고, 인성에 따라 성부 우편에 계신다. 예수님의 인성이 우리 마음에 계시거나 예수님의 신성이 성부 우편에 앉아 계시는 것은 아니다. 이와 같은 구분에도 불구하고 우리는 예수님이(예수님의 온전한 인격이) 우리 마음에 계신다고 말할 수 있다.

이 점에서 「고백서」는 칼케돈 신조를 받아들이면서도 신성과 인성의 구분을 확실하게 했다. 하지만 이와 같은 견해는 지나치게 신성과 인성을 구분한다고 비판받기도 했다. 그들은 신성과 인성의 구분을 인정하면서도 신성과 인성 사이에 교류가 가능하다고 주장하면서 이를 속성의 교류라고 지칭했다. 「고백서」도 이 용어는 받아들이고 있지만 그 개념은 완전히 다르다. 이 개념의 차이는 특히 성찬에서 그리스도의 임재를 이해하는 데 매우 중요하다.

앞의 질문을 이렇게 바꾸어 보자. "예수님은 성찬식이 시행되는 동안 어디에 계실까?" 아마 대부분의 개신교인은 여전히 "우리 마음에"라고 대답을 할 것이다. 또는 "이곳에"라고 답할 수도 있겠지만 "떡과 잔에"라고 말하는 경우는 별로 없을 것이다. 하지만 예수님이 어디에나 계신다면 떡과 잔에 있다고도 말할 수 있을 것이다. 물론 그것은 어디까지나 신성에 한정된 것이다. 하지만 로마 교회와 루터파 교회는 여기에서 더 나아가서 "예수님의 몸이 실재로 떡에 있다"고 주장한다. 로마 교회는 화체설에 따라 떡이 예수님의 몸으로 완전히 변했다고 주장하고, 루터파는 예수님의 몸이 떡과 함께 있다고 주장하는 점에서 차이가 있을 뿐이다.

비록 로마 교회와 루터파 교회는 성찬론에서 큰 차이를 보이지만, 속성의 교류라는 점에서 "예수님의 몸이 실재로 떡에 있다"고 주장하는 공통점을 가진다. 예수님의 신성과 인성은 서로 교류하기 때문에 예수님의 신성이 인성과 교류하면서 예수님의 인성도 어디에나 존재하는 것이 가능하게 된다고 본다. 하지만 개혁신학은 이와 같은 속성의 교류는 그리스도의 인성과 신성의 구분을 제거한다고 생각했기 때문에 거부했다. 「고백서」는 속성의 교류가 두 본성끼리 일어나는 것이 아니라 각각의 본성이 예수님의 한 위격에 부여되는 것으로 설명한다.

속성의 교류라는 교리가 매우 생소하지만 성경을 이해하는 데는 매우 중요하다. 다음 성경 구절을 살펴보자. "하나님이 자기 피로 사신 교회를 보살피게 하셨느니라"(행 20:28). 여기서 피는 누구의 피인가? 문법적으로 볼 때 "하나님의 피"이다. 만약 이것을 문자적으로 이해하면 하나님도 피를 가진 존재가 될 수밖에 없다. 당연히 이 피는 성자 하나님이 취하신 인성의 피이다. 그럼에도 불구하고 "하나님의 피"라고 할 수 있는 이유는 인성으로 행한 것이 (신성에 전달된 것이 아니라) 성자 하나님의 위격에 부여되었기 때문이다.

제8항 속량의 확정성 (제한 속죄)

속량의 범위는 1618년 개최된 도르트 총회에서 심각하게 논의되었다. 이것을 보통 제한 속죄(limited atonement)라고 부르는데 이 용어는 당시에 보편적으로 사용된 용어가 아니라 후대에 고안된 용어였다.[79] 제한 속죄 (속량)는 그리스도의 속량이 제한된다는 인상을 주기 때문에 적절한 표현이 아닐 수 있다. 그리스도의 속량이 어떻게 제한을 받을 수 있겠는가? 적어도 그분의 속량이 지닌 가치는 무한하다고 할 수 있다. 이와 같은 이유로 제한 속죄라는 표현 대신 '특정적(particular) 속죄' 혹은 '결정적(definite) 속죄'가 오늘날 더 선호되고 있다.[80]

속죄의 범위와 관련하여 논쟁이 벌어지는 이유는 성경이 이 문제에 대해서 명시적으로 표명하지 않는 것처럼 보이기 때문이다. 어떤 성경 본문에 따르면 그리스도의 속죄가 보편적인 것처럼 보이고, 어떤 본문에 따르면 제한적인 것처럼 보인다. 성경에서 가장 유명한 요한복음 3장 16절은 "하나님이 세상을 이처럼 사랑하사 독생자를 주셨으니"라고 선포한다. 이와 유사하게 요한일서 2장 2절도 "그는 우리 죄를 위한 화목제물이니 우리만 위할 뿐 아니요 온 세상의 죄를 위하심이라"라고 말씀한다. 이와 반대로 우리는 요한복음의 예수님의 기도에서 다음 구절을 발견한다. "내가 그들을 위하여 비옵나니, 내가 비옵는 것은 세상을 위함이 아니요 내게 주신 자들을 위함이니이다. 그들은 아버지의 것이로소이다"(17:9). 따라서 단순히 성경 구절 몇 개만 인용한다고 해서 속죄와 관련된 문제가 쉽게 해결될 수는 없다.

제한 속죄와 관련된 가장 핵심적 질문은 이것이다. "도대체 십자가에

---

79 제한 속죄와 관련된 여러 논쟁은 다음 연구서를 참고하라. 존 페스코, 신윤수 역, 『역사적, 신학적 맥락으로 읽는 웨스트민스터 신앙고백서』 (서울: 부흥과개혁사, 2018), 236-260.
80 제프 A. 매더스, 김태형 옮김, 『겸손한 칼빈주의』 (서울: 좋은씨앗, 2019), 161.

서 예수님은 누구를 위해서 돌아가셨는가?" 이 질문에 대해서 몇 가지 답변이 제시되었다. 예수님께서 실제로 모든 사람을 구원하기 위해서 돌아가신 것이 아님은 분명하다. 만약 그렇다면 모든 사람이 구원받을 것이기 때문이다. 이 때문에 아르미니우스주의는 예수님께서 모든 사람을 위해서 속죄의 근거를 마련하셨지만, 그것의 적용은 실제로 그리스도를 믿는 사람들에게만 적용된다고 주장했다. 하지만 이 견해 역시 속죄의 의도와 속죄의 적용을 분리하는 치명적인 약점을 지닌다.

전통적으로 그리스도의 속죄는 모든 인간의 죄를 구원하기에 충분하지만(sufficient) 실제로는 일부에게만 효과적(efficient)이라는 입장이 받아들여졌다. 하지만 여기에서 "모든 인간"이 누군가에 대해서는 의견이 나뉘었다. 하나님께서 택하신 모든 인간인가, 아니면 자유 의지로 믿음을 선택한 자들인가? 개혁파 신학자들은 전자를 받아들였고 그리스도의 속죄가 오직 선택한 자들에게만 적용되며 이 적용은 확정적이라고 주장했다. 「고백서」 8항은 이 점을 잘 요약하고 있다.

8항에 따르면 속량의 대상은 "그리스도께서 값 주고 속량하신 모든 자"다. 이들이 누구인지는 5항에서 "성부께서 자기에게 주신 모든 자," 그리고 6항에서 "택자"들이라고 적시되어 있다. 그리스도의 속량의 사역은 그들에게 "확실하게 그리고 효과적으로(certainly and effectually)" 전달된다. 제한 속죄 논의에서 「고백서」가 강조하는 것은 그리스도의 속죄가 택한 자들에게 적용된다는 것은 확실하다는 것이다. 그리고 이것이 어떻게 가능한지 다음과 같이 다섯 가지로 설명한다.

1) 그들을 위해서 중보기도 하신다. (제사장)

2) 그들에게 성령으로 구원의 비밀을 계시하신다. (선지자)

3) 그들이 믿고 순종하도록 효과적으로 설득하신다. (선지자)

4) 그들의 마음을 말씀과 성령으로 다스리신다. (왕)

5) 그들의 모든 원수를 정복하신다. (왕)

이 다섯 가지 중에서 속량의 사역이 조건적이라는 암시는 전혀 없다. 선택의 숫자가 확정적이라면(3장 4항) 속량의 사역도 확정적이어야 한다. 택자들을 향한 그리스도의 사역은 확실하게 성취된다는 것이 「고백서」의 가르침이다. 이 교리를 통해 신자들은 그리스도의 사역이 결코 헛될 수 없다는 것을 확신하게 된다. "나를 보내신 이의 뜻은 내게 주신 자 중에 내가 하나도 잃어버리지 아니하고 마지막 날에 다시 살리는 이것이니라"(요 6:39).

부연 설명

조건적 보편 속량(hypothetical universalism)

웨스트민스터 총회 당시 속량의 범위와 관련하여 심각한 토론이 있었다. 예수님의 죽으심과 택자들 사이의 관계에 대해서는 이견이 없었고 「고백서」에 잘 정리되었다. 하지만 예수님의 죽으심과 비택자들 사이의 관계에 대해서는 의견이 일치하지 않았다.[81] 물론 아르미니우스주의자들

---

81 페스코, 「웨스트민스터 신앙고백서」, 236-258. Michael Lynch, "Confessional Orthodoxy and Hypothetical Universalism: Another Look at the Westminster Confession of Faith," in

이 주장한 절대적 보편주의(예수님께서 비택자들의 구원을 위해서도 죽으셨다)는 거부한다는 점에서는 모두가 일치했다. 하지만 예수님의 죽으심이 비택자들에게는 아무런 의미가 없는가에 대해서는 의견이 갈라졌다. 총회 참석자들 중에는 예수님께서 비택자들을 위해서는 조건적으로 죽으셨다고 주장하는 이들이 있었다. 이들을 조건적 보편주의라고 하는데 총회 총대들에게 적지 않은 지지를 받았다. 이 입장은 「고백서」에서 채택되지는 않았지만 그럼에도 불구하고 거부되지도 않았다. 「고백서」가 이 문제를 그대로 남겨 두었다는 것은 「고백서」가 모든 논의를 세부적으로 다 결정하려고 의도하지 않았다는 것을 잘 보여 주는 예이다.

속량(redemption)

속량은 하나님의 구원을 설명하는 데 매우 중요한 단어이다. 이 단어는 기본적으로 어떤 사람이나 물건을 값을 지불하고 산다는 것을 의미한다. 이것을 구원론에 적용하면 하나님께서 죗값을 치르고 당신의 백성을 사셨다는 말이 된다. 여기까지는 큰 문제가 없다. 하지만 하나님께서 누구에게 죗값을 치르셨는가 하는 질문이 제기되면 답을 하기가 쉽지 않다. 초대 교회로부터 11세기 대표적인 신학자였던 안셀무스(Anselmus, 1033-1109)에 이르기까지 이 질문에 대한 답은 사탄이었다.[82] 인간이 죄를 지었기 때문에 사탄이 인간에 대한 소유권을 주장하게 되었고 하나님은

Beyond Calvin: Essays on the Diversity of the Reformed Tradition, ed. W. Bradford Littlejohn and Jonathan Tomes, (Lincoln: The Davenant Trust, 2017), 144.

82 속량론의 주된 이론들에 대해서는 다음 저서를 참고하라. 차재승, 『7인의 십자가 사상』 (서울: 새물결플러스, 2014).

그리스도의 피를 값으로 치르시고 그들을 구원하셨다는 견해가 오랫동안 교회를 지배했다.

하지만 이와 같은 설명은 하나님이 사탄과 일종의 거래를 한다는 생각을 주기 때문에 많은 도전을 받아야만 했다. 안셀무스는 속량을 다른 관점에서 새롭게 정의했다. 안셀무스는 속량을 "인간이 원래 상태로 회복되는 것"으로 이해했다.[83] 인간은 죄로 인하여 하나님의 영광에 큰 손상을 주었다. 하나님께서 그냥 이 죄를 용서하시는 것은 하나님의 정의를 훼손하기 때문에 불가능하다. 이 상태가 회복되는 방법은 두 가지이다. 그분의 공의가 만족(satisfaction) 되든지 아니면 그에 상응하는 처벌이 시행되는 것이다. 그리스도의 십자가는 하나님의 공의를 만족시키고 이로 말미암아 인간은 구원받게 되었다. 안셀무스에 이르게 되어 논의의 중심이 속량에서 만족으로 완전히 이동하게 되었다.

안셀무스의 만족 이론은 중세 서방교회에서 표준적인 입장이 되었고 종교개혁가들에게도 많은 영향을 미쳤다. 종교개혁가들은 큰 틀에서는 안셀무스의 이론을 따른다. 하지만 안셀무스의 문제점은 만족과 형벌을 대립시켰다는 것이다. 그 결과 안셀무스의 십자가는 대속적 형벌의 의미를 지니지 않는다. 종교개혁가들은 만족과 형벌을 분리하지 않고 형벌을 통한 만족이 속량의 본질이라고 생각했다. 하지만 이와 같은 견해는 17세기에 소시니우스와 같은 합리주의자들에게 많은 도전을 받았다.

---

83   Alister E. McGrath, *Studies in Doctrine* (Grand Rapids: Zondervan, 1997), 335.

제9장 자유 의지

1항. 하나님께서는 인간의 의지에 본성적 자유를 부여하셨다. 이 의지는 강요받지 않으며 본성의 어떤 절대적 필연성에 의해 선이나 악을 행하도록 결정되지도 않는다.[1]

2항. 무죄 상태에서 인간은 하나님이 보시기에 선하고 하나님께 기쁨이 되는 것을 원하고 행할 자유와 능력을 가지고 있었다.[2] 그러나 인간은 가변적이어서 그 상태에서 타락할 수 있었다.[3]

3항. 인간은 죄의 상태에 빠짐으로 구원을 수반하는 어떠한 영적 선이라도 행하려는 의지의 모든 능력을 전적으로 상실했다.[4] 따라서 자연인은 이 선을 전적으로 싫어하고[5] 죄 안에서 죽었기 때문에[6] 스스로의 힘으로 회심하거나 회심에 이르도록 준비할 수 없다.[7]

4항. 하나님께서는 죄인을 돌이키셔서 은혜의 상태로 옮기실 때, 죄 아래 있던 본성적 속박으로부터 그를 자유롭게 하시고,[8] 오직 자신의 은혜에 의해서 그가 자유롭게 영적으로 선한 것을 원하고 행할 수 있게 하신다.[9] 그러나 그는 자신에게 남아 있는 부패로 인해 선한 것을 완전하게 원하거나 선한 것만을 원하지 않을 뿐 아니라 도리어 악한 것을 원하기도 한다.[10]

5항. 인간의 의지는 영광의 상태에 있을 때만 완전하고 불변하는 자유를 얻어 오직 선만을 향하게 된다.[11]

1) 마 17:12; 약 1:14; 신 30:19.
2) 전 7:29; 창 1:26.
3) 창 2:16-17; 창 3:6.
4) 롬 5:6; 롬 8:7; 요 15:5.
5) 롬 3:10, 12.
6) 엡 2:1, 5; 골 2:13.

7) 요 6:44, 65; 엡 2:2-5; 고전 2:14;
   딛 3:3-5.
8) 골 1:13; 요 8:34, 36.
9) 빌 2:13; 롬 6:18, 22.
10) 갈 5:17; 롬 7:15, 18-19, 21, 23.
11) 엡 4:13; 히 12:23; 요일 3:2; 유 1:24.

천국을 보게 될 모든 자가 반드시 알아야 할 네 가지가 있다.

1. 하나님이 사람을 지으셨을 때
   사람이 무죄 상태에 있었다는 것(was).
2. 사람이 스스로 타락함으로써 처하게 된
   부패한 본성의 상태에 있다는 것(is).
3. 선한 일을 행하도록
   그리스도 예수 안에서 지음을 받은 자가
   빛 가운데 있는 성도의 기업에 참여하기 위한
   은혜의 상태 속에 있어야 한다는 것(must).
4. 모든 자의 재판관에 의해 완벽한 행복한 상태로,
   또는 철저한 비참의 상태로 거하게 될
   각 사람의 영원한 상태 속에
   있게 될 것이라는 것(will be).[84]

---

84 토마스 보스턴, 스데반 황 역, 『인간 본성의 4중 상태』 (서울: 부흥과개혁사, 2015), 15. 인용문은 보스턴의 책 첫 페이지에 등장한다.

서론: 자유 의지는 하나님의 주권과 반대되는 개념인가?

자유 의지가 별도의 장에서 다루어진다는 사실은 「고백서」가 자유 의지를 얼마나 중요하게 생각했는지를 알 수 있다. 제9장만 알고 있어도 「고백서」가 예정론에 지나치게 치우쳤다는 통설이 얼마나 근거 없는지를 단적으로 보여 준다. 제9장에서 다루는 내용들은 마지막 5항만 제외하면 이미 창조와 타락에서 한 번씩 다루었다. 「고백서」는 자유 의지에 대하여 흩어졌던 내용들을 제9장에 다 모아서 간략하게 정리함으로 신자들이 자유 의지에 대해서 확실하게 이해할 수 있도록 돕는다.

자유 의지를 다루는 제9장의 위치는 중보자 그리스도를 다루는 제8장과 일련의 구원의 서정을 다루는 제10장 이하의 중간에 위치하고 있다. 따라서 자유 의지는 그리스도의 속량 사역과 성령의 구원 사역을 이어주는 훌륭한 가교역할을 한다.[85] 성령께서 그리스도의 사역을 오늘날 신자에게 적용하실 때 자유 의지가 어떤 역할을 하는가에 대해서는 도르트 총회에서 격렬하게 논의가 되었던 문제였다. 이 논의의 핵심은 은혜의 불가항력성(irresistible grace)과 관련되어 있었고, 여기에 대한 답은 자유 의지의 본질을 무엇으로 볼 것인가의 문제와 직결되어 있었다. 만약 아르미니우스주의자들처럼 자유의 본질을 선택으로 본다면, 선택을 제외하는 불가항력적 은혜라는 말은 자유 의지와 성립이 될 수 없다. 이와 같은 관점에서 보면 자유 의지는 단지 추상적인 개념이 아니라 은혜의 참된

---

[85] 참고로 대교리문답은 아예 자유 의지 자체를 다루지 않고 속량의 대상자들, 즉 교회론으로 바로 넘어간다.

의미를 깨달을 수 있도록 도와주는 아주 중요한 개념이라는 것을 알 수 있을 것이다.

「고백서」는 그 성격에 맞게 자유 의지 자체를 상세하기 다루지는 않는다. 「고백서」의 주 관심은 인간의 4중 상태와 자유 의지의 관계이다. 사실 인간의 4중 상태는 자유 의지를 이해하는 데 매우 중요하다. 자유 의지는 인간이 어떤 상태에 있는가에 따라 상당히 달라지기 때문이다. 자유 의지의 본질은 바뀌지 않지만, 무죄 상태, 죄의 상태, 은혜의 상태, 영광의 상태에 따라 자유의 범위가 크게 달라진다. 따라서 자유 의지에 대해서 논하기 전에 어떤 상태의 자유 의지냐를 먼저 규정해야 올바르게 논의할 수 있다.

인간의 4중 상태는 택자에게 적용되고 비택자에게는 적용되지 않는다. 비택자들은 죄의 상태에 있다가 영원한 저주의 상태[86]로 떨어지게 된다. 높은 상태에서 낮은 상태로 떨어질 때는 하나님의 도움이 전혀 필요없지만, 낮은 상태에서 높은 상태로 올라가는 것은 하나님의 도움이 있어야만 가능하다. 상태 간의 거리를 정확하게 이해해야 하나님의 은혜도 구체적으로 체감할 수 있다. 「고백서」는 각 상태의 핵심만 정확하게 요약했기 때문에 각 상태가 의도하는 바를 잘 이해하기 어렵다. 계속 공부해서 자기의 고백으로 만들 때 진정으로 큰 유익을 얻을 수 있다.

「고백서」가 언급하는 4중 상태는 새로 고안한 신학적 개념이 아니다. 이 4개의 범주는 아우구스티누스에 의해 보편화되었는데 「고백서」는 아

---

[86] 「고백서」에 '저주의 상태'는 언급되지 않는다. 하지만 저주의 상태에 대한 이해는 자유 의지를 더 풍성하게 이해하게 돕는다. 저주의 상태에서도 인간은 여전히 자유 의지를 가지고 있다.

우구스티누스의 개념을 그대로 가져와서 「고백서」에 정착시켰다. 아우구스티누스는 인간을 죄와 관련하여 다음과 같이 구분했다. 1) 죄를 지을 수 있는 상태(posse pecarre), 2) 죄를 안 지을 수 없는 상태(non posse non peccare), 3) 죄를 안 지을 수 있는 상태(posse non peccare), 4) 죄를 지을 수 없는 상태(non posse peccare). 비록 「고백서」가 아우구스티누스의 용어를 사용하지는 않지만 그 개념들은 그대로 이어받았다는 점에서 「고백서」는 전통적인 신학에 충실하다는 것을 드러낸다.

자유 의지에 대한 「고백서」의 내용은 결정론이나 운명론을 완전히 배격한다. 이것은 앞에서 부분적으로 강조되었지만 제9장에서 더욱 분명하게 드러난다. 개혁주의가 가르치는 하나님의 절대주권, 예정, 섭리는 인간의 자유 의지를 포함한다. 자유 의지에 대해서 각 교파 사이에 입장이 차이가 나는 이유는 자유 의지의 본질과 인간의 상태에 대한 이해 차이에서 비롯된다. 장로교회 신자들은 「고백서」를 통하여 자신들의 입장이 무엇인지, 다른 교회들과 어떤 점에서 같고 어떤 점에서 다른지 잘 파악해서 성경적 교훈을 정립하기 위해 노력해야 한다.

제1항 자유 의지란?

자유를 정의하는 것은 쉬운 일은 아니다. 사람들은 대부분 자기 마음대로 하는 것을 자유라고 생각한다. 그리고 선택이 자유의 본질이라고 생각하고 선택이 없으면 자유가 없다고 생각한다. 하지만 이와 같은 상식적인 견해는 조금만 깊이 생각하면 한계가 많다는 것을 쉽게 알 수 있다. 예를 들어서 인간은 날고 싶어도 날 수 있는 자유가 없다. 그렇다면 인간에게 자유란 없는 것인가? 하나님은 악을 선택하실 수 없다. 또한 사탄은 악만 선택한다. 반면에 신자는 죄도 선택할 수 있고, 악도 선택할 수 있다. 선택의 가능성이 더 많으니 신자가 하나님보다 더 많은 자유를 가지고 있다고 말할 수 있을까? 이 모든 질문에 답하기 위해서는 자유 의지를 좀 더 정확하게 정의할 필요가 있다.

"본성적 자유" 자유 의지는 인간의 본성에 속한다. (참고로 죄는 인간의 본성이 아니다) 하나님께서 인간을 창조하실 때 이 본성을 부여하셨다. 「고백서」는 첫 문장에서 인간의 의지에 진정한 자유가 없다고 주장하는 모든 고대의 철학이나 종교를 확고하게 반대한다.[87] 자유 의지가 인간의 본성에 속한다면, 자유 의지가 없는 사람은 더 이상 인간이라고 할 수 없다. 팔이나 다리가 하나 없는 인간은 가능하지만, 자유 의지가 없는 인간의 존재는 불가능하다. "본성적 자유"라는 개념만 가지고 있어도 "타락한 인간은 자유 의지가 없다"는 말은 쉽게 할 수 없고 그런 말을 듣더라도 분별해서 들을 수 있을 것이다. 타락의 심각성을 강조하다가 인간의 본성까지 파괴하는 일이 없도록 주의해야 한다.

이 본성적 자유가 있기 때문에 인간은 선이나 악을 선택할 수 있는 도덕적 존재가 된다. 만약 이 본성적 자유가 없다면 인간에게 어떠한 도덕적인 책임도 요구할 수 없다. 컴퓨터나 개가 어떤 손해를 일으켰다고 해서 그것들에게 책임을 물을 수 없는 이유는 그들은 자유 의지가 아니라

---

87 Chad Van Dixhoorn, *Confessing the Faith: A Reader's Guide to the Westminster Confession of Faith* (Edinburgh: Banner of Truth, 2014), 135.

자신의 본성에 따라 행동하기 때문이다. 이 본성적 자유 그 자체는 인간의 상태에 따라 달라지지 않고 그대로 유지된다는 것을 꼭 유념할 필요가 있다.

"강요받지 않음" 그렇다면 이 자유란 무엇인가? 「고백서」는 이 점에서 '부정신학'을 사용하고 있다. 그만큼 자유 의지를 정의하기가 쉽지 않다는 것이다. 자유 의지의 첫째 특성은 강요받지 않는다는 것이다. 강요는 자유 의지의 부정(반대말)이다. 만약 하기 싫은 것을 억지로 고문이나 약물과 같은 강제적 수단을 사용하여 인간에게 강요하면 자유 의지는 파괴된다. 이 '강요받지 않음'은 자유 의지의 본질이기 때문에 어떤 상태에서도 손상 없이 그대로 보존된다. 죄의 상태에서 인간은 죄만 선택하게 되지만 강요에 의해서 선택하는 것은 아니다.

'강요받지 않음'은 성경 본문을 올바르게 이해하도록 인도하는 좋은 길잡이가 된다. 이것은 특별히 예정과 관련하여 그러하다. 아담은 선악과를 자유롭게 따먹었다. 하나님이 자신의 작정을 이루시기 위해서 먹기 싫은 것을 억지로 먹게 하시지 않았다. 예정과 자유 의지는 서로 상충하는 개념이 아니다. 하나님께서 자유 의지를 침해하시는 것처럼 보이는 성경 본문들을 대할 때 우리는 주의할 필요가 있다. 대표적으로 출애굽기 7장 3절에서 하나님께서 바로의 "마음을 완악하게" 하셨다는 표현들을 발견하게 된다. 이 단어의 기본적인 의미는 "마음을 굳게 하셨다"는 것인데 이 역시 강요로 해석되어서는 안 된다. 하나님께서 바로의 마음을 완악하게 하실 때 바로는 그것을 기쁘게 받아들였다.

"절대적 필연성"의 부재 자유 의지의 두 번째 부정적 특징은 절대적 필연성에 의해서 움직이지 않는다는 것이다. 강요가 없더라도 절대적 필연성에 따라 선이나 악을 행하게 되면 그것은 자유라고 할 수 없다. 여기서 사용된 절대적 필연성(absolute necessity)[88]은 중세 스콜라 신학에서 사용된 용어이다. 「고백서」는 필요한 경우 이미 정착된 신학적 용어를 사용하기를 주저하지 않았다. 전통적 스콜라 신학은 절대적 필연성(necessitas absoluta)과 조건적(결과적) 필연성(necessitas consequentiae)으로 구분했다. 절대적 필연성이란 어떤 경우에도 본성에 모순된 것을 할 수 없는 것을 말한다. 예를 들어서 하나님은 어떤 경우에도 존재하실 수밖에 없다. 존재하지 않는다면 그것은 하나님이 될 수 없다. 하나님은 존재하지 않을 자유가 없으시며, 하나님의 존재는 자유 의지에 따라 결정되지 않는다. 하나님께서는 그 본성에 따라 필연적으로 존재하신다. 존재와 속성에 관한 한 하나님은 자유가 없다고 해야 한다. 마찬가지로 불은 자기에게 붙는 물건을 태울 수밖에 없다. 이 경우 불은 태우지 않을 자유가 없다. 자유 의지는 바로 이와 같은 절대적 필연성에 따라 어떤 도덕적 결정을 하는 것이 아니다.

절대적 필연성과 달리 조건적 필요성은 자유 의지와 공존이 가능하다. 이 필연성은 앞에서 말했듯이 본성이 아니라 조건에 따라 필연성을 갖게 되는 것을 말한다. 예를 들어 하나님은 인간에게 어떤 약속을 하실 필요는 없지만(절대적 필연성), 일단 약속을 하시면 반드시 그 약속을 지키신다. 이 필연성은 자유 의지와 양립이 가능하다. 하나님은 강압도 아니

---

88 Richard Muller, *Dictionary of Latin and Greek Theological Terms* (Grand Rapids: Baker Book House, 1985), 199.

고 절대적 필연성도 아니고 스스로 자유롭게, 그러나 필연적으로 약속을 지키신다. 이와 마찬가지로 인간도 타락하여 죄의 상태에 들어가게 되면 죄만 선택할 수밖에 없는데, 죄를 지을 수밖에 없지만 그것은 절대적 필연성이 아니라 조건적 필연성에 따라 짓게 되는 것이다.

4중 상태(제2~5항: 무죄 상태, 죄의 상태, 은혜의 상태, 영광의 상태)

자유 의지와 자유 선택 앞에서 살펴보았듯이 인간의 본성으로서의 자유 의지는 인간의 상태에 따라 영향을 받지 않는다. 하지만 그 자유의 선택 범위는 상당히 달라진다. 이 점에 있어서 자유 의지(free will)와 자유 선택(free choice)을[89] 세밀하게 구분할 필요가 있다. 아쉽게도 이 둘은 종종 혼동되는 경우가 많은데 용어를 정확하게 확정하지 않고 논의하면 계속 혼동의 늪에 빠질 수밖에 없다. 인간의 상태에 따라 선택의 범위가 어떻게 달라지는 살펴보자.

무죄 상태: 선과 악 둘 중의 하나만 선택할 수 있음
죄의 상태: 악만 선택할 수 있음
은혜의 상태: 선과 악 둘 다 선택할 수 있음(선만을 선택할 수 없음)
영광의 상태: 선만 선택할 수 있음

무죄 상태에서 인간은 모든 선을 원할 자유와 그 선을 행할 능력을 다

---

89 전문적인 라틴어로는 각각 "libertas voluntatis," "liberum arbitrium"이라고 한다.

가지고 있었기 때문에 자신의 자유로운 의지에 따라 선을 실제로 행할 수 있었다. 하지만 인간은 악을 선택함으로 죄의 상태로 떨어졌고 그 결과 이전에 가졌던 능력을 완전히 상실했다. (모든 선택의 자유를 상실한 것은 아니다!) 이 상실로 인하여 인간의 자유 의지는 선을 선택할 수 없게 되었고 악만 자유롭게 선택하게 되었다. 죄의 상태에서의 인간은 악만 선택할 수 있기 때문에 선을 선택하는 능력은 오직 하나님의 은혜로만 회복할 수 있다. 하나님의 은혜로 선을 선택할 수 있는 능력을 회복한 인간은 은혜의 상태에서 자유롭게 선을 선택할 수 있지만 여전히 남아 있는 육신의 부패의 영향을 받는다. 그 결과 은혜의 상태에서 선을 원하더라도 **"완전하게(perfectly)"** 원하지는 않으며 **"선한 것만(only)"** 선택할 수도 없다. 이 때문에 신자의 가장 선한 행위도 완전하지 못하며 죄로 오염되어 있다(하이델베르크 62). 이는 이후에 칭의와 성화와 선행(good works, 제16장)을 이해할 때 매우 중요하다. 오직 죽음을 통해 영광의 상태에 이르렀을 때만 인간은 육신의 부패에서 완전히 해방되어 오직 자유롭게 선만을 선택하게 된다.

자유 의지와 자유 선택의 구분은 죄의 상태에서 인간의 책임 문제를 잘 설명할 수 있다. 죄의 상태에 있는 인간은 선을 선택할 수 있는 능력이 없다. 그런 죄인에게 하나님께서 선을 행하라고 요구하는 것이 정당한가? 여기에 대해서 다음과 같이 되물을 수 있을 것이다. "채무자가 빌린 돈을 낭비해 버리고 갚을 수 없으면, 채권자는 자신의 돈을 요구할 권리를 잃게 되는가?"[90] 죄의 상태에 있어도 그들은 여전히 본성적 자유를 가지고 있기 때문에 죄에 대한 책임에서 벗어날 수 없다. 돈이 없는 상황에서 만약 채권자가 돈을 요구하지 않으면 채무자는 갚지 않아도 된다고 착각하게 될 것이다.

가변적 자유 (무죄 상태) vs 불가변적 자유 (영광의 상태) 제4장 2항 인간의 창조에서 우리는 이미 아담이 가변적 존재로 창조되었다는 것을 확인했다. 무죄 상태에서 인간은 영적인 선을 행할 수 있는 "자유와 능력"을 소유했으나 "가변적"이었다. 이를 영광의 상태와 비교할 수 있다. 영광의 상태에서도 자유를 가지는데 이 자유는 "불가변적" 자유이다. 자유 의지 자체는 무죄 상태와 영광의 상태가 동일하지만 그 자유의 속성은 정반대이다.

무죄 상태에서 악을 선택하는 순간 인간은 타락하여 죄의 상태에 머물면서 더 이상 선을 선택할 수 있는 자유는 사라지게 된다. 이와 대조적으로 은혜의 상태에서는 선을 행하더라도 죄의 오염에서 벗어날 수 없지만 죄를 짓더라도 더 이상 죄의 상태로 내려가지 않는다. 이것은 신자에게 부패의 영향력이 얼마나 대단한 것인지를, 동시에 하나님의 은혜가 얼마나 소중한지를 보여 준다.

죄의 상태에 있던 인간이 하나님의 은혜를 거부하면 인간은 죄의 상태에서 머물다가 저주의 상태로 더 떨어져서 불가변적으로 악만 선택하게 될 것이다. 반대로 하나님의 은혜를 받아들이면 은혜의 상태에 계속

---

90   토마스 보스턴, 스데반 황 역, 『인간 본성의 4중 상태』 (서울: 부흥과개혁사, 2015), 195.

머물다가 영광의 상태에 이르러 불가변적으로 선만 선택하는 복을 누리게 될 것이다. 지옥에 내려가서도 인간의 본성적 자유는 그대로 유지된다. 우리는 이것을 부자와 나사로 비유에서 잘 알 수 있는데, 부자는 지옥의 고문 속에서도 자신의 성경적 지식에 근거하여 자유 의지를 사용하여 하나님의 의로운 심판이 부당하다고 비난한다. 이것은 타락한 자유 의지의 힘이 얼마나 대단한지 잘 보여 주며, 동시에 자유 의지를 회복시키신 하나님의 은혜가 얼마나 능력 있고 소중한지를 보여 준다.

이 교리의 중요성

일반적으로 자유 의지에 대한 교리들은 어렵다고 인식한다. 하지만 「고백서」는 그 어려운 개념들을 아주 쉽게 4가지 범주로 정확하게 설명하고 있다. 자유 의지에 대한 많은 논의가 있지만 「고백서」의 교훈만 정확하게 이해해도 바른 신앙생활을 하는 데 충분할 것이다. 18세기 스코틀랜드의 유명한 토마스 보스턴은 이 4가지 범주에 대해서 깊이 있는 일련의 설교를 했다. 이 책이 출판되고 나서 100쇄가 넘게 발간되어 세기의 베스트셀러가 되었으며, 조나단 에드워즈나 조지 휫필드와 같은 대각성운동의 선각자들에게 큰 영향을 주었다. 오늘날 진정한 교회의 부흥을 소망한다면 먼저 「고백서」에서 가르치는 이 교리를 잘 배울 필요가 있다.

제10장 효과 있는 부르심

1항. 하나님께서는 정하시고 용납하신 때에 오직 생명에 이르도록 예정하신 모든 자만을, 그들이 본성적으로 처해 있는 죄와 사망의 상태에서 예수 그리스도를 통한 은혜와 구원으로, 말씀과 성령을 통하여[2] 효과 있게 부르기를 기뻐하신다.[1)3)] 곧 그들의 지성을 구원에 이르도록 영적으로 조명하여 하나님의 일을 이해하게 하시고,[4] 돌처럼 굳은 마음을 제거하시고 살처럼 부드러운 마음을 주시고,[5] 그들의 의지를 새롭게 하셔서 전능하신 능력으로 그들이 선한 것을 향하도록 정하시고[6] 그들을 예수 그리스도께로 효과 있게 이끄신다.[7] 그렇지만 그들은 하나님의 은혜로 지극히 자유롭게 자원하는 마음을 가지고 그리스도께 나아간다.[8]

2항. 이 효과 있는 부르심은 오직 하나님의 자유롭고 특정적인 은혜에서 비롯되며, 인간 안에서 미리 보신 어떤 일에서도 기인하지 않는다.[9] 인간은 성령에 의해 소생되고 새롭게 되어 이 부르심에 응답하고 그 부르심에서 제공되고 전달되는 은혜를 받아들일 수 있을 때까지 전적으로 수동적일 뿐이다.[10)11)]

3항. 택함 받은 유아들은 죽을 때, 원하시는 때와 장소와 방법으로 역사하시는[13)] 성령을 통하여 그리스도로 말미암아 중생하고 구원받는다.[12] 또한 말씀

의 봉사에 의해 외적으로 부르심을 받을 수 없는 다른 모든 택자도 마찬가지이다. [14]

4항. 나머지 택함 받지 못한 자들은, 비록 말씀의 봉사에 의해 부르심을 받기도 하고[15] 성령의 일반적 작용을 어느 정도 경험할 수 있지만,[16] 결코 그리스도께 참되게 나아가지 않으며, 따라서 구원받을 수 없다.[17] 하물며 기독교 신앙을 고백하지 않는 자들은, 설령 본성의 빛과 자신들이 고백하는 종교의 법에 맞추어 부지런히 살더라도, 다른 어떤 방법으로도 구원받을 수 없다.[18] 그러므로 그들이 구원받을 수 있다고 단언하고 주장하는 것은 매우 해롭고 가증스러운 일이다.[19]

---

1) 롬 8:30; 롬 11:7; 엡 1:10-11.

2) 살후 2:13-14; 고후 3:3, 6.

3) 롬 8:2; 엡 2:1-5; 딤후 1:9-10.

4) 행 26:18; 고전 2:10, 12; 엡 1:17-18.

5) 겔 36:26.

6) 겔 11:19; 빌 2:13; 신 30:6; 겔 36:27.

7) 엡 1:19; 요 6:44-45.

8) 아 1:4; 시 110:3; 요 6:37; 롬 6:16-18.

9) 딤후 1:9; 딛 3:4-5; 엡 2:4-5, 8-9; 롬 9:11.

10) 고전 2:14; 롬 8:7; 엡 2:5.

11) 요 6:37; 겔 36:27; 요 5:25.

12) 눅 18:15-16; 행 2:38-39; 요 3:3, 5; 요일 5:12; 롬 8:9.

13) 요 3:8.

14) 요일 5:12; 행 4:12.

15) 마 22:14.

16) 마 7:22; 마 13:20-21; 히 6:4-5.

17) 요 6:64-66; 요 8:24.

18) 행 4:12; 요 14:6; 엡 2:12; 요 4:22; 요 17:3.

19) 요이 1:9-11; 고전 16:22; 갈 1:6-8.

또 미리 정하신 그들을 또한 부르시고,

부르신 그들을 또한 의롭다 하시고,

의롭다 하신 그들을 또한 영화롭게 하셨느니라.

(롬 8:29-30)

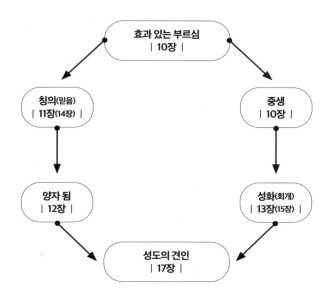

서론: 구원의 서정(Ordo Salutis)

제10장부터 「고백서」는 소위 "구원의 서정"을 다룬다. 이 서정들은 이미 하나님의 영원한 작정에서(제3장 6항), 그리고 중보자의 직무에서(제8장 1항) 간략하게 예고되었다. 이 순서들은 서로 다 연결되어 있기에 각 항목을 정확하게 익힌 후 그다음에는 서로 간의 관계를 잘 살필 필요가 있다. 거의 모든 조직신학 교재들은 구원의 서정을 너무 직선적인 단편적 관점에서 논리적인 순서나 시간적인 순서로 따지는 경우가 많은데 신앙고백을 작성한 사람들에게는 그런 식의 생각이 없었다.

「고백서」에서 제시된 각 장의 목록들만 확인해도 구원의 서정이 「고백서」에서 얼마나 중요한 비중을 차지하고 있는지 쉽게 알 수 있다. 물론 내용의 양이 많다고 해서 다른 항목들에 비해서 더 중요하다는 말은 아니다. 내용이 많아진 가장 큰 이유는 논쟁할 주제들이 많아졌기 때문이었다. 17세 중반이 되면 개혁교회는 구원론에서 단지 로마 교회나 루터파뿐만 아니라 아르미니우스주의나 소시니우스주의의 오류도 논박해야 했다.

「고백서」에 나타난 구원의 서정은 여러 방면에서 비판받았다.[91] 대표적인 비판 중 하나는 구원을 너무 도식적으로 이해한다는 것이었다. 또한 「고백서」가 구원의 서정에서 가장 뿌리라고 할 수 있는 그리스도와의 연합(union with Christ)을 부수적으로 만든다고 비판받기도 했다.[92] 어떤 이들은 구원의 서정이 성경에 나타난 구원 역사를 제대로 반영하지 못한다고 생각한다. 겉으로 보기에는 이런 비판이 일리가 있을 수 있겠지만 이와 같은 비판들은 17세기의 역사적 맥락을 전혀 고려하지 않았다는 점에서 심각한 문제를 안고 있다. 이들의 가장 치명적이고 기본적인 오류는 「고백서」의 작성자들이 대교리문답과 소교리문답도 작성했다는 사실을 망각했다는 것이다. 「고백서」와 교리문답은 내용에서는 본질적으로 차이가 없지만, 그것을 설명하는 방식은 서로 차이가 있다. 대표적인 예로 대교리문답은 구원의 서정을 교회론의 틀 안에서 설명하는데, 「고백서」에서는 이것이 잘 나타나지 않는다. 마찬가지로 그리스도와의 연합도 대교리문답에서는 아주 분명하고 구체적으로 다루어지고 있지만 「고백서」에

---

91 이은선, "신앙고백서의 구원론-구원의 서정을 중심으로," 「한국개혁신학」 40 (2013): 113-143.
92 대표적인 학자로는 칼 바르트가 있다. 여기에 대해서는 다음 논문을 참고하라. William C. Traub, "Karl Barth and the Westminster Confessions of Faith," in *The Westminster confession into the 21st Century*, vol. 3, ed. Ligon Duncan (Christian Focus Publications, 2004), 175-222.

서는 대교리문답에 비해서 약하게 나타난다.

하나님의 구원을 조직신학적인 관점에서가 아니라 성경신학[93]적 혹은 구속사적 관점에서 보아야 한다는 비판도 마찬가지이다. 이들은 기본적으로 조직신학과 성경신학을 비교 혹은 대조하면서 조직신학을 부정적으로 보는 경향이 있다. 성경의 역사적인 발전을 강조하는 성경신학이 성경을 풍성하게 해석할 수 있도록 도움을 준다는 점에서 매우 유익한 것은 사실이다. 하지만 이단들로부터 성경의 교리를 방어하고 성도들에게 참과 거짓을 분명하게 구분하도록 하기에는 상당히 부족하다는 사실도 놓치지 말아야 한다.[94]

구원의 서정을 체계적으로 제시하는 과정에서 어느 정도의 도식화는 필수적이다. 하지만 구원의 서정을 도식화했다고 「고백서」가 성경의 가르침을 왜곡했다는 비판은 도가 지나치다고 할 수 있다. 「고백서」 작성자들은 구원의 서정을 통해 최종적이고 정교한 체계를 제시하려고 하지 않았다. 무엇보다 「고백서」에 나타난 구원의 서정은 논리적인 순서가 아니다. 이것은 성화를 다룬 다음에 믿음과 회개를 다루는 것을 보면 알 수 있다. 은혜와 구원의 확신은 엄밀한 의미에서 구원의 서정에 속하지도 않는다. 또한 구원의 서정을 설명하는 '방식에' 있어서 「고백서」와 대/소 교리문답은 상당한 차이를 보인다.

---

93 모든 신학은 성경적 신학이기 때문에 '성경신학'이라는 용어 자체가 문제의 소지가 있다. 왜냐하면 성경신학만 성경에 충실한 신학이라는 인상을 줄 수 있기 때문이다. 성경신학은 역사 속에서 나타난 구원 계시의 발전에 따라 성경을 해석하는 신학 분과를 의미한다. 따라서 성경신학에서 말하는 성경은 내용이 아니라 방법을 가리키는 용어이다.
94 Letham, *The Westminster Assembly*, 245.

먼저 소교리문답을 살펴보면, 효과 있는 부르심을 다룬 다음(31), 그 부르심의 결과로 칭의(33), 양자(34), 성화(35)를 다루고, 이어서 이 세 은혜의 유익들을 다룬 후(36-38), 십계명의 모든 항목을 다루고(39-84), 십계명을 다 지키지 못한 것에 대한 하나님의 진노를 피하기 위해서 해야 할 의무로 믿음(86)과 회개(87)를 다룬다. 구원의 확신이나 성도의 견인은 세 은혜가 주는 유익에서 간단히 언급되기만 할 뿐이다. 믿음과 회개가 구원의 서정이 아니라 신자가 행해야 할 의무로 다루어진다는 것이 주목할 만하다.

대교리문답은 기본적으로 「고백서」의 틀을 따르고 있지만 순서에서 의미 있는 차이를 보인다. 대교리문답에 따르면 구원의 서정은 다음과 같다. 효과 있는 부르심(67), 칭의(70), 의롭게 하는 믿음(72), 양자(74), 성화(75), 생명에 이르는 회개(76). 소교리문답에서 믿음과 회개는 별도로 다루어졌지만, 대교리문답에서는 구원의 서정에 통합되어서 다루어진다. 하지만 이 믿음과 회개는 독립적이 아니라 별도로 칭의와 성화에 대한 부연 설명으로 다루어진다는 점에서 소교리문답과 약간의 연관성을 가진다.

이상에서 우리는 몇 가지 사실을 알 수 있다. 고백자들은 「고백서」가 구원의 서정을 설명하는 절대적인 규범이라고 생각하지 않았다. 그들은 필요하면 언제든지 순서를 바꿀 수 있고 다른 각도에서 설명할 수 있다고 생각했다. 물론 순서를 아무렇게나 배열할 수 있다고 생각하지는 않았다. 효과 있는 부르심은 언제나 가장 앞에 올 수밖에 없었다. 교리문답의 관점에서 보았을 때 「고백서」의 작성자들은 믿음과 회개를 엄밀한 의미에서 구원의 서정으로 보지 않았다. 적어도 확실한 것은 믿음과 회개를 다른 구원의 은혜들과 구분했다는 것은 확실하며, 이것은 대교리문답을 통해서 분명하게 드러난다. 보다 쉽게 파악하기 위해서 영문으로 정리하면 다음과 같다.

구원의 은혜에 대한 대교리문답의 정의		
부르심	Effectual calling is	the work of God's almighty power and grace.
칭의	Justification is	an act of God's free grace unto sinners.
양자 됨	Adoption is	an act of free grace of God.
성화	Sanctification is	a work of God's grace.
믿음	Justifying faith is	a saving grace.
회개	Repentance unto life is	a saving grace.

한국어에는 관사가 없기 때문에 원문의 의미를 정확하게 살릴 수 없지만 간단한 영어를 통해서 확실하게 각 은혜의 차이를 선명하게 보게 된다. 1) 믿음과 회개는 다른 은혜들과 구분된다. 믿음과 회개는 은혜이지만 하나님께서 칭의와 성화를 이루기 위해서 인간에게 요구하시는 의무이다. 이것을 은혜라고 부르는 이유는 그 의무를 하나님께서 친히 주시기 때문이다. 2) 부르심과 성화, 칭의와 양자 됨 사이에도 중요한 차이가 있다. 전자는 "work"로 표시되고, 후자는 "act"로 표시된다. 둘 다 하나님의 행위라는 점에서는 아무런 차이가 없으며, 이것은 은혜를 인간 안에 주입된 습성(habitus[95])으로 보는 로마 교회의 교리를 배격한다. 칭

---

95 습성(habitus)은 라틴어 가진다(habeo)에서 왔는데 내적으로 갖게 된 성향을 말한다. 중세 스

의와 양자 됨은 외적이고 법적인 단번의 행위이고, 부르심과 성화는 내적이고 실질적인 지속적 행위이다. 이 둘을 구분하기 위하여 "work"와 "act"[96]라는 단어를 사용했는데 아쉽게도 한글에는 이것을 표현할 용어가 현재로서는 마땅하지 않다.

구원의 서정에 대한 「고백서」와 교리문답을 살펴보면 「고백서」 작성자들이 얼마나 치밀하게 단어들을 선택하고 사용했는지 잘 이해할 수 있을 것이다. 물론 이것은 「고백서」와 교리문답 전체에 다 적용이 된다. 일반 성도들은 대부분 "예수 믿고 구원받았으면 됐다"는 것에 만족할지 모른다. 실제로 그렇게 설교하는 목사들도 적지 않다. 그러나 정말로 구원받은 신자라면 구원받았다는 사실에 안주할 것이 아니라 그 구원이 어떻게 나에게 적용되는지에 대해서 살펴보아야 할 것이다. 구원의 서정이란 내가 어떻게 구원받았는지에 대한 체험적 서술이 아니라 삼위 하나님께서 나를 어떻게 구원하시는가에 대한 찬양과 고백이다. 당연히 「고백서」는 이 구원의 서정을 다룰 때 이성적 논리나 체험의 순서를 따르지 않고 기본적으로 성경의 순서를 따른다.[97]

콜라 신학자들은 이 개념을 사용하여 죄와 은혜를 설명했다. 죄를 짓는 행위를 하면 죄를 짓는 사람은 죄를 짓는 성향을 가지게 된다. 이 성향은 오직 더 나은 습성을 통해서 치료될 수 있는데 그것이 바로 초자연적 습성인 은혜이다.

96 의회가 법으로 통과시킨 법률을 영어로 'Act'라고 한다.

97 Richard A. Muller, *After Calvin: Studies in the Development of a Theological Tradition* (Oxford: Oxford University Press, 2003), 27

제1항 효과 있는 부르심이란?

기본 정의

– 누가? **"하나님께서"**

– 언제? **"정하시고 용납하신 때에."**

– 누구를? **"오직 생명에 이르도록 예정하신 모든 자만을."**

– 무엇으로? **"말씀과 성령으로"**

– 어디로? **"죄와 사망에서... 은혜와 구원으로."**

– 어떻게? **"효과 있게 부르시고,"** **"효과 있게 이끄신다."**

「고백서」에서 다루는 효과 있는 부르심은 구원과 관련된 부르심을 의미한다. 성경에 보면 하나님께서 여러 가지 방식으로 부르시는 장면들이 있다. 예를 들면, 하나님께서는 아담을 부르셨고, 아브라함을 부르셨고, 모세를 부르셨다. 하지만 그것들은 구원과 직접적인 관련이 없다는 점에서 "부르심"이 될 수 없다. 그것들은 그냥 특별한 상황에서 하나님께서 특정 인물들을 특별한 사명을 위해서 부르시는 것뿐이다. 따라서 이런 부르심과 효과 있는 부르심을 구별해서 이해해야 한다.

앞에서 제시한 기본 정의에 따르면 이 부르심을 여러 가지 방식으로 부를 수 있을 것이다. 부르시는 주체를 생각하면 '신적 부르심', 수단을 생각하면 '내적 부르심', 목적을 생각하면 '구원하는 부르심', 대상을 생각하면 '특정 부르심'이라고 부를 수 있을 것이다. 하지만 그와 같은 용어를 사용하지 않고 "효과 있는"이란 용어를 채택한 이유는 이 부르심이 부르심의 본질을 잘 표현하기 때문이다. 효과 있는 부르심이란 효과 없는 부르심이 있다는 말이다. 여기서 말하는 효과는 구원과 관련되어 있으며, 이 효과가 없다고 해서 거짓 부르심은 아니다. 효과 있는 부르심에 대한 「고백서」의 정의에 따르면 다음 사항에 해당하는 부르심은 효과가 없다.

1) 하나님께서 부르시지 않는 것은 효과가 없는 부르심이다. 구원에 효과 있는 부르심은 오직 하나님만이 하실 수 있다.

2) 하나님께서 부르시기 때문에 부르심의 때도 하나님께서 자유롭게 정하신다. 효과 있는 부르심의 때는 인간이 정할 수도 없고, 노력해서 확보할 수 있는 것도 아니다.

3) 효과 있는 부르심의 대상은 오직 선택받은 자들이다. 선택받지 않은 자들도 부르심을 받을 수 있지만 효력은 없다.

4) 효과 있는 부르심의 수단은 말씀과 성령이다. 성령 없이, 말씀만을 통한 부르심은 인간의 마음에 감동만 줄 뿐이다. 성령의 사역이야말로 효과 있는, 혹은 효과 없는 부르심을 결정한다.

5) 효과 있는 부르심의 목적지는 예수 그리스도를 통한 은혜와 구원이다. 예수 그리스도와 관계없는 여러 가지 형태의 구원은 효과 있는 부르심과 관계없다. 병으로부터의 구원, 가난으로부터의 구원, 억압으로부터의 구원이 그런 예들에 속한다.

지성, 마음, 의지

효과 있는 부르심을 정의한 다음 「고백서」는 그것이 구체적으로 어떻게 시행되는지를 설명한다. 효과 있는 부르심이 효과가 있는 이유는 이 부르심이 인간의 지성과 마음과 의지를 변화시키기 때문이다. 구원과 은혜를 받기 위해서는 하나님의 일을 이해해야 하고, 그것을 좋아해야 하고, 그것을 실천하려고 노력해야 한다. 이를 위해서 효과 있는 부르심은 영혼의 각 기능들을 다음과 같이 변화시킨다.

> 1) 지성: **"구원에 이르도록 영적으로 조명한다."**
> 2) 마음: **"돌처럼 굳은 마음을 제거하시고 살처럼 부드러운 마음을 주신다."**
> 3) 의지: **"의지를 새롭게 하신다."**

이 중에서 마지막 항목이 중요한데, 하나님께서는 의지를 새롭게 하실 뿐만 아니라 **"그분의 전능하신 능력으로(by His almighty power)"** 그 의지를 선한 것을 향하도록 정하시고(determining), 예수 그리스도께로 이끄신다(drawing). 하나님께서 전능하신 능력으로 그분께 이끄시면, 부르심을 받은 자들은 **"하나님의 은혜로(by His grace)"** 자유롭게 그분께 나아간다. 효과 있는 부르심에서 하나님의 능력과 하나님의 은혜가 자유 의지의 영역에서 만난다. 우리의 자유 의지는 하나님의 전능하신 능력의 통치 대상이며, 또한 하나님의 은혜의 보호 대상이다.

효과 있는 부르심을 내적 부르심이라고도 하는데 그 이유는 인간의 영혼 깊숙한 곳에 작용하기 때문이다. 반대로 외적 부르심은 영혼을 그냥 스쳐 가기만 할 뿐이다. 말씀을 한 귀로 듣고 한 귀로 흘려버리면 말씀은 어떤 효과도 내지 않는다. 우리는 여기에 대한 대표적인 예를 씨 뿌리는 비유에서 확인할 수 있다. 좋은 밭에 떨어졌다는 것은 "듣고 깨닫는 것"을 의미한다(마 13:23). 이 깨달음을 우리는 성령의 조명이라고 할 수 있을 것이다.

성령은 우리의 지성뿐만 아니라 의지에도 작용하신다. 우리는 "항상 복종하여 두렵고 떨림으로 너희 구원을 이루라"는 말씀을 잘 알고 있다 (빌 2:12). 이 말씀만 따로 보게 되면 우리 스스로의 힘으로 구원을 이룰 수 있다고 생각할 수 있다. 하지만 바로 다음 구절을 보라. "너희 안에서 행하시는 이는 하나님이시니 자기의 기쁘신 뜻을 위하여 너희에게 소원을 두고 행하게 하시나니." 아쉽게도 한글 성경에는 13절 첫 부분에 "왜냐하면"이라는 단어가 생략되어 있다. 즉 12절과 13절은 서로 인과관계로 연결되어 있다. 우리가 구원을 이루기 위해서 노력할 수 있는 이유는 하나님께서 우리 안에서 일하시기 때문이다. "소원을 두고 행하게 한다"는 말은 선명하게 이해가 되지 않는데, 우리 안에서 일하시는 하나님께서 우리로 하여금 하나님의 뜻을 위하여 의지를 갖게 할 뿐 아니라 행하게 하신다는 말이다.

효과 있는(effectual) 부르심 & 불가항력적(irresistible) 은혜

"효과 있는"이란 번역은 이 단어가 가지고 있는 원래의 강력한 의미를 잘 살리지 못하는 단점이 있다. 한국 교회에 보편적으로 정착되어서 사용할 수밖에 없지만, 원래의 의도는 잘 알 필요가 있다. 효과란 어떤 일을 "실제로 확실하게 반드시" 발생하게 하는 힘을 말한다. 하나님의 부르심은 일종의 하나님 말씀이다. 인간의 말은 그냥 말에서 끝나는 경우가 많지만 (즉, 아무 효과가 없지만) 하나님의 말씀은 반드시 그 말씀을 이루신다. 이것을 이사야 선지자는 다음과 같이 설명했다. "내 입에서 나가는 말도 헛되이 내게로 되돌아오지 아니하고 나의 기뻐하는 뜻을 이루며 내가 보낸 일에 형통함이니라"(사 55:11). 여기에 대한 대표적인 예를 창세기 1장에서 보게 된다. 창세기 1장은 "그대로 되니라"라는 표현을 반복함으로써 말씀의 능력을 강조한다.

효과 있는 부르심이란 그 부르심이 반드시 혹은 확실히 어떤 결과를 초래한다는 것을 의미한다. 「고백서」에 따르면 효과 있는 부르심이란 효과 있는 '이끄심'을 포함하는 개념이다. 여기에서 질문이 생긴다. 하나님께서 그와 같이 강력하고 효과 있게 부르실 때, 인간이 그것을 거부할 수 있는가? 만약 그것을 인간이 그것을 거부할 수 있다면 그것을 어떻게 효과 있는 부르심이라고 할 수 있으며, 효과 있는 부르심과 효과 없는 부르심은 사실상 무슨 차이가 있는가? 그와 반대로 인간이 그 부르심을 거부할 수 없다면 인간은 어떻게 자유롭다고 할 수 있는가? 이와 같은 질문들은 도르트 총회에서 개혁주의자들과 아르미니우스주의자들에 의해 치열하게 논의되었는데, 하나님의 부르심은 단지 도덕적 권면에 불과하고 그 부르심에 대한 응답 여부는 자유 의지에 의해서 최종적으로 결정된다는 아르미니우스의 입장이 정죄되었다. 동시에 하나님의 은혜가 불가항력적이라는 입장이 개혁파 교회 안에서 최종적으로 인준되었다(도르트 신경 3/4장 반론 8).

「고백서」는 '불가항력적 은혜'라는 용어를 사용하지 않지만[98] "효과 있는 부르심"이라는 용어를 통해 그것이 의도하는 바는 그대로 이어받았다. '불가항력적 은혜'라는 용어가 인간적인 측면이 강조되었다면, 효과 있는 부르심은 하나님의 측면이 강조되었다고 할 수 있다. 「고백서」에 따르면 이것이 의도하는 바는 분명하다. 효과 있는 부르심은 자유 의지를 손상하는 강압적인 부르심도 아니고 자유 의지에 일임하는 가벼운 부르심도 아니다. 하나님의 부르심은 능력 있는 부르심이고, 단지 효과 있게 부르실 뿐 아니라 효과 있게 그리스도께로 이끄시는 부르심이다. 그때 택자들은 **"지극히 자유롭게 자원하는 마음을 가지고"** 그리스도께 나아간다. 효과 있는 부르심과 자유롭게 따라감은 서로 배타적인 것이 아니라 함께 공존할 수 있다.

제2항 부르심의 원인

왜 누구는 믿고, 누구는 믿지 않는가?

우리 주님께서는 "청함을 받은 자는 많되 택함을 입은 자는 적으니라"(마 22:14)라고 말씀하셨다. 이 말씀을 읽는 자들은 그 이유에 대해서 궁금해할 것이다. 효과 있는 부르심에 대한 「고백서」의 가르침은 "왜 누구는 믿고, 누구는 믿지 않는가?"라는 질문에 좋은 대답을 제시한다. 어떤 이들은 "믿고 안 믿고는 내가 결정하는 것이 아닌가?"라고 반문할 것

---

98 통상적으로 알려진 바와 달리 "불가항력적 은혜"라는 문구는 도르트 신경에도 등장하지 않는다.

이다. 만약 그렇다면 구원은 궁극적으로 하나님이 아니라 인간이 결정할 수밖에 없다. 여기에 대해서 「고백서」는 오직 택자들만 효과 있게 부르시기 때문이라고 답을 한다.

「고백서」의 답은 아직 충분하지 않은 것 같다. 여전히 "왜 하나님은 어떤 사람은 효과적으로 부르시고, 다른 사람은 그렇게 하시지 않는가?"라는 질문이 생기기 때문이다. 여기에 대한 답은 두 가지다. 하나는 긍정적이고 하나는 부정적인 답이다. 첫째, 이 부르심은 하나님의 **"자유롭고 특정적인(free and special)"** 은혜에서 비롯된다.[99] 자유롭다는 말은 하나님께서 은혜를 주실 의무가 없다는 의미이고, 특정적이라는 말은 이 부르심이 일반적이 아니라 특정한 사람들, 즉 택자들을 향한다는 것을 의미한다.[100] 둘째, 부정적인 의미에서, 이 부르심은 하나님께서 인간 속에 미리 무엇인가를 보았기 때문이 아니다. 그 이유는 성령에 의해서 다시 살아나기 전까지 인간은 완전히 수동적이어서 부르심에 응답하거나 그 부르심에서 제시된 은혜들을 받을 수 없기 때문이다.

부르심과 중생

「고백서」에 따르면 구원의 서정에서 중생이 빠져 있는 것이 쉽게 발견된다. 하지만, 정확하게 말하면 중생이라는 용어가 사용되지 않은 것이지 중생의 개념 자체가 없는 것은 아니다. 앞에서 살펴보았지만 「고백서」

---

99 「고백서」에서 아주 빈번하게 사용되는 "free"는 "값없이"와 "자유로운"으로 번역될 수 있어서 주의가 필요하다. 부르심의 원인을 묻는 말에 대한 답이라는 것을 고려해 본다면 "자유로운"으로 번역하는 것이 타당하다. 또한 부르심을 다루는 대교리문답 67문답도 이 해석을 지지한다.
100 Dixhoorn, *Confessing the Faith*, 150.

는 중생을 효과 있는 부르심과 같은 것으로 이해했을 뿐이다. 중생을 부르심과 구분해서 보아야 하는지 아니면 같은 것으로 보아야 하는지에 대해서는 논의할 수 있을 것이다. 오늘날 거의 모든 신학자는 이 둘을 구분해서 보는 경향이 있다. 중생과 부르심을 구별하고 난 이후에 학자들은 자연스럽게 둘 사이의 선후 관계를 따진다.[101] 이 논의가 어느 정도 유익할지 모르지만, 종종 성경의 가르침에서 벗어나기도 한다.

중생을 효과 있는 부르심과 구분 내지 분리한 결과 오늘날 구원의 서정이 너무나 복잡해진 것은 사실이다. 중생을 좁은 의미의 중생과 넓은 의미의 중생으로 나누면 논의는 더욱 복잡해진다. 중생이 실제로 효과 있는 부르심과 분리된 결과 신자들의 질문은 "하나님께서 나를 부르시는가?"에서 "나는 중생했는가?"로 이동했다. 하나님의 사역이 아니라 개인의 체험이 주 관심거리가 되어 버렸다. 이와 같은 경향은 18세기 이후에 지속되어 온 부흥주의의 영향과 무관하다고 할 수 없을 것이다. 특별히 중생을 생명의 씨가 인간의 영혼 속에 심긴 것으로 이해하기 시작하면 은혜를 주입된 습성(habitus)으로 이해하는 로마 교회의 은혜론과 별 차이가 없게 된다. 이와 같은 점에서 중생을 구분하더라도 효과 있는 부르심과 분리하지 않도록 주의할 필요가 있다.[102]

---

101 「고백서」에 따르면(제13장 1항) 중생은 순서에서 부르심 다음에 온다.
102 Michael S. Horton, *Covenant and Salvation* (Louisville: Westminster John Knox Press, 2007, 216-242.

제3항 택함 받은 유아들은?

　제3항은 「고백서」가 사변적인 신학적 작업에 불과하다는 비판이 얼마나 근거 없는가를 확실하게 보여 준다. 산모에게 자기 아들의 구원보다 더 중요한 문제가 있겠는가? 오늘날과 달리 의술이 발달하지 않아서 유아 사망률이 엄청나게 높았던 것을 생각하면 제3항의 문제는 결코 사소한 문제가 아니었다. 「고백서」는 이 문제를 효과 있는 부르심과 관련하여 진지하게 다루었고 교회 전통이나 이성에 근거하지 않고 성경에 근거하여 성도들에게 참된 위안을 주려고 노력했다.

　제3항을 이해하기 전에 17세기 당시 로마 교회가 이 문제를 어떻게 이해하고 있었는지 정리할 필요가 있다. 로마 교회도 원죄의 교리를 받아들였기 때문에 모든 유아는 아담의 죄책을 가지고 태어난다고 믿었다. 그런 유아들이 구원받을 수 있는 유일한 방법은 세례이기 때문에 로마 교회는 유아들에게 최대한 빨리 세례를 주었다. 세례받은 유아는 구원받는 것이 확실하지만 세례받지 않은 아이들은 어떻게 될 것인가? 여기에 대한 로마 교회의 해결책은 성경에서 전혀 근거를 찾을 수 없는 '림보(Limbo)'교리였다. 로마 교회의 교리에 따르면, 이곳은 천국도 아니고 지옥도 아닌 제3의 장소였는데, 천국의 기쁨을 누릴 수는 없지만 자연적인 기쁨을 최고로 느낄 수 있는 곳이다. 이 교리는 최근에 교황청에 의해서 폐지되었다. 17세기 당시 로마 교회 신자들은 자기 자녀에 대해서 그들이 세례를 받았으면 (근거 없는) 위안을 받았고, 그렇지 않았을 때도 상대적 위안을 받았다. 하지만 성경에 근거한 절대적인 위안을 받을 수는 없

었다.

제1항에 따라 효과 있는 부르심이 택한 자들을 반드시 소생시켜서 그리스도께로 이끈다면 택함 받은 유아들의 부르심은 어떻게 설명할 수 있을 것인가? 이 질문이 전제하고 있는 내용은 다음과 같이 요약할 수 있다.

1. 택함 받은 모든 자는 구원받는다.
2. 효과 있는 부르심 외에 구원받을 수 있는 길은 없다.
3. 유아들은 효과 있는 부르심에 응답할 수 없다.

이 세 가지를 동시에 만족시키는 것은 불가능해 보인다. 세 가지 모두 분명한 사실인 것처럼 보인다. 하지만 3번은 좀 더 주의 깊게 살펴볼 필요가 있다. 앞에서 강조했듯이 효과 있는 부르심은 응답을 반드시 요구하지는 않는다. 만약 응답에 따라 부르심의 효과가 결정된다면 효과 있는 부르심 자체가 성립될 수 없을 것이다. 비록 응답이 없더라도 효과 있는 부르심은 택자들의 지, 정, 의를 새롭게 하고 그리스도께로 반드시 인도한다. 따라서 유아들이 부르심에 응답할 수 없어도 부르심의 효과는 발생한다. 이 점에서 성령의 능력이 강조된다. 일반적으로 성령은 말씀과 더불어 역사하시지만 때로는 말씀 없이 **"원하시는 때와 장소와 방법으로"** 역사하실 수 있다. 유아들 역시 그리스도로 말미암아 구원받는다는 사실도 변하지 않는다. 이것이 구체적으로 어떻게 시행될 수 있는지는 오직 성령님만 아시고 인간의 이해를 벗어난다. 같은 원리가 **"말씀의 봉사(설교)에 의해 외적으로 부르심을 받을 수 없는 성인들에게도"** 동일하게 적용된다.

「고백서」에 따르면 세례를 받지 않은 유아들도 선택받았다면 구원받은 것이 확실하다. 이것은 아이를 잃고 절망에 빠진 부모들에게 한없는 위로가 된다. 제3항을 읽은 독자들은 "그 아이가 선택받았는지 안 받았는지 어떻게 알 수 있는가?"라고 질문을 할 것이다. 이 질문에 대해서 「고백서」는 직접적으로 다루지 않는데 도르트 신경을 참조하는 것이 유익하다고 생각한다. 제1장 17조는 다음과 같이 서술한다.

> 하나님의 뜻은 반드시 그분의 말씀을 가지고 판단해야 하는데, 그 말씀은 신자의 자녀가 거룩하되 본성에 의해서가 아니고 부모와 함께 참여하는 은혜언약에 의해서 거룩하다고 선언한다. 그러므로 하나님을 경외하는 부모는 하나님께서 유아기에 이생에서 데려가시는 자녀의 선택과 구원에 관하여 의심하지 않아야 한다.[103]

앞에서 다루었던 은혜언약이 신자의 자녀들을 이해할 때 얼마나 중요한지 도르트 신경을 통해서 잘 알 수 있다.

제4항 선택받지 않은 이들은?

제4항은 선택받지 못한 자들의 구원 가능성을 논의한다.[104] 이 문제에 대한 「고백서」의 입장은 매우 단호하다. 마지막 문장을 보라! "그러므로

---

103 보다 상세한 논의는 다음 책을 참고하라. 고재수, 『세례와 성찬』 (서울: 성약, 2005), "부모들은 확신할 수 있는가? - 도르트 신경 제1장 17조의 배경과 의미," 31-43.
104 이 문제는 이미 제1장 1항에서 다루었으니 참고하라.

그들이 구원받을 수 있다고 단언하고 주장하는 것은 매우 해롭고 가증스러운 일이다." 「고백서」는 비택자의 구원 가능성에 대해서 어떠한 타협도 불허한다. 그 이유는 다음과 같다.

그들은 **"말씀의 사역"**을 통해서 부르심도 받고, **"성령의 일반적인 작용"**을 경험하지만, 그리스도께 진정으로 나아오지 않기 때문이다. 「고백서」가 제시한 증거 본문 중에 마태복음 7장 22절은 주목할 만하다. 문맥은 예수님께서 산상수훈 제일 마지막에서 거짓 선지자들을 분별하는 방법을 교훈하시는 것이다. 그 거짓 선지자들은 "주여, 주여"라고 주님의 이름을 외치는 자들이고, "주의 이름으로" 놀라운 일들을 행하는 자들이다. 그들은 주의 이름으로 예언하고[105], 귀신을 쫓아내고, 많은 권능을 행했지만 정작 예수님의 뜻을 행하지는 않았다. 우리의 예상과 달리 이와 같은 사역들은 아무리 대단하게 보여도 성령의 "일반적인" 사역일 뿐이다. 이 사역들은 예수님과 무관하고 구원과 상관없는 사역이다.

말씀의 봉사와 성령의 일반적 작용을 경험했음에도 불구하고 그리스도께 나아가지 못하는 자들이 본성의 빛과 자신들의 종교의 규례에 따라 열심히 산다고 하더라도 어떻게 구원받을 수 있겠는가? 여기서 「고백서」는 '하물며 논증'을 사용하고 있다. 선택받지 않은 자들의 구원 가능성에 대해서는 베드로 사도의 교훈으로 충분하리라 생각한다. "다른 이로써는 구원을 받을 수 없나니 천하 사람 중에 구원을 받을 만한 다른 이름을 우리에게 주신 일이 없음이라"(행 4:12).

---

105 한글 성경에 "노릇"이라는 말 때문에 거짓 선지자들의 사역을 과소평가하는 경향이 있는데, 원문에는 "노릇"이라는 말이 없음.

제11장 칭의

1항. 하나님께서는 효과 있게 부르신 자들을 또한 값없이 의롭다 하신다.[1) 이는 그들에게 의를 주입하심으로써가 아니라, 그들의 죄를 용서하시고 그들의 인격을 의롭게 간주하시고 용납하심으로써 이루어지며, 그들 안에서 이루어졌거나 그들이 행한 어떤 일 때문이 아니라 오직 그리스도 때문이다. 또한 믿음 자체나 믿는 행위 혹은 다른 어떤 복음적인 순종을 그들의 의로 전가함으로써가 아니라 그리스도의 순종과 만족을 그들에게 전가하심으로써 이루어지며,[2) 그들은 믿음으로 그리스도와 그분의 의를 받아들이고 의지한다. 이 믿음은 그들 자신에게서 난 것이 아니라 하나님의 선물이다.[3)

2항. 이처럼 그리스도와 그분의 의를 받아들이고 의지하게 하는 믿음만이 칭의의 유일한 수단이다.[4) 그러나 믿음은 의롭다 하심을 받은 사람 안에 홀로 있는 것이 아니라 구원에 이르게 하는 다른 모든 은혜와 항상 함께 있으며, 그것은 죽은 믿음이 아니라 사랑으로 역사하는 믿음이다.[5)

3항. 그리스도께서는 당신의 순종하심과 죽으심으로 그와 같이 의롭다 하심을 받은 모든 자의 빚을 모두 갚아 주셨고, 그들을 대신하여 성부 하나님의 공의를 합당하고, 실재적이고, 완전하게 만족시키셨다.[6) 반면에, 성부는 그들 안에 있는 어떤 것 때문이 아니라 값없이 그들을 위해 그리스도를 주셨고,[7] 또한 그들 대신 그리스도의 순종과 만족을 값없이 용납하셨기 때문에[8] 그들의 칭의는 오직 값없는 은혜에서 비롯된 것이다.[9] 이렇게 하신 것은 죄인들의 칭의에서 하나님의 엄정한 공의와 풍성한 은혜가 영광 받도록 하기 위함이다.[10]

4항. 하나님께서는 영원 전부터 모든 택자를 의롭게 하기로 작정하셨고,[11] 그리스도께서는 때가 찼을 때 그들의 죄를 위하여 죽으셨고, 그들의 칭의를 위하여 다시 살아나셨다.[12] 그럼에도 정하신 때에 성령께서 그들에게 그리스도를 실제로 적용하셔야 그들은 의롭다 하심을 받는다.[13]

5항. 하나님께서는 의롭다 하심을 받은 자들의 죄를 계속해서 용서해 주신다.[14] 비록 그들은 칭의의 상태에서 결코 떨어질 수 없지만,[15] 그들의 죄로 인해 하나님의 부성적 노여움 아래 놓일 수는 있다. 그리고 그들이 스스로 겸비하고 죄를 고백하고 용서를 구하고 믿음과 회개를 새롭게 한 이후에야 하나님은 자신의 얼굴 빛을 그들에게 다시 비추신다.[16]

6항. 구약 시대 신자들의 칭의는 이 모든 면에서 신약 시대 신자들의 칭의와 하나이며 동일하다.[17]

---

1) 롬 8:30; 롬 3:24.

2) 롬 4:5-8; 고후 5:19, 21;
   롬 3:22, 24-25, 27-28; 딛 3:5, 7;
   엡 1:7; 렘 23:6; 고전 1:30-31;
   롬 5:17-19.

3) 행 10:43; 갈 2:16; 빌 3:9; 행 13:38-39;
   엡 2:7-8.

4) 요 1:12; 롬 3:28; 롬 5:1.

5) 약 2:17, 22, 26; 갈 5:6.

6) 롬 5:8-10, 19; 딤전 2:5-6;
   히 10:10, 14; 단 9:24, 26;
   사 53:4-6, 10-12.

7) 롬 8:32.

8) 고후 5:21; 마 3:17; 엡 5:2.

9) 롬 3:24; 엡 1:7.

10) 롬 3:26; 엡 2:7.

11) 갈 3:8; 벧전 1:2, 19-20; 롬 8:30.
12) 갈 4:4; 딤전 2:6; 롬 4:25.
13) 골 1:21-22; 갈 2:16; 딛 3:3-7.
14) 마 6:12; 요일 1:7, 9; 요일 2:1-2.
15) 눅 22:32; 요 10:28; 히 10:14.
16) 시 89:31-33; 시 51:7-12; 시 32:5;
　　마 26:75; 고전 11:30, 32; 눅 1:20.
17) 갈 3:9, 13-14; 롬 4:22-24; 히 13:8.

복음에는 하나님의 의가 나타나서 믿음으로 믿음에 이르게 하나니
기록된 바 오직 의인은 믿음으로 말미암아 살리라 함과 같으니라.

(롬 1:17)

서론: 하나님의 의

칭의를 다루기 전에 하나님의 의(iustitia Dei)[106]에 대해서 먼저 간략하게 상고할 필요가 있다. 하나님의 의, 혹은 의로우신 하나님에 대한 이해 없이 칭의를 다루는 것은 불가능하다. "하나님은 자비로우시고, 은혜로우시도다"라는 말은 신자들에게 큰 위로가 될 것이다. 하지만 "하나님은 의로우시다"라는 명제 앞에서 신자들은 어떤 생각을 하게 될까? 아마 신자 대부분은 의로우신 하나님보다는 자비로우신 하나님을 선호할 것이다. 사실 '선호'라는 말 자체는 하나님의 의와 하나님의 은혜가 서로 뭔가 대립한다는 생각을 주기 때문에 문제를 안고 있다.

의로우신 하나님을 과연 우리가 사랑할 수 있을까? 이에 대한 답은 하

106　Alister McGrath, 한성진 역, 『하나님의 칭의론』 (서울: CLC, 2008). 이 책은 하나님의 의에 대한 연구서로는 하나의 고전이 되었다.

나님의 의를 어떻게 볼 것인가와 그분 앞에 내가 어떤 존재로 있는가에 따라 달라질 것이다. 내가 만약 죄인이고 의로우신 하나님은 죄인을 심판하시는 분이라면 "의로우신 하나님"은 복음이 될 수 없다. 만약 열심히 노력해서 죄인에서 벗어나 의인이 될 수 있다면 그나마 희망을 품을 수 있겠지만 그것이 전혀 불가능하다면 하나님의 의는 듣는 이에게 저주와 절망일 뿐이다.

하나님의 의에 대해서 가장 많이 고민한 사람은 종교개혁을 주도했던 마르틴 루터일 것이다.[107] 그는 이전의 신학 전통 속에서 깊이 공부했고 수도회의 규칙에 따라 금욕적인 생활을 하면서 하나님 앞에 의롭게 서기를 희망했다. 하지만 참된 안식을 얻지 못했고, 오히려 하나님의 의를 혐오할 수밖에 없었다. 그러나 시무하고 있었던 비텐베르크 대학에서 로마서를 가르치기 위해 성경을 다시 공부하면서 루터는 복음의 진수를 발견하게 되었다. 그것이 바로 그 유명한 로마서 1장 17절이었다. "복음에는 하나님의 의가 나타났다." 하나님의 의가 복음이라는 사실을 깨달은 후, 루터는 이 관점에서 하나님의 의를 다시 보게 되었다. 하나님의 의는 죄인을 벌하는 의가 아니라 죄인을 의롭게 하는 의라는 것을 확신하게 되었고 루터는 이를 수동적 의(passive righteousness)라고 불렀다.

종교개혁 당시 칭의는 교회를 넘어지게 하거나 세우는 조항[108]이라고

---

107 Martin Luther, *Luther's Works*, vol. 34: Career of the Reformer IV, ed. Helmut T. Lehmann, trans. Lewis W. Spitz, Sr. (Philadelphia, PA: Fortress Press, 1960), pp. 336-337.
108 라틴어 경구는 다음과 같다. "justificatio est articulus stantis et cadentis ecclesiae." 루터가 한 말이라고 알려졌지만 정확한 사료적 근거는 없다. 하지만 이 경구는 칭의에 대한 루터의 의도를 충분히 반영한다는 점에서는 의문이 없다.

알려져 있을 정도로 중요한 교리였다. 100년 뒤에 작성된 「고백서」 역시 루터의 이신칭의 교리를 본질적으로 그대로 이어받고 있다. 물론 100년 동안 칭의에 대한 여러 새로운 사상이 많이 생겨서 「고백서」에서는 더욱 정교하게 체계화될 수밖에 없었다. 이신칭의가 중요한 교리인 것은 분명하지만 「고백서」에서 가장 중요한 위치를 차지하지는 않는다. 요즘에는 이신칭의의 교리를 너무 과소평가하는 경향이 있는데 이것도 바람직하지 않다. 현대는 이신칭의의 올바른 자리매김과 이신칭의에 대한 균형 있는 이해가 필요한 시기이다.

제1항 칭의의 정의

칭의의 대상: **"효과 있게 부르신 자들"**
칭의의 방법: **주입(infusion)이 아니라 전가(imputation)**
칭의의 원인: **그들의 행위가 아니라 오직 그리스도 때문**
전가의 내용: **신자들의 믿음 자체나 순종이 아니라**
　　　　　　그리스도의 순종과 만족
전가의 수단: **하나님의 선물로서 주어지는 믿음으로만**

칭의에 해당하는 영어 단어는 'justification'이다. 이 단어는 라틴어 'iustus(올바르다)'와 'facio(만들다)'의 합성어이다. 이것을 한국어로 일관성 있게 번역하기는 쉽지 않다. 'sanctification'은 '성화'로 번역하고 'glorification'은 '영화'라고 번역하기 때문에 일관성만 따진다면 'justification'은 '의화'라고 번역해야 할 것이다. 이와 같은 이유로 로마 교회는 칭의를 의화라고 번역한다. 동일한 단어를 번역할 때 이렇게 차이가 나는 이유는 '의'와 관련된 신학이 서로 완전히 다르기 때문이다.

'의화'는 죄인을 의인으로 변화시키는 것이라면 '칭의'는 죄인을 의인이라고 판정하는 것이다. 전자는 죄인의 본성이 바뀌는 것이라면, 후자는 상태가 바뀌는 것이다. 칭의는 본질적으로 법정적 용어이다. 칭의가 법정적인 의미를 지닌다는 것은 칭의의 반대말인 정죄를 통해 쉽게 알 수 있다.[109] 어떤 사람을 죄인이라고 선고한다고 해서 그 판결이 그 사람을 죄인으로 만드는 것은 아니다. 정죄는 피고에게 죄를 주입하거나 죄인으로 변화시키지 않는다. 마찬가지로 칭의도 의를 주입하여 죄인을 의인으로 변화시키는 것이 아니다.[110]

신자들은 하나님께서 죄인을 용서하시고 의롭다 칭하시는 것에 대해서 매우 익숙할 것이다. 그러나 만약 어떤 재판관이 누가 보아도 죄인인 사람을 형을 감해 주는 정도가 아니라 아예 죄가 없다고 판단한다면 그 재판관을 과연 제대로 된 재판관이라고 할 수 있겠는가? 죄인을 죄인이라고 하고 의인을 의인이라고 해야 공정한 재판관이라고 할 수 있다. 죄인을 의인이라고 선고하는 것은 하나님께서 거짓말하는 자라는 말과 동의어가 될 수도 있다. 하나님은 전능하신 분이시니까 아무나 의인으로 선고하실 수 있을까? 칭의론은 기본적으로 이런 질문들에 대한 답이다.

하나님께서는 아무나 의인이라고 칭하시지 않는다. 칭의의 대상은 효

---

109 로버트 쇼, 조계광 역, 『웨스트민스터 신앙고백 해설』 (서울: 생명의말씀사, 2014), 255.
110 영화(glorification)도 이와 유사하다고 할 수 있다. 하나님을 영화롭게 한다는 말은 영화롭지 않은 하나님을 더 영화롭게 만든다는 말이 아니라 하나님의 영화로우심을 드러내거나 선포하는 것이다.

과 있게 부르신 자들이다. 그들은 지, 정, 의가 새롭게 되어 하나님의 부르심에 기꺼이 응답하고 그리스도를 따르는 자들이다. 이들에게는 성화가 시작되었다. 그러나 아직 거룩한 자들은 아니기 때문에 여전히 죄인이다. 이와 같은 이유로 「고백서」는 칭의를 효과적인 부르심과는 연결하지만 성화하고는 연결하지 않는다. 「고백서」에 따르면 칭의와 성화는 항상 같이 가지만 둘은 서로 다른 은혜의 범주에 속하며 둘 사이에는 시간적 순서는 물론이고 논리적 순서도 존재하지 않는다. 칼뱅은 이것을 태양의 빛과 열에 비유하면서 아주 쉽게 설명했다.[111]

그렇다면 부르심을 받았지만 여전히 죄인인 자들을 어떻게 정당하게 의롭다 할 수 있을까? 이 질문은 이미 중세 시대에 최고의 신학자라고 할 수 있는 아퀴나스가 다루었던 문제이다. 그는 두 가지 가능성을 제시했는데 하나는 의의 주입(infusion)이고, 다른 하나는 의의 전가(imputation)다.[112] 아리스토텔레스의 영향을 받은 아퀴나스는 칭의의 본질을 "바르게 세워져 가는 운동"으로 보았다. 이 운동은 외부의 초자연적인 은혜가 주입되지 않으면 불가능하기 때문에 아퀴나스는 은혜의 주입에 근거한 의화를 칭의로 이해했고 이것은 로마 교회의 공식적인 입장이 되었다.

이와 같은 로마 교회에 반대하면서 모든 개신교회는 법정적 관점에서 칭의를 이해했다. 따라서 주입이 아니라 전가를 칭의의 방식으로 채택하게 되었다. 이 전가는 두 가지로 구성되는데, 하나는 **"그들의 죄를 용서**

---

111 Calvin, *Institutes*, III. 빛은 칭의와 같이 즉각적인 효과를 내지만, 열은 성화와 마찬가지로 점진적인 효과를 낸다.
112 Aquinas, *Summa Theologiae*, I-II, q. 113.

하는 것"이고 다른 하나는 **"그들의 인격을 의롭게 간주하시고 용납하시는 것"**이다. 부르심은 받은 자들에게도 죄는 여전히 그대로 있다. 칭의는 그 죄를 없애는 것이 아니고 그들의 죄를 사면하는 것이다. 하지만 이것으로 그들을 의롭다 하기에는 부족하다. 그들을 무죄라고 선고할 수는 있지만, 아직 그들을 의인이라고 선고할 수는 없다. 그렇기 때문에 하나님께서 그들을 의인으로 간주하시고 용납하시는 법적 행위가 필요하다. 사면과 용납이 있어야 전가를 통한 칭의가 가능한 것이다.

이신칭의는 "믿음으로써 의롭다 칭하게 되었다"는 뜻인데 의외로 많은 사람이 "믿음 때문에" 의롭다 칭하게 되었다고 생각한다. "때문에"와 "로써"는 비슷한 것 같지만 큰 차이를 가지고 있다. 믿음은 칭의의 수단이지 원인이 아니기 때문이다. 「고백서」는 칭의의 원인과 관련하여 이 점을 매우 강조한다. 칭의의 원인은 **"그들 안에서 이루어졌거나 그들이 행한 어떤 일"**이 아니라 **"오직 그리스도"**이시다. 하나님은 이 원인에 근거해서 전가를 통하여 부르신 자들을 의롭다 하셔서 칭의의 정당성을 확보하신다.

따라서 칭의에서 하나님께서 전가[113]시키시는 것은 그리스도의 "순종과 만족"이다. 하나님께서 선물로 주신 은혜인 **믿음 자체**도 아니고, 그 믿음으로 실제로 **믿는 행위**도 아니고, 믿는 행위를 통한 **순종**도 (그것이 복음에서 온 것이라 하더라도) 칭의와 아무런 인과관계가 없다. 「고백서」는 믿는 행위가 칭의의 근거라고 주장하는 아르미니우스의 입장을 정면으로 거

---

113 전가교리에 대한 상세한 논의는 다음 연구서를 참고하라. 신호섭, 『개혁주의 전가 교리』 (서울: 지평서원, 2016).

부했다.[114] 오직 그리스도께서 유일한 중보자이신 것처럼(제8장) 오직 그리스도의 사역만 칭의의 원인이다. 전가된 그리스도의 순종과 희생 제사에 의해 부르심을 받은 자들의 죄가 용서되고, 또한 그리스도의 의가 그들에게 전가된다.

그리스도의 순종과 희생 제사가 칭의의 유일한 원인이지만 믿음은 칭의의 수단이다. 목마른 사람이 그릇으로 물을 떠서 마시면 갈증이 해소된다고 했을 때, 갈증 해소의 원인은 물이고 그릇은 수단이라는 사실에 비교할 수 있을 것이다. 그릇 자체는 목마름과 아무런 상관이 없고 오히려 해가 된다. 물이 없는데 그릇만 많이 있으면 그것이 갈증 해소에 무슨 도움이 되겠는가? 또한 믿음이 칭의의 수단이 된다는 말은 믿음이 칭의 자체를 받아들이는 도구라는 말이 아니다. 믿음은 그리스도와 그분의 의가 전가되는 유일한 수단이다. 사랑이나 소망도 신자들에게 매우 중요한 영적 덕목이지만 사랑이나 소망을 통해서는 그리스도의 의를 받을 수 없다. 칭의와 전가를 이렇게 이해하면 믿음의 능력을 과대평가할 수 있다. 더 나아가 믿는 주체는 하나님이 아니라 인간이기 때문에 인간의 행위가 강조될 수 있다. 여기에 대한 「고백서」의 답변은 아주 간단하다. **"이 믿음은 그들 자신에게서 난 것이 아니라 하나님의 선물이다."** 마지막 문장은 에베소서 2장 8절을 그대로 인용한 것이다. 따라서 믿음을 통해서 우리가 내세울 수 있는 것은 아무것도 없다.

---

114 칭의에 있어서 믿음의 역할에 대한 아르미니우스주의와 개혁주의의 차이는 다음 연구서를 참조하라. 박재은, 『칭의, 균형 있게 이해하기』 (서울: 부흥과개혁사, 2016), 21-22.

제2항 "오직 믿음이란?": 제한성과 확장성

종교개혁의 중요한 모토 중의 하나가 '오직 믿음'이다. 의외로 적지 않은 신자들이 '오직 믿음'을 잘 이해하지 못하고 있는 것 같다.[115] 오직 믿음을 믿음이 최고라든지, 믿음만 있으면 다른 것은 필요 없다는 식으로 이해하는데, 성경을 조금만 알아도 잘못된 이해임을 금방 알 수 있다. 사도 바울은 은사를 다루면서 다음과 같이 결론을 내린다. "그런즉 믿음, 소망, 사랑, 이 세 가지는 항상 있을 것인데 그중의 제일은 사랑이라"(고전 13:13)! '오직 성경'이 다른 책은 필요 없다는 말이 아니고, '오직 그리스도'가 다른 직분자는 필요 없다는 말이 아니듯이, 오직 믿음도 다른 은혜의 덕목들(사랑이나 지혜)이 필요 없다는 말이 아니다.

제2항은 1항의 내용을 반복하면서 '오직 믿음'을 다음과 같이 설명한다. "그리스도와 그분의 의를 받아들이고 의지하게 하는 믿음만이 칭의의 유일한 수단이다." 반면 의의 주입을 칭의로 보는 로마 교회는 믿음뿐만 아니라 믿음에서 나온 행위도 칭의를 실현하는 중요한 수단이 된다. 따라서 '오직 믿음'은 로마 교회의 칭의 교리를 쉽게 반박하기 위해 생긴 문구이며, 이런 이유로 '오직 믿음'은 칭의론의 관점에서 제한적으로 이해되어야 한다.

칭의를 벗어나면 믿음은 더 이상 '오직 믿음'이 아니다. 죄인이 오직 믿음으로 의롭다 함을 받을 때 그 사람에게는 믿음만 존재하지 않는다.

---

115 이성호, 『성도생활백과』, "도대체 오직 믿음이 무엇인가요?", 32-35.

그 사람 안에는 모든 구원의 은혜들(양자, 성화, 중생 등)이 믿음과 함께 존재한다. 특히 그 믿음은 사랑과 함께 역사하며 이를 통해 많은 열매를 맺는다. 따라서 칭의의 믿음은 죽은 믿음이 아니라 살아 있는 믿음이며, 이 살아 있는 믿음은 행함을 일으킨다(약 2:26). 믿음과 행함의 관계는 제14장과 제16장에서 아주 상세하게 다루어질 것이다. 한 가지만 다시 강조해서 언급하면, 오직 믿음에서 말하는 믿음은 "행함을 일으키는 믿음"이라는 사실이다.[116]

제3항 칭의의 목적: "엄정한 공의" & "풍성한 은혜"

칭의의 목적은 하나님의 엄정한(exact) 공의와 풍성한(rich) 은혜가 동시에 영광 받기 위해서이다. 엄정한 공의와 풍성한 은혜는 서로 조화롭게 양립하기가 쉽지 않아 보인다. 이는 사람에게 확실히 드러난다. 한없이 자비로우면서 '동시에' 엄정한 공의를 실천할 수 있겠는가? 철저하게 공의를 따지는 사람이 동시에 긍휼의 마음으로 자기에게 죄를 범한 사람을 대할 수 있겠는가? 이것은 불완전한 인간에게는 불가능한 일이다. 하지만 완전히 공의로우시면서 동시에 완전히 은혜로우신 하나님에게는 이것이 가능한데, 특히 칭의의 사역에서 그러하다.

「고백서」는 하나님의 엄정한 공의를 강조하기 위해 빚이라는 개념을 사용한다. 아무리 많이 갚아도 단 1원이라도 갚지 않으면 그것은 영원히

---

116 이성호, "'오직 믿음(sola fide)'에서 말하는 믿음이란 무엇인가?"「한국개혁신학」 35 (2012): 209-232.

빚으로 남게 된다. 의롭다 하신 모든 자는 하나님께 빚을 지고 있다. 하나님께 순종해야 하는데 할 수 없어서 빚이 있고, 순종하지 못했을 때 벌을 받아야 하는데 벌을 다 감당할 수 없어서 빚이 있다. 감사하게도 그리스도께서는 자신의 "순종과 죽음"으로 우리를 대신하여 빚을 남김없이 다 갚으셨고, 이를 통해 하나님의 엄정한 공의가 시행되었다.

그리스도께서는 또한 하나님께서 의롭다 하신 자들을 "대신하여" 하나님의 공의를 완전히 만족시켰다. 여기서 만족(satisfaction)이란 보상을 의미한다. 죄로 인한 손상에 대해서 보상함으로 하나님의 공의를 만족시키는 것을 말하는데 전문적인 용어로 속상(贖償)이라고 한다. 「고백서」는 이 속상이 **"합당하고(proper), 실재적이고(real), 완전한(full)"** 것이라고 설명한다. 이것은 그리스도의 죽음을 하나님의 공의에 대한 만족이 아니라 단지 하나님의 자비하심을 구하는 봉헌으로 보는 소시니우스주의자들을 겨냥한 것이다. 그들은 그리스도의 죽음을 공의에 대한 보상으로 보는 것이 합당하지 않다고 생각했다. 또한 보상을 실재적이 아니라 비유적인 용어로 보았고 완전한 보상이 될 수도 없다고 생각했다. 그들의 교리에 따르면, 보상 없이 하나님께서 죄인을 그냥 용서하셔도 하나님의 공의에 아무런 문제가 없었기 때문에 공의의 만족 자체가 불필요한 개념이었다.

이상에서 살펴본 바와 같이 그리스도의 사역을 통하여 하나님은 자신의 공의를 한 치의 모자람도 없이 엄정하게 시행하셨다. 하지만 그러면서도 동시에 하나님은 자신의 풍성한 은혜를 드러내신다. 성부는 그리스도를 그들을 **"위해"** 값없이 주셨을 뿐 아니라 그들을 **"대신한"**[117] 그리스도의 순종과 희생 제사를 값없이 용납하셨다. 그들 안에는 하나님께서 그렇게 하실 어떤 이유도 없었다. 따라서 칭의는 오직 값없는 은혜에서 비롯된다. 이 값없는 칭의를 통해 하나님의 엄정한 공의와 풍성한 은혜가 동시에 영광을 받게 된다.

칭의를 공부하는 이들은 종종 이런 질문을 한다. "예수님을 믿으므로 의롭게 되었다는 성경의 말씀을 그냥 단순하게 믿으면 되지 않는가? 왜 종교개혁가들은 칭의에 대해서 그토록 치열하게 논쟁했는가?" 우리는 제3항에서 그 이유를 찾을 수 있다. 그것은 바로 하나님의 영광이 조금이라도 손상당해서는 안 된다고 생각했기 때문이었다. 로마 교회는 은혜의 주입이라는 교리를 통하여 칭의의 근거를 인간 안에서 찾았기 때문에 하나님의 은혜를 심각하게 손상했다. 반대로 소시니우스주의는 칭의에서 그리스도의 대속적 형벌을 부인함으로 하나님의 공의를 완전히 무시했다. 이신칭의의 교리를 하나님의 은혜의 측면에서만 이해하는 경우가 많은데, 「고백서」는 하나님의 공의도 균형 있게 바라보아야 한다는 것을 제11장 3항으로 잘 가르쳐 준다.

제4항 칭의의 시점: 영원 전, 때가 찼을 때, 정하신 때

칭의가 하나님의 법정적 행위라고 한다면 하나님은 언제 택한 자들을

---

117 소시니우스주의자들은 예수님의 사역이 우리를 위한 사역이었다는 것은 인정하지만 우리를 대신해서 형벌을 받았다는 교리는 이성적으로 수용할 수 없다고 보았다.

의롭다 하시는가? 「고백서」가 이 문제를 다루었던 이유는 그 당시 이와 관련된 중요한 오류가 있었기 때문이다. 통상 반율법주의자 혹은 율법폐기론자로 불리는 이들은 소위 '영원 칭의'라는 개념을 사용하여 칭의가 이미 영원 전에 다 이루어졌다고 주장했고, 또 어떤 이들은 예수님께서 십자가에서 공의를 다 만족시켰을 때 칭의가 이루어졌다고 주장했다.[118] 시점이 차이가 있지만 믿음 이전, 혹은 믿음과 상관없이 칭의가 이미 완성되었다고 주장하는 점에서 공통점을 가지고 있었다. 특히 영원 칭의는 칭의에 대한 하나님의 작정이 갖는 '영원성'과 칭의 그 자체가 갖는 '시간성'을 혼동함으로, 이 관점이 말하는 칭의에서 하나님의 주권과 인간의 역할이 균형을 잃게 되었다.[119]

「고백서」는 칭의의 시점에 대해서 다음과 같이 정리했다. **"영원 전에 (from all eternity)"** 하나님은 택자에 대한 칭의를 작정하셨고, **"때가 찼을 때 (in the fullness of time)"** 그리스도께서 그들의 죄를 위해 죽으시고 칭의를 위해 다시 살아나셨으나, 성령께서 **"정하신 때(in due time)"**에 그리스도를 적용하셔야 그들이 의롭다 하심을 받는다. 이것은 칭의에서 삼위일체의 사역이 얼마나 중요한지를 보여 준다. 성부께서 시작하시고 성자께서 성취하신 일을 성령께서 택자들에게 적용하신다는 사실이 칭의에서 아주 분명하게 드러난다.

---

118 17세기의 영원 칭의에 대해서는 다음 연구서를 참고하라. Hans Boersma, *Hot Pepper Corn: Richard Baxter's Doctrine of Justification in Its Seventeenth-Century Context of Controversy* (Vancouver: Regent College Publishing, 2003), 66-135.
119 박재은, 『칭의 균형 있게 이해하기』, 45-46.

제5항 칭의 안에서의 죄 문제

바울 사도는 칭의의 복음을 다음과 같이 분명하게 선포했다. "그러므로 이제 그리스도 예수 안에 있는 자에게는 결코 정죄함이 없나니 이는 그리스도 예수 안에 있는 생명의 성령의 법이 죄와 사망의 법에서 너를 해방하였음이라"(롬 8:1-2). 그렇다면 예수 안에 있는 자들이 여전히 죄를 짓고 있다는 사실과 더 이상 정죄가 없다는 칭의의 복음을 어떻게 조화시킬 수 있겠는가? 신자들이 짓는 죄는 실제로는 죄가 아닌가, 만약 죄라면 칭의의 은혜가 취소될 수 있는가?

칭의가 취소될 수 있는지에 대한 「고백서」의 답은 아주 분명하다. 칭의의 은혜는 지속되기 때문에 **결코 칭의의 상태에서 떨어질 수 없다.** 일반적으로 보았을 때 무죄를 선언 받았더라도 죄를 지으면 다시 재판을 통해 유죄를 선언 받는다. 하지만 예수님의 희생 제사는 미래의 죄를 포함해서 택자들의 모든 죄(미래의 죄)를 대속하는 것이기 때문에 믿음으로 의롭다 함을 받은 자들에게는 더 이상 정죄가 없다. 칭의가 유보될 수 있다든지, 구원받을 때의 칭의와 심판받을 때의 칭의가 서로 다르다는 생각은 「고백서」의 가르침에서 벗어난다.

구원받은 죄인들에게 칭의의 은혜가 취소될 수 없다는 사실보다 큰 복음이 있을 수 있겠는가? 하지만 이와 같은 교리도 얼마든지 잘못 사용될 수 있다. 칭의 교리는 신자들이 무슨 일을 해도 괜찮다는 의미가 결코 아니다. 신자들이 짓는 죄는 여전히 하나님을 노엽게 할 수 있고 우리를 향한 하나님의 얼굴 빛을 거둘 수 있다. 하지만 그 노여움은 **부성적 노**

여움"이다. 즉, 죄인을 향한 재판관의 진노가 아니라 아들에 대한 아버지의 노여움이다. 아버지는 아들이 죄를 지었을 때 훈계와 권징은 시행하지만 재판을 통해서 처벌하지는 않는다.

아버지로서 하나님은 아들인 신자들이 죄를 고백하고 용서를 구하고 **"믿음과 회개"**를 새롭게 하면 노여움을 푸시고 그들에 대한 호의를 회복하신다. 「고백서」에 따르면 믿음과 회개는 칭의의 맥락에서 아버지와 아들의 관계 속에서 이해되고 있음을 보게 된다. 믿음은 칭의를 위해서만 필요한 것이 아니라 손상된 부자 관계의 회복을 위해서도 필요하다. 이 아들 됨에 대해서는 바로 이어지는 12장에서 별도로 다루어진다. 이신칭의가 성도들로 하여금 도덕적 나태에 빠지게 한다는 것은 근거가 전혀 없는 설에 불과하다. 물론 그렇게 될 수도 있지만 그것은 교리를 잘못 배우거나 잘못 적용했기 때문이다. 신자들은 자신들이 결코 정죄 받지 않을 것이라는 사실에 안주하면서, 하나님께서 자신들의 죄에 대하여 노여워하시거나 자신들에게 얼굴 빛을 거두시는 것을 결코 가볍게 여기지 않을 것이다.

제6항 칭의의 일관성: 구약과 신약

그리스도의 속량 사역이 구약과 신약 모두에서 완전히 동일하듯이, 성령의 적용인 칭의 사역 역시 구약과 신약 모두에서 본질적으로 동일하다. 이곳에서 간단하게 한 번 더 강조한 이유는 칭의에서 구약과 신약의 통일성을 부정하는 소시니우스주의자들을 정죄하기 위함이다. 소시니우스주의자들은 신약의 신자들은 그리스도에 대한 믿음으로 죄 사함을 받지만, 구약의 신자들은 막연히 (그리스도와 상관없이) 하나님의 약속에 대한 믿음으로 구원받는다고 주장했다. 그들은 또한 구약의 희생 제사들이 그리스도와 상관없이 그 자체가 부분적이지만 구약 백성들의 죄를 사한다고 주장했다.

성경을 읽다 보면 과연 구약 백성들이 그리스도를 정말로 믿었을까 하는 생각이 들 때가 있다. 여기에 대해 바울 사도는 성경(구약)을 가지고 칭의의 일관성을 증명한다. "성경이 무엇을 말하느냐? 아브라함이 하나님을 믿으매 그것이 그에게 의로 여겨진 바 되었느니라"(롬 4:3). 아브라함의 예는 구약 성도들도 믿음으로 의롭다 함을 받았다는 것이 확실하다는 것을 보여 준다. 아마 소시니우스주의자들은 그 믿음이 하나님에 대한 믿음이지 그리스도에 대한 믿음은 아니라고 주장할 것이다. 그러나 히브리서 11장에 따르면 아브라함이 이삭을 제물로 드린 이유는 단지 하나님을 사랑하여 헌신한 것이 아니라, 약속의 씨가 죽더라도 살아날 것이라는 믿음을 가졌기 때문이다(17-19절).

칭의의 일관성이라는 관점에서 로마서 1장 17절도 언급할 필요가 있다. "복음에는 하나님의 의가 나타나서 **믿음으로 믿음에** 이르게 하나니, 기록된 바 오직 의인은 믿음으로 말미암아 살리라 함과 같으니라." 많은 이가 "믿음으로 믿음에"를 해석하면서 앞의 믿음과 뒤의 믿음을 구분하는 경향을 보인다. 특별히 "이르게 하나니"라는 표현을 보면, 그와 같은 해석이 타당한 것처럼 보인다. 하지만 "이르게 하나니"라는 구절 자체가 원문에 없고 번역을 위해 어쩔 수 없이 첨가된 것이다. 이와 같은 이유로 어떤 성경 번역은 이 문구를 작은 글자로 표현해서 원문에 없다는 것을 표시하기도 한다. 문제는 현재의 성경 번역은 두 믿음이 뭔가 다르다는 오해를 줄 수 있다는 것이다. 바울 사도가 인용한 것은 유명한 하박국 2장 4절이다. 바울 사도가 의도한 바는 의인(모든 신자)은 항상 처음부터 끝까지 믿음으로 산다는 것이다.[120] 아브라함도 믿음으로, 하박국도 믿음으로, 오늘날 우리도 믿음으로 의롭다 함을 받는다는 것이 로마서가 전달하고자 하는 핵심 메시지이다.

---

120 변종길,『로마서』(서울: 총회출판국, 2014), 46.

제12장 양자 됨

1항. 하나님은 의롭다 하신 모든 자를 유일하신 아들 예수 그리스도 안에서 그리고 그분 때문에 양자 됨의 은혜에 참여하는 자들이 되게 하신다.[1] 이로 말미암아 그들은 하나님의 자녀의 수에 들고, 자녀로서 자유와 특권을 누리고,[2] 하나님의 이름을 부여받고,[3] 양자의 영을 받고,[4] 은혜의 보좌 앞에 담대히 나아가고,[5] '아빠 아버지'라고 부를 수 있고,[6] 긍휼히 여김과[7] 보호와[8] 부양을 받는다.[9] 비록 이 땅의 아버지에게 받듯이 하나님께 징계를 받기도 하지만[10] 결코 버림받지 않으며,[11] 오히려 속량의 날까지 인치심을 받아[12] 영원한 구원의 상속자로서[14] 약속들을 유업으로 받는다.[13]

---

1) 엡 1:5.

2) 갈 4:4-5; 롬 8:17; 요 1:12.

3) 렘 14:9; 고후 6:18; 계 3:12.

4) 롬 8:15.

5) 엡 3:12; 롬 5:2.

6) 갈 4:6.

7) 시 103:13.

8) 잠 14:26.

9) 마 6:30, 32; 벧전 5:7.

10) 히 12:6.

11) 애 3:31.

12) 엡 4:30.

13) 히 6:12.

14) 벧전 1:3-4; 히 1:14.

영접하는 자 곧 그 이름을 믿는 자들에게는

하나님의 자녀가 되는 권세를 주셨으니

이는 혈통으로나 육정으로나 사람의 뜻으로 나지 아니하고

오직 하나님께로부터 난 자들이니라.

(요 1:12-13)

서론: 양자 됨 교리의 자리매김[121]

하나님의 은혜의 행위로서 '양자 됨'은 교회 역사 속에서 상당히 무시
당한 교리라고 할 수 있다. 물론 양자 됨이 교회 안에서 여러 방식으로
성도들에게 전달된 것은 사실이다. 목사들은 이 주제에 대해서 강의나
설교를 하기도 하고, 성도들은 기도 시간에 '하나님 아버지'를 부르면서
양자 됨을 확인하고 경험한다. 하지만 "우리는 하나님의 자녀입니다"라
는 말은 상투적인 표현으로 들리는 것이 사실이다. 특히 양자 됨이 칭의
나 중생과 같이 중요한 위치를 차지하고 있지 않기 때문에 양자 됨의 교
리가 다른 구원의 서정과 어떤 관계를 맺는지 파악하기가 쉽지 않다.

양자 됨 교리는 교회 역사상 웨스트민스터 신앙고백과 교리문답에 처
음으로 독립적인 주제로 다루어졌다.[122] 「고백서」의 영향을 받은 사보이

---

121 '양자 됨' 교리는 다른 주제에 비해서 연구가 많이 되지 않았다. 이 교리의 중요성에 대해서는
다음 논문을 참고하라. Joel R. Beeke, "삶을 변화시키는 능력과 위로: 입양 교리에 대한 청교
도의 이해," in ed. 안토니 T. 셀바지오, 『단번에 주신 믿음: 웨스트민스터 총회의 유산』 김은
득 역, (서울: P&R, 2007), 123-199.

122 Tim J. R. Trumper, "The Theological History of Adoption I: An Account," *Scottish Bulletin of Evangelical Theology* 20 (2002): 8.

선언이나 런던 침례교회 신앙고백 역시 양자 됨의 교리를 그대로 이어받고 있다. 양자 됨 교리와 관련하여 「고백서」의 가장 큰 공헌은 이 주제가 독립적인 구원의 서정으로 다루어졌다는 것이다. 이로써 적어도 「고백서」를 공부하는 이들은 이 주제가 상당히 중요하다는 것을 쉽게 인식할 수 있을 것이다.

「고백서」에 따라 칭의와 양자 됨을 이렇게 생각할 수 있을 것이다. 의로운 재판관이신 하나님은 어떤 원수를 오로지 자신의 자비함에 따라 용서했을 뿐 아니라 자기 아들로 입양하셨다. 여기에 대한 가장 대표적인 예를 다윗에게서 찾아볼 수 있다. 다윗은 자신의 왕위를 심각하게 위협할 수도 있는 므비보셋을 요나단과 맺은 언약 때문에 자기 상에서 먹고 마시게 했다.[123] 단순히 무죄 선언을 받아서 의인이라고 선고받는 칭의도 중요하지만, 입양을 통해 아들이 되는 것도 그에 못지않게 중요하다.

제12장의 특징은 매우 짧고 간단하다는 것이다. 신앙고백서에서 유일하게 단 한 항목으로 구성되어 있다. 물론 간단하다는 것이 중요하지 않다는 것을 의미하지는 않는다. 이 주제가 상대적으로 다른 주제에 비해서 논의가 덜 되었다는 것을 의미할 뿐이다. 실제로 정리된 내용을 보면 중요한 성경 구절에 거의 의존했다고 볼 수 있다. 따라서 「고백서」는 양자 됨을 성도들에게 가르칠 때 중요한 안내서가 될 수 있다.

---

123 삼하 9:13. 이와 유사하게 손양원 목사는 자기 아들을 둘이나 죽인 자를 하나님의 사랑 때문에 용서했을 뿐 아니라 자기의 아들로 입양했다. 하지만 손 목사는 다윗과 같이 재판장(왕)이 아니기 때문에 비유가 완전히 일치하지는 않는다.

해설

칭의와 양자 됨. 양자 됨의 대상은 **"의롭다 하신 모든 자"**이다. 「고백서」의 순서에서 양자 됨은 칭의의 뒤를 따른다. 칭의와 양자의 관계에 관해 개혁주의자들 사이에 일치된 견해는 없었다. 주로 양자를 칭의의 한 부분으로 이해했지만, 양자를 칭의 다음에 오는 독립적인 은혜로 보는 사람도 적지 않았다.[124] 심지어 에드워드 레이(Edward Leigh)와 같은 사람들은 양자가 칭의 앞에 온다고 생각하기도 했다. 그 이유는 믿음으로 연합하자마자 하나님의 자녀가 된다고 생각했기 때문이다.

"그의 유일하신 아들 예수 그리스도 안에서/아들 때문에" 양자 됨의 은혜는 그의 유일하신 아들 안에서/아들 때문에 의롭다 함을 받은 자들에게 수여된다. 매 주일 우리가 사도신경에서 "나는 그의 유일하신 아들 예수 그리스도를 믿습니다"라고 고백할 때, 이는 단지 예수님이 하나님의 아들이라는 객관적인 사실을 고백하는 것이 아니라, 나도 그분 안에서, 그분 때문에 하나님의 아들로 입양되었다는 것을 고백하는 것이다. 이에 대해 하이델베르크 교리문답 33문답은 핵심을 잘 정리하고 있다.

> **문:** "우리도 하나님의 자녀인데, 왜 그리스도만 하나님의 유일하신 아들이라고 부릅니까?"
>
> **답:** "오직 그리스도께서만 하나님의 영원하신 참 아들이시기 때문입니다. 우리는 그리스도로 말미암아 은혜로 **입양된** 하나님의 자녀입

---

[124] 페스코, 『웨스트민스터 신앙고백서』, 298-299.

니다."

"하나님의 자녀의 수에 들어감" 이제 하나님의 가족의 일원이 되었다. 양자 됨을 통하여 교제의 범위가 훨씬 넓어진다. 양자 됨 교리는 교회론의 토대라고 할 수 있다. 나 혼자 하나님의 아들이 된 것이 아니라 다른 아들과 함께 하나님의 아들이 되었다는 것이 양자 됨 교리에서 매우 중요하다.

자녀의 자유와 특권을 누림

1) 양자의 영(롬 8:15) 양자 됨의 교리에서도 삼위일체 교리의 중요성이 드러난다. 양자는 유일하신 아들과 양자의 영 때문에 받게 되는 은혜이다. 양자의 영의 반대말은 "두려워하는 종의 영"이다. 양자의 영은 특별히 우리가 하나님의 자녀라는 것을 증거하기 때문에 구원의 확신을 위해서 매우 중요한 역할을 한다(제18장 2항).

2) "은혜의 보좌" 신자들은 더 이상 두려워하지 않고 하나님께 담대히 나아갈 수 있게 되었다. 이 보좌는 지성소 안에 있는 자비의 자리(속죄소: mercy seat)를 의미하는데 이제 우리가 예수 그리스도로 말미암아 하나님의 아들이 되었기 때문에 담대히 그 자리에 나아가서 "아빠, 아버지"라고 부를 수 있게 되었다. 아버지라고 부르며 기도할 때 우리는 아버지로부터 긍휼히 여김과 보호와 부양을 받는다.

3) 그의 이름을 부여받고 이 부분을 처음 접하는 독자는 그의 이름과

양자 됨이 어떻게 연결되는지 이해하기가 쉽지 않을 것이다. 단순히 아버지의 이름을 받았으니 아들이 되었다고 쉽게 해석할 수 있지만 좀 더 상세한 연구가 필요하다. 이 부분에 대한 증거 구절은 세 개다. 예레미야 14장 9절, 고린도후서 6장 18절, 요한계시록 3장 12절. 이 세 구절을 종합해서 정리하면 다음과 같다. **"그의 이름을 두는 것"**은 구약에서 성전을 가리키는 전문적인 표현이다. 신약에서는 하나님의 이름을 부여받은 성도들이 성전이다. 그런데 바울 사도는 고린도후서에서 우리가 살아 있는 하나님의 성전이라고 선언하고 나서 그 근거를 "나는 그들의 하나님이 되고, 그들은 나의 백성이 되리라"와 "나는 너희에게 아버지가 되고 너희는 내게 자녀가 되리라"는 말씀에 두고 있다. 성전이 하나님과 언약 백성이 함께 교제하는 것을 상징한다면 우리가 하나님의 성전이라는 사실과 우리가 하나님의 아들이 된다는 사실이 서로 연결된다는 것을 잘 이해할 수 있을 것이다. 이것을 통해 우리는 「고백서」의 작성자들이 얼마나 성경을 깊고 풍성하게 알고 있었는지를 거듭 확인하게 된다.

4) "징계를 받지만" (부성적 권징) 우리는 제11장 5항에서 "부성적 노여움"에 대해서 배웠다. 이것은 양자 됨에서 한 번 더 강조된다. 종은 처벌을 받지만 아들은 징계를 받는다. 아버지가 아들을 징계하지 않으면 참된 아버지라고 할 수 없다. 히브리서 기자는 다음과 같이 권면한다. "하나님이 아들과 같이 너희를 대우하시나니 어찌 아버지가 징계하지 않는 아들이 있으리요? 징계는 다 받는 것이거늘 너희에게 없으면 사생자요 친아들이 아니니라"(히 12:7-8). 양자 됨의 교리는 신자들을 결코 방탕의 삶으로 인도하지 않는다. 히브리서 기자는 계속 이어서 다음과 같이 말

한다. "우리 육신의 아버지가 우리를 징계하여도 공경하였거든 하물며 모든 영의 아버지께 더욱 복종하며 살려 하지 않겠느냐? 그들은 잠시 자기의 뜻대로 우리를 징계하였거니와 오직 하나님은 우리의 유익을 위하여 그의 거룩하심에 참여하게 하시느니라"(9-10).

5) **"결코 버림받지 않음"** 하나님의 징계는 때로 매우 가혹하기도 하다. 하지만 하나님께서는 우리를 결코 버리시지 않는다. 우리는 이 사실을 십자가에서 우리 대신 버림받으신(막 15:34) 아들 예수님을 통해 확신할 수 있다. 칭의도 취소될 수 없지만, 양자 됨은 더욱 취소될 수 없다. 파양이 인간에게는 가능하지만, 하나님께는 불가능하다.

제13장 성화

1항. 효과 있는 부르심을 받고 중생한 자들은 새 마음과 새 영이 자신들 안에 창조되었기 때문에 그리스도의 죽음과 부활의 능력을 통하여[1] 그리고 그분의 말씀과 내주하시는 성령에 의해[2] 실재적으로 그리고 인격적으로 더욱 성화된다. 온몸에 대한 죄의 지배가 종식되고[3] 그 몸의 여러 정욕이 점점 더 약화되어 죽게 되지만,[4] 성화된 이들은 구원하는 모든 은혜 가운데서 점점 더 살아나고 힘을 얻어[5] 참된 거룩함을 실천하게 되는데, 이 거룩함이 없이는 아무도 주님을 보지 못할 것이다.[6]

2항. 이 성화는 전인(全人)의 모든 부분에서 이루어지지만[7] 각 지체에 부패의 잔재가 여전히 조금씩 남아 있어서 이생에서는 불완전하다.[8] 이로 인해 화해할 수 없는 전쟁이 끊임없이 일어나는데, 육체의 소욕은 성령을 거스르고 성령의 소욕은 육체를 거스른다.[9]

3항. 이 전쟁에서 남아 있는 부패가 잠시 동안은 상당히 우세할 수도 있지만,[10] 거룩하게 하시는 그리스도의 성령으로부터 끊임없이 공급되는 힘 덕분에 중생한 부분이 이긴다.[11] 이와 같이 성도들은 하나님을 두려워하는 가운데 거룩함을 온전히 이루면서 은혜 안에서 성장한다.[12][13]

1) 고전 6:11; 행 20:32; 빌 3:10; 롬 6:5-6.

2) 요 17:17; 엡 5:26; 살후 2:13.

3) 롬 6:6, 14.

4) 갈 5:24; 롬 8:13.

5) 골 1:11; 엡 3:16-19.

6) 고후 7:1; 히 12:14.

7) 살전 5:23.

8) 요일 1:10; 롬 7:18, 23; 빌 3:12.

9) 갈 5:17; 벧전 2:11.

10) 롬 7:23.

11) 롬 6:14; 요일 5:4; 엡 4:15-16.

12) 벧후 3:18; 고후 3:18.

13) 고후 7:1.

모든 사람과 더불어 화평함과 거룩함을 따르라
이것이 없이는 아무도 주를 보지 못하리라.

(히 12:14)

서론: 거룩 실종

현대 교회는 세속화로 인해 거룩이 실종되었다. 교회 안에는 거룩이 보이지 않고 거룩의 향기가 나지 않는다. 입으로는 '거룩한' 교회를 믿는다고 고백하면서 행위로는 '거대한' 교회를 추구하고 있다. 교회에서 진행되는 모든 프로그램을 보면 그 목적이 교회의 거룩이 아니라 교회의 성장이라는 것을 쉽게 알 수 있다. 교회는 세상의 빛과 소금이 되기보다는 점점 세상을 닮아가고 있으며, 요즘에는 아예 세상이 교회 안에 들어와서 주인 노릇을 하기도 한다. 대표적인 예로 직분자 선거는 세상 선거와 다를 바가 하나도 없다. 종교개혁의 정신을 따라 이제는 실종된 거룩을 되찾아야 한다.

거룩에 관심이 많다고 해서 교회가 거룩해지는 것은 아니다. 교회 역사 속에는 거짓된 거룩도 많이 존재했다. 로마 교회는 교회의 거룩함을 외적인 요소, 특히 성례에서 찾았다. 명칭만 보면 로마 교회 안에는 거룩이 많이 존재한다. '성인'들도 많고, 그레고리안 '성가'도 있고, '성가대'도 화려하고, '성례'도 일곱 가지나 되고, '성일'이나 절기도 있다. 그들은 교회당을 '성당'이라고 부르고 교회에서 봉사하는 자들을 '성직자'라고 부르기도 한다. 종교개혁은 이와 같은 거짓 거룩들을 참된 거룩에서 제거했고 하나님의 말씀에 따른 거룩을 회복하려고 노력했다.

거룩을 회복하기 위해서 잊지 말아야 할 것은 우리가 섬기는 하나님이 지극히 거룩한 분이시라는 사실이다. "내가 거룩하니 너희도 거룩할지어다"(레 11:45). 우리는 제2장 2항을 통해 하나님의 거룩하심에 대하여 「고백서」의 가르침을 이미 배웠다. 거룩은 설명이 필요 없을 정도로 성경에서 강조되어 있다. 가장 신실했던 하나님의 종 모세가 가나안 땅에 들어가지 못한 이유는 바로 하나님의 거룩함을 나타내지 않았기 때문이다(민 20:12). 거룩은 하나님께서 당신의 백성을 택하신 목적이다(엡 1:4).

성화(sanctification)는 '거룩하게 하심'이다. 성화에 대한 이 정의는 성화를 이해하는 데 매우 중요하다. 칭의와 마찬가지로 성화도 전적으로 하나님의 사역이다. 거룩하신 하나님이 칭의의 은혜를 받은 죄인을 거룩하게 하시는 사역이 바로 성화다. 성화는 내가 노력해서 이루는 목표물이 아니다. 칭의와 마찬가지로 성화도 복음이라고 하지 않을 수 없다. 이 성화는 특별히 '거룩한 영'이신 성령의 사역이다. 성령의 사역 중에 가장 중요한 사역이 성화이며, 거룩이 실종된 현대 교회에서 가장 필요한 것이 바로 성화의 복음이다.

제1항 성화의 정의[125]

성화의 뿌리 (중생): "새 마음과 새 영" 하나님께서 거룩하게 하시는 대상은 "효과 있는 부르심을 받고 중생한 자들"이다. 「고백서」에 따르면 효과 있는 부르심과 중생은 별도로 구분되지 않는다. 효과 있는 부르심의 즉각적 결과가 중생이며, 이 중생은 죄인 안에 "새 마음과 새 영이" 창조되는 것이다. 성화는 효과 있는 부르심 및 중생과 연결돼 있으며, 앞에서 다룬 칭의나 양자 됨과 연결되지 않는다는 것에 주목할 필요가 있다. 중생이 씨라고 한다면 성화는 그 열매라고 할 수 있다. 성화는 칭의의 열매가 아니다! **"새 마음과 새 영"**은 에스겔 36장 26절에 인용된 구절이며 그 뒤에 나오는 내용은 모두 성화와 관련되어 있다. "너희가 내 규례를 지켜 행할지라"(27). "내가 너희를 모든 더러운 데에서 구원하고 곡식이 풍성하게 하여"(29). "그때에 너희가 너의 악한 길과 너희 좋지 못한 행위를 기억하고 너희 모든 죄악과 가증한 일로 말미암아 스스로 밉게 보리라"(31). 중생과 성화의 관계를 이해한다면 중생에서 머무르면 안 된다. "내가 거듭났는가?"라는 질문만 하지 말고 "나는 지금 거룩해지고 있는가?"도 질문해야 한다. 전자가 과거에 대한 질문이라면 후자는 현재에 대한 질문이다.

---

125 「고백서」에 나타난 성화의 의미에 대해서는 다음 논문을 참고하라. 이윤석, "웨스트민스터 표준문서에 담긴 성화의 의미에 대한 고찰," 「한국조직신학논총」 45 (2016), 47-83.

칭의 vs 성화: "더, 실재적으로(really), 인격적으로(personally)" 성화를 칭의와 비교할 때 그 내용을 보다 선명하게 이해할 수 있다. 대교리문답 77문답은 다음과 같이 간결하게 두 은혜의 차이를 정리한다.

> – 칭의에서 하나님은 그리스도의 의를 **전가**(impute)하시지만, 성화에서는 그분의 성령이 은혜를 **주입**(infuse)하시고 그 은혜가 역사하게 하십니다.[126]
> – 칭의를 통해서는 **죄가 용서**되며, 성화를 통해서는 **죄가 억제**됩니다.
> – 칭의에 있어서 모든 신자는 복수하시는 하나님의 진노로부터 아무런 차이 없이 자유롭게 되고, 이생에서 완전히 자유롭게 되어 **결코 정죄받지 않지만**, 성화에 있어서는 모든 신자가 동일하지 않고, 이생에서 아무도 완전하지 않으며, 다만 **완전을 향해 성장할 뿐**입니다.

이와 같은 선 이해를 가지고 「고백서」를 살펴보도록 하자. 칭의가 하나님의 단회적 행위(act)라고 한다면 성화는 지속적이고 점진적인 행위(work)이다. 신자에게서 시작된 중생은 계속해서 성화로 심화된다. 이는 신자들에게 큰 도전과 위안을 준다. 예수님을 처음 영접했을 때보다 현재가 더 거룩하지 않다면 그것은 심각한 문제가 있다는 것을 의미하기 때문에, 칭의를 핑계로 영적인 나태에 안주하지 말고 자신을 깊이 성찰

---

126 전가와 주입의 대조는 「고백서」에는 명시적으로 나오지 않는다. 주입된 은혜는 전통적인 습성(habitus) 혹은 소질을 가리킨다. 따라서 개신교 신학이 주입된 은혜 개념 자체를 거부한 것은 아니다. 하지만 개혁신학은 이 주입된 은혜를 오직 성화에만 적용시켰다. 이와 관련된 세부적인 논쟁에 대해서는 다음 저서를 참고하라. 페스코, 『웨스트민스터 신앙고백서』, 329-338.

해야 한다. 중생한 자들이 때로 넘어질 수도 있고 아주 심한 죄를 지을 수 있지만, 그것을 통해서도 성화는 멈추지 않고 계속 진행된다는 것을 기억해야 한다.

칭의는 하나님의 '법적인(forensic)' 행위이지만 성화는 하나님의 '실재적인(real)' 행위다. 칭의가 우리 '밖에서' 일하시는 하나님의 행위라면 성화는 우리 '안에서' 일하시는 하나님의 행위로써, 칭의는 실재적인 변화와 무관하지만 성화는 실재적인 변화를 일으킨다. 칭의는 '신분'을 변화시키지만 성화는 '본성'을 실재적으로 변화시킨다. 성화의 사역은 또한 인격적이다. 성화는 중생을 통하여 창조된 새 마음과 새 영혼이 점점 자라는 것이다. 이것은 지정의와 관련이 있다. 이와 같은 인격적 성화를 통하여 성도는 점점 더 하나님과 친밀한 교제를 누리게 된다.

성화와 칭의는 이렇게 전혀 다른 은혜의 행위이지만 둘은 결코 분리되지 않는다. 이것은 아무리 강조해도 지나치지 않는다. 하지만 이 둘의 관계는 시간적 관계도 아니고 논리적인 관계도 아니다. 일반적인 경우, 감옥에서 형을 마친 사람이 아무런 변화 없이, 심지어 더 악한 자가 되어서 출소하기도 한다. 하지만 하나님께서 택한 백성들을 구원하실 때는 무죄 선언을 하실 뿐만 아니라 동시에 그들 안에서 성화의 사역을 시작하신다. 칭의와 성화는 동시에 일어난다. 따라서 칭의가 성화의 원인은 아니지만 성화 없는 칭의는 불가능하며, 칭의 없는 성화도 불가능하다.

성화의 원인: "죽음과 부활의 능력(virtue)" 성화는 그리스도의 죽음과 부활의 실재적인 "적용(applying)"이며 이 적용은 성령의 강력한 능력으로 가능하다(대교리 75). 반면에 칭의는 그리스도의 순종과 만족이 신자에게

'전가'된 것이다(제11장 1항). 칭의의 원인이 그리스도의 순종과 만족이라면 성화의 원인은 그리스도의 죽음과 부활이다. 그리스도의 죽음은 법적인 측면에서 하나님의 의를 만족시키지만, 또한 그 죽음은 신자들을 위한 삶의 모범이기도 하다. "만일 우리가 그의 죽으심과 같은 모양으로 연합한 자가 되었으면 또한 그의 부활과 같은 모양으로 연합한 자도 되리라"(롬 6:5). 이 이중적 연합이 바로 성화다.

성화의 주체: "말씀과 성령에 의해" 신자가 거룩해지는 것은 자신의 거룩한 행위에 의한 것이 아니다. 보통 칭의는 하나님의 전적인 은혜에 의해서 이루어지고, 성화는 우리의 노력도 필요하다는 식으로 말하지만, 성화 그 자체는 칭의와 마찬가지로 하나님의 전적인 은혜로 이루어진다. 우리의 행위가 우리의 본성을 점점 더 거룩하게 변화시키는 것이 아니라 말씀과 성령이 그리스도의 죽음과 부활을 신자들에게 적용시킬 때 신자들은 거룩해진다. 성화에서 말씀과 성령은 서로 분리되지 않는다.

성화와 선행의 관계 마지막으로 성화와 선행(good works)은 구분되어야 한다. 성화는 실재적이고 인격적인 변화를 의미하고 선행은 그렇게 변화된 사람이 하는 행동을 의미한다. 선행이 성화는 아니고 선행이 사람을 거룩하게 하는 것도 아니다. 선행에 대해서는 다음 장에서 자세히 살펴보게 될 것이다.

사(死, mortification) & 생(生, vivification): 성화의 두 측면

성화는 사(死)와 생(生)으로 구성된다. 그 이유는 성화가 그리스도의 죽음 및 부활과 연합되는 것이기 때문이다.

1) 사: "죄의 지배가 종식되고"

사(死)로서의 성화는 죄의 지배가 멸망되었다(destroyed)는 것을 의미한다. 중보자이신 예수님께서 신자들의 머리가 되셨기 때문에 더 이상 죄가 그들의 주인이 아니라는 말이다. 이것을 우리는 결정적(definitive) 성화라고 부를 수 있을 것이다.[127] 하지만 이는 신자에게 죄가 하나도 남아 있지 않다는 것을 의미하지 않는다. 죄의 지배가 종식되었기 때문에 죄만을 향하던 자유 의지가 해방되어서 하나님께서 요구하시는 선을 행할 수 있게 되었다.

"정욕들이 점점 약화되어 죽게 됨" 더 나아가 육체 안에 있는 정욕(lusts)도 점점 약화될 뿐 아니라 점점 죽게 된다. 대표적인 정욕은 육신의 정욕과 안목의 정욕이다(요일 2:16). 죄의 지배는 종식되었으나 이와 같은 정욕들은 여전히 남아 있다. 하지만 성화를 통하여 이것들은 점점 약화되고 마침내 죽게 된다.

2) 생: "은혜 가운에 살아나고 힘을 얻음"

육체의 정욕은 계속 힘을 잃고 죽어가지만 성화된 자들은 모든 은혜 가운데 점점 살아나고 힘을 얻어서 마침내 거룩을 실천하게 된다. 이는 거룩을 이해하는 데 상당히 중요하다. 성도들에게 단지 하나님의 말씀을 가르쳐서 이해시킨다고 해서 성도들이 거룩을 실천하는 것이 아니다. 거룩을 실천하기 위해서는 힘이 필요하다. 그 힘은 구원의 은혜에서 온다.

---

127 박재은, 『성화, 균형 있게 이해하기: 하나님의 주권 대 인간의 역할, 그 사이에서 바라본 성화』 (서울: 부흥과개혁사, 2017), 140-141.

즉 거룩을 가르치면서 은혜의 복음을 전해야 성도들이 살아나고 힘을 얻어서 거룩을 실천하게 된다.

성화의 필수성: "아무도 주를 보지 못할 것이다." 이 문구는 히브리서 12장 14절을 그대로 인용한 것이다. 또한 이 구절은 산상수훈의 팔복과 조화를 이룬다. "마음이 청결한 자는 복이 있나니 그들이 하나님을 볼 것임이요"(마 5:8). 이 두 구절에 근거하여 개혁파 신학은 하나님을 보는 것 (visio Dei)을 하나님과의 영원한 복된 교제로 이해했다.[128] 물론 여기서 말하는 성화가 완벽한 성화를 의미하지 않으며, 성화가 영원한 복에 대한 원인은 아니다. 하지만 이 성화는 복으로 인도하는 길이고 복된 만남을 준비하는 과정이다.[129] 이 점에서 성화는 구원에 필수적이다. 따라서 "성화 없이 구원받을 수 있다"는 주장은 성경의 가르침에 명백하게 어긋나는 이단이다. 「고백서」는 성경을 인용하여 성화가 구원에 절대적으로 필수적이라는 사실을 분명하게 선언했다.

제2항 성화의 전체성과 불완전성: 영적 전쟁

성화는 전체적이면서 또한 불완전한 성격을 가진다. 성화는 범위에 있어서 전체적이다(throughout). 전인(全人)에서 성화가 되지 않는 부분은 없다. 하지만 동시에 이 성화는 이생에서는 불완전하다. 요약하면 성화

---

128 Joshua Schendel, "The Reformed orthodox and the *visio Dei*," *The Reformed Theological Review*, 77 (2018), 27. '하나님을 봄'은 제32장에서 한 번 더 강조된다.
129 John Owen, *Hebrews*, vol. 7, (Edinburgh: Banner of Truth Trust, 1991: reprint), 287.

는 범위에서는 전체적이지만, 정도에서는 불완전하다. 성화를 이해할 때 범위와 정도를 잘 구분할 필요가 있다. 성화의 불완전성을 너무 강조하다 보면 성화의 전체성을 놓치기 쉽고, 그 반대도 마찬가지다.

이 성화의 불완전성으로 인하여 여전히 모든 지체 안에(in every part) 부패가 여전히 남아 있고, 이 때문에 화해할 수 없는(irreconcilable) 전쟁이 끊임없이(continual) 일어난다. 이것을 우리는 '영적 전쟁'이라고 부를 수 있을 것이다. 이 영적 전쟁의 본질은 죄와의 싸움이다. 성화를 영적 전쟁의 관점에서 이해하는 것은 건전한 신앙생활을 위해서 매우 중요하다. 오늘날 종교적 경험이나 현상에 근거하여 '영적 전쟁'이라는 이름으로 비성경적인 가르침들이 신자를 현혹하고 있는 것을 볼 수 있기 때문이다. 그런 설명들이 완전히 그릇되었다고 할 수 없으나 문제는 영적 전쟁의 본질인 죄와의 싸움을 가볍게 취급한다는 것이다. 따라서 신자들은 「고백서」의 가르침에 따라 영적 전쟁에 대한 분명한 표준을 가지고 있어야 할 것이다.

제3항 성화의 최종 완성

성화의 결과 신자들은 영적 전쟁을 수행할 수밖에 없다. "중생한 부분(the regenerate part)"과 "남아 있는 부패(the remaining part)"가 서로 싸운다면 어느 것이 이길까? 「고백서」는 이 점에서 상당히 신중한 입장을 취한다. 신자들은 중생한 부분이 이긴다고 너무 쉽게 대답해서는 안 된다. 신자들은 남아 있는 부패의 힘을 과소평가해서는 안 된다. 때로는 부패의 힘이 잠시 승리하기도 하기 때문이다. 하지만 이 때문에 성도들은 절망에 빠지지 않도록 주의해야 한다. 최종적으로는 중생한 부분이 승리하기 때문이다. 이 승리는 중생한 부분이 거룩하게 하시는 성령으로부터 끊임없이 힘을 공급받기 때문이다. 이 힘을 가지고 중생한 부분이 남아 있는 부패와 싸울 때 이길 수 있다. 은혜 안에서 자라는 성도들은 "하나님을 두려워하는 가운데 거룩함을 온전히 이룬다"(고후 7:1).

제3항은 이 세상에서 완전한 성화가 불가능하다는 것을 고백한다. 대교리문답에는 이에 대해 보다 분명하게 명시하고 있다. "성화에 있어서는 모든 신자가 동일하지 않고, 이생에서 아무도 완전하지 않으며, 다만 완전을 향해 성장할 뿐입니다"(대교리 77). 그렇다면 이 완전은 언제 이루어지는가? 죽을 때 성도의 영혼은 즉시 "완전히 거룩하게 되고"(제32장 1항), 마지막 날에는 성도의 몸이 영혼과 다시 하나가 되어 "그리스도의 영광스러운 몸과 같이 된다"(제32장 3항). 따라서 참된 신자는 나이가 들수록, 죽음에 가까울수록 더 거룩한 자가 되기를 힘써야 한다. 이 싸움을 다 끝내면 마침내 주님을 보게 될 것이다.

제14장 구원하는 믿음

1항. 택자를 구원에 이르게 하는 믿음의 은혜는[1] 그들의 마음 안에서 역사하시는 그리스도의 성령의 사역이며,[2] 일반적으로 말씀의 봉사에 의해 일어난다.[3] 또한 이와 더불어 성례의 시행과 기도에 의해 이 은혜는 증진되고 강화된다.[4]

2항. 이 믿음에 의해, 그리스도인은 말씀에 계시된 것은 무엇이든지, 말씀 안에서 친히 말하시는 하나님의 권위 때문에 참된 것으로 믿으며,[5] 개별 본문이 담고 있는 내용에 따라 달리 행한다. 곧 명령에는 복종하고,[6] 경고에는 떨며,[7] 이생과 내생을 향한 하나님의 약속은 기쁘게 받아들인다.[8] 하지만 구원하는 믿음의 주된 역할은 은혜언약의 효력에 의한 칭의, 성화, 그리고 영생을 받기 위해 그리스도만을 붙들고, 받아들이고, 의지하는 것이다.[9]

3항. 약하거나 강하거나 정도에 있어서 다른 이 믿음은[10] 자주 그리고 많은 방식으로 공격을 받고, 약해질 수도 있지만, 결국 승리한다.[11] 우리 믿음의 창시자이자 완성자이신 그리스도를 통하여[12] 많은 경우에 있어서 완전한 확신에 도달하도록 성장한다.[13]

1) 히 10:39.
2) 고후 4:13; 엡 1:17-19; 엡 2:8.
3) 롬 10:14, 17.
4) 벧전 2:2; 행 20:32; 롬 4:11; 눅 17:5;
　롬 1:16-17.
5) 요 4:42; 살전 2:13; 요일 5:10;
　행 24:14.
6) 롬 16:26.

7) 사 66:2.
8) 히 11:13; 딤전 4:8.
9) 요 1:12; 행 16:31; 갈 2:20; 행 15:11.
10) 히 5:13-14; 롬 4:19-20; 마 6:30;
　마 8:10.
11) 눅 22:31-32; 엡 6:16; 요일 5:4-5.
12) 히 6:11-12; 히 10:22; 골 2:2.
13) 히 12:2.

오직 이것을 기록함은
너희로 예수께서 하나님의 아들 그리스도이심을 믿게 하려 함이요
또 너희로 믿고 그 이름을 힘입어 생명을 얻게 하려 함이니라.

(요 20:31)

서론: 여러 종류의 믿음

"저분은 참 믿음이 좋아!"라는 말은 무슨 뜻일까?[130] 아마 사람마다 여기에 대한 답을 달리 가지고 있을 것이다. 일반적으로 믿음이 좋다는 말은 교회 봉사에 열정적이라든지, 신앙생활에서 지극히 모범을 보이는 것을 의미한다. 하지만 의외로 그 신자가 정말로 소유하고 있는 믿음의 내용에 대해서는 잘 모르는 경우가 많다. 믿음은 열정도 아니고 도덕도 아니다. 실제로 성경에 대한 기초를 전혀 모르는 상황에서도, 아니 예수님

130　이성호, 『성도생활백과』, "도대체 믿음이 좋다는 말은 무슨 뜻인가요?", 91-95.

을 믿지도 않으면서 얼마든지 찬양 인도도 열심히 할 수 있고 구제 사업에 힘쓸 수도 있다.

'믿음'이라는 같은 단어를 사용하더라도 그 의미가 다르면 평생 잘못된 믿음을 참믿음이라고 생각하고 신앙생활을 할 수 있다. 더 큰 문제는 성경에서도 믿음이라는 용어가 달리 사용되고 있다는 것이다. 믿음에는 여러 종류가 있기 때문이다. 「고백서」가 믿음 앞에 "구원하는"이라는 형용사를 첨가한 이유가 있다. 이것은 부르심에도 "효과 있는"이란 형용사가 첨가된 것과 유사하다. 15장 제목에도 "생명에 이르는"이라는 수식어가 첨가되어 있다. 따라서 이 장에서의 논의는 '구원하는 믿음'에 한정된다.

구원하는 믿음은 구원하지 못하는 믿음이 있다는 것을 의미한다. 주의해야 할 것은 구원하지 못하는 믿음이 거짓 믿음이 아니라는 것이다. 참된 믿음이라고 할지라도 구원과 상관없을 수 있다. 몇 가지 예를 들어 보자. "나는 예수님이 베들레헴에서 태어난 것을 믿는다"라고 했을 때 그 믿음은 참된 믿음이다. 그리고 그 믿음은 신앙생활을 하는 데 매우 중요하다. 하지만 이 믿음은 구원과 직접적인 관계가 없다. "나는 이 병을 예수님께서 고쳐 주실 것을 믿는다"라고 했을 때 그 믿음도 매우 소중한 믿음이다. 실제로 병이 나을 수도 있다. 하지만 그 믿음은 병을 낫게 해 주지만 구원으로 인도하는 믿음은 아니다. 마지막으로 "나는 성경에 있는 모든 내용이 다 진실이라는 것을 믿어"라고 했을 때 그 믿음도 매우 중요하지만, 이 믿음 역시 구원과 상관이 없을 수 있다.

앞에 예시한 것들 중 첫 번째 예는 역사적 믿음이다. 이 믿음은 믿음이라고 불리지만 본질에서는 믿음이라기보다는 지식이라고 할 수 있다. 예수님이 죄인인 나를 위하여 동정녀 마리아에게서 성령으로 태어나셨다는 것을 믿는 것과 베들레헴에서 나셨다는 것을 믿는 것은 서로 유사하게 보이지만 실제로는 그렇지 않다. 또한 이적을 일으키는 믿음 역시 믿음이라기보다는 소망에 가까우며, 때로는 대단한 능력을 발휘하는 경우가 있지만 구원하는 믿음과는 거리가 있다. 사실 이 믿음은 겉으로 보면 정말 능력 있는 참된 믿음처럼 보이기 때문에 주의해야 할 필요가 있다. 마지막은 암묵적(implicit) 믿음이라고 하는데 구체적이고 분명한 지식 없이 두루뭉술하게 받아들이는 것이다. 이 믿음 역시 명시적인(explicit) 믿음으로 가기 위해서 유용할 때가 있지만 (특히 초신자나 어린이들에게) 이 믿음 역시 구원에 이르게 하지는 않고 이 믿음에만 머물러 있으면 오히려 구원에 해를 가져다줄 수도 있다.

신앙생활을 하면서 성도들이 믿음이라는 주제에 대해서 서로 이야기하다 보면 같은 용어를 사용하더라도 서로 다른 생각을 가진 경우를 적지 않게 보게 된다. 소위 개념 정리가 되어 있지 않으면 그와 같은 대화들은 아무런 유익이 없고 오히려 더 혼돈에 빠지는 경우가 많다. 「고백서」를 통해서 믿음에 대한 정확한 성경적 교리들을 정리할 때 교회가 더욱 건강하게 세워질 수 있을 것이다.

제1항 구원하는 믿음의 정의

"믿음의 은혜" 구원하는 믿음의 가장 큰 특징은 이 믿음이 하나님께서 값없이 주시는 은혜라는 것이다. 이것은 구원하는 믿음과 구원과 상관없는 믿음을 구분하는 매우 중요한 기준이다. 이 점에서 수련회에서 자주 발견되는 소위 '결단의 시간'은 문제가 될 수도 있다. 믿음은 결단이 아니기 때문이다. 믿음과 달리 결단은 "내가 한다" 혹은 "내가 할 수 있다"는 의미를 너무 많이 내포하고 있어서 믿음이 가지고 있는 은혜의 성격을 너무 희석한다. 물론 믿음의 주체는 인간이며 삼위 하나님은 믿음의 대상이다. 그러나 믿음은 인간 스스로에게서 나오지 않고 하나님의 선물로 주어진다. 역사적 믿음이나 종교적 열심은 하나님의 도우심이 없어도 신학을 열심히 연구하거나 기도 모임에 열심히 참석하면 인간이 스스로 확보할 수 있다. 하지만 하나님의 은혜가 없으면 구원하는 믿음을 소유하는 것은 절대 불가능하다.

"택자들" 구원하는 믿음은 택자들만 소유할 수 있다. 하나님의 영원하신 예정에 따라 택자들만 구원받을 수 있고, 그 구원이 믿음을 통해서 이루어진다면 구원하는 믿음은 택자들만 소유할 수밖에 없다. 이 점에서 우리는 믿음이 하나님의 은혜라는 것을 다시 한번 확인하게 된다. 믿음이 은혜인 이유는 우리가 스스로 노력해서 얻을 수 없기 때문이다. 믿음은 우리의 행위나 노력과 상관없이 하나님께서 선택한 자들에게 값없이 선물로 주시는 것이다. 그렇기 때문에 진정으로 은혜라고 불릴 수 있다. 비택자들은 구원하는 믿음처럼 보이는 믿음을 가질 수 있지만 실제로 그것은 구원하지 못하는 믿음이다.

그리스도의 영의 내적 사역 믿음은 성령의 사역(work)이다. 그리고 그 사역이 이루어지는 장소는 신자의 마음(heart)이다. 믿음은 본질적으로 지성의 문제가 아니라 마음의 문제이다.

은혜의 일반적 외적 수단: "말씀의 봉사" & "성례의 시행과 기도" 성령은 믿음을 일으키실 때 일반적으로 외적인 수단을 사용하신다. 우리는 이미 제10장 3항에서 유아들이나 외적 수단에 반응할 수 없는 택자들은 외적 수단 없이 성령의 직접적 사역으로 중생할 수 있다는 것을 확인했다. 마찬가지로 믿음도 이들에게 적용될 수 있다. 하지만 이는 우리의 이해를 초월하는 성령의 사역에 전적으로 의존하기 때문에 우리는 외적인 수단을 열심히 사용하는 데 집중해야 한다.

증진되고 강화되어야 할 믿음 말씀을 통해 생긴 믿음은 증진되고 강화되어야 한다. 이것은 말씀과 더불어 성례와 기도에 의해서 가능하다. 이 세 가지를 은혜의 외적 수단이라고 하는데, 기능상 구분이 필요하다. 없었던 믿음을 새로 생기게 하는 것은 오직 말씀의 봉사를 통해서만 가능하다. 하지만 이 믿음을 증진시키고 강화시키기 위해서는 성례와 기도가 필요하다. 물론 말씀도 믿음을 강화할 수 있으며 성례와 기도도 말씀에 따라 시행될 때 믿음을 강화할 수 있다. 이 점에서 말씀은 성례와 기도에 비해서 우선성을 가진다.

은혜의 외적 수단에 대해서는 대교리문답 153문답 이후에서 상세하게 살펴볼 수 있다. 대교리문답은 십계명을 다 설명한 다음에 십계명을 지키지 못하는 자들이 자신에게 미칠 엄중한 심판을 피할 수 있는 방법에 대해서 말한다. 그것은 바로 회개와 믿음과 외적인 수단을 부지런히 사용하는 것이다. 회개와 믿음은 이미 구원의 서정에서 다루었기 때문에 대교리문답은 말씀과 성례와 기도를 집중적으로 다룬다. 성례는 「고백서」에서도 이후에 아주 상세하게 다루어지지만, 말씀(설교)과 기도는 그렇지 않기 때문에 이 두 부분에 대해서는 대교리문답을 참고할 필요가 있다.

제2항 믿음의 기능

믿음은 다음과 같이 구분될 수 있다. 1) 믿어야 할 내용, 2) 우리 안에 선물로 주어진 은혜로서의 믿음, 3) 이 믿음에 따라 실제로 믿는 믿음의 행위. 이 행위는 신자들의 삶에서 여러 가지 방식으로 나타난다.

1) 계시된 내용이 참이라는 것을 믿음

구원하는 믿음을 통해서 신자는 말씀에 계시된 모든 것을 참되다고 믿는다. 여기서 주의할 것은 "말씀에 계시된 모든 것은 참되다"라는 명제를 믿는다는 말이 아니라는 사실이다. 믿음의 대상은 말씀에 계시된 구체적인 내용, 즉 교리이다. 말씀에 계시되지 않는 내용은 믿음의 대상 자체가 될 수 없다. 이와 같은 주장은 기본적으로 로마 교회를 향한 것이다. 로마 교회는 말씀에 분명히 계시되지 않았더라도 교회가 선포하면 믿음의 대상이 될 수 있다고 가르친다. 이것은 설교를 듣는 청중에게 매우 중요한 교훈을 준다. 청중은 분별력을 가지고 목사의 설교를 들어야 하며 그것이 하나님의 말씀에 계시된 것인지를 잘 구분해야 한다. 이를 위해서 평소에 「고백서」와 교리문답을 공부해서 기본적인 교리들을 잘 배워야 한다.

말씀에 계시된 것을 믿을 때 또 하나 염두에 두어야 할 것은 그 믿음의 근거이다. 「고백서」는 그 믿음의 근거가 "말씀 안에서 친히 말씀하시는 하나님의 권위"라고 말한다. 즉 내용을 정확하게 믿는 것도 중요하지만 그 믿음의 근거도 중요하다. 동일한 교리를 믿더라도 (예: 이신칭의) 목사가 그렇게 말했기 때문에 믿을 수도 있고, 신학책이 그렇다고 하니까 믿을 수도 있고, 기도하다 특별한 체험을 해서 믿을 수도 있다. 하지만 그것들은 어디까지나 믿음을 돕는 수단이 되어야 하며 믿음의 최종 근거가 되어서는 안 된다.

2) 말씀의 유형에 따라 달리 행동함: 명령, 경고, 약속

구원하는 믿음을 통해 신자는 들은 말씀의 유형에 따라 달리 행동하게 된다. 하나님의 모든 말씀이 행동의 변화를 초래하지는 않는다. 예를 들어서 아기 예수님이 애굽으로 피난 간 것은 역사적 사실이라고 믿기만 하면 된다. 하지만 "원수를 사랑하라"와 같은 구절은 단지 예수님께서 "원수를 사랑하라"고 정말로 말씀하셨다는 것을 믿는 것에서 멈추어서는 안 된다. 성경에는 우리가 어떤 행위를 하도록 촉구하는 구절들이 많은데 크게 3가지 유형이 있고 성도들은 믿음으로 다르게 반응해야 한다.

1) 하나님의 명령: 우리는 그 명령에 순종해야 한다.
2) 엄중한 경고: 우리는 그 경고에 떨면서 두려워해야 한다.
3) 이생과 내생에 대한 약속: 기쁨으로 받아들여야 한다.

성경에서 본문의 특성을 분별하는 것은 특히 설교를 이해할 때 대단히 중요하다. 설교자는 이 본문이 역사적 진실을 말하는 것인지, 우리에게 도덕적 명령을 하는 것인지, 죄와 심판에 대해서 경고하는 것인지, 여러 가지 약속을 하는 것인지를 잘 분별하여 설교해야 한다. 청중도 설교를 듣기만 하면서 "아멘"만 외칠 것이 아니라, 마찬가지로 잘 분별하여 명령과 경고와 약속에 따라 정확하게 반응해야 한다.

3) 믿음의 주된(principal) 행위

하나님의 말씀이 진실하다고 믿는 것, 그리고 명령과 경고와 약속에 대해서 적절하게 행동하는 것은 모두 믿음의 일반적 행위이다. 이것들은 매우 유익한 믿음의 행위이지만 믿음의 주된 행위는 아니다.[131] 이 믿음의 주된 행위가 없다면 구원받을 수 없다. 아무리 하나님의 명령에 순종한다 하더라도, 아무리 하나님의 심판을 두려워하더라도 그것을 통해서는 구원받을 수 없다. 신자는 오직 예수 그리스도께 대한 믿음으로 구원받기 때문이다.

믿음의 주된 행위는 그리스도만 붙들고(accept), 영접하고(receive), 의지하는 것(rest on)이다. 여기서 우리는 '오직 그리스도'와 '오직 믿음'이 만나고 있음을 본다. 오직 믿음을 통해 신자는 그리스도만 붙들고, 영접하고, 의지할 수 있다. 이 세 가지를 신뢰(trust)라고 부르고 이 신뢰야말로 구원하는 믿음의 본질이라고 할 수 있다. 「고백서」는 믿음의 본질을 단순히 동의(assensus)로 보는 로마 교회의 견해를 배격한다.[132]

---

131 이성호, "오직 믿음(sola fide)'에서 말하는 믿음이란 무엇인가?" 「한국개혁신학」 35 (2012): 209-222.
132 Francis Turretin, George Musgrave Giger 역, *Institutes of Elenctic Theology*, vol. 2. (Phillipsburg: P&R, 1994), 568-571.

그리스도를 신뢰하는 이유는 오직 그분께 "칭의와 성화와 영생"의 은혜가 있기 때문이다. 오늘날 여러 다른 이유로 그리스도를 믿는 신자들이 많다. 설교 시간에 예수님에 대한 이야기는 많지만, 칭의와 성화와 영생에 대한 언급은 없다. 이 점에서 참된 신자들은 왜, 도대체 무엇을 위해 그리스도만을 신뢰해야 하는지를 질문해야 한다. 소위 복 받기 위해서 예수를 믿는다면 그 복이 정말로 칭의, 성화, 영생을 의미하는지를 진지하게 질문해야 할 것이다.

마지막으로 칭의, 성화, 영생은 은혜언약의 효력으로 우리에게 주어진다. 이 언약에 대해서는 이미 제7장에서 충분히 다루었다. 은혜언약 없이 구원을 말할 수 없고, 은혜언약 없이 그리스도를 제대로 믿을 수 없다. 진정으로 구원받기를 원한다면 은혜언약을 성취하신 예수 그리스도를 믿어야 한다. 이를 위해서 은혜언약을 잘 선포하는 설교를 부지런히 들어야 할 것이다. 믿음은 들음에서 나고 들음은 그리스도의 말씀으로 말미암기 때문이다(롬 10:17).

제3항 믿음의 정도

구원하는 믿음은 모두 참된 믿음이다. 이 점에서는 어떤 차이도 존재하지 않는다. 하지만 믿음의 정도는 신자들마다 차이가 있다. 어떤 신자들의 믿음은 강하고, 어떤 신자들의 믿음은 약하다. 이 차이를 이해하는 것은 목회를 잘하기 위해서 매우 중요하다. 목사들은 "신자가 어떻게 그런 행동을 할 수 있는가?"라고 쉽게 정죄해서는 안 된다. 믿음이 약하기 때문에 그런 행동을 했다고 생각할 수 있어야 한다. 믿음이 잘못되었기 때문이라고 쉽게 판단해서는 안 된다. 이 점에서 「고백서」는 믿음의 정도에 대해서 분명하고 간단하게 다음과 같이 정리한다.

1) 구원하는 믿음은 사단의 공격을 받아서 약해질 수 있다.
2) 그럼에도 불구하고 이 믿음은 최종적으로 승리한다.
3) 많은 경우에 있어서 완전한 확신으로 성장한다.

히브리서 기자는 신자의 삶을 믿음의 경주에 비유했다. 이 경기를 잘 수행하기 위해서는 모델이 필요하다. 그 모델은 바로 십자가의 수치를 끝까지 참으신 예수 그리스도이시다. 그리스도는 믿음의 창시자(author)일 뿐만 아니라 완성자(finisher)이시다(히 12:2).[133] 「고백서」는 이 성경의 가르침을 그대로 빌려와서 믿음을 설명한다. 모든 신자는 그리스도를 의지함으로 자신의 연약한 믿음을 계속 성장시켜서 강하고 흔들림 없는 확신으로 만들어가야 할 것이다.

부연 설명: 약한 믿음과 강한 믿음 (로마서 15장)

로마서는 성경에서 복음을 가장 체계적으로 정리한 서신이다. 복음을 체계적으로 연구하기를 원하는 사람은 로마서를 깊이 읽어야 한다. 이 로마서의 중심 메시지 중 하나는 이신칭의이다. 이 이신칭의의 복음으로

---

133 한글 성경에는 "믿음의 주요 또 온전하게 하시는 이"라고 번역되어 있어서 의미가 불분명하다.

말미암아 모든 사람(유대인이나 헬라인이나)이 차별 없이 의롭다 함을 받아 하나님의 백성이 되었다. 이 믿음은 반드시 참믿음이어야 한다. 참된 믿음은 믿음의 내용과 대상이 참이어야 하고, 그것을 믿는 행위 자체도 진실되어야 한다. 문제는 이와 같은 차별 없는 복음을 통하여 도저히 함께 교제할 수 없는 사람들이 하나의 공동체, 즉 교회를 이루었다는 것이다. 이와 같은 상황에서 교회는 질서와 평화를 유지하면서 행복하게 살 수 있을까?

로마서 14장과 15장 결론부는 강한 믿음과 약한 믿음의 관계를 다루고 있다. 참된 믿음은 반드시 강한 믿음으로 성장하여야 한다. 강한 믿음은 그것을 소유한 신자의 위대함에 따라 결정되지 않는다. 강한 믿음은 믿음이 약한 자를 어떻게 대하는가에 따라 결정된다. 먼저 강한 믿음은 믿음이 약한 자를 판단하거나 비판하지 않는다. 이것이 14장의 주요 내용이다. 15장에서는 믿음이 강한 자가 해야 할 일을 다룬다. 그것은 바로 약한 자의 약점을 자기가 짊어지는 것이다. 그런데 믿음이 약한 자의 약점을 짊어지는 순간 주위 사람들에게 칭찬을 듣는 것이 아니라 약한 자들이 당했던 모든 수모와 조롱을 함께 당하게 된다. 하지만 이것을 감당하게 되면 믿음이 약한 자와 강한 자가 진정으로 하나가 되어 삼위 하나님을 찬양하게 된다.

예수님은 강한 믿음이 무엇인지 확실하게 보여 주셨다. 사도신경에 따르면 그분의 일생은 "고난받으사"로 표현된다. 그 고난의 절정은 십자가에서 이루어졌다. 육체적 고통과 더불어 조롱과 모욕은 가장 극심한 영혼의 고통이었다. 이것은 시편 69편 9절과 21절에서 가장 잘 나타나 있다. 그분은 가장 강한 능력의 소유자이셨지만 그 능력을 자신을 위해 쓰지 않으셨다. 그분은 우리가 감당할 수 없는 죄의 짐을 짊어지기 위해 끝까지 조롱과 모욕을 참으셨다. 만약 하나님의 아들임을 증명하기 위하여 십자가에서 뛰어내리고 천군 천사를 동원하여 로마 군대를 멸망시켰다면 예수님 자신은 구원했을지 모르지만 자기 백성은 영원히 구원받을 수 없었을 것이다. 이 예수님의 삶이야말로 믿음이 강한 자들이 본받아야 할 삶이다. 구원하는 믿음은 이 믿음의 소유자를 구원하지만, 강한 믿음은 믿음이 약한 자를 보호하고 굳세게 하여 하나님의 교회를 "의와 평강과 희락의 나라"로 변화시킨다(롬 14:17).

제15장 생명에 이르게 하는 회개

1항. 생명에 이르게 하는 회개는 복음의 은혜이며,[1] 모든 복음의 봉사자는 그리스도께 대한 믿음의 교리와 마찬가지로 이 교리를 설교해야 한다.[2]

2항. 이 회개로 말미암아 죄인은 하나님의 거룩하신 본성과 의로우신 율법을 대적하는 자신의 죄들이 얼마나 위험할 뿐만 아니라 얼마나 더럽고 추악한지를 보고 깨닫는다. 또한 회개하는 자들에게 그리스도 안에서 베푸시는 자비를 확신하고 자신의 죄들에 대하여 심히 애통하고 미워하면서 모든 죄에서 돌이켜 하나님을 향해 나아간다.[3] 그리하여 하나님께 명하신 모든 계명을 따라 그분과 동행하기를 결심하고 힘써 노력한다.[4]

3항. 비록 회개는 결코 죄에 대한 보상이나, 그리스도 안에서 베푸시는 하나님의 값없는 은혜의 사역인 죄 사함의 근거가 될 수는 없지만,[5][6] 그럼에도 불구하고 모든 죄인에게 회개는 반드시 필요하며, 아무도 이 회개 없이는 죄 용서를 기대할 수 없다.[7]

4항. 아무리 작아도 저주받지 않는 죄가 없는 것 같이,[8] 아무리 크더라도 참으로 회개하는 자에게 저주를 가져다줄 수 있는 죄도 없다.[9]

5항. 사람은 포괄적 회개에 스스로 만족하지 않아야 하며, 모든 사람은 자기

의 구체적인 죄들을 구체적으로 회개하려고 노력해야 한다.[10]

6항. 죄 용서를 위해 기도하면서 하나님께 자기의 죄들을 사적으로 고백하고,[11] 이와 동시에 그 죄들을 버리면, 누구나 불쌍히 여김을 받을 것이다.[12] 이와 마찬가지로 그의 형제나 그리스도의 교회를 걸려 넘어지게 하는 자는, 그 죄에 대하여 사적이거나 공적인 고백과 슬퍼함으로써 피해자들에게 자신의 회개를 분명히 알려야 하며,[13] 그때 피해자는 그와 화해하고 사랑 안에서 그를 수용해야 한다.[14]

---

1) 슥 12:10; 행 11:18.
2) 눅 24:47; 막 1:15; 행 20:21.
3) 겔 18:30-31; 겔 36:31; 사 30:22;
   시 51:4; 렘 31:18-19; 욜 2:12-13;
   암 5:15; 시 119:128; 고후 7:11.
4) 시 119:6, 59, 106; 눅 1:6; 왕하 23:25.
5) 겔 36:31-32; 겔 16:61-63.
6) 호 14:2, 4; 롬 3:24; 엡 1:7.
7) 눅 13:3, 5; 행 17:30-31.
8) 롬 6:23; 롬 5:12; 마 12:36.
9) 사 55:7; 롬 8:1; 사 1:16, 18.
10) 시 19:13; 눅 19:8; 딤전 1:13, 15.
11) 시 51:4-5, 7, 9, 14; 시 32:5-6.
12) 잠 28:13; 요일 1:9.
13) 약 5:16; 눅 17:3-4; 수 7:19; 시 51.
14) 고후 2:8.

너희에게 이르노니,
아니라! 너희도 만일 회개하지 아니하면
다 이와 같이 망하리라.

(눅 13:5)

서론: 종교개혁의 시발점[134]

회개의 교리가 종교개혁의 시발점이 되었다는 것을 알면 이 회개의 교리가 개혁교회에 얼마나 중요한지 쉽게 알 수 있을 것이다. 일반적으로 종교개혁은 1517년 마르틴 루터가 로마 교회의 면벌부를 비판하기 위해 95개의 논제문[135]을 게시하면서 시작된 것으로 알려져 있다. 하지만 이 문서는 루터의 작품 중에서 교회사적으로 가장 유명하면서도 가장 무시된 문서이기도 하다. 95개조 논제문이 단지 면벌부만 비판했다고 안다면 이것이 왜 그렇게 광범위하고 엄청난 파장을 일으켰는지 이해할 수 없을 것이다.

이 책에서 95개조 논제문을 전부 다룰 수는 없겠지만 회개와 관련하여 적어도 제1항은 주목할 필요가 있다. 이 제1항이야말로 95개 논제문 중에 가장 중요하다고 할 수 있는데 면벌부의 가장 근본적 문제를 건드리고 있기 때문이다.

논제 1항: 우리의 주님이시고 선생이신 예수 그리스도께서 "회개하

---

134 종교개혁 당시의 회개에 대해서는 다음 논문을 참조하라. 이정숙, "칼빈의 제네바교회 사역에 나타난 죄와 회개," 「생명과 말씀」 2 (2010): 103-132.
135 95개 논제문에 대해서는 다음 저서를 참조하라. 김진흥, 『마르틴 루터의 95개 논제와 하이델베르크 명제』 (서울: 성약, 2017). 보통 반박문으로 알려져 있는데 이것은 디스퓨타치오네스(disputationes)에 대한 오해에서 비롯된다. 이것은 그 당시 대학에서 사용된 수업 방법의 일종으로 교수가 한 주제에 대해서 여러 개의 단문으로 구성된 명제들을 공개된 장소에 게시하면 학생들이 정해진 시간과 장소에서 토론을 벌이는 것을 말한다. 따라서 루터는 관례로 면벌부에 대해서 청중과 수업하려고 했지 로마 교회를 개혁하기 위해서 깃발을 들었던 것은 아니다. 논제문은 대학의 모든 게시판에 다 게시되어야 했고, 통상적으로 알려진 것과 달리 못으로 박지 않고 왁스로 붙였다. 김진흥, 『마르틴 루터의 95개 논제와 하이델베르크 명제』, 2.

라…"(마 4:17)고 말씀하셨을 때, 그분은 신자의 전 삶이 돌이키는 삶이 되기를 원하셨다.

아마 이 논제를 처음 접한 독자들은 특별한 점을 발견하지 못할 것이다. 하지만 면벌부를 비판하면서 루터는 왜 마태복음 4장 17절을 언급했을까? 도대체 회개와 면벌부는 무슨 관계가 있을까? 이것을 이해하기 위해서는 그 당시 회개에 대해서 정확하게 이해해야 한다.

오늘날 목사가 "회개합시다"라는 제목으로 설교했다고 가정해 보자. 그 설교를 들은 성도들은 회개하기 위해서 구체적으로 무엇을 할까? 아마 한국 교회 성도들은 주중 기도회에 참석하여 자신의 죄를 고백함으로 회개해야 한다고 생각할 것이다. 요약하면, 한국 교회에서 회개란 실제로 '회개 기도'를 의미한다. 하지만 종교개혁 직전에 로마 교회에서 회개는 실제로 '고해성사'를 의미했다. 따라서 미사 시간에 신부들에게 "회개하십시오"라는 설교를 들었다면 성도들은 그것을 실천하기 위해서 주중에 고해성사에 참석해야 한다고 생각했을 것이다.

회개에 대한 로마 교회의 잘못된 이해는 성경 번역과 깊은 관계가 있다. 라틴어 성경은 "회개하라"를 두 단어로 번역하는데, 문자적으로 번역하면 "고해를 수행하라(poenitentiam agite)"는 의미가 된다. 따라서 종교개혁 이전까지 예수님의 "회개하라"는 메시지는 성도들에게 "고해하라"는 말로 들렸다. 로마 교회의 교리에 따르면 세례받고 난 이후에 짓는 죄들은 고해성사를 통해서 사함을 받아야 하는데, 고해성사를 통하여 고해자가 사제에게 죄를 다 고백하고 나서 사제가 제시한 보속(satisfaction)을 다

수행해야 모든 형벌이 사면받는다. 하지만 여러 이유로 보속을 다 수행하지 못하고 죽으면, 고해자는 남아 있는 만큼의 형벌을 연옥에서 받아야 한다. 면벌부는 바로 연옥에 있는 영혼들의 잠벌(temporal punishment)을 사면하는 것인데 이것은 베드로로부터 천국의 열쇠를 물려받은 교황이 발행하는 것이다.

종교개혁 시대에 면벌부가 교회에 만연했던 핵심적인 이유는 회개의 교리가 성경의 가르침에서 너무나 멀리 벗어나 있었기 때문이었다. 참고로 오늘날에도 로마 교회는 여전히 면벌부 교리 자체는 유효하다고 믿으며, 그것의 남용과 오용을 막아야 한다고 생각할 뿐이다. 루터는 면벌부의 뿌리가 잘못된 회개 교리에 있음을 정확하게 파악하고 있었고, 예수님의 말씀에 근거하여 면벌부가 근본적으로 잘못되었음을 증명했다. 적어도 예수님께서 "회개하라!"고 선포하셨을 때 그 회개는 고해성사가 될 수 없고, 구약의 히브리어에 근거하여 "전 삶의 돌이킴"이라고 회개의 본질을 확실하게 정의했다. 「고백서」 역시 루터의 해석을 그대로 이어받으면서 회개가 고해성사도 아니고 단순히 뉘우치는 회개 기도도 아니며, 생명을 향하여 전 삶을 돌이키는 것이라고 분명하게 규정했다.

제1항 회개를 설교해야 할 필요성

"복음의 은혜": 회개는 복음 「고백서」는 믿음과 더불어 회개도 함께 설교해야 한다고 강조한다. 그 이유는 회개가 복음이기 때문이다. 하지만 어느 순간인가 한국 교회 설교단에서 회개에 대한 설교가 사라졌다. 그 이유가 무엇일까? 어떤 이들은 성도들이 회개에 대한 설교를 좋아하지 않기 때문이라고 한다. 또 어떤 이들은 회개에 대해 설교하면 교회가 성장하지 않는다고 주장한다. 성도들이 복 받는 설교만 좋아하고 회개에 대한 설교는 정말 싫어할까?[136] 회개에 대해 설교하면 정말 교회가 성장하지 않을까? 적어도 확실한 것은 그와 같은 주장들이 교회사적으로는 아무런 근거가 없다는 것이다. 오히려 교회는 회개의 복음이 강력하게 선포되었을 때 부흥을 경험했다. 대표적인 예로 1907년 평양 대부흥 운동의 중심에는 회개가 있었다.

회개를 설교할 때 가장 중요한 사실은 설교자가 먼저 회개의 복음을 경험해야 한다는 것이다. 설교자가 회개의 은혜를 체험하지 않고 설교하게 되면 그 설교는 복음이 아니라 율법이 된다. 그런 설교는 소위 "치는 설교"가 되고 회개의 메시지는 협박과 다를 바가 없다. 그런 설교는 성도들에게 기쁨이 아니라 불필요한 죄책감을 부추겨서 하나님에 대한 두려움과 공포심만 조장할 뿐이다. 바울 사도는 이 점을 다음과 같이 잘 지적했다. "하나님의 뜻대로 하는 근심은 후회할 것이 없는 구원에 이르게 하는 회개를 이루는 것이요 세상 근심은 사망을 이루는 것이니라"(고후 7:10). 회개에 대해서 설교한다고 해서 그것이 자동으로 바른 회개 설교가 되는 것은 아니다.

"모든 복음의 봉사자" 회개가 복음이라면 모든 복음의 봉사자는 이 복음을 전해야 한다. 복음의 봉사자 혹은 복음의 일꾼은 목사를 의미한다.

136　이정규, 『회개를 사랑할 수 있을까?』 (서울: 좋은씨앗, 2016).

사실 목사는 엄밀하게 말하면 성경 시대에 존재하지 않았던 단어이다. 성경에서 유일하게 에베소서 4장 11절에 등장하는 "목사"도 기본적으로 '목자'라는 단어이다. 이와 같은 사실을 종교개혁가들도 잘 알았기 때문에 목사에 대한 공식적인 명칭은 "말씀과 성례의 봉사자(the minister of the Word and sacraments)"였다. 목자처럼 목사가 말씀과 성례를 통하여 성도들을 먹이고 마시게 하며 또한 가르치고 인도하기 때문에 목사라는 단어가 최종적으로 정착되었다.

구원하는 믿음이 복음인 것처럼 생명에 이르게 하는 회개도 복음이다. 모든 복음의 수종자는 예외 없이 이 두 복음을 늘 함께 전해야 한다. 성도들이 듣든지 아니 듣든지(겔 2:5) 목사는 복음에 수종 드는 자가 되어야 한다. 만약 믿음에 대해서는 자주 설교하는데, 회개에 대해서 설교하기를 주저한다면 그는 악하고 게으른 종일 뿐이다. 성도들도 목사가 복음을 온전히 전하는지 아니면 부분적으로 전하는지 잘 분별해야 한다. 이를 위해서 평소에 「고백서」를 통하여 성도들이 '구원하는 믿음'과 '생명에 이르게 하는 회개'를 잘 숙지하고 있어야 하겠다.

"생명에 이르게 하는" 참된 회개가 복음인 이유는 이 복음이 신자들을 생명에 이르게 하기 때문이다. 생명에 이르게 하는 회개의 반대말은 사망에 이르게 하는 회개이다. 이것은 고린도후서 7장 10절에서 명확하게 드러나 있다. "하나님의 뜻대로 하는 근심은 후회할 것이 없는 구원에 이르게 하는 회개를 이루는 것이요 세상 근심은 사망을 이루는 것이니라"(고후 7:10). 여기서 근심의 기본적인 뜻은 '슬픔'이다. 죄를 진정으로 슬퍼하는 것은 회개를 위한 첫걸음이다. 슬픔에는 두 가지 종류가 있는

데 하나는 '하나님을 따른 슬픔'이고 다른 하나는 '세상의 슬픔'이다. 이 슬픔에 따라 구원에 이르기도 하고 사망에 이르기도 한다.

참된 회개는 신자에게 죽고 사는 문제이다. 적당한 회개는 있을 수 없다. 잘못된 회개는 오히려 사망으로 인도할 수 있다. 참된 회개와 관련하여 예수님의 두 제자는 아주 좋은 예를 제시하고 있다. 베드로와 유다는 둘 다 예수님의 예언의 말씀을 들었다. "네가 나를 부인하리라." 그리고 "너희 중 하나가 나를 팔리라." 예수님의 말씀대로 베드로는 예수님을 세 번 부인했다. 그중 마지막에는 맹세를 통해 예수님을 저주까지 했다(마 26:69~75). 하지만 닭의 울음소리를 듣자마자 그는 심히 통곡했다(눅 22:62). 그 이후 베드로는 예수님의 부르심을 받고(요 21장) 그리스도의 죽으심과 부활을 증언하는 사도직을 수행했다. 이와 반대로 가룟 유다는 베드로와 전혀 다른 길을 걸었다. 예수님이 정죄받는 것을 보고 유다는 스스로 뉘우쳤다. 그리고 자신이 받은 돈을 대제사장들에게 도로 갖다주면서 "내가 무죄한 피를 팔고 죄를 범하였다"라고 고백까지 했다(마 27:4). 하지만 죄의 고백을 들은 대제사장은 유다에게 "그것이 우리에게 무슨 상관이냐? 네가 당하라"고 말했고, 이 말을 들은 유다는 그 돈을 제사장만 들어갈 수 있는 성소에 던져 넣은 후 스스로 목을 매어 죽고 말았다. 만약 그가 진심으로 회개했다면 아직 감옥에 수감되어 있었던 예수님께로 가서 자비를 구했을 것이다.

제2항 회개의 정의: 돌이킴

죄를 애통하거나 고백하는 것이 회개의 한 부분이 될 수는 있으나 그것들은 회개의 본질이 될 수는 없다. 회개의 본질은 돌이킴이다. 이 돌이킴은 본성상 두 부분으로 구성된다. 회개는 죄로부터 돌이키는 것이고 하나님을 향하여 돌이키는 것이다.

1) 죄로부터 돌이킴

죄인이 죄를 짓는 이유는 무엇일까? 죄가 좋아서 죄를 지을까, 아니면 죄를 싫어하지만 어쩔 수 없이 지을까? 어떤 이들은 "죄가 좋아서 짓는 사람이 누가 있겠는가?"라고 반문하겠지만 죄가 정말로 싫다면 어떻게 죄를 지을 수가 있겠는가? 죄인이 실제로 죄를 짓는 이유는 죄를 짓지 않을 정도로 충분히 죄를 싫어하고 미워하지 않기 때문이다.

따라서 죄로부터 돌이키기 위해서는 죄가 얼마나 "위험한지" 알아야 하며 더 나아가 그것이 정말 "더럽고 추악한" 것임을 깨달아야 한다. 살인이나 폭력은 큰 해를 입히는 죄라면 간음은 더럽고 추악한 죄라고 할 수 있다. 포르노나 야동을 보는 것도 그 더러움을 인식하지 못하기 때문이다. 죄의 위험성과 더러움을 인식하지 못하면 쉽게 죄를 짓게 된다. 그 죄들이 얼마나 위험하고 더러운지 깨닫기 위해서 인간에게 필요한 것은 "하나님의 거룩한 본성"과 "의로운 율법"이다.

2) 하나님을 향하여 나아감

하나님을 향해서 돌이키기 위해서는 하나님께서 그리스도 안에서 회개하는 자들에게 자비를 주신다는 것에 대한 확신이 필요하다. 단지 죄의 형벌이 무서워서 하나님께로 가는 것이 아니라 그리스도 안에서 나타난 하나님의 자비 때문에 하나님께로 향하는 것이 참된 회개이다.

"죄를 애통하고" 슬픔은 회개의 중요한 증거다. 죄를 슬퍼해야 하는 이유는 무엇인가? 근본적인 이유는 그 죄가 하나님을 욕되게 했기 때문이다. 다윗은 시편 51편에서 "내가 주께만 범죄하였나이다"라고 기도했다. 대부분의 사람은 죄가 초래하는 수치심과 형벌 때문에 슬퍼하지만 그런 슬픔은 "회개의 시작이 아닌 지옥의 시작일 뿐이다."[137]

"죄를 미워하고" 죄를 슬퍼하는 것에서 그친다면 그 사람은 또다시 죄에 빠지기 쉽다. 도박으로 가정이 파탄 나서 정말 자기가 지은 죄에 대해 슬퍼했다가, 돈이 조금 생겼을 때 다시 도박장으로 가는 경우가 적지 않다. 다시 죄로 돌아가지 않기 위해 필요한 것은 죄에 대한 증오다. 죄를 혐오하지 않는 한 인간들은 기회가 되면 그 죄를 즐긴다. 죄가 나쁜 줄 알면서도 그 죄를 범하는 이유는 그 죄를 미워하지 않고 좋아하기 때문이다. 따라서 신자들은 끊임없이 죄에 대한 증오심을 길러야 한다.

"하나님과의 동행" 죄로부터 돌이킨 사람은 이제 하나님과 동행한다. 회개는 단지 죄의 중단을 의미하지 않는다. 하나님과의 동행이야말로 회개의 완성이다. 하나님과의 동행은 추상적인 개념이 아니다. "하나님께

---

137 토마스 보스턴, 조계광 역, 『회개: 죄에서 떠나 하나님께 돌아가라』 (서울: 생명의말씀사, 2014), 79.

서 명하신 모든 계명을 따르는 것"이다. 세례 요한은 회개하기를 원하는 자들에게 아주 구체적인 회개의 순종을 다음과 같이 선포했다.

> 무리가 물어 이르되 그러면 우리가 무엇을 하리이까? 대답하여 이르되 옷 두 벌 있는 자는 옷 없는 자에게 나눠 줄 것이요 먹을 것이 있는 자도 그렇게 할 것이니라 하고, 세리들도 세례를 받고자 하여 와서 이르되 선생이여 우리는 무엇을 하리이까 하매, 이르되 부과된 것 외에는 거두지 말라 하고, 군인들도 물어 이르되 우리는 무엇을 하리이까 하매, 이르되 사람에게서 강탈하지 말며 거짓으로 고발하지 말고 받는 급료를 족한 줄로 알라 하니라.
>
> (눅 3:10-14)

제3항 회개와 죄 사함의 관계

제3항은 회개와 죄 사함의 관계를 다룬다. 이 관계를 이해할 때 가장 중요한 사실은 죄 사함은 하나님의 은혜의 사역이라는 것이다. 따라서 회개를 포함하여 인간의 어떤 행위도 죄 사함의 원인이 될 수 없다. 죄 사함은 회개의 정도에 따라 수여되는 것이 아니다. 그러나 죄 사함과 회개는 항상 같이 간다는 것도 유의해야 한다. "아무도 회개 없이 죄 용서를 기대할 수 없다." 우리가 진정으로 회개할 때 우리는 하나님으로부터 죄 사함의 은혜가 베풀어질 것을 확신할 수 있다. 하지만 그 죄 사함은 우리가 회개했기 때문에 주어지는 것은 아니다.

제4항 죄의 크기: 죄에도 경중이 있는가?

제4항은 로마 교회의 전통적인 죄의 구분을 완전히 거부한다. 로마 교회는 죄 자체를 두 종류로 구분한다. 하나는 죽을 죄(대죄, mortal sin)이고, 다른 하나는 용서받을 죄(소죄, venial)이다.[138] 전자는 하나님과 죄인의 관계를 끊어버리고, 후자는 그 관계를 약화시킨다. 하지만 이와 같은 개념은 성경의 지지를 받을 수 없다. 죄의 크기에 대한 고백서의 가르침을 다음과 같이 요약할 수 있다.

> 1) 아무리 작은 죄라도 하나님의 저주를 받는다. 즉 모든 죄는 죽을 죄다.
> 2) 아무리 큰 죄라도 하나님께 용서받을 수 있다. 즉 모든 죄는 용서받을 수 있는 죄다.

이 두 가지 점에서 모든 죄는 차이가 없다. 하지만, 비록 모든 죄가 하나님의 심판과 저주를 피할 수 없고, 모든 죄는 그리스도의 속죄로 사함을 얻을 수 있다는 것이 모든 죄가 아무런 차별이 없이 다 똑같다는 말은 아니다. 어떤 죄는 하나님 보시기에 훨씬 더 흉악하기 때문에 교회는 그런 것을 잘 구분할 필요가 있다. 이 주제에 대해서 대교리문답 151문답은 아주 상세하게 잘 정리했다. 대교리문답(151)에[139] 따르면 죄의 흉악성

---

138 죽음에 이르는 죄에 대해서는 다음 저서를 참고하라. 신원하, 『죽음에 이르는 7가지 죄: 현대적 관점에서 재조명한 7대죄와 성화의 길』 (서울: IVP, 2020).

139 이후 부연 설명을 참고할 것. 대교리문답 151문답은 죄의 크기에 대하여 「고백서」 작성자들이 얼마나 고민했는지를 잘 보여 준다.

은 1) 누가 죄를 지었는지 2) 누구에게 죄를 지었는지 3) 어떻게 죄를 짓게 되었는지 4) 언제, 어디서, 어떤 상황에서 죄를 지었는지에 따라 달라진다. 이와 같은 구별은 교회의 권징을 올바로 시행할 때 매우 중요하다. 죄의 행위는 똑같다고 하더라도 그 죄의 심각성은 여러 가지 상황과 조건에 따라 달라지기 때문에 치리회는 그것을 잘 분간하여 그 죄에 알맞은 권징을 시행해야 한다. 그렇지 않을 경우 교회의 권징은 합법적 폭력과 별다를 바가 없게 된다.

제5항 구체적 회개의 필요성

죄의 고백은 구체성을 지녀야 한다. 이 점에서 회개와 믿음은 유사한 면이 있다. 믿음은 암묵적(implicit) 믿음과 명시적(explicit) 믿음으로 구분된다. 전자는 막연한 믿음으로 정확한 지식 없이 대충 믿는 것을 말한다. 참된 믿음이 구체적이고 분명한 지식을 요구하는 것과 마찬가지로 회개도 구체적인 죄의 고백을 요구한다. 삭개오의 회개는 구체적인 회개가 무엇인지 잘 예시하고 있다(눅 19:8). 구체성을 지니지 않는 죄의 고백은 오히려 상대방을 화가 나게 할 뿐이다. 이것은 부부 싸움에서 자주 일어난다. 퇴근하고 집으로 왔는데 아내가 무슨 일인지 모르지만 상당히 화가 나 있다. 근사한 외식을 비롯하여 여러 가지를 제안하지만 별 소용이 없다.

남편: 여보, 정말 미안해요. 내가 잘못했어요.
아내: 무엇을 잘못했는데요?

남편: 무엇을 잘못했는지 잘 모르겠지만 내가 다 잘못했어요.

남편의 말에 아내는 화가 더 날 수밖에 없다. 아내에게 무슨 잘못을 했는지 구체적으로 고백하지 않는 한 아내에게 용서받기는 힘들다.

신자들 중에서도 이 남편과 유사하게 포괄적으로 죄를 고백하는 경우가 적지 않다. "하나님, 제가 지은 모든 죄를 용서해 주십시오." 또는 "제가 알고 지은 죄, 모르고 지은 죄를 다 용서해 주십시오." 이렇게 기도하고 나면 더 이상 회개할 내용이 사라지게 된다. 죄의 고백이 구체성을 잃게 되면 회개는 건성으로 이루어질 위험성이 높아진다.

구체적으로 회개하기 위해서는 어떻게 해야 하는가? 가장 좋은 방법은 소교리문답이나 대교리문답을 통해서 십계명을 공부하는 것이다. 특히 대교리문답은 구체적인 죄를 아주 세밀하게 구분하여 서술하고 있다. 죄를 구체적으로 인식해야 구체적으로 회개할 수 있다.

제6항 피해자의 중요성

피해자에 대한 고백 모든 죄는 궁극적으로 하나님을 향한 것이므로 하나님께 죄를 고백해야 하지만, 또한 죄의 고백은 무엇보다 피해를 당한 당사자에게까지 확장되어야 한다. 2007년 개봉된 〈밀양〉이라는 영화는 이 점을 탁월하게 잘 연출했다. 아들이 유괴범에게 살해당한 후 주인공은(전도연) 삶을 방황하다가 신앙을 갖게 되었고, 유괴범도 교도소에서 신앙을 얻게 되었다. 오랜 번민 끝에 주인공은 유괴범을 용서하기로 단단히 결심하고 교도소를 방문한다. 하지만 주인공이 유괴범과 대면했을 때 들은 말은, 자신은 하나님께 용서를 받아 아주 평안하다는 것이었다. 이 말을 듣고 주인공은 너무도 허탈하여 이전보다 더 큰 괴로움 속에서 비참한 삶을 살아간다. 유괴범이 정말로 회개했다면 하나님께 용서받았다고 말하기 전에 주인공에게 진심으로 사과해야 했을 것이다. 이 영화는 피해자에 대한 진심 어린 사과가 없으면, 회개가 얼마나 공허할 수 있는지를 잘 보여 준다.

피해 당사자는? "피해자는 그와 화해하고 사랑 안에서 그를 수용해야 한다." 말이 쉽지 피해자가 가해자를 용서하고 받아들이는 것이 얼마나 어려운지 우리는 경험을 통해서 잘 알고 있다. 베드로가 예수님께 질문했다(마 18:21). "주여! 형제가 내게 죄를 범하면 몇 번이나 용서하여 주리이까? 일곱 번까지 하오리이까?" 이 질문에 대해 우리 주님은 이렇게 답하셨다. "네게 이르노니 일곱 번뿐 아니라 일곱 번을 일흔 번까지라도 할지니라." 이 답을 들은 베드로는 속으로 이렇게 생각했을 것이다. '도대체 그것이 가능한가? 가능하더라도 왜 그렇게 살아야 하는가?' 예수님은 그런 생각을 아시기라도 한 것처럼 '일만 달란트 빚진 자 비유'를 들려주셨다. 용서의 가능성은 내가 더 큰 죄인이었으며 그 죄를 은혜로 용서받았다는 확신에서 나온다.

때로 너무 쉽게 용서를 말하는 자들이 있다. 심지어 피해자에게 용서하라고 압력을 가하기도 한다. 이때 "죄 없는 자가 먼저 돌로 치라!"(요 8:7)는 예수님의 말씀을 인용하기도 한다. 이렇게 말씀으로 성범죄를 덮어 버리려고 하는 이들이 교회 안에 적지 않은데 문제는 성경에 있는 내용이기 때문에 쉽게 반박하지 못하는 경우가 많다는 것이다. 간단히 말해서 "죄 없는 자가 먼저 돌로 치라!"는 예수님만이 하실 수 있는 말이다. 그분은 하나님이시고 하나님이시기 때문에 그 여자를 용서하실 수 있었다. 그런데 이런 상황이나 문맥은 전혀 고려하지 않고 하나님의 자리에 올라가 "죄 없는 자가 먼저 돌로 치라!"고 뻔뻔스럽게 외치는 것은 사실은 신성모독이라고 할 수 있다.

피해자를 고려하지 않는 회개의 메시지는 절망과 죽음으로 인도할 뿐이다. "용서하라!"는 오직 하나님만이 하실 수 있는 말이다. 그리고 가해자들이 아니라 피해자들이 "용서합시다!"라고 말할 자격이 있다. 그때까지 가해자들이 해야 할 일은 진심으로 그들에게 사죄하는 것뿐이다. 그렇게 했음에도 불구하고 피해자들이 그 사과를 받아들이지 않는다면 가해자들은 하나님으로부터 심판을 받을 수밖에 없을 것이다.

아무리 성화가 되었다고 하더라도 여전히 남아 있는 죄의 부패로 인해 신자들은 죄를 짓게 된다. 이 죄는 본성상 모든 인간관계를 파괴한다. 가족과 친지와 성도들 사이의 관계는 죄로 인해 큰 상처를 받는다. 때로는 그 갈등이 이혼이나 살인이라는 비극적인 종말로 끝나는 때도 있다. 파괴된 인간관계를 회복시키는 것은 사과와 용서 외에 방법이 없다. 따라서 이 세상에서 행복하게 살기 위해서 우리는 회개와 용서를 하는 신자로 자라가야 한다. 회개가 복음인 이유가 무엇인가? 진정한 회개와 용서는 인간이 할 수 없는 일이기 때문이다. 회개의 복음을 받아들인 자들이 서로 사과하고 용서하면 화해를 이루게 된다. 이 화해야말로 생명이라고 하지 않을 수 없다.

부연 설명: 죄의 크기에 대하여 (대교리문답 151문답)

"어떤 죄들은 다음과 같은 요인 때문에 더 흉악합니다."

1. 죄를 범하는 사람에 따라: 연령이 높거나, 보다 더 많은 경험 혹은 은혜를 가졌거나, 직업과 은사와 지위와 직분에서 탁월하거나, 다른 사람들을 지도하거나, 다른 사람들이 본받기 쉬운 사람들이 짓는 죄는 더 흉악합니다.

2. 범죄의 대상에 따라: 직접적으로 하나님과 그분의 속성과 그분께 드리는 예배에 대하여, 그리스도와 그분의 은혜 그리고 성령님과 그분의 증거와 사역에 대하여, 윗사람들이나 신분이 높은 사람들, 특히 친족과 연고자들 중에서 그와 같은 사람들을 대하여, 성도들, 특히 연약한 형제들과 그들이나 다른 사람들의 영혼들에 대하여, 그리고 모든 사람 혹은 많은 사람의 공공 선에 대하여 짓는 죄는 더 흉악합니다.

3. 범죄의 본성과 성질에 따라: 율법에 분명히 명시된 것을 어기거나 많은 계명을 범했거나 많은 죄가 포함된 범죄를 저지르는 경우, 마음에 품었을 뿐 아니라 말과 행동으로 표출하거나, 다른 사람들을 넘어지게 하거나, 배상(賠償)할 의지가 없는 경우, (회개의) 기회, 자비, 심판, 본성의 빛, 양심의 가책, 공적 혹은 사적인 충고, 교회의 권징, 국가의 징벌이 주어졌음에도 불구하고 죄를 짓는 경우, 우리가 기도하고 결심하고 약속하고 서약하고 언약을 맺고 하나님이나 사람과 계약을 맺었음에도 불구하고 죄를 짓는 경우, 일부러, 고의로, 뻔뻔스럽게, 경솔하게, 자랑삼아,

악의를 가지고, 자주, 집요하게, 즐겁게, 반복적으로, 회개한 후에 다시 타락함으로 죄를 짓는 경우에 그 죄는 더 흉악합니다.

4. 때와 장소와 상황에 따라: 주일에, 여러 예배 시간에, 예배 직전이나 직후에, 또는 그런 비행을 막거나 고칠 수 있는 여러 도움이 있을 때, 그 범죄가 공적인 자리에서 또는 다른 사람들 앞에서 저질러져서 당사자가 쉽게 분개하거나 더럽혀질 때 짓는 죄는 더 흉악합니다.

제16장 선행

1항. 하나님께서 거룩하신 말씀에서 명령하신 것만 선행이며,[1] 말씀에 근거하지 않은, 사람의 맹목적인 열심이나 선한 의도를 구실로 고안된 것은 선행이 아니다.[2]

2항. 하나님의 명령에 순종함으로 행하는 선행은 참되고 살아 있는 믿음의 열매요 증거이다.[3] 신자는 이 선행으로 감사를 표현하고,[4] 확신을 굳게 하며,[5] 형제들을 세우고,[6] 복음의 고백을 장식하며,[7] 원수들의 입을 막고,[8] 하나님을 영화롭게 한다.[9] 신자는 하나님이 만드신 바요, 그리스도 예수 안에서 선행을 위하여 지으심을 받은 자니,[10] 곧 거룩함에 이르는 열매를 맺어, 마침내 영생을 얻을 것이다.[11]

3항. 선행을 행할 수 있는 능력은 결코 신자 자신에게서가 아니라, 전적으로 그리스도의 영으로부터 나온다.[12] 신자가 선행을 행할 수 있으려면, 이미 받은 은혜들 외에, 그의 기쁘신 뜻을 바라고 행하도록 신자 가운데서 역사하시는, 동일한 성령의 실제적인 영향력이 반드시 필요하다.[13] 그렇지만 성령께서 특별히 활동하시지 않으면 어떤 의무를 행하지 않아도 되는 것처럼 태만해서는 안 되며, 오히려 자신 안에 있는 하나님의 은혜가 불일 듯 일어나도록 부지런해야 한다.[14]

4항. 이생에서 가능한 가장 높은 차원의 순종에 도달한 신자들이라도, 마땅히 해야 할 의무를 수행하는 데 있어서 많이 부족하기 때문에, 해야 할 일보다 더 많이 하거나 하나님께서 요구하시는 것보다 더 많은 일을 할 수는 없다.[15]

5항. 우리의 가장 탁월한 선행이라도 하나님에게서 죄 사함을 받거나 영생을 받을 공로가 될 수는 없다. 우리의 선행과 장차 나타날 영광 사이에는 큰 부조화가 있고, 우리와 하나님 사이에는 무한한 거리가 있기 때문에, 우리는 선행으로 하나님을 유익하게 할 수도 없고, 우리가 이전에 범한 죄의 빚을 갚을 수도 없다.[16] 우리는 할 수 있는 모든 일을 행한 후에도, 우리가 해야 할 의무를 행한 것뿐이요, 무익한 종에 불과하다.[17] 우리가 행한 선행이 성령으로부터 나오기 때문이다.[18] 선행이 우리의 힘으로 행해진다면, 그 선행은 너무 많은 연약함과 불완전함에 더럽혀지고 혼합되기 때문에 하나님의 엄정한 심판을 견딜 수 없을 것이다.[19]

6항. 그럼에도 불구하고 하나님께서는 그리스도를 통해 신자들의 인격을 받아주신 것처럼, 신자들의 선행도 그리스도 안에서 받아주신다.[20] 마치 신자들이 이생에서 하나님이 보시기에 전혀 흠이 없고 책망할 것이 없어서가 아니라,[21] 비록 많은 연약함과 불완전함을 동반하고 있지만, 하나님은 자신의 아들 안에서 그 선행을 보시고 진실한 행위로 받으셔서 갚아주시기를 기뻐하시기 때문이다.[22]

7항. 거듭나지 않은 사람들이 하는 행위가 그 자체로는 하나님께서 명령하신 일일 수 있고, 자신들과 다른 사람들을 유익하게 할 수도 있지만,[23] 그 행위가 믿음으로 정결하게 된 마음에서 나온 것도 아니고,[24] 말씀에 따라 올바른 방법으로 행한 것도 아니며,[25] 하나님의 영광이라는 올바른 목적에 따라 행한 것도 아니기 때문에,[26] 그 결과 그들의 행위는 죄가 되며, 하나님을 기쁘시게 할 수도 없고, 사람을 하나님의 은혜를 받기에 적합하게 만들 수도 없다.[27] 그렇지만 그들이 선행을 행하지 않으면 그것은 더 큰 죄가 되며 하나님을 더 노엽게 한다.[28]

---

1) 미 6:8; 롬 12:2; 히 13:21.
2) 마 15:9; 사 29:13; 벧전 1:18;
　롬 10:2; 요 16:2; 삼상 15:21-23.
3) 약 2:18, 22.
4) 시 116:12-13; 벧전 2:9.
5) 요일 2:3, 5; 벧후 1:5-10.
6) 고후 9:2; 마 5:16.
7) 딛 2:5, 9-12; 딤전 6:1.
8) 벧전 2:15.
9) 벧전 2:12; 빌 1:11; 요 15:8.
10) 엡 2:10.
11) 롬 6:22.
12) 요 15:4-5; 겔 36:26-27.
13) 빌 2:13; 빌 4:13; 고후 3:5.
14) 빌 2:12; 히 6:11-12;
　벧후 1:3, 5, 10-11; 사 64:7;
　딤후 1:6; 행 26:6-7; 유 1:20-21.
15) 눅 17:10; 느 13:22; 욥 9:2-3; 갈 5:17.
16) 롬 3:20; 롬 4:2, 4, 6; 엡 2:8-9;
　딛 3:5-7; 롬 8:18; 시 16:2;
　욥 22:2-3; 욥 35:7-8.

17) 눅 17:10.
18) 갈 5:22-23.
19) 사 64:6; 갈 5:17; 롬 7:15, 18;
　시 143:2; 시 130:3.
20) 엡 1:6; 벧전 2:5; 출 28:38; 창 4:4;
　히 11:4.
21) 욥 9:20; 시 143:2.
22) 히 13:20-21; 고후 8:12; 히 6:10;
　마 25:21, 23.
23) 왕하 10:30-31; 왕상 21:27, 29;
　빌 1:15-16, 18.
24) 창 4:5; 히 11:4; 히 11:6.
25) 고전 13:3; 사 1:12.
26) 마 6:2, 5, 16.
27) 학 2:14; 딛 1:15; 암 5:21-22;
　호 1:4; 롬 9:16; 딛 3:5.
28) 시 14:4; 시 36:3; 욥 21:14-15;
　마 25:41-43, 45; 마 23:23.

이같이 너희 빛이 사람 앞에 비치게 하여
그들로 너희 착한(선한) 행실을 보고
하늘에 계신 너희 아버지께 영광을 돌리게 하라.

(마 5:16)

서론: 도대체 왜 논란이 되는가?

신자들이 선행에 힘써야 한다는 것에 대해서는 누구도 반대하지 않을 것이다. 하지만 이신칭의 복음이 회복되고 나서 선행은 지속해서 논란의 대상이 되었다. 이 같은 논란은 성도들에게 큰 혼란을 초래하기도 했다. 교회에서 선행을 잘못 가르칠 경우 칭의의 복음이 심각하게 훼손될 수도 있고, 반대로 성도들이 선행에 무관심해질 수도 있다. 선행의 중요성을 지나치게 강조해서도 안 되고, 지나치게 격하해서도 안 된다. 이를 위해서 선행에 대한 올바른 자리매김이 잘 정립되어야 한다.

오늘날 우리는 교회의 윤리적 수준이 땅에 떨어졌다는 비판을 종종 받는다. 이와 같은 비판은 항상 있어 왔다. 그러면 어떻게 해야 할까? "서로 사랑합시다", "가난한 이웃을 도웁시다"와 같은 윤리적 내용을 설교 시간에 많이 하면 성도들이 선행에 힘쓸까? 선행이 무엇인지 가르친다고 해서 성도들이 선행에 힘쓰는 것은 아니다. 우리가 이미 충분히 살폈듯이 타락한 인간은 선행이 무엇인지도 모르고, 선행이 좋다는 것을 안다고 해도 실천하지 않는다.

선행과 관련된 논의 중에 가장 근거 없는 주장이 이신칭의 교리로 인해서 한국 교회의 윤리가 떨어졌고, 이를 극복하기 위해서는 성화의 교리를 강조해야 한다는 것이다. 상당히 그럴듯하게 들리지만, 교회사적으로 전혀 근거가 없다.[140] 이신칭의의 교리를 회복한 종교개혁의 수준이

---

140 이성호, "선행교리에 대한 개혁신학의 변증," 「한국개혁신학」 26 (2009): 185-203.

그것을 반대한 로마 교회보다 낮다고 할 수 없다. 이신칭의의 교리를 설교했던 대각성 운동의 지도자들은 미국과 영국 교회의 윤리적 수준을 현저히 끌어올렸다. 솔직히 한국 장로교회는 「고백서」(제11장)에서 가르친 대로 이신칭의를 제대로 가르친 적도 거의 없다. 사실, 한국 교회 전체가 교리에 대해서 전반적으로 무관심하다. 따라서 이신칭의가 문제가 아니라 이신칭의를 가르치지 않거나 어설프게 가르친 것이 근본적 문제다.

선행을 장려하기 위해서 칭의보다는 성화의 교리를 강조해야 한다는 주장도 검토해 보아야 한다. 궁극적으로 이와 같은 주장은 성화와 선행을 제대로 구분하지 못하는 것에서 비롯된다. 칭의는 신분의 변화고, 성화는 인격의 변화고, 선행은 신자의 행위다. 인격이 변화한다고 해서 선행이 가능한 것은 아니다. 「고백서」의 성화 교리에 따르면 아무리 성화된 사람의 행위라고 하더라도 죄로 오염되어 있다. 따라서 성화의 교리를 지나치게 강조하면 신자들이 선행을 할 동기를 상실하게 된다. 자신이 행한 선행이 정말 하나님을 기쁘게 하는지 확신할 수 없다면 신자들은 선행을 할 이유가 없다. 칭의 교리가 필요한 이유가 바로 여기에 있다.

선행에 대한 가장 잘못된 교리는 바리새주의이다. 그들은 선행 혹은 율법의 행위를 자신들의 의로 내세웠다. 결국 이들은 은혜의 복음을 선포하는 예수님을 십자가에 못 박아 죽게 했다. 펠라기우스는 은혜의 복음을 받았지만 하나님의 도움 없이 인간의 힘으로 선을 행할 수 있다고 주장했을 뿐만 아니라 이를 통해 구원받을 수 있다고도 주장했다. 로마 교회는 은혜 없이 선을 행할 수 없지만 은혜가 주입된 이후에는 선을 행할 수 있으며 영생은 이 선행에 대한 보상이라고 가르쳤다. 종교개혁은 이 모든 교리를 거부했다.

한편 이신칭의의 교리를 잘못 이해한 사람들에게 선행은 '필요 없다' 혹은 '해가 된다'는 식으로 가르치는 이들이 생겨났다. 보통 이들을 반율법주의자들이라고 부른다. 이들은 "선행을 해야 한다"고 가르치는 것이 다시 이전의 율법주의로 돌아간다고 생각했다. 이들에 따르면 선행은 구원받은 자들이 자연스럽게 행하는 것이어야 하지 의무가 되어서는 안 된다. 선행은 있으면 좋지만 없어도 구원에 크게 지장 받지 않는다.

일반적인 예상과 달리 종교개혁가들은 선행을 대단히 중요하게 생각했다. 심지어 루터는 선행이 구원에 필수적이라고까지 생각했다.[141] 물론 선행이 칭의의 원인이나 수단이 된다고 생각하지는 않았다. 이 점에 있어서 종교개혁은 확실하게 선을 그었다. 하지만 선행을 구원으로 가는 여정에서 반드시 있어야 하는 필수적인 요소로 보았고, 선행이 신자들과 교회에 가져다주는 엄청난 유익을 결코 과소평가하지 않았다.

제1항 선행이 무엇인지 어떻게 알 수 있는가?

"하나님께서" 일반적인 방식과 달리 「고백서」는 선행에 대한 정의에서 시작하지 않고 선행을 누가 규정하는지를 가장 먼저 다룬다. 하나님의 선하심이 창조 세계에 분명히 나타났지만 인간은 그것을 알지 못한다(제1장 1항). 하나님께서 효과 있는 부르심으로 우리의 지성을 비추시기 전에

---

141 Bernard Lohse, Roy A. Harrisville 역, *Martin Luther's Theology: Its Historical and Systematic Development I* (Minneapolis: Fortress Press, 1999), 264.

는 하나님에 관한 것을 알지 못한다(제10장 1항). 오직 하나님만이 선하시기 때문에(마 10:18) 선은 하나님만 정하실 수 있다. 이것은 선행을 이해하는 데 가장 기본적인 성경적 교훈이다. 하지만 인간들은 마치 선행을 이미 다 알고 있는 것처럼 생각하는데 「고백서」는 그런 교만한 생각을 먼저 무너뜨린다.

"거룩하신 말씀에서 명하신 것만" 하나님은 선행이 무엇인지 말씀에서 계시하셨다. 따라서 말씀에 계시되지 않은 것은 아무리 좋아 보여도 선행이 될 수 없다. 이 조항은 특별히 로마 교회를 향한 것이다. 로마 교회는 성경에 없는 수많은 규정을 만들었다. 예를 들어 그들은 성지순례도 중요한 선행 중에 하나로 간주했다. 예수님께서 태어나시고 활동하셨던 예루살렘을 방문하는 것이 죄가 될 수는 없을 것이다. 그곳을 방문하면 많은 영적인 유익을 얻을 수도 있다. 하지만 그것이 선행이 될 수는 없는데 왜냐하면 하나님께서 거룩하신 말씀에서 명하시지 않았기 때문이다.

선행에 대한 올바른 교리는 특별히 신앙생활을 열심히 하는 자들에게 매우 필요하다. 교회 일에 열심인 신자들이 가장 먼저 해야 하는 것은 본인들이 하려고 하는 것이 하나님의 말씀에 계시된 것인지를 늘 확인하는 것이다. 좋은 게 좋다는 식으로, 교회에 유익이 되니까 선행이라고 생각해서는 안 된다. 이웃과 교회에게 유익이 되는 행동과, 하나님을 기쁘시게 하는 선행을 구분할 필요가 있다. 하나님의 말씀에 계시된 것이 아닌데 그것을 선행이라고 생각하고 열심히 신앙생활을 하면 율법주의에 빠질 위험이 있다. 실제로 선행에 대한 바른 이해 없이 **"맹목적인 열심"**만으로 신앙생활을 열심히 하다가 영적인 고갈을 경험하는 경우가 적지 않다.

"선한 의도" 행위의 가치가 의도에서 비롯된다고 생각하는 이들이 많다. 하지만 선한 의도가 선행의 충분조건이 될 수 없다. 선행은 선행을 하는 사람에 의해서 결정되는 것이 아니라 선행을 받는 사람이 결정하는 것이다. 가인은 자기 소산을 예배할 때 하나님께 드렸으나 하나님은 그것을 받지 않으셨다(창 4장). 사울 역시 아말렉과의 전투에서 이긴 후 하나님께 제사하기 위해 양과 염소를 끌고 왔으나 하나님은 사울의 불순종에 대해서 진노하셨다(삼상 15장). 성전을 사모하는 열심이 우리를 삼킬 수도 있다는 것을 기억해야 한다(요 2:17).

제2항 선행이 가져오는 엄청난 유익

선행은 신자들과 교회에 엄청난 유익을 가져온다. 이와 같은 유익을 생각하면 결코 선행의 중요성을 과소평가할 수 없다. 칭의와 영생을 얻기 위해서라면 선행은 아무 소용이 없으나, 이미 구원받은 신자들에게 선행은 큰 유익을 제공한다. 구원받는 것에도 관심을 가져야 하지만 구원받은 이후의 삶에 관해서도 관심을 가져야 한다. 선행이 특별히 중요한 이유는 선행을 행하는 신자 뿐만 아니라 교회와 사회가 큰 유익을 얻기 때문이다. 예를 들어서, 믿음은 믿음을 가진 자에게 구원을 가져오고 칭의는 그 은혜를 받은 사람의 신분을 완전히 변화시킨다. 하지만 그 믿음이 아무리 대단해도 그 믿음이 다른 사람을 구원하거나 그에게 그리스도의 의로움을 전가시키지 않는다. 성도가 성장하기 위해서는 믿음이 필요하지만 교회가 성장하기 위해서는 선행이 필수적이다.

"참되고 살아 있는 믿음의 열매요 증거" 이 구절은 행함과 믿음의 관계를 아주 정확하게 보여 준다. 믿음은 뿌리이고, 행함은 열매이다. 행함은 어떤 경우에도 믿음을 위한 원인이 될 수 없다. 이 점은 아무리 강조해도 지나치지 않지만 여기에서 머물러서는 안 된다. 행함이 열매요 증거라는 점도 결코 무시되어서는 안 되는 것이다. 열매 없는 나무는 아무런 소용이 없고, 증거 없는 주장은 공허할 뿐이다. 사도 야고보는 이것을 다음과 같이 분명하게 가르쳤다. "행함이 없는 믿음은 그 자체가 죽은 것이라"(약 2:17). 참되고 살아 있는 믿음은 '구원하는 믿음'이다. 믿음은 하나님의 선물이며 보이지 않는 실체다. 믿음은 보이지 않지만 선행은 우리 눈에 보인다. 신자는 보이는 선행을 통해서 참되고 살아 있는 믿음을 분별해야 한다.

"감사를 표현함" 물에 빠져서 죽을 뻔하다가 구원받았을 때 자신을 구원해 준 사람에게 감사하는 것은 지극히 당연한 일이다. 그 은혜를 모르는 사람을 우리는 배은망덕한 사람이라고 부르면서 짐승보다 못한 사람으로 취급한다. 사랑하는 유일한 아들을 주시기까지 우리를 구원하신 삼위 하나님께 어떻게 감사해야 할까? 「고백서」에 따르면 그것을 한 단어로 말하면 '선행'이다. 하나님께서 구원받은 백성들이 살아가야 하는 방식에 대해서 거룩한 말씀에서 다 계시하셨기 때문에 신자들은 말씀이 가르친 선행을 실천하면서 하나님께 감사하는 삶을 살 수 있다.

"확신을 굳게 함" "내가 구원받았는가?"도 중요한 질문이지만 "내가 구원받았는지 어떻게 알 수 있는가?"도 중요하다. 선행이 살아 있는 믿음의 열매와 증거라는 것을 다시 한번 강조할 필요가 있다. 베드로 사도는 성도들에게 이렇게 권면한다. "형제들아, 더욱 힘써 너희 부르심과 택하심을 굳게 하라"(벧후 1:10)! 굳게 하는 방법은 열매를 맺는 삶이며, 그 열매는 믿음, 덕, 지식, 절제, 인내, 경건, 형제 우애, 사랑과 같은 것들이다. 이 확신에 대해서는 제18장에서 보다 상세하게 다루어질 것이다.

"형제들을 세움" 교회 안에는 다양한 신자들이 존재한다. 이 신자들이 모여서 그리스도의 몸이요 성령의 전인 교회를 이룬다. 구약 시대에는 죽은 돌로 성전을 세웠지만 신약 시대에는 살아 있는 돌, 즉 성도들로 세워진다(벧전 2:5). 형제를 세운다는 말은 곧 교회를 세운다는 말이다. 그런데 교회의 지체 중에는 연약한 성도들도 있다. 이들은 누군가의 도움이 있어야 지속적인 신앙생활을 할 수 있다. 선행을 통하여 이들이 잘 세워질 때 주님의 교회는 든든하게 계속 성장할 것이다.

"복음의 고백을 장식함" 이 문구는 디도서 2장 10절에 근거한 것이다. "우리 구주 하나님의 교훈을 빛나게 하려 함이라." 본문에 따르면 이 구절은 종들에게 하는 권면이다. 흥미로운 것은 장로교회는 전통적으로 「고백서」의 이 문구를 장로 임직 서약문에 삽입했다는 점이다. 장로교회마다 조금씩 다르지만 장로 서약문에는 "복음의 고백을 아름답게 장식하기 위해 노력한다"는 구절을 포함하고 있다. 목사가 복음을 선포하고 변증하는 직무를 수행한다면 장로는 선행을 통해서 그 복음을 아름답게 장식해야 할 의무가 있다. 물론 이 선행의 의무는 모든 성도에게도 적용된다. 설교를 통해서 복음을 순수하게 전하고, 선행을 통해서 복음이 잘 단장된 교회가 튼튼하고 아름다운 교회이다. 참된 교회를 세우기만을 힘쓸 것이 아니라 아름다운 교회를 세우기 위해서도 노력해야 한다. 참된 교회는 선행을 통해 계속 아름답게 변해가야 한다. 특히 이 선행은 장로들에게 요구된다.

"원수들의 입을 막고" 이 교훈이야말로 오늘날 교회가 반드시 기억할 필요가 있다. 오늘날 기독교는 많은 사람에게 비난과 조롱을 받고 있다. 그중에는 사실도 있지만 전혀 근거가 없는 것도 있다. 그런 글을 인터넷상에서 보고 "그런 것이 아니고 사실은 이렇습니다"라고 기독교를 변호하면 어떻게 될까? 거의 대부분 더 심한 욕설들이 댓글로 달릴 것이다. 원수들의 입을 막는 가장 좋은 방법은 논리 정연한 설명이 아니다. 우리의 「고백서」가 가르치는 대로 열심히 선을 행하는 것이다. 사도 바울은 로마 교회 성도들에게 "선으로 악을 이기라"고 권면한다(롬 12:21). 바울 사도의 이 권면은 우리 몸을 거룩한 산 제물로 하나님께 감사드리는 여러 선한 일 중에 가장 마지막 행위다.

"하나님을 영화롭게 함" 선행은 하나님을 영화롭게 한다. 우리의 선행으로 말미암아 불신자들도 하나님을 찬양하게 된다. 사도 베드로는 이렇게 권면한다. "너희가 이방인 중에서 행실을 선하게 가져 너희를 악행한다고 비방하는 자들로 하여금 너희 선한 일을 보고 오시는 날에 하나님께 영광을 돌리게 하려 함이라"(벧전 2:12). 믿음이 우리의 구원과 관계된 일이라면, 선행은 하나님의 영광과 관계된 일이다. 교회가 선행에 관심이 없다는 것은 하나님의 영광에 관심이 없다는 말이다. 우리의 구원과 하나님의 영광, 둘 중에서 어느 것이 더 중요한 문제인가? 물론 이 둘을 구별하는 것 자체가 문제가 있다. 하지만 오늘날 한국 교회의 신자는 구원 문제에 매몰되어서 하나님의 영광에 대해서는 별 관심이 없는 것 같다. 「고백서」는 선행이 하나님을 영화롭게 하는 수단이라고 말한다. 대/소교리문답(제1문답)에 따르면 하나님의 영광은 인간이 이 세상에서 살아가는 궁극적인 이유와 목적이다. 바울 사도는 에베소서에서 하나님께서 사람을 지으신 이유는 선한 일을 하도록 하기 위해서라고 분명하게 밝힌다(엡 2:10).

제3항 선행을 할 수 있는 능력은 어디서 오는가?

선행이 무엇인지 몰랐던 사람이 선행을 알았다고 해서 선행을 할 수 있는 것은 아니다. 말씀에 계시된 선행이 무엇인지 정확하게 알았다고 하더라도 그 선을 행할 힘이 없다면 그 지식은 오히려 깨달은 사람에게 절망만 안겨 줄 것이다. 이신칭의를 공격하면서 윤리를 강조하는 사람들의 특성 중의 하나가 마음만 먹으면 얼마든지 선행을 할 수 있다고 생각하는 것이다.

"그리스도의 영으로부터" 선행을 할 수 있는 능력은 신자 자신에게서 나오지 않는다. 선행을 강조하는 사람은 이 점을 항상 놓치지 말아야 한다. 선행을 하기 위해 필요한 것은 자신을 의지하지 않고 그리스도의 영을 의지하는 것이다. 따라서 칭의를 위해서도 믿음이 필요하지만, 선행을 하기 위해서도 믿음이 필요하다.

이미 받은 은사들로 충분하지 않음 신자는 불신자와 달리 여러 은혜를 이미 받았다. 칭의는 물론이고 성화의 은혜도 받았다. 그러니 신자들이 이미 받은 은혜를 사용하여서 선행을 할 수 있지 않을까? 「고백서」는 이런 견해를 완전하게 거부한다. 비록 신자들이 여러 은혜를 가지고 있지만 스스로, 즉 성령의 도움 없이 그 은사를 사용할 수 없다. 그 은혜를 사용하기 위해서는 성령 하나님에 의한 "실제적인 영향력(actual influence)"이 반드시 필요하다. 즉 선행을 하기 위해서 신자는 성령을 통해서 거듭나야 하고, 믿음을 통해서 여러 은혜를 받아야 하고, 그 은혜들을 사용하기 위해서 성령께서 실제적으로 영향력을 행사하셔야 한다.

부지런해야 함 선행이 전적으로 성령의 사역이라면 선행을 하기 위해서 성령께서 역사하실 때까지 가만히 기다리기만 하면 되는가? 성령의 주권적 사역에 대한 강조가 신자의 게으름으로 가지 않도록 주의해야 한다. 오히려 성령님을 의지하면서 성령께서 신자 안에 있는 은혜들이 불일 듯 일어나게 하시도록 부지런히 노력해야 한다. 다음 구절을 살펴보자.

> 나 있을 때뿐 아니라 더욱 지금 나 없을 때에도 항상 복종하여 두렵고 떨림으로 너희 구원을 이루라. [왜냐하면] 너희 안에서 행하시는 이는 하나님이시니 자기의 기쁘신 뜻을 위하여 너희에게 소원을 두고 행하게 하시나니.
>
> (빌 2:12-13)

바울 사도는 빌립보 교인들에게 "구원을 이루라"고 명령한다. 하지만 그 근거가 무엇인가? 바로 하나님께서 그들 안에서 행하시기 때문이다.[142] 참고로 "이루라"와 "행하다"는 같은 어근을 가지고 있다. 아쉽게

---

142 변종길, 『빌립보서』 (대구: 말씀사, 2017), 117-119.

도 한글 성경에는 12절과 13절 사이에 "왜냐하면"이라는 문구가 생략되어 있는데 이 두 구절은 인과관계로 연결되어 있다. 따라서 어느 한쪽만 강조해서는 안 된다. 하나님께서 우리 안에서 역사하셔서 소원이 생기게 하시고 그 소원을 행하게 하시기 때문에 우리는 부지런히 두려움으로 구원을 이루기 위해서 노력해야 한다. 하나님의 역사와 인간의 노력은 항상 같이 간다는 것이 성경의 가르침이다.

제4항 선행의 가치: 많이 부족할 수밖에 없음

제4항을 이해하기 위해서는 로마 교회의 여공(餘貢, supererogation) 교리를 이해해야 한다.[143] 개신교인들에게 매우 생소한 이 교리는 선행의 위상을 지나치게 높여서 공로 사상으로 연결된다. 로마 교회에 따르면 모든 사람에게 요구되는 보편적 계명이 있고, 특별한 사람에게 요구되는 계명이 있다. 이 특별한 계명들은 원하지 않으면 지키지 않아도 되지만 지키면 자신이 해야 할 의무보다 더 많은 의무를 행했기 때문에 공덕을 쌓을 수 있고, 이 남은 공덕은 다른 사람에게 전가될 수도 있다. 이 특별한 계명들을 '완전함의 권고(Counsels of Perfection)'라고 하는데 가난, 독신, 순명을 가리킨다. 가난은 소유를 포기하는 것이고, 독신은 정욕을 포기하는 것이고, 순명은 자신의 의지를 포기하는 것이다.

「고백서」는 로마 교회의 여공 교리를 단호하게 거부한다. 아무리 탁월

---

143 로버트 쇼, 『웨스트민스터 신앙고백 해설』, 335-336.

한 성인이라고 하더라도 마땅히 해야 할 일도 다 할 수 없다. 따라서 하나님께서 요구하시는 것 이상의 선행을 할 수 있는 사람은 이 세상에 존재하지 않는다. 최고의 순종이라고 할지라도 하나님의 기준에는 많이 미흡할 뿐이다.

제5항 선행이 공로가 될 수 없는 이유

제5항은 로마 가톨릭 교회의 공로(merit) 교리를 정죄한다. 공로 교리 역시 개신교인들에게 생소하기 때문에 최소한의 설명이 필요하다.[144] 로마 교회의 교리에 따르면 거듭난 신자는 주입된 하나님의 은혜와 협력하여 선한 일을 할 수 있다. 이 선행은 하나님으로부터 비롯되었기 때문에 비록 아무리 작은 선행일지라도 무한한 가치를 가진다. 이 가치 때문에 하나님은 그에 상응하는 상(죄사함과 영생)을 수여하신다. 선행에 대한 하나님의 보상은 하나님의 은혜의 행위일 뿐 아니라 정의의 행위이기도 하다.

로마 교회의 교훈 속에 교묘하게 감추어진 누룩을 개혁교회 신자들은 정확하게 볼 수 있어야 한다. 그들은 겉으로는 하나님의 은혜를 매우 강조하는 것처럼 보이지만 실제로는 인간의 행위를 지나치게 격상시켜 궁극적으로 하나님의 은혜를 무효화시킨다. 로마 교회의 공로 교리를 염두에 두면서 아무리 훌륭한 행위도 공로가 될 수 없다는 「고백서」의 논증을

---

144 '공로'(merit)는 가치라는 개념에서 나왔으며 인간의 행위가 하나님께 어떤 의무를 지운다는 개념을 지니고 있다. 자세한 논의는 다음 논문을 참고하라. 이성호, "하나님의 공의로운 사역으로서의 공로(meritum): 아퀴나스의 공로 교리에 대한 연구,"「개혁논총」 35 (2015), 239-268.

차례대로 살펴보자.

- 이 세상에서의 선행과 장래의 영광 사이에는 큰 격차가 있다.
- 하나님과 인간 사이에도 무한한 거리가 존재한다.
- 우리의 선행으로 하나님을 유익하게 할 수도 없고, 죄의 빚도 갚을
  수 없다.
- 비록 선행을 한다고 하더라도 그것은 마땅히 해야 할 일을 한 것이
  기에 어떤 상을 기대할 수 없다.
- 또한 그 선행의 근본 원인은 우리의 힘이 아니라 성령에서 나왔기
  때문에 선행에 대한 어떤 권리도 주장할 수 없다.
- 인간의 힘으로 선행을 했다고 하면, 그것은 불완전하기 때문에 하
  나님의 심판의 대상이 될 뿐이다.

제6항 흠이 많음에도 불구하고 선행으로 인정받을 수 있는 이유

제5항과 제6항을 잘못 이해하면 선행의 가치를 폄하할 수 있다. 비록
선행이 많은 유익을 준다고 하더라도 선행 자체가 많이 부족할 수밖에
없고 하나님의 진노의 대상이 된다면 선행을 해야 할 이유가 무엇인가?
그 이유는 비록 그 선행이 흠이 많고 부족하더라도 하나님께서 그리스도
때문에 받아 주시기 때문이다. 하나님께서는 칭의를 통해 신자들뿐만 아
니라 신자들의 행위도 기쁘게 받아 주신다. 이 점에서 우리는 칭의의 중
요성을 다시 한번 확인하게 된다.

우리가 행하는 선행이 하나님께 용납될 수 있다는 확신을 어디에서

얻을 수 있는가? 만약 이 확신이 없다면 신자는 선을 행할 이유가 없을 것이다. 사실, 이 확신을 얻는 것은 쉽지 않다. 신자들의 행위 자체는 별 가치가 없기 때문이다. 하지만 하나님은 그 선행을 자신의 아들 안에서 보신다. 그 결과 하나님은 그 행위를 진실하게 보시고 그 행위에 대해서 보상하신다. 따라서 칭의 교리는 신자들에게 선행에 대해서 무관심하게 하는 것이 아니라 오히려 선행을 할 수 있다는 확신을 제공한다.

제7항 중생하지 않은 자들의 선행: 유익하지만 하나님을 기쁘시게 하지 못함

중생하지 않은 자들의 선행을 어떻게 볼 것인가? 겉으로 보기에 중생한 자들도 때로는 중생한 자들보다 더 탁월한 선행을 하는 것처럼 보인다. 예를 들어서 중생하지 않은 자들도 성경을 읽을 수 있다. 그들의 성경 읽기를 악한 것으로 보아야 하는가? 트리엔트 공의회는 "칭의 이전의 모든 행위는 참으로 죄이고 하나님의 진노를 받기에 합당하다"는 개신교의 주장을 정죄했다.[145] 로마 교회는 고넬료의 예를 언급하면서(행 10장) 인간은 중생 이전에도 선행을 할 수 있으며 그 선행이 하나님으로부터 어떤 보상을 받게 하는 가치를 가진다고 가르쳤다.

「고백서」는 먼저 비중생자의 선행이 절대적으로 악하다고 가르치지 않는다. 그 자체로는 하나님께서 명령하신 것일 수 있고, 그 이유 때문에

---

145 E. J. Bicknell, *A Theological Introduction to the Thirty-Nine Articles of the Church of England* (London: Longman, 1959), 217.

그 행위를 한 사람뿐만 아니라 타인에게도 많은 유익을 줄 수 있다. 따라서 불신자의 행위라고 해서 무조건 악한 행위라고 매도하는 것은 삼가야 한다. 하지만 비중생자가 행한 선행의 가치는 딱 거기까지다. 사람에게 유익하게 한다고 해서 그것이 하나님을 기쁘시게 하는 것은 아니며 하나님으로부터 선물을 받을 자격을 만드는 것도 아니다. 그 이유는 다음과 같다.

1) 행위의 근원이 정결한 마음에서 나오지 않았다. 하나님께서 보시기에는 마음이 훨씬 더 중요한 문제다.
2) 선행의 방식이 하나님의 말씀을 따르지 않았다. 하나님께는 행위 자체도 중요하지만, 방식도 그에 못지않게 중요하다.
3) 행위의 목적이 하나님의 영광을 위한 것이 아니다. 비중생자는 하나님의 영광을 생각할 수도 없다.

이와 같은 이유로 비중생자의 행위는 많은 유익을 주지만, 하나님께 용납될 수 없고 어떤 의미에서도 하나님께 공로적 가치를 가질 수 없다. 그렇다고 해서 선행을 하지 않는 것은 더 큰 죄가 될 뿐이며 하나님을 더욱 노엽게 하기 때문에 비중생자도 선행을 통하여 사람들에게 많은 유익을 끼쳐야 한다.

제17장 성도의 견인

1항. 하나님께서 자신의 사랑하시는 자 안에서 용납하시고, 성령으로 효과 있게 부르시고 거룩하게 하신 사람들은 은혜의 상태에서 전적으로 그리고 최종적으로 타락할 수 없다. 그들은 은혜의 상태에서 마지막까지 견인할 것이며 영원히 구원받을 것이다.[1]

2항. 이 성도의 견인은 그들의 자유 의지에 의존하지 않고 자유롭고 변하지 않는 사랑에서 흘러나오는 성부 하나님의 선택의 작정의 불변성과,[2] 예수 그리스도의 공로와 중보기도의 효력과,[3] 성령의 내주하심과 그들 안에 거하는 하나님의 씨와,[4] 은혜언약의 본질에 의존한다.[5] 이 모든 것에서 견인의 확실함과 무오성이 발생한다.[6]

3항. 그럼에도 불구하고 성도들은 사탄과 세상의 유혹 때문에, 그들 안에 남아 있는 부패의 확산 때문에, 자신들을 보존하는 수단들을 등한시함으로써 심각한 죄에 빠질 수 있고,[7] 얼마 동안 그 죄에 머물기도 한다.[8] 이로 인해 그들은 하나님을 노여워하시게 하고,[9] 성령님을 근심하시게 하고,[10] 그들이 받은 은혜와 위로의 일부를 상실하고,[11] 그들의 마음이 완악해지고,[12] 양심이 상처를 입고,[13] 다른 사람들을 해치고 넘어지게 하고,[14] 일시적인 심판을 자초한다.[15]

1) 빌 1:6; 벧후 1:10; 요 10:28-29;
   요일 3:9; 벧전 1:5, 9.
2) 딤후 2:18-19; 렘 31:3.
3) 히 10:10, 14; 히 13:20-21;
   히 9:12-15; 롬 8:33-39; 요 17:11, 24;
   눅 22:32; 히 7:25.
4) 요 14:16-17; 요일 2:27; 요일 3:9.
5) 렘 32:40.
6) 요 10:28; 살후 3:3; 요일 2:19.

7) 마 26:70, 72, 74.
8) 시 51.
9) 사 64:5, 7, 9; 삼하 11:27.
10) 엡 4:30.
11) 시 51:8, 10, 12; 계 2:4; 아 5:2-4, 6.
12) 사 63:17; 막 6:52; 막 16:14.
13) 시 32:3-4; 시 51:8.
14) 삼하 12:14.
15) 시 89:31-32; 고전 11:32.

주께서 너희를 우리 주 예수 그리스도의 날에
책망할 것이 없는 자로 끝까지 견고하게 하시리라.

(고전 1:8)

서론: "한 번 구원은 영원한 구원인가?"

견인(堅忍, perseverance)의 기본적인 뜻은 '굳게 참는다'이고 일상적으로
자주 사용되는 견인(牽引)과는 완전히 다른 뜻이다. 구원의 서정에서 볼
때 '굳게'는 '끝까지'라는 의미를 담고 있다. 견인은 어떤 상태에 끝까지
머무르는 것을 의미한다. 따라서 성도의 견인이란 성도가 자신이 처한
현재 상태, 즉 은혜의 상태에 끝까지 머무는 것이다. 이와 관련하여 다시
제9장에서 다루었던 인간의 4중 상태를 잠시 살펴볼 필요가 있다. 참된
신자는 무죄의 상태에서 죄의 상태로 타락한 다음 은혜의 상태에 들어오
게 되었다. 무죄의 상태에서조차 죄의 상태로 떨어졌다면 은혜의 상태에

서도 얼마든지 다시 죄의 상태로 떨어질 수 있지 않을까? 제17장은 바로 이 질문을 다루고 있다.

성도의 견인을 위협하는 요소는 크게 두 가지다. 하나는 우리 안에 이루어진 성화가 불완전하다는 사실이고, 다른 하나는 우리 밖에서 우리를 유혹하는 여러 시험이나 환란이다(대교리 79). 무죄의 상태에서 모든 것을 완벽하게 갖춘 상태에서도 '겨우' 선악과 시험을 통과하지 못했는데 여전히 부패한 본성이 살아 있는 상태에서 수많은 시험과 환란을 끝까지 견디는 것이 가능할까?

우리의 경험을 통해서 볼 때 모든 성도가 견인하는 것 같지는 않아 보인다. 누가 보아도 참된 믿음의 신자였는데 결국 신앙을 떠나는 경우를 실제로 적지 않게 보기 때문이다. 그런 사람들을 보면 자신들도 신앙을 떠날 수 있다는 의구심을 가지기도 하고, 여러 가지 어려움이나 고통이 찾아오면 신앙에 회의를 가지기도 한다. "나도 신앙을 완전히 떠나서 지옥에 가면 어떡하지?"라는 의문이 들 때 신자들은 어떻게 해야 할까? 성도의 견인은 그와 같은 생각에 아주 간단하고 분명한 답을 제시한다. 그답은 "참된 성도에게는 그럴 일이 없다"이다.

성도의 견인은 미래의 구원과 관련된 문제이다. 이 미래의 문제를 다루기 위해서 우리는 과거의 문제를 정확하게 인식할 필요가 있다. "내가 어떻게 구원받았는가?"라는 질문과 "내가 어떻게 구원을 받을 것인가?"라는 질문은 서로 분리될 수 없다. 아르미니우스주의에 따르면 "내가 믿을 것을 미리 아시고 나를 선택하셨고, 내가 믿었기 때문에 구원받았으므로" 결국 "내가 끝까지 믿으면 구원을 받을 것이다." 이 논리에 따르면 최종적인 구원은 내가 어떻게 하는가에 따라 결정된다. 이와 반대로 지금까지의 구원이 전적으로 하나님께 속한 것이라면 미래의 구원도 전적으로 하나님께서 결정하실 것이다.

'성도의 견인' 교리가 성도들을 교만하게 하고 신앙생활을 나태하게 할 수 있다는 비판이 있다. 이 비판이 전혀 근거가 없는 것은 아니다. 하지만 어떤 교리도 잘못 사용하면 성도들을 위험하게 만들 수 있다. 성도의 견인을 무슨 짓을 해도 구원받는다는 식으로 오해하면 그것은 교리의 문제가 아니라 이 교리를 그렇게 가르치고 받아들이는 사람의 문제다. 이 교리를 정확하게 잘 가르친다면 박해와 고통 중에 있는 신자들이 엄청난 위로와 확신을 가지게 될 것이다.

제1항 성도의 견인이란?

"성도" 견인은 성도들만 누릴 수 있는 은혜다. 아무나 이 은혜를 누릴 수 없다. 따라서 성도를 어떻게 규정할 것인가는 견인을 이해하는 데 매우 중요하다. 적어도 확실한 것은 교회에 출석한다고 해서 꼭 성도는 아니라는 사실이다. 이 점에서 교인과 성도는 구분되어야 한다. 또한 로마교회에서 특별한 은혜와 공로를 세웠다고 간주되는 성인들과도 구분되어야 한다. 「고백서」는 성도가 누구인지 정확하게 설명한다. 성도는 **"하나님께서 자신의 사랑하시는 자 안에서 용납하시고"**(엡1:6), **"성령으로 효과 있게 부르시고 거룩하게 하신 사람들"**이다. 그의 사랑하는 아들 성자 안에서 칭의와 양자의 은혜를 받고 성령으로 효과 있는 부르심과 성화의 은혜를 받은 자들이 견인의 은혜를 누릴 수 있다. 바꾸어 말하면 교회에 속했다가 나가서 구원받지 못한 자들은 성도라고 할 수 없다.

이 성도는 또한 '참 신자'로 불린다. 성도와 참 신자는 같은 말이다. 참 신자는 참된 믿음, 즉 구원하는 믿음을 가진 자들이다. 구원하지 못하는 믿음을 가진 자들은 성도가 될 수 없다. 제26장(성도의 교제)은 성도를 "성령과 믿음으로 머리이신 예수 그리스도와 연합한 자"들이라고 정의한다. 성령은 믿음을 통하여 성도를 그리스도와 실재적으로 하나 되게 하신다. 이 연합을 끊기 위해서는 성령이 스스로 끊든지, 아니면 성령보다 더 능력 있는 존재가 있어야 하는데 그럴 가능성이 존재하지 않는다.

"전적으로(totally) & 최종적으로(finally)" 타락할 수 없음 이 두 단어는 의도적으로 아르미니우스주의를 반박하기 위해서 사용되었다.[146] 전적으로 타락하지 않는다면 최종적으로 타락할 수 없기 때문이다. 아르미니우스주의자들은 전적으로 타락하더라도 다시 회개를 통해서 회복할 수 있다고 가르친다. 문제는 다시 회개하지 못하고 죽는 경우도 많다는 것이다. 그 경우에 타락한 자는 최종적으로 구원받지 못한다. 하지만 「고백서」는 두 가지 타락 모두가 불가능하다고 가르친다.

견인 교리는 은혜의 상태로부터 부분적이고 일시적인 타락을 부정하지 않는다. 참된 신자라고 하더라도 유혹이나 박해로 인하여 실수할 수 있고, 심지어 큰 죄를 지어 성령을 근심하시게 하며 하나님의 심판을 받을 수도 있다. 신호등의 신호를 안 지키면 참된 신자라고 해서 교통사고

---

146 로버트 쇼, 『웨스트민스터 신앙고백 해설』, 347-348.

가 나지 않는 것이 아니다. 신호등을 지키지 않는 '사소한' 죄로 인해 가족 전체가 크게 다치거나 심지어 사망할 수 있다면, 하나님의 말씀을 지키지 않는 경우에는 얼마나 큰 벌을 받겠는가? 하지만 하나님은 때가 되면 참된 신자들에게 회개의 기회를 주시고 말씀과 성령의 역사로 말미암아 그들을 은혜의 상태로 회복시키신다.

제2항 견인의 힘은 어디서 오는가?

성도의 견인은 삼위 하나님의 사역이며 인간의 자유 의지에 의존하지 않는다. 성도의 견인은 하나님의 불변성을 전제한다. 만약 견인이 어떤 조건에 따라 결정된다면 그 견인은 진정한 의미에서 견인이 될 수 없다. 그 견인은 조건적인 견인일 뿐이며 사실상 "끝까지 견디면 최종적으로 구원 받는다"는 말이 되기 때문에 이것은 사실상 동어반복에 지나지 않는다. 견인은 가변적인 자유 의지에 기초할 수 없고, 신앙도 그 자체는 가변적이기 때문에 견인의 원인이 될 수 없다.

성부 하나님: "자유롭고 변하지 않는 사랑에서 흘러나오는 선택의 작정의 불변성" 제2장에서 우리는 하나님의 불변성에 대해서 배웠다. 인간의 사랑과 달리 하나님의 사랑은 변하지 않는다. 이 사랑은 또한 자유롭다. 하나님의 사랑은 스스로에게서 나오며 사랑의 대상에 매이지 않는다. 만약 대상에 매인다면 하나님의 사랑은 대상의 상태에 따라 변할 수밖에 없을 것이다. 하나님의 사랑이 변하지 않기 때문에 사랑에 기초한 하나님의 선택도 변할 수 없다. 하나님의 선택을 변경하지 않는 한, 선택

받은 성도의 견인은 확실하다.

성자 하나님: "예수 그리스도의 공로와 중보기도" 견인은 또한 예수 그리스도의 사역에 전적으로 의존한다. 그리스도의 죽음과 부활은 성부께서 택한 자들을 위한 것이다. 만약 견인의 교리를 부정한다면 택한 백성 중 일부는 구원받지 못하기 때문에 그리스도의 죽음과 부활이 부분적으로 헛되다는 말이 된다. 부활하시고 승천하신 중보자 그리스도는 아버지 우편에서 피로 값 주고 사신 자들을 위해서 중보기도를 하신다. 성부께서 성자의 기도를 듣지 않으신다는 것은 상상할 수 없다. 우리의 기도가 아니라 하늘에 계신 중보자 그리스도의 기도로 인해 우리는 끝까지 믿음을 지킬 수 있다. 이 점에서 우리는 사도신경을 고백할 때 "아버지 하나님 우편에 앉아 계신다"는 것이 진정으로 의미하는 바를 분명히 마음에 새길 필요가 있다.

"성령 하나님의 내주와 하나님의 씨" 우리 밖에 있는 그리스도의 사역이 변하지 않듯이 우리 안에 계신 성령의 사역도 변하지 않는다. 우리 안에 거하신 성령님은 우리를 떠나거나 우리의 상태에 따라 들락날락하시지 않는다. 두려움에 떨고 있는 제자들에게 우리 주님은 다음과 같이 약속하셨다. "내가 아버지께 구하겠으니 그가 또 다른 보혜사를 너희에게 주사 영원토록 너희와 함께 있게 하리라"(요 14:16). 이 구절만큼 견인 교리가 삼위일체 교리에 기초하고 있다는 것을 확실하게 보여 주는 구절도 없을 것이다. 성령은 우리에게 나그네나 손님이 아니시다. 우리 안에 내주하시는 성령은 우리를 하나님께서 거하시는 성전으로 삼으셨다(고전 3:16).

"하나님의 씨"는 요한일서 3장 9절에 나오는 구절이다. "하나님께로부터 난 자마다 죄를 짓지 아니하나니 이는 하나님의 씨가 그의 속에 거함이요 그도 범죄하지 못하는 것은 하나님께로부터 났음이라." 중생한 자도 죄를 짓는다는 것은 너무나 분명한 사실이기 때문에 이 구절은 해석하기 어려운 난해구절에 속한다. 하나님의 씨가 정확하게 무엇을 의미하는지도 알기 어렵다. 이 씨를 하나님께서 성도 안에 심은 영적인 말씀[147]으로 보는 것이 가장 설득력이 있어 보인다. 하지만 본문의 의도는 분명하다. 하나님의 씨는 죄보다 강해서 죄를 억제한다는 것, 따라서 반드시 열매를 맺는다는 것이다. 이 하나님의 씨는 성도의 구원을 보장할 뿐만 아니라 성도들에게 흔들렸던 구원의 확신을 회복시키는 데서도 매우 중요한 역할을 한다(제18장 4항).

"은혜언약의 본질" 이 언약의 속성에 대해서는 예레미야 선지자가 아주 잘 설명하고 있다. "내가 그들에게 복을 주기 위하여 그들을 떠나지 아니하리라 하는 영원한 언약을 그들에게 세우고, 나를 경외함을 그들의 마음에 두어 나를 떠나지 않게 하고, 내가 기쁨으로 그들에게 복을 주되 분명히 나의 마음과 정성을 다하여 그들을 이 땅에 심으리라"(렘 32:40–41). 은혜언약은 영원한 언약이라 불린다. 하나님의 언약은 하나님의 본성에 근거하므로 변할 수 없다. 언약의 내용은 하나님께서 영원히 떠나지 않으시리라는 것이고, 또한 하나님께서 약속의 백성들에게 경외하는

---

147 "하나님의 씨"의 의미에 대해서는 학자들 사이에 여전히 논쟁이 되고 있다. 이 주제와 관련된 최근 연구에 대해서는 다음 자료를 참고하라. 채영삼, "요한일서 3:9의 '그의 씨($\sigma\pi\epsilon\rho\mu\alpha$ $\alpha\dot{\upsilon}\tau o\tilde{\upsilon}$)'의 의미, 공동서신의 전통 그리고 새 언약의 성취"「신약연구」19 (2020): 574-632.

마음을 주셔서 자신을 떠나지 않게 하신다는 것이다. 하나님의 불변성은 약속에도 적용된다. 하나님께서 약속을 지키시는 한 성도의 견인은 확실하다.

제3항 은혜의 상태에 있더라도

성도의 견인은 은혜의 상태에서 이전의 죄의 상태로 떨어질 수 없다는 뜻이지 죄를 전혀 짓지 않는다는 말이 아니다. 성도의 견인은 성도들이 이 세상에서 아무 근심 걱정 없이 편안하게 살 수 있다는 것을 가르치지 않는다. 은혜의 상태에서도 성도는 여러 이유로 매우 심각한 죄에 빠질 수 있고 이것은 성도에게 매우 큰 해를 끼친다. 성도의 견인이라는 핑계로 성도들이 죄에 둔감해서는 안 된다.

"심각한 죄"(grievous sins)**에 빠짐** 모든 죄는 지옥의 형벌을 받아야 한다는 점에서 동일하지만, 그렇다고 해서 모든 죄가 다 똑같은 것은 아니다. 어떤 죄는 그 영향력에 있어서 다른 죄들보다 훨씬 더 해를 준다. 베드로의 예를 볼 때 성도라고 하더라도 예수님을 저주하는 죄를 지을 수 있다. 그 이유는 크게 세 가지로 구분된다. 1) 사탄과 세상의 유혹, 2) 성도 안에 남아 있는 부패의 확산, 3) 은혜의 수단들을 등한시함. 이와 같은 죄에 한 번 빠지면(떨어지면) 쉽게 나올 수 없고 당분간 그 죄에 머무를 수도 있다. 따라서 성도는 사탄과 세상의 유혹을 가볍게 보아서도 안 되고, 자신 안에 있는 부패가 확산되는 것을 간과해서도 안 된다. 그것들은 항상 안과 밖에서 성도를 넘어뜨리려고 하기 때문에 하나님께서 주신 은혜의 수단들을 부지런히 사용해야 한다.

심각한 죄를 지은 결과 여러 이유로 성도들이 심각한 죄를 지으면 그에 상응하는 심각한 결과를 초래한다. 「고백서」는 성도들이 나태에 빠지지 않게끔 상당히 자세하게 그 심각한 결과를 다음과 같이 나열한다.

> 1) 하나님을 노여워하시게 하고,
> 2) 성령님을 근심하시게 하고,
> 3) 그들이 받은 은혜와 위로의 일부를 상실하고,
> 4) 마음이 완악해지고,
> 5) 양심이 상처를 입고,
> 6) 다른 사람들을 해치고 넘어지게 하고,
> 7) 일시적인 심판을 자초한다.

심각한 죄가 초래하는 결과가 얼마나 엄중한가? 어차피 구원받을 것이니까 이런 결과들을 쉽게 무시할 수 있겠는가? "선 줄로 생각하는 자는 넘어질까 조심하라"(고전 10:12)라는 사도 바울의 교훈대로 성도들은 은혜의 상태에 있더라도 심각한 죄에 빠질 수 있다는 것을 늘 기억하면서 삼위 하나님을 의지하면서 살아야 한다. 성도의 견인은 성도로 하여금 자신이 은혜의 상태에 있는지를 늘 살피게 한다. 성도는 자신이 은혜의 상태에 있다는 것을 확신하면 최종적인 구원에 대해서 의심하지 않게 된다. 이에 대해서는 다음 장에서 자세히 살펴보게 될 것이다.

제18장 은혜와 구원의 확신

1항. 비록 위선자들과 거듭나지 않은 사람들은, 자신들이 하나님의 총애를 받고 구원의 상태에 있다는 거짓 소망과 근거 없는 육신적 추정으로 자신을 스스로 헛되이 속일 수 있지만,[1] 그들의 소망은 소멸될 것이다.[2] 그러나 주 예수님을 진실로 믿고, 그분을 진심으로 사랑하며, 그분 앞에서 모든 선한 양심을 따라 행하기를 힘써 노력하는 사람들은 이생에서 은혜의 상태에 있다는 것을 분명히 확신하고,[3] 하나님의 영광을 소망하면서 기뻐할 수 있다. 이 소망은 그들을 결코 부끄럽게 하지 않을 것이다.[4]

2항. 이 확신은 그릇된 소망에 근거한 추측이나 개연성에 따른 신념이 아니라,[5] 구원을 약속하시는 신적 진리와,[6] 이러한 약속으로 말미암아 주어지는 은혜의 내적 증거와,[7] 우리의 영과 더불어 우리가 하나님의 자녀인 것을 증언하시는 양자의 영의 증언에 기초한 틀림없는 믿음의 확신이다.[8] 이 영은 우리 기업의 보증이시며, 이분으로 말미암아 우리가 구속의 날까지 인치심을 받았다.[9]

3항. 이 틀림없는 확신은 믿음의 본질에 속하지는 않는다. 그러나 참된 신자는 오래 기다리고 많은 어려움과 씨름한 이후에 그러한 확신을 소유할 수 있다.[10] 게다가 신자는 특별한 계시가 없어도, 일반적인 수단들을 올바로 사용하면, 하나님께서 신자에게 값없이 베푸시는 것들을 성령께서 알게 하시기 때문에, 그러한 확신에 이를 수 있다.[11] 그러므로 모든 신자는 자신의 부르심과 택하심을 굳게 하기 위해 모든 열심을 다해야 한다.[12] 그 결과 신자의 마음은 넓어져서 성령 안에 있는 평강과 기쁨 안에서 그리고 하나님께 대한 사랑과 감사 속에서 힘 있고 즐겁게 순종의 의무를 수행하는데, 이것들은 확신의 진정한 열매들이다.[13] 이 확신은 사람을 결코 나태하게 하지 않는다.[14]

4항. 참된 신자라도 구원의 확신이 다양한 방식으로 흔들리고 약화되고 잠시 중단될 수 있다. 이런 일은 신자들이 확신을 유지하는 일에 소홀하거나, 자기 양심을 상하게 하고 성령을 근심하게 하는 특별한 죄에 빠지거나, 갑작스럽고 강렬한 유혹에 마주치거나, 하나님께서 자신의 얼굴 빛을 거두시고 하나님을 경외하는 자들로 어떤 빛도 없는 흑암 중에 행하게 하실 때 일어난다.[15] 그러나 신자들은 하나님의 씨와, 믿음의 생명과, 형제들을 향한 사랑과, 마음의 진실함과, 의무를 행하는 양심을 결코 완전히 잃어버리지는 않는다. 그렇기 때문에 이 확신은 성령의 활동으로 적절한 때에 되살아나며,[16] (구원의 확신이 흔들리고 약화되고 일시 중단되는) 그 기간 동안에도 신자들은 성령의 활동으로 인해 완전한 절망으로부터 보호받는다.[17]

---

1) 욥 8:13-14; 미 3:11; 신 29:19; 요 8:41.

2) 마 7:22-23.

3) 요일 2:3; 요일 3:14, 18-19, 21, 24; 요일 5:13.

4) 롬 5:2, 5.

5) 히 6:11, 19.

6) 히 6:17-18.

7) 벧후 1:4-5, 10-11; 요일 2:3; 요일 3:14; 고후 1:12.

8) 롬 8:15-16.

9) 엡 1:13-14; 엡 4:30; 고후 1:21-22.

10) 요일 5:13; 사 50:10; 막 9:24; 시 88; 시 77:1-12.

11) 고전 2:12; 요일 4:13; 히 6:11-12; 엡 3:17-19.

---

12) 벧후 1:10.
13) 롬 5:1-2, 5; 롬 14:17; 롬 15:13;
   엡 1:3-4; 시 4:6-7; 시 119:32.
14) 요일 2:1-2; 롬 6:1-2;
   딛 2:11-12, 14; 고후 7:1; 롬 8:1, 12;
   요일 3:2-3; 시 130:4; 요일 1:6-7.

15) 아 5:2-3, 6; 시 51:8, 12, 14;
   엡 4:30-31; 시 77:1-10; 마 26:69-72;
   시 31:22; 시 88; 사 50:10.
16) 요일 3:9; 눅 22:32; 욥 13:15;
   시 73:15; 시 51:8, 12; 사 50:10.
17) 미 7:7-9; 렘 32:40; 사 54:7-10;
   시 22:1; 시 88.

내가 확신하노니 사망이나 생명이나 천사들이나 권세자들이나
현재 일이나 장래 일이나 능력이나 높음이나 깊음이나 다른 어떤 피조물이라도
우리를 우리 주 그리스도 예수 안에 있는
하나님의 사랑에서 끊을 수 없으리라.

(롬 8:38-39)

서론: 확신과 소망

성도의 견인을 부정하는 로마 교회나 아르미니우스주의자들에게는
구원의 확신 자체가 가능하지 않다. 그들에게 구원의 확신은 조건적이
거나 일시적일 뿐이다. 반면 성도의 견인 교리가 맞다면 신자들은 "내가
구원을 받을 것인가?"에 대해서는 더 이상 질문할 필요가 없다. 내가 구
원받았다면 그 구원은 반드시 완성될 것이기 때문이다. 이제 그들이 해
야 할 질문은 "내가 은혜의 상태에 있는가?" 또는 "내가 정말 구원받았는
가?"이다. 이 두 질문에 대해서 「고백서」는 참 신자는 "이생에서 은혜의

상태에 있다는 것을 분명히 확신하고, 하나님의 영광을 소망하면서 기뻐할 수 있다"고 가르친다. 제18장은 구원받은 신자들이 어떻게 이 세상에서 확신과 기쁨 속에서 살 수 있는가를 다룬다.

그런데 여기서 주의해야 할 것이 있다. 구원의 확신을 너무 쉽게 생각하는 사람들이 있기 때문이다. 성경 말씀에 따르면 그리스도는 택한 자들을 위해서 돌아가셨고 그 예수님을 믿으면 확실히 구원받는다. 이 사실은 너무나 분명한 교리이기 때문에 이 점에 대해서는 아무도 문제를 제기하지 않는다. 문제는 "내가 정말로 믿는다"는 것을 어떻게 확신할 수 있는가이다. 그냥 내가 확실히 믿는다고 생각하면 되는가? 구원의 확신은 객관적 사실인가 아니면 그냥 주관적 판단일 뿐인가?

종교개혁 당시 로마 교회는 구원의 확신 교리를 거부했다. 예수님을 믿으면 구원받는다는 것은 성경이 분명히 가르치는 교훈이지만 구체적인 한 개인 홍길동이 믿음을 통해 구원받는다는 말은 성경에 없기 때문이다. 따라서 그들은 오직 특별계시를 받은 소수의 신자만 구원에 대한 확신을 가질 수 있다고 가르쳤다. 이 세상에 살 동안 신자는 구원받을 가능성이 많다고 믿을 수는 있지만 100% 구원받는다고 확신하는 것은 아주 교만한 생각일 뿐이다. 로마 교회는 더 나아가 확신 없이 불안에 떠는 신자들에게 잘못된 해결책(예를 들면 금식이나 선행, 혹은 성지 순례, 성례 등)을 제시하기도 했다. 그 결과 신자들은 하나님의 말씀이 아니라 교회의 전통이나 가르침에 더 의지하게 되었다.

예수님을 믿는 믿음과 그리스도께서 내 안에 계시다는 확신은 분명히 구분되지만 그렇다고 해서 이 둘이 서로 무관한 것은 아니다. 구원은 우리의 확신에 따라 결정되지 않는다. 확신이 강하다고 해서 구원이 더 보장되는 것은 아니다. 그러나 바울 사도는 구원과 확신이 서로 긴밀하게 연결되어 있다는 것을 고린도 교회 성도들에게 다음과 같이 강하게 설교한다. "너희가 믿음 안에 있는가 너희 자신을 시험하고 너희 자신을 확증하라. 예수 그리스도께서 너희 안에 계신 줄을 너희가 스스로 알지 못하느냐? 그렇지 않으면 너희가 버림받은 자니라"(고후 13:5).

신자에게 확신이 필요한 이유는 확신에서 참된 소망이 나오기 때문이다. 믿음을 가진 신자들이 여생을 소망 속에서 살기 위해서는 참된 확신이 필요하다. 제18장에서 가장 빈번하게 등장하는 단어가 소망이다. 이것은 소망과 확신이 얼마나 밀접한 관계를 맺고 있는지를 잘 보여 준다. 확신이 없는 삶은 항상 절망 속에서 불안할 수밖에 없다. 믿음이 생명과 구원에 필수적이라면, 확신은 삶의 위안에 필수적이다. 가장 위험한 것은 거짓 확신, 혹은 근거 없는 확신이다. 이런 확신들은 차라리 가지지 않는 것이 신앙에 훨씬 유익하다. 실제로 참된 확신과 거짓된 확신을 구분하는 것은 쉽지 않기 때문에 신자들은 「고백서」를 통해서 영적인 분별력을 길러야 한다.

제1항 누가 확신할 수 있는가?

거짓 확신: "위선자와 거듭나지 않은 자" 위선자와 거듭나지 않은 자들도 둘 다 가시적 교회 안에 있는 자들이다. 위선자는 겉으로는 믿음을 고백하지만 마음으로는 그 신앙을 부인하는 자다. 이 위선자들에 대해서

예수님은 이사야 선지자의 예언을 인용하면서 다음과 같이 말씀하셨다. "이 백성이 입술로는 나를 공경하되 마음은 내게서 멀도다(막 7:6). 바리새인들이 대표적인 위선자들인데, 예수님은 다른 어떤 사람들보다 위선자들에 대해서 "화가 있으리라!"라고 말씀하시면서 가장 강한 어조로 비판하셨다.[148] 거듭나지 않은 자들은 효과 있는 부르심을 받지 못한 상태에서 여러 이유로 교회에 출석하고 있는 교인들이다. 이들은 아직 거듭나지 못했거나, 교회 안의 거짓 교사들로 인해 복음을 듣지 못해서 참된 진리를 사모하는 자들이다. 거듭나기 이전의 니고데모(요한복음 3장)와 사마리아 여인(요한복음 4장)이 대표적인 예라고 할 수 있다.

"**스스로 속임(self-deception)**" 위선자와 거듭나지 않은 자들이 가지는 확신이 위험한 이유는 스스로 속이기 때문이다. 어떻게 자신을 속일 수 있는가 하고 질문하겠지만 성경에는 그것이 가능할 뿐만 아니라 매우 위험하다는 것을 신자들에게 계속 경고한다. 바울 사도는 갈라디아 교인들에게 이렇게 말한다. "스스로 속이지 말라! 하나님은 업신여김을 받지 아니하시나니 사람이 무엇으로 심든지 그대로 거두리라. 자기의 육체를 위하여 심는 자는 육체로부터 썩어질 것을 거두고 성령을 위하여 심는 자는 성령으로부터 영생을 거두리라"(갈 6:7-8). "콩 심은 데 콩 나고 팥 심은 데 팥 난다"는 것은 누구나 다 아는 보편적 진리다. 어느 누가 "자기 옆집 사람이 콩을 심었는데 팥이 났대!"라고 말했을 때 그 말을 믿는다면 그 사람은 자기 자신을 속이는 것이다. 분명히 거짓이라는 것을 알면서도

---

148 위선의 심각한 위험성에 대해서는 다음 저서를 참고하라. 권연경, 『위선: 하나님의 백성 앞에 놓인 위험한 유혹』 (서울: IVP, 2018).

무슨 이유에서인가 그것을 믿고 싶은 마음이 들었고, 결국 자기 자신마저 속이고 말았다. 마찬가지로 육체를 위해서 무엇인가를 심었는데 영생을 거둔다는 것은 말도 되지 않는 사실인데 의외로 신자들이 **"육신적 추정"**을 듣고 스스로 속는다. 그런 주장을 하는 거짓 선지자들의 책임이 더 크지만, 그 주장을 듣고도 스스로 속이는 자들의 죄도 작다고 할 수 없다.

"거짓된 소망과 육신적 추정" 그렇다면 그들은 왜 스스로 속게 될까? 거짓된 소망과 육신적 추정이 가장 큰 이유다. 거짓된 소망의 가장 큰 특징은 귀에 듣기에 좋다는 것이다. "너무 걱정하지 마! 앞으로 잘 될 거야." 이것을 단순한 덕담으로 받아들이면 삶에 큰 유익이 있겠지만 이것을 절대적 사실로 확신하면 매우 위험할 수 있다. 상황에 대한 철저한 분석 없이 단지 "잘 될 거야"라는 확신에 근거하여 사업을 시작하면 어떻게 되겠는가? 문제는 이와 같은 확신이 교회 안에서도 광범위하게 퍼져 있다는 것이다. 긍정의 신앙, 번영 복음, 기복신앙과 같은 근거 없는 확신들이 여전히 많은 신자를 현혹하고 있다.

거짓 소망에는 육신적 추정이 뒤따르고, 이로 인해 훨씬 더 큰 힘을 신자들에게 발휘한다. 이 육신적 추정은 주로 성경에 근거하고 있기에 말씀에 대한 분별력이 없으면 그 추정이 왜 잘못되었는지 알기가 심히 어렵다. 예수님께서 받으신 두 번째 시험을 통해서 육신적 추정이 얼마나 교묘한지 한 번 살펴보자.

1) 네가 하나님의 아들이냐?

2) 만약 그것이 사실이라면 하나님께서는 어떤 경우에라도 너를 지키시겠지?

3) 그렇다면 성전 꼭대기에서 뛰어내려서 한번 확인해 보자. 시편 91편에 보니 천사들이 너를 지켜서 네 발이 돌에 부딪히지 않게 하신다고 하더라.

아마 성도들은 사단이 한 말이니까 무조건 3)번이 틀렸다고 생각하겠지만 도대체 무엇이 잘못되었는지를 알기가 쉽지 않을 것이다. 실제로 교회 안에서 사단의 논리가 설교를 통해서 전파되는 이유가 바로 여기에 있다. "하나님의 아들이면, 하나님께서 지키실 것이다." "하나님의 아들이면, 하나님께서 모든 좋은 것을 주실 것이다." 어떻게 보면 다 좋은 말이고 성경에 있는 말이다. 도대체 무엇이 문제인가? 예수님의 답변에 답이 있다. "주 너희 하나님을 시험하지 말라." 하나님께서 자기 아들을 지키시는 것은 확실하지만 그것을 테스트를 통해 확인하는 것은 하나님을 모독하는 것이다. 진정한 신앙은 테스트 없이 하나님의 신실함을 믿는 것이다. 그렇다면 하나님께서 당신의 백성을 반드시 지키신다는 것을 어떻게 확인할 수 있는가? 육신적 추정이 아니라 오직 하나님의 말씀에서 확신을 얻어야 한다. 하나님의 말씀은 우리가 하나님의 아들이라는 것을 충분히 증거하고 있으므로 이를 시험한다는 것은 결국 하나님의 말씀을 신뢰하지 않는다는 것을 의미한다.

"선한 양심에 따라 진실로 믿고, 진심으로 사랑하는 자" 위선자와 거듭나지 않은 자의 반대말은 주 예수님을 진실로 믿고, 진심으로 사랑하는 자이다. 그렇다면 예수님을 진실로 믿고 진심으로 사랑하는 사람은 어떤 사람들인가? 그들은 "주님 앞에서 모든 선한 양심을 따라 행하기를 힘쓰는" 자들이다. 이 구절은 사도행전 23장 1절에서 인용한 것이다. 사도 바울이 대제사장들과 지도자들이 모인 공회 앞에서 확신을 가지고 복음을 변증했는데 그 근거가 바로 자신이 모든 선한 양심으로 하나님 앞에서 삶을 살았다는 것이었다.

「고백서」는 양심(conscience)이 무엇인지 설명하지 않는다. 양심의 자유를 다루는 제20장에서도 단어 자체에 대한 정의는 나타나지 않는다. 「고백서」가 그 당시 이미 보편적으로 사용되고 있는 의미를 그대로 받아들였기 때문이다. 양심은 기본적으로 재판장이신 하나님 앞에서 가지는 도덕적 지식을 의미한다.[149] 사람들은 이 지식에 따라 자유롭게 행동하며 그 행동에 대해서 책임을 진다. 중생하기 전에 이 양심은 죄로 왜곡되었지만, 중생 이후에는 선한 양심으로 회복되어서 중생한 자들은 예수님을 진실로 믿고, 진심으로 사랑하게 된다. 선한 양심에 따라 산다는 것은 세상의 관습이나 예절, 교회의 전통이나 명령이 아니라 말씀에 대한 바른 이해에 따라 산다는 것을 의미한다.

소망의 두 결과

1) 위선자들과 거듭나지 않은 사람들의 헛된 소망은 소멸된다. 헛된

---

149 "conscience"는 함께(con)라는 말과 지식(scientia)의 합성어이다. 하나님과 자기 자신만이 공유하는 지식이라는 개념에서 양심이라는 말이 유래했다. Michael J. DeBoer, "Religious Conscience Protections in American State Constitutions," in ed. Jeffrey B. Hammond and Helen M. Alvaré, *Christianity and the Law of Conscience: An Introduction* (Cambridge: Cambridge University Press, 2021), 307

소망의 대표적인 예는 마태복음 7장에 등장하는 거짓 선지자들이다. 그들은 예수님을 만날 때까지 스스로 속이면서 자신들이 주님의 종이었다는 것을 조금도 의심하지 않았다. 하지만 그들의 확신은 그야말로 사상누각, 모래 위에 세운 집이었다. 그렇게 된 이유는 "나(예수님)의 이 말"에서 확신을 얻은 것이 아니라 자신들이 행한 업적에서 확신을 얻었기 때문이었다(마 7:24, 26).

2) 참된 소망은 우리를 부끄럽게 하지 않는다. 진실된 믿음과 진심 어린 사랑은 우리를 참된 소망으로 인도한다. 바울 사도는 로마 교회 성도들에게 소망에 대해서 다음과 같이 말한다. "소망이 우리를 부끄럽게 하지 아니함은 우리에게 주신 성령으로 말미암아 하나님의 사랑이 우리 마음에 부은 바 됨이니라"(롬 5:5). 우리가 믿는 하나님은 "소망의 하나님"으로 불린다. 바울 사도는 로마 교회 성도들을 위해 기도한다. "소망의 하나님이 모든 기쁨과 평강을 믿음 안에서 너희에게 충만하게 하사 성령의 능력으로 소망이 넘치게 하시기를 원하노라"(롬 15:13).

제2항 확신은 어디서 오는가?

신념(persuasion)과 확신(assurance) 확신은 신념과 구별돼야 한다. 확신은 어떤 외적인 요인들을 충분히 고려한다면 신념은 외적인 상황을 고려하지 않거나 대수롭지 않게 생각한다. "나는 이번 경기에서 금메달을 딸 것이라고 100% 확신한다"라고 말했을 때, 이때의 확신은 신념에 가까운 말이다. 만약 평소에 훈련도 제대로 하지 않고 이런 말을 했다면 그 확신은 순전히 추론에 기초한 신념일 뿐이다. 훈련을 정말 열심히 했다면 그 확신은 개연성이 높은 확신이라고 할 수 있지만, 상대방이 더 열심히 훈련해서 실제 경기에서 졌다면 부정확한 추측에 근거한 확신이 된다. 이와 같은 확신은 결국 그릇된 소망에 기초하고 있다.

"그릇된 소망(fallible hope)" 여기에서 말하는 그릇된 소망은 거짓 소망을 의미하지 않는다. 엄격하게 말하면 '틀릴 수도 있는 소망'이다. 경기에 임하는 선수는 비록 상대방이 강하더라도 경기에 참여하는 모든 선수를 이길 수 있다는 자신감을 가져야 한다. 그런 확신을 가지고 경기에 임하는 선수들을 향해 그들이 거짓 소망을 가지고 있다고 비판하지 않는다. 오히려 손뼉을 치면서 그들의 자신감을 격려한다. 실제로 어떤 때, 어떤 사람들은 그런 확신과 소망 때문에 이기기 어려운 경기에서 우승하기도 한다. 하지만 경기에서 졌을 경우 이 소망은 더 이상 이룰 수 없는 소망으로 바뀐다. 그러나 성경이 말하는 소망은 이와 같이 불확실하거나 이룰 수 없는 소망이 아니라 반드시 성취되는 소망을 의미한다.

확신의 기초

「고백서」는 확신의 기초를 다음과 같이 4가지로 정리한다.

> 1) 구원을 약속하시는 신적 진리: 구원의 확신은 하나님의 약속에 기초한다. 사람의 약속은 이후에 취소될 수 있지만 하나님의 약속은 취소되지 않는다.
> 2) 은혜의 내적 증거: 하나님은 구원받은 신자들에게 효과 있는 부르심, 중생, 성화, 믿음과 같은 내적인 은혜를 공급하신다. 이것들은

그들이 은혜의 상태에 있다는 강력한 증거다.

3) 양자의 영의 증거: 양자의 영은(제12장 참조) 우리가 하나님의 자녀
라는 것을 우리의 영과 함께 증언하신다.

4) 보증인으로서 성령: 우리 안에 계신 양자의 영 자체가 우리가 구
속의 날에 최종적으로 하나님 나라를 상속하게 될 것이라는 보증
이시다.

구원의 확신을 자기 자신에게서 찾는 것은 어리석은 일이다. 확신의
기초를 정확하게 이해한다면 엉뚱한 곳에서 확신을 찾으려고 하지 않을
것이다. 물론 확신은 내가 하는 것이지만 확신 자체는 나에게서 나오는
것이 아니라 위로부터 주어지는 것이다. 먼저 성경 안에서 구원을 약속
하시는 진리를 분명히 배워야 하고, 그 구원의 은혜가 나에게 적용되는
지를 살펴야 하고, "우리가 하나님의 자녀"라는 성령의 내적 증언을 들어
야 하고, 마지막으로 성령께서 내 안에 계신다는 것을 확신할 수 있어야
한다.

제3항 모든 신자에게 이 확신이 필요한가?

1) 확신을 얻는 방법

"믿음의 본질에 속하지 않는다"[150] 이 명제는 믿음이 연약한 형제들이

---

[150] 확신이 믿음의 본질에 속하는지에 대해서는 개혁파 안에서도 다양한 입장이 있었다. 강효주,
『근대 신학의 정수』에 나타난 웨스트민스터 신앙고백서의 구원의 확신 교리에 대한 해석,"
「부흥과 갱신」 24 (2019): 117-118.

나 어린 자녀들에게 큰 위로를 준다. 구원의 확신을 지나치게 강조하는 이들 중 어떤 사람들은 이 확신이 없으면 아예 구원받지 않은 것처럼 목소리를 높이는데 이와 같은 강압적 태도는 연약한 자들을 세우기보다 오히려 그들을 절망하게 할 수 있다. 믿음과 확신을 구분만 해도 그와 같은 주장에 어떤 오류가 있는지 쉽게 알 수 있을 것이다. 믿음으로 구원받지만, 구원받은 신자들이 평안과 기쁨 속에서 살기 위해서는 확신이 필요하다.

확신이 믿음의 본질에 속하지 않는다는 명제는 주의해서 살필 필요가 있다. 확신과 관련된 개혁주의 신학책들을 보면 확신이 믿음의 본질이라고 주장하는 경우를 쉽게 볼 수 있기 때문이다. 그렇다면 믿음과 확신의 관계에 대하여 개혁신학은 큰 불일치가 있는 것처럼 보인다. 하지만 이와 같은 불일치는 본질적이라기보다는 해석의 차이라고 보아야 한다. 확신을 어떤 상황에서 어떤 의미로 사용했는가에 따라 확신을 믿음의 본질로 보기도 하고 보지 않기도 했기 때문이다.

구원하는 믿음(제14장)에 따르면 믿음이란 "그리스도만을 붙잡고, 영접하고, 의지하는 것"이다. 이 경우에 확신은 믿음의 본질에 속한다. 확신이 전혀 없는 상태에서 어떻게 그리스도만을 붙잡고, 영접하고, 의지할 수 있겠는가? 최소한의 확신은 믿음에 필수적이다. 따라서 그리스도를 받아들이는 믿음의 확신과 은혜의 상태에 있다는 확신은 조심스럽게 구별할 필요가 있다. 이 둘을 "믿음의 확신"과 "감각의 확신"이라는 용어로 구분하는데, 믿음과 확신의 관계를 이해하는 데 매우 큰 도움이 된다.

전자는 객관적 확신이고, 후자는 주관적인 확신에 해당한다. 이 둘은 서로 뚜렷하게 구별된다. 전자의 대상은 복음의 증언 안에 나타난 하나님의 신실하심이고, 후자의 대상은 영혼 안에 일어나는 은혜의 사역이다. 전자는 하나님의 말씀 안에 기록된 진리에만 근거하고, 후자는 하나님의 말씀과 우리 안에서 이루어지는 그분의 사역 둘 다에 근거한다. 전자는 복음의 값없는 제공과 약속을 통해 하나님이 우리를 구원하기 위해 그리스도를 내주셨다는 확신을 말하고, 후자는 우리가 이미 그리스도와 그분의 구원을 소유하고, 누리고 있다는 확신을 말한다. 전자의 확신은 복음 신앙과 불가분의 관계를 맺지만, 후자의 확신은 참믿음의 행위와 분리될 수 있고, 또 실제로 종종 분리되어 나타난다.[151]

"특별한 계시가 없어도" 구원의 확신이 부족하여 두려워하는 신자들의 가장 큰 특징은 뭔가 특별한 계시나 경험이 있어야 한다고 생각한다는 것이다. 교회 안에는 이런 생각을 하는 신자들이 의외로 많다. 이런 사람들은 그와 같은 경험을 이미 했던 사람들의 말에 쉽게 현혹되기도 한다. 하지만 이와 같은 신앙의 태도는 매우 위험하다. 꿈이나 환상을 통해 예수님이 나타나셔서 "너는 구원받았다"고 말씀하셨다고 가정해 보자. 그것이 과연 예수님인지 누가 판정할 수 있을 것인가? 또한 누가 판정했다고 하더라도 그 판정이 맞다는 것을 어떻게 확인할 수 있을 것인가? 심지어 그 판정이 맞다고 하더라도 문제는 해소되지 않는다. 그 체험의 효과는 오래가지 않기 때문에 그 사람은 그와 유사한 경험을 계속

---

151 로버트 쇼, 『웨스트민스터 신앙고백 해설』, 377-378.

추구하게 된다. 가장 큰 문제는 말씀 속에서 구원의 확신을 얻으려고 하지 않기 때문에 실제로 하나님의 말씀을 무시하게 된다는 것이다.

일반적 수단으로 충분함 특별한 계시가 없어도 구원의 확신을 얻을 수 있다는 말은 모든 신자가 확신을 얻을 수 있다는 말이다. 물론 모든 사람이 구원의 확신을 쉽게 얻을 수 있다는 말은 아니다. 참 신자라도 이 확신을 얻기 위해서 **"오래 기다리면서 많은 어려움과 씨름해야 한다."** 또한 이 확신을 얻기 위해서 참 신자는 "일반적인 수단을 올바로" 사용해야 한다. 일반적 수단이란 말씀과 성례와 기도이다. 여기서 중요한 단어는 "올바로"이다. 아무리 열심히 일반적 수단을 사용하더라도 올바로 사용하지 않으면 참된 확신을 얻을 수 없다. 그다음에 주목할 단어는 성례다. 신자들이 구원에 대한 확신이 약한 이유 중의 하나는 성례를 잘 모르거나 성례에 자주 참석하지 않기 때문이다. 성례에 대해서는 제27, 28, 29장을 참고하라.

2) 확신의 열매

"모든 부지런함" 구원의 확신이 믿음의 본질은 아니지만 누구나 노력하면 얻을 수 있기 때문에 모든 신자는 이 확신을 얻기 위해서 최선의 노력을 다해야 한다. 구원의 확신을 가졌다고 하더라도 거기서 멈출 것이 아니라 자신의 부르심과 택하심을 굳게 하기 위해서 모든 노력을 다해야 한다. 제대로 된 선수라면 승리를 확신한다고 해서 연습을 게을리하지 않는다. 오히려 승리를 더 확고하게 만들기 위해서 최선을 다한다. 열심히 노력했는데도 불구하고 구원의 확신을 갖지 못하면 어떻게 해야 할까? 다른 특별한 답은 없다. 확신을 얻을 때까지 주님께서 주신 은혜의 일반적 수단을 열심히 사용하는 것뿐이다. 이 수단에 만족하지 않고 다른 방법을 찾기 시작하는 순간 신자는 멸망의 길로 들어서게 된다.

"마음이 넓어짐(enlargement)" 성도들이 부지런히 노력해서 확신을 가지면 "마음이 넓어진다." 이 문구의 문자적인 의미는 마음이 커졌다는 뜻이고 시편 119편 32절과 고린도후서 6장 12절에서 인용한 것이다. "주께서 내 마음을 넓히시면 내가 주의 계명들의 길로 달려가리이다." "고린도인들이여, 너희를 향하여 우리의 입이 열리고 우리의 마음이 넓어졌으니." 마음이 커졌거나 혹은 넓어졌다는 것은 고통이나 불안 및 염려에서 마음이 해방되어 기쁨과 행복으로 가득 차게 되었다는 것을 의미한다. 믿음은 신자들에게 구원의 은혜를 주지만 확신은 신자들의 삶에 큰 위안을 준다. 불안한 이 세상에서 평안과 기쁨 속에서 살기 위해서는 확신에 대한 교리를 잘 이해할 필요가 있다. 마음이 넓어지면 크게 다음과 같은 세 가지 유익을 누릴 수 있다.

"성령 안에서 평화와 기쁨" 이 문구는 로마서 14장 17절에서 부분적으로 인용되었다. "하나님의 나라는 먹는 것과 마시는 것이 아니요 오직 성령 안에 있는 의와 평강(평화)과 희락(기쁨)이라." 이 구절에서 먹고 마시는 것이 평강과 희락과 대구를 이루고 있다. 먹고 마시는 것은 일상적인 식사를 의미하기도 하지만 성찬을 의미할 수도 있다. 성찬식에서 믿음의 확신을 가지고 주님의 살을 먹고 주님의 잔을 마실 때, 우리는 진정한 평화와 기쁨의 잔치를 즐길 수 있다.

"하나님에 대한 사랑과 감사" 성령 안에서의 평화와 기쁨의 체험은 하나님께 대한 사랑과 감사로 자연스럽게 이어진다. 하나님에 대한 사랑과 감사는 더 이상 의무가 아니다. 하나님께서 우리를 먼저 사랑하셨기 때문에(요일 4:19) 우리가 하나님을 사랑하게 되고, 하나님께서 우리를 먼저 택하시고 구원하셨기 때문에 찬양과 감사를 하게 된다(엡 1:3). 확신이 증가할수록 하나님께 대한 사랑과 감사가 넘치게 된다.

"힘 있고 즐겁게 순종의 의무를 수행함" 하나님께 대한 사랑과 감사가 넘치는 사람은 하나님께서 자신에게 부여한 의무를 힘 있고 즐겁게 수행한다. 신자는 하나님께 무엇인가를 받기 위해서가 아니라 이미 은혜를 충분히 받았기 때문에 순종의 의무를 감당한다. 순종은 더 이상 짐이 아니라 기쁨이 된다. 이와 같은 확신이 충만할수록 성도들은 하나님과 교회를 열심히 섬기게 된다.

확신과 교회 성장

확신의 교리는 교회 성장에 매우 중요하다. 교회가 성장하기 위해서는 성도들의 봉사가 필수적인데 이 봉사를 열심히 그리고 즐겁게 하기 위해서 필요한 것이 구원의 확신이다. 이단 교회가 성장하는 가장 큰 이유는 신도들에게 거짓 확신을 심어 주기 때문이다. 거짓이더라도 그 확신은 신도들에게 강력한 영향을 끼친다. 당연히 참된 교회는 성도들에게 진정한 확신을 주기 위해서 힘써야 한다. 성도들에게 무조건 "전도를 열심히 하라"고 율법적인 명령만 하거나 "아멘"을 일방적으로 유도하는 설교는 진정한 확신을 주지 못한다. 신자들에게 순수한 복음을 선포하여 그들이 받은 구원이 얼마나 소중하고 귀한지 감격하고 깨닫게 해야 진정한 확신이 그들 가운데 자리 잡을 것이다.

제4항 흔들릴 수 있으나 완전한 절망에 이르지 않음

신자들이 오랜 기간을 통해서 여러 방식으로 구원의 확신을 가지게 되었더라도 그 확신이 항상 똑같은 상태로 유지되는 것은 아니다. 어떤 이들은 끝까지 그 확신 속에서 살아가지만 다른 이들은 그렇지 못할 수도 있다. 그러나 그 확신이 완전히 소멸하여 사라지지는 않는다.

1) 확신이 "흔들리고, 약화되고 잠시 중단될 수 있다." 구원의 확신을 가진 참된 신자라고 할지라도 자신의 구원에 대해서 의심하는 경우가 적지 않다. 하지만 구원의 확신이 흔들린다고 해서 구원 자체가 흔들리는 것은 아니다. 구원이 흔들리지 않음에도 불구하고 구원의 확신이 흔들리는 이유에는 여러 가지가 있다. 이는 신자 자신의 소홀이나 특별한 죄, 외부의 유혹, 그리고 하나님의 훈련으로 구분할 수 있다.

소홀이나 특별한 죄 이것은 기본적으로 신자 자신의 책임이다. 확신이 흔들리는 첫 번째 이유는 소홀이다. 구원에 대한 확신을 얻는 것도 많은 노력이 필요하지만, 그것을 지속하기 위해서도 적지 않은 노력이 필요하다. 이 일에 소홀하면 언젠가는 확신이 크게 흔들릴 수 있다. 죄는 확신을 흔드는 가장 큰 요인이라고 할 수 있다. 하지만 모든 죄가 확신을 흔드는 것은 아니다. 특별히 양심을 상하게 하거나 성령을 근심하시게 하는 죄는 구원의 확신을 크게 흔들 수 있기 때문에 성도들은 각별히 주의해야 한다.

갑작스럽고 강렬한 유혹 세상의 유혹 중에서 갑작스럽게 찾아오거나 그 강도가 매우 센 것들은 신자의 확신을 흔들 수 있다. 우리는 다윗에게서 그 예를 찾아볼 수 있다. 다윗이 어느 저녁에 왕궁 옥상에서 산책을 하다가 밧세바가 목욕하는 것을 보았고, 그녀가 심히 아름다워 보이자 자신의 권력을 사용하여 그녀와 동침했을 뿐 아니라 결국 그의 남편도 죽게 했다. 시편 51편은 그가 자신의 죄로 인해 얼마나 비탄에 빠져 있는지를 잘 보여 준다.

하나님의 훈련 진정한 확신은 어려울 때 확인된다. 아무런 고난과 어려움이 없을 때의 확신은 참된 확신인지 알기 어렵다. 확신을 얻기 위해서 많은 노력이 필요하듯이 확신을 얻고 나서도 여러 연단이 필요하다. 더 큰 어려운 환란에서도 흔들리지 않도록 하기 위해서 하나님은 여러 방식으로 그들의 확신을 훈련하신다. 때로는 신자들에게 얼굴 빛을 가리기도 하시고, 때로는 어떤 빛도 없는 흑암의 길을 걷게 하기도 하신다(사 50:10).

2) 그럼에도 불구하고 확신은 적당한 때에 다시 회복된다. 구원의 확신이 일시적으로 여러 형태로 흔들리거나 약화될 수 있지만 완전히 사라질 수는 없다. 그 이유는 **하나님의 씨,**[152] **믿음의 생명, 그리스도와 형제들에 대한 사랑, 마음의 진실함, 의무의 양심**은 결코 그들에게서 사라지

---

152 하나님의 씨는 제17장 2항에서 다루었으니 참고하라.

지 않기 때문이다. 때가 되면 성령 하나님의 역사에 의해서 다시 확신이

되살아난다. 이로 인해 신자들은 완전한 절망에 빠지지 않는다.

제19장 하나님의 율법

1항. 하나님께서는 아담에게 행위언약으로 율법을 주셨는데, 이로써 하나님은 아담과 그의 모든 후손에게 인격적으로, 전적으로, 정확하게, 영속적으로 순종할 의무를 부여하셨다. 하나님께서는 율법을 준행하면 생명을 주겠다고 약속하셨고, 율법을 위반하면 사망의 형벌을 내리겠다고 경고하셨다. 또한 아담에게 율법을 지킬 수 있는 힘과 능력도 부여하셨다.[1]

2항. 이 율법은 아담이 타락한 후에도 여전히 의의 완전한 준칙이고, 하나님은 그것을 시내 산에서 십계명으로 두 돌판에 기록하여 전달하셨다.[2] 처음 네 가지 계명은 하나님을 향한 우리의 의무를 담고 있고, 나머지 여섯 가지 계명은 사람에 대한 우리의 의무를 담고 있다.[3]

3항. 일반적으로 도덕법이라고 불리는 이 율법 외에, 하나님께서는 미성숙한 교회인 이스라엘 백성들에게, 여러 가지 예표적인 규례들을 담고 있는 의식법을 주시기를 기뻐하셨는데, 일부분은 그리스도와 그분의 은혜와 활동과 고난과 은택을 예표하는 예배에 관한 것이고,[4] 일부분은 도덕적 의무에 대한 여러 가지 교훈을 제공한다.[5] 이러한 모든 의식법은 지금 신약 시대에서는 폐지되었다.[6]

4항. 하나님은 정치적 공동체인 이스라엘 백성들에게 여러 가지 사법적 법도 주셨는데, 이 법은 그 백성의 국가와 더불어 소멸되었기 때문에, 지금 이 법은 율법의 일반적 공정성이 요구하는 것 외에는 다른 어떤 의무도 부과하지 않는다.[7]

5항. 도덕법은 의롭다 함을 받은 사람들뿐만 아니라 다른 모든 사람들에게 도덕법에 순종해야 할 의무를 영구적으로 부여한다.[8] 즉 도덕법에 담겨 있는 내용 때문만이 아니라 도덕법을 주신 창조주 하나님의 권위 때문에도 그러하다.[9] 그리스도께서도 복음 안에서 이 의무를 결코 폐하지 않으시고 오히려 더욱 강화하신다.[10]

6항. 참된 신자는 행위언약으로서의 율법 아래에 있지 않고, 이 율법으로 인해 의롭다 함을 받거나 정죄를 받지는 않는다.[11] 그러나 이 율법은 다른 사람들에게와 마찬가지로 신자들에게도 크게 유익하다. 곧 삶의 준칙으로서 율법은 그들에게 하나님의 뜻과 그들의 의무가 무엇인지 알려주며 그것에 따라 행하도록 지도하고 명령하며,[12] 그들의 본성과 마음과 삶이 죄로 오염되어 있다는 것도 깨닫게 한다.[13] 그렇게 함으로써 그들이 자신들을 살피고, 죄를 더욱 깨닫고 겸비하여, 자신들의 죄를 미워하고,[14] 그리스도와 그분의 완전한 순종이 필요하다는 것을 분명하게 보게 한다.[15] 이와 같이 율법은 중생한 자들에게도 유용하다. 이는 율법이 죄를 금하므로 신자들의 부패성을 억제하기 때문이다.[16] 비록 중생자들이 율법에서 경고하는 저주에서 해방되었다고 하더라도, 율법의 경고들은 그들이 죄를 지을 때 마땅히 받아야 할 대가가 무엇인지, 이생에서 어떤 고통을 당하게 될 것인지를 보여 주는 역할을 한다.[17] 마찬가지로 율법의 약속들은 하나님께서 순종을 기뻐하신다는 것과, 비록 행위언약으로서의 율법에 의해 그들에게 마땅히 주어지는 보상은 아닐지라도[19] 율법을 준행할 때 어떤 복을 기대할 수 있는지를 그들에게 보여 준다.[18] 그러므로, 율법이 선을 장려하고 악을 제지하기에 어떤 사람이 선을 행하고 악을 삼간다고 해서 그것이 그가 율법 아래에 있고 복음 아래에 있지 않다는 증거가 될 수는 없다. [20]

7항. 앞에서 언급한 율법의 용법들은 복음의 은혜와 상충하지 않고, 오히려 복음의 은혜를 달콤하게 따른다. [21] 이는 그리스도의 성령이 사람의 의지를 복종시키시고, 율법에 계시된 하나님의 뜻이 요구하는 바를 자유롭고 즐겁게 행할 수 있게 하시기 때문이다. [22]

---

1) 창 1:26-27; 창 2:17; 롬 2:14-15; 롬 10:5; 롬 5:12, 19; 갈 3:10, 12; 전 7:29; 욥 28:28.

2) 약 1:25; 약 2:8, 10-12; 롬 13:8-9; 신 5:32; 신 10:4; 출 34:1.

3) 마 22:37-40.

4) 히 9; 히 10:1; 갈 4:1-3; 골 2:17.

5) 고전 5:7; 고후 6:17; 유 1:23.

6) 골 2:14-17; 단 9:27; 엡 2:15-16.

7) 출 21; 출 22:1-29; 창 49:10; 벧전 2:13-14; 마 5:17; 마 5:38-39; 고전 9:8-10.

8) 롬 13:8-10; 엡 6:2; 요일 2:3-4, 7-8.

9) 약 2:10-11.

10) 마 5:17-19; 약 2:8; 롬 3:31.

11) 롬 6:14; 갈 2:16; 갈 3:13; 갈 4:4-5; 행 13:39; 롬 8:1.

12) 롬 7:12-22, 25; 시 119:4-6; 고전 7:19; 갈 5:14, 16, 18-23.

13) 롬 7:7; 롬 3:20.

14) 약 1:23-25; 롬 7:9, 14, 24.

15) 갈 3:24; 롬 7:24-25; 롬 8:3-4.

16) 약 2:11; 시 119:101, 104, 128.

17) 스 9:13-14; 시 89:30-34.

18) 레 26:1-14; 고후 6:16; 엡 6:2-3; 시 37:11; 마 5:5; 시 19:11.

19) 갈 2:16; 눅 17:10.

20) 롬 6:12, 14; 벧전 3:8-12; 시 34:12-16; 히 12:28-29.

21) 갈 3:21.

22) 겔 36:27; 히 8:10; 렘 31:33.

복 있는 사람은 악인들의 꾀를 따르지 아니하며
죄인들의 길에 서지 아니하며 오만한 자들의 자리에 앉지 아니하고

오직 여호와의 율법을 즐거워하여
그의 율법을 주야로 묵상하는도다!

(시 1:1)

서론: 율법을 즐거워할 수 있을까?

일반적으로 법 혹은 율법은 교회에서 인기 있는 주제가 아니다. 신자들은 대부분 율법에 대해서 부정적인 생각을 가지고 있다. 특히 교회법에 대해서는 아예 무지한 경우가 많고 신앙생활에 도움이 되지 않는다고 생각한다. 이와 같은 생각은 주로 성경에 대한 부분적인 지식에 근거한다. 성경이 율법에 대해서 부정적으로 서술하는 경우가 많기 때문이다. "그러므로 율법의 행위로 그의 앞에 의롭다 하심을 얻을 육체가 없나니 율법으로는 죄를 깨달음이니라"(롬 3:20). 성경에 따르면 적어도 율법으로는 구원받을 수 없다는 것이 확실하다. 그러니 신자들이 율법에 관심을 가질 이유가 별로 없는 것 같다.

우선 오해와 혼동을 방지하기 위해 기본적인 단어 정리가 필요하다. '율법'과 '법'은 같은 말이고, 둘 다 영어로 'law'라고 하며 영어에서는 어떤 차이도 존재하지 않는다. 따라서 이 주제와 관련된 신학 서적을 읽을 때, 특히 번역된 책을 읽을 때 주의할 필요가 있다. 일반적으로 율법은 하나님의 법을 가리키고 그냥 법은 세상의 법을 가리키는 경우가 많은데 이와 같은 구분이 도움이 될 때도 있지만 하나님의 법과 세상 법이 완전히 다르다는 인상을 줄 수도 있다. 하지만 세상의 모든 법은 그 원리에서 하나님께서 제정하신 법인 도덕법에 기초하고 있다.

하나님의 율법은 하나님의 말씀과도 구분할 필요가 있다. 율법은 분명히 하나님의 말씀이지만 하나님의 모든 말씀이 율법은 아니다. 하나님의 말씀은 크게 율법과 복음으로 구성되어 있고 이 둘의 관계를 잘 이해해야 하나님의 말씀을 보다 정확하고 풍성하고 온전하게 이해할 수 있다 (제7항 참조). 형식에서 율법은 명령이고, 복음은 약속이다. 명령은 인간들에게 순종을 요구하고, 약속은 믿음을 요구한다. 율법은 "사랑하라"라고 명령하지만, 복음은 "사랑하겠다"라고 약속하신다.

하나님의 율법은 명령과도 구분되어야 한다. 율법도 일종의 명령이지만 보편성을 가진다는 점에서 명령과 구분된다. 이 둘을 구분하지 못하면 사이비 신앙에 쉽게 빠질 수 있다. "살인하지 말라"는 보편적인 명령이다. 신자뿐만 아니라 모든 인간이 지켜야 할 의무가 있다. 하지만 "여리고 성을 돌아라"는 특정한 시간, 특정한 장소, 특정한 사람들에게 주어진 하나님의 특별한 명령이다. 따라서 이 명령은 보편적으로 적용될 수 없다. 하지만 이것을 무시하고 소위 땅 밟기를 시도하는 것은 오히려 이웃을 내 몸과 같이 사랑하라는 하나님의 율법을 어기는 것이다. 마찬가지로 기드온이 우상을 깨뜨렸다고 해서 우리가 어느 절에 있는 불상을 깨뜨리는 행위가 정당화되는 것은 아니다. 왜냐하면 하나님은 우리에게 그렇게 하라고 명령하신 적이 없기 때문이다.

하나님의 율법은 또한 '도덕법'으로 불린다. 이 도덕법은 대교리문답 91문답 이후에 자세히 다루어진다. 도덕법은 하나님께서 인간이 순종하게 하려고 계시하신 뜻이다(92문답). 성경을 보면 도덕법의 내용이 매우 많을 것 같지만 사실은 아주 간단하다. 예수님은 어느 계명이 가장 크냐고 묻는 율법사에게 다음과 같이 대답하셨다. "네 마음을 다하고 목숨을 다하고 뜻을 다하여 주 너의 하나님을 사랑하라 하셨으니 이것이 크고 첫째 되는 계명이요, 둘째도 그와 같으니 네 이웃을 네 자신 같이 사랑하라 하셨으니 이 두 계명이 온 율법과 선지자의 강령이니라"(마 22:37-40). 예수님의 대답은 "하나님 사랑, 이웃 사랑"이라고 요약할 수 있고 한 단어로 요약하면 사랑이다. 율법의 형식은 명령이고, 율법의 내용은 사랑이다. 바울 사도가 사랑을 가리켜 "율법의 완성"이라고 한 이유가 여기에 있다(롬 13:10).

율법의 내용을 알았다면 율법의 용법도 잘 알아야 한다. 율법 자체는 좋은 것이지만 그것을 잘못 사용하면 신앙생활에 큰 해를 당할 수 있다. 대표적인 예가 율법을 잘 지켜서 구원받으려고 한다거나, 하나님의 은혜를 얻고자 하거나, 상급을 받으려고 하는 태도다. 그런 자들은 하나님으로부터 복을 받기보다는 율법의 저주와 심판을 받을 수밖에 없다. 율법은 구원받기 위해 필요한 것이 아니라 구원받은 자들이 복된 삶을 살기 위해 필요하다. 그렇기 때문에 시편 기자는 다음과 같이 노래한다. "여호와여 내가 주의 구원을 사모하였사오며 주의 율법을 즐거워하나이다"(119:174)! 여호와의 율법을 즐거워하여 주야로 묵상하는 자가 복이 있는 사람이다.

제1항 행위언약으로서의 율법: 타락 이전

도덕법으로서 하나님의 율법은 변함이 없지만 시대에 따라 그 역할은 달라진다. 타락 이전과 타락 이후에 인간의 상태가 크게 달라졌기 때문에 율법의 역할도 달라질 수밖에 없다. 이와 관련하여 약간의 복습이 필요하다. 율법과 관련하여 타락 이전의 상태에 대하여 「고백서」가 다루었던 내용 중 두 가지를 기억할 필요가 있다. 아담을 창조하셨을 때 하나님은 그의 마음에 율법을 새기셨고 또한 그것을 이룰 수 있는 능력도 제공하셨다(제4장 2항). 하나님은 완전하고 인격적 순종을 조건으로 아담과 그의 후손에게 생명을 약속하셨다(제7장 2항). 이 법이 있었기 때문에 아담은 하나님께서 창조자시라는 사실뿐만 아니라 순종해야 할 주인이자 재판관이시라는 사실을 잘 알 수 있었다.

아담은 의와 거룩과 지식으로 온전하게 창조되었기 때문에 십계명과 같은 구체적인 지침이 필요하지 않았다. 마음속에 쓰인 율법에 따라 얼마든지 하나님을 사랑하고 이웃을 사랑할 수 있었다. 아담이 이 율법에 따라 열심히 살아도 하나님은 굳이 그에 대하여 보상할 필요가 없으셨지만, 은혜로우신 하나님은 언약이라는 방법을 사용하셔서 아담에게 생명과 복을 주기로 결정하셨는데 그것이 바로 행위언약이다. 행위언약은 율법과 약속으로 구성되어 있다. 이 언약을 통하여 모든 인류는 하나님께 "인격적이고, 온전하고, 정확하고(명령 그대로), 영속적으로" 순종해야 할 의무를 부여받았다. 하나님께서는 아담이 율법에 순종하는 경우에는 생명을 약속하셨고, 어기는 경우에는 사망의 형벌을 경고하셨다.

타락 이전의 율법의 용도는 아주 분명하다. 그것은 인간에게 생명을 주기 위한 일종의 언약이었다. 아담이 순종했다면 얼마든지 생명과 복을 누릴 수 있었을 것이다. 하지만 그가 타락하여 모든 인간이 그것을 지킬 수 없게 되었고 생명은 고사하고 오히려 율법의 저주 아래에 놓이게 되었다. 인간이 이렇게 비참한 상태에 놓이게 되었기 때문에 더 이상 율법을 통하여 인간이 구원받을 수 있는 길은 존재하지 않게 되었다. 그렇다면 타락 이후에 율법은 인간들에게 아무 소용이 없는가?

제2항 타락과 십계명

타락 이후에도 율법의 내용과 속성은 변하지 않는다. 하나님의 법은 완전하기 때문에 상황에 따라 바뀔 수 없다. 아담의 실패에도 불구하고 율법은 여전히 모든 인간에게 "의의 완전한 준칙"이다. 인간의 마음속에 쓰인 율법은 상당히 훼손되었지만 완전히 제거되지는 않았다. 이 때문에 인간은 도덕적인 존재가 될 수 있다. 하나님은 인간이 율법을 지킬 수 없는 상태가 되었다는 것을 잘 아시지만, 율법을 통해 하나님의 뜻이 무엇인지 계속 알리신다. 만약 율법이 완전하게 없어졌다면 타락한 인간은 더 타락하여 짐승과 다를 바가 없게 되었을 것이다.

하나님은 유대인들을 특별히 사랑하셔서 마음에 쓰인 율법을 두 돌판에 새겨서 전달하셨다. 이로 인해 유대인들은 훨씬 더 분명하게 율법의 내용을 알게 되었다. 십계명의 내용은 출애굽기 20장과 신명기 5장에 기록되어 있다. 첫 네 계명은 하나님에 대한 의무이고, 나머지 여섯 계명은 인간에 대한 의무이다. 십계명을 어떻게 나누는가에 대해서는 여러 다른 전통이 있다. 이렇게 다른 가장 큰 이유는 성경에 순번이 없기 때문이다. 그렇다고 해서 내용 자체가 다른 것은 아니다. 로마 교회나 루터파 교회는 제1계명과 제2계명을 하나로 합치고 제10계명을 둘로 나누었다. 이 구분법에 따르면 하나님에 대한 의무는 처음 세 가지 계명이고 나머지 일곱 계명은 인간에 대한 의무이다.

십계명을 어떻게 해석할 것인가에 대해서 성경은 좋은 예를 하나 제시하고 있다(마 19:16-23). 어떤 부자 청년이 예수님께 와서 어떻게 하면 영생을 얻을 수 있느냐고 물었다. 예수님은 몇 가지 계명을 제시하시면서 이것들을 다 지키면 된다고 말씀하셨다. 이 말을 들었을 때 그 청년은 "그것들을 내가 어렸을 때부터 다 지켰다"고 대답했다. 어떻게 그가 이렇게 대답할 수 있었을까? 그는 간음한 적도 없고, 도둑질한 적이 없었기 때문에 모든 계명을 어려서부터 다 지켰다고 말할 수 있었다. 하지만 예수님은 여자를 보고 음욕을 품는 것도 간음이라고 해석하셨고, 형제를 욕하는 것도 살인이라고 규정하셨다. 이와 같은 해석방법에 근거하여 예수님은 바리새인들의 위선을 드러내실 수 있었다.

대교리문답(99)은 십계명을 올바로 해석하기 위한 매우 중요한 규칙들을 정리해 두었는데 의외로 잘 알려지지 않았다. 예수님께서 보여 주신 해석방법을 따랐기 때문에 대교리문답은 십계명에 대한 가장 깊고 풍성한 통찰력을 보여 주고 있다. 십계명에 대해서 설교할 때 목사들은 큰 도움을 받을 수 있을 것이다.

① 율법은 완전하기 때문에 각 사람이 전인격을 다하여 율법의 의에 완전히 도달하고 영원토록 전적으로 복종해야 할 것을 요구한다. 따라서 각 사람은 모든 의무를 최고로 완전하게 준수해야 하고, 어떤 죄라도 조금도 지어서는 안 된다.

② 율법은 영적인 것이기에, 말과 행동과 몸짓뿐만 아니라 지성과 의지와 정서, 그리고 영혼의 다른 모든 능력에도 영향을 미친다.

③ 여러 면에서 하나의 동일한 것이 몇몇 계명에서 요구되거나 금지된다.

④ 어떤 의무가 부여되면 그와 반대되는 죄가 금해지고, 어떤 죄가 금해지면 그와 반대되는 의무가 부여된다. 이와 같이, 어떤 약속이 부가되면 그와 반대되는 경고가 포함되고,[153] 어떤 경고가 부가되면 그와 반대되는 약속이 포함된다.

⑤ 하나님이 금하신 것은 어떤 경우에도 결코 해서는 안 되며, 하나님께서 명하신 것은 언제나 우리가 해야 할 의무이다.[154] 그러나 모든 특정 의무들을 항상 해야 하는 것은 아니다.

⑥ 한 가지 죄나 의무에는 유사한 종류의 죄나 의무들도 모두 금지되거나 부여되는데, 그 모든 원인들과 수단들과 기회들과 모양들 및 그것을 유발하는 것들까지도 포함되어 있다.

⑦ 우리의 지위를 따라 금지되거나 명령된 것이라면, 다른 사람들도 그 지위와 의무에 따라 이를 피하거나 행할 수 있도록 우리는 노력해야 한다.

⑧ 다른 사람들에게 명령된 것에는 우리의 지위와 소명에 따라 그들을 도와야 하고, 그들에게 금한 것에는 그들과 함께 참여하지 않도록 조심해야 한다.

---

153 출 20:12; 잠 30:17
154 신 4:8-9

제3항, 제4항, 제5항 의식법 & 시민법 (한시적), 도덕법 (영구적)

3항에서 5항까지는 구약과 신약에서 율법의 기능을 다루고 있다. 이 것은 구약과 신약의 상호 관계를 바로 이해하는 데 매우 중요하다. 우리 는 7장 5항과 6항에서 이미 언약을 통해 두 언약의 연속성과 불연속성을 살펴보았다. 율법을 통해서 우리는 이 관계를 보다 더 풍성하게 이해할 수 있다.

도덕법 자체는 변하지 않고 항상 존재했다. 구약 성도들이나 신약 성 도들 모두 도덕법에 매여 있다. 하지만 구약 성도들에게는 도덕법 외에 의식법과 시민법이 더 첨가되었다. 「고백서」는 의식법(ceremonial law)과 사 법적 법(judicial law)이라는 용어를 사용하고 있지만, 일반적으로 사법적 법 대신 시민법이라는 말이 보편화되었기 때문에 여기서도 시민법이라는 용어를 사용하도록 하겠다.

이 두 법도 기본적으로 도덕법에 기초해 있다. 따라서 이 두 법과 도덕 법이 서로 상충하거나 완전히 별개로 존재하지 않는다. 도덕법이 하나님 에 대한 사랑과 이웃에 대한 사랑으로 구성되어 있듯이 의식법은 하나님 에 대한 사랑, 시민법은 이웃에 대한 사랑을 다루고 있다. 다만, 도덕법 과 달리 의식법과 시민법은 한시적으로 특정 사람들에게만 적용되었다. 구약 시대의 이스라엘이 미성숙한 교회였고, 또한 특별한 정치체제(왕정) 를 유지했기 때문이다.

미성숙한 이스라엘 교회에 의식법이 필요했던 가장 큰 이유는 그리스 도께서 아직 오시지 않았기 때문이다. 의식법은 그리스도께서 오시기 이

전에 하나님을 예배할 규정들을 담고 있다. 이 법이 있었기 때문에 이스라엘 백성들은 우상숭배에 빠지지 않고 하나님을 올바로 예배할 수 있었다. 이 의식법들은 오실 예수 그리스도의 여러 은혜와 사역들을 예표한다는 점에서 미성숙한 이스라엘 백성들의 예배를 위한 충분한 준칙이었다. 또한 이 의식법은 부분적으로 도덕적인 의무에 대한 지침도 제공한다. 특히 제사법과 관련된 규정들은 성도의 거룩한 삶에 적용할 수 있다 (고전 5:7; 고후 6:17). 하지만 신약 시대에는 실체이신 그리스도께서 오셨기 때문에 의식법은 모두 폐지되었다. 모든 의식법은 성전과 관련되어 있기 때문에 성전이 파괴된 이상 의식법 자체가 효력을 잃고 말았다.

시민법은 그 당시 교회의 정치체제와 관련되어 있다. 구약의 교회인 이스라엘은 유대인들로만 구성되었고 통치 방식은 왕정에 기반을 둔 신정국가였다. 따라서 이와 관련된 법이 신약 시대의 교회에 적용되는 것은 불가능하기 때문에 의식법과 마찬가지로 폐지되었다. 하지만 시민법 중에서 "일반적 공정성(general equity)"이 요구하는 것은 도덕법에 속하기 때문에 여전히 유효하다. 베드로 사도가 가르치듯이 성도들은 모든 제도에 순종해야 하고 왕이나 총독들에게도 그렇게 해야 한다. 위정자들에게 순종하는 것은 동일하지만 순종의 근거는 다르다. 신약의 성도들은 구약의 규정 때문이 아니라 주님 때문에 순종한다.[155]

의식법과 시민법의 한계를 제대로 이해하지 못하면 기이한 형태의 설교나 프로그램이 교회 안에 들어오게 된다. 소위 '하나님의 교회'는 오늘

---

155 Van Dixhoorn, *Confessing the Faith*, 245.

날에도 유월절을 비롯하여 구약의 여러 절기를 그대로 지켜야 한다고 주장한다. 교회당을 여전히 성전이라고 부르는 로마 가톨릭 문화도 교회 안에 그대로 자리 잡고 있다. 일천 번제 역시 다양한 형태로 교회 안에서 장려되고 있는데 신앙에 도움이 된다는 이유로 암묵적으로 허용되고 있다. 한국을 이스라엘과 같이 특별한 국가로 보는 것도 조심해야 한다. 국가를 사랑하는 것과 선민의식은 구별되어야 한다. 교회와 국가를 구별하지 못하면 십자군 전쟁과 같은 만행과 비극이 일어날 수 있다는 것을 유념해야 한다.

의식법이나 시민법과 달리 도덕법은 보편성을 지닌다. 이 법은 의롭다 함을 받은 신자뿐만 아니라 모든 인간에게 유효하다. 이것은 칭의를 이해하는 데 매우 유용하다. 율법의 보편성을 이해하면 의롭다 함을 받은 신자들도 자신들이 율법과 어떤 관계를 가진다는 것을 쉽게 알 수 있을 것이다. 율법은 하나님의 의의 준칙이기 때문에 칭의와 무관할 수 없다. 칭의와 율법은 어떤 점에서는 서로 상충하는 점이 있지만 어떤 점에서는 상호 보완 관계에 있다. 따라서 율법과 칭의를 너무 한 쪽 측면에서만 이해해서는 안 된다.

도덕법으로서 율법은 복음과 상충하지 않는다. 예수님도 이와 같이 말씀하셨다. "내가 율법이나 선지자를 폐하러 온 줄로 생각하지 말라 폐하러 온 것이 아니요 완전하게 하려 함이라. 진실로 너희에게 이르노니 천지가 없어지기 전에는 율법의 일점 일획도 결코 없어지지 아니하고 다 이루리라"(마 5:17-18). 예수님의 이 말씀보다 더 강력하게 율법의 보편성을 이야기하는 곳도 없을 것이다. 복음의 시대에는 율법의 중요성이 떨어진다는 것은 전혀 사실이 아니다. 예수님은 율법을 더 분명하게 해석하심으로 오히려 율법을 더 강화하셨다.

도덕법은 그 내용 자체만으로도 보편성을 가지지만, 이 법의 제정자가 창조주라는 사실 때문에도 보편성을 가진다. 예를 들어 "네 부모를 공경하라"는 명령은 그 이유를 설명할 필요가 없는 자명한 진리다. "간음하지 말라" 혹은 "살인하지 말라"도 마찬가지다. 하지만 이 도덕법을 제정하신 분이 창조주 하나님이라는 사실에서도 도덕법은 그 권위를 가진다. 야고보는 "간음하지 말라"고 하신 분이 또한 "살인하지 말라"고 말씀하셨다고 강조한다(약 2:10-11). 율법이 통일성을 이루는 이유는 율법의 제정자가 한 분이시기 때문이다. 창조주 하나님은 섭리로 세상을 통치하시며 율법으로 이성적 피조물에 대하여 주권을 행사하신다. 만약 창조주 하나님께서 인간에게 도덕법을 주지 않으셨다면 하나님은 더 이상 세상의 진정한 통치자가 될 수 없었을 것이다.

제6항 율법이 주는 큰 유익

신자들은 더 이상 행위언약으로서 율법의 지배를 받지 않는다. 따라서 그들은 이제 율법을 통해서 의롭다 함을 받거나 정죄당하지 않는다. 따라서 하나님께 무엇을 얻기 위해서 또는 심판을 면하기 위해서 율법에 힘쓰는 것은 아무런 소용이 없다. 율법의 내용을 잘 배우는 것도 중요하지만 그것을 잘 사용하는 것도 중요하다. 이 사용의 중요성에 대해서 바울 사도는 다음과 같이 말했다. "율법은 사람이 그것을 적법하게만 쓰면 선한 것임을 우리는 아노라"(딤전 1:8). 율법을 잘못 사용하면 자기 의에 빠져 다른 사람들을 쉽게 정죄하여 교회를 무너뜨릴 수도 있다.

종교개혁 이전에도 교회는 율법의 중요성에 대해서 잘 알고 있었고 성도들에게 십계명을 잘 가르쳤다. 율법의 본질이나 성격, 그리고 율법의 해석 자체에 대해서는 로마 교회나 개신교회 사이에 큰 차이가 없었다. 하지만 율법의 용법에 대해서는 큰 차이가 있었는데 로마 교회에서 율법을 가르친 주된 목적은 성도들이 고해성사를 잘하도록 하기 위한 것이었다. 종교개혁으로 인해 고해성사가 성례로서 지위를 상실하게 되자 율법의 용법은 새로운 자리매김이 필요하게 되었다. 일반적으로 세 가지 용법이 개신교회에서 인정받았는데 그것들은 다음과 같다. 1) 죄를 깨닫게 하여 그리스도께 인도하는 교육적(pedagogical) 용법, 2) 죄를 억제하여 사회의 질서를 유지하는 시민적(civil) 용법, 3) 중생한 신자들에 대한 규범적(normative) 용법이다. 순서는 신학자들마다 조금씩 다를 수 있다.

"삶의 준칙" 「고백서」에 따르면 율법의 첫째 용법은 "삶의 준칙"이다. 복음이 믿음의 준칙(the rule of faith)이라면, 율법은 삶의 준칙(the rule of life)이다. 복음과 율법을 다 포함하고 있는 하나님의 말씀은 "믿음과 삶의 준칙"이다(제1장 2항). 복음이 무엇을 믿어야 하는가를 다룬다면 율법은 어떻게 살아야 하는가를 다룬다. 「고백서」에서 주목할 것은 율법이 참 신자뿐만 아니라 그 외의 사람들에게도 삶의 준칙이 된다는 것이다. 신자 중에서 "어떻게 살아야 하는가?"라는 문제를 진지하게 고민한다면 하나님의 율법을 진지하게 공부해야 할 것이다. 시편 기자는 이렇게 말했다. "주의 말씀은 내 발에 등이요, 내 길에 빛이니이다"(시 119:105). 율법이 신자들에게 삶의 준칙인 이유는 "하나님의 뜻과 그들의 의무"가 무엇인지 알려주기 때문이다. 그뿐 아니라 율법은 그에 걸맞게 행하도록 지도하고 명령한다.

삶의 준칙은 일반적으로 율법의 제3용법이라고 불렸다. 루터파와 개혁파는 제3용법에 대해서 강조점이 크게 달랐는데, 개혁파는 이 제3용법이 가장 중요하다고 생각했고 루터파는 신자들을 그리스도께 인도하는 교육적 용법이 가장 중요하다고 생각했다. 「고백서」는 율법의 용법이 지니는 중요도에 대해서는 따로 언급하고 있지 않다. 하지만 제3용법을 가장 먼저 위치시킴으로써 이 용법이 가장 중요하다는 것을 암시적으로 드러내고 있다. 개혁파가 제3용법을 루터파보다 더 강조하기 때문에 개혁파 교회에서 율법은 훨씬 더 긍정적으로 이해된다. 반면 루터파는 율법의 제3용법을 강조하면 다시 율법주의로 돌아갈 수 있다고 생각하여 상당히 경계했다.

초등교사(몽학선생) 율법은 인간으로 하여금 죄가 무엇인지를 알게 한다. 이것은 로마서가 아주 강조하는 바이다. "율법으로 말미암지 않고는 내가 죄를 알지 못하였으니"(7:7), "율법으로는 죄를 깨달음이니라"(3:20). 이를 부정적으로 보기도 하는데 전혀 그렇지 않다. 율법은 우리를 구원하는 데는 무능하지만, 구원하는 분으로 인도하는 안내자의 역할을 한다. 구원하는 분으로 가기 위해서는 내가 구원받아야 할 존재, 즉 죄인이라는 것을 알아야 하는데 율법이 없다면 자신이 죄인이라는 사실을 알방법이 없다. 하이델베르크 교리문답에 따르면 이 세상에서 신자들이 참되고 유일한 위안 속에서 살기 위해서 가장 먼저 알아야 할 것이 자신의 죄와 비참을 깨닫는 것이다(2문답). "당신의 죄와 비참을 어디에서 아는가?"라는 질문(3문)에 대하여 교리문답은 "하나님의 율법에서 나의 죄와 비참함을 압니다"라고 대답한다.

율법이 단지 죄와 비참을 깨닫게 하는 데서 그친다면 율법은 선생이 아니라 재판관에 지나지 않을 것이다. 율법은 거기에서 더 나아가 신자들을 겸손하게 하고 그 죄를 미워하게 한다. 그리고 최종적으로 죄와 비참으로부터 자신을 건질 구원자와 구원의 방법(그리스도와 그분의 완전한 순종)이 필요하다는 인식을 심어 준다. 이 점에서 율법은 신자들에게 아주 훌륭한 선생이라고 할 수 있다. 하지만 율법의 역할은 여기에서 끝난다. 그 구원자가 누구인지, 구원이 어떻게 이루어지는지에 대해서 율법은 어떤 지식도 전달할 수 없다. 그 지식은 오직 거룩한 복음을 통해서 알 수 있기 때문이다(하이델베르크 19).

율법의 제1용법과 관련하여 개혁파 교회 안에서 '회심 준비'에 대한 논쟁이 일어났다.[156] 회심이 전적으로 하나님의 사역이라는 것에 대해서는 어느 누구도 반대하지 않았지만, 회심을 위해서 인간이 무엇을 해야 하는가에 대해서는 의견이 나뉘었다. 어떤 이들은 죄의 깨달음이 회심에 필수적이기 때문에 율법을 반드시 설교해야 한다고 생각하기도 했고, 다른 이들은 그런 주장이 율법주의의 오류에 빠질 위험성이 있다고 반대했다. 회심 준비를 위해서 인간이 노력해야 하는 것은 사실이고, 이를 위해서 율법도 매우 중요한 기능을 하지만, 회심 이전에 반드시 율법을 가르

---

156 이 주제와 관련된 가장 최근의 권위 있는 연구서는 다음과 같다. Joel R. Beeke & Paul M. Smalley, 마르투스 선교회 역, 『은혜로 말미암는 준비』 (인천: 마르투스, 2018).

쳐서 먼저 죄를 깨닫게 해야 한다는 주장은 위험하다.[157]

남아 있는 부패를 억제함: 율법의 경고 & 율법의 약속

율법의 마지막 용법은 죄를 억제하고 선을 장려하는 것이다. 이것은 특별히 중생한 자들에게 중요하다. 중생한 자들에게도 부패가 여전히 남아 있다는 것은 이미 거듭 확인했다(제6장 5항, 제9장 4항, 제13장 3항). 이 부패는 성화의 은혜에 의해서 지속적으로 제거되지만, 완전히 사라지지 않는다. 성화의 은혜처럼 중생한 자의 부패를 제거하지는 못해도, 율법은 이 부패가 더 심하게 나타나지 않도록 억제하는 역할은 한다. 이를 위해 율법이 사용하는 두 가지 방법은 경고와 약속이다.

중생한 자들은 율법의 저주에서 해방되었으나, 그렇다고 해서 그들이 율법을 어길 때 아무런 영향도 받지 않는 것은 아니다. 율법을 지키지 않는 자들에게는 경고가 뒤따른다. 이 경고로 인해 중생자들이 죄를 지을 때 자신들이 마땅히 받아야 할 형벌이 무엇인지, 그리고 그 죄로 인해 어떤 고통을 당하게 될 것인지를 분명히 알게 된다. 이 경고를 통해 죄의 결과가 얼마나 심각한지를 알게 된다면 중생자들은 두려움 속에서 죄를 짓지 않거나 덜 짓게 된다.

율법을 지키지 않는 자들에게 경고가 따르듯이 율법을 순종하는 자들에게는 약속이 따른다. 대표적으로 제5계명은 "약속 있는 첫 계명"이다. 이 계명을 잘 지키는 자들은 땅에서 잘 되고 장수하게 될 것이다. 이 약

---

157 율법주의가 가질 수 있는 위험성에 대해서는 다음 저서를 참고하라. Sinclair Ferguson, 정성묵 역, 『온전한 그리스도: 율법과 복음은 같은 것인가? 다른 것인가?』 (서울: 디모데, 2019).

속들로 인하여 중생자들은 하나님께서 자신들의 순종을 인정하신다는 것과 그 순종에 따라 여러 복을 받게 될 것을 기대하게 되고 율법이 요구하는 것들을 열심히 수행하게 된다. 이와 같이 율법은 신자들의 삶에 큰 영향을 준다.

율법의 경고가 죄를 억제하고 율법의 약속이 선을 격려한다고 해서 이것을 행위언약으로 이해해서는 안 된다는 것을 「고백서」는 다시 한번 강조한다. 율법의 준수 여부에 따라서 생명과 저주가 결정되는 것이 아니기 때문이다. 하지만 중생자들도 율법을 어겼을 경우 혹은 그것을 지켰을 경우 그것에 대한 적절한 처벌과 보상을 받는다. 이것을 두고 그들이 율법 아래에 있고, 은혜 아래에 있지 않다고 말해서는 안 된다. 중생한 자는 율법의 저주에서 해방된 것이지, 율법의 일반적 통치에서 해방되지는 않았다. 율법에 따라 사는 것과 율법 아래에서 사는 것은 구분되어야 한다.

제7항 율법과 복음의 관계: 서로 "달콤한" 사이

율법의 용법에 대한 제6항의 긴 설명을 보면 다시 율법주의로 돌아가서 복음을 무력화하는 것은 아닌가 하는 생각이 들 수 있다. 「고백서」는 7항에서 율법과 복음의 관계를 확실하게 정리한다. 흥미로운 점은 전문적인 단어가 아니라 시(詩)적인 단어를 사용하여 이 둘의 관계를 드라마틱하게 보여 준다는 것이다. "앞에서 언급한 율법의 용법들은 복음의 은혜와 상충하지 않고, 오히려 복음의 은혜를 달콤하게(sweetly) 따른다." 간단하게 말하면 율법과 복음은 서로 "달콤한" 사이다. 거의 엄밀하고 정교한 단어들만 사용된 「고백서」에서 이와 같은 단어가 사용된 것은 상당히 예외적이다. 그럼에도 불구하고 이런 단어를 사용한 것은 율법과 복음의 관계를 이보다 더 정확하게 표현할 길이 없었기 때문일 것이다.

만약에 율법이 삶의 준칙이라면 성령께서는 어떤 일을 하시는가? 율법이 그리스도께 인도하는 동안 복음은 어떤 역할을 하는가? 신자가 율법의 약속과 경고 때문에 악을 멀리하고 선을 행하기에 힘쓸 수 있다면 은혜가 왜 필요한가? 이와 같은 질문에 대해서 은혜의 복음을 강조하는 이들은 오직 은혜, 오직 복음에 따라 살아야 한다고 강조하기도 한다. 이들의 특징은 율법과 복음, 율법과 성령, 율법과 은혜를 뭔가 대립적인 관계를 가진다고 생각한다는 것이다.

「고백서」는 율법과 복음이 왜 달콤한 사이인지 다음과 같이 그 이유를 설명한다. "이는 그리스도의 성령이 사람의 의지를 복종시키시고, 율법에 계시된 하나님의 뜻이 요구하는 바를 자유롭고 즐겁게 행할 수 있게 하시기 때문이다." 성령의 도움이 없어도 율법이 요구하는 것을 어느 정도는 할 수 있으나 마지못해 어쩔 수 없이 할 수밖에 없다. 참된 자유와 기쁨으로 율법이 요구하는 것을 수행하기 위해서는 성령의 도움이 필수적이다.

율법과 복음의 관계를 잘 이해하는 것은 올바른 설교를 이해하는 데도 매우 중요하다. 이 관계의 중요성을 루터보다 더 강조한 신학자는 없는데, 그는 이 관계를 올바로 이해하는 것이야말로 "참된 신학자를 구분하는 시금석", "모든 기독교 교리의 총화"라고 할 정도였다.[158] 하나님의 말씀은 율법과 복음으로 구성되어 있는데 이것을 균형 있게 전하는 목사를 발견하기가 쉽지 않다. 율법 없는 설교는 싸구려 복음이 되고, 복음 없는 설교는 영양가 없는 잔소리일 뿐이다. 하나님의 말씀을 온전히 전하기 위해서 설교자는 늘 경성해서 율법과 복음이 달콤한 관계라는 것을 선명하게 들려주도록 노력해야 한다.

---

158 한병수, "루터의 율법과 복음: 유언적 관점에서," 「한국조직신학논총」 43 (2015): 8.

제20장 그리스도인의 자유와 양심의 자유

1항. 복음 아래에 있는 신자들을 위해 그리스도께서 값 주고 사신 자유는 죄의 책임과 정죄하시는 하나님의 진노와 도덕법의 저주로부터의 해방을 의미한다.[1] 또한, 현재의 이 악한 세상과 사탄의 속박과 죄의 지배로부터의 해방을 포함하며,[2] 고통의 악과 사망의 쏘는 것과 무덤의 이김과 영원한 정죄로부터의 해방으로 이루어진다.[3] 또한 이 자유는, 신자들이 노예의 두려움이 아니라 자녀의 효성과 자발적 마음으로 하나님께 자유롭게 나아가고 그분께 순종하는 것을 의미한다.[4][5] 이 모든 것은 율법 아래에 있는 신자들에게도 동일했으나,[6] 새 언약 아래에서 그리스도인들의 자유는 더욱 확장되었다. 그들은, 유대 교회가 따라야만 했던 의식법의 멍에로부터 벗어나게 되었고,[7] 보다 큰 담대함으로 은혜의 보좌 앞에 나아가게 되었으며,[8] 율법 아래에 있는 신자들이 통상적으로 누렸던 것보다 더욱 충만하게 자유로우신 성령과 교제하게 되었다.[9]

2항. 오직 하나님만이 양심의 주인이시다.[10] 하나님은 어떤 일에서든 자신의 말씀에 어긋나는 사람의 교리나 명령으로부터, 또는 믿음이나 예배의 문제에 있어서 그 말씀에 추가된 사람의 교리나 명령으로부터 양심을 자유롭게 하셨다.[11] 그러므로 양심을 이유로 그런 교리들을 믿거나 그런 명령에 순종하는 것은 오히려 양심의 참된 자유를 배반하는 것이다.[12] 그리고 암묵적 믿음과 절대적이고 맹목적인 순종을 요구하는 것은 양심의 자유뿐만 아니라 이성의 자유까지 파괴하는 것이다.[13]

3항. 그리스도인의 자유를 구실로 조금이라도 죄를 짓거나 정욕을 품는 신자들은 그리스도인의 자유의 목적을 파괴한다. 그 목적은 원수들의 손에서부터 구원받은 우리가 하나님 앞에서 두려움 없이 거룩하고 의롭게 하나님을 평생 섬기도록 하는 것이다.[14]

4항. 하나님이 세우신 권세들과 그리스도께서 값 주고 사신 자유가 서로 파괴하는 것은 하나님이 의도하신 바가 아니기 때문에 이 둘은 서로 지지하고 보존해야 한다. 따라서 그리스도인의 자유를 구실로 국가나 교회의 합법적 권세나 그 권세의 합법적 행사에 반대한다면, 그것은 하나님의 규례에 대항하는 것이다.[15] 또한 본성의 빛이나, 신앙과 예배 및 행위에 관하여 잘 알려진 기독교의 근본 교리나, 경건의 능력에 어긋나는 견해를 표명하거나 그러한 행위들을 옹호하는 자들이나, 내용에 있어서 혹은 표명하고 옹호하는 방식에 있어서 그리스도께서 교회 안에 확립하신 외적인 평화와 질서를 파괴하는 그릇된 견해를 표명하거나 행위를 실천한 자들은 교회의 권징과 국가 위정자의 권세에 의해 소명하도록 합법적으로 소환되고 고소될 수 있다.[16][17]

---

1) 딛 2:14; 살전 1:10; 갈 3:13.
2) 갈 1:4; 골 1:13; 행 26:18; 롬 6:14.
3) 롬 8:28; 시 119:71; 고전 15:54-57; 롬 8:1.
4) 롬 5:1-2.
5) 롬 8:14-15; 요일 4:18.
6) 갈 3:9, 14.
7) 갈 4:1-3, 6-7; 갈 5:1; 행 15:10-11.
8) 히 4:14, 16; 히 10:19-22.

9) 요 7:38-39; 고후 3:13, 17-18.
10) 약 4:12; 롬 14:4.
11) 행 4:19; 행 5:29; 고전 7:23; 마 23:8-10; 고후 1:24; 마 15:9.
12) 골 2:20, 22-23; 갈 1:10; 갈 2:4-5; 갈 5:1.
13) 롬 10:17; 롬 14:23; 사 8:20; 행 17:11; 요 4:22; 호 5:11; 계 13:12, 16-17; 렘 8:9.

---

14) 갈 5:13; 벧전 2:16; 벧후 2:19; 요 8:34; 눅 1:74-75.

15) 마 12:25; 벧전 2:13-14, 16; 롬 13:1-8; 히 13:17.

16) 롬 1:32; 고전 5:1, 5, 11, 13; 요이 1:10-11; 살후 3:14; 딤전 6:3-5; 딛 1:10-11, 13; 딛 3:10; 마 18:15-17; 딤전 1:19-20; 계 2:2, 14-15, 20; 계 3:9.

17) 신 13:6-12; 롬 13:3-4; 요이 1:10-11; 스 7:23, 25-28; 계 17:12, 16-17; 느 13:15, 17, 21-22, 25, 30; 왕하 23:5-6, 9, 20-21; 대하 34:33; 대하 15:12-13, 16; 단 3:29; 딤전 2:2; 사 49:23; 슥 13:2-3.

형제들아 너희가 자유를 위하여 부르심을 입었으나
그러나 그 자유로 육체의 기회를 삼지 말고
오직 사랑으로 서로 종노릇 하라.

(갈 5:13)

서론: 자유의 중요성

제20장에서 다루는 자유는 그리스도인의 자유다. 제9장에서 이미 다루었던 자유와 조심스럽게 구분되어야 한다. 둘 다 한국말로 자유라고 똑같이 번역되지만, 영어로 아주 중요한 차이가 있다. 제9장에서 다룬 자유는 'freedom'이라고 하고 인간에게 내재해 있는 보편적 자유를 가리킨다. 그와 달리 본 장에서 다루게 될 자유는 'liberty'라고 하고 그리스도인만 누릴 수 있는 특별한 자유를 의미한다. 제9장에서 자유는 하나님의 작정이나 주권적 섭리와 관련하여 논의되고, 본 장 이후에서 자유는 율

법 및 세상이나 교회의 권위와 관련하여 논의된다.

양심의 자유는 종교개혁의 방향을 결정한 중요한 문제였다. 1517년 10월 31일, 마르틴 루터가 제기한 95개조 논제문이 전 유럽에 큰 파장을 일으키자 신성로마 제국의 황제였던 카를 5세는 보름스에서 제국의회를 소집하여 루터를 심문했다. 종교재판이란 이미 답이 정해져 있는 것이었고 루터는 자기의 주장을 철회하든지 아니면 죽음을 택해야만 했다. 자신의 입장을 철회하라는 요구에 대해 루터는 그의 입장을 최종적으로 다음과 같이 밝혔다.

> 성경이나 분명한 이성의 증거에 의하여 확신하지 않는 한(왜냐하면 나는 교황이나 공의회는 종종 서로 충돌했다는 것을 잘 알고, 그래서 그들을 신뢰할 수 없기 때문에) 나는 앞서 인용한 성경에 묶여 있고 **나의 양심은 하나님의 말씀에 사로잡혀 있습니다.** 저는 아무것도 취소할 수 없고 하지도 않겠습니다. 왜냐하면 양심에 어긋난 행동을 한다는 것은 옳지 않을 뿐 아니라 안전하지도 않기 때문입니다. 하나님이여, 나를 도우소서. 아멘.[159]

루터에게 있어서 양심의 자유가 얼마나 중요한 문제였는지를 보게 된다. 만약 루터가 양심의 자유를 선택하지 않고 교회의 권위에 굴복했다면 종교개혁은 무산되거나 힘을 크게 잃었을 것이다. 양심의 자유는 개신교 안에서 매우 중요한 주제였다. 특히 이에 대한 논쟁은 잉글랜드에서 발전하게 되었으며, 청교도들의 입장은 웨스트민스터 총회에서 큰 결

---

[159]   Martin Luther, "1521년 3월, 보름스 제국의회에 대한 답변."

실을 보게 되었다.[160]

제1항: 자유의 소중함 & 자유의 정의

모든 자유는 그냥 얻어지지 않는다. 오늘날 대한민국 국민 대다수가 누릴 수 있는 시민적 자유를 위해 많은 대가가 치러졌다. 독재의 긴 압제에서 벗어나기 위해 수많은 민주 인사들이 희생당해야만 했다. 공기의 중요성을 잘 인식하지 못하듯이 자유도 당연히 주어진 것으로 인식할 수 있다. 우리가 얻은 이 자유의 고귀함을 제대로 인식하지 못하고 책임 있게 관리하지 못한다면 다시 속박의 시대로 회귀할 수 있다.

그리스도인이 누리는 자유도 마찬가지다. 이 자유는 누구나 누릴 수 있는 자유가 아니다. 오직 **"복음 아래 있는 신자"**들만 누릴 수 있다. 이들이 자유를 누릴 수 있게 된 이유는 그리스도께서 **"값을 주고 사셨기"** 때문이다. 자유를 위한 대가가 십자가에서의 죽으심이기 때문에 그리스도인이 누리게 된 자유는 정말로 소중하고 고귀한 것이다. 이 사실은 4항에서 한 번 더 강조된다. 신자들은 값없이 은혜로 이 자유를 얻었지만, 그리스도께서는 이를 위해서 자신의 생명을 지불하셨다. 이 사실을 제대로 인식하지 못하면 우리가 누리고 있는 자유가 얼마나 귀한지 알지 못하게 되고, 이 자유를 무시하거나 자신의 이익을 위해서 사용할 수 있다.

그리스도인이 누리는 자유는 크게 두 가지로 구분된다. 하나는 "~~

---

160   L. John Van Til, *Liberty of Conscience: The History of Puritan Idea* (Phillipsburg: P&R, 1972), 88.

로부터의 자유"이고 하나는 "~~을 향한 자유"이다.

1. "~~로부터의 자유"

1) 죄의 책임, 정죄하시는 하나님의 진노, 도덕법의 저주로부터의 해방

죄책과 진노와 심판은 서로 밀접한 관계를 맺는다. 죄는 하나님의 법을 어기거나 그 법에 부족하게 순종하는 것이다. 죄를 지은 자에게는 필연적으로 책임이 따르며, 하나님은 죄지은 자에게 진노하시고, 율법에 따라 반드시 심판하신다. 만약에 죄를 지었는데 책임이 따르지 않는다든지, 하나님께서 아무런 반응을 보이지 않으신다든지, 또는 진노만 하시고 아무런 처벌을 하지 않으신다면, 아무도 하나님의 법을 존중하지 않을 것이다.

복음 아래에 있는 신자들은 예수 그리스도로 말미암아 이 모든 속박에서 해방되었다. 예수님께서 모든 죄에서 우리를 속량하시고(딛 2:14), 장차 올 진노에서 건지시고(살전 1:10), 우리를 대신하여 저주를 담당하셨기 때문이다(갈 3:13). 또한 믿음으로 의롭다 함을 얻었기 때문에 신자들은 더 이상 죄에 대해서 책임을 지지 않는다. 따라서 더 이상 하나님의 진노하심도 없고 그에 대한 심판도 없다. 신자의 진정한 자유는 칭의의 은혜에서 비롯된다. 바울 사도는 이 사실을 다음과 같이 선포한다. "이제 그리스도 예수 안에 있는 자에게는 결코 정죄함이 없나니 이는 그리스도 예수 안에 있는 생명의 성령의 법이 죄와 사망의 법에서 너를 해방하였음이라"(롬 8:1-2).

따라서 진정으로 복음을 믿은 신자들은 더 이상 죄책감에 시달릴 필요가 없고, 하나님의 진노를 두려워할 필요도 없으며, 도덕법의 저주와 심판을 무서워할 필요가 없다. 이 자유를 위해서 그리스도께서 죽으셨기 때문에 신자들이 여전히 죄책감과 두려움과 공포감에 빠져 있다면 그리스도의 죽음을 헛되게 하는 것이다. 갑자기 큰 병이나 사고가 생길 때 신자들은 자신들이 지은 죄 때문에 그와 같은 일이 일어난다고 생각하기도 하고, 큰 고난이 닥친 동료 신자들에게 욥의 세 친구와 같이 조언하는 경우가 적지 않은데, 그리스도인의 자유가 무엇인지 안다면 그와 같은 피상적인 오류에 빠지지 않을 것이다.

2) 악한 세상과 사탄의 속박과 죄의 지배로부터의 해방

인간은 범죄함으로 더 이상 하나님의 나라에서 살 수 없게 되었고, 세상의 임금인 사단에게 속박되었으며, 죄에게 종노릇 하게 되었다. 그리스도께서 세상에 오셔서 십자가를 지신 이유는 바로 이 악한 세상(세대)에서 우리를 건지시기 위해서(갈 1:4), 마귀의 일을 멸하기 위해서(요일 2:8), 그리고 다시는 죄에게 종노릇 하지 않게 하기 위해서다(롬 6:6). 하지만 이 해방은 신자들이 세상과 사탄과 죄의 영향을 전혀 받지 않는다는 의미는 아니다. 신자는 악한 세상에 속하지 않지만 여전히 그 안에 살고 있고, 사단의 속박으로부터 벗어났지만 사탄은 우리를 여전히 유혹하고, 죄의 지배로부터 벗어났지만 여전히 죄와 씨름하고 있다.

이와 같은 자유를 얻었기 때문에 신자들은 이 악한 세상 안에서 살아가더라도 세상에 속하지 않은 자로 거룩함을 추구하면서 살아야 한다.

사탄에게 유혹을 받더라도 예수님처럼 전적으로 말씀에 의지하여 그 유혹을 물리쳐야 한다(마 4:1-11). 또한 그리스도의 군사로서 일평생 죄를 슬퍼하고, 미워하고, 피하면서(하이델베르크 89) 참된 회개의 삶을 살아가야 한다. 이것이 진정한 그리스도인의 자유다.

3) 고통의 악과 사망의 쏘는 것과 무덤의 이김과 영원한 정죄로부터의 해방

죄로 인해 인간은 여러 가지 비참한 상황에 놓이게 되었다. 이 세상의 모든 삶이 고통으로 바뀌었고, 이 세상 삶이 끝나면 죽음이 찾아오고, 죽은 다음에는 무덤이 기다리고 있고, 마지막 날에는 영원한 정죄가 준비되어 있다. 하지만 예수님의 죽으심과 부활은 이 모든 것에서 우리를 구원하셨다. 물론 신자들도 이 세상에서 고통을 당하고, 죽고, 무덤에 들어가고, 하나님의 심판대 앞에 서지만, 그 의미는 완전히 뒤바뀌었다.

신자는 여러 이유에서 이 세상에서 고통을 당하지만, 그 고통의 악에서는 벗어난다. 이제 "하나님을 사랑하는 자 곧 그의 뜻대로 부르심을 입은 자들에게는 모든 것이 합력하여 선을" 이루게 된다(롬 8:28). 신자들에게 일어나는 어떤 일도 악한 일은 없다. 그것들은 보다 나은 선을 이루기 위한 시련일 뿐이다. 죽음의 악도 더 이상 신자를 지배하지 않는다. 모든 죄를 용서받은 신자가 죽는 이유는 죄의 값을 치르는 것이 아니라 죄짓는 것을 그치고 영생에 들어가는 것이다(하이델베르크 42). 주님께서 장사한 지 3일 동안 무덤에서 안식하셨듯이 신자들도 최후 부활할 때까지 무덤에서 안식하게 된다(대교리 36). 최후 심판의 날에 마땅히 받아야 할 영원한 정죄는 영원한 생명으로 바뀌게 될 것이다.

진정한 그리스도인의 자유를 안다면 신자들은 모든 고난 속에서 감사할 수 있을 것이다. 비록 현재는 힘들어도 그것이 결국 선이 될 것이라는 확신 속에서 살아갈 것이다. 어떤 비참한 죽음에 이르더라도 그것이 영생으로 인도하는 축복의 문이라 생각할 것이다. 또한 죽고 나서도 평안한 안식을 누리면서 구속의 주님을 기쁨으로 기다릴 것이다. 또한 그날이 오면 주님과 함께 영원히 복된 삶을 누릴 것이다. 그리스도인의 자유가 무엇인지 알 때 신자는 살아서나 죽어서나 주님께서 주시는 위안 속에서 행복하게 살아갈 것이다.

2. "~~를 향한 자유"

진정한 자유는 단지 어떤 속박으로부터 벗어나는 것에서 그치지 않는다. 본인이 진정으로 원하는 것을 할 수 있어야 참된 자유라고 할 수 있다. 그 자유는 정말 아이러니하게도 복종 혹은 섬김이다. 복음을 받기 전에 죄인들은 죄와 사단의 종이 되어서 두려운 마음으로 그들을 섬기면서 살았다. 하지만 이제 그런 속박에서 벗어난 신자들은 즐겁고 기쁜 마음으로 하나님께 복종하면서 살아가게 된다. 자유란 자기 마음대로, 자기 하고 싶은 대로 사는 것이 아니다. 진정한 자유는 기쁜 마음으로 하나님의 율법을 지키는 것이다. 이전에는 그것을 할 수 없었다. 하나님의 율법을 제대로 알지도 못했을 뿐 아니라, 알아도 벌 받을지도 모른다는 두려운 마음으로 억지로 율법을 지켰을 뿐이다. 여호와의 율법을 즐거워하여 그 율법을 주야로 묵상하는 마음 자체가 없었다(시 1:1). 하지만 복음 안에서 사는 신자들에게 하나님은 조명을 통해 율법을 깨닫게 하시고, 마음을 변화시키셔서 율법을 사랑하게 하시고, 성령의 능력으로 그 율법을 행하게 하신다. 참된 신자는 주께서 값 주고 사신 자유로 자신의 유익을 위해 쓰지 않고 하나님과 이웃을 섬기며 살아간다. 이것이야말로 진정한 그리스도인의 자유다.

3. 신약과 구약에서 그리스도인의 자유

앞에서 언급한 그리스도인의 자유는 신약과 구약에서 본질적으로 동일하며 아무런 차이가 없다. 하지만 신약의 그리스도인들은 몇 가지 점에서 구약 시대보다 더 많은 자유를 누린다. 신약의 그리스도인들은 구약의 의식법으로부터 자유롭다. 여기에 대해서는 이미 제19장 3, 4, 5항에서 상세하게 다루었다. 구약에서 오직 대제사장에게게만 일 년에 한 차례 개방되었던 은혜의 보좌는 신약에서 왕 같은 제사장들인 모든 신자에게 접근이 허용된다. 이제 신약의 신자들은 구약의 의식법에 매이지 않고 언제 어디에 있든지 영과 진리로 하나님을 예배할 수 있게 되었다. 이들은 이 점에서 구약의 신자들보다 훨씬 많은 자유를 가지게 되었다. 특히 오순절에 약속대로 성령 하나님께서 충만하게 임하셔서 신약교회가 세워지게 되었고 그 결과 모든 민족이 삼위 하나님과 풍성하게 교제할 수 있게 되었다.

제2항 양심의 자유

양심의 자유란 통상적으로 알려진 것과 달리 자기 하고 싶은 대로 하는 것을 의미하지 않는다. 양심이란 기본적으로 재판장이신 하나님 앞에서 가지는 도덕적 지식을 의미한다(제19장 1항 참조). 따라서 양심은 절대적인 자유를 의미하지 않는다. 오히려 올바른 법에 따라 결정할 수 있을 때 진정으로 양심의 자유가 가능하다. 그렇기 때문에 양심의 자유는 "하나님만이 양심의 주인"이라는 사실에 기초하고 있다. 이것은 양심의 자유를 올바로 이해하는 가장 중요한 열쇠다.

양심의 자유는 특히 신앙고백과 예배에서 매우 중요하다. 무엇을 믿어야 할지, 어떻게 예배해야 할지에 대해서 신자는 오직 하나님의 말씀에 매여 있고, 말씀과 상충하는 것은 말할 것도 없고 그 말씀에 추가된 것들을 믿거나 순종해야 할 의무는 없다. 세상 정부는 말할 것도 없고, 교회도 그와 같은 것을 요구할 권한이 없다. 하나님은 신자의 양심이 그런 권위에 매이지 않도록 자유를 주셨다.

만약 양심을 이유로 그런 것들을(성경과 상충하거나 성경에 첨가된 것) 믿거나 순종한다면 그것은 오히려 양심을 배반하는 것이다. 또한 양심에 따라서 믿는다고 해서 양심의 자유가 보장되는 것이 아니다. 예를 들어서 "나는 동성 결혼도 하나님이 제정하신 결혼이라는 것을 양심적으로 믿는다"라고 누가 말했을 때 그것은 참된 양심의 자유라고 할 수 없다. 따라서 참된 양심의 자유를 누리기 위해서 신자들이 해야 할 가장 중요한 일은 성경에 대한 분명한 지식을 아는 것이다. "진리를 알지니, 진리가 너희를 자유롭게 하리라"(요 8:32).

성경의 가르침대로 믿고 순종하도록 요구한다고 해서 양심의 자유가 무조건 보장되는 것도 아니다. 첫째, 양심의 자유는 **"암묵적인 믿음 (implicit faith)"**을 거부한다. 암묵적인 믿음은 거짓 믿음이나 틀린 믿음을 의미하지 않는다. 이 믿음은 명시적인 믿음(explicit faith)의 반대말로 두루뭉술한 믿음을 의미한다. 소위 '콩나물 믿음'이 여기에 해당한다. 무슨 뜻인지는 정확하게 몰라도 계속 듣다 보면 믿음이 생긴다는 주장인데 성경적 근거가 전혀 없다. 교회가 이와 같은 믿음을 강요하는 것은 양심의 자유를 억압하는 것이다.

"절대적이고 맹목적인 순종"도 양심의 자유를 억압한다. 아무리 성경에 부합하는 규정이라고 하더라도 절대적이고 맹목적인 순종을 성도들에게 요구해서는 안 된다. 소위 '묻지마 신앙'이야말로 진짜 신앙이라고 주장하는 경우를 자주 보게 되는데 진정한 신앙이란 덮어 놓고 믿는 것을 의미하지 않는다. 정통 신앙은 항상 지성을 추구하는 신앙이었다(faith seeking understanding). 목사가 설교할 때 계속 "아멘!"을 유도하는 것은 일종의 양심의 자유에 대한 억압이다. 종교개혁가들은 이와 같은 암묵적 신앙을 방지하고 성도들에게 명시적인 신앙을 가르치기 위해서 탁월한 교리문답서를 작성했다. 이 점에서 베뢰아 사람들은 좋은 본보기가 된다. 그들은 사도 바울의 설교를 듣고 그것을 간절한 마음으로 말씀으로 받았지만, 이것이 그러한가 하여 날마다 상고했고 그 결과 믿는 이들이 많이 생겼다(행 17:11). 신자들은 절대적이고 맹목적인 순종을 요구하는 교회를 벗어나 그리스도께서 주신 양심의 자유를 지키기 위해 노력해야 한다.

절대적이고 맹목적인 순종을 요구하는 것은 양심의 자유뿐만 아니라 **"이성의 자유까지 파괴하는 것"**이다.

제3항 자유의 목적: 죄를 짓지 않고 주님을 섬김

그리스도인이 누리는 자유란 정말 소중한 것이지만 얼마든지 잘못 사용할 수 있다. 그 대표적인 예는 자유라는 이름으로 **"죄를 짓거나 정욕을 품는 것"**이다. 우리는 인류의 조상 아담이 하나님께서 주신 선물인 자유 의지를 오용하여 어떻게 타락하게 되었는지를 잘 알고 있다. 이것은 중생한 신자들에게도 마찬가지다. 따라서 자유가 무엇인지도 잘 알아야 하지만 자유의 목적도 잘 알아야 한다. 자유의 목적은 신자들이 이 세상에 살 동안 제사장으로서 "거룩하고 의롭게" 주님을 섬기는 것이다.

이 자유의 목적을 잘 이해하지 못할 때 그리스도인의 자유는 얼마든지 교회를 파괴할 수 있다. 모든 사람이 자신의 자유만을 주장한다면 그곳에 제대로 된 질서와 평화가 유지될 수 없다. 마찬가지로 신자들이 교회 안에서 자신의 자유만을 주장한다면 다른 사람들의 자유가 얼마든지 침해될 수 있다. 우리는 이것을 고린도전서 8장에서 보게 된다. 고린도 교회 안에는 믿음이 강한 자도 있고 믿음이 약한 자도 있었다. 이 믿음의 차이는 말씀에 대한 지식의 분량에 따라 결정된다. 우상 제물 자체는 아무것도 아니고 하나님도 한 분밖에 없기 때문에 믿음이 강한 자는 우상의 제물을 포함하여 아무것이나 먹어도 된다고 생각했다. 하지만 아직 믿음이 약한 자는 그와 같은 지식이 없기 때문에 그것을 우상 제물이라고 생각했다. 이와 같은 상황에서 바울 사도는 믿음이 강한 자들에게 중요한 교훈을 제공한다.

> 그런즉 너희의 자유가 믿음이 약한 자들에게 걸려 넘어지게 하는 것
> 이 되지 않도록 조심하라. 지식 있는 네가 우상의 집에 앉아 먹는 것
> 을 누구든지 보면 그 믿음이 약한 자들의 양심이 담력을 얻어 우상의
> 제물을 먹게 되지 않겠느냐? 그러면 네 지식으로 그 믿음이 약한 자
> 가 멸망하나니 그는 그리스도께서 위하여 죽으신 형제라.
>
> (고전 8:9-11)

그리스도의 핏값으로 받은 자유를 사용해서 그리스도께서 위하여 죽으신 형제를 망하게 할 수 있다는 것은 얼마나 두려운 말씀인가? 따라서 신자들은 자신이 자유를 잘 사용하고 있는지 그렇지 않은지를 조심스럽게 스스로 잘 살펴야 한다. 그것은 어떻게 보면 아주 간단하다. 교회 안에 있는 약한 형제를 잘 세우고 있는지 아니면 실족하게 하는지만 살펴도 충분하다.

제4항 울타리 안에서의 자유: 위에 있는 권세, 사상과 표현의 자유, 교회의 질서

그리스도인의 자유가 잘못 사용되는 또 하나의 경우는 **"하나님께서 세우신 권세들"**과 **"그리스도께서 값 주고 사신 자유"**가 서로 충돌하는 것이다. 이것은 하나님께서 원하시는 것이 아니기 때문에 권세와 자유는

"서로 지지하고 보존"해야 한다. 이 「고백서」를 작성할 때 잉글랜드가 내전으로 국가적 위기 상황에 있었다는 것을 고려해 보면 이 조항이 성도들에게 얼마나 중요한 의미가 있었는지를 쉽게 알 수 있을 것이다. 실제로 이 「고백서」를 작성한 이들은 총회를 금지한 왕의 명령을 거부하고 왕의 교회당으로 불린 웨스트민스터 대성당에 모였다.

하나님께서 세우신 권세에 세상 권세도 있고 교회의 권세도 있다. 이들이 신자의 자유를 억압하는 예는 제1항에서 다루었다. 그들은 믿음과 예배에 있어서 말씀에 위배되거나 말씀에 첨가된 내용을 신자들에게 강요할 수 없다. 제4항에서는 개인이 권세자들을 어떻게 대해야 하는지를 다룬다. 신자 개인은 자유라는 이름으로 교회나 국가의 합법적 권세 자체나 그 권세를 합법적으로 행사하는 것을 반대해서는 안 된다. 왜냐하면 그것은 하나님께서 정하신 규례에 대항하는 것이기 때문이다.

그리스도인의 자유는 세상이 말하는 사상의 자유를 의미하지 않는다. 물론 사상의 자유 자체를 통제할 방법은 사실상 존재하지 않는다. 따라서 사상의 자유란 실제로 표현의 자유, 구체적으로 출판의 자유를 의미한다. 신자는 그리스도께서 주신 자유에 따라 자신의 생각을 마음대로 표현할 수 있지만, 이 자유는 무제한의 자유를 의미하지 않는다. 특별히 **본성의 빛이나**, (믿음이나 예배나 행위에 대한) **기독교의 근본 교리들, 경건의 능력에 어긋나는 견해**를 표명하거나 그러한 행위를 옹호해서는 안 된다. 예를 들어 선택의 자유라는 이름으로 낙태를 허용하는 것은 본성의 빛에 반하는 것이다. 삼위일체를 부인하는 것은 기독교의 근본 교리를 부인하는 것이다. 마지막에 언급된 "경건의 능력"은 본성의 빛과 기독교의 근본 교리와는 달리 좀 생소한 개념이기 때문에 별도의 설명이 필요하다.

"경건의 능력"

경건은 기본적으로 하나님에 대한 경외심을 의미한다. 경건의 능력과 양심의 자유는 어떤 관계에 있을까? 이를 우리는 바울이 디모데에게 보낸 편지를 통해서 잘 알 수 있다. 바울은 경건을 종의 자유와 상전의 권세라는 맥락에서 다루고 있다. 종과 상전이 모두 예수를 믿어 교회의 회원이 되었다면 이 둘은 그리스도 안에서 한 지체와 형제가 되었다. 그렇다면 종이 상전을 어떻게 바라보아야 하겠는가? 여기에 대해서 바울은 다음과 같이 권면한다. "믿는 상전이 있는 자들은 그 상전을 형제라고 가볍게 여기지 말고 더 잘 섬기게 하라. 이는 유익을 받는 자들이 믿는 자요 사랑을 받는 자임이라"(딤전 6:2). 그리스도인들은 자신의 상전이 신자인 경우에는 더 잘 섬겨야 한다. 상전이 불신자인 경우에는 단지 그가 하나님께서 세우신 권세자라는 이유 때문에 섬겨야 하지만, 상전이 신자라면 그가 신자라는 이유 때문에 그리고 그가 하나님의 사랑을 받은 자라는 이유 때문에 그에게 더 많은 유익을 제공하고 그를 더 잘 섬겨야 한다. 이것은 그리스도인의 자유의 목적이 섬김이라는 것을 한 번 더 확증한다.

바로 이어서 바울은 경건의 능력에 대해서 설명한다.

누구든지 다른 교훈을 하며 바른말 곧 우리 주 예수 그리스도의 말씀

과 경건에 관한 교훈을 따르지 아니하면, 그는 교만하여 아무것도 알

지 못하고 변론과 언쟁을 좋아하는 자니 이로써 투기와 분쟁과 비방

과 악한 생각이 나며 마음이 부패하여지고 진리를 잃어버려 경건을

이익의 방도로 생각하는 자들의 다툼이 일어나느니라.

(딤전 6:3-5)

  바울에 따르면 다른 교훈과 반대되는 바른말은 그리스도의 말씀과 경
건에 관한 교훈으로 구성된다. 이를 따르지 않으면 변론과 언쟁을 좋아
하게 되고, 이로 인해 교회 안에 끝없는 다툼이 일어난다. "믿는 상전도
그리스도 안에서 나와 똑같은 형제다"는 그리스도의 말씀이다. 하지만
이 교훈을 순전히 논리로만 따져서 자신의 유익을 위한 도구로 사용한다
면 어떻게 될까? 끊임없는 분쟁과 다툼이 일어날 것이다. 반대로 그리스
도의 말씀을 경건을 위한 도구로 사용하면 교회가 평화와 질서 가운데서
든든하게 세워질 것이다.

  그리스도인의 자유는 교회의 평화와 질서를 세우기 위해서 존재한다.
이는 그리스도인의 자유를 이해하는 데 매우 중요하다. 따라서 교회의
질서를 파괴하는 생각을 표명하거나 유포해서는 안 된다. 그 내용 자체
가 파괴적인 것은 말할 것도 없고 그 내용이 옳다고 하더라도 표명하는
방식이 교회의 질서를 심각하게 파괴할 때, 그렇게 말하고 파괴하는 사
람들은 교회의 권징과 국가 위정자의 권세에 따라 적법하게 처리되어야
한다.

부연 설명

제20장을 정확하게 이해하기 위해서는 역사적 상황을 잘 알아야 한다. 만약 20장을 오늘날 그대로 적용한다면 천주교 교리를 주장한다든지 이단 교리를 주장하는 자들은 교회의 치리회뿐만 아니라 세속 정부에 의해서 처벌되어야 한다. 이와 같은 주장은 종교의 자유가 보편화된 현대 사회에서는 적용하기가 불가능하다. 17세기 잉글랜드에서 종교는 기독교를 의미했고 국가의 통치 이념이었다. 따라서 무신론자들이나 이단들은 국가의 존재를 위협하는 자들로 인식되었다. 정치와 종교는 서로 밀접한 관계를 맺고 있었고 종교와 정치의 분리는 그때까지 아주 생소한 개념이었다. 이 점에서 제20장은 역사적 한계가 있음을 인식할 필요가 있다. 정치와 종교의 관계는 이후 제23장(국가 위정자)과 제31장(공의회)에서 보다 자세하게 다루어질 것이다.

제21장 종교적 예배와 안식일

1항. 본성의 빛은 만물에 대하여 주권과 통치권을 행사하시며, 선하실 뿐 아니라 만물에 대하여 선을 행하시는 하나님이 계시다는 것과, 그렇기 때문에 인간이 온 마음과 뜻과 힘을 다하여 그분을 경외하고 사랑하고 찬송하고 부르고 신뢰하고 섬겨야 한다는 것을 알려 준다.[1] 그러나 참되신 하나님을 예배하는 합당한 방법은 그분에 의해 친히 제정되었고 그분의 계시에 의해 엄격하게 한정되었기 때문에 인간의 상상이나 고안 또는 사탄의 제안을 따라 눈에 보이는 어떠한 형상을 사용하거나 성경이 규정하지 않은 다른 방식으로 하나님을 예배해서는 안 된다.[2]

2항. 종교적 예배는 성부, 성자, 성령, 곧 삼위 하나님께만 드려야 한다.[3] 천사들이나 성인들, 다른 피조물을 예배해서는 안 된다.[4] 그리고 타락 이후에는 누구도 중보자 없이 하나님을 예배할 수 없는데, 다른 어떤 이가 아니라 오직 예수 그리스도의 중보를 통해서만 하나님을 예배할 수 있다.[5]

3항. 감사함으로 드리는 기도는 종교적 예배의 특별한 한 부분으로서,[6] 하나님께서 모든 사람에게 요구하시는 것이다.[7] 이것이 용납되기 위해서는 성자의 이름으로,[8] 성령의 도우심을 받아,[9] 성부의 뜻을 따라 기도해야 하며,[10] 이해와 경외심과 겸손과 열성과 믿음과 사랑과 인내로써 기도해야 한다.[11]

또한 소리 내어야 할 때는 알아들을 수 있는 말로 기도해야 한다.[12]

4항. 기도할 때는 합당한 것을 구해야 한다.[13] 그리고 살아 있거나 장차 살아 가게 될 모든 사람을 위해 기도해야 한다.[14] 그러나 죽은 사람이나[15] 사망에 이르는 죄를 범한 것으로 알려진 사람을 위해 기도해서는 안 된다.[16]

5항. 경건한 두려움으로 성경을 읽는 것,[17] 순전하게 설교하고[18] 하나님께 순종하기 위해 이해와 믿음과 경외심으로 말씀을 주의하면서 경청하는 것,[19] 마음에서 은혜로 시편을 노래하는 것,[20] 그리스도께서 제정하신 성례를 올바로 시행하고 그것을 합당하게 받는 것은 모두 하나님께 드리는 통상적인 종교적 예배의 요소다.[21] 그 외에도 맹세,[22] 서약,[23] 엄숙한 금식,[24] 특별한 경우에 드리는 감사가 있으며,[25] 이것들은 때와 절기를 따라 거룩하고 경건한 방식으로 시행해야 한다.[26]

6항. 지금 복음 시대에는 기도나 그 외 다른 어떠한 예배 요소가 특정 장소에서 시행되어야 하거나 그곳을 향하여 시행되어야 하도록 장소에 매이는 것이 아니며, 그렇게 드린 예배를 하나님께서 더욱 용납하시는 것도 아니다.[27] 신자는 어디에 있든지 영과 진리로 하나님을 예배해야 한다.[28][29] 매일[31] 각 가정에서,[30] 혹은 각자가 홀로 은밀히 예배해야 하지만,[32] 하나님께서 말씀과 섭리로 요구하실 때는 공적인 모임 속에서 더욱 엄숙히 예배해야 하며, 경솔하게나 고의로 이 모임을 등한시하거나 폐해서는 안 된다.[33]

7항. 일반적으로, 하나님을 예배하기 위해 적당한 분량의 시간을 구별하는 것은 본성의 법이다. 이와 같이 말씀 안에서 하나님께서는 모든 시대 모든 사람에게 적용되는, 명확하고 도덕적이고 항구적인 명령으로써 7일 가운데 하루를 안식일로 특별하게 지정하셨고, 그날을 거룩하게 지키도록 하셨다.[34] 이 안식일은 태초부터 그리스도의 부활 때까지는 일주일의 마지막 날이었는데, 그리스도의 부활 이후로는 일주일의 첫째 날로 바뀌었다.[35] 성경에서 이날은 주의 날로 불리며,[36] 세상 끝날까지 기독교의 안식일로 지속되어야 한다.[37]

8항. 그러므로 안식일은 주님께 거룩하게 지켜져야 한다. 이날에 사람들은 마음을 준비하고 일상적인 일들을 미리 정돈한 후에, 세상적인 업무들과 오락에 관한 그들 자신의 행동과 말과 생각을 중지하고 온종일을 거룩하게 안식해야 한다.[38] 이뿐 아니라 공적으로나 사적으로나 하나님을 예배하는 데에, 그리고 필수적인 일과 자비를 수행하는 데에 모든 시간을 사용해야 한다.[39]

---

1) 롬 1:20; 행 17:24; 시 119:68; 렘 10:7; 시 31:23; 시 18:3; 롬 10:12; 시 62:8; 수 24:14; 막 12:33.

2) 신 12:32; 마 15:9; 행 17:25; 마 4:9-10; 신 4:15-20; 출 20:4-6; 골 2:23.

3) 마 4:10; 요 5:23; 고후 13:14.

4) 골 2:18; 계 19:10; 롬 1:25.

5) 요 14:6; 딤전 2:5; 엡 2:18; 골 3:17.

6) 빌 4:6.

7) 시 65:2.

8) 요 14:13-14; 벧전 2:5.

9) 롬 8:26.

10) 요일 5:14.

11) 시 47:7; 전 5:1-2; 히 12:28; 창 18:27; 약 5:16; 약 1:6-7; 막 11:24; 마 6:12, 14-15; 골 4:2; 엡 6:18.

12) 고전 14:14.

13) 요일 5:14.

14) 딤전 2:1-2; 요 17:20; 삼하 7:29; 룻 4:12.

15) 삼하 12:21-23; 눅 16:25-26; 계 14:13.

16) 요일 5:16.

17) 행 15:21; 계 1:3.

18) 딤후 4:2.

19) 약 1:22; 행 10:33; 마 13:19; 히 4:2; 사 66:2.

20) 골 3:16; 엡 5:19; 약 5:13.

21) 마 28:19; 고전 11:23-29; 행 2:42.

22) 신 6:13; 느 10:29.

23) 사 19:21; 전 5:4-5.

24) 욜 2:12; 에 4:16; 마 9:15; 고전 7:5.

25) 시 107; 에 9:22.

26) 히 12:28.

27) 요 4:21.

28) 말 1:11; 딤전 2:8.

29) 요 4:23-24.

30) 렘 10:25; 신 6:6-7; 욥 1:5;
   삼하 6:18, 20; 벧전 3:7; 행 10:2.

31) 마 6:11.

32) 마 6:6; 엡 6:18.

33) 사 56:6-7; 히 10:25; 잠 1:20-21, 24;
   잠 8:34; 행 13:42; 눅 4:16; 행 2:42.

34) 출 20:8, 10-11; 사 56:2, 4, 6-7.

35) 창 2:2-3; 고전 16:1-2; 행 20:7.

36) 계 1:10.

37) 출 20:8, 10; 마 5:17-18.

38) 출 20:8; 출 16:23, 25-26, 29-30;
   출 31:15-17; 사 58:13;
   느 13:15-19, 21-22.

39) 사 58:13; 마 12:1-13.

여호와와 연합하여 그를 섬기며 여호와의 이름을 사랑하며
그의 종이 되며 안식일을 지켜 더럽히지 아니하며
나의 언약을 굳게 지키는 이방인마다
내가 곧 그들을 나의 성산으로 인도하여
기도하는 내 집에서 그들을 기쁘게 할 것이며
그들의 번제와 희생을 나의 제단에서 기꺼이 받게 되리니
이는 내 집은 만민이 기도하는 집이라 일컬음이 될 것임이라.

(사 56:6-7)

서론: 예배, 교회의 얼굴

예배는 구원의 목적이다. 구원받은 신자들의 모임인 교회는 무엇보다 예배 공동체다. 교회에서 여러 구제사업도 하고, 교육도 하고, 선교도 하지만 예배야말로 교회의 가장 중요한 본질적 사역이다. 구제사업은 사회 기관에서 할 수 있고, 신앙교육은 집에서 할 수 있고, 선교는 선교단체를 통해서도 할 수 있다. 하지만 세례와 성찬이 포함된 온전한 공예배는 오

직 교회만이 할 수 있다. 물론 교회가 예배만 해야 하고 다른 것은 하지 말아야 한다는 것은 아니다. 요점은 예배가 신앙생활의 중심이 될 때 다른 교회 활동들이 힘을 얻을 수 있다는 것이다. 만약 성도들이 예배를 통해서 영적인 힘을 공급받지 못한다면 전도나 선교가 어떻게 지속적으로 활발하게 유지될 수 있겠는가?

성도들은 특별한 경우가 아니면 평소에 예배에 대해서 그렇게 고민하지 않을 것이다. 그냥 본인이 속한 교회에서 예배를 잘 다니면 그만이라고 생각하기 때문이다. 하지만 이사하게 되어 기존 교회를 떠나게 되면 예배는 아주 심각한 문제가 된다. 예배는 교회 선정을 위한 가장 중요한 요소가 되기 때문이다. 예배는 교회의 얼굴이라고 한다.[161] 예배를 보면 그 교회가 어떤 교회인지 알 수 있다. 그렇기 때문에 성도들은 이사하여 교회를 선정하려고 할 때 가장 먼저 그 교회 예배에 참석하여 판단한다. 예배가 그 교회의 전부는 아니지만, 예배가 마음에 들지 않으면 성도들이 그 교회로 이명하는 일은 거의 없을 것이다. 실제로 예배는 새가족에게 교회 생활의 전부이기 때문이다.

예배가 중요하다는 것을 모두가 알지만, 교회에서 의외로 예배가 우선순위에서 밀리는 것을 자주 보게 된다. 교회의 규모가 커지게 되면서 예배보다는 자연스럽게 여러 프로그램이나 행사들이 더 큰 비중을 차지하는 경우가 많다. 그와 같은 행사를 잘 마치면 교인들이 즐거워하고 교회 분위기도 좋아지기 때문에 다음에 더 좋은 행사를 기획하려고 한다.

---

161 안재경, 『예배: 교회의 얼굴. 교회가 제대로 된 얼굴을 가질 때까지』 (여수: 그라티아, 2015).

그런 행사들이 필요한 것은 사실이지만 문제는 그것들이 예배를 점점 압도하고 있다는 것이다.

또, 예배가 교회 생활에서 가장 중요하다고 생각은 하지만, 의외로 예배에 관해서 공부하지는 않는 것 같다. 그러다 보니 성도들에게 예배의 기준이 사라져 버렸다. 아니 본인이 예배의 기준이 되었다. "내가 은혜받았는가?"가 좋은 예배와 나쁜 예배의 기준이 되어버렸다. 각 교회는 이와 같은 성도 각자의 기준을 만족시키기 위해서 여러 노력을 하고 있다. 실제로 대형교회, 혹은 잘 나가는 교회의 예배가 수많은 작은 교회의 예배들의 표준이 되었다. 아쉽게도 교회와 성도들의 협력을 통해 교회의 예배는 여러 면에서 지속적으로 타락한 것이 사실이다. 이제 다시 말씀과 신앙고백으로 돌아가서 예배의 기준을 새로 세워야 할 때가 되었다.

제21장의 제목은 "종교적 예배와 안식일"이다. 먼저 "종교적"이라는 말에 대한 오해를 제거할 필요가 있다. 오늘날 "종교"는 일반적으로 이슬람교나 힌두교와 같이 세상에 존재하는 여러 종교들을 가리킨다. 기독교도 그중에 하나로 간주되고 있다. 하지만 17세기 잉글랜드에서 종교 (religion)란 오직 기독교를 가리키는 말이었다. 그리고 여기서 말하는 종교는 참된 하나님에 대한 경외심을 의미한다. 따라서 종교적 예배라는 말은 '경건한 예배', '하나님을 향한 예배', 혹은 '경외심으로 가득 찬 예배'를 의미한다.

"종교적 예배"란 한 마디로 '하나님 중심적 예배'라고 할 수 있다. 이 개념만 확실히 정리해 두어도 예배에 대한 수많은 오류를 바로잡을 수 있다. "정말 이 예배는 하나님을 향하고 있는가? 아니면 실제로는 인간의 감정에 호소하고 있는가?"를 진지하게 질문하기만 해도 올바른 예배를 잘 분별할 수 있을 것이다. 거듭난 신자도 자기 안에 남아 있는 부패의 속성으로 인해 하나님을 예배할 때도 자기중심적 태도를 취할 수 있다는 것을 잊지 말아야 한다. "종교적 예배"는 또한 '경건한 예배'이다. '경건한 예배'는 경건하지 않은 예배가 있다는 것을 의미한다. 예배가 경건성을 잃게 되면 경박한 예배로 변질된다. 이와 같은 예배는 사실상 예배라고 할 수도 없다. 기본적으로 예배는 하나님을 향한 것인데 하나님에 대한 경외심이 없는 예배가 어떻게 참된 예배라고 할 수 있겠는가?

역사적 배경

제21장의 중요성을 이해하기 위해서는 그 당시 역사적 상황을 이해해야 할 필요가 있다. 종교개혁 이후 잉글랜드 교회는 예배와 직분에 대하여 국교회주의자들과 청교도들이 오랫동안 대립했다. 비록 교리에서는 잉글랜드 교회가 로마 교회의 오류를 완전히 제거했지만, 예배는 그렇게 하지 못했다. 물론 죽은 자들을 위한 기도와 같이 비성경적인 예배 요소들이나 교황과 관련된 것은 완전히 제거되었지만, 기존의 전통 중 적지 않은 것들이 그대로 남았다. 대표적인 예가 성직자들이 예배 시간에 입는 여러 예복이었다.

17세기 중엽 잉글랜드 교회의 예배는 원리에 있어서 종교개혁의 정신을 따르고 있었다. 무엇보다 예배 시간에 라틴어가 아니라 영어가 사용되었다. 성도들은 하나님의 말씀을 모국어로 들을 수 있었다. 1611년 제임스 왕의 명령으로 번역된 흠정역(the King James Version)은 수백 년 동안 최고의 성경 번역으로 인정받았고 지금까지도 사용되고 있다. 설교 시간에 더 이상 로마 교회의 거짓 교리는 들리지 않았으며 비성경적인 기도문들은 모두 제거되었다. 하지만 예배의 개혁은 거기에서 멈추었다. 아쉽게도 예배의 원리는 개혁되었지만 그 원리를 담는 형식은 바뀌지 않았기 때문에 성도들은 큰 차이를 느낄 수 없었다.

『공동기도서』(The Book of Common Prayer)는 예배에 대한 잉글랜드 교회의 헌법이라고 할 수 있다. '기도서'라는 말 때문에 여러 기도문을 모은 책이라는 인상을 주게 되는데, 내용은 모든 예식을 담고 있는 '예전서'다. 1549년 처음으로 제정되었으며, 1552년에 대대적으로 개정된 이후 이 기도서는 잉글랜드의 유일한 최고의 예배 규범이었다. 이 기도서는 예배 의식에 대한 아주 상세한 규정들을 총망라하고 있다. 무릎을 언제 꿇어야 하는지, 절은 언제 해야 하는지, 성호는 언제 그어야 하는지 등. 그래서 적지 않은 청교도들은 이 기도서에 따른 예배에 대해서 상당한 거부감을 가지고 있었다. 내용도 반대했지만 가장 중요한 이유는 이 규범이 개체 교회의 자유를 심각하게 제한했기 때문이었다.

잉글랜드 교회는 교회의 머리인 왕이 고위 성직자인 주교들을 세우고 그 주교들을 통하여 다스리는 교회였다. 국가와 교회의 구분은 있을 수 없는 일이었으며, 안정된 통치를 위해서 잉글랜드의 모든 교회 안에서는 동일한 형식의 예배가 시행되어야 했다. 특별히 제임스를 이은 찰스 1세가 이 예배의 통일성(uniformity)을 대단히 중요하게 생각했다. 그 당시 스코틀랜드 교회와 잉글랜드 교회는 각기 다른 형식의 예배를 드리고 있었는데, 찰스는 스코틀랜드 교회를 잉글랜드 교회에 일치시켜서 두 교회의 머리가 되기를 원했다. 하지만, 1637년에 공동기도서에 따른 예배를 스코틀랜드 교회에 본격적으로 강요하기 시작했을 때 스코틀랜드 민중들은 격렬하게 항의했고 이것은 전쟁으로 이어지게 되었다. 그 당시 예배 문제는 국가의 운명을 좌지우지할 정도도 매우 중요한 문제였다.

웨스트민스터 총회가 부여받은 임무 중의 하나는 이 공동기도서를 개정하는 작업이었다. 그 결과 「공예배지침」(The Directory for the Public Worship)이 제정되었다. 이전의 공동기도서와 근본적으로 달랐던 점은 개체 교회에 자율성을 많이 부여했다는 것이다. 공동기도서와 달리 공예배지침서는 모든 개체 교회의 획일성을 추구하지 않았다. 대표적인 예로 공예배지침서에는 예배의 요소는 나열되어 있어도 구체적인 예배 순서는 존재하지 않는다. 따라서 근본 지침의 범위 내에서 개체 교회는 스스로의 판단에 따라 더 좋은 예배 형식을 추구할 수 있었다. 이 자유는 그리스도께서 개체 교회에 주신 자유이기 때문에 규범으로 제한할 수 없다고 보았다.

제1항 예배의 규정적 원리(regulative principle)

'경건한 예배'는 하나님께서 친히 정하신다. 따라서 오직 하나님께서 정하신 방식대로 예배해야 하며, 그 외의 방식으로 예배해서는 안 된다. 이것을 전문적인 용어로 '규정적 원리'라고 한다. 「고백서」는 이 규정적 원리에 충실한 예배 신학을 정립했다. 하지만 이 원리는 오랫동안 교회 안에서 종종 무시되었다. 로마 교회는 말할 것도 없고 루터파 교회나 잉글랜드 교회도 이 원리에 충실하지 않았다. 이 교회들은 '오직 성경'의 원리를 받아들였음에도 불구하고 성경이 예배에 대해서 모든 것을 다 규정하지 않았다고 보았다. 따라서 성경이 침묵하고 있는 영역에 있어서는 교회나 혹은 기독교 정부가 규범을 제정할 수 있다고 생각했다. 대표적인 예로 성경은 성직자가 어떤 옷을 입을 것인가에 대해서 규범을 정하지 않았기 때문에 교회가 그 일을 할 수 있다고 보았다.

"본성의 빛" 제1장 1항에서 등장한 본성의 빛은 제21장에서 다시 등장하고 있다. 제1장에서는 계시의 관점에서 본성의 빛이 다루어졌다면, 제21장에서는 예배의 관점에서 다루어지고 있으며 이 둘은 서로 밀접한 관계를 맺고 있다. 본성의 빛을 통해서 인간은 예배에 대한 최소한의 지식을 가질 수 있다. 그것은 바로 예배를 받으셔야만 하는 (**"온 마음과 뜻과 힘을 다하여 그를 경외하고 사랑하고 찬송하고 부르고 신뢰하고 섬겨야 하는"**) 어떤 신적인 존재가 있다는 것이다. 그 신적인 존재는 최소한 두 가지 요소를 만족해야 하는데 하나는 만물에 대한 통치권을 가지고 있어야 한다는 것이고, 다른 하나는 그분 자체가 선하신 분으로서 만물에 선을 행해야 한다는 것이다. 이와 같은 지식은 특별한 계시가 없어도 인간 안에 있는 본성의 빛을 통해서 알 수 있다.

제1장에서 살펴보았지만 본성의 빛을 통한 신(神)지식은 하나님의 정의로운 심판을 위해서 매우 중요하다. 인간은 예배해야 할 신이 존재한다는 지식을 분명히 가지고 있음에도 불구하고 실제로 그에게 예배하지 않기 때문에 심판을 받는 것이 마땅하다. 인간에게 이와 같은 본성의 빛이 없었다면 종교라는 것 자체가 불가능했을 것이다. 하나님에 대한 의

식, 그리고 그 하나님에 대한 경외심 혹은 종교심은 인간의 본성에 속하기 때문에 타락으로 인해 완전히 사라지지 않았다.

그러나 예배에서 본성의 빛이 하는 역할은 여기까지다. 그 이상 넘어가면 본성의 빛은 할 수 있는 것이 전혀 없다. 무엇보다 본성의 빛은 예배 방식에 대해서 아무런 지침도 우리에게 주지 않는다. 따라서 우리는 예배를 위해서 더 이상 본성의 빛을 의지하려고 해서는 안 된다. 본성의 빛은 하나님이 계시다는 것을 알려 주지만 그 하나님이 구체적으로 어떤 분이신가에 대해서는 아무것도 알려 주지 않는다. 그분이 무엇을 좋아하시는지도 알 수 없기 때문에 그분에게 예배하고 싶어도 올바르게 예배할 수도 없다.

"합당한 방법(acceptable way)" '합당한'은 '받아들여질 만한'이라는 뜻이다. 이것은 예배를 이해하는 데 매우 중요하다. 인간이 아무리 하나님을 기쁘시게 하려고 하더라도 하나님께서 용납하시는 방법이 아닌 다른 방법으로 기쁘시게 하려고 한다면 그것은 하나님의 진노를 촉발시킬 뿐이다. 가인과 아벨의 제사를 통해 잘 알 수 있지만 참 예배는 하나님께서 받으시는가에 따라 결정된다. 예배 방법은 하나님이 친히 제정하셨으며 그 방법은 계시된 뜻(즉, 성경)에 한정되었다. 따라서 진정한 예배자가 되기 위해서는 이 예배가 하나님께서 받으실만한 것인지를 진지하게 고민해야 하고, 하나님의 말씀인 성경을 통해서 그 방법을 찾아야 한다.

이 규정적 원리에 따르면 예배에서 다음 사항을 조심해야 한다.

1) 인간의 상상이나 고안 또는 사탄의 제안에 따라 예배드리는 것

2) 보이는 어떤 형상을 사용하거나 성경이 규정하지 않은 다른 방식
으로 예배를 드리는 것

하나님은 보이지 않는 분이시다. 하나님을 보이는 형상으로 만드는 것은 신성모독이라고 할 수 있다. 제1계명이 하나님과 다른 신을 함께 섬기는 것을 금한다면, 제2계명은 보이는 형상으로 하나님을 섬기는 것을 엄하게 금하고 있다. 제2계명을 지켜야 하는 이유를 십계명은 이렇게 설명한다. "나 네 하나님 여호와는 질투하는 하나님인즉 나를 미워하는 자의 죄를 갚되 아버지로부터 아들에게로 삼사 대까지 이르게 하거니와 나를 사랑하고 내 계명을 지키는 자에게는 천 대까지 은혜를 베푸느니라"(출 20:5-6). 하나님은 거짓 예배를 영적 간음[162]으로 간주하시며 그것을 범한 자들에게 자신의 맹렬한 질투심을 쏟아부으신다(대교리 110).

하나님께서 제2계명을 어기는 것에 대해서 얼마나 큰 진노를 하셨는지를 우리는 금송아지 숭배 사건을 통해서 잘 알 수 있다. 모세가 하나님의 율법을 받기 위해 시내 산에 올라가서 아무 소식이 없자, 이스라엘 백성들은 아론에게 자신들을 인도할 신을 만들어 내라고 요청했다. 아론은 그들이 가지고 있는 모든 금을 수거하여 금송아지를 만들고 그것을 가리키면서, "이스라엘아, 이는 너희를 애굽 땅에서 인도하여 낸 너희의 신이로다"라고 외쳤다(출 32:4). 따라서 이스라엘은 금송아지를 자신들을 구원하셨고 앞으로 인도하실 하나님으로 생각하고 섬기기 시작했다. 그것을 본 하나님은 모세에게 이렇게 말씀하셨다. "내가 하는 대로 두라. 내가

---

162 영적 간음으로 보는 근거는 하나님의 '질투'에서 추론할 수 있다.

그들에게 진노하여 그들을 진멸하고 너를 큰 나라가 되게 하리라"(32:8). 모세의 간절한 중보기도가 없었더라면 그날 이스라엘이라는 국가는 세워지기도 전에 망하고 말았을 것이다. 모세는 그 금송아지를 불살라 가루를 만들어 물에 뿌려서 백성들로 마시게 했다(32:20).

종교개혁 이전의 예배는 기본적으로 보이는 예배였다. 예배당은 수많은 성상들과 그림들로 가득 찼다. 십자가에 매달리신 예수님의 상이 신자들의 신심을 고양시킨다고 생각했다. 미사는 예수님의 십자가 사역을 보여 주기 위한 예식이었다. 예배가 그렇게 변질된 가장 큰 이유는 성도들이 그것을 좋아했고, 그렇게 하는 것이 성도들에게 도움이 된다고 생각했기 때문이다. 종교개혁은 그런 미신적인 요소들을 다 제거하고 들리는 설교 중심의 예배로 바꾸었다. 개혁가들은 선명하게 들리는 말씀 선포야말로 예배 시간에 가장 중요한 순서라고 생각했다.

오늘날 교회 예배당은 자꾸 무엇인가를 보여 주려고 한다. 대표적인 시설 중의 하나가 스크린이다. 심지어 스크린은 오랫동안 강단 중심을 차지하고 있었던 십자가도 없애거나 주변부로 이동시켰다. 더 잘 보이도록 비싼 스크린을 구입하고, 강단을 보다 화려하게 장식한다. 강단 주변에는 여러 가지 표어와 구호로 가득한 배너들이 점점 늘어가고 있다. 지금은 보편화되었지만 불과 20~30년 전만 해도 전혀 볼 수 없는 모습이었다. 이와 같은 상황에서 우리는 제2계명의 의미를 깊이 성찰할 필요가 있다.

제2항 예배의 대상: 성부, 성자, 성령 삼위일체 하나님

예배의 대상은 오직 성부, 성자, 성령 삼위 하나님이시다. 그 외 다른 어떤 피조물도 예배의 대상이 될 수 없다. 「고백서」는 예배를 흠숭(adoration)과 공경(veneration)으로 구분하는 것을 거부한다. 로마 교회는 삼위 하나님께만 드리는 흠숭, 마리아에게 드리는 상경, 성인들에게 드리는 공경으로 예배를 구분함으로 교회 안에 여러 가지 비성경적인 예배 형태가 자리를 잡게 되었다. 「고백서」는 삼위 하나님만 예배의 유일한 대상으로 규정함으로 예배를 순결하게 만들었다.

물론, 삼위 하나님만을 경배한다고 해서 참된 예배가 확정되는 것은 아니다. 그 하나님께 어떻게 나아가느냐도 매우 중요한 문제다. 타락 이전에 인간들은 삼위 하나님을 직접 경배할 수 있었으나 타락 이후에 인간은 오직 유일한 중보자이신 예수 그리스도를 통해서만 하나님을 경배할 수 있다. 오직 예수 그리스도의 중보의 사역을 통해 구원받았듯이, 구원받은 신자들은 중보자이신 예수 그리스도를 통해서만 하나님께 기도할 수 있다. "하나님은 한 분이시요, 또 하나님과 사람 사이에 중보자도 한 분이시니 곧 사람이신 그리스도 예수라"(딤전 2:5). 「고백서」는 구원의 중보자는 오직 예수님이시지만 기도의 중보자는 마리아나 천사나 성인들이 될 수 있다는 로마 교회의 교리를 완전히 거부한다.[163]

오늘날 예배에 대한 수많은 논의가 있지만 가장 중요한 질문은 "누구

---

163   로버트 쇼, 「웨스트민스터 신앙고백 해설」, 424.

에게 예배해야 하는가?"이다.[164] 하지만 아쉽게도 이 질문은 심각하게 다루어지지 않는다. 이 질문에 대해서 신자 대부분은 그냥 "하나님"이라고 대답한다. 하지만 앞에서 간단하게 살펴보았지만 그 정도의 대답은 초등학생들도 할 수 있고, 심지어 교회 다니지 않은 불신자들도 얼마든지 할 수 있다. "성부, 성자, 성령 삼위 하나님"이라고 답을 알려 주면 대수롭지 않게 "그게 그거 아닌가?"라는 식으로 반응을 보인다. 예배의 대상에 대한 인식이 너무 흐려져 있다는 것을 단적으로 보여 주는 예이다.

삼위일체론은 기독교 교리 중에서 가장 중요한 교리인데, 오늘날 신자들은 삼위일체 교리를 몰라도 신앙생활 하는 데 아무런 어려움을 느끼지 못한다. 삼위일체론을 정확하게 몰라도 삼위 하나님을 예배해야 한다는 의식은 있어야 하는데 그런 의식 자체가 거의 없다. '그냥 하나님'과 '삼위 하나님'을 구분하지 못하는 이상 희미하고 부실한 예배는 지속될 수밖에 없다. "내가 정말 성부, 성자, 성령 삼위 하나님을 예배하는가?"라는 질문만 진지하게 해도 예배와 관련된 대부분의 질문은 해결될 것이다. 삼위 하나님만을 경배한다는 생각 자체가 없다 보니 수많은 성도가 너무나 쉽게 신천지와 같은 이단에 현혹된다. 삼위 하나님이 예배의 중심이 되지 않으면 이와 같은 현상은 근본적으로 막을 수 없다. 오늘날 성경에 없다는 이유로 사도신경까지 없애버린 교회가 많다. 사도신경을 없애버리면 안 그래도 사도신경이 삼위 하나님에 대한 신앙고백인지도 모르는 성도가 많은데, 삼위 하나님에 대한 신앙을 어떻게 확인할 수 있을까?

---

164   이성호, 『예배를 알면 교회가 보인다』 (서울: 좋은씨앗, 2020), 24.

"나는 삼위 하나님만 예배하고 있는가?" 이것을 아는 방법은 의외로 쉽다. 다음 질문에 대해 "예"라고 자신 있게 답할 수 있으면 삼위 하나님께만 예배를 드리는 것이고 그렇지 않다면 예배에 심각한 문제가 있는 것이다. 이것은 본인의 문제일 수도 있고 교회의 문제일 수도 있다.

1) 예배 시간에 나는 삼위 하나님을 예배한다는 의식 자체가 있는가?
2) 예배 시간 동안 성부, 성자, 성령 삼위 하나님의 이름이 불리는가?
3) 송영을 통해 삼위 하나님의 이름을 찬송하는가?
4) 사도신경을 통해 삼위 하나님에 대한 신앙을 고백하는가?
5) 삼위 하나님의 뜻을 기도를 통해서 간구하는가?
6) 설교는 삼위 하나님의 구원 사역을 선포하는가?
7) 세례 속에서 삼위 하나님에 대한 서약이 신실하게 시행되는가?
8) 성찬을 통해서 삼위 하나님과 친밀한 교제가 이루어지는가?
9) 축도에서 삼위 하나님의 복이 신실하게 선포되는가?

"우리의 도움은 천지를 지으신 여호와의 이름에 있도다"(시 124:8)! 교회의 힘은 예배 시간에 성부, 성자, 성령 삼위 하나님의 이름이 얼마나 선명하게 선포되는가에 따라 결정된다. 이후에 언급될 예배에 대한 설명은 예배의 대상이 오직 삼위 하나님이시라는 사실에 기초하고 있다.

제3항 예배의 요소: 어떻게 기도해야 하는가?

감사함으로 드리는 기도는 **"모든 사람에게"** 요구되는 예배의 특별한 요소다. 기도는 간구와 감사로 구성된다. 기도를 지나치게 간구로 이해할 때 신자의 기도는 불신자의 기도와 구분되기가 쉽지 않다. 이 기도는 본성의 빛에 따라 모든 사람이 하나님께 해야 할 의무이다. 물론 불신자가 올바른 기도를 할 수 있는 것은 아니지만 그렇다고 해서 기도를 하지 않는 것 자체가 정당화되는 것은 아니다. 신자들은 하나님의 말씀을 통해 올바른 기도의 기본원리를 배워야 한다. 적어도 누구에게 기도해야 하는지, 누구의 이름으로 기도해야 하는지, 누구의 도움으로 기도해야 하는지를 잘 알아야 한다.

제3항에 대해서는 대교리문답이 잘 정리해 두었기 때문에 이것을 잘 참조하면 경건에 큰 유익이 있을 것이다.

> **179문:** 우리는 하나님께만 기도해야 합니까?
>
> **답:** 오직 하나님만이 마음을 살피실 수 있고, 요구를 들으실 수 있으며, 죄를 용서하실 수 있고, 모든 사람의 소원을 이루어 주실 수 있기 때문에, 또한 오직 그분만이 신앙과 경건한 예배의 대상이 되시고 기도는 그 예배의 한 부분이기 때문에, 모든 사람은 다른 누구도 아닌 오직 하나님께만 기도해야 합니다.

> **180문:** 그리스도의 이름으로 기도한다는 것은 무엇입니까?
>
> **답:** 그리스도의 이름으로 기도한다는 것은, 그분의 명령에 순종하고 그분의 약속들을 신뢰하면서 그분의 공로에 근거하여 자비를 구하는 것인데, 단순히 그분의 이름을 언급함을 통해서가 아니라, 그리스도와 그분의 중보로부터 기도할 용기를 얻고, 또한 기도할 때 얻게 된 담대함, 힘, 그리고 응답에 대한 소망을 통해서 구하는 것입니다.

181문: 왜 그리스도의 이름으로 우리는 기도해야 합니까?

답: 사람의 죄성과 이로 인하여 생긴 하나님과 사람 사이의 거리가 너무 크므로 중보자 없이 우리는 하나님 앞에 나아 갈 수 없고, 하늘과 땅에 그리스도 한 분 밖에는 그처럼 영광스러운 사역을 위해 임명 받았거나 그 사역에 적합한 자가 없으므로, 다른 이름이 아닌, 오직 그분의 이름으로만 기도해야 합니다.

182문: 어떻게 성령께서 우리의 기도를 도우십니까?

답: 우리는 마땅히 기도해야 할 바를 알지 못하기 때문에, 성령께서 우리에게 누구를 위해, 무엇을 위해, 어떻게 기도해야 할지를 알려 주심으로써, 또한 이 의무를 바르게 이행하는 데 요구되는 지각과 감정과 은혜를 우리 마음속에 일으키시고 소생시킴으로써 (비록 누구에게나 아무 때에든지 같은 분량은 아닐지라도) 우리의 연약함을 도와주십니다.

예배에서 확인했듯이 기도에서도 삼위일체 교리는 매우 중요하다는 것을 알 수 있다. 성령의 도우심으로, 그리스도의 이름으로, 삼위 하나님께 기도할 때 신자들은 다음과 같은 태도를 유지해야 한다. 그것은 바로 "이해, 경외심, 겸손, 열성, 믿음, 사랑, 인내"이다. 기도는 소리를 내지 않고도 할 수 있지만, 소리를 내어서 공적으로 기도해야 할 때는 알아들을 수 있는 말로 기도해야 한다. 이는 그 당시 로마 교회의 라틴어 기도문을 염두에 둔 것이다. 「고백서」는 기도에서 "이해"의 중요성을 매우 강조한다. 사실 이것은 바울이 고린도전서 14장에서 매우 강조하는 바이다. 기도에서 이해를 배제하고 열심을 지나치게 강조하는 것은 지양되어야 한다.

기도의 태도에 대해서 대교리문답은 다음과 같은 지침을 제공하고 있다.

185문: 우리는 어떻게 기도해야 합니까?

답: 우리는 하나님의 위엄에 대한 두려운 지각을 가지고, 우리 자신의 무가치함과 궁핍과 죄를 깊이 깨닫고, 통회와 감사와 기쁨으로 가득 찬 마음을 가지고, 지성과 믿음과 진실함과 열정과 사랑과 인내를 가지고, 그분의 뜻에 겸손히 복종하면서 하나님을 기다리며 기도해야 합니다.

제4항 기도의 내용: 무엇을 위해서 그리고 누구를 위해서 기도해야 하는가?

성도는 기도해야 할 것과 하지 말아야 할 것을 구별해야 하고, 기도해야 할 대상과 하지 말아야 할 대상을 잘 구분할 수 있어야 한다. 여기에 대해서 대교리문답에 다음과 같이 잘 정리되어 있다.

184문: 무엇을 위해 우리는 기도해야 합니까?

답: 우리는 하나님의 영광과 교회의 안녕과 우리 자신과 다른 사람들의 선을 위해 기도해야 합니다. 그러나 무엇이든지 불법적인 것을 위해 기도해서는 안 됩니다.

183문: 누구를 위해 우리는 기도해야 합니까?

답: 우리는 지상에 있는 그리스도의 전체 교회를 위해, 위정자들과 교역자들을 위해, 우리 자신과 우리 형제들뿐만 아니라 우리의 원수

들을 위해, 현재 살아 있거나 앞으로 태어나서 살아갈 모든 사람을 위해 기도해야 하지만, 죽은 자나 죽음에 이르는 죄를 범한 것으로 알려진 사람들을 위해 기도해서는 안 됩니다.

"죽은 자를 위한 기도"

로마 교회의 교리에 따르면 죽은 성인**에게** 기도하는 것도 가능하지만 죽은 자들을 **위해서** 기도하는 것도 가능하다. 특별히 연옥 교리는 죽은 자들을 위한 기도를 활성화시켰다. 한국 천주교회는 11월을 위령성월이라고 하여 죽은 영혼을 위한 기도의 달로 삼고 있다. 죽은 신자들은 완전한 구원을 위해서 할 수 있는 것이 아무것도 없기 때문에 산 자의 기도가 필요하다고 주장한다. (마치 아무것도 할 수 없는 병자를 위해서 기도하듯이)

개신교회에서는 죽은 자를 위한 기도가 현실적으로 존재하지 않기 때문에 이 조항이 크게 중요하지 않다. 하지만 장례식이나 추도식에는 이 조항이 매우 중요한 지침이 된다. 특히 죽은 자가 불신자인 경우에 유가족들을 위로한다는 명목으로 헛된 소망을 불어 넣어서는 안 될 것이다. 교인으로 삶을 마쳤을 때도 부적절한 표현으로 고인을 위해서 기도하지 않도록 주의할 필요가 있다.[165] 특히 집례자는 축도할 때 축도의 대상에 고인을 포함하지 않도록 조심해야 한다.

---

[165] 기도의 의도와 표현이 완벽하게 일치할 수 없기 때문에 문구를 지나치게 따지는 것은 적절치 않을 것이다. "○○○ 성도가 주님 품에 안식하게 하여 주십시오"라는 기도는 "○○○ 성도가 주님 품에 안식하게 될 것을 믿습니다"라는 뜻이지, 우리의 간절한 기도 때문에 고인이 안식을 얻게 될 것을 구한다는 의미는 아니다.

"죽음에 이르는 죄"

"죽음에 이르는 죄"는 요한일서 5장 16절[166]에서 찾아볼 수 있다. 이 죄가 어떤 죄인지 사도 요한이 구체적으로 설명하지 않기 때문에 성경의 다른 곳에서 도움을 얻어야 한다. 일반적으로 이 죄는 성령을 모독하는 죄라고 알려져 있다. 예수님께서 성령의 힘으로 귀신을 쫓아내셨을 때, 바리새인과 서기관들은 예수님이 귀신의 힘을 입어서 그와 같은 일을 한다고 비판했다. 이때 예수님은 다음과 같이 말씀하셨다. "내가 진실로 너희에게 이르노니 사람의 모든 죄와 모든 모독하는 일은 사하심을 얻되 누구든지 성령을 모독하는 자는 영원히 사하심을 얻지 못하고 영원한 죄가 되느니라"(막 3:28-29). 히브리서 역시 용서받을 수 없는 죄에 대해서 다음과 같이 경고한다. "한 번 빛을 받고 하늘의 은사를 맛보고 성령에 참여한 바 되고 하나님의 선한 말씀과 내세의 능력을 맛보고도 타락한 자들은 다시 새롭게 하여 회개할 수 없나니 이는 그들이 하나님의 아들을 다시 십자가에 못 박아 드러내 놓고 욕되게 함이라"(히 6:4-6).

이 세 구절을 종합하면 죽음에 이르는 죄를 다음과 같이 정리할 수 있을 것이다. 이 죄를 짓는 자들은 불신자들이나 초신자들이 아니다. 그들은 교회 안에서 형제라고 불리고, 바리새인과 서기관들처럼 성경을 잘 알고 성령의 사역을 충분히 분별할 수 있는 지성이 있으며, 성령의 여러 가시적인 은사들을 체험한 사람들이다. 그럼에도 불구하고 성령의 명백

---

[166] "누구든지 형제가 사망에 이르지 아니하는 죄 범하는 것을 보거든 구하라. 그리하면 사망에 이르지 아니하는 범죄자들을 위하여 그에게 생명을 주시리라. 사망에 이르는 죄가 있으니 이에 관하여 나는 구하라 하지 않노라"(요일 5:16).

한 증거를 의도적으로 부인하고 조롱하고 믿음에서 타락하면 더 이상 구원의 가능성은 존재하지 않는다. 만약 이와 같은 죄를 짓는다는 것이 확실하다는 판단이 서면 그들을 위해서 기도할 필요는 없다. 오직 하나님만이 그들을 처리하실 것이다.

제5항 예배의 요소

예배의 요소는 크게 두 경우로 구분된다. 하나는 통상적인 경우이고, 다른 하나는 특별한 경우이다. 예배는 모든 요소가 각자의 독특성을 잘 드러내야 한다. 이 점에서 설교가 지나치게 큰 위상을 차지하고 있는 것은 건강한 예배를 위해서 바람직하지 않다. 성도들은 예배의 요소를 잘 이해해서 각자가 해야 할 일들을 잘 수행해야 한다.

1) 통상적인 경우

성경 낭독

성경 낭독은 그 자체가 예배의 요소다. 하지만 성경을 읽는다고 해서 낭독이 무조건 예배의 요소가 되는 것은 아니다. 성경을 읽는 이유는 여러 가지다. 성경 지식을 쌓기 위해서 읽을 수도 있고, 성경을 연구하기 위해서도 읽을 수도 있다. 오늘 나를 위해 주신 말씀을 얻기 위해 읽는 큐티(QT)식 성경 읽기도 있다. 이런 읽기는 예배적 행위라고 보기 어렵다. 하지만 시간을 구별하여 경건한 두려움으로 성경을 읽는다면 그것은 예배 행위가 될 수 있다.

문맹률이 현저히 높았을 때, 목사가 부족했을 때는 독경사(reader)라는 직분이 교회에 있기도 했다. 그러나 종교개혁 이후로 공예배 시간에 성경을 읽는 직무는 목사에게 맡겨졌다. 하지만, 모두가 성경을 읽을 수 있는 오늘날에는 성경 낭독의 직무가 모두에게 개방되었다. 심지어 어떤 교회는 청소년들에게 성경을 낭독하게 하기도 한다. 이것은 성경 낭독의 중요성을 현저하게 약화할 위험이 있다. 더 큰 문제는 그들의 낭독 속에 경건한 두려움을 찾기가 쉽지 않다는 것이다. 그 이유는 간단하다. 낭독만 맡겨 두고 경건한 두려움으로 읽는 법을 가르치지 않았기 때문이다. 한글 성경은 궁중체를 사용하고 있기 때문에 충분히 연습하지 않으면 틀리지 않고 제대로 낭독하는 것도 쉽지 않다.

오늘날 성경은 주로 읽어야 하는 책으로 간주되지만 오랫동안 성경은 듣는 책이었다. 초대 교회부터 예배 시간에 구약 본문과 신약 본문을 낭독하는 전통이 있었는데 한국 개신교회에서는 이러한 전통을 거의 찾아보기 어렵다. 예전에 성경은 매우 귀한 책이어서 큰 교회당이나 수도원에서만 사용할 수 있었다. 인쇄술이 발전한 이후에는 사정이 많이 나아졌지만 여전히 일부 부유한 개인들만이 성경을 소유할 수 있었다. 종교개혁 이후 헨리 8세는 큰 성경(Great Bible)을 각 교회당에 비치하여 일반 성도들이 볼 수 있도록 했다. 오늘날 성경 낭독의 중요성이 점점 약화되어 설교를 위한 부차적인 순서로 인식되는 것은 아쉬운 일이다. 성경 낭독 그 자체가 중요한 예배 요소라는 인식이 필요하다. 이를 위해서 목사부터 성경을 경건한 두려움으로 읽는 연습을 해야 한다. 오늘날 대부분의 교회에서 성경 낭독이 너무 가벼워진 것 같다. 교독이나 합독이 낭독을 대체하는 경우도 많은데 과연 이것들이 "경건한 두려움"을 증진하게 하는지 잘 살필 필요가 있다.

순전한 설교 & 주의 깊은 경청(sound preaching & conscionable hearing)

오늘날 설교는 목사의 직무로 이해되고 있다. 그렇기 때문에 설교가 너무 목사에게 의존하고 있다. 이 점에서 「고백서」는 설교를 온전하게 이해하는 데 큰 도움을 준다. 설교는 설교자의 선포와 청중의 경청으로 구성된다. 목사가 아무리 설교를 신실하게 했다고 하더라도 청중이 그 설교를 흘려듣는다면 그 설교는 아무런 유익이 없다. 따라서 설교에서 설교자가 해야 할 일이 있고, 청중이 해야 할 일이 있다. 설교학 책을 보면 목사를 위한 책은 많은데 청중을 위한 책이 거의 없다는 것을 보면 설교가 너무 설교자 중심으로 이해되고 있다는 것을 보여 준다.[167]

설교자는 순전하게 설교해야 하고, 청중은 그 순전한 설교를 주의 깊게 경청해야 한다. 이것은 예배의 본질이 교제(communion)라는 것을 잘 보여 준다. 예배는 성도가 말씀의 봉사자인 목사가 선포한 하나님의 말씀을 받음으로 삼위 하나님과 교제하는 것이다. 순전한 설교와 주의 깊은 경청이 구체적으로 어떤 것인지는 대교리문답에 다음과 같이 잘 정리되어 있다.

---

167 설교에 있어서 청중의 중요성에 대해서는 다음 저서를 참고하라. 손재익, 『설교, 어떻게 들을 것인가?』 (서울: 좋은씨앗, 2018). 한재술, 『설교, 어떻게 들어야 할까?』 (안성: 그 책의 사람들, 2020).

159문: 그렇게 부름 받은 사람들이 하나님의 말씀을 어떻게 설교해야 합니까?

답: 말씀의 봉사에 수고하도록 부름 받은 사람들은 바른 교리를 설교하되, 때를 얻든지 못 얻든지 부지런하게, 사람의 지혜의 말로 하지 아니하고 성령의 나타남과 능력으로 분명하게, 하나님의 모든 경륜을 알도록 신실하게, 청중의 필요들과 수용 능력에 맞게 적용하면서 지혜롭게, 하나님과 그분의 백성의 영혼들에 대한 뜨거운 사랑을 가지고 열심히, 하나님의 영광과 그들의 회심, 건덕(健德), 구원을 목표로 신실하게 설교해야 합니다.

160문: 설교 말씀을 듣는 사람들에게 요구되는 것은 무엇입니까?

답: 설교 말씀을 듣는 사람들에게 요구되는 것은 부지런함과 준비된 자세와 기도로 설교에 주의하고, 그 들은 바를 성경을 통해 살펴보고, 믿음과 사랑과 온유와 간절한 마음으로 설교에 담긴 진리를 하나님의 말씀으로 받고, 그것을 묵상하고, 토론하고, 마음속에 간직하고, 삶 속에서 그 열매를 맺는 것입니다.

시편 찬송

현대 예배에서 찬송은 큰 영향력을 행사하고 있다. 젊은이들에게는 설교보다 찬양이 더 중요한 위치를 차지하고 있다. 이와 같은 상황에서 이제 찬송에 대해서도 진지하게 질문을 던질 때가 되었다. "하나님은 과연 어떤 찬송을 좋아하실까?"[168] 아쉽게도 오늘날 신자들은 이 질문을

---

168 이성호, 『바른 예배를 위한 찬송 해설』 (서울: SFC, 2018), 13-20.

진지하게 하지 않는다. "하나님께서 특별히 좋아하시는 찬송이 있겠는 가?" 혹은 "내가 좋으면 하나님도 좋은 것이 아닌가?"라고 반문하는 경우가 적지 않다. 이와 같이 신자들의 자기중심적인 사상은 찬송에서도 가장 극명하게 드러난다.

찬송에 대해서 많은 논의가 있기 때문에 이곳에서 다 다룰 수는 없다. 하지만 찬송에 대한 가장 기본적인 성경적 지침은 성도들이 알 필요가 있다.

1) 시편 찬송은 성경이 명한 것이다.

> 시[편]와 찬송과 신령한 노래를 부르며 감사하는 마음으로 하나님을 찬양하고.
>
> (골 3:16)
>
> 시[편]와 찬송과 신령한 노래들로 서로 화답하며 너희의 마음으로 주께 노래하며 찬송하며.
>
> (엡 5:19)

이 두 구절은 찬송에 관한 거의 유일한 지침이기 때문에 규정적 원리를 따른다면 찬송에 대한 논의는 이 두 구절에 대한 올바른 해석에서 시작되어야 한다. 주의해야 할 것은 "시"라고 번역된 단어는 "시편"으로 번역되었어야 한다는 점이다. 그렇다면 적어도 시편은 성경이 명한 찬송이기 때문에 교회는 이 명령에 순종해야 한다. 하나님의 말씀에 진심으로 순종하기를 원한다면 찬송에 대한 성경의 이 두 지침을 결코 가볍게 여기지 않을 것이다.

2) 시편이 성경에 있는 이유

시편은 성경에서 가장 분량이 많은 책이다. 실제로 5권으로 구성되어 있다. 이 많은 분량의 시편이 성경에 있는 이유가 무엇인가? 원래 시편은 구약 이스라엘 백성들이 예배 시간에 찬송하도록 작성되었다. 이스라엘 백성들은 이 시편으로 찬송하고 기도하면서 하나님의 놀라운 구원 역사를 기억하고, 그 은혜에 감사하고, 원수들에 대한 공격으로부터 보호해 달라고 간구했다. 이 찬송은 예수님께서 부르셨던 찬송이고 사도들과 초대 교회 성도들도 불렀던 찬송이다. 시편은 성령으로 영감된 노래라는 점에서 인간들이 만든 다른 찬송들과는 비교가 될 수 없다. "신령한 노래"를 성령으로 영감된 노래로 해석한다면 시편 찬송의 중요성은 더욱 증가될 것이다.

3) 시편의 보편성

시편이 이처럼 중요하기 때문에 역사적으로 교회는 시편 찬송을 예배 시간에 오랫동안 사용했다. 시편 찬송만 예배 시간에 사용된 것은 아니지만 시편 찬송은 찬송의 중심이자 표준이었다. 개인이 작사한 노래와 달리 시편 찬송은 성경에 근거하고 있기 때문에 교파에 상관없이 누구나 부를 수 있는 찬송이다. 이 찬송의 보편성은 교파주의가 만연한 현대 사회에서 주목해야 할 점이다. 입으로는 하나의 교회라고 고백하지만 입술로는 같은 찬송을 부르지 못한다면 그 하나 됨은 실제적인 의미를 갖지 못할 것이다. 교파와 상관없이 모든 교회가 부를 수 있는 유일한 찬송은 시편 찬송이다.

4) 쉽지 않은 과제

「고백서」는 찬송과 관련하여 장로교회 성도들에게 큰 과제를 제공하고 있다. 예배 시간에 시편 찬송을 사용하고 있는 교회가 거의 없기 때문이다. 이런 상황에서 무조건 시편 찬송을 고집하는 것도 바람직한 태도는 아니다. 그렇다고 어쩔 수 없다는 식으로 손 놓고 있는 것도 주님께 책망받을 일이다. 실제로 시편 찬송을 정착하기 위해서는 엄청난 수고와 인내가 필요하다. 따라서 교회 상황에 맞추어서 조금씩 점차 준비할 필요가 있다. 다행히 최근에는 좋은 시편 찬송가가 계속 발간되고 있다.

성례[169]: 올바르게 시행하고 합당하게 받음 (주고받음)

성례는 **"통상적"** 예배의 요소다.[170] 한국 장로교회는 이 점에서 「고백서」의 가르침에서 많이 벗어나 있다. 신자 대부분은 성례가 "통상적" 예배 요소가 아니라 "특별한" 예배 요소라고 생각할 것이다. 특히 성찬의 경우 일 년에 두세 차례 정도 시행하는 특별한 행사로 인식되고 있다. 성찬이 없어도 얼마든지 예배할 수 있다고 생각하고 있을 뿐 아니라 성찬

---

169 성례에 대한 기본적인 가르침은 제27, 28, 29장에서 아주 상세하게 다루고 있다. 제21장은 주로 예배의 관점에서 성례를 간단하게 다루고 있다.

170 그 당시 국가 교회의 체계 아래에서 세례는 실제로 유아 세례를 의미했다. 오늘날 한 날을 정해서 유아 세례를 한꺼번에 시행하는 경우가 많은데 전통적으로 유아 세례는 아이들이 태어날 때마다 시행했다. 이 점에서 세례 역시 통상적인 예배 요소라고 할 수 있다.

은 예배 시간을 연장하는 다소 번거로운 예배 순서로 간주되고 있다. 원래 성찬의 횟수는 성찬의 부수적인 요소이지만 횟수가 지나치게 적다 보니 성찬의 본질에 대한 이해마저도 변화시키고 있다.

성례는 보이는 말씀이라고 불린다. 설교가 청중에게 복음을 들려준다면 성례는 수례자들에게 복음을 보여 주기 때문이다. 성례 역시 예배의 본질인 성도의 교제를 가시적으로 실현한다. 설교가 말하기와 듣기를 통한 교제라면 성례는 주고받음을 통한 교제이다. 앞에서 지적했듯이 설교가 "순전한 선포"와 "주의 깊은 경청"으로 구성된다면 성례는 "올바른(due) 베풂"과 "합당한(worthy) 받음"으로 구성된다. 예배 시간에 목사는 주님의 규례에 따라 성례를 시행해야 하고, 수례자는 합당하게 그 성례를 받아야 한다. 성례 그 자체가 수례자들에게 효과를 낸다는 가르침에 반대하여 종교개혁은 수례자가 믿음으로 합당하게 받지 않으면 아무런 유익이 없다고 가르쳤다. 설교 시간에 주의 깊게 말씀을 들어야 하듯이, 성찬 시간에 합당하게 성례를 받기 위해서 모든 성도는 힘써야 한다. 대교리문답은 특히 성례를 합당하게 받는 것이 얼마나 중요한지 매우 상세하게 설명한다(166, 167, 170, 171, 172, 173, 174문답).

그렇다면 목사는 어떻게 성례를 올바로 시행하고 성도는 어떻게 합당하게 성례를 받을 것인가? 이 점에 대해서 대교리문답은 핵심을 잘 정리하고 있다. 특히 성찬에 대한 가르침에 주목하고자 한다.

169문: 그리스도께서는 성찬을 시행할 때 떡과 포도주를 어떻게 주고받으라고 명하셨습니까?

답: 그리스도께서는 말씀의 봉사자를 세우셔서 그들이 성찬을 시행할 때 성찬 제정 말씀과 감사와 기도로써 떡과 포도주를 일반적인 용도에서 구별하고 떡을 취하여 뗀 후에 떡과 포도주를 수찬자들에게 나누어 주도록 명하셨습니다. 수찬자들도 동일한 명령에 따라 자신들을 위해 그리스도의 몸이 찢기고 주어지고 피가 흘려졌다는 것을 고맙게 기억하면서 떡을 받아서 먹고 포도주를 마셔야 합니다.[171]

170문: 성찬을 합당하게 받는 사람들은 어떻게 성찬에서 그리스도의 몸과 피를 먹고 마십니까?

답: 그리스도의 몸과 피가 성찬의 빵과 포도주 안에, 포도주와 함께, 혹은 그 아래에 육체적으로나 육신적으로 임재하지는 않지만, 믿음으로 받는 자에게는 그 요소들 자체가 참으로 그리고 실재로 그들의 외적 감각에 느껴지는 것 못지않게, 그들의 믿음에 영적으로 임재합니다. 그러므로 성찬에 합당하게 참여하는 자들은 육체적으로나 육신적으로가 아니라 영적인 방식으로 그리스도의 몸과 피를 먹고 마시지만, 믿음을 통해 십자가에 달리신 그리스도와 그분의 죽음에서 오는 모든 혜택을 받아서 자신들에게 적용할 때 참으로 그리고 실재로 먹고 마십니다.

대교리문답에 따르면 목사가 성찬에서 반드시 해야 할 행위는 떡을 취하고(taking), 축사하고(blessing), 떼어서(breaking), 나누어(giving) 주는 것이다. 이 4가지 행동은 예수님께서 오병이어의 기적을 베푸실 때, 잡히시던 밤 성찬을 제정하실 때, 그리고 부활하신 날 엠마오로 가는 두 제자와

---

171 고전 11:23-24; 마 26:26-28; 막 14:22-24; 눅 22:19-20

식사하실 때 보여 주신 행동이다. 교리문답이 성경의 가르침을 충실하게 요약했음에도 불구하고 장로교 예식서는 성경의 가르침에 충실하지 못하다. 단적인 예로 예배 시간에 분병과 분잔을 시행하지 않는 경우가 대부분이다. 떡을 떼고 잔을 붓는 것이야말로 우리를 위해 "그리스도의 몸이 찢기고 피가 흘려졌다"는 복음의 본질을 가장 확실하게 보여 주는데 오늘날 성도들은 성찬에서 이것을 볼 수 없다. 이는 교회가 신앙고백에 대해서 무관심하면 결국 성경의 가르침에서 벗어난다는 것을 가장 확실하게 보여 주는 예라고 할 수 있다.

주님의 상에 참여하는 자들은 영적인 방식으로 (육체적이 아니라) 그리스도의 살과 피를 먹지만 그럼에도 불구하고 "참으로 그리고 실재로(truly and really)" 먹는다는 것을 잊지 말아야 한다. 이를 위해서 성찬에 참여하는 자들은 그 "요소들과 동작들을 부지런히 관찰"해야 한다(대교리 174). 하지만 목사가 그 요소들과 동작들을 제대로 수행하지 않으면 수례자들은 그것들을 관찰하는 것 자체가 불가능하다. 따라서 신자들은 성례를 시행할 때 목사가 말씀의 규례대로 신실하게 행하는지 아니면 적당히 하는지를 잘 살필 필요가 있다.

2) 특별한 경우

특별한 예배 요소에는 크게 3가지가 있다. 맹세와 서약, 금식, 감사. 이 세 요소에 대한 구체적인 지침들은 「공예배지침」에 잘 정리되어 있다.

맹세와 서약

맹세와 서약은 바로 다음 장에서 자세히 다루어지기 때문에 간단하게 몇 가지만 언급하는 것이 좋겠다. 맹세와 서약이 어떻게 예배의 요소가 될 수 있는가에 대해서 의문을 가지는 사람들이 있을 수 있다. 그 이유는 바로 맹세나 서약이 하나님의 이름을 부르는 행위이기 때문이다. 맹세나 서약은 특별한 경우에만 시행된다. 결혼식에서 신랑과 신부는 서약을 한다. 임직식에서 직분자들도 서약하지만 그곳에 참여한 성도들도 서약을 한다. 세례식과 입교식에서 수례자들은 서약을 한다. 이와 같은 특별한 예식에서 서약은 가장 중요한 예배 요소다. 하지만 아쉽게도 서약은 그냥 의례적인 순서로 치부되는 경우가 많고, 많은 사람이 그 내용에 주목하지도 않는다. 특히 주례 없는 결혼식이 보편화되면서 혼인 서약은 하나님에 대한 서약이 아니라 신랑/신부 상호 간의 계약으로 전락해 버리고 말았다.

금식

금식 역시 역사적 배경 속에서 이해될 필요가 있다. 16세기 스위스 종교개혁이 '소시지 사건'으로 시작된 것은 아주 유명하다. 그 당시에는 사순절 기간에 금식하는 것이 아주 보편적인 전통이었는데, 특히 육류는 아주 엄격하게 법으로 금지되었다. 하지만 이 법은 육체노동을 했던 대부분의 성도에게 큰 짐이었다. 1522년 3월 5일, 취리히 역사상 첫 인쇄업자였던 크리스토퍼 프로샤우워(Christoph Froschauer)의 집에서 12명의 지인들이 소시지를 먹다가 발각이 되어 감옥에 수감되는 일이 발생했다. 츠

빙글리는 프로샤우워의 변호를 담당했고 사순절 금식 전통이 성경에 부합하지 않는다고 주장했다. 그의 주장은 광범위한 지지를 받기 시작했으며 스위스에서 종교개혁의 거대한 물결이 일게 되었다.

종교개혁은 성경적 근거가 없는 금식은 거부했지만 금식 자체를 거부하지는 않았다. 금식은 경건을 위한 좋은 수단일 뿐만 아니라 특별히 국가가 큰 어려움이나 환난을 만났을 때는 공적인 금식이 시행되어야 한다고 생각했다. 제21장에 근거하여 웨스트민스터 총대들은 금식에 대한 구체적인 지침들을 「공예배지침」에 반영했다.[172] 「고백서」가 작성되는 영국혁명 기간에 공적인 금식이 빈번하게 시행되었으며 이 금식을 통해 잉글랜드와 스코틀랜드 국민들은 대동단결하여 왕에게 담대하게 맞설 수 있었다.[173]

감사

금식이 하나님의 징계에 대한 겸손을 표현하는 것이라면 감사는 하나님께서 베푸신 구원과 자비에 대한 합당한 응답이라고 할 수 있다. 이 감사에 대한 규정들 역시 「공예배지침」에 잘 정리되어 있다. 이 지침에 따르면 하나님께 감사를 표현하는 가장 좋은 방법은 적절한 시편으로 하나님을 찬송하는 것이다.[174] 또한 가난한 자들을 위한 구제헌금도 실시해서

---

172 The Westminster Divines, *The Confession of Faith; The Larger and Shorter Catechisms with the Scripture Proofs at Large......* (Inverness: John G. Eccles Printers Ltd, 1983), 391-392.
173 Daniel Neal, *The History of the English Puritans,* vol. 2, (Staffordshire: Tentmaker Publications, 2002), 225.
174 The Westminster Divines, *The Confession of Faith.* 392-393

제21장 종교적 예배와 안식일 **431**

하나님께서 베푸신 구원의 기쁨을 보다 많은 사람이 누리도록 하는 것도 중요한 감사의 방법이다.

제6항 예배의 장소, 시간, 종류

율법 시대에는 정해진 시간과 정해진 장소에서 하나님을 예배했다. 만약 그 외의 장소나 시간에서 하나님을 예배하면 하나님의 엄중한 심판을 받았다. 하지만 복음 시대에는 이와 같은 규례들이 그리스도 안에서 폐지되었기 때문에 성도들은 시공간에 매이지 않고 언제 어디에서든지 예배할 수 있다. 이제는 예배하는 자가 영과 진리로 예배하는 시대가 되었다. 따라서 예배를 드리기 위해 더 나은 장소가 존재하는 것도 아니고, 어떤 장소를 향해야 더 좋은 예배가 되는 것도 아니다. 종교개혁은 소위 성지 순례나 예루살렘을 바라보며 기도하는 관행들을 폐지했다. 물론 분주함으로 인해 정신없이 살아가는 오늘날 신자들이 정기적으로 시간을 구별하여 조용한 장소에서 기도하는 것은 매우 좋은 일이고 장려할 만하다. 하지만 그렇게 예배드렸다고 해서 하나님께서 그 예배를 더 기쁘게 받으신다고 생각하는 것은 잘못이다. 40일 금식기도를 할 수 있지만 그런 기도가 더 효과가 있다고 생각하는 것은 미신과 다를 바가 없다.

하나님께 언제 어디서든지 사적으로 예배할 수 있다는 사실에 근거하여 공적인 예배의 중요성을 약화해서는 안 된다. 개인적인 예배도 중요하지만 보다 엄숙한 공적인 예배도 중요하다. 사적인 예배와 달리 공적인 예배는 시간과 장소가 제한받을 수밖에 없다. 가장 바람직한 예배의 모습은 평일에 개인적으로 혹은 가족과 함께 성경 읽기와 기도를 통해서 하나님께 예배를 드리고, 정해진 시간과 장소에서 온 교인이 함께 예배를 드리는 것이다. 공적인 예배를 지나치게 강조하면 신자들의 영적 자생력을 떨어뜨리게 되고, 사적인 예배를 지나치게 강조하면 공적인 예배가 무너질 수 있으므로 두 예배가 조화를 이룰 수 있도록 교회는 힘써야 한다.

제7항 안식일[175]: 예배의 시간

"본성의 빛" 본성의 빛은 인간이 경배해야 할 하나님이 존재하신다는 것을 가르쳐 줄 뿐 아니라 예배를 위해서는 적당한 분량의 시간이 필요하다는 것을 알려 준다. 하지만 본성의 빛을 통해서는 이 시간이 구체적으로 어떤 것인지를 알 수 없다. 하나님은 말씀 안에서 **"명확하고, 도덕적이고, 항구적인(positive, moral and perpetual)"** 계명을 통하여 일주일 중 하루를 안식일로 정하시고 모든 인간이 지키도록 하셨다. 따라서 안식일을 지키는 것은 도덕법에 속한다. 오늘날 모든 세계가 한 주의 단위를 7일로 사용하고 있고 그중에 하루를 쉰다는 것은 안식일이 도덕법에 속한다는 것을 보여 준다.

안식일에 관한 「고백서」의 가르침을 잘 이해하기 위해서는 그 당시 역

---

175 안식일에 대한 구약의 기본적인 가르침에 대해서는 다음 연구서를 참고하라. 기동연, 『성전과 제사에서 그리스도를 만나다』 (서울: 생명의 양식, 2008), 163-171.

사적 상황을 잘 알 필요가 있다.[176] 청교도들은 안식일을 지키기 위해서 왕과 오랫동안 싸워야 했다. 1617년에 제임스 1세는 『운동경기서』(*Book of Sports*)라는 소책자를 써서 온 교회에 배포했다. 그의 아들 찰스 1세 역시 이 책을 각 교회에 비치하여 낭독하도록 했다.[177] 따라서 이 책은 법적인 효력을 가지고 있었다. 이 책에 나온 지침에 따르면 주일 오전에는 예배에 참석해야 하지만, 오후에는 스포츠(사냥이나 게임)를 즐기는 것이 허용되었다. 이와 같은 조치에 맞서서 청교도 목사들은 주일성수를 강조했는데 그들은 왕의 조치들이 성도들의 경건과 도덕을 약화시킨다고 생각했다. 안식일을 어떻게 지킬 것인가에 대한 지침들은 대교리문답에 잘 정리되어 있다. 무려 115문답에서 121문까지 제4계명을 다루었다는 것은 이 계명이 얼마나 중요했는지를 잘 보여 준다.

일주일의 하루를 예배를 위해서 구별해야 한다는 것은 도덕법에 속하지만, 그날이 언제인지는 하나님께서 정하신다. 이것을 통해 하나님은 시간의 주인임을 드러내신다. 예수님의 부활을 기준으로 이날은 토요일에서 일요일로 바뀌었다. 「고백서」와 교리문답은 여기에 대해서 어떤 자세한 설명도 하지 않는다. 이 점에서는 모든 기독교 교파가 동의했기 때문이다. 「고백서」는 안식일에 관하여 공교회적 전통을 그대로 따르고 있다. 실제로 안식교가 득세하기까지는 주일로 변경된 안식일은 도전받지 않았다.

---

176 양낙흥, 『주일성수: 성경적-역사신학적 고찰』(서울: 생명의말씀사, 2004).
177 Kevin Sharpe, *Personal Rule of Charles I* (New Haven & London: Yale University Press, 1992), 351-352.

안식일이 토요일에서 주일로 바뀌었다는 명시적인 가르침이 성경에 없는 것이 사실이다. 하지만 여러 예들을 통해 우리는 신약교회가 일요일을 안식일로 간주했다는 것을 유추할 수 있다. 무엇보다 예수님께서 안식 후 첫날에 제자들과 모임을 가지셨다. 이것은 요한복음에서 의도적으로 강조되고 있다. 예수님은 도마가 없을 때 안식 후 첫날 제자들과 모임을 가지셨고, 여드레를 지나서 모든 제자가 함께 있을 때 또 모임을 가지셨다(요 20:19, 26). 초대 교회는 한 주간의 첫날에 모여서 떡을 떼고 말씀을 들었다(행 20:7). 또한 첫째 날에 함께 모여서 헌금을 거두었다는 기록도 주일이 아주 일찍부터 구별된 날로 교회의 규례로 자리 잡은 것을 알게 한다(고전 16:1-2). 사도 요한은 이날을 "주의 날"이라고 불렀다(계 1:10).

제8항 안식일을 거룩하게 지키는 방법

"준비" 주일성수는 주일에만 국한되지 않는다. 제4계명 자체가 "엿새 동안은 힘써 네 모든 일을 할 것"을 요구하고 있다. 따라서 주일을 잘 지키기 위해서는 평소에 해야 할 일을 미루어서는 안 된다. 주일을 거룩하게 지키기 위해서는 그 전날부터 준비해야 한다. 무엇보다 "마음을 준비" 해야 하고 다음으로 "일상적인 일들을" 미리 정돈해야 한다. 이것들을 미리 주일 전날에 의식적으로 하는 것은 그 자체가 주일을 준비하는 것이라고 할 수 있다. 설교 본문을 미리 읽거나 주일에 교회에서 해야 할 봉사들을 점검하는 것도 마음의 준비라고 할 수 있다. 「공예배지침」에 따르면 주일성수를 준비하기 위해서 기도의 중요성을 강조한다. 특별히 목사에게 하나님께서 도와주실 것과 그의 사역에 복을 주시도록 기도할 것을 요구한다.

마음의 준비와 일상적인 일들의 정돈은 같이 간다. 일상적인 일들은 쇼핑하는 것이나 빨래를 하는 것이다. 「공예배지침」은 특별히 식사 준비를 미리 잘 하도록 하여 하인들이 공예배에 참석하지 못하는 일이 발생하지 않도록 조치할 것을 요구한다.[178] 대교리문답(118)은 제4계명이 특별히 가장들과 윗사람들에게 주신 명령이라는 것을 강조한다. 어린 자녀들이 주일을 잘 지킬 수 있도록 지도하는 것이야말로 부모가 해야 할 가장 중요한 주일성수 준비라고 할 수 있다.

"거룩한 안식" 주일성수의 일차적인 의무는 평일에 할 수 있는 세상적인 업무나 오락에 대한 행동과 말과 생각을 중지하는 것이다. 이 중지를 통해 신자는 거룩한 날을 평일로부터 구분하고, 하나님께서 모든 날의 주인이라는 것을 고백한다. 왜 평일에 할 수 있는 것을 주일에 하면 안 되는가? 그 이유는 단 하나다. 하나님께서 그날을 거룩하게 구별하셨기 때문이다.

"온종일" 「고백서」는 온종일 안식일로 지킬 것을 강조한다. "거룩한 안식"은 쉼을 의미하지만 종일 아무것도 하지 않고 빈둥거리는 것을 의미하지 않는다. 주일성수가 지나치게 "~~하지 말라"는 것에 초점을 맞춘 것은 적절하지 않다. 주일의 쉼은 그 목적이 기본적으로 하나님을 예배

---

178 The Westminster Divines, *The Confession of Faith; The Larger and Shorter Catechisms with the Scripture Proofs at Large.* 386.

하기 위한 것이다. 공적인 예배뿐만 아니라 사적인 예배에 힘쓰는 것도 주일에 해야 할 일이다.

"자비의 사역" 더 나아가서 필수적인 일이나 자비를 수행하는 일에도 힘써야 한다. 필수적인 일은 가축에게 먹을 것을 공급하는 일이나 환자를 돌보는 일과 같은 것들을 의미한다. 또한 자비를 수행하는 일도 주일에 할 수 있다. 예를 들어서 고아원이나 양로원을 방문하여 위로하는 것이다. 의외로 적지 않은 사람들이 주일성수를 잘못 이해하여 자비의 사역은 주일에 해서는 안 될 일이라고 생각하는데 일상적인 일과 자비의 일은 구분되어야 한다.

주일성수는 항상 여러 방식으로 공격받았다. 심지어 주일과 평일은 아무런 차이가 없다고 주장하는 이들도 적지 않다. 주일성수 교리가 그리스도인의 자유를 억압하고 심지어 바리새주의라고 비판하기도 한다. 하지만 그들이 말하는 자유는 주일날 쉴 수 있는 자유가 아니라 주일 날 일할 수 있는 자유를 의미할 뿐이다. 주일날 물건을 살 수 있는 자유가 보장되기 위해서는 누군가 (주로 가난한 사람들) 주일에도 일을 해야 한다. 이것을 진정한 자유라고 이야기할 수 있을까?

기술의 발전 역시 주일성수에 큰 걸림돌이 되고 있다. 휴대폰이 널리 보급되면서 주일에 오락을 즐기는 것이 보편화되고 있다. 어린 자녀들은 주일성수에 대한 생각이 점점 희미해지고 있다. 주일날 공부하는 것은 예사이고 심지어 학원에 가기 위해서 예배에 빠지기도 한다. 이 점에서 제4계명이 특히 가장들과 윗사람들에게 주어졌다는 점을 기억해야 한다 (대교리 118). 주일성수가 힘든 이유 중의 하나는 우리가 너무 많은 일에 분주하기 때문이다. 주일에 진정한 자유와 쉼을 누리기 위해서는 적지 않은 일을 포기할 필요가 있다.

일부 성도들에게 주일이 안식하는 날이 아니라 일하는 날로 바뀐 것도 교회가 주목해야 한다. 교회에 행사나 프로그램이 너무 많은 것 자체가 문제다. 모든 성도가 짐을 나누면 좋겠지만 일반적으로 소수의 열심 있는 신자들에게 일이 몰린다. 나이가 들고 시간이 지나면 교회 일은 점점 무거운 짐으로 바뀐다. 심신이 지쳐가고 무엇보다 자녀들의 신앙교육도 점점 부실해진다. 더 이상 버티기 힘든 상황이 되면 교회를 떠날 결심을 하고 주일에 안식할 수 있는 교회로 떠나기도 한다. 이제 프로그램으로 부흥하는 시대는 끝났다. 교회가 올바로 성장하기 위해서는 주일에 안식하는 교회로 만들어야 한다. 이것은 너무나 분주한 삶을 사는 청년들에게 특히 중요하다.

제22장 합법적 맹세와 서약

1항. 합법적 맹세는 예배의 한 부분이다.[1] 정당한 경우에 엄숙하게 맹세하는 것은, 자신이 단언하거나 약속하는 것을 하나님께서 증언해 주시기를, 그리고 맹세한 바가 진실인지 혹은 거짓인지에 따라서 자신을 판단해 주시기를 하나님께 청원하는 것이다.[2]

2항. 오직 하나님의 이름으로만 맹세해야 하고, 이때 거룩한 두려움과 경외심을 가지고 그 이름을 사용해야 한다.[3] 그러므로 하나님의 영광스럽고 두려운 이름으로 헛되게 혹은 경솔하게 맹세하는 것, 또는 다른 어떤 것으로 맹세하는 것은 죄악이며 혐오해야 할 일이다.[4] 그러나 중대한 사안의 경우에, 맹세는 구약에서만이 아니라 신약에서도 하나님의 말씀으로 보장된다.[5] 따라서 그와 같은 사안에 대하여 합법적 권위가 요구할 때 합법적 맹세는 시행되어야 한다.[6]

3항. 누구든지 맹세하는 사람은, 맹세가 매우 엄숙한 무게를 지닌 행위라는 사실을 충분하게 고려해야 한다. 따라서 자신이 진리라고 확신하는 것 외에는 아무것도 진실이라고 단언해서는 안 된다.[7] 또한 선하고 정당한 것, 그러하다고 자신이 믿는 것, 자신이 할 수 있고 하기로 결심한 것 외에는 맹세로 자기 자신을 속박해서는 안 된다.[8] 그러나 합법적 권위가 요구하는, 선하고

정당한 것에 대한 맹세를 거부하는 것은 죄가 된다.[9]

4항. 맹세는 분명하고 평이한 말로 하되, 모호하거나 의중의 숨김이 없어야 한다.[10] 죄를 짓는 맹세를 해서도 안 되며, 죄가 되지 않는 것을 맹세한 경우는 그것이 자신에게 해가 되더라도 반드시 이행해야 한다.[11] 이단자나 불신자에게 맹세했을지라도 그것을 어겨서는 안 된다.[12]

5항. 서약은 약속의 성격을 띤 맹세와 같다. 따라서 서약도 경건한 마음으로 주의를 기울여서 해야 하고, 신실하게 이행해야 한다.[13]

6항. 오직 하나님께만 서약해야 하며, 피조물에게 서약해서는 안 된다.[14] 또한 서약이 용납되기 위해서는 자발적으로 하되, 믿음과 양심의 의무감에서, 받은 긍휼이나, 원하는 것을 받은 것에 대한 감사의 표현으로 해야 한다. 이렇게 함으로써 우리는 필수적인 의무들에 더 엄중하게 매이게 된다. 그렇지 않은 일들에 대해서는 필수적인 의무들을 수행하는 데 적절한 도움을 주는 만큼 그리고 도움을 주는 동안에만 매인다.[15]

7항. 누구도 하나님의 말씀이 금하는 것이나 말씀이 명한 의무에 방해되는 것을 하겠다고 서약해서는 안 된다. 또한 자신의 능력으로 할 수 없는 것이나 할 수 있는 능력을 주시겠다는 하나님의 약속이 없는 것을 하겠다고 서약해서도 안 된다.[16] 이런 점에서 교황주의적인 수도원의 서약들, 곧 종신 독신, 청빈 서약, 규율 순명은 보다 높은 완전함의 단계라고 할 수 없다. 오히려 미신적이고 악한 덫이므로 어떤 그리스도인들이라도 여기에 자신을 옭아매서는 안 된다.[17]

1) 신 10:20.

2) 출 20:7; 레 19:12; 고후 1:23;
   대하 6:22-23.

3) 신 6:13.

4) 출 20:7; 렘 5:7; 마 5:34, 37; 약 5:12.

5) 히 6:16; 고후 1:23; 사 65:16.

6) 왕상 8:31; 느 13:25; 스 10:5.

7) 출 20:7; 렘 4:2.

8) 창 24:2-3, 5-6, 8-9.

9) 민 5:19, 21; 느 5:12; 출 22:7-11.

10) 렘 4:2; 시 24:4.

11) 삼상 25:22, 32-34; 시 15:4.

12) 겔 17:16, 18-19; 수 9:18-19;
    삼하 21:1.

13) 사 19:21; 전 5:4-6; 시 61:8;
    시 66:13-14.

14) 시 76:11; 렘 44:25-26.

15) 신 23:21-23; 시 50:14; 창 28:20-22;
    삼상 1:11; 시 66:13-14; 시 132:2-5.

16) 행 23:12, 14; 막 6:26;
    민 30:5, 8, 12-13.

17) 마 19:11-12; 고전 7:2, 9; 엡 4:28;
    벧전 4:2; 고전 7:23.

맹세는 그들이 다투는 모든 일의 최후 확정이니라.

(히 6:16)

내가 주께 감사제를 드리고 여호와의 이름을 부르리이다.

내가 여호와께 서원한 것을

그의 모든 백성이 보는 앞에서 내가 지키리로다.

(시 116:17-18)

서론: 역사적 배경

대부분의 신자들은 맹세에 대해서 별 관심이 없을 것이다. 법원에서 증인으로 증언하지 않는 이상, 한 번도 맹세한 적이 없다고 생각할 수 있다. 맹세 자체를 중요하게 생각하지 않으니 이에 대한 성경의 가르침에 대해서도 별 관심을 갖지 않는다. 그런데 대한민국 국민이라면 누구나 어려서부터 학교생활을 하면서 국기에 대한 맹세를 하고, 남자들은 군대 가서도 국기에 대한 맹세를 한다. 하지만 그것을 국민의례의 한 순서라고만 보고 그와 같은 맹세 자체를 진지하게 생각하는 사람들은 거의 없을 것이다. 그러나 맹세와 서약은 하나님의 이름과 관련되어 있고 교회를 든든하게 세우는 매우 중요한 수단이기 때문에 교회는 고백서를 통하여 맹세에 대한 교훈을 잘 배워서 바르고 효과적으로 사용하도록 노력해야 한다.

종교개혁의 시작이 맹세와 깊은 관련이 있다는 것은 흥미로운 사실이다. 1521년 보름스 제국의회에서 자신의 견해를 철회하라는 요구에 맞서 루터는 최후 진술을 "내가 여기 있나이다. 나는 달리 어떻게 할 수 없습니다. 하나님 나를 도우소서. 아멘."으로 마친다. 이 마지막 문장은 그 당시 사용된 전형적인 맹세문장이다. 진실을 말했으니 혹은 서약을 지킬 것이니 하나님께 도움을 간구하면서 맹세를 마친다. 루터는 죽음의 위협 앞에서 하나님의 이름으로 자신의 입장을 담대히 변증했다. 이와 같은 역사적 배경을 안다면 「고백서」가 맹세와 서약을 왜 이렇게 중요하게 생각했는지 쉽게 이해할 수 있을 것이다.

종교개혁 이후 잉글랜드에서 맹세는 신자의 삶에서 매우 중요한 부분을 차지했다. 종교개혁 자체가 맹세를 포함하고 있다. 잘 알려져 있듯이 잉글랜드는 1534년 "수장령(Act of Supremacy)"을 선포함으로 종교개혁을 시작했다. 수장령의 핵심은 잉글랜드 교회의 머리는 교황이 아니라 왕이라는 것이다. 이 수장령은 모든 공직자와 교회 직분자에게 잉글랜드의 왕을 교회의 최고의 통치자로 인정하도록 맹세하게 했다. 이 맹세(Oath of Supremacy)를 거부하면 반역자로 간주되었고, 감옥에 갇히거나 사형을 당하기도 했다. 이 법으로 인해 종교개혁 초기에 이 맹세를 거부한 로마 가톨릭 지도자들이 순교를 당하기도 했다.

웨스트민스터 총회 역시 맹세와 깊은 연관이 있다. 스코틀랜드의 모든 지도자는 찰스 1세의 억압에 맞서서 "국민언약(National Covenant)"을 체결했다(1638년). 이 언약에는 맹세문이 포함되어 있었으며 참여한 모든 사람은 이 언약문에 자필로 서명했다. 전쟁이 확대되어 잉글랜드 왕과 잉글랜드 의회 사이에 내전이 발생했을 때 잉글랜드 의회와 스코틀랜드 의회는 성경에 따른 하나의 개혁된 교회를 세우기 위하여 상호 간에 "엄숙동맹과 언약(Solemn League and Covenant. 1643년)"을 체결했다. 언약 역시 맹세를 포함하고 있다. 웨스트민스터 총회가 작성한 표준문서들은 이 언약의 후속 조치로 작성되었다.

잉글랜드 혁명이 진행되면서 주도권은 의회에서 군인으로 넘어갔다. 혁명은 군사 독재로 이어졌고 웨스트민스터 총회의 모든 노력은 사실상 물거품이 되었다. 강력한 군인 지도자였던 올리버 크롬웰이 통치하는 동안에는 질서가 유지되었지만, 그가 죽고 나서 국가는 큰 혼돈에 빠졌고 결국 왕정복고가 이루어지고 말았다. 프랑스로 망명을 떠났던 찰스 2세가 돌아오자(1660년) 보수 반동의 물결이 잉글랜드를 휩쓸었다. 모든 것이 혁명 이전으로 돌아갔다. 특히 1662년 선포된 통일령은 모든 교역자에게 『공동기도서』의 모든 내용을 철저하게 따를 것을 맹세하도록 요구했는데, 이 맹세를 거부한 2,000여 명의 신실한 목사들이 교회에서 쫓겨나야만 했다(Great Ejection, 대축출).

제1항 맹세(Oath)의 정의

"합법적" 재세례파는 모든 맹세를 거부했다. 그들의 성경적 근거는 특별히 두 구절이다. "나는 너희에게 이르노니 도무지 맹세하지 말지니 하늘로도 하지 말라. 이는 하나님의 보좌임이요, 땅으로도 하지 말라. 이는 하나님의 발등상임이요, 예루살렘으로도 하지 말라. 이는 큰 임금의 성임이요, 네 머리로도 하지 말라. 이는 네가 한 터럭도 희고 검게 할 수 없음이라"(마 5:34-36). "내 형제들아 무엇보다도 맹세하지 말지니 하늘로나 땅으로나 아무 다른 것으로도 맹세하지 말고"(약 5:12). 이 두 구절을 보면 예수님과 야고보는 모든 맹세를 절대적으로 금한 것처럼 보인다. 하지만 종교개혁가들은 이 두 구절이 정당한 맹세까지 거부한 것은 아니라고 보았다. 왜냐하면 사도들이 맹세한 경우가 있기 때문이다. 대표적인 예로 사도 바울은 로마 교회의 성도들에 대한 자신의 사랑을 확증하기 위해 맹세의 형식을 취하고 있다. "내 심령으로 섬기는 하나님이 나의 증인이 되시거니와 항상 내 기도에 쉬지 않고 너희를 말하며"(롬 1:9). 바울 사도는 빌립보 교회 성도들에게도 이와 유사하게 다음과 같이 진술했다. "내가 예수 그리스도의 심장으로 너희 무리를 얼마나 사모하는지 하나님이 내 증인이시니라"(빌 1:8). 하나님을 증인으로 내세우는 것이야말로 맹세의 본질이기 때문에 사도 바울의 언급은 맹세로 이해해야 한다.

"예배의 한 부분" 맹세가 특별한 경우에 시행될 수 있는 예배의 한 요소라는 것은 이미 제21장에서 다루었다. 모세의 교훈에 따르면 하나님을 경외하는 것과 그분의 이름으로 맹세하는 것은 밀접한 관련을 지닌다. "네 하나님 여호와를 경외하며 그를 섬기며 그의 이름으로 맹세할 것이니라"(신 6:13). 맹세 자체가 예배는 아니기 때문에 맹세는 세상에서 (특히 법정에서) 시행될 수 있다. 맹세가 예배의 한 부분이 될 수 있는 이유는 맹세가 기도와 마찬가지로 하나님의 이름을 부르고 하나님께 요청하는 행위이기 때문이다. 맹세를 이렇게 정의하면 맹세는 특별한 형태의 기도라고 할 수 있다. 맹세는 기도보다 훨씬 더 **엄숙하게** 하나님을 부르는 예배 행위이기 때문에 매우 신중하게 시행되어야 한다. 이 맹세는 두 가지로 구성된다. 하나는 현재와 과거의 사실에 대하여 맹세하는 것이고, 다른 하나는 앞으로 해야 할 일에 대하여 약속하는 것이다. 전자를 단언적 맹세(assertive oath), 후자를 약속적 맹세(promissory oath)라고 한다.

증언과 심판을 요청함 맹세자는 하나님께 자기가 진술한 말에 대해서 증인이 되어 주실 것과 그 진위에 따라 심판해 주시기를 요청한다. 따라서 맹세한다는 것은 하나님께서 최고의 정의로운 재판관이시라는 것을 고백하는 행위다. 오늘날과 같이 과학적 수사가 발달하지 않은 시대에 증언은 매우 중요한 역할을 했다. 증언은 그 자체가 증거였기 때문에 증인들에게 매우 엄중한 맹세를 요구했다. 증인의 말이 진실인가의 여부는 오직 증인 자신과 하나님만이 알기 때문에 하나님의 이름으로 맹세하게 했다.

제2항 맹세의 방법

"하나님의 이름으로만" 로마 교회는 하나님의 이름뿐만 아니라 마리아나 성인들의 이름으로도 맹세할 수 있다고 가르친다. 루터가 폭풍우 속에서 큰 두려움을 느꼈을 때 마리아의 어머니 성 앤(St. Anne)에게 수도사가 되겠다고 서원한 일이 있다. 이처럼 종교개혁 이전에는 성인들을 향해 서약하는 것이 일반적이었다. 하지만 말씀에 따라 우리는 하나님의 이름으로만 맹세해야 한다(신 6:13).

"거룩한 두려움과 경외심을 가지고" 맹세는 극도의 엄숙함이 요구된다. 최고의 재판장 앞에서 가지는 두려움과 경외심이 필요하다.

"중대한 사안" 맹세는 결코 사사로운 일이 아니기 때문에 가벼운 사안에 대해서 맹세가 이루어져서는 안 된다. 사안이 가벼울수록 맹세도 가벼울 수밖에 없고 하나님의 이름이 가볍게 다루어지게 된다. 「고백서」는 어떤 것이 중대한 사안인지에 대해서는 구체적으로 언급하고 있지 않다. 이것은 각 개인과 교회가 구별해야 할 문제이다.

구약에서만 아니라 신약에서 구약 성경이 맹세를 허용했다는 사실은 분명하다. 맹세에 대한 예수님과 야고보의 말씀을 문자 그대로 이해하면 구약과 신약은 서로 충돌할 수밖에 없다. 재세례파나 퀘이커 교도들은 구약에서 허용된 맹세가 신약에서는 폐지되었다고 주장한다. 하지만, 앞에서도 지적했듯이 사도들은 자신의 말을 확증하기 위하여 맹세를 빈번하게 사용했다. "내가 내 목숨을 걸고 하나님을 불러 증언하시게 하노니"(고후 1:23). 맹세는 의식법에 속하지 않고 도덕법에 속한다. "여호와의 이름을 망령되이 일컫지 말라"는 제3계명은 "여호와의 이름을 올바로 사용하라"는 말로 해석될 수 있다. 여호와의 이름을 사용하는 일에는 당연히 맹세와 서약도 포함된다.

제3항 맹세의 범위

사안이 엄중하다고 해서 모두 맹세할 수 없다. 단언적 맹세인 경우는 오직 자신이 진실이라고 확신하는 것만 맹세해야 한다. 아무리 이웃을 돕기 위한 선한 의도라고 하더라도 추측해서 맹세해서는 안 된다. 약속적 맹세인 경우는 선하고 정의로운 일만 맹세할 수 있으며 불법적인 것(예: 사적인 보복)을 맹세할 수는 없다. 또한 아무리 선하고 정의로운 것이라고 하더라도 자신이 지킬 수 없거나 어려운 일(예: 독신의 서약)을 쉽게 맹세해서는 안 된다.

"합법적 권세자들이 정당한 맹세를 요구할 때 그것을 거부하는 것은 죄다." 이 문구는 역사적 상황을 고려할 필요가 있다. 교회나 국가가 맹세를 요구할 때, 아무리 그것이 정당하다고 하더라도 개인은 상황이나 양심에 따라 그것을 거부할 수 있는 자유가 없는가? 이것은 재세례파의 주장과 같이 맹세 자체를 거부하는 것과는 다른 문제이다. 17세기 상황에서는 그것이 죄가 될 수도 있었을 것이다. 하지만 종교의 자유가 있는 나라에서 이와 같은 내용은 적용되기 어렵다. 이와 같은 이유에서 대다

수 미국 장로교회는 이 문장을 고백서에서 제거했다.[179]

제4항 맹세의 속성

맹세는 공적인 성격을 지닌다. 따라서 맹세문은 누구나 쉽게 이해할 수 있는 분명하고도 평이한 단어로 표현해야 한다. 맹세의 내용이 여러 의미로 해석되어서는 안 된다. 분명하고 평이한 말로 표현해야 맹세를 하는 사람과 맹세를 듣는 사람이 무엇을 말하는지 정확하게 이해할 수 있다. 만약 표현이 모호하면 그 모호함 속에서 자신의 진짜 의중을 교묘하게 숨길 수도 있기 때문이다.

일단 맹세를 했으면 반드시 지켜야 한다. 자신에게 손해가 되어도 지켜야 하고, 심지어 이단자나 불신자들에게도 지켜야 한다. 여호와의 성산에 오를 자는 "그의 마음에 서원한 것은 해로울지라도 변하지 않는" 사람이다(시 15:4).

제5항, 제6항, 제7항 서약(Vow)에 대하여

약속이 포함된 맹세를 서약이라고 한다. 따라서 서약은 맹세의 일반적인 성격을 모두 포함한다. 맹세와 마찬가지로 서약 역시 하나님께만 해야 하고, 경건하고 진실한 마음을 담아서 해야 한다. 서약이라는 단어

---

179 Van Dixhoorn, *Confessing the Faith*, 301.

는 주의 깊게 사용할 필요가 있다. 만약 서약을 문자적으로 적용한다면 우리는 어떤 서약서도 작성해서는 안 될 것이다. 그 서약서는 하나님께 한 것도 아니고 하나님의 이름으로 한 것도 아니기 때문이다. 우리 사회에서 통상적으로 사용되는 서약은 '강한 약속' 정도의 의미를 지닌다. 따라서 고백서에서 말한 서약은 '종교적 서약'을 의미한다고 보아야 한다. 이 점에서 고백서가 지니는 역사성을 결코 무시해서는 안 된다.

국기에 대한 맹세도 이전에는 큰 문제점을 가지고 있었다. "몸과 마음을 바쳐 충성을 다할 것"은 오직 삼위 하나님 외에는 존재하지 않기 때문이다. 신자들은 나라를 사랑해야 하고, 때로는 전쟁 중에 목숨도 바쳐야 할 때도 있지만, 국가를 절대시하는 것은 매우 위험한 일이다. 군사 독재 시절 동안 국가주의라는 이데올로기가 한국 사회를 지배한 적이 있었다. 대한민국은 하나님께서 사용하시는 세속 기관이지만 이 기관을 이스라엘과 같이 취급하는 것은 매우 위험한 발상이다.

서약에서는 자발성이 강조된다. 서약은 자신이 받은 긍휼이나 또는 성취된 소원에 대하여 감사하는 마음으로 할 수 있다. 서약을 실천하는 것 자체가 진정한 기쁨과 행복이 되어야 한다. 시편 기자는 이렇게 노래한다. "감사로 하나님께 제사를 드리며, 지존하신 이에게 네 서원을 갚으며, 환난 날에 나를 부르라. 내가 너를 건지리니 네가 나를 영화롭게 하리로다"(시 50:14-15)! 서약을 통해 하나님을 엄숙히 불러서 하나님의 도움을 간구하면, 하나님은 우리를 도우시고 구원하신다. 구원받은 백성들은 하나님을 영화롭게 하는데 이것이야말로 서약의 진정한 목적이다.

자발적으로 서약하더라도 자신이 할 수 없는 것을 서약해서는 안 된다. 이 점에서 고백서는 교황주의에 근거한 수도원의 서약을 매우 강한 어조로 정죄하고 있다. 수도원의 3대 서약(독신, 청빈, 순명)은 지키기가 거의 불가능할 뿐만 아니라 하나님께서 그것들을 지킬 힘을 주시겠다고 약속한 적도 없으시다. 이뿐만 아니라 그 서약을 지킨다고 해서 더 완전한 사람이 되는 것도 아니다. 오히려 "미신적이고 악한 덫"이기 때문에 그리스도인들은 그 유혹에 빠지지 않도록 주의해야 한다.

적용: 어떻게 실천할 것인가?

아마 대부분의 신자는 맹세나 서약에 관해 관심이 크게 없을 것이다. 심지어 맹세나 서약을 한 적이 없다고 생각할 수도 있다. 그렇기 때문에 「고백서」의 가르침에 별 관심을 가지지 않는다. 하지만 교회에서 서약은 아주 중요한 규례인데 성도들이 이것을 잘 인식하지 못하고 있을 뿐이다. 이것은 무엇을 의미하는가? 하나님의 이름을 아주 가볍게 사용하고 있다는 증거다.

결혼 서약[180]

결혼은 하나님께서 한 남자와 여자를 나눌 수 없게, 가장 친밀하게 하나로 연합시키는 하나님의 일이다. 하나님은 신랑과 신부의 서약에 근거하여 두 사람을 하나로 연합시키신다. 신랑과 신부가 하나 되는 시점

---

[180] 서약에 대한 보다 상세한 것은 다음 저서를 참조하라. 이성호, 『결혼한 자들에게 내가 명하노니』 (안성: 그 책의 사람들, 2020), 115-119.

은 주례자가 성혼을 선포하는 순간이다. 따라서 결혼은 하나님의 일(opus Dei)이다. 이 기본적인 사실을 정확하게 이해하지 못하기 때문에 결혼식이 인간의 일로 바뀌고 있다. 실제로 오늘날 결혼식은 예배당이 아니라 예식장에서 이루어지고 있고, 그래서도 더욱 혼인의 엄숙성을 찾아보기가 너무 어렵다.

결혼식에서 가장 중요한 순서는 서약이다. 하지만 교회에서 서약을 제대로 가르치지 않다 보니 서약은 그냥 하나의 통과 의례로 여겨지는 경향이 있다. 결혼을 가볍게 생각하니까 결혼식의 가장 중요한 순서인 서약도 가볍게 취급된다. "서약은 하나님께만 하는 것"이라는 가장 기본적인 사실만 알아도 주례자 없이 신랑 신부 둘이서 서로 서약하는 것이 아주 잘못되었다는 것을 금방 알 수 있다. 결혼은 하나님께서 맺으시고 하나님께서 지켜주시는 연합이다. 그러나 이같은 가장 기본적인 사실을 거부하고 자기들의 힘과 능력으로 결혼을 지켜갈 수 있다고 생각하는 것은 사실상 실천적 무신론이라고 할 수 있다.

"죽음이 나눌 때까지." 서약문의 내용은 모호함이 없어야 한다. 사실 결혼식의 서약문은 모호함이 없고 누구라도 알 수 있는 내용이지만 제대로 읽지 않으니 내용을 모르는 경우가 있다. 결혼은 "하나님께서 죽음으로 두 사람을 나눌 때까지" 지켜져야 한다. 너무나 당연하다고 생각하겠지만 정말로 그렇게 생각할까? 마음으로는 동의할지 모르겠지만, 의외로 오늘날 많은 신자는 결혼의 의무가 이혼할 때까지만 유효하다고 생각한다.

유아 세례 서약[181]

결혼의 목적은 경건한 씨를 통하여 교회가 성장하는 것이다(제24장 1항). 결혼하고 나면 하나님께서 금하시지 않는 이상 자연스럽게 자녀를 갖게 된다. 이 자녀는 아담의 원죄를 타고났지만 언약 안에서 태어났기 때문에, 교회는 이 자녀를 불신자의 자녀들과 구분하기 위해 그에게 세례를 주어서 교회의 회원으로 받아들인다. 아직 아무것도 모르는 아이를 교회의 회원으로 받아들이는 근거는 부모의 서약 때문이다.

유아 세례 서약의 핵심은 자녀를 "주의 교양과 훈계로" 양육하는 것이다. 따라서 부모는 자신의 교육철학이나 신념으로 자녀를 길러서는 안 된다. 특히 불신자들과 같이 자신이 못다 이룬 것을 자녀를 통해서 이루려고 해서는 안 된다. 우리의 자녀는 하나님께서 주신 선물이며 우리의 소유물이 아니라는 것을 명심해야 한다. 전통적으로 개혁교회는 자녀들을 "주의 교양과 훈계"로 양육하기 위해서 기독교 학교를 설립했고 이를 유지하기 위해서 엄청난 헌신을 했다. 그들은 자신의 어린 자녀들을 세속 학교에 보내는 것을 불신앙으로 보기도 한다. 우리나라의 경우 공립학교가 비교적 잘 되어 있기는 하지만 성공과 출세 지향적인 세속적 가치관이 학교를 지배하고 있는 현상을 결코 무시하지 말아야 한다. 안타깝게도 오늘날 상당수의 부모가 세례 서약을 가볍게 여기고 실제로 잊어버렸기 때문에, 주일날 자녀들을 너무나 쉽게 학원에 보내고 있다.

"자녀와 함께 기도하고." 유아 세례 서약문에서 가장 무시당하는 문구

---

181 이성호, 『성도생활백과』, "도대체 왜 유아에게 세례를 주나요?", 177-180.

는 "자녀와 함께 기도하고"이다. 너무나 뜻이 분명하지만 너무 쉽게 무시당하는 내용이다. 부모는 자녀들을 위해서 기도해야 할 뿐만 아니라 자녀들과 '함께' 기도해야 한다. 우리나라 교회들은 이 점에서 심각한 약점을 가지고 있다. 주일 학교로 인하여 부모들이 어린 자녀들과 따로 떨어져서 예배를 드리기 때문이다. 예배는 지식으로 배울 수 없다. 바른 예배를 위한 가장 좋은 교육 방법은 부모의 모범을 통해서 배우는 것이다. 진정으로 자녀들의 신앙에 대해서 고민하는 부모라면 이 문제를 심각하게 생각하지 않을 수 없을 것이다.

입교(세례)서약[182]

자녀를 신앙으로 양육하는 것은 부모에게 아주 큰 짐이다. 하지만 부모들은 이 짐을 계속 질 수 없다. 이 짐은 자녀들이 입교 서약할 때까지이다. 이때부터는 자녀 본인들이 독립적으로 자신의 짐을 져야 한다. 입교 서약을 통하여 자녀들은 진정으로 교회의 회원이 되어 공예배 출석과 같은 의무를 지게 된다. 이뿐만 아니라 성찬에 참여하게 되고 투표권과 같은 교인의 기본적인 권리도 가지게 된다. 입교를 통해서 교회의 회원수가 증가하기 때문에 입교는 교회의 성장을 가시적으로 보여 주는 가장 중요한 지표이다. 교회 성장에 대해서 그토록 많은 관심을 가지면서 정작 자녀들의 입교에 대해서 무관심한 것은 어떻게 설명될 수 있을까?

오늘날 입교 서약은 그 자체가 힘을 잃고 있다. 입교 서약이 실질적으

---

182   이성호, 『성도생활백과』, "도대체 입교가 무엇인가요?", 181-184.

로 힘을 얻기 위해서는 입교의 의미를 잘 가르치는 것만으로는 충분하지 않다. 입교는 그 자녀가 교회의 정회원이 되었다는 것을 의미한다. 따라서 모든 교인은 이제 그 수례자를 자신들과 동등한 회원으로 간주해야 한다. 하지만 그 사실을 실제로 체험할 수 없다면 입교가 무슨 실제적인 유익을 줄 수 있겠는가? 수례자가 정회원이라는 사실을 가장 확실하게 보여 주는 것은 성찬식이다. 하지만 성찬식을 일 년에 몇 차례 하지 않는다면 그 사람이 정회원이라는 것을 평소에 어떻게 알 수 있겠는가? 입교를 하게 되면 공동의회에 참석할 자격을 가진다. 하지만 극소수 회원들만 공동의회에 참석한다면 그 회원권이 무슨 의미를 가지겠는가?

임직 서약[183]

직분은 승천하신 그리스도께서 교회에 주신 가장 귀한 선물이다. 교회는 이 직분자를 교회가 정한 절차에 따라 아주 신중하게 선출한다. 교인들의 선출과 교회의 시취(검증)를 마친 자는 임직식에서 서약을 하며, 이 서약에 근거하여 교회는 임직을 한다. 이 모든 과정이 잘 시행되는 교회는 건강하고 튼튼한 교회라고 할 수 있다. 오늘날 직분자로 인해 교회가 어려움을 당하는 경우가 많은데 직분자 임직식부터 바로 세워야 한다.

임직식 역시 거룩한 예식으로서 하나님의 일이다. 하지만 오늘날 임직식은 그냥 축하하는 자리 정도로 인식되고 있다. 임직식 중에서 가장 중요한 임직은 목사 임직이라고 할 수 있는데 평일에 임직식이 있다 보

---

183 임직 서약에 대해서는 다음 저서를 참고하라. 이성호, 『직분을 알면 교회가 보인다』 (서울: 좋은씨앗, 2018), 92-98.

니 본 교회 성도들은 임직식에 참석하지 않는 경우도 많다. 이와 같은 상황 속에서 성도들이 목사 임직의 중요성을 인식하는 것은 거의 불가능하다. 목사 임직을 한 번도 본 적이 없는 신자가 어떻게 목사직의 중요성을 알 수 있겠는가?

서약의 관점에서 볼 때 직분 임직의 가장 큰 문제는 직분의 남발과 직무의 불투명성이다. 직분자들이 너무 많다 보니 직분을 가볍게 여기는 문화가 교회에 자리 잡았다. 이와 같은 상황 속에서 임직 서약을 중요하게 생각하는 것은 매우 어렵다. 또한 대부분의 직분자는 자신이 구체적으로 무슨 직무를 위해 부르심을 받았는지 잘 모른다. 그냥 막연하게 '위에서 시키는 일'을 열심히 하면 된다고 생각한다. 서약을 하기는 하지만 서약 내용을 막연하게 이해하고 있기 때문에 막연한 서약, 따라서 가벼운 서약이 될 수밖에 없다.

유언(유산)

하나님께서 이 세상에 보내셔서 유아 세례를 받고, 양육을 받아 입교를 통해 정회원이 되고, 때가 되어 결혼을 통해 가정을 이루고, 하나님의 소명과 은사에 따라 임직을 받아서 교회를 오랫동안 섬기게 되면 그토록 그리던 주님의 얼굴을 뵙게 될 날이 다가온다. 어떻게 생을 마칠 것인가? 결국 참된 신앙은 생을 마칠 때 가시적으로 드러난다. 의외로 적지 않은 한국 교회 신자들은 자신의 재산을 자녀들에게 물려주려고 한다. 이 점에서는 신자와 불신자가 차이가 거의 없는 것 같다. 마찬가지로 자녀들은 아무것도 한 것도 없으면서 당연히 부모의 재산을 더 많이 물려

받으려고 한다.

어떻게 생을 마치는가는 그 사람의 신앙을 보여 준다. 그 신앙은 특별히 유산을 처리하는 과정에서 나타난다. 만약 하나님께서 참새와 들풀처럼 그분의 자녀들을 먹이고 입히신다는 것을 정말 믿는다면 자신의 유산을 어떻게 처리하는 것이 좋을까? 하나님의 부르심이 가까이 왔을 때, 서약을 통해 유산과 관련된 부분을 미리 공적으로 확정하는 것도 삶을 아름답게 정리하는 좋은 방법일 것이다.

부연 설명: 서원을 어떻게 볼 것인가?

한글 성경에서 주로 '서원'이라고 번역된 단어는 서약을 의미한다. 통상적으로 한국 교회에서 서원은 개인적 서원을 의미하는데 엄밀한 의미에서 서약이라고 하기 어렵다. 서약은 기본적으로 공적인 성격을 가지는데, 서원은 사적인 성격을 가지기 때문이다. 대표적인 예로 기도원에서 기도하다가 목사가 되기로 서원하는 것이다. 또는 한나와 같이 아들을 주시면 목사나 선교사로 키우겠다고 서원하는 어머니들도 있다. 이와 같은 서원은 매우 귀한 것이기는 하지만 서약과 같이 취급되어서는 안 된다. 만약 그것을 진정으로 서약으로 본다면 어떤 일이 있더라도 그 서약을 지키기 위해서 노력해야 하기 때문이다. 특히 자식을 목사로 키우겠다는 서약은 본인의 능력을 벗어나는 것이기 때문에 해서는 안 된다.

교회 건축을 위한 작정 헌금을 하려고 할 때, 온 교회가 공적으로 참여할 경우는 서약의 성격을 가진다. 이때 성도들은 고백서의 가르침에 따라 할 수 있는 범위 내에서 헌금을 작정해야 하고 할 수 있는 능력을 초과

하지 않도록 주의해야 한다. 조건부로 작정했을 때 (예를 들어서 땅이 팔리면 일정 금액을 헌금하기로 정했다면) 그 작정이 이루어지면 하나님께 대한 서약을 반드시 지켜야 할 것이다.

제23장 국가 위정자

1항. 온 세상의 대주재시요 왕이신 하나님은 자신의 영광과 공적 선을 위하여 자기 아래에 그리고 백성들 위에 국가 위정자들을 세우셨다. 이 목적을 위해 하나님은 그들에게 칼의 권세를 맡기셔서 선한 자들을 보호하고 격려하게 하고 행악자들을 징벌하게 하셨다.[1]

2항. 그리스도인들이 위정자로 부름을 받을 경우, 그 직무를 받아들여 수행하는 것은 정당하다.[2] 직무를 수행할 때 그들은 각 나라의 건전한 법에 따라 특별히 경건과 정의와 평화를 유지해야 한다.[3] 이 목적을 위해 신약 시대인 오늘날에도 정당하고 필수적인 경우에 그들이 전쟁을 수행하는 것은 정당하다.[4]

3항. 국가 위정자는 말씀을 선포하고 성례를 시행하는 권한과 천국 열쇠의 권세를 취해서는 안 된다.[5] 그렇지만 위정자는 교회의 일치와 평화를 유지하고, 하나님의 진리를 순수하고 온전하게 보전하고, 모든 신성모독과 이단을 진압하고, 예배와 권징에 있어서 모든 부패와 남용을 방지하거나 개혁하고, 하나님의 모든 규례를 올바르게 정착시키고 시행하고 준수해야 할 권한과 의무를 가진다.[6] 이런 일들을 더 효과적으로 수행하기 위하여 위정자는 교회 회의를 소집하고, 그곳에 참석하고, 총회에서 결의한 모든 것들을 하나

님의 마음에 부합하게 할 권세를 가진다.[7]

4항. 위정자들을 위해 기도하고,[8] 그들을 존경하고,[9] 그들에게 세금과 기타 부담금을 납부하고,[10] 그들의 합법적인 명령에 순종하고, 양심을 따라 그들의 권위에 복종하는 것은 국민의 의무다.[11] 신앙이 없거나 종교가 다르다고 해서 위정자의 정당하고 합법적인 권세가 무효가 되는 것은 아니며 백성들이 그들에게 마땅히 해야 할 순종을 하지 않아도 되는 것은 아니다.[12] 교회 직원들도 이러한 의무에서 면제되지 않는다.[13] 더욱이 교황은 각 나라의 위정자들이나 그들의 백성 중 어느 누구에 대해서도 권세나 사법권을 주장할 수 없으며, 특히 위정자들을 이단으로 판결하거나 그 밖의 다른 구실을 내세워서 그들의 통치권이나 생명을 박탈할 수 없다.[14]

---

1) 롬 13:1-4; 벧전 2:13-14.

2) 잠 8:15-16; 롬 13:1-2, 4.

3) 시 2:10-12; 딤전 2:2; 시 82:3-4;
   삼하 23:3; 벧전 2:13.

4) 눅 3:14; 롬 13:4; 마 8:9-10;
   행 10:1-2; 계 17:14, 16.

5) 대하 26:18; 마 18:17; 마 16:19;
   고전 12:28-29; 엡 4:11-12;
   고전 4:1-2; 롬 10:15; 히 5:4.

6) 사 49:23; 시 122:9; 스 7:23, 25-28;
   레 24:16; 신 13:5-6, 12; 왕하 18:4;
   대상 13:1-9; 왕하 23:1-26;
   대하 34:33; 대하 15:12-13.

7) 대하 19:8-11; 대하 29-30; 마 2:4-5.

8) 딤전 2:1-2.

9) 벧전 2:17.

10) 롬 13:6-7.

11) 롬 13:5; 딛 3:1.

12) 벧전 2:13-14, 16.

13) 롬 13:1; 왕상 2:35; 행 25:9-11;
    벧후 2:1, 10-11; 유 1:8-11.

14) 살후 2:4; 계 13:15-17.

각 사람은 위에 있는 권세들에게 복종하라.

권세는 하나님으로부터 나지 않음이 없나니

모든 권세는 다 하나님께서 정하신 바라.

그러므로 권세를 거스르는 자는 하나님의 명을 거스름이니

거스르는 자들은 심판을 자취하리라.

(롬 13:1-2)

서론: 정치 무관심 & 정치 중독

제23장을 잘 이해하기 위해서는 역사적 상황을 잘 이해해야 한다. 「고백서」를 작성하는 동안 대부분의 청교도들은 의회 편에 가담하여 왕과 대항하고 있었다. 전쟁의 승패에 따라 그들의 직위가 박탈될 뿐 아니라 심지어 목숨이 위태로울 수도 있었다. 이와 같은 상황에서 국가 위정자들에 대해서 객관적인 입장을 취하는 것은 결코 쉽지 않았다. 실제로 청교도들은 각자 처지에 따라 정치적인 견해가 달랐으며 극심하게 대립하기도 했다. 교리와 달리 정치는 절대적인 답이 존재할 수 없었다. 하지만 그들은 오직 성경과 양심에 따라 「고백서」 제23장을 작성하는 데 성공했다.

정치에 대한 한국 교회의 입장 역시 시대에 따라 많은 변화를 겪었다. 한국 역사를 볼 때 한국 장로교회의 문제는 정치 원리에 관해 일관성을 잃어버리고 이중적 태도를 취했다는 것이다.[184] 신학적 일관성의 결여로 교회마다 지역마다 이 문제를 바라보는 시각이 극명하게 다르다. 정치를

---

184 양낙흥, 『개혁주의 사회윤리와 한국사회』 (서울: 생명의 양식, 2010).

바라보는 시각에서 교회는 두 가지 극단을 조심해야 한다. 어떤 이들은 정치에 대해 아예 관심이 없다. 몇 가지 이유를 살펴보면, 먹고 살기도 바쁘기에 정치에 관심을 둘 여유가 없다고 생각하는 이들이 많다. 참된 신자는 먹는 것과 마시는 것은 하나님께서 책임져 주신다고 믿기 때문에 그 나라와 그의 의에 더 많은 관심을 가지는 사람들이다. 먹고 살기가 힘들다고 정치에 무관심한 것은 일종의 불신앙이다.

정치 혐오증 역시 정치에 대한 무관심을 조장하는 요소 중의 하나다. 정치 혐오증에 빠진 이들은 정치가들을 다 똑같이, 그놈이 그놈이라고 생각한다. 어느 정도 일리가 있는 주장이지만 근거가 부족하다. 정치하는 대부분의 사람들이 나쁠 수 있지만 모든 사람이 나쁜 이들은 아니며, 모든 사람이 나쁘다고 하더라도 똑같은 정도로 나쁘지는 않다. 이 나쁨의 정도를 구분하는 것은 바른 정치의 실현을 위해서 매우 중요하다. 하지만 이것을 구별하는 것은 충분한 정치의식이 없거나 소견이 없으면 쉬운 일은 아니다.

최근에는 정치에 대한 무관심보다는 오히려 정치 중독 현상이 교회를 망가뜨리고 있다. 이들은 정치를 진리 문제로 인식하고 세상 사람들과 똑같이 행동한다. 카카오톡을 통해서 자신의 정치적 견해를 일방적으로 열심히 퍼 나르는 것을 사명으로 생각한다. 종종 거짓으로 밝혀진 정보를 게시하더라도 사과조차 하지 않는다. 가장 극단적인 예는 설교 시간에 정치적인 견해를 일방적으로 표명하는 것이다. 이로 인해 젊은이들이 교회를 지속해서 떠나는데도 크게 개의치 않는다. 정치 중독자들에게 젊은 청년들은 단지 계몽해야 할 대상일 뿐이다. 교회의 역사는 교회가 정치에 지나치게 가까울 때 거룩을 잃어버리고 타락하게 되며, 결국 패거리 집단으로 종종 변질되었다는 것을 증언한다. 이를 성도들은 잊지 말아야 한다.

이와 같은 상황 속에서 교회가 해야 할 일은 무엇인가? 「고백서」에 나타난 가장 근본적인 성경적 교훈을 잘 가르쳐서 그 원리에 따라 성도들이 빛과 소금으로 세상에서 살아갈 수 있도록 돕는 것이다.

제1항 국가 위정자를 세우신 이유

"국가 위정자들" 국가 위정자란 영어로 "civil magistrate"라고 하는데 교회의 직원(church officer)과 구분된다. 우선 이 단어가 복수로 사용되었다는 것에 주목할 필요가 있다. 이것은 로마서 13장 1절에 나온 "권세들"에 기초하고 있다. 종교개혁 이전에는 일반적으로 왕만 하나님께서 직접 세우셨다고 생각했다. 17세기 절대 왕정 시기에 제임스나 찰스 왕은 모두 왕권신수설(the divine right of king)의 철저한 신봉자들이었고 이 이론은 많은 사람에게 큰 영향력을 행사하고 있었다. 왕이 결정적으로 잘못하면 왕을 폐위할 수는 있다고 보았지만, 왕정 자체를 공화정으로 바꿀 수 있다는 것은 상상도 하기 힘들었다.

대부분의 종교개혁가들 역시 하나님께서 왕을 세우신 것에 동의했다. 다만 하나님께서 왕만 세우셨다고 생각하지는 않았다. 하나님께서 왕이 아닌 다른 국가 위정자들도 세워 그들에게 권세를 주셨으며, 그 이유는 왕의 폭정으로부터 백성들을 보호하기 위한 것이라고 보았다. 따라서 국가 공직자들은 정당한 경우에 왕을 거역할 수 있는 권한이 있다고 보았다. 물론 일반 백성들은 어떠한 저항권도 가지지 못했는데 그 이유는 하나님께서 그들에게 그러한 권리를 주시지 않았다고 판단했기 때문이다.

오늘날 신자들도 위정자"들"에 주목할 필요가 있다. 민주화가 완성된 지 오래됐지만, 한국 교회 신자들은 여전히 대통령 선거에만 지나치게 관심을 가진다. 자신이 사는 지역의 국회의원이 누구인지, 시장이 누구인지, 도지사는 누구인지에 대해서는 별 관심이 없는 경우가 많다. 대한민국이 보다 정의로운 선진 국가가 되기 위해서는 성도들이 자신들이 사는 지역에 보다 큰 관심을 가져야 한다.

"하나님 아래에 & 백성들 위에" 하나님이 세우셨다. 이 선언은 국가 위정자의 본질을 이해하는 가장 중요한 열쇠다. 「고백서」는 교회와 국가의 철저한 분리를 주장하고 국가 위정자들을 그리스도의 나라에서 제외해야 한다는 재세례파의 주장을 배격한다. 또한 「고백서」는 17세기 중엽부터 이신론(Deism)에 근거하여 발전하기 시작한 사회계약론도 거부한다. 이 이론들은 모두 정치 영역에서 하나님의 통치를 거부한다는 공통점을 가진다. 국가 위정자들은 교회의 직원은 아니지만 모든 일반 백성들을 위하여 하나님께서 세우신 종이다. 따라서 성도들은 시민으로서 위정자들이 가지고 있는 권세 때문에 그들의 명령을 따르기도 해야 하지만 하나님께서 세우셨기 때문에도 그들에게 순종해야 한다.

모든 권세는 하나님으로부터 나오고 모든 권세자는 하나님께서 세우신다(롬 13:1). 이 말씀은 대한민국 헌법과 얼마나 대조를 이루고 있는가? "대한민국의 주권은 국민에게 있고, 모든 권력은 국민으로부터 나온다"(제1조 2항). 비록 우리가 세속화된 대한민국에 살고 있기에 세속 헌법을 따를 수밖에 없지만, 헌법의 근본정신이 하나님의 말씀과 상충하고 있다는 것은 인지할 필요가 있다. 비록 세상 헌법이 그렇게 이야기하고 있다고 하더라도 신자들은 국민으로부터 나오는 권력조차도 궁극적으로 하나님으로부터 비롯된다는 것을 믿어야 한다. 자유 민주주의가 현재로서는 가장 합리적인 정치제도이지만 이것을 절대적으로 지켜야 할 가치나 이념으로 생각해서는 안 된다.

하나님은 위정자들을 하나님 밑에 그리고 백성들 위에 세우셨다. 이것은 하나님께서 위정자를 교황 밑에 두셨다는 로마 교회의 가르침을 거부한다. 하나님 밑에 두셨다는 것을 교회 밑에 두신 것으로 해석할 수 없다. 중세에 교황과 황제는 고위 성직자인 주교 서임권을 두고 오랫동안 서로 투쟁했다. 로마 교회의 입장은 최종적으로 「우남상탐」(Unam Sanctam, 1309년)이라는 교황의 칙령에 의해 확정되었다. 로마 교회는 세속적 권력은 영적인 것에 종속되므로 국가의 문제에서도 최고의 판결권은 교황에게 있다고 주장했다. 실제로 신성로마제국의 황제는 교황에 의해서 임직을 받았을 뿐 아니라 교황에 의해서 파문당할 수도 있었다. 파문당하면 황제직 자체가 무효가 되기 때문에 교황의 권세는 순수하게 영적인 권세로만 간주될 수 없었다. 이는 잉글랜드의 경우도 마찬가지였다. 1570년 엘리자베스가 교황에 의해서 이단으로 파문되었을 때 잉글랜드 내에 있는 가톨릭교도들의 반란으로 그녀의 왕위가 위협받기도 했다.

"하나님의 영광과 공적인 선을 위하여" 위정자를 세우신 목적은 하나님의 영광을 드러내고 공적인 선을 세우는 것이다. 물론 위정자가 누구인가에 따라서 정도의 차이가 있을 수 있지만 악한 위정자도 어떤 식으로든지 하나님의 영광을 드러내고 공적인 선을 세운다. 아무리 악한 위정자라고 할지라도 아예 위정자가 없는 무정부보다는 낫다. 위정자가 이 목적을 이루는 수단은 **"칼의 권세"**이다. 이 권세 역시 하나님께서 주셨으며 위정자들은 이 권세를 사용하여 선한 자들을 보호하고 격려하며, 행악자들을 징벌한다(권선징악).

제2항 신자가 위정자가 될 수 있는가?

"신약 시대에도" 재세례파나 퀘이커 교도들은 신자는 위정자가 될 수 없다고 주장했다. 구약 시대에는 이스라엘이 국가 교회였기 때문에 신자가 위정자가 될 수 있었지만, 신약 시대에 교회는 더 이상 국가가 아니기 때문에 신자가 세속적인 권세를 가져서는 안 된다고 생각했다. 신약의 성도들은 재판장이 되기를 거부하신 그리스도를 본받아야 했다(눅 12:14). 또한, 오병이어의 기적 이후 사람들이 예수님을 억지로 왕으로 삼으려 했을 때 예수님께서 산으로 떠나 버리셨음을 지적하면서(요 6:15), 재세례파는 이와 같은 예수님의 삶 역시 신자가 따라야 할 절대적 모범으로 생각했다. 재세례파는 제자도를 매우 강조했으며 예수님의 참된 제자는 단지 예수님의 가르침을 잘 이해하는 사람이 아니라 그분의 삶을 본받는 사람이라고 생각했다.

그러나 예수님을 본받는 것이 예수님의 모든 삶을 따르는 것을 의미하지는 않는다. 그렇다면 우리도 예수님처럼 십자가에서 죽어야 하고 귀신도 쫓아내야 할 것이다. 세례 요한은 군인들이 세례받으러 왔을 때 군 복무를 그만두라고 하지 않고 받는 임금에 만족하면서 강탈하지 말라고 권했다(눅 3:14). 고넬료와 같이 복음을 받아들인 사람 중에는 고급 장교들도 적지 않았다(마 8:9-10; 행 10:1-2). 삭개오 역시 자기 재산을 팔고 가난한 사람에게 나누어 주었으나 세리장의 직위는 그대로 유지했다(눅 19:8).

기독교 공직자가 해야 할 의무는 불신 공직자와 같이 기본적으로 정의와 평화를 유지하면서 **"경건"을 유지하는 것**이다. 바울 사도는 "모든 사람을 위하여 간구와 기도와 도고와 감사를 하되, 임금들과 높은 지위에 있는 모든 사람을 위하여 하라. 이는 우리가 모든 경건과 단정함(정직함)으로 고요하고 평안한 생활을 하려 함이라"(딤전 2:1-2) 하고 권면했다. 정치가 안정되지 못하고 혼란할수록 신자들의 예배가 위험에 처하게 된다. 기독교 공직자들은 최선을 다해서 정의와 평화를 위해서 힘쓰되 경건이 확보될 수 있도록 최선을 다해야 한다. 기독교 위정자들은 이와 같은 임무를 수행할 때 **"각 나라의 법"**에 따라 통치해야 한다. 기독교 위정자들이 자의적으로나 자신의 이익을 위해서 통치해서는 안 된다. 경건을 위한다는 명목으로 법을 무시하면서 교회에 특별한 혜택을 주거나 교회의 부조리에 눈을 감아서도 안 된다.

"전쟁": 정당하고 필요한 경우 「고백서」를 작성하고 있었을 때 잉글랜드는 내전이 격렬하게 진행되고 있었다. 그래서 전쟁은 아주 중요한 문제였다. 그러나 「고백서」는 전쟁에 대해서 아주 간단하게 원리적인 선언으로 마치고 있다. 「고백서」에 따르면 국가 위정자들에게는 적법하게 전쟁을 수행할 수 있는 권리가 있다. 전쟁의 심각성을 안다면, 이 권세야말로 하나님께서 위정자들에게 주신 대단한 권세라고 하지 않을 수 없다. 전쟁에 대한 선언을 「고백서」가 간단하게 처리할 수밖에 없었던 이유는 전쟁에 대한 보다 상세한 가르침을 성경에 따라 정리하기가 쉽지 않았기 때문이다.

전쟁은 통치자들이 거의 대부분 악한 의도로 사용한 적이 많기 때문에 신자들은 전쟁에 대해서 매우 신중한 태도를 취해야 한다. 구약 시대와 달리 신약에서는 성전(聖戰, 거룩한 전쟁)이 더 이상 존재하지 않는다. 하나님의 이름으로 전쟁을 하게 될 때 그 재앙은 이루 말할 수 없다. 중세의 십자군 전쟁이 그런 대표적인 예라고 할 수 있을 것이다. 잉글랜드 혁명 당시에도 모두가 하나님의 이름으로 전쟁을 수행했고 그것은 모두에게 비극이었다.

비록 오늘날 거룩한 전쟁(holy war)은 존재하지 않지만 정당한 전쟁(just war)은 존재한다는 것이 「고백서」의 가르침이다. 하지만 「고백서」는 여기서 더 나아가지 않는다. 정당한 전쟁이 무엇인가에 대해서 어떤 설명도 제시하지 않는다. 아우구스티누스 이후로 정당 전쟁은 신학에서도 계속 논의되었다. 하지만 그런 것들은 성경적 지지를 받기가 쉽지 않고, 또한 오늘날 현실에 맞지 않는 부분도 있다.[185] 예를 들어 민간인을 공격하는 것은 정당한 전쟁의 요소가 될 수 없다. 옛날에는 그것이 가능할 수 있었겠지만, 무기 성능이 현저히 발달한 오늘날에는 민간인에 대한 공격 자

185 안인섭, "아우구스티누스(St. Augustinus)의 정당전쟁론," 「신학과 교회」 (2018): 141-169.

체를 막을 수 있는 방법이 존재하지 않는다.

전쟁은 최후의 수단이 되어야 한다. 나라 사이에 갈등이 발생하면 외교적 노력 없이 너무나 쉽게 극단으로 치닫는 경우가 생긴다. 세상에는 항상 전쟁을 부추기는 악의 세력이 있다는 것을 기억해야 한다. 세계 1차 대전의 엄청난 비극이 오스트리아 황태자 부부를 암살한 청년 한 명에서 시작된 것을 잊지 말아야 한다. 또한 자국의 생존이 아니라 이익을 확보하기 위한 침략 전쟁이나 이전의 사건에 대한 보복 전쟁도 정당한 전쟁이 될 수 없다. 오직 국가 생존을 위한 방어 전쟁만 정당성을 가질 수 있는데 공격의 순서나 전쟁의 수행 방식(theatre)보다는 전쟁의 목적이 전쟁의 정당성을 결정한다.[186] 방어 전쟁은 거의 유일한 정당 전쟁이라고 할 수 있을 것이다. 하지만 침략 전쟁은 어떤 경우에도 신자들이 지지해서는 안 된다.

우리나라는 아직도 휴전상태에 있고 남북이 심각하게 대립하고 있다. 한반도 주위에는 강대국들이 포진해 있어서 언제든지 자신들의 이해관계에 따라 한반도가 전쟁터가 될 수 있는 상태다. 화평하게 하는 자로 부르심을 받은 신자들은 전쟁이란 단어를 입에 결코 함부로 담아서는 안 된다. 이라크 전쟁이 벌어져서(2003년) 참전 여부에 대해 의견이 나뉘었을 때 '국익을 위한' 전쟁을 옹호하는 그리스도인들이 적지 않았다. 장로교 신자는 전쟁에 대해서 이야기할 때 국익이 아니라 처음부터 끝까지 정의를 이야기해야 한다. 전쟁은 거대한 재앙과 고통이 필연적으로 따르기

---

186 A. A. Hodge, 김종흡 역, 『웨스트민스터 신앙고백 해설』(서울: 크리스챤다이제스트, 1996), 389.

때문에 「고백서」의 가르침에 따라 "이 전쟁이 정의로운가?"를 끊임없이 질문해야 한다.

제3항 위정자와 교회의 관계(칼의 권세 vs 열쇠의 권세)

제3항은 역사적 정황이 매우 강하게 반영되어 있다. 이것은 「고백서」의 작성자들 역시 시대의 아들이라는 것을 잘 보여 준다. 이 조항은 역사적 한계를 분명히 가지고 있으므로 오늘날 무조건 대한민국에 적용하려 해서는 안 된다. 오늘날 최고의 국가 위정자인 대통령이 교회 회의를 소집할 수 있다고 믿는 사람을 아무도 없을 것이다. 실제로 미국 장로교회는 이 조항을 대폭 수정 및 첨가했다.[187]

위정자들은 말씀과 성례의 봉사는 수행할 수 없다. 여기에 대해서는 아무도 반대하지 않을 것이다. 하지만 천국의 열쇠, 즉 치리권에 대해서는 당시 아주 심각한 논쟁이 벌어졌다(천국의 열쇠에 대해서는 제30장에서 다루어짐). 이것은 역사적 설명이 필요하다. 종교개혁 이후 모든 개신교회는 천국의 열쇠를 교황이 가지고 있다는 로마 교회의 교리를 완전히 거부했다. 그렇다면 이 열쇠는 누구에게 주어졌는가? 이 문제는 결코 사소한 문제가 아니었고 오랫동안 격렬한 논쟁의 대상이 되었다.

종교개혁 초기에는 대부분 이 열쇠가 국가 위정자들에게 주어졌다고 생각했다. 하지만 일부 종교개혁가들은 이 열쇠가 교회에 속한 것이라고

---

187 Van Dixhoorn, *Confessing the Faith*, 311-3.

보았다. 아직 정교분리가 생소했던 시절에 개신교 국가 위정자들은 교회에 치리권을 주어서는 안 된다고 생각했다. 교회의 질서를 어지럽힌 자들은 세속법에 따라 처리해야 한다고 생각했다. 반대로 치리권은 영적인 권세이기 때문에 오직 교회의 직원들이 소유해야 한다고 생각한 사람이 있었다. 이와 같은 입장을 강력하게 주장한 대표적인 사람이 칼뱅이었다. 치리권에 대한 자신의 입장을 굽히지 않았기 때문에 칼뱅은 결국 제네바 교회에서 추방되었다. 칼뱅은 이 문제를 두고 시의회와 타협할 생각이 없었다. 칼뱅의 입장이 스위스 개혁교회 안에 정착되기까지는 적지 않은 시간이 지나야 했다.

웨스트민스터 총회 당시에 국가에 치리권을 부여해야 한다고 주장했던 대표적인 사람들은 에라스투스주의자들이었다. 에라스투스(Thomas Erastus, 1524-1583)는 원래 스위스 출신의 의사이자 신학자로서 하이델베르크에서 활동했는데 정부가 교회를 강력하게 통제해야 한다고 생각했다. 이와 같은 에라스투스주의는 스코틀랜드나 잉글랜드에도 많은 영향을 주었는데 특히 세속 정치가들에게서 많은 지지를 얻었다. 총회에서는 에라스투스주의의 세력이 미약했으나 하원 의원들은 절대다수가 에라스투스주의자들이었다.[188] 따라서 총회 회원들이 자신의 견해를 관철하기가 결코 쉬운 상황은 아니었다. 비록 총회가 신조를 작성하는 데 독립성을 보장받기는 했지만, 웨스트민스터 총회는 철저하게 의회의 통제 아래에 있었다. 하지만 이 총회가 작성한 「고백서」는 에라스투스주의를 확실

---

188 김중락, "에라스투스(Erastianism) 논쟁과 영국혁명(The British Revolution)," 『서양사론』 (2001): 43.

하게 거부했고(제30장 1항 참조) 의회는 이「고백서」를 받아들였다.

「고백서」는 더 나아가서 교회의 연합과 평화를 유지하는 것, 하나님의 진리를 순수하고 온전하게 보호하는 것, 이단과 신성모독을 제압하는 것도 국가의 의무라고 규정하고 있다. 이것은 그 당시 잉글랜드나 스코틀랜드 교회에는 적용이 될 수 있겠지만 다원화된 현대 사회에서는 더 이상 적용이 불가능하다. 이단의 불법적인 행동을 사회법으로는 통제할 수 있겠지만, 종교의 자유가 있는 나라에서 그들이 전도하는 것을 어떻게 막을 수 있겠는가? 오늘날 이단을 막는 가장 효과적인 방법은 참된 진리를 더 왕성하게 잘 가르치는 것뿐이다. 그리고 이것은 국가가 아니라 교회가 해야 할 일이다.

교회 개혁「고백서」는 교회 개혁도 국가 위정자들이 해야 할 의무로 규정하고 있다. 비록 교리를 확정하고 변증하고 선포하는 일은 교회의 직원들이 해야 하지만 예배와 권징에 있어서 부패와 남용을 방지하는 것, 모든 교회의 규례들이 적절하게 준수되게 하는 것은 국가 공직자들이 해야 할 일이다. 구체적으로 이와 같은 일을 수행하기 위하여 국가 공직자들은 교회 회의도 소집할 수 있고, 그 회의에 참석할 수 있고 필요한 것들을 제공할 수 있다. 사실, 이것이야말로 정확하게 웨스트민스터 총회가 모인 배경이다.

웨스트민스터 총회는 잉글랜드 의회가 소집했다. 즉 소집에 응답한 대부분의 총대들은 왕이 아닌 의회를 합법적 국가 위정자라고 확신했다. 의회가 총회를 소집한 이유는 잉글랜드 교회의 부패를 바로 잡고 교회의 질서를 세우고 하나님의 말씀에 따라 개혁하기 위해서였다. 의회가 그들에게 맡긴 의무는 신조를 작성하고, 자녀 교육을 위한 교리문답서를 만들고, 교회정치 규범과 공예배지침을 제정하도록 하기 위한 것이었다. 그들은 세속 위정자들, 구체적으로 말하면 의회가 하나님으로부터 그와 같은 권한을 받았다고 확신했고 이 확신은 제23장 3항에 아주 선명하게 반영되어 있다.

「고백서」는 에라스투스주의는 단호하게 거부했으나 국가 위정자가 교회와 아무런 상관이 없다는 정교분리 사상 역시 받아들이지 않았다. 「고백서」의 작성자들은 당연히 웨스트민스터 표준문서야말로 참된 진리이고 참된 종교라고 확신했다. 국가는 이 참된 종교를 보호하고 지원하며, 이단과 거짓 종교는 법으로 강력히 다스려야 한다고 생각했다. 그러나 이와 같은 사상은 오늘날 적용하는 것이 불가능하기 때문에 선별적으로 받아들일 필요가 있다.

제4항 국가 위정자에 대한 신자의 의무

하나님께서 세우신 위정자에 대하여 신자들이 해야 할 의무는 다음과 같다. 기본적으로 이 조항은 로마서 13장 5절에서 7절에 있는 말씀을 요약한 것이다.

> 그러므로 복종하지 아니할 수 없으니 진노 때문에 할 것이 아니라 양심을 따라 할 것이라. 너희가 조세를 바치는 것도 이로 말미암음이라. 그들이 하나님의 일꾼이 되어 바로 이 일에 항상 힘쓰느니라. 모든 자에게 줄 것을 주되 조세를 받을 자에게 조세를 바치고 관세를

받을 자에게 관세를 바치고 두려워할 자를 두려워하며 존경할 자를
존경하라.

1) 기도. 위정자들을 위해서 기도하는 것은 교회가 해야 할 의무다(딤
전 2:1-2). 그들이 불신자나 악한 자라고 해서 예외가 될 수는 없다. 이 신
앙고백에 따라 「공예배지침」은 설교 전 기도문에 국가 위정자들을 위한
기도를 포함했다. 기도의 대상에는 왕은 물론이고, 황태자와 왕족들도
포함되었으며 박해를 받고 있는 보헤미아 여왕도 포함되었다. 그 외 귀
족들과 법관들도 기도문에 포함되었다.[189]

2) 존경. 신자들은 위정자들을 존경해야 한다. 현실적으로는 신자들
이 고위 공직자들을 만날 일이 거의 없기 때문에, 신자들은 그들의 직원
들을 존경함으로 그들에 대한 존경을 표해야 한다. 참된 신자라면 일선
에서 수고하는 공무원들과 경찰에 대해서 특별히 존경을 표할 의무가 있
다. 자신이 지지하지 않는 사람이라고 해서 대통령이나 국가 위정자들의
이름을 함부로 부르는 것도 지극히 삼가야 한다.

3) 세금 납부. 국가에 세금을 납부하는 것은 신자가 마땅히 해야 할 의
무다. 세금은 17세기 잉글랜드 역사에서 매우 중요한 문제였다. 잦은 전
쟁으로 찰스 1세는 가혹한 세금을 징수했고 이것은 민중들에게 많은 반
발을 초래했다. 그 결과 1628년 찰스는 그 유명한 권리 청원(The Petition of
Rights)에 서명할 수밖에 없었다. 이 법안의 핵심 내용 중 하나는 의회의

---

189 The Westminster Divines, *The Confession of Faith; The Larger and Shorter Catechisms with the Scripture Proofs at Large......* (Inverness: John G. Eccles Printers Ltd, 1983), 378.

동의 없이는 세금을 징수할 수 없다는 것이었다. 이 때문에 왕권은 심각하게 제한받을 수밖에 없었다. 1640년 스코틀랜드와 전쟁을 하게 되었을 때, 찰스는 막대한 세금을 징수하기 위해 의회를 소집할 수밖에 없었고 이것은 영국 혁명으로 이어지게 되었다. 한국의 경우 얼마 전까지 종교인 과세 문제로 논란이 된 적이 있었는데, 한국 장로교회가 「고백서」의 이 조항만 알았어도 불필요한 논쟁은 대부분 피할 수 있었을 것이다.

4) 명령에 복종. 신자는 하나님의 진노 때문에도 위정자들에게 복종해야 하지만 양심 때문에도 복종해야 한다. 즉, 위정자들에게 복종하는 것은 모든 사람이 마땅히 해야 할 의무다. 비록 하나님께서 진노로 심판하시지 않더라도 신자는 양심에 따라 마땅히 해야 할 일을 해야 한다. 그 당시의 통치체제가 전제 군주정이라는 것을 생각해 보면 오늘날에 비해서 매우 부당한 통치가 시행되었을 것이 분명하다. 그럼에도 불구하고 「고백서」는 신자들에게 위정자들에 대한 복종을 요구하고 있다.

5) 교황주의에 대한 비판. 종교가 다르다는 이유로 위정자들에게 대항해서는 안 된다. 이것은 기본적으로 로마 교회를 염두에 둔 것이다. 교황은 종종 왕이나 황제에 대해서 출교권을 행사했는데, 출교를 당한 왕은 더 이상 합법적 통치자가 아니기 때문에 그에게 대항하는 것도 합법이었다. 또한 종교개혁 이전 로마 교회는 세금 면제의 혜택을 받았고 교회의 수익금 중 대다수는 로마로 흘러 들어갔다. 「고백서」는 교회가 누리는 중요한 특권(세금과 군역)을 모두 제거함으로 교회가 영적인 일에 보다 전념하도록 했다.

제24장 결혼과 이혼

1항. 결혼은 한 남자와 한 여자 사이에 이루어져야 한다. 한 남자가 두 명 이상의 아내를, 혹은 한 여자가 두 명 이상의 남편을 동시에 두는 것은 불법이다.[1]

2항. 결혼은 남편과 아내가 서로 돕게 하고,[2] 합법적인 자손으로 인류를 번성시키고, 거룩한 씨로 교회를 성장시키고,[3] 부정을 방지하기 위해 제정되었다.[4]

3항. 판단력을 가지고 동의할 수 있는 능력이 있다면 누구든지 결혼해도 합법하다.[5] 그렇지만 오직 주 안에서 결혼하는 것이 그리스도인의 의무다.[6] 그러므로 참된 개혁 신앙을 고백하는 사람은 불신자나 천주교인이나 우상숭배자와 결혼해서는 안 된다. 또한 경건한 신자들도 생활이 사악하다고 잘알려져 있거나 저주받을 이단을 주장하는 사람과 결혼하여 맞지 않는 멍에를 함께 매어서도 안 된다.[7]

4항. 말씀이 금하는 혈족이나 인척 관계 내에서 결혼이 이루어져서는 안 된다.[8] 사람이 만든 어떠한 법에 부합하거나 두 당사자가 동의한다 할지라도 그와 같은 근친혼을 합법화하여 그들이 남편과 아내로 함께 살 수 없다.[9] 남편은 결혼할 수 있는 자기 혈족보다 더 가까운 아내의 혈족과 혼인해서는 안

되고, 아내도 혼인할 수 있는 자기 혈족보다 더 가까운 남편의 혈족과 결혼해서는 안 된다.[10]

5항. 약혼 후에 범한 간음이나 음행이 결혼 전에 발각되면, 무흠 약혼자는 약혼을 파기할 정당한 이유를 갖는다.[11] 결혼 후에 범한 간음의 경우에는 무흠 배우자가 이혼을 청구할 수 있으며,[12] 이혼 후에는 죄를 범한 배우자가 죽은 것과 마찬가지이기 때문에 다른 사람과 결혼하는 것은 합법하다.[13]

6항. 부패한 인간들은, 결혼을 통해 하나님이 짝지어 주신 부부를 부당하게 갈라놓기 위한 논거들을 탐구하는 경향이 있다. 하지만 간음이나, 교회나 국가 위정자가 해결할 수 없을 정도의 고의적인 유기 외에는 어떤 것도 혼인의 끈을 끊어 버릴 수 있는 충분한 사유가 될 수 없다.[14] 이런 때에도 공적이고 질서 있는 절차를 준수해야 하며, 이와 관련된 일을 당사자들이 그들 자신의 뜻과 판단에 따라 처리하게 내버려 두어서는 안 된다.[15]

---

1) 창 2:24; 마 19:5-6; 잠 2:17.

2) 창 2:18.

3) 말 2:15.

4) 고전 7:2, 9.

5) 히 13:4; 딤전 4:3; 고전 7:36-38;
    창 24:57-58.

6) 고전 7:39.

7) 창 34:14; 출 34:16; 신 7:3-4;
    왕상 11:4; 느 13:25-27; 말 2:11-12;
    고후 6:14.

8) 레 18; 고전 5:1; 암 2:7.

9) 막 6:18; 레 18:24-28.

10) 레 20:19-21.

11) 마 1:18-20.

12) 마 5:31-32.

13) 마 19:9; 롬 7:2-3.

14) 마 19:8-9; 고전 7:15; 마 19:6.

15) 신 24:1-4.

결혼한 자들에게 내가 명하노니 명하는 자는 내가 아니요 주시라

여자는 남편에게서 갈라서지 말고

만일 갈라섰으면 그대로 지내든지 다시 그 남편과 화합하든지 하라.

남편도 아내를 버리지 말라.

(고전 7:10-11)

서론: 결혼 & 잉글랜드 종교개혁의 시작

「고백서」를 역사적 관점에서 이해할 때 유념해야 할 것은 결혼과 이혼이 단순히 사적인 문제만은 아니라는 사실이다. 「고백서」는 통합된 왕국의 헌법과 같은 역할을 한다. 「고백서」의 다른 내용도 마찬가지이지만 이 조항 역시 왕을 포함하여 누구에게나 예외 없이 적용된다. 「고백서」가 결혼과 이혼에 대해서 비교적 자세하게 서술된 것도 왕의 결혼이 국가와 교회의 운명을 좌우할 수 있는 문제였기 때문이었다. 실제로 종교개혁 이후 잉글랜드와 스코틀랜드의 교회에 가장 큰 영향을 미친 것 중 하나는 왕의 결혼 문제였다.

잉글랜드의 종교개혁은 헨리 8세의 이혼과 재혼 문제에서 시작했다.[190] 헨리에게는 형 아서가 있었기 때문에 원래 왕이 될 수 없었다. 아서는 12살에 아라곤(오늘날 스페인)의 공주 캐서린(Catherine)과 약혼을 했고 15살에 결혼식을 올렸다. 그 당시 조혼은 귀족이나 왕족들 사이에 아주

---

190 헨리의 종교개혁에 대해서는 다음 저서를 참고하라. 카터 린드버그, 조영천 역, 「유럽의 종교 개혁」 (서울: CLC, 2012), 462-465.

흔한 일이었다. 아서가 결혼한 다음 해에 병으로 죽자 과부가 된 캐서린은 동생 헨리와 결혼을 했다. 이 결혼은 아라곤과 유대를 강화함으로 왕국의 안녕을 지키기 위한 헨리 7세의 결단이었다. 17살이었던 헨리 8세는 마지못해 캐서린과 결혼할 수밖에 없었다.

헨리 8세의 결혼은 그 당시 문제가 될 수 있었다. 형의 아내와 결혼하는 것이 적법한가라는 질문이 제기될 수 있기 때문이다. 구약에 형사취수 제도가 있었음에도 불구하고 형의 아내를 취하는 것은 근친상간으로 금지되었다. 세례 요한이 감옥에 수감된 이유는 형의 아내를 취한 헤롯 왕을 비판했기 때문이었다. 사실 조혼 자체가 문제였다. 그 당시 결혼 규정에 따르면 결혼은 신랑 신부가 초야(첫날밤)를 지내야만 완성(consummation)된다고 보았다. 아직 어렸던 캐서린은 초야를 함께 하지 않았다고 맹세했고 교황청의 허가를 받아 헨리와 결혼을 했다(1509년).

헨리는 왕권이 안정되기 위해서 아들을 원했지만 캐서린은 여러 번의 유산 끝에 딸 메리만 출산했다. 더 이상 아들을 볼 수 없다는 것이 확실하게 되자 헨리는 캐서린의 젊고 아리따운 시녀 앤 불린(Anne Boleyn)과 불륜에 빠지게 되었다. 헨리는 캐서린과 이혼을 추진했으나 결코 쉬운 일은 아니었다. 그는 캐서린이 형과 초야를 지냈으며, 거짓 맹세를 했고, 그 때문에 형이 하나님의 심판을 받아 죽었으니 자신의 결혼이 무효라고 주장했다. 헨리는 교황에게 혼인무효(annulment)를 요청했으나 캐서린이 신성로마 제국 황제의 이모였기 때문에 교황은 상당히 주저했다. 헨리의 주장이 별 설득력이 없었을 뿐 아니라, 그 당시 교황은 강력한 황제였던 카를 5세의 절대적인 영향 아래에 있었기 때문에 혼인무효를 허락할 수 없었다.

교황에게서 혼인무효를 허락받을 수 없다는 것이 분명하게 드러나자 헨리가 취할 수 있는 유일한 길은 로마 교회와의 단절이었다. 헨리는 교황을 무시하고 의회의 지원을 받아 캐서린과의 혼인을 무효로 선언하고 불린과 결혼했다(1533년). 다음 해 1534년, 헨리는 수장령을 선포하여 스스로 잉글랜드 교회의 최고 머리(supreme head)가 되면서 로마 교회와 완전히 단절했다. 잉글랜드 교회의 머리가 된 이후에 헨리를 통제할 수 있는 것은 아무것도 없었다. 헨리는 두 번째 결혼에도 만족하지 못했고 이혼과 재혼을 반복했다. 총 6명의 아내를 두었지만 자녀는 겨우 아들 하나와 딸 둘만 얻었을 뿐이었다. 그 아내들은 반역죄로 처형되거나 감옥에서 생을 마감해야 했다.

제1항 합법적 결혼이란?

흥미롭게도 「고백서」는 제1항에서 결혼이 무엇인가에 대해서 정의하지 않고 바로 "합법적" 결혼을 다룬다. 결혼에 대해서 개신교회는 로마 교회와 근본적으로 다른 견해를 취했는데, 그것은 바로 결혼을 성례로 보지 않았다는 것이다. 이것은 혼인에 대한 「공예배지침」의 첫 문장에 분명하게 강조되어 있다.[191] 트리엔트 공의회(제24회기)는 결혼을 7성례 중의 하나로 최종적으로 확정했고 이것을 부인하는 자를 파문한다고 경고했다.

---

191 The Westminster Divines, *The Confession of Faith; The Larger and Shorter Catechisms with the Scripture Proofs at Large......* (Inverness: John G. Eccles Printers Ltd, 1983), 387.

로마 교회의 교리에 따르면 혼인의 성례를 통하여 신랑과 신부는 그리스도와 교회의 신비에 참여한다. 결혼이 성례로 선포된 것에는 성경 번역도 큰 영향을 미쳤다. 라틴어 성경은 에베소서 5장 32절에 나오는 "비밀"을 성례(sacramentum)로 번역하고 있다. 이에 따라 로마 교회에서는 혼인이 성례로 간주되었으며, 이 교리에 따라 배우자가 살아있는 동안에는 혼인의 끈이 끊어질 수 없다. 로마 교회에서는 이혼이 원칙적으로 불가능하며, 따라서 재혼도 불가능하다. 특별한 경우에 신자는 혼인무효를 교회에 요청할 수 있지만, 혼인무효(annulment)는 혼인을 취소하는 것이 아니라 혼인 자체를 없었던 것으로 만드는 것이다. 혼인무효의 타당성은 교회가 판단한다.

결혼에 대한 로마 교회의 그릇된 가르침 중 하나는 독신을 결혼보다 더 고상한 것으로 간주했다는 것이다. 결혼도 선한 것이지만 독신은 더 선하다고 가르쳤다. 특히 중세 시대 대표적인 개혁가였던 교황 그레고리 7세(재위 1073-1085) 이후로 모든 성직자에게 독신이 엄격하게 요구되었다. 트리엔트 공의회는 독신에 대한 교리를 최종적으로 확정했는데, 결혼이 독신보다 더 우월하다고 주장하거나 독신이 혼인보다 더 좋지도 나쁘지도 않다고 주장하는 자들을 파문한다고 경고했다. 이와 같은 비성경적 견해에 대항하여 종교개혁가들은 성직자들에게 결혼의 문을 열었으며 결혼과 독신은 은사가 다를 뿐이며 둘 사이에는 우열이 존재하지 않는다고 생각했다(제2 스위스 신앙고백 29장).

"한 남자와 한 여자" 합법적 결혼이 한 남자와 한 여자 사이에 이루어져야 한다는 것은 오늘날 너무나 당연하다고 생각한다. 이 점에서 「고백서」는 보편적인 기독교적 가르침을 그대로 따른다. 하지만 일부다처제는 비기독교 국가에서 오랫동안 용납된 관습이었다. 근대화되기 전 한국에도 첩 제도가 있었으며 선교사들은 첩을 가진 신자들을 어떻게 처리할 것인지 심각하게 논의하기도 했다.[192] 오늘날에도 이슬람교는 일부다처제를 허용하고 있으므로 이 지역으로 선교를 떠나는 이들은 결혼에 대한 교리들을 잘 정리할 필요가 있다.

"한 남자와 한 여자"는 현대 사회에서 여러 방식으로 공격받고 있다. 현대 사회에서는 남자와 여자 외에 제3의 성(性)을 용납하기도 하고, 성을 본인이 스스로 선택할 수 있다는 주장이 점점 힘을 얻고 있다. 소위 선진국을 중심으로 동성 결혼은 점점 더 합법적 지위를 얻고 있다. 그 결과 이들이 교회 안에 들어오기도 하고 진보적인 교회들은 동성애자들에게 성직의 문도 개방했다. 이런 교회에서 성도들은 목사를 청빙하기 전에 사모의 성별을 확인하는 절차를 가지기도 한다. 한국 장로교회에도 이런 물결이 조금씩 스며들고 있는데, 「고백서」에 대한 존중과 확고한 신뢰가 없으면 이런 물결을 막기가 쉽지 않을 것이다. 미국장로교회(PCUSA)는 결혼을 다음과 같이 정의했다. "두 사람, 전통적으로는 한 남자와 한 여자 사이의 특유한 헌신." 미국장로교회에서 "한 남자와 한 여자"는 불변하는 성경적 가르침이 아니라 교회 역사 속에서 유지되어온 하나의 좋은 전통으로 전락하고 말았다.

"동시에" 「고백서」는 합법적인 이혼 이후의 재혼을 인정하고 있다. 반

---

192   옥성득, 『다시 쓰는 초대 한국교회사』 (서울: 새물결플러스, 2016), 515-519.

대로, 앞에서 언급했지만 로마 교회는 사별 외에 재혼을 원칙적으로 인정하지 않는다. 이혼과 재혼에 대해서는 5항과 6항에서 보다 자세하게 다루어질 것이다.

제2항 무엇을 위해 결혼하는가?

「고백서」에 따르면 결혼의 목적은 크게 세 가지다. 1) 서로 돕기 위하여, 2) 경건한 자녀를 출산하기 위하여, 3) 성적 부도덕을 막기 위하여.

결혼의 목적은 특히 결혼을 앞둔 청년들에게 잘 가르칠 필요가 있다. 의외로 청년들 중에 무엇을 위해서 결혼하는지를 잘 모르는 사람들이 적지 않다. 아직 이성을 사귀지 않는 믿음의 청년들은 눈앞에 놓인 결혼 자체만 생각하는 경향이 있는데 결혼 이후, 즉 결혼의 목적까지도 생각해야 행복한 결혼 생활을 할 수 있다. 결혼의 목적은 특히 배우자를 올바로 선정할 때 매우 중요하다. 주례자들은 결혼식에 앞서서 결혼의 목적에 대해서 충분히 잘 가르칠 필요가 있다.

결혼은 서로 돕기 위해 제정되었다. 좋은 배우자를 찾기 위해서는 자신이 먼저 좋은 배우자가 되어야 할 것이다. 결국 좋은 배우자란 자신이 잘 도와줄 수 있고 자신을 잘 도울 수 있는 사람이라 할 수 있다. 예를 들어, 남자들은 여자들이 소위 '공주병'에 걸리지 않았는지를 확인할 필요가 있다. 오직 남자에게서 도움만 받으려고 하는 여자들은 좋은 배우자라고 할 수 없다. '마마보이' 역시 마찬가지이다. 스스로 판단하고 행동하지 못하는 남자가 어떻게 결혼한 후 아내를 도울 수 있겠는가? 결혼하기 전 연애하는 동안 서로 도와야 하고 도울 수 있는 존재인지를 확인해야 한다. 하나님께서는 남자를 만드셨으나 남자 혼자 사는 것이 좋지 않다고 판단하셨다(창 2:18). 이것은 단지 남자가 쓸쓸해 보였다는 말이 아니라 창조의 목적에 아직 부합하지 않았다는 말이다. 남자 혼자 세상을 하나님의 나라로 통치하는 것이 부족했기 때문에 하나님은 "돕는 배필"인 여자를 창조하셨다. 남자와 여자는 서로 도와서 이 세상을 하나님의 나라로 변화시켜야 한다.

출산은 결혼의 중요한 목적 중 하나다. 아쉽게도 이런 주장은 오늘날 청년들에게 별 인기가 없는 것 같다. 결혼의 목적이 뭔가 고상하다고 생각했는데 출산이라니! 결혼을 통해서 뭔가 다른 목적을 추구한다면 출산은 오히려 걸림돌이 될 뿐이다. 출산을 통해서 경건한 가정을 이루는 것이야말로 가장 큰 행복이라는 것을 모든 신자에게 가르칠 뿐 아니라 그것을 청년들에게 삶으로 보여 주어야 한다. 이는 인류 사회가 평안하게 유지되고 교회가 지속적으로 성장하기 위해서 필수적이다. 저출산 시대에 우리는 이것을 실감하고 있다. 출산의 중요성과 출산의 복을 무시한다면 한 세대 안에 우리는 큰 재앙을 맞이할 수 있다.

결혼 자체만 생각하는 것과 결혼의 목적을 생각하는 것은 배우자를 선정하는 데 엄청난 차이를 가져온다. 결혼만 생각하면 좋은 배우자란 어떤 사람인가? 세상적인 기준에 따르면 남자에게 가장 중요한 기준은 여자의 외모이고, 여자에게 가장 중요한 기준은 남자의 경제력이다. 하지만 결혼의 목적인 자녀를 생각하면 배우자 선택의 기준은 전혀 달라질 것이다. 자녀까지 생각하면 결혼에서 배우자의 외모와 경제력은 그렇게 중요하지 않다. 자녀가 기준이 되면 좋은 아버지, 좋은 어머니가 될 사람이 좋은 배우자다. 보다 구체적으로 말하면, 아이들에게 화내지 않고 잘 놀아주는 남편, 힘든 집안일을 성실하게 수행하는 아내가 좋은 배우자이다.

오늘날 비성경적인 사고방식이 지배하면서 결혼을 하더라도 자녀를 원하지 않는 청년들이 급격하게 늘고 있다. 이것은 하나님께서 정하신 결혼의 목적을 정면으로 거스르는 것이다. 하나님께서 주신 사랑과 성의 즐거움은 누리면서 하나님께서 주신 사명(생육하고 번성하여 땅에 충만하라)은 의도적으로 거부한다면 그들이 어떻게 참 신자라고 할 수 있겠는가? 교회는 결혼식 전에 신랑 신부에게 결혼의 목적에 대해서 동의를 얻어야 할 것이다. 만약 결혼하기 전에 자녀 출산을 공개적으로 완강히 거부한다면 교회는 그 결혼식 주례를 거부해야 할 것이다.

결혼의 마지막 목적은 성적인 부도덕을 막는[193] 것이다. 성은 부부에게만 주신 하나님의 선물이다. "둘이 한 육체가 된다"(창 2:24)에는 성적인 행위도 포함하고 있다. 성경의 가르침에 따르면 거룩의 핵심은 특히 성생활에 있어서 순결을 의미한다. 신자들은 이 성적인 순결을 통하여 하나님께 영광을 돌린다. 사도 바울은 고린도전서 6장에서 이것을 아주 분명하게 가르치고 있다.

> 일렀으되 "둘이 한 육체가 된다" 하셨나니, 주와 합하는 자는 한 영이
> 니라. 음행을 피하라! 사람이 범하는 죄마다 몸 밖에 있거니와 음행

---

[193] 음행의 사악함에 대해서는 다음 저서를 참고하라. 이성호, 『결혼한 자들에게 내가 명하노니』 (안성: 그 책의 사람들, 2020), 172-191.

하는 자는 자기 몸에 죄를 범하느니라. 너희 몸은 너희가 하나님께로부터 받은바 너희 가운데 계신 성령의 전인 줄을 알지 못하느냐? 너희는 너희 자신의 것이 아니라 값으로 산 것이 되었으니 그런즉 **너희 몸으로 하나님께 영광을 돌리라.**

신자가 자신의 몸으로 어떻게 하나님께 영광을 돌릴 수 있는가? 그것은 바로 부부 사이에 순결한 성생활을 하는 것이다. 하나님께서 성을 창조하신 목적을 이해한다면 하나님께서 왜 그토록 음행을 가증히 여기시는지 이해가 될 것이다. 외도와 간음을 즐기는 자들은 자기 몸이 얼마나 소중한지 모르는 자들이다. 자기 몸이 하나님으로부터 받았고 그리스도께서 구속하셨고 성령의 전이라는 것을 안다면 자기 몸을 아무에게나 주지 않을 것이다.

제3항과 제4항 누구와 결혼할 수 있는가?

독립적 판단 「고백서」는 기본적으로 그 당시 유행하고 있었던 조혼 제도를 거부한다. 결혼은 본질적으로 언약이기 때문에 결혼이 무엇인지, 결혼에 따르는 의무가 무엇인지, 결혼의 의무를 행하면 어떤 복을 누리는지를 정확하게 이해하고 이행하려는 의지가 있는 사람이 결혼할 수 있다. 「고백서」는 나이를 규정하고 있지 않지만, 결혼은 교회의 일만은 아니기 때문에 이 문제에서 국가법을 따라야 한다.[194] 판단력이 현저하게

---

194 현행법에 따르면 18세 이상부터 누구나 결혼할 수 있지만, 20세 미만은 부모의 동의를 얻어

결여된 지적 장애인의 경우에도 결혼을 허용해서는 안 된다. 결혼에는 엄중한 책임이 따르기 때문에 책임질 수 없는 사람에게는 결혼이 허용될 수 없다.

결혼을 주관하는 당회는 결혼식에 앞서 예비 신랑 신부의 결혼 청원서를 통해 본인들의 의사를 확실하게 물어야 한다. 결혼 의사가 불확실하거나 부모님의 강압에 의한 것이라면 그 결혼은 원인이 해소될 때까지 유보되거나 취소되어야 한다. 부모를 떠나는 것은 결혼에 필수적인 요소이기 때문에 부모와 교회는 젊은 청년들에게 재정적인 독립은 물론이고, 스스로 사고하고 판단할 수 있도록 교육하고 지도할 필요가 있다.

"주 안에서" 독립적인 판단을 할 수 있는 사람들은 누구나 서로 결혼할 수 있지만 신자들은 오직 주 안에서 결혼해야 한다. 신앙이 다르거나 생활이 심히 악한 사람들과는 결혼해서는 안 된다. 따라서 결혼하려고 하는 자들은 무엇보다 상대방의 신앙과 생활을 잘 살펴야 한다. 또한 교회는 믿음의 청년들이 주 안에서 결혼하도록 감독해야 하며 그렇지 않은 경우에는 결혼을 승낙해서는 안 된다.

개혁교회 신자들은 "불신자, 천주교인, 우상숭배자들"과 결혼해서는 안 된다. 보통 고린도전서 7장에 나오는 불신 남편에 대한 교훈에 근거하여 불신자의 결혼도 용납할 수 있다는 주장이 있지만 고린도전서 7장의 교훈은 결혼 이전에 복음을 몰랐던 부부 중 한 명이 신앙을 갖게 된 경우에 적용된다. 효과 있는 부르심은 오직 하나님께 속한 것이기 때문에 결

야 한다.

혼해서 전도하면 되지 않느냐는 주장은 매우 위험하다. 인간은 오직 가시적 믿음의 표인 세례를 통해서 믿음을 확인할 수 있을 뿐이다. 따라서 참된 신자는 삼위 하나님에 대한 신앙을 고백하고 세례를 받은 자와 결혼해야 한다.

가톨릭 교인과 결혼을 금하는 3항은 무엇보다 왕을 염두에 둔 것이다. 서론에서 언급했지만 왕이 누구와 결혼하는가는 교회에 아주 중요한 문제였다. 특히 왕이 될 어린 왕세자는 어머니의 영향을 많이 받을 수밖에 없다. 하지만 그 당시 배우자 선정에 있어서 왕은 참된 믿음보다도 신부가 가져올 엄청난 지참금이나 외교적 관계를 더 우선적으로 생각했다.[195] 오늘날 천주교 역시 비천주교 신자들과의 결혼을 원칙적으로 엄격하게 금하고 있으며, 결혼을 허용하더라도 천주교 배우자의 신앙을 방해하지 않을 것과 자녀를 낳으면 영세 입교를 통해 천주교 신자로 양육할 것을 서약해야 한다.

제4항은 3항의 연장이라고 할 수 있다. 신자는 가까운 친족과 결혼해서는 안 된다.[196] 또한 배우자가 죽거나 합법적으로 이혼했을 경우에 그 배우자의 근친과 결혼해서도 안 된다. 결혼을 통해서 남자와 여자는 한 몸이 되었기 때문에 결혼을 통하여 두 집안은 한 가족이 된다. 친족은 출산에 의한 혈족이나 결혼에 의한 인척으로 구성된다. 「고백서」는 근친의 범위를 정하지 않고 있으나 우리나라의 법률을 따르기만 해도 충분할

---

195 「고백서」가 작성될 때의 왕이었던 찰스 1세의 왕비를 비롯하여 그의 두 아들 찰스 2세, 제임스 2세의 왕비들은 모두 가톨릭 신자였다.
196 레위기에 따르면 근친결혼의 금지 범위는 직계 가족과 모계의 삼촌까지 포함한다. 기동연, 『레위기』, 640.

것이다. 이전에는 동성동본의 결혼을 금했기 때문에 근친의 범위가 매우 넓었으나 현행법은 8촌 내에서 결혼을 금하고 있으니 그대로 준수하는 것이 바람직하다. 「고백서」에 따르면 겹사돈이 불가능하고, 형이 죽거나 이혼했을 때 동생이 형수와 결혼할 수 없다.[197] 근친결혼이 빈번했던 17세기와 달리 문명화된 사회 속에서는 이런 경우가 거의 일어나지 않기 때문에 근친결혼에 대해서 신자들이 너무 상세하게 논쟁하지 않는 것이 유익할 것이다. 하지만 실제로 이와 같은 일이 발생한다면 교회의 치리회는 신중하게 다룰 필요가 있다.

제5항과 제6항 이혼과 재혼

오늘날 이혼과 재혼은 다루기 고통스러운 주제이다. 그러나 「고백서」는 이 민감한 이슈를 피하지 않는다. 결혼을 성례로 보는 로마 교회에서 이혼은 이론상 불가능했다. 로마 교회의 교리에 대항하여 「고백서」는 이 문제에 대해서 최소한의 성경적 답변을 제시해야만 했다. 결혼이 성례가 아니면 단순한 상호 간의 계약인가? 계약과 언약은 어떤 차이가 있는가? 아쉽게도 「고백서」는 이 문제에 대해서 답을 하지 않는다.

성경에 따르면 혼인의 하나 됨은 배우자가 죽을 때까지 지속된다. 이 하나 됨을 깨뜨리는 유일한 요소는 음행이다. 이 성경적 가르침에 근거하여 「고백서」는 약혼의 경우 상대방이 음행했을 때 무흠자(the innocent

---

197 이후의 미국의 신앙고백서는 4항의 마지막 문장을 지나치게 엄격하다는 이유로 생략했다. Van Dixhoorn, *Confessing the Faith*, 329.

party)는 파혼할 수 있다고 규정한다. 결혼한 경우에는 무흠자가 이혼 소송을 할 수 있으며, 이혼이 성립된 이후에는 재혼할 수 있다. 당연히 음행한 당사자는 이혼에 대한 어떠한 권리도 주장할 수 없다. 즉, 음행 자체가 혼인의 언약을 파괴하지는 않는다는 말이다. 이혼은 무흠자에게 허락된 것이며 무흠자는 그 권리를 사용할 수 있을 뿐이다.

여기서 「고백서」가 재혼에 대한 근거를 죄를 범한 당사자를 죽은 것으로 간주한다는 것에 주목할 필요가 있다. 혼인은 배우자가 살아있는 동안 유효하므로 배우자가 죽고 나서야 재혼할 수 있다는 것이 성경의 가장 분명한 가르침이다(롬 7:2-3). 사도 바울은 이혼하더라도 가능하다면 전 배우자와 다시 합하라고 명령한다(고전 7:10-11). 따라서 이혼이 혼인의 끈을 완전히 끊어버린다고 말하기 어렵다. 이와 같은 이유로 「고백서」의 작성자들은 이혼을 상대방의 죽음으로 정의했는데, 이는 성경적으로 지지받기가 쉽지 않다.[198]

제5항에 따르면 이혼에 대한 유일한 사유는 배우자의 음행인 것처럼 보인다. 하지만 6항은 이혼 사유를 추가하고 있다. 먼저 「고백서」는 이혼 사유를 첨가하는 것에 대해서 심각하게 경고한다. 부패한 인간들은 이혼 사유를 확대하기 좋아한다. 유대인들은 모세의 가르침에 근거하여 "수치스러운 일"을 자의적으로 해석하여 아내와 이혼하는 것을 예사롭게 생각했다(마 19:1-12). 하지만 「고백서」는 음행과 "고의적 유기"만 이혼에 대한 정당한 사유로 한정했다. 음행은 예수님께서 분명하게 이혼 사유로

---

198 이혼과 관련된 여러 성경 본문에 대한 해석에 대해서는 다음 연구서를 참고하라. 데이비드 엥겔스마, 이성호 역, 『이혼』 (서울: 낮은 울타리, 2000).

적시하셨기 때문에 문제가 없지만 고의적 유기는 해석의 여지가 있다. 고린도전서 7장의 문맥은 불신 남편이 아내를 고의로 버린 경우를 의미한다. 이 경우에 혼인 관계가 완전히 끊어졌다고 보기 어렵다. 바울은 자신을 버린 남편을 그대로 두라고만 권면했을 뿐이다. 이 본문을 이혼이나 재혼으로 연결하는 것은 쉽지 않다.

제25장 교회

1항. 불가시적인 가톨릭, 곧 보편적 교회는 머리이신 그리스도 아래 하나로 모였고, 모이고, 모이게 될 택자들의 총수로 구성된다. 이 교회는 그리스도의 신부이자 그의 몸이며, 만물 안에서 만물을 충만하게 하시는 이의 충만함이다.[1]

2항. 복음 시대에서 가시적인, 그러나 역시 가톨릭 혹은 보편적 교회는 (이전의 율법 시대에서와 같이 한 민족에 국한되지 않기 때문에) 온 세상에서 참된 종교를 고백하는 모든 사람과[2] 그들의 자녀들로 구성된다.[3] 이 교회는 주 예수 그리스도의 왕국이요[4] 하나님의 집과 가족이다.[5] 이 교회 밖에서 구원받을 수 있는 통상적인 가능성은 없다.[6]

3항. 그리스도께서는 세상 끝날까지 현세의 성도들을 모으시고 완전하게 하기 위해 가시적 가톨릭 교회에 하나님의 직분과 말씀과 규례들을 주셨고, 약속하신 대로 그분 자신의 임재와 성령에 의하여 이것들을 목적에 맞게 효과 있게 사용하신다.[7]

4항. 이 가톨릭 교회는 때로는 더 가시적이기도 하고, 때로는 덜 가시적이기도 했다.[8] 가톨릭 교회의 지체인 개체 교회들은 복음의 교리를 가르치고 받아들이는 일, 규례들을 시행하는 일, 그리고 공적 예배를 수행하는 일을 얼

마나 순수하게 하는가에 따라 더 순수하기도 하고, 덜 순수하기도 하다.[9]

5항. 하늘 아래 가장 순수한 교회라 할지라도 혼합과 오류에서 벗어날 수 없다.[10] 어떤 교회들은 너무 타락하여 그리스도의 교회가 아니라 사탄의 회당이 되기도 한다.[11] 그럼에도 불구하고 지상에는 하나님의 뜻에 따라 하나님을 예배하는 교회가 항상 있을 것이다.[12]

6항. 주 예수 그리스도 외에 교회의 다른 머리는 없다.[13] 로마 교황은 어떠한 의미에서도 교회의 머리일 수 없다. 오히려 그는 하나님으로 불리는 모든 것과 그리스도에 대적하여 교회 안에서 자신을 높이는 적그리스도요, 불법의 사람이요, 멸망의 아들이다.[14]

---

1) 엡 1:10, 22-23; 엡 5:23, 27, 32; 골 1:18.
2) 고전 1:2; 고전 12:12-13; 시 2:8; 계 7:9; 롬 15:9-12.
3) 고전 7:14; 행 2:39; 겔 16:20-21; 롬 11:16; 창 3:15; 창 17:7.
4) 마 13:47; 사 9:7.
5) 엡 2:19; 엡 3:15.
6) 행 2:47.
7) 고전 12:28; 엡 4:11-13; 마 28:19-20; 사 59:21.
8) 롬 11:3-4; 계 12:6, 14.
9) 계 2-3; 고전 5:6-7.
10) 고전 13:12; 계 2-3; 마 13:24-30, 47.
11) 계 18:2; 롬 11:18-22.
12) 마 16:18; 시 72:17; 시 102:28; 마 28:19-20.
13) 골 1:18; 엡 1:22.
14) 마 23:8-10; 살후 2:3-4, 8-9; 계 13:6.

너는 베드로라. 내가 이 반석 위에 내 교회를 세우리니
음부의 권세가 이기지 못하리라.

(마 16:18)

서론: "교회를 믿습니다"[199]

「고백서」는 결혼을 다룬 다음 교회로 넘어간다. 부부가 교회의 최초 원형이기 때문에 이 순서는 자연스럽다. '교회'는 믿음의 근본 항목(fundamental article)이다. 신자들은 매 주일 사도신경을 통해서 "거룩한 공교회를 믿습니다"라고 고백한다. 하지만 "믿습니다"라는 동사가 가장 마지막에 위치하기 때문에 한국 교회 신자들은 이 사실을 잘 인지하지 못하고 있는 것 같다. 영어로 된 사도신경에는 교회에 대한 고백이 보다 선명하게 드러난다. "I believe in the holy catholic church." 사도신경은 교회를 믿는다고 고백할 뿐 그 내용을 해설하지 않는데, 제25장은 우리에게 교회에 대한 가장 분명한 성경적 해설을 제공한다.

종교개혁 이전에는 성도들에게 교회를 설명할 필요가 없었다. 1,000년이 넘는 기간 동안 교회론에 대해서 체계적인 저술이 나온 적이 없었다. 심지어 종교개혁 초기에도 교회는 신학 논쟁의 중심 주제가 아니었다. 종교개혁가들은 기존의 교회를 개혁하려고 했지 타도의 대상으로 삼지 않았다. 하지만 트리엔트 공의회 이후 하나였던 교회가 여럿으로 분리되자 교회론은 아주 중요한 주제가 되었다. 교회는 하나라는 성경의 분명한 원리와 여러 교회가 존재하는 현실 사이의 괴리를 해결하기 위한 설명이 필요했다. 이를 위해서 개혁가들은 성경에 따라 교회를 새롭게 해석할 수밖에 없었다.

---

199 믿음의 항목으로서의 교회에 대해서는 다음 저서를 참고하라. 이성호, 『종교개혁과 교회』 (서울: SFC, 2017), 59-62.

제25장의 중요성을 이해하기 위해서는 웨스트민스터 총회가 모인 배경과 목적을 다시 한번 점검할 필요가 있다.[200] 이 역사적 배경을 알면 교회론이 얼마나 중요한 교리였는지를 쉽게 이해할 수 있을 것이다. 17세기 중엽 잉글랜드와 스코틀랜드는 한 명의 왕(찰스 1세)이 두 나라와 두 교회를 통치하고 있었다. 잉글랜드 교회는 교회의 머리인 왕이 주교를 통해서 다스렸고, 스코틀랜드 교회는 스코틀랜드 신앙고백(1560년)에 따라 노회에 의해 치리 되고 있었다. 찰스 1세는 절대왕권을 사용하여 스코틀랜드 교회를 잉글랜드 교회와 강압적으로 병합하려고 했다. 스코틀랜드 의회는 이에 맞서 잉글랜드 의회와 손을 잡고 언약을 체결하여 하나의 교회를 세우려고 했다. 이를 실현하기 위해서 의회는 총회를 소집했고 총회는 잉글랜드와 스코틀랜드 두 교회를 말씀에 따라 하나의 교회로 세우기 위해서 동일한 신앙고백, 교리문답, 교회정치 규범, 공예배지침을 작성해야만 했다. 전혀 달랐던 두 교회를 하나의 교회로 만드는 것은 결코 쉬운 작업이 아니었다. 하나의 교회를 세우기 위해서는 무엇보다 교회가 무엇인가에 대한 고백이 일치해야 했다. 만약 교회에 대한 고백이 일치하지 않았으면 영국에서 하나의 교회를 세우는 것은 불가능했을 것이다.

오늘날 수많은 교회들이 존재하는 가운데 교회론은 매우 중요하다고 하지 않을 수 없다. 특히 신자들이 이사를 해서 교회를 선택해야 할 때 교회론은 결정적으로 중요하다. 소속감이 확실한 로마 교회나 루터파 교

---

200 김요섭, "웨스트민스터 신앙고백서의 교회 정의와 그 역사적 의의"「한국개혁신학」40 (2013): 145-182.

회의 교인들은 교회를 선정할 때 별 어려움을 느끼지 못한다. 하지만 소속감이 적거나 아예 없는 개신교회 교인들은 참 교회에 대한 기준이 분명하지 않기 때문에 교회를 선정할 때 큰 어려움을 갖게 된다. 심지어 이단에 쉽게 빠지는 때도 있다. '하나님의 교회'라는 간판이 그 교회가 하나님의 교회라는 것을 증명하지 않기 때문이다.

제1항과 제2항 가톨릭(보편적 교회: 불가시적 & 가시적)

교회란? 성경에서 '교회'로 번역된 헬라어는 '에클레시아'다. 기본적인 뜻은 불러낸 자들의 모임이다. 헬라어에 해당하는 히브리어 단어는 '카할'이라고 하는데, 이스라엘 백성들의 모임을 뜻했다. 교회는 하나님의 부르심에서 시작된다. 이 부르심은 교회를 이해하는 데 가장 기초가 되어야 한다. 현대인들은 '내가' 교회를 선택했다고 생각하고 실제로 교회를 쇼핑하는 이들이 많다. 내가 선택했기 때문에 내가 떠날 수 있는 곳이 교회가 되어 버렸다. 그렇게 되면 교회는 인간적인 동호회와 근본적인 차이가 없다. 비록 겉으로 보기에는 내가 선택했다고 하더라도 실제로는 하나님의 부르심에 따라 이 교회의 지체가 되었다는 하나님 중심적인 교회론이 정착되어야 한다.

교회의 가장 기본적인 의미는 신자들의 모임이다. 하지만 단순히 신자들이 모였다고 해서 그것을 교회라고 할 수는 없다. 예를 들어서 길 가다가 우연히 신자들 몇 명이 모였다고 해서 그 모임을 교회라고 할 수 없으며, 대학교의 선교단체나 직장의 신우회를 교회라고 할 수도 없다. 신자들의 모임이 교회가 되기 위해서는 그 신자들을 긴밀하게 하나로 연합시키는 요소가 있어야 한다. 도대체 여러 신자가 모인 모임을 교회로 만드는 요소는 무엇인가? 사도신경은 교회를 '성도의 교제'로 풀어서 설명하고 있다. 이 코이노니아야말로 교회의 본질적 요소다. 이 점에서 교회(敎會)라는 용어는 부족한 면이 있다. 교회는 무엇인가 가르치거나 배우는 모임이라는 인상을 주기 때문이다. 물론 교회는 하나님의 진리를 가르치는 곳이다. 하지만 교회는 가르치는 곳 이상이다. 성도의 교제가 교회의 본질적인 요소라면 '敎會'보다는 '交會'라는 용어가 더 적합하다고 할 수 있다. 말씀의 선포와 더불어 성례를 통한 성도의 교제가 이루어지는 곳이 진정한 의미에서 교회라고 할 수 있다.

"가톨릭" 교회[201] 「고백서」는 교회 자체에 대해서는 정의하지 않는다. 그 이유는 교회가 성경에서 단일한 의미를 지니고 있지 않기 때문이다. 따라서 교회를 다루기 전에 그 교회가 "어떤" 교회인지를 먼저 규정할 필요가 있다. 교회는 크게 가톨릭 교회와 개체 교회(지역 교회)로 구분할 수 있다. 실제로 성경에 등장하는 교회는 상당수가 개체 교회를 의미한다. 하지만 이 교회는 믿음의 대상이 아니다. 신자 중 어느 누구도 "○○교회"를 믿는다고 생각하지 않는다. 믿음의 대상으로서의 교회는 가톨릭 교회뿐이며 이 교회는 불가시적 교회와 가시적 교회로 구분된다.

'가톨릭'은 오늘날 개신교 신자들에게 불편한 용어가 되어버렸다. 천주교인들이 이 용어를 사용하여 자신들의 교회를 가리키는 명칭으로 사

---

201 이성호, 『종교개혁과 교회』, 79-83.

용하기 때문이다. 실제로 개신교회에서 '가톨릭'이라는 개념은 사라진 것처럼 보인다. 「고백서」역시 '가톨릭'을 '보편적'이라는 용어와 교차적으로 사용하고 있다. 한국 교회의 사도신경은 '가톨릭'을 '공(公)'이라고 번역하여 그 의미를 알기가 더 어렵게 되었다. '공'을 '보편적'이라고 이해하는 사람이 얼마나 될까? 차라리 원래 용어를 그대로 사용하여 '가톨릭'이라고 하든지, 아니면 '보편적'이라는 말로 바꾸는 것이 좋을 것이다. '공'을 사용해야 한다면 그 의미를 성도들에게 분명히 가르쳐야 할 것이다.

총(whole)/모든(all) '보편적(universal)'이라는 말도 교회에 적용될 때는 무슨 뜻인지 알기가 쉽지 않다. 실제로 이 단어는 '가톨릭'이라는 단어가 가지고 있는 개념을 약화하고 있다. '가톨릭'의 가장 기본적인 개념은 '전부'이다. 불가시적 가톨릭 교회는 **"택자들의 총수(the whole number)"**로 구성되고, 가시적 가톨릭 교회는 참된 종교를 **"고백하는 모든"** 사람들로 구성된다. 따라서 가톨릭 교회는 하나만 존재하기 때문에 지상에 있는 모든 개체 교회는 이 교회에 속하기 위해서 노력해야 하고, 신자는 자신이 정말 이 교회에 속해 있는지를 확인해야 한다.

가톨릭의 반대말은 '분파적'이다. 분파적 신앙을 가진 신자들은 자기 교회만 옳다고 주장하거나 최고라고 생각하면서 다른 교회를 은근히 무시한다. 이들은 다른 교회와 같음을 추구하기보다는 다름을 강조한다. 특히 대형교회들이 이런 분파성을 주도하고 있는데, 분별력 없는 신자들도 여기에 동조하고 있다. 각자 자기의 소견에 옳은 대로 교회를 찾기 시작하면 공교회성을 회복하는 것은 거의 불가능하다. 입으로는 보편적 교회를 믿는다고 하면서 보편적 교회를 세우는 일에는 무관심한 것이 한국

교회의 현 상황이다. 한국 개신교회는 사실상 수많은 교회들이 경쟁하면
서 보편성을 거의 상실하고 말았다.

불가시적 vs 가시적: 선택 vs 고백[202]

고백서에 따르면 오직 가톨릭(보편적) 교회만이 참된 교회다. 이 교회
는 불가시적 교회와 가시적 교회로 구분된다. 제1항은 불가시적 교회를,
제2항은 가시적 교회를 다룬다. 이 구분에 대해서 로마 교회와 재세례파
는 단호하게 반대했다. 로마 교회는 오직 로마 교황이 지상에서 그리스
도를 대신하여 다스리는 하나의 가시적 가톨릭 교회만 존재한다고 믿었
고, 재세례파와 일부 회중파들은 가톨릭 교회 자체를 부정했고 오직 가
시적인 개체 교회만 존재한다고 주장했다.

불가시적/가시적 교회의 구분은 종종 오해를 일으킬 수 있기 때문에
개념을 잘 정리할 필요가 있다. 불가시적/가시적 교회의 구분은 이 세상
에 2개의 교회가 존재한다는 것을 의미하지 않는다. 불가시적/가시적 교
회의 구분은 눈에 보이는 것과 무관하다. 불가시적 교회는 투명 인간처
럼 우리 눈에 보이지 않는다는 것을 의미하지 않는다. 이것은 가시적 가
톨릭 교회도 마찬가지다. 가시적 가톨릭 교회 전체를 볼 수 있는 방법은
존재하지 않는다.

불가시적 교회는 하늘에 있는 교회, 가시적 교회는 지상에 있는 교회
를 의미하지 않는다. 물론 이 둘은 구분되지만, 가시적/불가시적 교회라

---

202 이성호, "불가시적 가톨릭교회(invisible catholic church)를 위한 개혁신학의 변증," 「신학정
론」 27 (2009), 265-289.

는 개념으로 구분되는 것이 아니라 전투하는 교회(militant church)와 승리한 교회(triumphant church)로 구분된다. 또한 불가시적 교회는 이상적이고 완전한 교회, 가시적 교회는 흠이 많고 불완전한 교회를 의미하지도 않는다. 지상에 실제로 존재해 왔던 하나의 가톨릭 교회 외에 별개의 이상적 교회는 존재하지 않는다. 교회는 항상 하나의 교회이며, 어떤 관점에서 교회를 정의하는가에 따라 두 개로 구분될 수 있을 뿐이다.

불가시적/가시적 교회의 구분은 인식론적인 구분이다. 즉 교회의 회원을 식별할 수 있는지에 따라 두 교회로 구분된다. 불가시적 교회가 불가시적인 이유는 이 교회의 구성원이 택자들이기 때문이다. 누가 택자인지, 누가 비택자인지 인간은 알 수 없다. 그렇기 때문에 불가시적 교회라 불린다. 이 교회의 회원은 오직 하나님만이 알 수 있을 뿐이다. 하나님께서 택하신 모든 사람은 머리이신 그리스도 아래 "모였고, 모이고, 모이게" 될 것이다. 이 교회는 "그리스도의 신부이자 그의 몸이며, 만물 안에서 만물을 충만하게 하시는 이의 충만"이다. 이 교회의 회원은 영원 전에 선택을 받고, 그리스도 안에서 속량을 받았으며, 성령에 의해 효과 있는 부르심을 받은 사람이다.

가시적 가톨릭 교회는 율법 시대와 복음 시대로 구분된다. 율법의 시대에 교회는 한 민족으로만 구성되었지만, 복음 시대에는 모든 민족으로 구성된다. 그러나 참된 종교를 고백하는 모든 사람으로 구성된다는 점에서는 차이가 없다. 하나님의 선택은 인간이 알 수 없지만 참된 종교에 대한 고백은 분별할 수 있다. 선택이 불가시적 교회의 핵심적 요소라면 고백은 가시적 교회의 핵심적 요소라고 할 수 있다.

"자녀들도" 더 나아가서 이 가시적 교회에는 참된 신앙을 고백하는 자들의 자녀들도 포함되는데 가시적 교회는 본질적으로 언약 공동체이기 때문이다. 이 언약에 근거하여 우리는 신자의 자녀들이 교회의 회원이라는 것을 확신할 수 있다. 신자의 자녀들도 교회의 회원이라는 것을 정말로 믿으면 교회는 어떤 모습을 보이게 될까? 무엇보다 유아 세례를 중요하게 생각할 것이다. 왜냐하면 신자의 자녀들은 세례를 통해서 가시적 교회의 회원이 되기 때문이다. 또한 부모들은 자녀들을 주의 교훈과 훈계로 양육하는 데 힘쓸 것이고 교회는 이를 최대한 지원할 것이다. 예배야말로 회원권을 구체적으로 확인할 수 있는 가장 확실한 현장이다. 하지만 오늘날 어린 자녀들은 그동안 공예배에서 분리되었다. 이제는 신앙고백에 따라 회복될 필요가 있다.

"그리스도의 왕국 & 하나님의 집과 가족" 불가시적 교회는 구원 자체이기 때문에 불가시적 교회 밖에서 구원받을 가능성은 "절대적으로" 존재하지 않으며, 가시적 교회 밖에서도 구원받을 가능성은 "일반적으로" 존재하지 않는다. 그 이유는 교회가 그리스도의 왕국이고, 하나님의 집과 가족이기 때문이다. 교회와 하나님 나라(왕국)의 관계에 대해서는 많은 논의가 있다. 교회를 하나님의 나라와 동일시 할 수 없다고 하더라도 교회는 하나님 나라의 중심이며 하나님 나라에서 분리할 수 없다. 「고백서」에 따르면 교회는 중보자이신 그리스도의 왕국이다. 신자들은 자기가 속한 교회가 그리스도께서 정말 다스리는 곳인지 지속해서 확인해야 한다.

구약에서 하나님의 집은 성전이었다. 이 성전에서 이스라엘 백성들은 하나님을 만나서 교제할 수 있었다. 복음의 시대에 성전은 교회로 바뀌었다. 이전 성전은 죽은 돌로 지어졌지만, 지금은 살아 있는 돌인 성도들로 지어지고 있다(벧전 2:5). 이 성전에는 이전과 달리 이방인들도 참여하게 되었고, 그들은 더 이상 외국인이 아니라 하나님의 가족이 되었다. 참된 교회는 승천하신 그리스도께서 다스리는 나라, 삼위 하나님께서 내주하시는 성전, 그리고 모든 신자가 차별 없이 샬롬을 이루는 가족이 되기를 힘써야 한다. 이 교회 외에서 구원받을 가능성은 일반적으로 존재할 수 없다.

「고백서」에 따르면 교회론과 구원론은 밀접하게 연결되어 있다. 교회론이 점점 약해져 가는 상황 속에서 교회 밖에서는 구원이 없다는 「고백서」의 가르침을 심각하게 받아들일 필요가 있다. "나 혼자 잘 믿으면 된다"고 생각하는 신자들이 많은데 "나 혼자 잘 믿는 것" 자체가 불가능하다. 사도들의 서신을 통해 주신 모든 권면은 교회를 떠나서는 순종할 방법이 없다. 교회의 구원론적 중요성을 인식한다면 자신이 속한 교회가 참된 종교를 고백하는 신실한 언약 공동체인지를 끊임없이 살필 것이다.

제3항 교회를 세우는 수단

"모으고 완전하게" 교회는 참된 신앙을 고백하는 모든 신자의 모임이다. 이 모임으로서의 교회는 그리스도의 장성한 분량에 이르기까지 완전해져야 한다(엡 4:13). 이 두 가지 일을 이루기 위해서는 외적인 수단들이 필요하다. 그것은 바로 **직분, 말씀, 규례**(성례)들이다. 교회의 직원인 직분자들은 말씀과 규례의 직무를 감당하는 자들이다. 말씀이 신실하게 전파되고 규례가 올바로 잘 시행될 때 교회는 든든하게 성장한다. 그리스도께서는 이 모든 것을 가시적 가톨릭 교회에 주셨다. 이 사실은 성경을 이해하는 데 매우 중요하다. 겉으로 보기에는 그리스도나 사도들이 자신의 말씀을 개인이나 개체 교회에 주신 것처럼 보인다. 만약 정말로 그렇다면 에베소 교회와 한국 교회가 무슨 상관이 있겠는가? 만약 세례가 한 개인이나 한 교회에게만 주신 것이라면 교회를 옮길 때 그 신자는 또 세례를 받아야 하지 않겠는가? 청빙을 받는 목사 역시 새로운 임지에서 사역하기 위해서는 처음부터 다시 임직의 과정을 밟아야 하지 않겠는가? 그렇게 하지 않는 이유는 직분과 말씀과 규례가 개체 교회가 아니라 가시적 보편 교회에 주어졌기 때문이다.

"세상 끝날까지" 그리스도께서는 사도들에게 지상명령을 주시면서 "세상 끝날까지" 함께 계시겠다고 약속하셨다. 하지만 우리는 예수님께서 이 말씀을 하시고 나서 얼마 후에 승천하셨다는 것을 잘 안다. 우리는 예수님의 이 약속을 어떻게 이해해야 하는가? 첫째, 구약의 교회와 달리 새로 설립된 교회는 세상 끝날까지 지속된다. 이제 더 이상 새로운 형태의 교회는 존재하지 않을 것이다. 둘째, 예수님의 명령과 약속은 분리되지 않는다. "임마누엘"의 약속은 가르침(말씀)과 세례(규례)를 통하여 모든 민족을 "모으고 완전하게"(제자화) 하는 직분을 수행하는 곳에 우리 주님께서 함께하신다는 말이다. 셋째, 비록 그리스도는 육체로 하늘에 계시지만 성령의 능력으로 자기 백성들과 함께하시고 그분의 성령도 교회 안에 내주하신다. 교회의 직원들이 아무리 열심히 사역한다고 하더라도 그리스도와 성령께서 효과 있게 하시지 않는다면 그 노력들은 아무런 열매를 맺지 못한다. 교회의 직원들은 이 점에서 항상 그리스도의 종이라는 생각을 놓치지 말아야 한다.

제4항과 제5항 참교회의 표지(Marks of the True Church)

"더/덜 가시적" 종교개혁 이후 교회의 표지는 매우 중요한 주제가 될 수밖에 없었다. 교회 밖에는 구원이 없는데 현실적으로 여러 교회가 존재하고 있기 때문에 참 교회를 어떻게 구분할 수 있는가는 구원을 어떻게 받을 수 있는가와 사실상 같은 문제였다. 교회의 표지에 대해서는 개신교 안에서 약간의 차이가 있었다. 루터파는 처음부터 순수한 복음의 설교와 성례의 바른 시행만을 교회의 표지로 간주했다. 하지만 개혁파는 바른 권징도 교회의 표지에 포함했다. 종교개혁 이후 100년이 지나자 여러 새로운 이단이나 분파들이 등장했다. 자신의 교회 외에 이 모든 그룹을 거짓교회로 규정하기도 쉽지 않았다. 그래서 「고백서」의 대안은 참 교회와 거짓 교회의 구분이 아니라 더(more) 가시적인 교회와 보다 덜(less) 가시적인 교회의 구분이었다.

"덜/더 순수한"[203] 교회의 가시성은 순수성에 달려 있다. 덜/더 가시적이라는 말은 덜/더 순수하다는 말이다. 신자들은 이 순수성에 따라 교회를 판단해야 한다. 오늘날 이 기준은 신자들에게 매우 중요하다. 교회의 가시성을 판단할 때 신자들은 각자의 기준을 가진다. 어떤 이들에게

---

203 김병훈, "16, 17세기 개혁교회 교회관: 참 교회와 순수 교회," 「부흥과 갱신」 (2017): 70-111.

는 교회의 규모가 중요하다. 그렇지 않다면 한국 교회에 이렇게 많은 대형교회들이 존재하지 않았을 것이다. 이와 반대로 어떤 이들에게는 가족적인 분위기가 중요하다. 어떤 이들에게는 자녀 교육 프로그램이 중요하고, 어떤 이들에게는 찬양대의 수준이 중요하다. 하지만 교회의 가시성은 규모나 화려함에 따라 결정되지 않는다.

교리, 규례, 예배. 그렇다면 무엇이 순수해야 하는가? 그것은 교리와 규례와 예배다. 신자는 이 세 가지를 통하여 교회를 판단해야 한다. 복음의 교리가 순수하게 가르쳐지고 받아들여져야 하고, 주께서 제정하신 규례(직분)들이 순수하게 시행되어야 하고, 공예배가 순수하게 수행되어야 한다. 하지만 교회가 타락하면 이 모든 것이 순수성을 잃게 되어 그 순수성이 가려진다. 복음이 전파되지만 복음이 아니거나 심지어 거짓 복음이 섞여서 전파된다. 주님의 규례들이 원래의 순수한 모습을 상실하고 세속적으로 변질된다. 오늘날 교회의 직분은 세상의 관직과 별 차이를 보이지 않는다. 예배 역시 순수성을 잃을 때 공연과 다를 바가 없게 된다. 이와 같은 상황 속에서 신자들은 가장 순수한 교회를 찾아서 그 교회에 속하여 신앙생활을 해야 할 의무가 있다.

참 교회는 이상적인 교회를 의미하지 않는다. "가장 순수한 교회라고 하더라도" 혼합과 오류는 피할 수 없다. 여기서 우리는 교회의 순수성을 파괴하는 것이 무엇인지 정확하게 보게 된다. 그것은 혼합과 오류다. 오류는 그 자체로 나쁜 것이지만 혼합은 그 자체로 나쁜 것은 아니다. 예를 들어 설교 시간에 사용하는 예화를 생각할 수 있다. 설교할 때 예화를 사용할 수 있겠지만 그 예화가 너무 길다든지, 그 예화가 너무 충격적이라면 그것은 복음의 순수성을 크게 손상할 수 있다. 또한 설교자가 인기를 추구하거나 청중이 그런 것들을 좋아하면 설교 안에 담긴 복음은 빛을 잃을 수밖에 없다.

교회의 순수성 교리는 신자들을 겸손하게 만든다. 아무도 자신이 속한 교회가 "하늘 아래 가장 순수한 교회"라고 확신할 수 없을 것이다. 또한 심지어 그렇게 확신한다고 하더라도 그 교회가 혼합이나 오류가 전혀 없다고 말할 수는 없을 것이다. 따라서 참 교회에 속한 신자들은 다른 교회를 쉽게 거짓 교회라고 단정해서는 안 된다. 오히려 자신의 교회를 늘 성찰하면서 자기 교회 속에 있는 혼합과 오류를 제거하는 일에 계속 정진해야 한다. 교회의 역사는 교회의 개혁이 한 세대를 넘기지 못한 경우가 적지 않았다는 것을 증언하고 있다.

하지만 어떤 교회들은 이름만 "그리스도의 교회"이지 실제로는 "사탄의 회당"으로 바뀌기도 한다. 이런 경우에는 그 교회에 머무를 이유가 없으므로 즉시 그 교회를 떠나서 보다 순수한 교회로 옮겨야 한다. 그런 교회에서 신앙생활을 계속 하게 되면 자신의 영혼뿐만 아니라 자녀들의 영혼이 위험에 처하게 된다. '이 세상에 있는 교회는 다 타락했다'는 생각도 위험하다. 모든 교회가 극도로 타락한 것처럼 보일지라도 이 세상에는 적어도 하나님의 뜻에 따라 예배하는 교회가 (비록 덜 순수하더라도) 항상 존재할 것이고 신자는 그 교회에 속하여 함께 예배를 드려야 할 의무가 있다는 것이 「고백서」의 가르침이다.

제6항 그리스도는 교회의 유일한 머리

　성경의 명시적인 가르침에 따르면 그리스도만 교회의 머리이시고, 따라서 그분만 교회의 머리로 불리실 수 있다. 만약 이 명제를 부인하면 그것은 이단이다. '오직 그리스도'의 원리는 구원론뿐만 아니라 교회론에도 적용되어야 한다. 그리스도께서만 교회의 유일한 머리라는 교리가 불확실해질수록 그리스도 아닌 다른 것이 그 자리를 차지하게 된다. 그것은 황제가 될 수도 있고, 교황이 될 수도 있고, 국가가 될 수도 있고, 목사가 될 수도 있고, 유력한 성도가 될 수도 있다.

　로마 교회는 교묘하게 복음의 진리에 오류를 혼합한다. 로마 교회 역시 예수님이 교회의 머리라는 것을 부인하지 않는다. 하지만 그들은 교회의 머리를 둘로 구분한다. 그리스도는 하늘에 계시기 때문에 우리 눈에 보이지 않는 머리이시고, 교황은 하늘에 있는 그리스도를 대신하여 교회를 다스리는 가시적인 머리라고 가르친다. 종교개혁 직후 헨리 8세 때 잉글랜드 교회 역시 로마 교회의 오류에 빠진 적이 있었다. 잉글랜드 교회도 왕을 '교회의 머리'라고 선언했기 때문이다. 물론 차이는 있었다. 잉글랜드 교회의 신조에서 교회는 보편적 교회를 의미하지 않고 잉글랜드 국가 교회를 의미한다. 하지만 이 호칭은 여러 반발을 불러왔고 엘리자베스 시대에는 '최고 통치자(supreme governor)'로 바뀌었다. 이와 같은 배경 속에서 「고백서」는 누구도 "어떠한 의미에서도" 교회의 머리가 될 수 없다는 것을 선언했다.

　교황이 보편적 교회의 머리라고 주장하고, 잉글랜드 왕이 잉글랜드 교회의 머리라고 주장하듯이 오늘날 적지 않은 교회에서 목사가 그 자리를 차지하고 있는 경우가 적지 않다. 그중에 자신을 교회의 머리라고 말하면 그 자체로 이단이지만 실제로 교회를 자기 마음대로 움직이는 자들도 실천적인 의미에서 작은 교황이라고 하지 않을 수 없다. 「고백서」는 이 교황을 적그리스도요 불법의 사람이요 멸망의 아들이라고 규정한다.

교황은 적그리스도인가? 종교개혁 이후 이 문제는 계속 개혁교회 안에서 논의가 되었다. 1903년의 미국장로교 고백서는 이 문장을 제거했다. 교황제도가 심각한 문제가 있다는 것은 사실이지만 성경이 말한 적그리스도가 교황인가는 또 다른 문제였기 때문이다.

제26장 성도의 교제

1항. 성령과 믿음에 의하여 자신들의 머리이신 예수 그리스도께 연합한 모든 성도는 그분의 은혜와 고난과 죽으심과 부활과 영광 안에서 그분과 친교를 나눈다.[1] 또한 사랑 안에서 서로 연합된 성도들은 각자가 받은 은사와 은혜를 서로 나누면서,[2] 공사(公私) 간에 내적으로뿐만 아니라 외적으로도 서로 유익이 되도록 의무를 다해야 한다.[3]

2항. 신앙을 고백하는 성도는, 자신들의 능력이나 필요에 따라 하나님을 예배할 때, 덕을 세우는 여러 가지 영적인 봉사를 할 때, 그리고 외적인 짐들을 서로 덜어 줄 때 거룩한 친교와 교제를 유지해야 한다.[4] 이와 같은 성도의 교제는 하나님께서 기회를 주시는 대로 어떤 곳에서든지 주 예수의 이름을 부르는 모든 자에게까지 확장되어야 한다.[5]

3항. 그리스도와 교제를 나눈다고 해서 성도들이 어떤 방식으로든지 그분의 신적 본질에 참여하는 자가 되는 것은 결코 아니며, 어떤 관점에서도 그리스도와 동등한 존재가 되는 것도 전혀 아니다. 이 둘 중 하나라도 인정하는 것은 불경건과 신성모독이다.[6] 또한 성도들끼리의 교제를 이유로 각 개인의 재산과 소유에 대한 권리들을 빼앗거나 침해해서도 안 된다.[7]

1) 요일 1:3; 엡 3:16-19; 요 1:16;
　엡 2:5-6; 빌 3:10; 롬 6:5-6;
　딤후 2:12.
2) 엡 4:15-16; 고전 12:7;
　고전 3:21-23; 골 2:19.
3) 살전 5:11, 14; 롬 1:11-12, 14;
　요일 3:16-18; 갈 6:10.
4) 히 10:24-25; 행 2:42, 46; 사 2:3;
　고전 11:20.
5) 행 2:44-45; 요일 3:17; 고후 8-9;
　행 11:29-30.
6) 골 1:18-19; 고전 8:6; 사 42:8;
　딤전 6:15-16; 시 45:7; 히 1:8-9.
7) 출 20:15; 엡 4:28; 행 5:4.

우리가 보고 들은 바를 너희에게도 전함은
너희로 우리와 사귐이 있게 하려 함이니
우리의 사귐은 아버지와 그의 아들 예수 그리스도와 더불어 누림이라.

(요일 1:3)

서론: "성도의 교제를 믿습니다"

칼뱅이 어렸을 때 어머니를 따라 자신이 태어난 누아용(Noyon)을 떠나 울스캠프(Ourscamp)에 간 적이 있었다. 그곳에는 마리아의 어머니 성 앤(St. Anne)의 유골이 있었는데 어린 칼뱅은 그 유골에 입을 맞춘 적이 있다.[204] 이와 같은 미신적 관습은 아주 보편적이었을 뿐만 아니라 이로 인해 교회는 막대한 재정적 수입도 확보할 수 있었다. 칼뱅의 예는 종교개혁 이전의 교회가 성도의 교제(사실상 성인과의 교제)를 어떻게 이해했는지

204　Herman J. Selderhuis, 조숭희 역, 『칼빈』 (서울:대성닷컴, 2009), 20-21.

를 단적으로 보여 준다. 그렇다면 우리는 오늘날 성도의 교제를 어떻게 이해하고 있는가?

우리는 교회에서 종종 이런 말을 자주 듣는다. "우리 교회는 교제가 너무 약해." "우리 청년부의 교제는 형식적인 것 같아." 만약 이것이 사실이라면 교제를 강화하기 위해서 가장 먼저 무엇을 해야 할까? 아마도 교제를 잘하기 위해서는 성도들끼리 서로 알아가는 것이 제일 중요하다고 생각할 것이다. 이를 위해서 만남을 자주 가지고 대화도 해야 한다고 생각한다. 체육대회나 나들이를 계획하기도 하고 식사 모임이나 여행을 구상하기도 한다. 이런 것들이 교제를 활성화하는 데 도움이 되기는 하지만 교제를 이렇게만 이해하면 세상 사람들의 교제와 근본적으로 아무런 차이가 없다.

"성도의 교제"는 신앙의 중요 항목이다. 모든 신자는 예배 시간에 사도신경을 통해서 이 교리를 믿는다고 고백하지만 대부분 실감을 잘 하지 못하는 것 같다. 성도의 교제를 믿는다고 고백할 때 신자들은 무슨 생각을 하고 있을까? 도대체 성도의 교제는 무엇을 의미하는가? 교회가 여기에 대해서 분명하게 가르치지 않으니 신자들은 각자의 소견에 옳은 대로 판단한다. 제26장은 성도의 교제가 무엇인가에 대해서 가장 분명한 성경적 가르침을 제시하고 있으므로 참된 신자는 이를 통해 자신의 신앙을 분명히 정립해야 할 것이다.

신자는 거룩한 영을 믿고, 거룩한 공교회를 믿고, 거룩한 자들의 교제를 믿는다. 사도신경에 따른 이 순서는 매우 중요하다. 성령 하나님은 예수 그리스도의 속량을 택한 자들에게 적용하여 거룩한 교회를 세우시고 성도들을 교제에 참여하도록 하신다. 거룩하신 성령을 정말로 믿는 사람들은 다른 무엇보다 거룩에 관심을 가져야 한다. 교회를 거룩하게 만들어야 하고 그 교회 안에서 거룩한 성도들이 참된 교제를 이루도록 노력해야 한다. 이 교제야말로 교회가 무엇인지를 가장 분명하게 보여 준다.

앞 장에서 살펴보았듯이 교회는 성도들의 모임이지만 성도들이 단순히 모여 있기만 해서 교회가 될 수는 없다. 모인 성도들이 참된 교제를 실천해야 진정한 의미에서 교회라고 할 수 있다. 많은 목회자가 지나치게 모이는 것 자체에만 관심을 가진다. 자연스럽게 전도를 강조하게 되지만, 문제는 전도를 통해서 교회에 처음 온 사람을 그냥 방치한다면 그 전도는 사실상 역효과를 낼 수밖에 없다는 것이다. 이 점에서 진정한 교제가 교회 성장을 위해서 얼마나 중요한지 쉽게 알 수 있다. 예수님은 이 사실을 기도로 가르쳤다.

> 내가 아버지 안에 있는 것 같이 그들도 다 하나가 되어 우리 안에 있게 하사 세상으로 아버지께서 나를 보내신 것을 믿게 하옵소서.
> (요 17:21)
> 내가 그들 안에 있고 아버지께서 내 안에 계시어 그들로 온전함을 이루어 하나가 되게 하려 함은, 아버지께서 나를 보내신 것과 또 나를 사랑하심 같이 그들도 사랑하신 것을 세상으로 알게 하려 함이로소이다.
> (요 17:23)

예수님의 기도에 따르면 최상의 전도 방법은 성도의 교제라고 할 수 있다. 교인들의 숫자에만 관심 있는 교회는 실제로는 정당이나 동호회가 되기 쉽다. 자신을 참된 성도라고 생각한다면 성도의 숫자가 아니라 성도의 교제에 관심을 가져야 한다.

제1항 성도의 교제란?

성도의 교제는 성도와 교제라는 두 단어로 구성된다. 이것은 설명이 좀 필요하다. 사도신경은 원래 라틴어로 작성되었는데 라틴어로 성도의 교제를 코뮤니오 상크토룸(communio sanctorum)이라고 한다. 문법적으로 이것은 이중 번역이 가능하다. 1) 거룩한 자들의 교제, 2) 거룩한 것들에 참여. 물론 이 둘은 서로 분리될 수 없다. 거룩한 자들은 거룩한 것들, 즉 성례를 통하여 교제를 나누기 때문이다. 진정으로 거룩한 교제는 거룩한 자들과 거룩한 것들을 포함한다. 제26장에서는 거룩한 자들을 다루고 제27장에서는 거룩한 것들을 다룬다.

성도는 번역상 문제의 소지를 안고 있다. 라틴어 "거룩한 자들"을 어떻게 번역하는가에 따라 그 의미가 완전히 달라지기 때문이다. 영어는 모두 "saints"라고 번역하기 때문에 아무런 문제가 없으나 한국 개신교는 성도라고 번역하고 가톨릭 교회는 성인으로 번역한다. 실제로 성도의 교제를 로마 교회는 "성인의 통공"으로 번역하며 여기서 성인은 하늘에 있는 성인을 의미한다. 따라서 성인은 모든 신자를 의미하지 않고 아주 특별한 공로를 쌓은 신자를 의미한다. 종교개혁은 이와 같은 성인 개념을 완전히 거부했고 「고백서」역시 이와 같은 전통에 따라 참된 '성도의 교제'를 정리했다.

'교제'는 헬라어로 코이노니아라고 한다. 이 단어 역시 번역하기가 쉽지 않은 단어다. 성경에서 문맥에 따라 교제, 참여, 사귐으로 번역되었다. '교제'라는 단어는 코이노니아가 가지고 있는 의미를 살리기에는 좀 약한 것 같다. 앞에서 잠시 언급했듯이 로마 교회는 '통공'이라는 특별한 용어를 사용하고 있다. 코이노니아에 가장 근접한 단어는 '교분'(交分)이라고 할 수 있는데 동일한 것을 함께 나눈다는 의미를 살릴 수 있다는 점에서 그러하다. 대표적인 예로 교제는 떡을 떼는 것과 동일한 개념으로 사용되었으며(행 2:42), 축복의 잔에 참여하는 것과 그리스도의 몸에 참여하는 것에도 코이노니아라는 단어가 사용되었다.

연합(union)**과 교제**(communion)[205] 성도의 교제는 그리스도와의 연합에 근거한다. 성도란 특별한 공로를 쌓은 신자를 의미하지 않는다. **"성령과 믿음으로"** 머리이신 그리스도와 연합한 신자들은 모두 성도다. 이 연합은 성령과 믿음에 의해서 이루어진다. 따라서 신자와 성도는 분리되지 않는다. 성령께서 복음의 설교를 통하여 죄인 안에 믿음을 일으키셔서 신자로 만드시고 동시에 이 믿음을 통하여 땅에 있는 신자를 하늘에 계신 그리스도와 하나가 되게 하셔서 성도로 만드신다. 따라서 성도의 거룩함은 성령의 놀라운 사역이다. 성령께서 신자 안에서 창조하신 거룩함은 본인들의 행위가 아니라 거룩하신 그리스도에게 근거하고 그리스도와의 연합이 죄인인 신자를 성도로 만든다. 참으로 살아있는 신앙을 가진 신자와 그 믿음으로 그리스도와 연합한 성도는 모두 동일하다. 따라

---

205 대교리문답에 따르면 제65문답에서부터 다루어지는 구원론은 사실상 교회론과 같으며 연합과 교제로 구성되어 있다.

서 「고백서」는 성도와 신자를 분리하는 로마 교회의 가르침을 거부한다.

성도의 교제는 일차적으로 머리 되신 그리스도와 지체인 성도들 사이의 교제다. 이 교제는 무엇보다 복음의 설교와 성례를 통해서 이루어진다. 성도들은 이 교제를 통해서 그리스도의 모든 것을 함께한다. 여기에는 그분의 "은혜, 고난, 죽음, 부활, 영광"이 포함된다. 따라서 성도의 교제를 생각할 때 가장 먼저 그리스도와의 교제를 머리에 떠올려야 한다. 그렇지 않으면 성도의 교제는 친목회와 다를 바가 없게 된다. 여기서 주목할 것은 그분의 부활이나 영광뿐만 아니라 고난과 죽음도 교제에 포함된다는 것이다. 바울 사도는 이것을 다음과 같이 가르쳤다. "우리가 그와 함께 영광을 받기 위하여 고난도 함께 받아야 할 것이니라"(롬 8:17). 고난 없는 영광의 교제만 가르치는 교리는 거짓 복음이다.

"사랑 안에서 연합" 모든 성도는 믿음과 성령으로 그리스도와 연합할 뿐 아니라 사랑으로 서로 연합되어 있다. 그리스도께 연합된 성도들은 그분으로부터 필요한 모든 은사와 은혜를 받는다. 이 은사는 자신을 위한 것이기도 하지만 같은 지체인 성도들을 위한 것이기도 하다. 따라서 이 은사를 서로 나누면서 주님의 몸 된 교회를 든든하게 세운다. 그리스도와의 교제를 강조하면서 성도들 사이에 이루어져야 할 사랑의 교제를 약화해서는 안 된다. 그리스도와의 연합과 교제가 우선이지만 이것은 성도들 사이의 교제로 발전해야 한다. 바울 사도가 가르쳤듯이 믿음, 소망, 사랑 중에 제일은 사랑이다(고전 13:13).

"공사 간에" 성도들 사이의 교제는 어떤 식으로 이루어져야 하는가? 공적으로 이루어져야 하고 사적으로 이루어져야 한다. 공적인 교제는 주로 그리스도께서 세우신 직분자들을 통해서 이루어진다. 목사, 장로, 집사가 행하는 모든 직무는 공적으로 시행된다. 이것들은 주로 공예배를 통해서 이루어지기 때문에 성도들은 공예배에 참석하기를 힘써야 한다. 예배 속에서 직분자들은 설교, 세례, 성찬, 그리고 봉헌(현금)을 통해서 성도의 교제를 구체적으로 실천한다. 성도들은 사적으로도 서로 필요한 일들을 감당해야 한다. 특히 가정에서 자신들이 해야 할 일을 잘 수행해야 한다. 이 점에서 가정 예배 혹은 구역 예배가 가장 중요하다고 할 수 있다. 또 여러 소그룹 모임을 통해서 성도들은 사랑으로 서로 봉사할 수 있다.

"내적/외적" 성도들은 내적으로뿐만 아니라 외적으로도 서로 나누어야 한다. 교회 안에는 늘 약한 자와 가난한 자들이 있을 것이다(막 14:7). 이들은 다른 성도들로부터 실제적인 도움이 필요하다. 단지 서로를 위해서 기도만 하는 것이 아니라 실제로 도움을 주기 위해서 노력해야 한다. 사도 요한은 "말과 혀로만 사랑하지 말고 행함과 진실함으로 하자"(요일 3:18)는 가르침을 교회에 주셨다. 사도 야고보 역시 동일한 교훈을 교회에 주셨다. "만일 형제나 자매가 헐벗고 일용할 양식이 없는데 너희 중에 누구든지 그에게 이르되 평안히 가라, 덥게 하라, 배부르게 하라 하며 그 몸에 쓸 것을 주지 아니하면 무슨 유익이 있으리요"(약 2:15-16)?

제2항 어떻게 & 얼마나 서로 도와야 하는가?

예배, 영적 봉사, 구제. 성도들은 세 가지 영역에서 서로 교제해야 한다. 그것은 바로 예배와 영적인 봉사와 구제이다. 교제는 예배의 본질이다. 일반적으로 예배를 하나님께 드리는 것으로 이해하는데, 예배는 하나님으로부터 받는 것이 우선한다.[206] 예배는 설교와 성례를 통한 하나님과 신자 사이의 언약적 교제다. 사도 요한은 이 점을 아주 선명하게 강조했다. 설교의 최종 목적은 청중에게 본문의 내용을 잘 이해시키는 것이 아니라 삼위 하나님과의 교제에서 나오는 사귐을 설교자와 청중이 함께 누리는 것이다(요일 1:3). 설교자가 설교의 목적을 선명하게 이해할 때 올바른 설교를 계속 수행할 수 있을 것이다. 예배가 점차 공연으로, 설교가 강연으로 바뀌는 상황 속에서 성례(특히 성찬)의 회복을 통해 성도의 교제가 예배 속에서 회복되어야 한다.

성도들은 서로를 영적으로 세우는 일을 해야 한다(롬 14:19). 이 점에서 교회가 하나님의 거룩한 성전이라는 것을 잊어서는 안 된다. 구약 시대 성전은 돌로 만들어졌지만 신약 시대 성전은 살아 있는 돌, 즉 중생한 신자들로 세워진다. 이들이 따로 떨어져 있으면 돌무더기에 지나지 않는다. 성도들이 서로 연결이 되어야 튼튼한 하나님의 집이 될 수 있다. 바울 사도는 이렇게 말씀하셨다. "너희도 성령 안에서 하나님의 거하실 처소가 되기 위하여 그리스도 예수 안에서 함께 지어져 가느니라"(엡 2:22).

---

206 예배의 기본 개념에 대해서는 다음 저서를 참조하라. 이성호, 『예배를 알면 교회가 보인다』 (서울: 좋은씨앗, 2020), 17-39.

이를 위해서 성도들은 서로를 위해 기도하고, 영적인 모임에 참석하고, 서로 권면과 권고를 하고, 마음이 연약한 자를 위로하는 일을 해야 한다 (말 3:16; 골 3:16; 살전 5:11, 14; 히 10:24).[207]

구제 역시 성도의 교제에서 매우 중요한 부분이다. 구제를 성도의 교제로 이해한다면 결코 이 문제를 가볍게 다룰 수 없다. 구제가 구원에 필수적인 요소는 아니지만 성도의 교제를 위해서는 필수적이다. 물론 교회는 구호 단체가 아니다. 하지만 교회가 구제를 무시한다면 그 교회는 진정한 교회라고 할 수 없다. 왜냐하면 구제도 일종의 복음에 대한 증거이기 때문이다. 구제도 복음에 속하기 때문에 처음에는 사도들이 봉헌을 감독했다는 것을 잊어서는 안 된다(행 4:37).

일반적으로 성도의 교제라고 하면 개체 교회 안에서 이루어지는 교제를 생각하겠지만 성도의 교제는 개체 교회의 범주를 넘어선다. 특히 한국 교회는 지나치게 개교회 중심주의에 빠져 있기 때문에 "성도의 교제" 마저도 개교회 중심적으로 이해하는 경우가 적지 않다. 참된 성도들은 같은 신앙을 고백하는 타 교회의 성도들과도 예배 속에서 교제해야 하고, 필요한 교회에는 도움을 주어야 하고, 구제가 필요하다면 그들의 짐을 덜어 주어야 한다. 이 점에서 정기적인 연합 예배도 잘 운영된다면 성도들에게 큰 유익이 될 수 있을 것이다.

"능력이나 필요에 따라" '성도'는 그리스도와 연합한 모든 자를 의미한다. 그런데 실제로 세상의 모든 성도가 서로 교제하는 것은 불가능하다.

---

207 로버트 쇼, 『웨스트민스터 신앙고백 해설』, 526.

이 교제는 주께서 다시 오셔서 만물을 새롭게 할 때까지 미루어졌다. 하지만 그전까지 각 성도는 최대한 많은 성도와 교제하기 위해서 노력해야 한다. 이것은 각 성도의 능력과 필요에 따라 달라질 수밖에 없다. 예를 들어서 영어를 잘하는 사람들은 훨씬 더 풍성한 성도의 교제를 누릴 수 있을 것이다. 또한 외국을 방문할 기회를 자주 가지는 성도들은 그곳에서 같은 신앙을 고백하는 성도들과 하나 되는 기쁨을 누릴 수 있을 것이다. 모든 교회는 완전하지 않고 부족한 점을 가지고 있기 때문에 이와 같은 교제를 통하여 서로 배워서 주님의 교회를 더욱 든든하게 세울 수 있다.

"기회를 주시는 대로" 각 성도와 교회는 능력이나 필요에 따라 서로 교제해야 하지만 때로는 힘에 지나는 경우에도 교제해야 할 때가 있다. 그것은 바로 하나님께서 기회를 주시는 경우다. 아가보 선지자의 예언대로 큰 흉년이 들었을 때 안디옥 교회는 예루살렘 교회에 부조를 보내기로 결정했다(행 11:27-30). 마케도니아 교회는 아주 가난했지만 힘에 지나도록 자원하여 풍성한 연보를 했다(고후 8:1-5). 우리는 "주님의 이름을 부르는" 지상의 모든 성도를 다 도울 수는 없다. 하지만 하나님은 우리에게 그들을 도울 기회를 제공하신다. 그 기회를 놓치지 않을 때 성도의 교제는 훨씬 더 풍성해질 것이다.

제3항 성도의 교제에 대한 거짓 교훈

「고백서」는 성도의 교제에 대한 성경적 교훈을 제시한 다음 잘못된 교리를 다룬다. 성도의 교제가 이중적이듯이 성도의 교제에 대한 거짓 교훈 역시 이중적이다. 성도와 그리스도와의 교제를 잘못 이해할 때, 성도와 성도의 교제를 잘못 이해할 때 이와 관련된 거짓된 교훈이 신자들을 미혹한다.

1. 성도와 그리스도와의 연합은 본성적 연합을 의미하지 않는다. 성경은 때때로 아주 강력한 언어로 그리스도와 신자의 연합을 설명한다. 대표적인 예가 베드로후서 1장 3-4절이다. 베드로 사도는 지상의 성도들이 "신의 성품(divine nature)"에 참여한 자라고 선포한다. 에베소서 역시 성도들이 그리스도와 함께 하늘에 앉았다고 선언한다(엡 2:6). 이와 같은 구절에 근거하여 기독교 분파 중에는 "인간이 하나님 안에서 신이 되었다"와 같은 표현을 종종 사용하기도 했다.

우리는 그리스도와 성도의 연합을 강조하는 여러 성경 구절을 무겁게 받아들여야 한다. 그것들을 너무 쉽게 상징적으로만 받아들여서는 안 된다. 그리스도와 성도의 연합은 최대한 문자적으로 해석되어야 한다. 믿음으로 그리스도의 죽으심과 부활에 참여한 것처럼 성도는 그리스도의 승천에도 참여한다. 하지만 성도가 그리스도 안에서 하늘에 있다는 사실이 성도가 하나님이 된다는 것을 의미하지는 않는다. 창조주와 피조물의 무한한 간격은 영광의 상태에 있어서도 변하지 않는다.

2. 성도와 성도의 교제는 공유주의(공산주의)를 의미하지 않는다. 오순절 성령 강림을 통해 설립된 초대 교회 성도들은 재산을 공유했다. 사도행전은 그 모습을 다음과 같이 증언하고 있다.

믿는 무리가 한마음과 한뜻이 되어 모든 물건을 서로 통용하고 자기 재물을 조금이라도 자기 것이라 하는 이가 하나도 없더라. 사도들이 큰 권능으로 주 예수의 부활을 증언하니 무리가 큰 은혜를 받아 그중에 가난한 사람이 없으니 이는 밭과 집 있는 자는 팔아 그 판 것의 값을 가져다가 사도들의 발 앞에 두매 그들이 각 사람의 필요를 따라 나누어 줌이라.

(행 4:32-35)

교회 역사 속에서 수많은 신자는 초대 교회를 본받아 이와 같은 공동생활의 꿈을 꾸었다. 실제로 이와 같은 공동생활을 실천하기 위해서 중세 시대에는 여러 수도원이 곳곳에 설립되었다. 특히 탁발 수도사들은 모든 소유를 포기하고 그 소유물을 필요한 사람들에게 나누어주고 구걸하는 삶을 살았다. 오늘날 일부 선교단체에서 시행되는 거지 순례는 이런 것을 모방한 것이라고도 볼 수 있다.

초대 교회의 이 놀라운 모습을 어떻게 볼 것인가? 먼저 지적할 것은 신약에서 어떤 교회도 이 예루살렘 교회의 예를 따랐다는 증거가 없다는 점이다. 사도들도 이것을 교회가 따라야 하는 규범으로 제시한 적이 없다. 하지만 이 사건을 단순히 2,000년 전에 일어났던 옛날이야기로만 보아서도 안 된다. 이 사건은 성도의 교제에 대해서 여러 가지 본질을 제시하고 있기 때문이다. 이 본질들은 오늘날에도 최대한 교회 안에서 실현되어야 한다.

그들은 "내적으로" 한마음과 한뜻이 되었고, "외적으로" 모든 물건을 통용하고 제 재물을 조금이라고 제 것이라고 하지 않았다. 이것이 가능한 이유는 사도들이 큰 권능으로 그리스도의 부활을 증언했기 때문이다. 공유 생활은 단지 이상적인 삶에 대한 동경이 아니라 부활에 대한 큰 확신에 의해서 가능하다. 예배 시간에 선포된 부활의 복음은 삶 속에서 성도의 교제로 실천되어야 한다. 구제는 성도들의 필요에 따라 분배되었고 그 결과 가난한 사람이 하나도 없었다.

교회 역사 안에서 일부 열성파들이 지나치게 초대 교회의 공유주의를 동경했다면, 오늘날 대부분의 교회는 이 사건에 대해서 별 관심이 없다. 초대 교회의 방언이나 치유에 대해서는 그토록 많은 관심을 가지면서 초대 교회의 재산 공유에 대해서는 무관심한 것을 어떻게 설명할 수 있을까? 결국 각자의 소견에 옳은 대로 성경을 보기 때문에 일어나는 현상이다. 교회 안에서 가난으로 극심한 고통을 받고 있는 신자들이 있는데, 교회가 아무것도 하지 않는다면 그 교회를 참된 교회라고 할 수 있을까?

돈은 삶을 영위하는 데 매우 중요한 요소다. 예수님께서 이렇게 말씀하셨다. "네 보물 있는 그곳에는 네 마음도 있느니라"(마 6:21). 교회가 어디에 돈을 어떻게 쓰는지를 보면 그 교회가 어떤 교회인지를 잘 알 수 있다. 부활의 복음이 강력하게 선포되는 교회일수록 교회 안에서 가난한 자들이 더 많은 도움을 얻게 된다. 안타깝게도 오늘날 교회 주보에는 교회가 돕는 수많은 기관이나 다른 교회 명단이 적혀있는 데 반해, 정작 그 교회 안에 있는 가난한 이들은 도움을 받지 못하는 경우가 적지 않다. 그 이유가 무엇일까? 여러 가지 이유가 있겠지만 "오른손이 하는 것을 왼손이 모르게" 구제하라는 주님의 말씀을 실천하지 못하기 때문이다(마 6:3).

좋은 교회를 분별하는 일은 그렇게 어렵지 않다. 좋은 교회란 성도의 교제가 풍성한 교회다. 내적인 교제는 보이지 않지만 외적인 교제는 쉽게 볼 수 있다. 그 교회가 회계 보고를 정기적으로 투명하게 공개하는지, 그 예산을 어떻게 사용하는지만 보아도 좋은 교회를 충분히 쉽게 분별할 수 있다. 성도의 교제를 「고백서」에 따라 잘 배웠다면 헌금은 열심히 하지만 헌금 사용에 대해서 무관심하지는 않을 것이다. 헌금의 사용에 대해서 무관심하다는 것은 성도의 교제에 대해서 무관심하다는 말과 동의어기 때문이다.

부연 설명: 만나와 성도의 교제

구약 성경에서 성도의 교제를 가장 가시적으로 보여 주는 것은 만나다. 홍해를 통과하면서 그리스도의 죽으심과 부활을 경험한 이스라엘 백성들은 광야에서 모두 함께 하나님께서 내려 주시는 하늘의 양식을 함께 먹었다. 이 공동 식사를 통해 이스라엘 공동체는 식사 공동체를 이루었으며 하나의 식구(食口)가 되었다. 만나는 단지 배고픔을 해결하는 음식이 아니라 성도의 교제를 실현하는 수단이었다. 아니, 만나는 그 당시에 성도의 교제 그 자체였다고 할 수 있다.

이 만나의 정신은 신약에서 이중적으로 성취되었다. 하나는 예수 그리스도께서 제정하신 성찬으로 이루어졌고 다른 하나는 구제헌금으로 실천되었다. 이것은 특별히 오순절 초대 교회에서 정확하게 성취되었다. 3,000명이 세례를 받음으로 첫 교회가 설립되었고 그들은 함께 모여서 오로지 떡을 떼면서 교제하기에 힘썼다(행 2:42). 떡을 떼는 것과 교제(코이노니아)가 같은 의미로 사용된 것을 보게 된다. 초대 교회 성도들은 떡을 떼면서 그리스도의 몸을 함께 먹으면서 성도의 교제를 풍성하게 누렸다.

모임이 파한 후 성도들은 또한 집에서는 물건을 서로 통용하고 필요에 따라 나누어주는 교제를 실천했다. 이것이 나중에 구제헌금으로 발전했다. 이 구제헌금에 대한 의미는 고린도후서 8장에 자세하게 진술되어 있다. 바울의 가르침에 따르면 구제는 단지 도덕적 선행이 아니라 복음을 실천하는 행위다. 이를 증명하기 위해 바울은 만나를 언급한다. 하나님은 하루에 한 사람당 한 오멜만을 허락하셨다. 이스라엘이 이 명령에 불순종한 결과 많이 거둔 사람도 있었고, 적게 거둔 사람도 있었다. 하지만 그들이 모여서 다시 오멜로 되었을 때는 많이 거둔 자도 남음이 없고 적게 거둔 자도 부족함이 없이 각 사람이 먹을 만큼만 거두었다(출 16:18). 만나를 통해 선포된, 균등하게 하는 복음의 원리는 신약교회에서는 구제를 통해 계속 실현되어야 한다. 이를 위해서 집사의 직분이 근본적으로 회복될 필요가 있다.

제27장 성례

1항. 성례는 은혜언약의 거룩한 표와 인이다.[1] 이것들은 하나님이 직접 제정하신 것으로,[2] 그리스도와 그분의 은덕들을 보여 주고 그분 안에 있는 우리의 권리를 확증한다.[3] 또한 교회에 속한 사람들을 세상에 속한 나머지 사람들과 가시적으로 구분하고[4] 그들로 하여금 말씀에 따라 그리스도 안에서 하나님을 엄숙히 섬기는 의무를 부여한다.[5]

2항. 모든 성례에는 표와 표가 가리키는 실체 사이에 영적 관계 또는 성례적 연합이 있다. 그러므로 표의 이름과 효과는 표가 가리키는 실체에 기인한다.[6]

3항. 바르게 시행된 성례 안에서 혹은 그 성례를 통하여 보이게 되는 은혜는 결코 성례 속에 담긴 어떤 능력에 의해 수여되는 것이 아니다. 또한 성례의 효과는 집례자의 경건이나 의도에 의존하지 않고,[7] 성령의 사역과[8] 제정 말씀에 의존한다. 이 말씀에는 성례를 시행할 권한을 수여하는 명령과 더불어 성례를 합당하게 받는 자들에게 주어지는 은덕에 대한 약속이 담겨 있다.[9]

4항. 복음에서 우리 주 그리스도께서 제정하신 오직 두 가지 성례만 있으니, 곧 세례와 성찬이다. 이 둘 중 어떤 것도 합법적으로 세워진 말씀의 사역자 외에 어느 누구에 의해서도 시행되어서는 안 된다.[10]

5항. 구약의 성례들은 자신들이 가리키고 나타내는 영적인 실체에 관한 한 신약의 성례들과 본질적으로 동일하다.[11]

---

1) 롬 4:11; 창 17:7, 10.

2) 마 28:19; 고전 11:23.

3) 고전 10:16; 고전 11:25-26; 갈 3:17.

4) 롬 15:8; 출 12:48; 창 34:14.

5) 롬 6:3-4; 고전 10:16, 21.

6) 창 17:10; 마 26:27-28; 딛 3:5.

7) 롬 2:28-29; 벧전 3:21.

8) 마 3:11; 고전 12:13.

9) 마 26:27-28; 마 28:19-20.

10) 마 28:19; 고전 11:20, 23; 고전 4:1; 히 5:4.

11) 고전 10:1-4.

그 말을 받은 사람들은 세례를 받으매
이날에 신도의 수가 삼천이나 더하더라.
그들이 사도의 가르침을 받아 서로 교제하고 떡을 떼며
오로지 기도하기를 힘쓰니라.

(행 2:41-42)

서론: 성례에 대한 무관심

"성도의 교제"에 이어서 「고백서」는 성례를 다룬다. 사도신경의 "성도의 교제"가 "거룩한 것들에 참여"라고 번역될 수 있다는 것을 기억한다면 성도의 교제 이후에 성례가 이어지는 것은 자연스러운 순서라는 것을 쉽게 알 수 있을 것이다. 참된 성도의 교제는 무엇보다 믿음과 성령을 통하여 이루어지지만, 외적인 성례를 통한 교제도 무시되어서는 안 된다. 성례가 성도의 교제의 전부는 아니지만 성례를 제외하고 성도의 교제를 논의하는 순간 성도의 교제는 인간적인 교제로 쉽게 변질될 수 있다.

성례, 특히 성찬은 종교개혁 당시 가장 논쟁이 되었던 교리였다. 이 논쟁에서 종교개혁가들은 아주 불리한 위치에 있었는데, 성경, 예정, 칭의, 자유 의지와 같은 교리들은 아직 공식적인 입장이 정해지지 않았으나 성례는 중세 동안 여러 공의회를 통하여 이미 확고하게 정립되어 있었기 때문이다. 로마 교회에 따르면 성례는 구원에 필수적인 예식이고, 그 숫자는 일곱[208]이었다. 트리엔트 공의회는 이것을 부인하는 자들을 파문한다고 경고했다.

로마 교회에서 성례는 원리적으로 사도직을 이어받은 주교만 시행할 수 있기 때문에 주교의 권위는 절대적이라고 하지 않을 수 없다. 주교의 위임을 받아 성례를 실시하는 사제들 역시 성도들에게 막강한 영적 권위를 행사할 수 있었다. 성직자들에게 성례를 받지 못하면 구원받을 수 없다고 생각해 보면 로마 교회가 얼마나 권위주의적이었는지를 쉽게 이해할 수 있을 것이다. 이와 같은 성례론에 대해서 종교개혁가들은 성경적 입장을 제시해야만 했다. 이를 위해서 성례가 무엇인지, 성례를 어떻게 자리매김하게 해야 하는지, 성례의 효과는 무엇인지를 재정립해야 했는데, 이것은 결코 쉬운 일이 아니었다.

성례가 오늘날 개신교인들에게 생소한 가장 큰 이유 중의 하나는 이 용어가 성경에 등장하지 않기 때문이다. 성경에 직접적으로 나타나지 않기 때문에 개신교 신자들은 성례의 중요성을 너무 쉽게 간과한다. 교회

---

208 일곱 개의 성례 혹은 성사는 다음과 같다. 세례, 견진, 성찬, 성품, 고해, 혼인, 종부.

도 성례에 대해서 잘 가르치지 않고 자주 시행하지도 않는다. 로마 교회가 지나치게 성례 중심적 예배를 추구한다면 개신교회는 지나치게 설교 중심적 예배를 추구하고 있다. 그 결과 개신교회는 성례가 희미하게 되었다. 심지어 예배가 여러 부로 분리된 경우에는 일 년 동안 성례에 한 번도 참여하지 않는 신자들도 적지 않으며 성도들은 이것을 심각하게 생각하지 않는다. 로마 교회 신자들은 성례에 참여하지 않으면 구원받지 못한다고 생각하지만, 개신교 성도들은 성례에 참여하지 않아도 크게 상관하지 않는다.

거룩한 예식을 뜻하는 성례는 라틴어 사크라멘툼(sacramentum)을 번역한 것이다. 이 용어는 '제물을 바치다'를 의미하는 사크로(sacro)에서 유래했는데 '헌신', '거룩', '신비' 등 여러 의미를 포함하고 있다. 사크라멘툼은 성경에 자주 등장하는 헬라어 미스테리온을 번역하는 데 사용되었다. 대표적인 예가 에베소서 5장 32절이다: "이 비밀이 크도다." 비록 '비밀'을 '성례'로 번역한 것이 적절하지 않다고 하더라도 성례가 헬라어의 번역이라는 것을 고려한다면 성례가 성경에 없다는 말은 정확한 말이 아니다. 오히려 성례는 성경의 메시지를 분명하게 담고 있다. 성경에서 '비밀'은 한때 감추어졌으나 지금은 계시된 신비, 특히 "구약 시대에 감추어졌다가 지금 그리스도의 오심과 사도적 계시로 말미암아 드러난 것들"을 의미한다.[209] 이와 유사하게 성례 역시 오늘날 신자들에게 복음의 신비를 외적인 물질을 통하여 신자에게 가시적으로 보여 준다.

---

209 R. C. 스프로울, 이상웅 & 김찬영 역,『웨스트민스터 신앙고백 해설』(서울: 부흥과개혁사, 2011), 3권 111.

제1항 성례란? "은혜언약의 표와 인"

성례는 "거룩한 예식"이지만 거룩한 예식이 모두 성례가 될 수는 없다. 예를 들어서 목사 임직식도 거룩한 예식이지만 우리는 그것을 성례라고 부르지는 않는다. 따라서 거룩한 예식과 성례를 구분할 필요가 있다. 여기에 대해서 「고백서」는 아주 선명한 기준을 제시한다. 그것은 바로 '은혜언약'이다. 이 언약에 대해서는 제7장 3항에서 이미 다루었기 때문에 여기에서 다시 반복할 필요는 없을 것이다. 여기서 주목해야 하는 것은 이 은혜언약이 성례와 성례가 아닌 것을 나누는 기준이라는 것이다.

은혜언약은 죄 사함과 영생에 대한 하나님의 약속이다. 이 언약을 통해 하나님은 죄인들이 믿음으로 예수 그리스도로 말미암아 값없이 죄 사함과 생명을 받는다고 약속하신다. 그런데 이 약속은 두 가지 방식으로 전달된다. 하나는 복음의 설교이고 다른 하나는 성례의 시행이다. 전자를 들리는 말씀(audible word)이라고 하고, 후자를 보이는 말씀(visible word)이라고 한다. 성례에서 중요한 요소는 가시성이다. 우리는 이 두 말씀을 통하여 은혜언약에 나타난 복음의 약속을 믿고 확신하게 된다. 따라서 두 가지 모두 가리키는 바는 동일하다. 단지 전달되는 방식이 다를 뿐이다.

모든 약속에는 두 가지 요소가 반드시 필요하다. 하나는 약속의 내용이고, 다른 하나는 약속에 대한 확신이다. 이것을 우리는 표(sign)와 인(seal)이라고 한다. 예를 들어서 갑이 을에게 수표를 주었다고 하자. 거기에 아무것도 쓰여 있지 않다면 그 수표는 아무런 의미가 없을 것이다. 1억을 주겠다는 내용이 쓰여 있지만 도장이 없다면 그 수표 역시 아무런 효과를 내지 못한다. 하지만 도장이 찍히는 순간 그 수표는 확실한 효과를 가지기 시작한다. 수표를 받은 을은 아직 1억을 받지 않았지만 1억을 받으리라는 것을 확신할 수 있다.

성례는 본질적으로 언약적 특성을 가지고 있기 때문에 언약의 창시자이신 하나님만 제정하실 수 있다. 선지자들이나 사도들도 성례를 제정할 수 있는 권한이 없다. 우리 주님께서는 잡히시던 밤에 성찬을 제정하셨으며, 부활하시고 나서 세례를 제정하셨다. 이 두 가지 성례만 그리스도께서 직접 성례로 제정하셨다. 로마 교회는 다른 여러 성례도 예수님께서 제정하셨다고 주장하지만 근거 없는 추론일 뿐이다. 대표적인 예로 그들은 가나 혼인 잔치의 기적에 근거하여(요 2장) 예수님께서 혼인성례를 제정하셨다고 주장하는데 예수님은 혼인을 제정하신 것이 아니라 혼인을 거룩하게 하셨다고 보아야 한다.

성례는 은혜언약의 표와 인이다. 표와 인으로서 성례는 네 가지 기능을 한다. 첫째, 성례는 언약의 중보자이신 그리스도와 그분의 은덕들을 보여 준다. 비록 성례에서 사용되는 물질적 요소가 그리스도 그 자체는 아니지만 그분이 어떤 분이시고 어떤 일을 하셨는지를 우리에게 보여 준다. 성찬에서 떡이 떼어질 때 우리는 그리스도의 몸이 십자가에서 찢어져서 우리를 위한 희생 제물이 되셨다는 것을 보게 된다. 우리가 그 떡을 먹을 때 그리스도의 살과 피가 우리에게 참된 양식과 음료가 된다는 것을 확실히 보게 된다.

둘째, 성례는 신자들이 그리스도의 은덕에 참여한다는 것을 확증한다. 즉 성례는 단지 객관적인 그리스도와 그분의 은덕을 보여 줄 뿐만 아니라 우리가 그 은덕에 실제로 참여할 수 있다는 것을 확증한다. 이 점에서 성례는 단지 표일 뿐 아니라 인이라는 것을 기억해야 한다. 구원의 의미가 희미해지고 구원의 확신이 흔들릴 때마다 성례를 시행하고 참여하는 데 교회는 힘써야 한다.

셋째, 성례는 교회의 회원들과 그렇지 않은 사람들을 가시적으로 구별한다. 비록 성례가 구원에 필수적인 것은 아니지만 가시적 교회의 회원이 되고 그 회원권을 유지하기 위해서는 필수적이다. 세례를 받지 않고 교회의 회원이 되는 방법은 존재하지 않으며, 성찬에 참여하지 않고 회원의 권리를 누릴 수 있는 방법은 없다.

넷째, 성례를 통하여 가시적 교회의 회원들은 보다 단결하여 그리스도를 더 잘 섬길 수 있다. 세례식에서 신자들은 수례자를 자신의 지체로 받아들인다. 세례받는 아기는 '우리의' 아이로 받아들인다. 성찬은 회식과 같은 역할을 한다. 불신자들이 회식을 통하여 서로 단합하듯이 신자들은 성찬을 통하여 주님에 대한 헌신을 강화시킨다.

제2항 성례적 연합 (sacramental union)

성례에는 성례가 가리키는 실체가 있고 이것에 상응하는 물질적 요소가 존재한다. 성찬에서 사용되는 떡은 예수님의 살을 가리킨다. 그런데 예수님은 떡을 가리켜서 "이것은 내 몸이라"고 말씀하셨다. 그렇다면 성찬상의 떡(물질적 요소)과 예수님의 몸(실체)은 어떤 관계가 있는가? 「고백서」는 이 관계를 "영적 관계" 혹은 "성례적 연합"이라고 설명한다. 영적이라는 말은 이 둘 사이의 관계가 물리적(physical)이거나 육적(carnal)인 연합이 아니라는 것을 의미한다. 간단히 말해서 성찬의 떡은 예수님의 실재 살을 의미하지 않는다.

영적인 관계 혹은 성례적 연합은 단지 상징적인 연합을 의미하지 않는다. 성례에 사용된 물질적 요소는 단지 시청각 자료가 아니다. 물질적 요소와 이 요소가 가리키는 실체는 영적이지만 참되고 실재적 관계를 가지고 있다. 이 관계를 가리켜 「고백서」는 성례적 연합이라고 한다. 따라서 성례적 연합은 매우 수준 높은 연합을 의미한다. 이 연합은 그리스도의 신성과 인성의 위격적 연합(hypothetic union), 그리스도와 교회의 신비적 연합(mystical union), 영혼과 몸의 본성적 연합(natural union)에 비견될 수 있다.

성례에서 표와 표가 가리키는 실체는 나눌 수 없게 하나가 되었지만, 그 이름들과 그 효과는 표가 아니라 실체에 속한다. 예를 들어서 성찬에서 사용되는 잔은 "축복의 잔"이라고 불린다(고전 10:16). 그 잔을 마시는 것 자체가 그리스도의 축복을 마시는 것이 아니지만, 그 잔이 그리스도의 보혈을 가리키고 그 보혈이 우리에게 실재로 복이 되기 때문에 우리가 마시는 잔을 축복의 잔이라고 부른다. 성찬에 참여하는 자들은 단지 잔만 마시는 것이 아니라 그 잔을 통하여 그리스도의 참된 축복을 실재로 누리게 된다. 이것은 우리의 머리로 이해할 수 있는 것이 아니라 오직 말씀에 근거하여 믿음으로 받아들일 수 있을 뿐이다. 이 점에서 우리는 성례를 "비밀"이라고 이야기할 수 있다.

개혁교회와 달리 로마 교회는 표와 실체의 구별을 없애 버렸다. 그 결과 성례는 구원 자체가 되어버렸다. 세례의 물은 죄를 사하고, 성찬의 떡은 영생을 제공한다. 반면에 재세례파는 표와 실체를 완전히 분리했다. 표는 구원을 얻는 데 아무런 도움을 제공하지 않는다. 단지 우리의 기억을 보다 새롭게 하거나 감동만 제공할 뿐이다. 「고백서」는 이와 같은 두 극단을 거부한다. 표는 실체는 아니지만 그렇다고 해서 실체와 분리되지 않는다. 성례의 요소는 은혜언약의 실체를 가리키고 그 실체는 성례를 받는 자들에게 구원의 효과를 제공한다.

제3항 성령과 말씀의 능력

성례적 연합을 다룬 이후에 「고백서」는 바르게 사용된 성례 속에서 가시적으로 보인 은혜가 어떻게 수여되는지를 설명한다. 「고백서」는 부정과 긍정의 이중적인 답을 제시한다. 여기에서 우리는 성례를 통하여 은혜가 보이게 되고(exhibit), 성령을 통해 수여되는(confer) 점을 확인하게 된다. 이 둘의 차이를 이해하는 것은 성례를 이해하는 데 매우 중요하다.[210]

1) 성례 자체 속의 어떤 능력에 의존하지 않는다. 2항에서 강조했듯이 성례의 표는 실체가 아니기 때문에 그 자체로는 아무런 능력을 가지지 않는다. 따라서 성례가 기계적으로 혹은 자동으로 구원의 은혜를 제공하지 않는다. 성례를 지나치게 강조하면 성례의 요소에 뭔가 신비한 힘이 있다고 오해하는 경우가 적지 않게 생긴다. 실제로 성례에서 사용되는 물이나 포도주가 병을 고친다는 미신이 널리 퍼지기도 했다.

---

210 Letham, *The Westminster Assembly*, 324.

성례는 또한 집례자의 경건에 의존하지도 않는다. 이와 관련된 문제는 특히 5세기 도나티스트 논쟁에서 첨예화되었다. 이들은 배교했던 자들이나 그들과 교제하는 목사들이 베푸는 성례는 무효라고 주장했다. 이들의 주장은 상당히 설득력이 있어서 그 당시 일반 성도들에게 큰 영향을 주었다. 오늘날에도 다른 목사가 아니라 자신에게 신앙을 가르쳐 주었던 목사에게서 세례받기를 고집하는 이들이 간혹 있음을 보면 이해가 쉽게 갈 것이다. 하지만 성례의 효력은 집례자의 경건에 의존하지 않는다.

성례의 효력은 집례자의 의도에도 의존하지 않는다. 로마 교회는 집례자의 의도가 성례의 효력에 필수적이라고 생각한다. 만약 집례자가 아무리 바르게 성례를 집례한다고 하더라도 성례를 집례할 의도 없이 집행하면 성례가 될 수 없다. 「고백서」는 이와 같은 로마 교회의 가르침에 대항하여 성례의 효력이 집례자의 자질에 있다는 것을 거부했다. 물론 이와 같은 「고백서」의 가르침은 집례자의 경건이나 의도가 아무런 의미가 없다는 것을 의미하지는 않는다. 단지 성례의 효력과 관련해서 그와 같은 성격을 가진다는 것을 의미할 뿐이다.

2) 성령의 사역과 제정 말씀. 「고백서」는 개혁파 신학 정통에 따라 성례의 효력이 제정 말씀과 성령에 의존한다는 것을 분명히 밝혔다. 성례가 효력을 가지는 것은 이 성례가 말씀과 함께 있기 때문이다. "이것은 너희를 위한 내 몸이라"는 제정 말씀의 선포 없이, "아버지와 아들과 성령의 이름으로 세례를 베푸노라"라는 말씀 없이 시행되는 성찬과 세례는 아무런 효력이 없다. 성례는 독자적으로 존재할 수 없고 말씀과 함께 존재한다. 이 점에서 성례는 설교와 구분된다.

성례의 효력은 또한 성령의 놀라운 능력에 의존한다. 눈에 보이는 떡이나 물이 어떻게 신적인 구원의 놀라운 은혜를 전달하는 수단이 될 수 있겠는가? 성령 하나님의 놀라운 능력을 생각하지 않고 설명될 수 없을 것이다. 이것이야말로 「고백서」가 성령의 능력을 강조하는 개혁주의 신학에 충실하다는 것을 가장 확실하게 보여 주는 증거다. 한국 교회 안에는 성령의 능력을 강조하는 사람치고 성례의 중요성을 제대로 인식하는 사람이 거의 없다. 성령에 대해서 많은 오해가 있는 것이 분명하다. 보이지 않은 성령의 능력에 대한 이해는 보이는 성례에 대한 인식을 통해서 점검되어야 한다.

제4항 성례의 가지 수: 성례 vs 거룩한 예식

복음 시대에 그리스도께서 직접 제정하신 성례는 세례와 성찬 두 가지뿐이다. 성찬은 그리스도께서 잡히시던 밤에 제정하셨고, 세례는 부활 이후에 제정하셨다. 로마 교회는 일곱 개의 성례를 주장하는데, 세례와 성찬 외에는 복음의 본질, 즉 은혜언약을 가시적으로 증거하고 확증하지 않기 때문에 성례로 불릴 수 없다.

여기서 주의해야 할 것이 있다. 다섯 가지 예식이 성례가 아니라는 말이 그것들이 거짓 성례를 의미하는 것이 아니라는 것이다. 다섯 가지 예식은 비록 성례는 아니지만 거룩하고 중요한 예식으로 개혁교회 안에서 올바르게 자리 잡았고 오히려 로마 교회보다 더 신실하게 시행되었다. 아쉽게도 다섯 가지 예식이 오늘날 한국 교회에서 성례가 아니라는 것만 지나치게 강조한 결과 이 예식들이 별 의미 없는 교회 행사로 치러지는 경우가 많다. 이것은 시정되어야 할 부분이다.

1) 결혼: 결혼은 성례는 아니지만 하나님께서 두 사람을 하나로 연합시키는 하나님의 일이다. 결혼에 대해서는 이미 제24장에서 충분히 다루었기 때문에 여기서 다시 다룰 필요는 없을 것이다. 하지만 결혼이 거룩한 예식이라는 아주 단순한 교리는 강조할 필요가 있다. 결혼이 정말 하나님의 거룩한 예식이라면, 지금보다는 결혼식이 훨씬 더 엄숙하게 시행되어야 할 것이다. 실제로 이것이 가능하기 위해서는 결혼식을 주관할 의무가 있는 당회가 훨씬 더 성숙할 필요가 있다.

2) 입교: 로마 교회는 이것을 견진성사(堅振聖事, confirmation)라고 하는데 세례 때 맺어진 언약을 강화하는 예식이다. 로마 교회에서는 오직 주교만 집례할 수 있으며 수례자의 이마에 기름을 바른다. 개혁교회는 이것을 성례로 인정하지 않고 이름도 "공적 신앙고백(the public confession of faith)"으로 변경했다. 명칭이 생소하여 한국 교회에서는 '입교'라는 말이 정착되었다. 이 예식을 통하여 유아 세례를 받은 신자가 스스로 회중 앞에서 공적으로 신앙고백을 함으로 수찬 회원이 된다. 개혁교회는 이 예식을 제대로 하기 위해서 어린 자녀들에게 철저하고 부지런하게 교리 교육을 실시했다. 비록 성례는 아니지만 교회의 예식으로서 입교는 교회가 올바로 성장하는 가장 중요한 방법이다. 교회 성장에 관심이 있으면서 입교에는 별 관심이 없는 한국 교회는 스스로 깊이 반성해야 한다.

3) 임직: 로마 교회는 이것을 신품성사(神品聖事, ordination)라고 한다. 직

분자를 임직하는 것은 매우 중요한 예식이라고 하지 않을 수 없다. 비록 성례는 아니지만 이 예식 역시 하나님께서 하시는 일이다. 직분이 '하나님의 일'이라는 인식이 약화된 결과 오늘날 직분은 하나의 감투로 전락했고, 임직식도 하나님의 일이 아니라 사람의 행사가 되어버렸다. 임직식이 제대로 이루어지기 위해서는 임직 이전의 모든 과정이 신중하고 철저해야 한다. 신중한 추천, 엄숙한 선거, 철저한 교육, 제대로 된 검증을 거쳐서 (시취라고 함) 신실한 서약을 통하여 임직이 이루어지는 교회가 건강하고 튼튼한 교회다.

4) 죄의 고백: 로마 교회는 이것을 고해성사(告解聖事, penance)라고 부르는데 그리스도를 대리하는 사제에게 죄를 고백함으로 죄로 인해 분리된 하나님과 이웃과의 관계가 회복된다고 믿는다. 죄의 고백은 사도 야고보가 주님의 교회에 명한 것이다(약 5:16). 또한 부활하신 주님은 사도들에게 죄 사함에 관하여 다음과 같이 약속하셨다. "너희가 누구의 죄든지 사하면 사하여질 것이요, 누구의 죄든지 그대로 두면 그대로 있으리라"(요 20:23). 성경에 따르면 신자가 서로에게 혹은 목사에게 자신의 죄를 고백하는 것은 장려할 일이지만 그것을 하나의 규례로 만들어서 신자에게 명에를 지우는 것은 성경의 가르침을 벗어나는 것이다. 개혁교회는 사적인 고해성사를 거부한 대신 공예배 순서 속에서 '죄 사함의 고백'과 '사죄의 선포'를 넣었다. 이 두 순서는 특별한 형태의 기도와 설교라고 할 수 있다. 아직 한국 교회에 생소한 예배 순서인데 최근 많은 교회에서 채택이 되어 성도들이 많은 유익을 누리고 있다.

5) 병자 심방: 로마 교회는 이것을 병자성사(病者聖事)라고 부르는데 이

전에는 종부성사라고 불렸다. 죽을 위험에 처한 병자들이 그리스도의 수난에 특별한 모양으로 참여하여 위로와 힘을 얻고 때로는 영육의 건강을 얻게 한다고 그들은 믿는다. 성결교회는 신유를 성례로 보지는 않지만 4대 복음 중의 하나로 본다. 사도 야고보는 병자들을 위해서 기도하라고 가르치면서 특히 장로들이 그들을 심방할 것을 명령한다(약 5:14 이하). 약한 자들, 특히 병자들을 심방하여 그들을 위해서 기도하는 일은 장로들이 해야 할 중요한 직무다. 설교가 성도 전체를 향한 말씀의 방문이라면, 심방은 가정 혹은 개인을 향한 말씀의 방문이다. 예전에는 목사들이 성도들을 부지런히 심방했는데 요즘에는 성도들이 싫어한다는 핑계로 심방이 많이 약화되었다. 심방은 모든 직분자가 반드시 해야 할 사명이며, 심방이 잘 이루어지기 위해서 교회는 세심하게 여러 방법을 계속 성찰하여야 한다.

다섯 가지 예식 중에서 결혼, 병자심방은 「공예배지침」에, 임직은 「교회정치 규범」에서 아주 상세하게 다루어졌다. 입교와 죄의 고백은 이후에 여러 예식서를 통하여 지속적으로 발전되었다.

제5항 구약의 성례와 신약의 성례

구약의 성례와 신약의 성례는 본질상 같다. 이것은 성례가 은혜언약의 표와 인이기 때문이다. 은혜언약의 시행에 대해서 우리는 제7장 5항과 6항에서 자세히 살펴보았다. 시기, 규례, 대상, 기능, 효과에 있어서는 차이가 있지만 그 본질에서 신약과 구약은 아무런 차이가 없다. 예를 들어, 이스라엘 백성이 홍해를 건넌 것은 구약 시대의 세례이다(고전 10:1-4). 구약 이스라엘이 홍해에서 받은 세례는 신약 성도들이 받는 세례와 아무런 차이가 없다.

제28장 세례

1항. 세례는 예수 그리스도께서 제정하신 신약의 성례다.[1] 이를 통하여 수세자는 가시적 교회에 엄숙하게 가입하게 된다.[2] 세례는 수세자에게 은혜언약의 표와 인으로서[3] 그가 그리스도께 접붙여졌다는 것,[4] 중생했다는 것,[5] 죄사함을 받았다는 것,[6] 새 삶을 살면서 그리스도를 통해 자신을 하나님께 봉헌했다는 것을 나타내고 확증한다.[7] 이 성례는 그리스도께서 친히 명하신 바에 따라 세상 끝날까지 교회에서 계속 시행되어야 한다.[8]

2항. 이 성례에 사용되는 외적 요소는 물이며, 이 물로 수세자는 합법적으로 부르심을 받은 복음 사역자에게 성부와 성자와 성령의 이름으로 세례를 받아야 한다.[9]

3항. 수세자를 반드시 물에 잠기게 할 필요는 없다. 수세자에게 물을 붓거나 뿌림으로도 세례는 올바르게 시행된다.[10]

4항. 그리스도에 대한 믿음과 순종을 실제로 고백하고 순종하는 자들뿐만 아니라[11] 부모 중 한쪽이 믿거나 양쪽 모두 믿는다면 그들의 유아들도 세례를 받아야 한다.[12]

5항. 이 규례를 경멸하거나 소홀히 여기는 것은 큰 죄지만,[13] 세례 없이 중생이나 구원을 전혀 받지 못하거나,[14] 혹은 세례받은 사람은 누구나 의심할 여지 없이 중생했다고 할 수 있을 정도로 구원과 세례가 분리될 수 없게 결부되어 있는 것은 아니다.[15]

6항. 세례의 효력은 세례가 시행되는 바로 그 순간에만 국한되지 않는다.[16] 이 성례가 바르게 사용되면, 성인이든 유아든 이 은혜가 약속된 모든 자에게 하나님의 뜻의 경륜에 따라 정하신 때에 약속된 은혜가 단지 제시만 될 뿐 아니라 성령에 의해 실재적으로 시현되고 수여된다.[17]

7항. 세례는 어느 누구에게라도 오직 한 번만 시행되어야 한다.[18]

---

1) 마 28:19.
2) 고전 12:13.
3) 롬 4:11; 골 2:11-12.
4) 갈 3:27; 롬 6:5.
5) 딛 3:5.
6) 막 1:4.
7) 롬 6:3-4.
8) 마 28:19-20.
9) 마 3:11; 요 1:33; 마 28:19-20.
10) 히 9:10, 19-22; 행 2:41; 행 16:33; 막 7:4.
11) 막 16:15-16; 행 8:37-38.

12) 창 17:7, 9-10; 갈 3:9, 14; 골 2:11-12; 행 2:38-39; 롬 4:11-12; 고전 7:14; 마 28:19; 막 10:13-16; 눅 18:15.
13) 눅 7:30; 출 4:24-26.
14) 롬 4:11; 행 10:2, 4, 22, 31, 45, 47.
15) 행 8:13, 23.
16) 요 3:5, 8.
17) 갈 3:27; 딛 3:5; 엡 5:25-26; 행 2:38, 41.
18) 딛 3:5.

예수께서 세례를 받으시고 곧 물에서 올라오실새
하늘이 열리고 하나님의 성령이 비둘기 같이 내려
자기 위에 임하심을 보시더니

(마 3:16)

서론: 제자훈련의 허상

겉으로 볼 때 한국 장로교회는 기본적으로 세례를 중요하게 생각하지 않는다. 이것은 침례교회와 비교해 보면 아주 선명하게 드러난다. 침례교회의 경우 기본적으로 예배당 안에 침례조가 설치되어 있다. 교회당 안에 설치가 곤란하면 침례를 위해서 별도의 시설을 만들거나 아예 날을 정해서 강이나 호수에서 세례식을 시행한다. 적어도 겉으로 보았을 때 침례교회는 세례를 아주 중요하게 생각한다는 것을 알 수 있다.

침례교회와 반대로 장로교회의 예배당에서 세례를 찾기는 거의 불가능하다. 작은 교회의 경우 일 년에 한두 차례 시행할 뿐이다. 만약 그날에 교회에 참석하지 않는다면 그 교회 성도는 일 년 동안 세례를 한 번도 볼 수 없다. 어른과 어린이의 예배가 분리된 상황에서 어린이들은 10년이 훨씬 넘는 동안 세례를 보지 못할 수도 있다. 한국 교회 성도는 세례를 잘 몰라도 신앙생활 하는 데 아무런 불편을 느끼지 못하고 있다.

예수님의 지상명령에 따르면 세례는 제자훈련의 중심이 되어야 한다. 이 명령에 따르면 제자를 삼기 위해서는 두 가지 방식이 필요하다. 하나는 아버지와 아들과 성령의 이름으로 세례를 주는 것이고, 다른 하나는 예수님께서 사도들에게 가르치신 모든 교훈을 가르치는 것이다. 그런데 이상하게 제자훈련 프로그램에서 세례는 거의 강조되지 않고 그냥 간단하게 처리되는 경우가 많다. 올바른 제자훈련을 위해서도 세례가 회복될 필요가 있다.

세례가 삼위 하나님의 이름으로 시행되기 때문에 교회는 삼위 하나님에 대해 교인들을 잘 가르쳐서 그들이 신실하게 고백하도록 해야 한다. 삼위일체 하나님을 고백하고 예배하는 자가 참된 그리스도의 제자이기 때문에 삼위일체 하나님이 제자훈련의 중심이 되어야 한다. 그렇게 세례를 받은 자들에게 사도적 가르침("내가 너희에게 분부한 모든 것"), 즉 창조에서 종말에 이르는 모든 성경적 교훈을 가르쳐야 진정한 예수님의 제자가 된다. 하지만 세례에 대한 무지로 인해 예수님의 제자가 되기보다는 어떤 목사의 철학을 따르는 제자가 되든지 아니면 어떤 프로그램의 제자가 되는 예가 증가하고 있다.

교회는 교인으로 구성되고, 교인이 되는 유일한 방법은 세례이기 때문에 세례가 튼튼한 교회가 정말로 튼튼한 교회라고 할 수 있다. 간단히 말해서 세례는 교회의 기초다. 세례에 별 관심이 없는 자들이 제대로 된 교회를 세울 수는 없다. 교회 중심의 신앙생활을 하기 위해서는 자신의 세례부터 점검해야 할 것이다. 한국 장로교회는 그동안 「고백서」가 가르친 세례의 교훈에서 많이 벗어난 것을 부인할 수 없다. 지금부터라도 회개하고 하나씩 잘 배워서 교회를 다시 세워야 할 필요가 있다.

제1항 세례의 정의

그리스도께서 제정하심. 성찬은 예수님께서 친히 제정하신 것이 확실하지만 세례는 그렇지 않아 보일 수 있다. 지상명령을 통해서 세례를 주라는 명령을 하기 전에도 이미 세례 요한은 수많은 사람에게 세례를 베풀었다. 심지어 예수님의 제자들도 세례를 베풀었다(요 4:2). 따라서 세례라는 형식 그 자체는 세례 요한 이전에도 있었다. 하지만 요한의 세례는 회개하고 예수님을 영접하도록 하기 위한 예식이었을 뿐이다. 부활하신 예수님은 지상명령을 통하여 이 예식을 성례로 제정하셨다.

엄숙하게 회원이 됨. 교회의 회원이 되는 유일한 방법은 세례다. 이것을 '허입'이라고 한다. 회원의 입장에서 보면 '가입'이지만 교회의 입장에서 보면 '허입'이 된다. 이 세례를 통하여 우리는 어떤 사람이 가시적 공교회의 회원인지 아닌지를 확인할 수 있다. 거룩한 교회의 회원이 되는 것은 매우 영예로운 일이기 때문에 아주 엄숙하게 이루어져야 한다. 세례를 통하여 가시적 공교회에 가입되고 동시에 한 지역 교회의 회원이 된다.

한국 장로교회는 회원 허입을 신중하게 생각해야 한다. 오늘날 수많은 교회가 분쟁에 휘말리게 되는 가장 큰 이유 중의 하나는 회원을 너무 쉽게 받아들이기 때문이다. 교인 숫자에 너무 관심을 가지다 보니 자격이 되지 않는 사람들이 교회의 회원이 되고, 그들 중에 직분자가 선발되면 교회의 질서를 제대로 잡는 것은 매우 어렵게 된다. 교회마다 비치된 소위 '등록카드'는 교회와 백화점의 차이를 모호하게 만든다. 회원 허입 과정이 엄숙하다는 인식을 주는 교회가 바르고 튼튼한 교회다. 참된 신자라면 회원 가입을 강요하거나 서두르는 교회는 피해야 할 의무가 있다.

세례가 엄숙하게 시행되기 위해서는 교리 교육이 충분히 시행되어야한다. 세례는 삼위 하나님의 이름으로 시행되기 때문에 최소한 삼위 하나님이 어떤 분이시고 어떤 일을 하시는 분인지는 충분히 가르쳐져야 한다. 이것들은 사도신경에 최소한으로 요약되어 있고 웨스트민스터 교리문답에 잘 정리되어 있기 때문에 교회가 세례를 바로 세우기 위해서는 교리문답을 가르치는 데 열심을 내어야 한다. 유아 세례의 경우에는 당회가 부모들에 대한 신앙을 충분히 점검할 필요가 있다.

퀘이커 교도들이나 구세군 교회와 같이 세례를 부정하는 이들이 있다. 세례가 성례라는 것을 명시적으로 말하는 성경 구절이 없기 때문이다. 또한 그들은 물세례보다 성령 세례를 더 강조한다. 이들은 세례 없이 엄숙한 서약을 통해서 교회의 회원으로 받아들인다. 구세군은 이것을 입대식이라고 부르기도 한다. 그들의 회원 가입식이 더 엄숙하게 보이는 것은 사실이지만 성례가 아니며 단지 예식에 지나지 않는다. 아무리 자신이 그리스도를 믿는다고 확신에 차서 고백하더라도, 엄숙하게 서약하더라도 세례를 받지 않았다면 그 사람은 가시적 공교회의 회원이 아니다. 궁극적 의미에서 볼 때 신자는 개인의 결단을 통해서가 아니라 그리스도의 허락, 즉 세례를 통해서 교회의 회원이 된다.

은혜언약으로서 세례의 4가지 표와 인

1) 그리스도께 접붙여짐

세례는 신자가 그리스도께 접붙여졌다는 것을 표시하고 확증한다. "접붙임"보다 더 실감 있게 신자와 그리스도의 연합을 묘사하는 단어는 없을 것이다. 세례가 어떻게 이 연합을 상징할 수 있을까? 예수님께서 받으신 세례를 통해서 알 수 있듯이 세례의 형식은 침례였다. 세례가 침례라는 것을 기억한다면 세례가 연합을 의미한다는 것을 쉽게 알 수 있을 것이다. 또한 세례를 받을 때 집례자는 아버지와 아들과 성령의 이름"으로" 세례를 베푼다고 선언한다. 하지만 "으로"에 해당하는 헬라어 "에이스(εἰς)"는 기본적으로 "안으로"를 의미한다. 아쉽게도 한글 성경에 따르면 "안으로"라는 의미가 약화되었다. 원문의 의미를 살린다면 우리는 세례가 본질적으로 삼위 하나님과의 연합을 의미한다는 것을 알 수 있을 것이다. 세례를 통하여 우리는 그리스도께 접붙여지게 되고 이 접붙임을 통하여 삼위 하나님과 연합하게 되면 그분께 속한 모든 은혜를 받게 된다.

2) 중생

우리는 예수님께서 "물과 성령으로 나지 아니하면" 하나님 나라에 들어갈 수 없다고 말씀하신 것을 잘 안다(요 3:5). 침례를 생각하면 세례가 중생을 의미할 수 있다는 것을 쉽게 알 수 있다. 세례는 물에 잠기고 물에서 올라올 때 완성된다. 물에 잠기는 것은 죽음을 의미하고, 물에서 나온다는 것은 다시 살아난다는 것을 의미한다. 예수님께서 물에서 올라오실 때 생명의 영이신 성령께서 비둘기처럼 임했다는 것을 우리는 잘 알고 있다(마 3:16). 세례를 통한 그리스도와의 연합은 특별히 그분의 죽으심과 부활과의 연합을 의미한다. 바울은 로마서에서 이 진리를 보다 선명하게 다음과 같이 서술했다. "그러므로 우리가 그의 죽으심과 합하여 **세례를 받음으로** 그와 함께 장사되었나니 이는 아버지의 영광으로 말미암아 그리스도를 죽은 자 가운데서 살리심과 같이 우리로 또한 새 생명 가운데서 행하게 하려 함이라"(롬 6:4).

3) 죄 사함

세례는 죄 사함에 대한 표와 인이다. 물이 몸을 씻듯이 세례는 영혼의 죄를 사하는 표와 인이다. 물론 로마 교회가 가르치듯이 세례 자체가 원죄와 세례 이전의 모든 죄를 사하는 것이 아니다. 하지만 세례는 "중생의 씻음"과 "죄를 씻음"이라고 불리는데(딛 3:5), 그 이유를 하이델베르크 교리문답(73)은 아주 정확하게 설명하고 있다. "하나님께서는 몸의 더러운 것이 물로 씻기듯이, 우리 죄가 그리스도의 피와 성령으로 없어짐을 우리에게 가르치려 하셨습니다. 더 나아가서 우리의 죄가 영적으로 씻기는 것이 우리의 몸이 물로 씻기는 것처럼 매우 실재적임을 이러한 신적 약속과 표로써 우리에게 확신시키려 하셨습니다."

4) 헌신

세례를 통해서 중생한 성도들은 하나님 앞에서 "새 생명 가운데서" 행하기로 헌신한다(롬 6:4). 세례와 헌신은 잘 연결되지 않는 것 같다. 하지만 세례가 삼위 하나님에 대한 신실한 신앙고백을 요구한다는 것을 기억할 필요가 있다. 삼위 하나님에 대한 믿음은 또한 그분의 뜻에 따라 살겠다는 결심도 포함한다. 이와 같이 세례가 철저한 헌신을 포함한다는 것을 사도 베드로의 교훈을 통해서 잘 알 수 있다. "물로 말미암아 구원을 얻은 자가 몇 명뿐이니 겨우 여덟 명이라. 물은 예수 그리스도께서 부활하심으로 말미암아 이제 너희를 구원하는 표니 곧 세례라. 이는 육체의 더러운 것을 제하여 버림이 아니요, 하나님을 향한 선한 양심의 간구니라"(벧전 3:20-21). 이 구절은 세례를 이해하려 할 때 매우 중요하다. 왜냐하면 세례가 무엇인지 구체적으로 설명하는 유일한 구절이기 때문이다. 성경은 세례를 설명하지 않고 독자들이 이미 그 의미를 다 알고 있는 것처럼 서술한다.

베드로전서 3장 21절은 해석하기 어려운 구절 중의 하나다. 마지막에 나오는 '간구'는 헬라어로 에페로테마(ἐπερώτημα)라고 하는데 신약 성경에 한 번 등장하는 단어다. 그 뜻도 여러 가지 의미를 가지고 있기 때문에 성경 역본들마다 서로 다르다. 하지만 이 단어는 이곳에서 '서약(pledge)'으로 번역되는 것이 가장 자연스럽다. 즉 세례란 육체의 더러움을 제하는 것이 아니라 하나님 앞에서 선한 양심에 따라 고백하고 더 나아가 그 고백에 따라 살겠다는 서약을 의미한다.[211] 교부들은 모두 이와 같은 해석을 지지했다. 또한 이것은 문맥에 의해서도 지지받을 수 있다. 16절 "선한 양심을 가지라"는 세례의 의미를 통해 다시 한번 확증된다. 신자들이 선한 양심에 따라 살아가야 할 근거가 바로 세례에 있다는 것이 사도 베드로의 교훈이다.

노아의 가족들이 물을 통해 구원받는 동안 그들은 하나님께서 살려 주시면 하나님의 뜻대로 살겠다고 다짐했을 것이다. 베드로 역시 의심하면서 물에 뛰어들었다가 죽을 뻔한 경험을 가지고 있다(마 14:28-33). 결국 신자들이 세례에서 물에 잠긴다는 것은 철저하게 하나님만을 믿고 그분에게 자신을 맡긴다는 것을 의미한다. '세례'는 지나치게 "씻음"의 의미를 강조하기 때문에 용어 자체가 한계를 가지고 있다는 점을 인식할 필

---

211 Matthew R. Crawford, " 'Confessing God from a Good Conscience': 1 Peter 3:21 and Early Christian Baptisma Theology," *The Journal of Theological Studies* 67 (2016): 23-37.

요가 있다.

제2항과 제3항 세례의 방식

세례에서 사용되는 물질적 요소는 순수한 물이다. 교회 역사 속에서 소금이나 기타 다른 요소를 섞는 경우가 있었는데 이와 같은 미신적 행위는 허용되어서는 안 된다. 성령 세례를 강조하는 어떤 교회는 물 없이 단지 안수 기도를 통해서 세례를 베풀기도 한다. 그들은 그 예식을 세례라고 부르겠지만 그것은 전혀 세례가 아니기 때문에 올바르게 세례를 받아야 한다.

물은 성경에서 기본적으로 그리스도의 피를 상징한다. 요한일서 5장 6절에 따르면 그리스도는 물과 피로 임하셨고, 물로만 아니라 물과 피로 임하셨다는 것을 강조한다. 실제로 로마 군병이 예수님을 창으로 찔렀을 때 옆구리에서 물과 피가 흘러나왔다(요 19:34). 예수님이 성전이라는 것을 생각한다면 예수님의 옆구리에서 물이 나왔다는 것은 성전에서 물이 흘러나오는 에스겔서의 성취라고 할 수 있다(겔 47:1-12). 십자가에서 흘리신 예수님의 피는 우리의 죄를 사하며, 우리는 세례의 물을 통해서 그것을 확신하게 된다.

물은 또한 성령을 상징한다. 물과 성령이 밀접한 관계가 있다는 것을 우리는 구약 곳곳에서 확인하게 된다. 창조할 때부터 성령은 물과 함께 계셨다. "하나님의 영은 수면 위에 운행하시니라"(창 1:2). 노아 홍수에서 물을 마르게 하신 것은 바람이었다(창 8:1). 바람과 영은 히브리어로 동의

어다. 노아 홍수의 기적은 홍해에서도 반복되었다. 모세가 지팡이를 내밀었을 때 바람이 불었고 홍해가 갈라졌다(출 14:21). 물이 육체의 더러운 것을 제하듯이 거룩한 성령은 영혼의 오염을 정결하게 하신다. 그렇기 때문에 예수님은 물과 성령으로 나지 않으면 하나님 나라에 들어갈 수 없다고 단언하셨다.

세례는 **"합법적으로 부르심을 받은 복음 사역자"**에 의해서 시행되어야 한다. 그 이유는 세례는 가시적인 복음이기 때문이다. 로마 교회는 생명이 위독한 응급상황인 경우, 평신도가 세례를 줄 수 있다고 가르친다. 하지만, 세례는 구원에 절대적으로 필수적인 것이 아니기 때문에 적절한 과정을 거쳐서 목사에 의해 시행되어야 한다. "합법적 부르심을 받은 자"란 내적인 소명과 더불어 외적인 소명을 받은 자를 의미한다. 외적인 소명은 교인들의 선출, 충분한 교육, 적절한 검증, 그리고 올바른 임직을 포함한다. 교회의 회원이 증가하기 위해서는 모든 성도가 복음 사역자, 즉 유능하고 신실한 목사를 양성하는 데 많은 노력을 기울여야 한다.

합당한 세례는 삼위 하나님의 이름으로 시행되어야 한다. 신자는 삼위 하나님의 이름을 고백함으로 교인이 된다. 이 고백은 교인을 구분하는 중요한 기준이다. 좋은 교인은 꾸준히 예배에 출석하고, 열정적으로 봉사하고, 헌금을 많이 하는 사람을 의미하지 않는다. 삼위 하나님에 대한 고백이 분명하고 든든한 신자가 좋은 교인이다. 수많은 제자훈련 프로그램이 있는데 진정한 제자로 양육하기 위해서는 주님께서 명하신 대로 삼위 하나님을 잘 가르쳐야 할 것이다.

삼위 하나님의 이름 "안으로" 세례를 받는다는 것이 어떤 의미인지 장로교 예식서는 아주 선명하게 우리에게 알려 준다.

> 아버지의 이름으로 세례를 받을 때 아버지는 우리의 아버지가 되시
> 며 우리를 자기 자녀로 삼으실 것을 약속하고 보장해 주십니다. 아들
> 의 이름으로 세례를 받을 때 아들은 자기의 피로 우리 죄를 용서하실
> 것을 약속하고 보장해 주십니다. 성령의 이름으로 세례를 받을 때 성
> 령은 우리와 항상 함께하실 것을 약속하고 보장해 주십니다.[212]

세례를 주는 방식에 대해서 웨스트민스터 총회에서 많은 논란이 있었
다.[213] 이미 재세례파들은 침수를 세례에 필수적인 요소로 보았고, 그 당
시 흥기하고 있던 침례교도들도 같은 입장을 취하고 있었다. 이 문제에
대해서 오직 성경만으로 결론을 내리는 것은 결코 쉽지 않았다. 성경은
이 문제에 대하여 명시적으로 언급하고 있지 않으며, 겉으로 보기에 성
경은 오히려 침례를 선호하는 것처럼 보이기 때문이었다. 최고 수준의
논의와 토론을 거쳐 투표로 결정했는데 25대 24로 침수가 반드시 필수적
이지 않고 뿌리는 것이나 붓는 것으로 충분하다고 결론을 내렸다.[214] 만
약 회원 중 한 명만 침수를 더 필수적으로 생각했다면 오늘날 장로교회
는 침례를 시행하고 있을 것이다.

---

212 대한예수교장로회 고신 총회, 『예전예식서』 (서울: 총회출판국, 2015), 58.
213 세례의 방법에 대한 논쟁을 여기서 다 자세히 다루는 것은 적절치 않을 것이다. 각자의 주장
이 일리가 있어 보인다. 빌립보 간수의 예를 들어 보자. 사도행전 16장 33절에 보면 밤에 그
와 온 가족이 세례를 받았다고 기록되어 있다. 이 세례는 침례가 될 수 없다고 딕스 혼과 같
은 이들이 주장하는데, 그 당시 로마 사회에서 큰 저택(villa)에는 큰 연못(fountain)이 있었다
는 것을 고려하면 침례가 불가능한 것도 아니었다. Cf. Dixhoorn, *Confessing the Faith*, 371.
214 Robert Letham, *The Westminster Assembly: Reading Its Theology in Historical Context*
(Philippsburg: P&R, 2009), 341.

장로교는 침례를 부인하지 않는다. 침례교회에서 침례를 받았다고 해서 세례를 다시 주지 않는다. 그러나 앞에서 보았듯이 침례가 세례의 의미를 훨씬 더 풍성하게 보여 주는 것은 사실이다. 물을 뿌리는 것만으로 집례를 보는 사람들이 죽음이나 부활의 의미를 알기가 쉽지 않다. 따라서 장로교회도 상황에 따라서, 특히 선교지에서 침례를 시행할 수 있을 것이다. 중요한 것은 세례의 진정한 의미를 성도들에게 잘 가르쳐서 시행하는 것이다. 이 점에서 장로교회는 침례교회보다 더 철저하게 세례 교육을 시행할 필요가 있다.

제4항 세례의 대상자: 유아에게도 세례를 주어야 하는 이유

세례를 줄 수 있는 대상자는 **"그리스도에 대한 믿음과 순종을 실제로 (actually) 고백하는 자"**이다. 또한 부모 중 한 명이나 양쪽 모두 신자인 경우에 그 자녀에게 세례를 줄 수 있다. 이와 같은 「고백서」의 가르침에 따라 한국 장로교회는 전통적으로 일정 나이(주로 만 14세 이상)의 신자들에게 세례를 주었다. 하지만 최근에 소위 '어린이 세례'[215]가 도입되기 시작했는데 심각한 문제를 가지고 있다. 미성년자들의 고백을 과연 실제적인 고백, 즉 책임 있는 고백으로 간주할 수 있는지가 의문이다. 가장 큰 문제는 세례의 주된 목적 중의 하나가 성찬에 참여하도록 하는 것인데 어린이 세례는 성찬 참여는 이상하게 금하고 있기 때문이다.

---

215 부모가 불신자인 경우를 말한다. 부모가 신자인 경우(자녀를 낳고 이후에 세례를 받은 경우)에 어린이 세례는 유아 세례와 동일하게 취급할 수 있을 것이다.

오늘날 세례라고 하면 대부분의 성도들은 성인 세례를 생각할 것이다. 하지만 17세기 당시에 세례는 거의 대부분 유아 세례를 의미했다. 기독교 국가에서 성인이 세례를 받는 일은 아주 드물었다. 프랑스 혁명 이전에 상당수 국가에서 출생 등록은 교회에서 이루어졌다. 이와 같은 상황 속에서 교인과 시민을 구분하는 것은 매우 어려운 일이었다. 교회당 안에 온갖 종류의 사람들이 다 같이 공존하고 있었다. 재세례파가 유아 세례를 반대한 궁극적인 이유가 바로 국가와 교회를 분리하여 신자들만의 거룩한 교회를 세우려고 했기 때문이다.

세례와 관련하여 장로교회가 침례를 부정하지 않기 때문에 유아 세례야말로 장로교회와 침례교회를 나누는 시금석이다. 당연히 이것은 세례의 본질을 어떻게 볼 것인가의 문제와 관련되어 있다. 간단히 말하면 세례를 하나님의 행위(opus Dei)로 볼 것인가, 아니면 인간의 행위(opus humanum)로 볼 것인가의 문제이다. 세례를 하나님의 약속과 보증이라고 보면 세례는 하나님의 일이고, 신자의 약속과 보증이라고 보면 인간의 일이다. 세례를 후자의 일로 인식하면 유아에게 세례를 주는 일은 불가능하다. 왜냐하면 유아는 약속을 할 수 있는 능력이 없기 때문이다.

유아 세례를 시행해야 하는 이유에 대해서 하이델베르크 교리문답은 다음과 같이 핵심적으로 잘 정리하고 있다.

> **74문**: 유아들도 세례를 받아야 합니까?
> **답**: 그렇습니다. 그 이유는 유아들도 하나님의 언약 안에 있는 어른들과 마찬가지로 하나님의 백성이기 때문입니다. 그들은 어른들 못지않게 그리스도의 피를 통한 속죄와 믿음을 일으키는 성령을 약속

받은 자들이기 때문입니다. 그러므로 언약의 표식인 세례를 통하여 그리스도의 교회에 반드시 허입되어야 하는 동시에 불신자들의 자녀 와도 구별되어야 합니다.

결국 유아 세례의 문제는 믿음의 자녀를 어떻게 볼 것인가, 특히 그들의 소속을 어떻게 볼 것인가의 문제이다. 그들은 교회의 회원인가 아니면 불신자의 자녀들과 같이 교회 밖에 소속되어 있는가? 만약 교회의 회원이라면 그 근거는 무엇인가? 신자의 자녀는 언약 안에서 태어났기 때문에 약속을 받은 자들이고, 약속을 받았기 때문에 세례를 주어서 불신자의 자녀들과 구분하여 그들이 교회에 소속되었다는 것을 표시해야 한다. 만약 그들에게 세례를 주지 않는다면 그들과 불신자의 자녀들 사이에 아무런 차이점도 존재하지 않을 것이다.

제5항 세례와 중생의 관계: 세례의 중요성

앞에서 살펴보았듯이 세례는 주님께서 제정하신 매우 귀중한 규례다. 따라서 **"이 규례를 경멸하거나 소홀히 여기는 것은 큰 죄"**라고 아니할 수 없다. 오늘날 세례를 경멸하는 신자는 별로 없을 것이다. 하지만 소홀히 여기는 신자는 적지 않으리라 생각한다. 특별히 유아 세례를 소홀히 여기는 신자들은 여전히 많다. 자녀의 출생을 앞두고 다른 것들은 엄청나게 준비하면서, 자녀에게 줄 수 있는 가장 귀한 선물인 유아 세례에 대해서는 등한히 하는 경우가 얼마나 많은가? 요즘에는 그렇지 않지만 예전에 자녀들이 많이 출생할 때는 유아 세례를 한꺼번에 몰아서 시행하는 예도 적지 않았다. 교리 교육에 대한 무관심이야말로 세례를 등한히 여기는 것이라고 하지 않을 수 없다. 한국 교회는 빨리 이런 큰 죄에서 돌이켜야 할 것이다.

세례가 매우 중요한 것은 사실이지만 그 중요성을 지나치게 강조해서는 안 된다. 특히 세례와 중생을 지나치게 결부하여 세례를 받지 않으면 구원받지 못한다고 생각하거나 세례받은 사람은 모두 구원받았다고 생각해서는 안 된다. 세례와 구원은 매우 밀접하게 연결되어 있지만 완전히 동일시될 정도로 결합되어 있지는 않다. 따라서 우리는 세례와 구원을 완전히 분리하는 것도, 완전히 일치시키는 것도 거부해야 한다.

여기에서 우리는 천박한 구원지상주의를 주의해야 한다. 구원지상주의란 구원과 상관없으면 대수롭지 않게 생각하는 것을 의미한다. 구원이 매우 소중한 것은 사실이지만 성도에게 구원만 중요한 것은 아니다. 세례를 받았다고 모두가 구원을 얻는 것은 아니다. 주님께서 제정하신 세례를 의도적으로 무시하고 계속 대수롭지 않게 생각한다면 자신의 구원을 의심할 필요가 있다. 구원받았다고 하는 자가 어떻게 주님의 규례를 무시할 수 있겠는가?

제6항 세례의 효력: "정하신 때"

제27장 3항에 따르면 성례의 효과는 성례 자체 안에 있지 않고 성령과 말씀에 의존한다. 성령은 성례에 의존하시지 않기 때문에 성례의 효력이 그 시행과 반드시 일치하는 것은 아니다. 유아 세례의 경우, 로마 교회

는 그 세례 자체가 유아들의 원죄를 제거한다고 가르친다. 하지만 유아들은 복음의 약속을 받을 뿐이며 그 내용은 "하나님의 뜻에 따라 정하신 때" 성령의 실제적인 역사를 통해 받게 된다. 세례는 하나님께서 분명히 보증한 약속이기 때문에 세례를 받은 자들은 은혜언약에 속한 모든 복을 "정하신 때"에 받는다는 것을 확신할 수 있다. 성령의 능력을 정말로 믿는 교회는 부지런히 세례에 힘쓸 수밖에 없을 것이다.

제7항 세례의 횟수

"세례는 한 번만 시행되어야 한다." 이것은 공교회를 이해하는 데 매우 중요하다. 만약 공교회가 존재하지 않는다면 세례는 엄숙한 입교이기 때문에 신자는 교회를 옮길 때마다 세례를 받아야 할 것이다. 하지만 세례는 원리적으로 주님의 공교회에 입교하는 것이기 때문에 교회를 옮기더라도 다시 세례를 받을 필요가 없다. 그렇다면 그 사람이 세례를 받았다는 것을 어떻게 알 수 있는가? 그냥 "나는 세례받았습니다"라는 말로 충분할까? 세례 교육이 부실한 한국 교회에서는 의외로 학습과 세례를 혼동하는 경우가 적지 않다. 또는 세례를 받았는지 안 받았는지 잘 모르는 경우도 적지 않다. 이 점에서 중요한 것이 '이명증서'다. 이명증서를 통해 증서를 가진 자의 교인 신분을 정확하게 알 수 있다.

이명증서도 충분하지 않을 수 있다. 예를 들어서 여러 분파적인 교회들은 앞에서 지적했듯 입교 예식을 통상적으로 세례라고 부르기도 하기 때문이다. 따라서 회원권을 관리하는 당회는 특별히 다른 교파에서 이명하는 경우에는 보다 신중하게 신분을 확인할 필요가 있다. 최근에는 유아 세례는 받았지만 입교식(공적 신앙고백)을 하지 않은 젊은이들이 크게 증가하고 있다. 그들의 자녀에게 유아 세례를 주기 위해서는 먼저 입교식을 하고 나서 유아 세례를 주어야 한다.

세례는 보편성을 지녀야 하는데 '어린이 세례'는 교회의 보편성을 크게 해치고 있다. 세례받은 7살 어린이가 교회를 옮길 때 어떻게 교적을 처리해야 할까? 어린이 세례를 시행하지 않는 교회는 그 어린이를 어떤 신분으로 받아야 할까? 그것을 세례라고 인정해야 할까? 만약 그렇다면 그 어린이는 새 교회에서는 성찬에 참여할 수 있는가? 여러 가지 문제가 발생할 수 있다.

불신자에 대한 복음 전도가 거의 이루어지지 않는 오늘날 세례는 중세 시대와 같이 유아 세례가 점점 대세를 이루고 있다. 따라서 상당수의 젊은 청년들은 유아 때 이미 이 복된 세례를 받았음에도, 너무 어린 나이에 받았기에 세례를 받았다는 경험을 인지하지 못하고 있다. 직접적 경험을 중요하게 생각하는 청년들은 세례를 소홀히 하는 큰 죄를 지을 수 있다. 그렇다고 해서 이미 세례를 받은 그들에게 다시 세례를 줄 수는 없을 것이다. 대교리문답은 이 문제를 아주 진지하게 다음과 같이 다루고 있다.

167문: 이미 받은 세례를 우리가 어떻게 향상시켜야 합니까?

답: 이미 받은 세례를 향상시키는 것은 꼭 필요하지만 매우 무시당한 의무였습니다. 우리는 평생에 걸쳐서, 특히 시험을 당할 때 그리고 다른 사람들에게 세례가 시행되는 자리에 참석했을 때, 이 의무를

잘 수행해야 합니다. 이를 위해서 세례의 본질과, 그리스도께서 그것을 제정하신 목적과, 세례를 통하여 우리에게 주어진 특권과 혜택과, 세례 시에 행한 우리의 엄숙한 서약 등을 신중하고 고맙게 생각해야 하고, 우리의 죄악 된 더러움으로 인해 그리고 세례의 은혜와 우리의 서약에 못 미치고 역행하는 삶으로 인해 겸손해야 하고, 이 성례 안에서 우리에게 보증된 죄 용서와 기타 모든 복에 대하여 확신할 때까지 성장해야 하고, 죄에 대해서 죽고 은혜에 대해서 살기 위해[216] 세례를 통하여 연합하게 된 그리스도의 죽음과 부활에서 힘을 얻고, 세례받았을 때 자신의 이름을 그리스도께 바친 자로서 믿음으로 거룩하고 의로운 행실 가운데 살기를 힘쓰고, 같은 성령으로 세례를 받아 한 몸을 이룬 자로서 형제 사랑으로 행하기를 힘써야 합니다.

---

216 롬 6:3-5

제29장 주님의 만찬 (성찬)

1항. 우리 주 예수님은 배신당하셨던 밤에 자신의 몸과 피로 주님의 만찬이라 불리는 성례를 제정하셔서 세상 끝날까지 교회 안에서 준수되도록 하셨다. 이 성례의 목적은 그분의 죽으심으로 스스로가 희생 제물이 되셨다는 것을 영구적으로 기억하게 하기 위하여, 즉, 그분의 죽음이 주는 모든 은덕을 참 신자들에게 보증하고, 그분 안에서 그들이 영적인 양식을 먹고 성장하도록 하고, 그분께 그들이 해야 할 모든 의무를 더욱 신실하게 수행하도록 하고, 그들이 그분과 교제할 뿐만 아니라 그분의 신비적 몸의 지체로서 그들끼리 서로 교제하는 것을 담보하고 보증하기 위함이다.[1]

2항. 이 성례가 시행될 때, 그리스도께서 성부께 제물로 봉헌되는 것이 아니며, 살아있는 자나 죽은 자의 죄 사함을 위한 실재적 제사가 되는 것도 아니다.[2] 이것은 오직 그리스도께서 스스로 십자가 위에서 단번에 자신을 제물로 드린 것을 기념하는 것일 뿐이고, 이 일에 대해 할 수 있는 모든 찬양을 하나님께 영적으로 올려드리는 것뿐이다.[3] 로마 가톨릭에서 미사라고 부르는 제사는 그분의 택자들의 모든 죄를 위한 유일한 화목제물이 되신 그리스도의 유일한 희생을 훼손하는 지극히 가증스러운 행위다.[4]

3항. 성찬을 시행할 때 주 예수님께서는 그의 사역자에게 성찬 제정에 관한 그분의 말씀을 참여자들에게 선언하고, 기도하고, 떡과 포도주를 축복하고, 그렇게 해서 그것들을 일반적인 용도에서 거룩한 용도로 구별하며, 그 떡을 취하여 떼고, 잔을 취하여 자신들에게도 나누고, 참여자들에게도 나누게 하셨다.[5] 그러나 그 시간에 회중 가운데 참석하지 않은 사람에게는 주지 못하게 하셨다.[6]

4항. 개인 미사, 사제만 또는 사제가 아닌 사람만 이 성례를 받는 것,[7] 이와 마찬가지로 참여자들에게 잔을 돌리지 않는 것,[8] 떡과 잔을 경배하는 것, 숭배할 목적으로 떡과 포도주를 높이 들어 올리거나 그것을 가지고 다니는 것, 거짓된 종교적 사용을 위해 떡과 포도주를 보관하는 것은 모두 성찬의 본질과 제정하신 그리스도의 뜻과는 어긋나는 것이다.[9]

5항. 그리스도께서 정하신 용도로 올바로 구별된 이 성례의 외적 요소들은 십자가에 못 박히신 그리스도와 참된, 그러나 오직 성례적인 관계를 갖게 되어 그것들이 가리키는 실재, 즉 그리스도의 몸과 피라는 이름으로 불린다.[10] 하지만 실체와 본성에 있어서 그 요소들은 여전히 이전과 같이 참으로 떡과 포도주로만 남아 있다.[11]

6항. 떡과 포도주의 실체가 사제의 축성이나 다른 방식에 의해 실재로 그리스도의 몸과 피로 변한다는 교리, 주로 화체설이라고 불리는 이 교리는 성경만이 아니라 상식과 이성으로도 모순된다. 그것은 성례의 본질을 뒤집는 것이며, 다양한 미신과 참으로 역겨운 우상숭배의 원인이었고 지금도 그렇다.[12]

7항. 성찬에서 가시적인 요소에 외적으로 참여함으로 합당하게 성찬을 받는 자들은[13] 또한 믿음에 의해 내적으로, 실재로, 그리고 참으로 참여하며, 육체적이거나 물질적으로가 아니라 영적으로 십자가에 못 박히신 그리스도와 그분의 죽음을 통해 오는 모든 유익을 받고 먹는다. 그런데 그리스도의 몸과 피는 떡과 포도주 안이나 그 밑이나, 그것들과 함께 육체적으로나 육신적으로 존재하지 않는다. 그러나 성찬의 요소들이 수찬자들의 외적 감각에 임하는 것처럼 그리스도의 몸과 피는 실재로 그러나 영적으로 그들의 믿음에 임한다.[14]

8항. 무지하고 악한 자들은 이 성례에서 외적 요소들을 받지만, 그것들이 가리키는 실체는 받지 못한다. 오히려 그들은 부당하게 참석함으로 주님의 몸과 피에 대하여 죄를 지어서 스스로 정죄에 이른다. 그러므로 무지하고 불경건한 모든 사람은 그리스도와의 교제를 누리기에 적합하지 않을 뿐만 아니라 주님의 식탁에 참석하는 것도 합당하지 않다. 이들이 그와 같은 상태를 유지한 채 이 거룩한 신비에 참여하거나[15] 참석하는 데 허락받는다면,[16] 이런 이들은 그리스도께 큰 죄를 짓는 것이다.

---

1) 고전 11:23-26; 고전 10:16-17, 21; 고전 12:13.
2) 히 9:22, 25-26, 28.
3) 고전 11:24-26; 마 26:26-27.
4) 히 7:23-24, 27; 히 10:11-12, 14, 18.
5) 마 26:26-28; 막 14:22-24; 눅 22:19-20; 고전 11:23-26.
6) 행 20:7; 고전 11:20.
7) 고전 10:16.
8) 막 14:23; 고전 11:25-29.

9) 마 15:9.
10) 마 26:26-28.
11) 고전 11:26-28; 마 26:29.
12) 행 3:21; 고전 11:24-26; 눅 24:6, 39.
13) 고전 11:28.
14) 고전 10:16.
15) 고전 11:27-29; 고후 6:14-16.
16) 고전 5:6-7, 13; 살후 3:6, 14-15; 마 7:6.

예수께서 이르시되 내가 진실로 진실로 너희에게 이르노니
인자의 살을 먹지 아니하고 인자의 피를 마시지 아니하면
너희 속에 생명이 없느니라.

(요 6:53)

서론: 장례식 vs 혼인식

한국 장로교회의 성찬식은 성경의 가르침에서 많이 벗어나 있다. 가장 큰 이유는 고백서와 교리문답에 대한 무지에서 비롯된다. 고백서와 교리문답이 성찬이 무엇이며 어떻게 해야 하는지에 대한 최소한의 교훈을 제공하고 있음에도 불구하고 잘 모르는 경우가 많다. 그 결과 대부분의 성찬식은 초상집과 유사한 느낌을 준다. 예배 전에 성찬상은 십자가가 선명한 흰 보자기로 덮여 있다. 집례자는 성찬을 시행하기에 앞서서 흰 장갑을 낀다. 피아노 반주자는 그리스도의 죽음을 연상하는 슬픈 곡조의 찬송을 반주한다. 전반적으로 분위기가 어두울 수밖에 없다. 이와 같은 전통들은 정확하게 어디에서 유래했는지 모르지만 한국 교회에서만 찾아볼 수 있는 것들이다.

성찬은 유카리스트(Eucharist, 감사)라 하기도 하고 거룩한 교제(Holy Communion)라고도 한다. 한국 개신교회에서 주로 "성찬"이라는 용어를 사용하고 있는데, 정확한 용어는 "주님의 만찬(the Lord's Supper)"이다. 비록 성찬이라는 용어가 굳어졌다고 해도 원래의 용어가 무엇인지 정확하게 알 필요가 있다. '주의 만찬'은 성찬의 본질을 정확하게 가르쳐 준다. 성찬의 본질은 식사라는 점이다. 성찬식은 기본적으로 앞으로 다가올 어린 양의 혼인 잔치를 미리 예표하기 때문에 혼인식에 가까워야 한다.[217] 성찬은 감사와 기쁨의 잔치다. 예배가 진정한 축제가 되기 위해서는 성찬

---

217 이 문제에 대해서는 다음 저서를 참고하라. 이성호, 『성찬: 천국잔치 맛보기』 (여수: 그라티아, 2016).

이 회복되어야 한다. 음식과 술이 없이 노래만 있는 축제가 제대로 된 축제라고 할 수 있겠는가?

성찬을 "주님의 만찬"이라고 부르는 이유는 주님께서 이 식사를 제정하셨고, 이 식사의 주인이시고, 이와 동시에 이 식사의 양식과 음료가 되시기 때문이다. 그분은 말씀으로 자신의 지체들을 식탁으로 초대하시고 이 식사를 통하여 진정한 '성도의 교제'를 실현하신다. 성찬을 통해 교회는 '밥상 공동체'가 된다. 이 밥상 공동체에서 교인들은 식구(食口)가 된다. 예수님은 이 모든 일에 주인이 되시며 진정한 목자가 되신다. 그 유명한 시편 23편에 따르면 목자가 하는 가장 첫 번째 일은 양을 먹이고(푸른 풀밭) 마시게(쉴만한 물가) 하는 것이다. 우리는 성찬식에서 예수님이 우리의 목자가 되신다는 것을 가장 구체적으로 경험한다.

세례가 각 신자에게 평생 한 번만 시행된다면 성찬은 주님 오실 때까지 교회의 모든 회원에게 지속적으로 시행되어야 한다. 하지만 오늘날 성찬은 교회에서 부수적인 취급을 받고 있다. 강대상에는 설교단 외에 성찬상이 존재하지 않는다. 물론 세례대도 찾아볼 수 없다. 대신 드럼, 피아노, 키보드, 마이크 등과 같은 여러 악기가 강대상 주변을 차지하고 있다. 한국 교회의 예배에서 성찬은 찬양에 비해서 주변부로 밀려나고 말았다. 일 년에 겨우 두어 차례 성찬이 시행되기 때문에 성찬상은 일시적인 예배 비품에 지나지 않게 되었다.

성찬의 회복은 예배의 회복과 밀접한 관계가 있다. 오늘날 개신교 예배는 지나치게 한쪽으로 치우치는 경향이 있다. 설교가 지나치게 강조되면 예배는 강연이 되고, 찬송이 지나치게 강조되면 예배는 공연이 된다.

강연에서는 목사의 능력이 중요하고, 공연에서는 관중의 호응이 중요하다. 이런 예배는 기본적으로 일방적일 수밖에 없고 성도 간의 교제가 일어나기는 쉽지 않다. 이와 같은 약점들은 성찬을 통해서 극복될 수 있다. 예배의 치우침과 빈약함을 회복하기 위해서라도 한국 교회는 성찬에 관심을 가질 필요가 있다.

<h2 align="center">제1항 성찬이란?</h2>

제정하신 시점 세례는 예수님께서 정확하게 언제 어디서 제정하셨는지 알 수 없다. 막연하게 부활하신 이후 어느 날, 갈릴리 근처의 어떤 산에서(아마도 산상수훈을 가르쳤던 산) 제정하셨다는 것만 알 수 있을 뿐이다. 하지만 성찬은 예수님께서 언제 어디서 제정하셨는지 정확하게 알 수 있다. 예수님은 **"배신당하셨던 밤"**(고전 11:23 인용, 한글 성경에는 "잡히시던 밤"으로 번역되어 있음) 마가의 다락방에서 성찬을 제정하셨다. 비록 예수님은 사랑했던 유다에게 배신당하셨지만, 세상에 있는 자기 사람들을 "끝까지 사랑하셨고"(요 13:1), 그것을 증명하기 위해서 성찬을 제정하셨다. 누가는 예수님께서 이 식사를 제자들과 함께 먹기를 간절하게 원하셨다고 증언한다(눅 22:15).

성찬은 유월절 기간 중 제정되었으며 이 식사는 유월절 식사 중의 한 부분이었다.[218] 성찬의 제정 기간은 성찬이 유월절과 밀접한 연관이 있다

---

218 기동연, 『성전과 제사에서 그리스도를 만나다』 (서울: 생명의 양식, 2008), 180-182.

는 것을 암시한다. 세례가 홍해를 건넌 사건과 연결되어 있다는 것을 고려한다면 세례와 성찬 모두 출애굽 사건과 밀접한 연관이 있다는 것을 알 수 있다. 구약의 성도들이 유월절 기간 중 식사를 하면서 출애굽 사건을 기억했듯이, 신약의 성도들은 성찬을 통하여 진정한 출애굽인 그리스도의 죽으심과 부활을 기억한다.[219]

"그리스도의 몸과 피의 성례" 성찬에 대한 정확한 공식적 용어는 **"그리스도의 몸과 피의 성례(the sacrament of His body and blood)"** 이고 통상적인 용어는 "주님의 만찬"이다. 한국 교회에 정착된 성찬(Holy Supper)은 다른 나라에서는 잘 사용되지 않는 표현이다. 이 성찬 역시 세례와 마찬가지로 은혜언약의 표와 인으로 수찬자들에게 언약의 중보자이신 그리스도의 몸과 피의 은덕을 약속하고 보증한다. 여기서 예수님의 몸과 피는 몸과 피 그 자체를 의미하지 않고 십자가에서 '찢기신' 몸과 '흘리신' 피, 즉 우리를 위한 희생 제물이 되셨다는 것을 의미한다.[220]

"세상 끝날까지" 세례가 세상 끝날까지 지켜져야 하는 것처럼(제28장 1항) 성찬도 세상 끝날까지 지켜져야 하는 주님의 규례다. 성찬과 세례는 본질상 세상 끝을 바라보게 하는 종말론적인 성격을 가진다. "세상 끝날"은 단지 성찬의 지속성을 의미하지 않는다. 끝날은 마지막이라는 점에서 중요한 것이 아니라 그날에 일어날 일 때문에 큰 의미가 있다. 세상 끝

---

219 예수님의 죽으심과 부활을 가리키는 누가복음 9장 31절의 "별세"에 해당하는 원어는 "엑소더스(Exodus)"이다.

220 몸과 피의 정확한 의미에 대해서는 다음 연구서를 참조하라. 고재수 (H. H. Gootjes), 『세례와 성찬』(서울: 성약, 2005), 67-70. 예수님께서 할례를 받았을 때의 흘린 피나 떨어진 살점은 십자가의 고난을 예표하지만 그때의 피와 살은 우리에게 아무런 유익이 없다.

은 무엇보다 주님께서 재림하시는 날이다. 사도 바울은 성찬을 가리켜서 "주의 죽으심을 그가 오실 때까지 전하는 것"이라고 정의한다(고전 11:26). 성찬을 보이는 말씀이라고 하는 이유가 여기에 있다. 교회는 성찬을 통하여 주님 오실 때까지 복음을 전해야 한다. 성찬식을 행할 때마다 성도들은 이 세상이 전부가 아니고 세상의 마지막이 있으며 마지막에 최고의 완전한 향연, 즉 어린양의 혼인 잔치가 있을 것을 대망하게 된다. 따라서 성찬은 과거의 구원사건을 '기억'하면서 미래의 종말을 '기대'하는 소망의 현장이 되어야 한다.

"죽음에서 희생 제물이 되심을 영구적으로 기억" 성례로서 성찬의 중요한 기능은 **기억**이다. 기억은 과거에 일어난 십자가 사건에 관한 것이다. 하지만 우리는 그것을 본 적이 없다. 과거의 사건이 계속 기억되도록 하기 위한 유일한 방법은 증언이다. 십자가의 복음은 그것을 직접 목격한 증인들인 사도들과 그들을 이어받은 복음 사역자들에 의해서 전달된다. 성찬은 설교와 더불어 그 복음이 전달되는 수단 중의 하나다. 성찬에 참여한 이들은 성찬을 통하여 십자가 사건이 단지 공허한 이야기가 아니라 실제로 일어난 사건이라는 것을 확신하게 된다.

성찬은 기본적으로 **그리스도의 죽으심**을 기억하는 것이다. 여기에서 중요한 것은 죽음의 의미다. 일반적으로 죽음이라고 하면 우리에게 상당히 부정적인 이미지를 준다. 대표적으로 죽음은 슬픔의 전형적인 상징이다. 도대체 그리스도의 죽음에서 우리는 무엇을 기억해야 하는가? 대부분의 신자들은 그리스도께서 당하신 수난과 고통을 생각한다. "얼마나 아프셨을까?"라는 생각이 머리를 지배하기 시작한다. 십자가에서 수난이나 고통을 배제할 수는 없겠지만 그것들이 우리가 기억해야 할 주 대상은 아니다.

성찬을 통해서 우리가 기억해야 할 것은 그리스도께서 십자가의 죽음을 통해서 우리를 위한 **희생 제물(sacrifice)**이 되셨다는 것이다. 만약 예수님이 그냥 나이가 많아서 혹은 병이 들어서 돌아가셨다면 그분의 죽음은 우리에게 아무런 의미가 없을 것이다. 또는 로마 제국에 대항하다가 정치범으로 몰려서 돌아가셨다면 그분의 죽음을 고귀한 희생이라고 할 수 있지만, 그 죽음이 우리에게 실제로는 아무 유익을 줄 수 없을 것이다. 그분이 십자가에서 희생 제물로 돌아가셨기 때문에 죄로 인하여 비참에 처했던 인간들이 **"그분께 속했던 모든 은덕을 누릴 수"** 있게 되었다. 이것을 우리는 성찬이 주는 보증을 통해서 확신할 수 있다. 특별히 성찬에서 나누는 잔은 "축복의 잔"으로 불린다. "우리가 축복하는 바 축복의 잔은 그리스도의 피에 참여함이 아니며 우리가 떼는 떡은 그리스도의 몸에 참여함이 아니냐"(고전 10:16).

성찬식에서 수찬자들은 단지 구경만 하지 않고 먹고 마시면서 주님의 죽으심을 기억한다. 희생 제물을 먹는다는 것은 무엇을 의미하는가? 마치 음식이 우리의 몸을 건강하게 하고 성장하게 하는 것처럼, 제물이 되신 그리스도는 자신의 몸과 피를 통해 우리의 영혼을 **"먹이시고 성장하게(nourishment and growth)"** 하신다. 우리의 몸과 마찬가지로 우리의 영혼도 먹어야 산다. 세례의 물을 통해서 그리스도의 피가 우리의 죄를 용서하셨다는 것을 확신하게 되고, 성찬의 포도주를 통해서 그리스도의 피가 우리의 영혼을 지속적으로 성장시킨다는 것을 확신하게 된다.

헌신 성례로서 성찬은 그리스도에 대한 우리의 헌신을 강화한다. 라틴어 성례(sacrament)가 '헌신'이나 '서약'을 의미한다는 것을 기억하면 이해가 쉬울 것이다. 성찬식을 통해 영적으로 힘을 얻어 강건하게 되면 신자들은 그리스도의 명령에 더욱 순종할 수 있다. 성찬은 단순히 굶주림을 만족하기 위한 식사가 아니다. 성찬의 주인이신 그리스도를 더욱 잘 섬기는 것이 성찬이 제정된 목적이다. 성찬을 마친 신자들은 더 이상 자기 자신을 위해서 살지 않고, 위하여 죽으신 그리스도를 위해서 살게 된다. 성찬을 통해서 그리스도의 살과 피를 먹고 마시게 되면 이제 우리의 몸은 우리의 것이 아니라 그리스도의 것이 된다. 사도 바울은 우리의 몸을 어떻게 사용해야 하는지 다음과 같이 명령한다. "값으로 산 것이 되었으니 그런즉 너희 몸으로 하나님께 영광을 돌리라"(고전 6:20)!

"교제" 세례에서 신자와 그리스도와의 연합(union)이 가시적으로 드러난다면, 성찬에서는 신자와 그리스도와의 교제(communion)가 가시적으로 드러난다. 성찬을 '거룩한 교제(holy communion)'라고 부르는 이유가 여기에 있다. 성찬은 본질적으로 먹고 마시는 교제의 식사라는 것을 잊어서는 안 된다. "성도의 교제"를 정말로 믿는다고 고백하는 교회는 성찬을 시행하는 데 힘쓰지 않을 수 없을 것이다. 원래 성찬식에서 하나의 떡을 떼고, 하나의 잔을 돌렸다는 점에서 성찬은 근본적으로 공동체적인 식사였다. 떡과 잔을 "주고받는" 행위는 성찬식에서 매우 중요한 순서이며 이것을 통해 성찬이 '거룩한 교제'라는 것을 확실히 보여 준다. 이 교제는 하늘에 계시는 머리이신 그리스도와 땅에 있는 성도와의 교제일 뿐만 아니라 땅에 흩어진 모든 지체들과의 교제이기도 하다. 사실 이 교제는 전혀 실현 불가능한 교제이지만 그리스도 안에 계시고 우리 안에 계신 성령을 통해서 참으로(truly) 그리고 실재로(really) 이루어진다.

제2항 거짓 성찬(로마 교회의 미사에 대한 반박)

제2항은 로마 교회의 미사 교리를 정죄한다. 따라서 제2항을 이해하기 위해서는 로마 교회의 교리를 정확하게 이해할 필요가 있다. 보통 성찬에서 로마 교회와 개신교회의 가장 큰 차이점은 화체설(transubstantiation)이라고 알려져 있다. 성찬 교리에서 화체설이 중요한 이슈인 것은 분명하지만 더 근본적인 문제는 성찬의 본질에 관한 것이었다. 성찬의 본질은 제사인가 아니면 식사인가? 성찬은 우리가 하나님께 드리는 것인가 아니면 하나님께서 우리에게 주시는 것인가? 화체설에 관한 논쟁도 이와 같은 맥락에서 다루어졌다.[221]

성찬론에서 로마 교회와 개신교회는 비슷한 점도 많다. 하지만 근본적인 차이는 로마 교회는 성찬을 근본적으로 "희생 제사"로 본다는 것이다. 이 제사에서 그리스도는 제물로서 봉헌되셨고, 신자들도 그리스도와 연합되어 성부 하나님께 예물로 봉헌된다. 따라서 성찬은 근본적으로 하나님께 드리는 행위이다. 로마 교회는 십자가에서 희생 제물이 되신 그리스도를 오늘날 성찬을 통해서 계속 하나님께 봉헌해야 한다고 가르친다. 그들은 십자가에서 드리신 제사는 유혈 제사(bloody sacrifice), 성찬을 통

---

221 고재수, 『세례와 성찬』, 51.

해 드리는 제사는 무혈 제사(unbloody sacrifice)라고 부른다. 로마 교회는 이 두 제사가 동일한 하나의 제사라고 강변하지만, 이는 그리스도께서 단번에 드리신 희생 제사의 가치를 아주 교묘하게 "훼손하는 지극히 가증스러운 행위"이기 때문에 종교개혁가들은 이 교리를 단호하게 거부했다.

이와 같은 내용을 이해한다면 제2항을 통해 로마 교회의 오류를 보다 분명하게 이해할 수 있을 것이다.

1) 성찬에서 그리스도께서 성부께 봉헌되는 것이 아니다.
2) 성찬은 죄 사함을 위한 제사도 아니다.
3) 성찬은 십자가의 유일한 제사를 기념하는 것이다.
4) 따라서 성찬에서 우리가 드리는 봉헌은 제물이 되셨던 그리스도에 대한 감사와 찬양이다.

결국 성찬은 그리스도를 제물로 드리는 것이 아니라 이미 드려진 십자가의 제사에 근거하여 삼위 하나님께서 그 제물을 우리에게 참된 양식과 음료로 제공하는 영적인 식사를 의미한다.

제3항 성찬을 어떻게 시행할 것인가?

한국 교회가 성찬식을 다소 가볍게 시행하고 있다는 증거 중의 하나는 주님께서 제정하신 대로 정확하게 시행하고 있지 않다는 것이다. 주님께서 성찬을 어떻게 시행하셨는지 성경에서 가장 핵심적인 사항을 잘 보여 주고 있는 본문은 다음과 같다.

예수께서 떡 다섯 개와 물고기 두 마리를 가지사 하늘을 우러러 축사
하시고 떡을 떼어 제자들에게 주어 사람들에게 나누어 주게 하시고.

(막 6:41)

또 떡을 가져 감사 기도하시고 떼어 그들에게 주시며 이르시되 이것
은 너희를 위하여 주는 내 몸이라 너희가 이를 행하여 나를 기념하라
하시고.

(눅 22:19)

그들과 함께 음식 잡수실 때에 떡을 가지사 축사하시고 떼어 그들에
게 주시니.

(눅 24:30)

놀랍게도 예수님께서 성찬을 제정하셨을 때의 행위는 오병이어의 기
적을 행하셨을 때와 엠마오로 가는 두 제자와 함께 식사하셨을 때의 행
위와 정확하게 일치한다. 떡을 가지사(taking), 축사하시고(blessing), 떼어
(breaking), 주셨다(giving). 이 기본 4가지 성찬 예전 행위는 다 중요하지만,
그중에서도 떡을 떼는 것이 성찬의 대표적인 예전 행위다. 성경은 성찬
을 가리킬 때 거의 대부분 "떡을 떼었다"는 표현을 사용한다. 그 이유는
그리스도의 몸이 십자가에서 찢기셨다는 복음을 가장 분명하게 나타내
기 때문이다.

떡을 떼는 것을 "분병"이라고 하는데 이 분병은 오늘날 대부분의 한국
교회에서 사라졌다. 떡을 떼는 것과 나누는 것을 구분하지 못한 결과 분
병과 배병을 구분하지 못하는 이들도 적지 않다. 분병이 성찬에서 사라
졌다는 것은 가시적 복음이 희미해졌다는 것을 의미한다. 성찬식에서 한
국 교회 성도들은 복음을 제대로 보지 못하는 것이다. 이와 같은 현상은

복음 자체에 대한 이해가 희미해졌다는 것을 의미할 수 있다. 떡을 구별하는 것, 감사의 기도를 드리는 것, 떡을 떼고 잔을 붓는 것, 그것을 나누어 주는 것이 모두 조화를 이루어야 성찬이 올바로 시행될 수 있다.

분병의 중요성에 대해서 로버트 쇼는 다음과 같이 설명하고 있다.

> 떡을 '떼는' 것은 성찬 의식의 본질적 요소에 해당한다. 떡을 떼지 않으면 본래 제정된 의도에 따라 성찬을 기념하는 것이 되지 못한다. 성경이 때로 "떡을 떼다"라는 말로 성찬 전체를 가리키곤 할 정도로 그 행위는 매우 중요하다. 이는 부분으로 전체를 가리키는 표현법(제유법)에 해당한다. 예를 들어, 사도행전 2장 42절에는 "떡을 떼며," 사도행전 20장 7절에는 "그 주간의 첫날에 우리가 떡을 떼려 하여 모였더니"라고 각각 기록되어 있다. 두 경우 모두 "떡을 떼며"라는 말이 성찬을 가리킨다는 것은 너무나도 분명하다.[222]

성찬을 바르게 시행하기 위해서는 다음 사항에 유의하여야 한다.

1) 성찬은 그리스도께서 임명한 직분자, 즉 목사가 집례해야 한다.
2) 성찬은 스스로 존재할 수 없고 말씀과 결부되어 있어야 한다. 따라서 목사의 제정 말씀 선포가 없이 성찬이 집례 되어서는 안 된다.
3) 떡과 잔을 위해서 기도하고 축복하여 그것들을 구별한다.
4) 떡을 취하여 떼고 잔도 취한다.
5) 그곳에 있는 사람들에게만 떡과 잔을 나누어 준다.

222　로버트 쇼, 『웨스트민스터 신앙고백 해설』, 571.

성찬의 시행에서 목사의 중요성을 이야기하지 않을 수 없다. 성찬은 복음의 일꾼인 목사만 시행할 수 있다. 하지만 목사는 그 자체로 중요하지 않으며 그리스도께서 명한 대로 행할 때 중요성을 가질 뿐이다. 제3항에 적시된 명령들은 모두 목사들에게 주어진 명령이다. 목사가 정말 그리스도의 종인지는 성찬식에서 가장 분명하게 드러난다. 설교가 입으로 봉사하는 말씀의 사역이라면 성찬은 손으로 봉사하는 말씀의 사역이다. 목사는 입으로만이 아니라 손으로도 봉사하는 교회의 직원이다. 하이델베르크 교리문답(제75문)은 이 손의 봉사가 얼마나 중요한지를 잘 가르쳐 준다.[223] 성도들은 성찬을 통하여 충성된 목사를 쉽게 분별할 수 있다. (성찬을 시행하는 데 힘쓰는지, 주께서 명한 대로 성찬을 시행하는지 등)

제4항 성찬을 잘못 시행하는 예

성찬의 본질을 잘못 이해하면 성찬의 시행도 잘못될 수밖에 없다.

1) 성찬은 공동체적인 식사이기 때문에 목사(사제)가 개인적으로 시행해서는 안 된다.
2) 목사 없이 평신도들끼리 성찬을 나누어서도 안 된다.
3) 떡과 더불어 잔도 분배가 되어야 한다.
4) 떡과 잔 앞에 절하거나 무릎을 꿇어서는 안 된다.

---

223 "둘째, 그리스도의 살과 피의 확실한 표로서 주님의 떡과 잔을 내가 **목사의 손에서** 받아 입으로 맛보는 것처럼 확실히, 주님께서는 십자가에 달리신 그의 몸과 흘리신 피로써 나의 영혼을 친히 영생에 이르도록 먹이시고 마시우실 것입니다."

5) 숭배할 목적으로 그것들을 들어 올리는 것[224]도 금지된다. (잘 보이

기 위해서 들어 올리는 것은 무방하다)

6) 이후에 사용하기 위해서 남은 떡과 포도주를 보관하는 것도 안 된다.

이와 같은 행동들은 그 당시 로마 교회에서 행해지고 있었던 것들이다. **"성찬의 본질과 (성찬에 대한) 그리스도의 뜻"**에 비추어 볼 때 이 모든 행동은 거짓된 것이다. 요즘에는 다소 개선되기는 했지만 여전히 지속되는 것들도 있다.

제5항과 제6항 성찬의 요소와 실체와의 관계

"이것은 내 몸이다"라는 예수님의 말씀을 어떻게 이해해야 할까? 이 간단한 질문에 대해서 답이 달랐기 때문에 종교개혁 당시 결국 교회가 여러 개로 분열될 수밖에 없었다. 로마 교회와 루터파는 이 구절을 문자적으로 해석해야 한다고 주장했다. 반면에 다수의 개신교회는 비유적으로 해석해야 한다고 주장했다. 예수님의 말씀 중에 이와 유사한 표현들이 많다. "나는 포도나무다." "나는 선한 목자다." 하지만 "이것은 내 몸이다"라는 예수님의 말씀을 단순히 비유로만 이해하는 것은 뭔가 부족하다고 하지 않을 수 없다. 만약 그렇다면 예수님은 아무 물건이나 사용해서 (예를 들어 양고기) "이것은 내 몸이다"라고도 할 수 있기 때문이다.

성찬에서 사용되는 떡은 어떤 의미에서 참으로 예수님의 몸이다. 그

---

224 "성체거양(elevation)"이라고 한다.

떡의 실체와 본질은 항상 그대로 동일하지만 그 용도는 구별된다. 똑같은 떡이지만 성찬을 통해서 용도가 구별되었기 때문에 이 떡은 이전과 달리 십자가에 못 박히신 그리스도와 아주 밀접한 관계를 갖게 된다. 이제 이 떡은 "참으로" 예수님의 몸이라고 할 수 있다. 하지만 오직 성례적인 측면에서만 그렇게 불릴 수 있다. "참으로"라는 말은 단순한 상징이 아니라는 의미이고, 성례적이라는 말은 본질적이 아니라는 말이다. (성례에 대한 일반적인 설명은 제27장 1항에서 이미 다루었다)

로마 교회는 희생 제사로서의 미사를 강조하기 위해서 화체설 (transubstantiation)이라는 교리를 만들어 내었다. 이 교리는 1215년 라테란 공의회에서 이미 승인되었기 때문에 종교개혁가들은 이 교리와 치열하게 싸워야만 했다. 개신교인들에게 화체설은 생소한데, 교리 자체는 아주 간단하다. 성찬에서 사용되는 떡이 사제의 축성에 의해서 예수님의 살로 완전히 바뀌었다는 것이 화체설이다. 따라서 축성된 떡은 더 이상 떡이 아니라 예수님의 살이다. 이와 같은 교리는 여러 가지 신학적 문제를 야기했다. 대표적인 예로 중세 시대에 신학자들은 쥐가 떡 부스러기를 먹었을 때 어떤 효과가 있는지에 대해서 토론을 했을 정도다.[225] 실제로 미사에 참여한 환자가 떡을 먹다가 토했을 경우 신부가 그것을 다 긁어모아서 대신 먹기도 한다.

로마 교회는 화체설을 얼음, 물, 수증기에 비유하기도 한다. 동일한 물의 본체(substance)가 상태에 따라 현실태(actuality)가 바뀌듯이, 현실태는

---

225 Gary Macy, "Theology of the Eucharist in the High Middle Ages," in ed. Ian Levy, *A Companion to the Eucharist in the Middles Ages,* (Leiden and Boston: Brill, 2012), 384

그대로 있으면서 본체가 바뀔 수 있다는 것이다. 화체설에 따르면 비록 떡이라는 현실태는 그대로 변함없지만 (따라서 떡의 맛이나 향은 그대로지만) 본체는 완전히 변화할 수 있다. 떡은 더 이상 떡이 아니기 때문에 제4항에서 언급된 온갖 미신적인 행태들이 성찬식 안에 도입되었다.

제7항 성찬을 어떻게 받을 것인가?[226]

목사가 성찬을 시행하는 방식에 대해서는 제3항에서 이미 다루었다. 이제는 신자들이 목사가 시행하는 성찬을 어떻게 받을 것인가를 살펴보아야 한다. 성찬은 기본적으로 떡과 잔을 "주고받는 것"이다. 도대체 성찬에서 성도들은 무엇을 받는가? 이 질문에 대한 답은 성찬이 성례라는 것을 알면 쉽게 찾을 수 있을 것이다. 성찬에서 수찬자들이 입으로 성찬의 떡을 먹고 잔을 마신다는 것은 의심의 여지가 없다. 하지만 여기에서 그친다면 성찬은 성례가 아니라 단지 상징에 지나지 않는다. 성찬은 단지 떡과 잔을 먹고 마시는 것 이상을 의미한다.

화체설에 반대하면서 개혁파는 영적 임재설을 주장했다고 널리 알려졌다. 문제는 영적 임재설을 거의 상징설로 이해하고 있다는 것이다. 사실 용어 자체에 문제가 있다. 영적 임재설이라는 용어는 성찬을 설명할 때 오해를 줄 수 있는 표현이다. 영적이라는 표현이 실재는 아니라는 의미를 내포하는 것처럼 보이기 때문이다. 하지만 개혁파 신학자들은 영적

---

226 이성호, 『성찬: 천국잔치 맛보기』, 68-81.

이라는 말을 쓰면서 실재적 임재를 항상 함께 사용했다. 간단히 말해서 영적 임재설(spiritual[227] presence)은 실재적 임재설(real presence)과 상충하지 않는다. 오해를 막기 위해 영적/실재적 임재설이라는 말을 사용하는 것도 좋은 방법이다. 그렇다면 이 영적/실재적 임재설은 무엇인가?

"믿음으로" 성찬에서 믿음은 입과 같은 역할을 한다. 몸의 여러 감각을 통해 "가시적인 요소에 외적으로 참여"하듯이, 믿음을 통해 영적인 실체, 즉 그리스도와 그분께 속한 모든 복을 받는다. 설교 시간에 귀를 통해서 복음을 들을 때 단지 지적 깨달음만을 얻는 것이 아니라 삼위 하나님의 은혜가 실재적으로 전달되는 것과 같다고 할 수 있다. 따라서 성찬에서 믿음을 통해서 전달되는 것은 "십자가에서 못 박히신 그리스도와 그분의 죽음을 통해 오는 모든 유익"이다.

"내적으로, 실재적으로, 참으로, 영적으로" 수찬자들은 그리스도께 속한 모든 복을 내적으로, 실재적으로, 참으로, 영적으로 (inwardly,

내적	⟷	외적
실재적	⟷	상징적
참된	⟷	거짓된, 잘못된
영적	⟷	육적, 물체적

really, indeed, spiritually) 받는다. 하지만 예수님의 몸과 피를 육적으로 또는 물질적으로 받는 것은 아니다. 이것을 다음과 같이 대조할 수 있다. 이 대조를 보면 「고백서」가 얼마나 영적 임재를 강조하면서도 실재적 임재를 강조했는지 쉽게 알 수 있을 것이다.

---

227 "really"는 라틴어 "res(thing)"에서 유래했다. 따라서 "really"는 실재적이라는 의미를 가지고 있다.

공재설 「고백서」는 개혁파 신학의 전통에 따라 루터파 교리에 대해서도 비판한다. 루터파는 로마 교회의 화체설은 반대했지만 육체적인 임재를 강조했다. 루터파의 "속성의 교류(communicatio idiomata)" 교리에 따르면, 그리스도의 신성과 인성은 전혀 분리될 수 없기 때문에 그분의 인성은 신성을 통하여 모든 곳에 편재(ubiquity)할 수 있다. 따라서 그리스도의 인성은 신성을 따라 떡과 포도주 안이나 밑이나 옆에 임재할 수 있다. 그리스도의 임재를 이렇게 이해하면 수찬자들은 단지 예수님을 영적으로 먹는 것이 아니라 육체적으로 먹는다고 할 수 있다.

제8항 부당한 자들의 식사 (manducatio indignorum)

육체적인 임재를 주장한 루터파 교리에 따르면 (로마 교회도 마찬가지로) 성찬에 참여한 모든 자들은 그리스도의 살과 피를 먹는다. **"무지하고 악한 자들"**도 여기에서 예외가 될 수 없다. 무지한 자들은 기독교의 진리를 모르는 자들을 의미하고 악한 자들 혹은 불경건한 자들은 기독교의 진리를 알고 있지만 의도적으로 악을 행하는 자들을 의미한다. 「고백서」는 개혁파의 성찬론에 따라 부당한 자들도 그리스도의 살과 피를 먹는다는 교리를 거부했다. 그들은 단지 성찬에 참석하여 외적인 요소만 받을 뿐이고 그것이 의미하는 실체에는 참여하지 못한다. 성찬식에서 그들은 단지 "자신의 죄를 먹고 마실" 뿐이다(고전 11:26). 그들은 그리스도와 교제하거나 주님의 식탁에 참여하기에 합당하지 않다. 그런 사람이 성찬에 참석하더라도 거룩한 신비에 참여할 수 없으며 오히려 **"그리스도께 큰 죄를**

지을 수밖에 없기 때문에" 아예 참석하지 못하도록 해야 한다. 이를 위해서 필요한 것이 바로 다음 장에서 다루게 될 권징이다.

제30장 권징 (교회의 책벌)

1항. 왕이요 교회의 머리이신 주 예수님은 교회 안에 어떤 정치체제를 정하시고 국가 공직자들과 구분되는 교회 직원들에 의해 시행되도록 하셨다.[1)]

2항. 이 직분자들에게 천국의 열쇠가 맡겨졌다. 그들은 이 열쇠를 통해 죄를 그대로 두거나 죄를 사하는 권세를 갖는다. 즉 상황에 따라, 회개하지 않는 자들을 향해서는 말씀과 권징을 통해 천국 문을 닫고, 회개하는 죄인들에게는 복음의 봉사와 권징의 해소를 통해 천국 문을 여는 권세를 갖는다.[2)]

3항. 교회의 권징은 죄를 범하는 형제를 교정하여 다시 얻기 위해서, 다른 형제들이 그 유사한 죄들을 범하지 않도록 방지하기 위해서, 온 덩어리에 퍼지는 누룩을 제거하기 위해서, 그리스도의 영예와 복음에 대한 거룩한 고백을 변호하기 위해서, 완고하고 널리 알려진 범죄자들이 하나님의 언약과 그 언약의 인들을 더럽히도록 내버려 둘 때 임하게 될 하나님의 진노를 막기 위해서 필요하다.[3)]

4항. 이 목적들을 더 잘 이루기 위해서, 교회의 직원들은 범죄의 성격과 죄인의 과실에 따라 권면, 수찬정지, 출교를 시행해야 한다.[4)]

1) 사 9:6-7; 딤전 5:17; 살전 5:12;
   행 20:17, 28; 히 13:7, 17, 24;
   고전 12:28; 마 28:18-20.
2) 마 16:19; 마 18:17-18; 요 20:21-23;
   고후 2:6-8.
3) 고전 5; 딤전 5:20; 마 7:6; 딤전 1:20;
   고전 11:27-34; 유 1:23.
4) 살전 5:12; 살후 3:6, 14-15;
   고전 5:4-5, 13; 마 18:17; 딛 3:10.

밖에 있는 사람들을 판단하는 것이야 내게 무슨 상관이 있으리요마는
교회 안에 있는 사람들이야 너희가 판단하지 아니하랴?
밖에 있는 사람들은 하나님이 심판하시려니와
이 악한 사람은 너희 중에서 내쫓으라.

(고전 5:12-13)

서론: 권징 하는 교회, 과연 성장할까?

바로 앞장에서 우리는 무지한 자와 불경건한 자들로부터 성찬을 보호해야 할 필요성을 살펴보았다. 이 일을 수행하기 위해서 필요한 수단이 권징이다. 성찬을 제대로 시행하지 않으면 권징을 시행할 필요성이 떨어진다. 이와 같이 성찬과 권징은 아주 밀접한 관계를 맺고 있다. 따라서 성찬을 정확하게 이해해야 권징의 중요성을 제대로 파악할 수 있다. 개혁교회에서 이 권징은 말씀과 성례와 더불어 교회의 표지로 간주되고 있다. 칼뱅과 같은 이들은 권징을 교회의 표지로 보지는 않았지만 몸의 근육과 같이 교회를 세우는 데 꼭 필요한 요소라고 확신했고, 이 권징이 없으면 교회는 언젠가는 쇠망할 것이라고 생각했다.

한국 교회의 현실은 어떠한가? 대부분의 교회에서 권징이 사라졌다고 해도 과언이 아니다. 권징은 거의 실시되고 있지 않으며 권징에 대해서 언급조차 하지 않는다. 권징을 실시한다고 해도 그 효과가 거의 없다는 말이 지나치지 않다. 성도들이 권징을 받지 않고 그 교회를 떠나 버리면 그만이기 때문이다. 권징을 받은 교인을 제대로 검증하지 않고 받아들이는 교회도 문제다. 무엇보다도 권징을 하면 교회가 성장하지 않는다는 근거 없는 주장이 권징을 약화시키고 있다.

일반적인 상식과 달리 권징은 교회 성장과 무관하다고 할 수 있다. 아니 잘만 사용하면 교회를 더 든든히 세울 수 있다. 이는 한국 교회의 역사가 증명한다. 복음이 처음 들어왔을 때 교세는 약했지만 권징은 아주 신실하게 시행했다. 대표적인 예로 일제강점기 시절 1917년에 경남노회는 총회에 "신앙과 정치에 위반됨으로 책벌을 받은 교인이 85인이요, 출교인이 110명이오니 섭섭한 일이오며"라고 상황 보고를 할 정도였다.[228] 이와 같은 권징에도 불구하고 교회는 계속 성장했다. 권징을 잘한다고 해서 꼭 교회가 성장하는 것은 아니지만 권징을 하면 교회가 성장하지 않는다는 주장은 역사적으로 증명될 수 없다.

사실 교회가 항상 평안하다면 권징이 필요 없을 수도 있다. 목사가 하나님의 말씀을 항상 신실하게 선포하고 성도들이 그 말씀에 온전히 순종한다면 권징이 없어도 아무런 문제가 없다. 하지만 교회는 항상 죄와 사단으로부터 끊임없이 공격받았다. 교회가 분쟁에 빠지게 되면 성도들은

---

228   경남(법통)노회 100년사 편찬위원회 편, 『경남(법통)노회 100년사, 1916-2016』, 109.

엄청난 고통을 경험한다. 특히 신앙이 약한 자들은 교회를 쉽게 떠나고 큰 상처를 받는다. 수십 년 동안 목사와 성도들이 헌신하여 세운 교회가 하루아침에 무너질 수도 있다.

"우리 교회는 괜찮겠지"라는 교만한 생각은 매우 위험하다. 바울 사도는 그와 같이 생각하는 고린도 교회 성도들에게 "선 줄로 생각하는 자는 넘어질까 조심하라!"고 경고했다(고전 10:12). 참된 교회는 거룩한 교회며, 거룩한 교회는 죄와 싸우는 교회이다. 이와 같은 이유로 교회를 "전투하는 교회(militant church)"라고 한다. 우리는 교회의 이 모습을 에베소서 6장 10-18절에서 쉽게 발견할 수 있다. "하나님의 전신갑주를 입으라!" 이 세상에서 나그네로 살아가는 성도들은 그리스도의 군사이다. 이 군사들이 잘 조직되어 있어야 사단과 싸워 승리할 수 있다. 이 전투를 위해 교회의 머리이신 그리스도께서 천국의 열쇠(신실한 권징)를 수여하셨다.

제1항 신적 규범 (Jus Divinum)

"왕이요 교회의 머리이신 주 예수님" 우리는 사도신경을 통해서 성자 하나님이 바로 주, 예수님이라는 것을 고백한다. 그렇다면 그 구체적인 내용은 무엇을 의미할까? 제1항은 이 질문에 대한 대답 중 하나이다. 그것은 바로 그분이 왕이요 교회의 머리라는 뜻이다. 이미 제25장(교회) 6항에서 우리는 오직 주 예수님만이 교회의 머리시라는 것을 고백했다. 이제 이 고백이 신앙생활에서 구체적으로 어떤 의미가 있는가를 살펴볼 필요가 있다. 의외로 적지 않은 성도들이 왕이요 교회의 머리이신 주 예수님이 교회를 구체적으로 어떻게 다스리는지를 잘 모르고 있다.

교회는 하나님의 왕국이다. 따라서 교회의 정치체제는 왕정이 될 수밖에 없다. 실제로 로마 교회는 교황을 머리로 삼은 왕정을 실시하고 있다. 오늘날 민주주의가 보편화된 상황 속에서 왕정은 상당히 거부감이 드는 용어이다. 왕정은 목사의 독재를 쉽게 연상시킨다. 또한 목사의 전횡에 고통을 당한 교회들이 늘게 되자 교회를 민주적으로 운영해야 한다는 주장이 설득을 얻고 있다. 하지만 교인들의 전횡도 목사의 독재 못지 않은 부작용을 낳고 있다. 왕이신 예수님께서 교회를 어떻게 다스리는지를 정확하게 알지 못하면 각자의 소견이 지배하는 혼동에서 헤어나지 못할 것이다.

교회는 세상과 "구별된" 왕국이다. 이것을 통해 「고백서」는 그 당시 힘을 얻고 있었던 에라스투스주의와 확실히 선을 그었다. 에라스투스주의자들도 예수님이 교회의 유일한 머리라는 것은 동의했다. 하지만 그들은 예수님이 그 교회를 돌보고 지키기 위해 치리권을 국가 공직자에게 맡겼다고 주장했다.[229] 스위스 출신의 의사이자 신학자였던 에라스투스(Erastus, 1524–1583)는 교회의 직원들은 순전히 영적인 일에 신경을 써야 하고, 교회를 다스리는 권한(특히 출교권)은 국가가 소유해야 한다고 생각했다. 종교개혁 초기에는 에라스투스의 주장이 크게 유행했고, 이러한 주장은 웨스트민스터 총회의 회원 중 국회의원들로부터도 많은 지지를 얻

---

229 L. John Van Til, *Liberty of Conscience: The History of a Puritan Idea* (Phillipsburg: P&R, 1972), 88.

었다.[230] 하지만 대부분의 총대들은 교회가 국가의 간섭으로부터 완전히 독립되어야 한다고 생각했다. 오늘날 세속화된 사회 속에서 고전적 형태의 에라스투스주의를 주장하는 사람은 없다. 그러나 교회의 극심한 분쟁들로 인해 너무 쉽게 세상 법으로 해결하려는 움직임이 증가하고 있다. "차라리 불의를 당하는 것이 낫지 않느냐?"라는 사도 바울의 가르침에 귀를 기울여야 할 것이다(고전 6:7).[231]

머리이신 주 예수님은 교회 안에 정치체제(a government)를 친히 세우셨다. 이와 관련하여 16세기 후반에 잉글랜드 교회 안에서 극심한 대립이 일어났다. 국교회를 지지했던 대다수 신학자들은 교회정치는 구원의 본질적인 문제가 아니기 때문에 상황에 따라 얼마든지 바뀔 수 있다고 주장했고, 대부분의 청교도들은 그와 같은 주장이 교회의 머리이신 그리스도의 영광을 훼손하는 것이라고 생각했다. 「고백서」는 청교도들의 해석을 따라 교회정치 체제는 하나님이 정하신 신적 규범(jus divinum)에 따라야 한다고 확정했다.[232]

교회정치가 신적 규범이라는 것에는 합의를 이루었으나 그 교회정치가 정확하게 무엇인가에 대해서는 노회파와 회중파가 격렬하게 대립했다.[233] 노회파는 권위 있는 상설 노회가 개체 교회를 치리해야 한다고 주

---

230 김중락, "에라스투스(Erastianism) 논쟁과 영국혁명(The British Revolution)," 「서양사론」 69 (2001): 35-66.
231 성도 간의 송사는 초기 한국 장로교회에서 교단 분열이 있을 때마다 큰 문제가 되었다. 이 문제에 대해서는 다음 연구서를 참고하라. 신재철, 「불의한 자 앞에서 소송하느냐? 성경과 역사로 본 그리스도인의 법정 소송 문제」(서울: 쿰란출판사, 2014).
232 '신적 규범(jus divinum)'에 대한 자세한 논의는 다음 저서를 참고하라. 런던의 여러 목사들, 장종원 역, 「유스 디비눔」(서울: 고백과 문답, 2018).
233 회중파의 교회론에 대해서는 다음 논문을 참고하라. 이성호, "진리 안에서 그리고 자발성에

장했지만, 회중파는 개체 교회의 독립을 주장하면서 노회는 단지 조언을 제공하는 임시회가 되어야 한다고 주장했다. 결국 다수를 차지하고 있었던 노회파의 견해가 반영된 『교회정치 규범』(*The Form of the Church-Government*)이 작성되었고 이것은 오늘날까지 장로교 교회정치의 기초가 되었다.

제2항 천국의 열쇠들 (교회의 권세)[234]

"예수님께서 천국의 열쇠를 누구에게 맡기셨는가?"라는 질문에 대해서 자신 있게 답할 수 있는 성도들이 얼마나 될까? 이 질문에 대하여 천주교인들은 아주 분명한 답을 가지고 있다. 로마 교회에 따르면, 예수님은 천국의 열쇠를 베드로에게 맡기셨고 베드로는 그 열쇠를 자신의 후임, 즉 교황에게 맡겼다. 하지만 대부분의 개신교인들은 천국의 열쇠가 무엇인지도 모르고, 그것이 누구에게 맡겨졌는지도 모른다. 막연히 교회가 가지고 있다고 생각은 하지만 구체적으로 사용된 것을 본 적이 없으니 그 중요성을 인식하기가 쉽지 않다. 한국 교회에서 천국의 열쇠는 머릿속에만 존재하는 막연한 개념일 뿐이다.

「고백서」는 천국의 열쇠에 대해 분명한 답을 제시한다. "이 교회의 직원들"(국가 위정자들과 구분된)에게 왕이요 교회의 머리이신 그리스도께서 천국의 열쇠를 주셨다. 성경은 예수님께서 베드로에게 천국의 열쇠를 주

의한 하나 됨: 성경적 교회 일치를 향한 존 오웬의 탐구," 「성경과 신학」 54 (2010), 121-149.

234 김재윤, "'두세 사람이 내 이름으로 …'(마 18:20)에 나타난 교회론 함의: 웨스트민스터 총회에서의 교회정치 논의를 중심으로," 24 (2012): 115-151.

겠다고 약속하셨음을 분명하게 말한다. 그렇다면 중요한 것은 베드로를 어떻게 볼 것인가이다. 앞에서 언급했듯이 로마 교회는 이 본문을 문자 그대로 해석하여 베드로로 본다. 동방교회는 베드로를 사도들의 대표로 해석하면서 천국의 열쇠가 모든 사도에게 주어졌다고 이해한다. 그렇다면 「고백서」는 어떻게 이해하는가? 베드로를 교회의 치리권을 가진 직원, 곧 장로로 이해한다(벧전 5:1). 목사와 장로가 가진 권위는 회중이 아니라 하나님으로부터 수여된다. "교회는 이 위임된 권한이 진짜임을 증거할 뿐이며, 그것을 받은 사람이 충성스럽게 행사하도록 주의할 뿐이다."[235]

그렇다면 천국의 열쇠는 무엇인가? 열쇠는 권세나 힘을 상징한다. 따라서 권징은 교회의 힘이다. 이 열쇠를 가지고 교회는 음부의 권세와 전쟁을 수행하는데, 열쇠의 힘이 너무나 강력하기 때문에 음부의 성문(권세)조차 교회의 공격을 당해낼 수 없다. 따라서 교회가 영적인 전쟁을 잘 수행하기 위해서는 천국의 열쇠를 잘 이해해야 할 뿐만 아니라 잘 사용해야 한다.

1) 죄를 그대로 두거나 사하는 것. 이 문구는 요한복음 20장 23절에 근거한 것이다. 부활하신 날 예수님은 저녁에 제자들을 찾아오셔서 그들을 세상으로 파송하셨다. 파송의 사역을 잘 감당하게 하도록 예수님은 숨을 내쉬면서 성령을 주셨고 이때 천국의 열쇠를 주셨다. "너희가 누구의 죄든지 사하면 사하여질 것이요, 누구의 죄든지 그대로 두면 그대로 있으

---

235 A. A. Hodge, 『웨스트민스터 신앙고백 해설』, 476.

리라."[236] 로마 교회는 이 본문에 근거하여 사제들이 죄 사함의 권세를 예수님으로부터 받았다고 주장하지만, 이 본문은 권징의 관점에서 「고백서」의 관점에 따라 다음과 같이 이해되어야 한다.

2) 말씀과 책벌로 회개하지 않는 자들에게 천국 문을 닫는 것 & 복음의 봉사와 권징의 해소(해벌)로 회개하는 죄인들에게 천국 문을 여는 것.

열쇠가 건물의 문을 열고 닫듯이 천국의 열쇠도 문을 열고 닫는 역할을 한다. 한글 성경에는 잘 반영되어 있지 않은데 성경 원문에 따르면 '열쇠'는 복수형으로 되어 있다. 따라서 천국의 열쇠도 복수로 이해되어야 한다. 이 열쇠는 두 개로 이루어져 있는데 하나는 복음의 설교이고 다른 하나는 권징(책벌, censures)이다. 회개를 거부하는 자들에게는 말씀과 권징 그 자체가 천국의 문을 닫게 하지만, 회개하는 자들에게는 복음의 봉사와 권징의 해소(해벌)를 통해서 천국의 문이 열린다. 우리가 주목해야 하는 것은 말씀의 선포나 복음의 봉사도 권징에 속한다는 것이다. 따라서 말씀의 선포와 복음의 봉사를 잘 시행하는 교회는 최소한의 권징을 시행하는 교회라고 할 수 있다. 하지만 권징은 설교만으로 충분하지 않기 때문에 책벌을 통해서 온전한 권징이 시행되도록 해야 한다. 설교만 있고 책벌이 없다면 성도들은 그 설교를 가볍게 생각할 수밖에 없다.

제3항 권징의 목적과 그 필수성

---

236 "매고 푼다"가 한글 성경에는 "사하고 그대로 둔다"로 번역되어 있다.

권징이 제대로 실시되지 않는 중요한 이유 중의 하나는 그 목적을 상실했을 때이다. 권징은 재판과 유사하지만 본질이 완전히 다르다. 재판은 죄인들에게 정확한 형벌을 가함으로 정의를 실현하는 것이다. 따라서 재판은 그 자체가 정의롭게 시행되는 것이 중요하다. 하지만 권징은 그 자체가 목적이 아니다. 권징은 교회를 세우기 위한 수단일 뿐이다. 따라서 권징의 목적을 놓치지 말아야 권징이 제대로 시행될 수 있다.

1) 형제들을 다시 교정하고 바로 얻기 위해서

죄를 범하고 있는 형제를 가만히 둔다면 죄의 속성상 그 형제는 계속 그 죄 안에서 머물다가 회개의 기회를 찾지 못하고 결국 교회를 떠날 가능성이 크다. 권징의 일차적인 목적은 죄를 범하고 있는 형제가 죄를 짓는 것을 그만두고 다시 돌아오도록 하기 위함이다. 따라서 진심으로 회개하고 그 죄에서 완전히 돌이켰다면 굳이 권징이 필요하지는 않다. 물론 본인의 죄에 대해서 공적인 회개는 필요할 것이다.

2) 다른 형제들이 유사한 죄를 범하지 않도록 방지하기 위해서

권징이 항상 죄인을 돌아오게 하지는 않는다. 권징을 통해 죄지은 사람이 오히려 더 완악해질 수도 있다. 하지만 그렇다고 해서 권징을 실시하지 않으면 다른 형제들이 유사한 죄를 가볍게 보고 쉽게 모방할 수 있다. 특별히 어린 자녀와 같이 연약한 형제들이 이와 같은 위험에 쉽게 빠질 수 있다. 교회는 신실한 권징을 통하여 이런 위험으로부터 약한 자를 보호해야 한다.

3) 누룩을 제거하여 교회를 순결하게 하기 위해서

죄는 누룩과 같이 교회를 오염시킨다. 바울 사도는 고린도 교회에 다음과 같이 편지했다. "적은 누룩이 온 덩어리에 퍼지는 것을 알지 못하느냐? 너희는 누룩 없는 자인데 새 덩어리가 되기 위하여 묵은 누룩을 내버리라"(고전 5:6-7). 누룩은 성경에서 여러 가지 비유적인 의미를 가지지만 여기에서는 특별히 음행과 관련되어 사용되고 있다. 고린도 교회 안에는 아버지의 아내를 취한 자들도 있었는데 이런 일은 이방인 중에서도 찾아볼 수 없는 행위였다. 바울 사도는 이런 자를 교회 밖으로 내어 쫓으라고 강하게 책망한다(고전 5:2).

4) 그리스도의 명예와 거룩한 복음을 변호하기 위해서

교회의 머리는 교회의 몸과 분리되지 않는다. 교회의 지체가 더럽혀지면 교회의 머리이신 그리스도의 명예도 더럽혀지게 된다. 이것을 막기 위한 수단으로 왕이신 그리스도는 권징을 선물로 주셨다. 따라서 교회는 이 수단을 잘 사용하여서 머리이신 그리스도의 명예를 지키기 위해서 힘써야 한다. 교인의 숫자가 늘어나는 것보다 더 중요한 것은 교회의 머리이신 그리스도의 영광이 빛나는 것이라는 것을 기억해야 할 것이다.

거룩한 복음은 거룩한 행실과 분리되지 않는다. 우리가 고백하는 믿음이 참되다는 것을 우리의 삶을 통해서 변증해야 한다. 입으로는 복음을 믿지만 행위로는 부인하는 자들이 교회 안에 계속 증가하게 되면 교회가 전하는 복음도 설득력을 잃을 수밖에 없다. 그렇게 되면 복음 전도는 더 이상 불가능하게 되고 교회는 쇠퇴할 수밖에 없다. 아무리 교인 숫자가 많아도 완악한 죄인을 쫓아내지 않는다면 교회는 분란에 휩싸이게 되고 언젠가 무너지게 될 것이다.

5) 하나님의 진노를 막기 위해서

교회는 한 몸이다. 따라서 교회는 한 명의 죄에 대해서 연대 책임을 지게 된다. 이것은 성경 곳곳에서 찾아볼 수 있는 교훈이다. 대표적인 예로, 우리는 아간이 죄를 지었을 때 하나님께서 이스라엘 백성 전체를 향해서 진노하신 것을 잘 알고 있다(수 7장). 이것은 단지 구약에만 적용되는 것이 아니라 신약교회에도 적용되는 교훈이다. 숨겨진 죄가 그 죄인을 오염시키고 하나님의 심판을 초래하듯이 지속적이고 드러난 죄는 하나님의 언약과 언약의 인을 더럽히기 때문에 하나님의 진노를 초래한다. 교회가 권징을 제대로 실시하지 않는 이유는 언약의 중요성을 인식하지 못하고 하나님의 진노와 심판을 가볍게 여기기 때문이다.

제4항 권징의 종류

직원에 의한 치리 권징은 교회의 직원들에 의해서 시행되어야 한다. 제2항에서 천국의 열쇠가 교회의 직원들에게 맡겨졌다는 것을 다시 한 번 상기할 필요가 있다. 장로교 교회정치는 회중에 의한 치리를 인정하지 않는다. 회중은 직원을 선출할 권한은 갖지만 권징할 권한은 갖지 않는다. 교회의 모든 회원은 자신들이 직원들로부터 치리를 받아야 할 존재라는 것을 잊지 말아야 한다. 회중이 해야 할 일은 직접 권징을 시행하는 것이 아니라 권징을 잘 시행할 수 있는 직원을 선출하는 것이고, 그와 같은 직원들이 권징을 잘 시행하는 교회를 분별하는 능력을 기르는 것이다.

범죄의 성격과 죄인의 과실에 따라 죄의 크기에 따라 권징의 정도도 달라져야 한다. 죄의 크기는 죄의 본성에 따라 달라지고 그 사람의 과실에 따라 달라진다. 권징은 결코 가볍게 시행되어서는 안 되며, 시행된다면 그 죄의 크기를 정확하게 판정해야 한다. 이를 위해 치리회는 공정하게 판정하기 위해서 최선의 노력을 해야 한다. 실제로 교회 안에서 분란이 발생해 재판이 진행되면 사적 감정이 개입되는 경우가 빈번한데 그렇게 되면 권징의 신뢰성을 상실할 수밖에 없기 때문에 매우 주의해야 한다.

권면 가벼운 범죄의 경우 간단한 권면으로도 충분하다. 하지만 보다 중한 죄의 경우에는 엄한 책벌로 처리해야 하는 때도 있다. 바울은 디도에게 다음과 같이 명령한다. "네가 그들을 엄히 꾸짖으라. 이는 그들로 하여금 믿음을 온전하게 하고 유대인의 허탄한 이야기와 진리를 배반하는 사람들의 명령을 따르지 않게 하려 함이라"(딛 1:13-14).

수찬정지 수찬정지는 한시적으로 성찬에 참여하는 것을 금하는 시벌이다. 수찬정지에 대한 명시적인 성경적 근거는 찾기가 쉽지 않지만, 데살로니가후서 3장 14-15절에서 충분히 유추할 수 있다. 바울은 사도들이 전한 말을 순종하지 않는 사람과 사귀지 말라고 명하면서 동시에 형제와 같이 권하라고 말한다. 사귀지 말라는 것과 형제처럼 여기는 것이 어떻게 가능할까? 수찬정지는 이것을 가능하게 하는 좋은 방법이다. 오늘날 문제는 수찬정지가 사실상 의미를 상실하게 되었다는 것이다. 예를 들어서 수찬정지 3개월이라는 시벌이 내려졌는데 그 교회가 일 년에 성찬식을 겨우 2번 시행한다면 그 시벌은 실질적인 의미를 가질 수 없다. 수찬정지라는 시벌은 매주 (혹은 자주) 성찬식을 시행한다는 것을 전제로 한 시벌이다. 여기서 우리는 올바른 예배와 올바른 권징이 얼마나 밀접하게 연결되어 있는지를 잘 알 수 있다.

출교 교회에서 최고 중한 시벌은 출교다. 이 시벌은 교회의 회원권을 박탈하고 교회 밖으로 쫓아내는 것이다. 회원들은 그를 더 이상 형제가 아니라 이방인이나 불신자처럼 간주하게 된다. 출교의 대상은 누구에게나 "잘 알려져 있고(notorious)" 끝까지 회개하지 않는 "고집스러운(obstinate)" 죄인이다. 여기서 주의해야 할 것이 있다. 출교는 신자들이 악한 불신자들과는 절대 사귀어서는 안 된다는 것을 의미하지 않는다. 바울 사도는 다음과 같이 말한다. "밖에 있는 사람들은 하나님이 심판하시려니와 이 악한 사람은 너희 중에서 내쫓으라"(고전 5:13). 신자들은 악인들을 포함하여 모든 사람과 평화롭게 지내야 한다. 하지만 스스로 신자라고 고백하면서 악한 일을 의도적으로 계속하는 형제는 교회 밖으로 쫓아내야 한다.

수찬정지나 출교 그 자체가 범죄자를 심판하고 정죄하는 것은 아니다. 당연히 그것은 하나님께 속한 것이다. 하지만 수찬정지나 출교도 그 자체가 특별한 형태의 하나님 말씀이라는 것을 잊어서는 안 된다. 즉, 회개하지 않으면 그리스도의 살과 피를 통해 영생을 누릴 수 없고, 교회 밖에 계속 있다가 결국 하나님의 심판을 면하지 못하고 영원한 형벌을 받을 수밖에 없다는 것을 몸으로 체험하도록 하는 것이 권징이다. 따라서 말씀에 따라 시행될 때 권징은 말씀을 더욱 강화시켜서 교회를 더욱 든든하게 세운다.

제31장 공의회

1항. 보다 나은 치리와 교회를 더 잘 세우기 위해서 공의회라고 불리는 모임이 있어야 한다.[1]

2항. 국가 위정자는 합법적으로 목회자나 적합한 다른 자들을 대회로 소집함으로 종교적 문제에 대해 의견과 조언을 들을 수 있다.[2] 만약 위정자가 교회에 대해 공개적으로 대적한다면, 그리스도의 사역자들은 교회로부터 위임받은 다른 적합한 사람들과 함께 그들의 직분상의 권위에 의하여 회의를 소집할 수 있다.[3]

3항. 신앙에 관한 논쟁과 양심 문제들을 수종적으로 결정하고, 하나님께 대한 공예배와 교회정치를 더 질서 있게 만들기 위하여 규범들과 지침들을 제정하고, 그릇된 조치로 인해 야기된 불만을 접수하여 권위 있게 결정하는 것은 공의회에 속한 권한이다. 이 결정들과 판결들이 하나님의 말씀과 일치한다면 존경과 복종으로 받아들이되, 단지 말씀에 일치하기 때문만이 아니라 말씀 속에서 하나님의 규례로 정해졌기 때문에 그것들이 갖게 되는 권위 때문에도 그렇게 받아들여져야 한다.[4]

4항. 사도시대 이후 공의회는 지역적 공의회든 세계적 공의회든 오류를 범할 수 있으며, 많은 공의회들이 실제로 오류를 범해 왔다. 그러므로 그것들의

결정을 믿음이나 행위의 준칙으로 삼지 말고, 다만 도움을 주는 방편으로 사용해야 한다. [5]

5항. 공의회는 교회와 관련된 문제 외에 다른 어떤 것도 다루거나 결정을 내려서는 안 된다. 비상시국에 겸허한 청원이나 국가 위정자의 요청을 받아 양심상 행하는 조언 외에 국가와 관련된 시민적 사안들에 간섭해서는 안 된다. [6]

---

1) 행 15:2, 4, 6.
2) 사 49:23; 딤전 2:1-2; 대하 19:8-11; 대하 29-30; 마 2:4-5; 잠 11:14.
3) 행 15:2, 4, 22-23, 25.
4) 행 15:15, 19, 24, 27-31; 행 16:4; 마 18:17-20.
5) 엡 2:20; 행 17:11; 고전 2:5; 고후 1:24.
6) 눅 12:13-14; 요 18:36.

이에 사도와 장로와 **온 교회**가 그 중에서 사람들을 택하여
바울과 바나바와 함께 안디옥으로 보내기를 결정하니
(행 15:22)

서론: 성경적 사례들

사회와 마찬가지로 교회도 여러 사람이 모인 곳이기 때문에 의견의 차이가 있을 수밖에 없다. 이 의견 차이는 논쟁이나 분쟁으로 발전될 수 있다. 분쟁과 다툼이 해결되지 못하면 수많은 연약한 성도들이 고통을 당하게 되고 교회는 쇠락할 수밖에 없다. 교회가 성장할수록 다툼도 증가하는데, 이와 같은 문제를 해결하기 위해서 권위 있는 치리회가 필수

적이다. 우리는 이런 예들을 성경을 통해서 살펴볼 수 있다.

최초의 원시적인 교회 회의는 사도행전 1장에서 발견된다. 예수님께서 지상에 계셨을 때는 회의가 전혀 필요 없었지만 승천하신 이후에 사도들은 회의를 통하여 중요한 문제를 결정했다. 이 모임의 의제는 사도의 직분을 보선하는 것이었다. 베드로는 시편 109편에 근거하여 가룟 유다가 탈취한 사도의 직분이 회복되어야 할 필요성을 이야기했고, 모인 무리는(120명 정도) 두 명을 내세웠다. 최종적으로 제비를 통해서 맛디아가 사도의 직분에 선출되었다. 이 결정을 통해서 신약교회는 열두 사도들의 터 위에서 굳게 세워질 수 있었다.

공의회의 두 번째 예는 사도행전 6장에서 찾아볼 수 있다. 열두 명의 사도로 출발한 교회는 급성장을 이루었다. 오순절에는 3,000명이 세례를 받았고(행 2:41), 얼마 후에 또 5,000명이 증가했다(4:4). 교인 수가 이렇게 증가하게 되자 자연스럽게 교회의 돌봄에서 소외되는 이들이 생겨나기 시작했다. 대표적인 예로 헬라파 과부들이 구제에서 빠지게 되었다. 교회 안에서 인종적이고/계급적인 차별이 생기기 시작한 것이다. 이 문제는 결코 가벼운 문제가 아니었다. 이 문제를 해결하지 못하면 이제 갓 설립된 교회는 존립이 위태로울 수도 있었다. 문제의 심각성을 인식한 사도들이 모든 제자를 소집했고 자신들의 의견을 제시했다. 사도들은 말씀과 기도에 전무해야 하니 구제를 감당할 사람 일곱 명을 그들이 택하라고 말했다. 이 명령에 따라 일곱 명을 선출했고 사도들이 그들에게 안수하여 새로운 직무를 감당하게 했다. 그 결과 하나님의 말씀이 점점 왕성해지고 심지어 복음에 가장 적대적이었던 허다한 제사장의 무리도 이 말씀에 복종했다(행 6:7).

사도행전 15장에는 교회 역사에서 개최된 모든 공의회의 모델이라고 할 수 있는 예루살렘 공의회가 등장한다. 이전의 두 모임이 직원 선출과 관련된 것이었다면 15장의 공의회는 교리적인 논쟁에 관한 것이었다. 이 번에도 교회 성장과 관련이 있다. 바울과 바나바의 선교사역을 통하여 이방인들에게도 복음이 급속도로 전파되었다. 이방인들이 교회 안에서 급속도로 증가하자 이들을 어떻게 받아들여야 하는지에 대해서 논쟁이 시작되었다. 어떤 이들은 그들도 할례를 받고 모세의 법을 따라야 한다고 주장했다. 여전히 히브리파 신자들이 주도권을 가지고 있었다. 이로 인해서 "적지 아니한 다툼과 변론"이 일어났다. 이 문제를 해결하기 위해서 사도들뿐만 아니라 "장로들"도 함께 모였다. 베드로와 야고보가 발언한 후에 "우상의 제물과 피와 목매어 죽인 것과 음행" 외에는 아무 짐도 지우지 않기로 결정했다. 이 결정에 근거하여 바울과 바나바는 아무 제약 없이 마음껏 이방인들에게 선교할 수 있었다. 이 결정이 없었더라면 이방인들을 향한 선교가 제대로 이루어지지 않았을 것이다.

사도행전에 나타난 성경의 사례들은 교회 회의가 교회를 위해서 얼마나 유익한지를 잘 보여 주고 있다. 물론 교회 회의 자체가 유익한 것은 아니다. 신약의 교회 회의는 구약의 교회 회의를 그대로 이어받고 있는데, 산헤드린이라고 불리는 최고 회의는 예수님을 정죄하고 십자가에 못 박아 버리고 말았다. 따라서 성도들은 교회 회의가 잘 운영되고 있는지 많은 관심을 가져야 할 것이다. 교회 회의는 건강한 교회를 분별하는 중요한 지표 중의 하나다.

제1항 공의회의 필요성: Being & Well-Being

용어에 대해서: 시노드(synod), 카운슬(council). 교회의 모임을 가리키는 용어는 여러 가지가 있다. 주로 시노드 혹은 카운슬이라고 하는데 시노드는 헬라어에서, 카운슬은 라틴어에서 왔다. 둘 다 기본적인 뜻은 '함께 모임'이다. 종교개혁 이전에 이 모임은 주로 주교들의 모임을 가리켰다. 특히 황제가 소집한 제국 내의 교회의 모임을 세계적 공의회(ecumenical council)라고 한다. 최초의 공의회는 니케아 공의회(325년)로 이 공의회를 통하여 삼위일체 교리가 확립되었고 유월절 절기에 관한 논쟁도 종식되었다. 종교개혁은 초기 공의회에서 정립된 신경들을 그대로 이어받고 있지만 성경과 같은 권위에 두지는 않았다.

"보다 나은 치리와 교회를 더 잘 세우기 위해서" 공의회는 교회의 본질(being)에 속하지 않는다. 공의회가 없어도 말씀이 선포되고 성례가 시행되면 얼마든지 교회가 존재할 수 있다. 하지만 교회는 스스로의 생존만을 위해서 존재하는 것은 아니다. 교회는 교회로서 해야 할 여러 사명이 있다. 이 사명을 잘 감당하기 위해서는 더 좋은(well-being) 교회가 되어야 한다. 예를 들어 교회가 계속 튼튼하게 성장하기 위해서는 유능하고 신실한 목사가 계속 양성되어야 한다. 그런데 이것이 어떻게 가능한가? 물론 예전처럼 개체 교회의 목사가 도제식으로 한 명씩 양성할 수 있을 것이다. 하지만 목회하면서 동시에 목사 후보생들을 교육하는 것은 오늘날 거의 불가능한 일이다. 더 좋은 방법은 여러 교회가 연합하여 신학교를 세워서 집중적으로 수련을 시키는 것이다. 이를 위해 교회들의 협력과 회의는 필수적이다.

「고백서」를 작성한 웨스트민스터 총회(the assembly of divines) 자체가 교회를 어떻게 잘 치리하고 더 잘 세우는지를 보여 주는 확실한 증거라고 할 수 있다. 이 총회를 통하여 신앙고백, 교리문답, 교회정치 규범, 공예배 지침이 작성되었다. 또 잘 알려지지 않았지만 이 표준문서가 작성된 이후에 총회는 목회자를 심사하고 임직하는 일에 대부분의 시간을 보냈다. 이와 같은 작업들이 있었기 때문에 이후에 장로교회들이 계속 든든하게 세워질 수 있었다.

제2항 누가 공의회를 소집할 수 있는가?

제2항에 따르면 교회의 공의회는 국가 위정자가 소집해야 하고 국가 위정자가 기독교에 대적할 경우에는 교회의 지도자들이 소집할 수 있다. 이 조항은 정교분리가 보편화된 현대 사회에서는 매우 생소한 내용으로 미국 장로교회에서는 삭제되었다.[237] 「고백서」에 따르면 치리권은 교회 직원이 가지지만 총회 소집은 국가 위정자가 행사할 수도 있다. 제2항은 17세기 유럽의 상황을 그대로 반영하고 있다. 웨스트민스터 총회 자체가 잉글랜드 의회에 의해서 소집되었으며, 최초의 개혁파 공의회라고 할 수 있는 도르트 총회 역시 네덜란드 의회에 의해서 소집되었다(1618–1619년). 따라서 기독교 국가에서 국가 위정자들이 총회를 소집할 수 있다는 생각

---

237 보다 정확한 것은 다음 저서를 참고하라. Van Dixhoorn, *Confessing the Faith*, 409이하.

은 전혀 새로운 것이 아니었다.

총회를 누가 소집할 수 있는가는 매우 중요한 문제다. 여기에 대한 답은 시대에 따라서 달라졌다. 최초의 세계적 공의회는 황제가 소집했다. 중세 서방교회에서 이 권한은 교황에게 넘겨졌다. 중세 말에 교황의 타락으로 인해 공의회 운동이 활성화되면서 교황의 소집권은 많은 도전을 받았다. 종교개혁 이후 개신교회에서 총회의 소집권은 교회가 비교적 독립적으로 가지게 되었으나 잉글랜드 교회는 교회의 수장인 왕이 총회의 소집권을 전적으로 행사했다. 스코틀랜드의 경우 왕권이 강화되면서 총회의 소집권이 왕에게 넘어가게 되었다.

왕이 교회와 충돌하는 경우 왕은 자신의 입장을 관철하기 위해서 얼마든지 총회의 소집권을 남용할 수 있었고 실제로 남용했다. 회집 날짜를 갑자기 변경하기도 하고, 아예 연기를 하거나 취소하기도 했다. 또한 왕은 총회 장소를 자신에게 유리한 곳으로 정할 수도 있었다. 이와 같은 이유로 현대의 모든 장로교 총회 헌법은 차기 총회의 일시와 장소를 총회장이 공포한 후에 폐회하도록 규정하고 있다. 이 규정을 통해 교회의 독립성이 확실하게 보장되었다.

제2항은 시대적 상황에 따라 변경될 수 있는 신앙조항이다. 실제로 스코틀랜드 교회가 「고백서」를 비준하려고 했을 때 이 조항에 주목하지 않을 수 없었다. 비준에 앞서 스코틀랜드 총회는 이 항목이 "확고한 교회정치 체제가 확립되어 있는 교회의 경우에는" 적용될 수 없다고 미리 분명

하게 밝혔다.[238] 따라서 제2항은 변함없는 교리라기보다는 특정한 기간에만 유효한 교리라고 보아야 할 것이다. 이를 통해 우리는 「고백서」역시 완전하지 않고 시대적 한계성을 가지고 있다는 것을 알 수 있다. 하지만 이와 같은 소수의 예들을 가지고 「고백서」의 모든 내용이 시대적 한계를 가지고 있다고 주장하는 것은 주의해야 한다.

제3항 공의회의 기능

공의회는 사사로운 일을 다루지 않는다. 기본적으로 다루어야 할 안건들은 크게 다음과 같다.

1) 신앙에 관한 논쟁들과 양심에 관한 문제

교회 안에서 신앙에 대한 논쟁들이 벌어질 때 그리고 양심에 관한 문제들이 제기될 때 공의회가 소집되어야 한다. 교리와 양심에 대해서는 오직 성경만이 권위를 가진다. 따라서 공의회는 이 문제들을 말씀에 근거하여 **"수종적으로(ministerially)"** 다루어야 한다. 공의회의 권위는 말씀의 권위 아래에 있으며 말씀에 어긋나는 결정은 그 자체가 무효다.[239] 웨스트민스터 총회는 신앙고백서와 대/소교리문답을 작성함으로 공의회로서의 역할을 잘 수행했다.

---

238 로버트 쇼, 『웨스트민스터 신앙고백 해설』, "웨스트민스터 신앙고백 승인 결의서," 7.
239 예를 들어, 한국 장로교회는 명예집사나 명예권사 제도를 도입하고 있는데 이것은 직분에 대한 성경적 가르침 자체와 상충하기 때문에 그 자체가 무효다.

2) 공예배와 교회정치

사도 바울은 "모든 것을 품위 있게 하고 질서 있게 하라!"고 고린도교회에 명령했다(고전 14:40). 이것은 특별히 공예배와 교회정치에 적용되어야 한다. 교회는 자신을 더 잘 세우기 위해 "공예배와 교회정치를 더 질서 있게" 만들도록 노력해야 한다. 질서를 세우기 위해서는 "규범들과 지침들"을 제정해야 하는데 이것은 개인이나 개체 교회가 할 수 있는 일이 아니다.

3) 잘못된 조치로 인한 불만

교회의 직원들이 항상 올바른 결정을 하는 것은 아니다. 그들이 잘못 결정할 때 성도들이 불만을 제기할 수 있다. 이와 같은 불만을 받아들여서 권위 있게(authoritatively) 결정하는 것은 공의회에 속한 일이다. 교리(신앙과 행위)를 다룰 때 공의회는 수종적인 자세를 유지해야 하지만 교회의 분쟁을 받아들여서 결정할 때는 권위 있게 처신해야 한다. 이 조항은 기본적으로 회중파 교회론을 거부하는 것이다. 그들은 공의회의 결정을 단지 조언에 불과하고 권위 있는 판결이라고 보지 않는다. 그들은 그 결정의 수용 여부는 개체 교회가 결정할 문제라고 생각한다.

공의회의 결정이 하나님의 말씀에 일치하면 당연히 그 결정은 존중되어야 하고, 신자들은 순복해야 한다. 이뿐 아니라 공의회는 하나님께서 정하신 규례이기 때문에 신자들에게 존중받아야 한다. 공의회의 권위 자체가 인정되지 않으면 공의회가 제대로 운영될 수 없다.

제4항 공의회의 권위

비록 공의회는 하나님께서 정하신 규례이기 때문에 존중받아야 하나 그 권위는 절대적이지 않다. 우리는 이미 제1장에서 성경만이 무오한 하나님의 말씀이며 이 말씀과 함께 증언하시는 성령님이 최고의 재판관이시라는 것을 확인했다. 따라서 공의회는 교회 안에서 절대적인 권위를 가질 수 없다. 성령 하나님과 달리 공의회는 역사 속에서 여러 번 오류를 범했다. 이와 같은 한계에도 불구하고 전 항에서 언급했듯이 하나님께서 부여하신 제한적인 혹은 2차적인 권위를 무시해서도 안 된다. 공의회의 결정들은 우리에게 큰 도움이 되기 때문에 그것을 잘 사용한다면 교회 전체가 큰 유익을 얻을 수 있다.

제5항 정치적인 문제를 어떻게 다룰 것인가?

제3항은 공의회가 다루어야 할 안건이 무엇인지를 잘 설명했다. 제5항은 이것을 간단히 요약한다. **"공의회는 교회와 관련된 문제 외에 다른 어떤 것도 다루거나 결정을 내려서는 안 된다."** 이는 대원칙이다. 교회와 국가의 구분이 제대로 이루어지지 않았을 때 공의회는 외교 문제를 비롯하여 온갖 세속적인 사안들을 다루었다. 그 결과 성직자들과 정치가들이 구분되지 않았고 거룩한 교회 회의는 술수가 난무하는 세속적인 회의로 바뀌었다. 「고백서」는 이 문제에 대해서 단호한 태도를 취했다.

"교회와 관련된 문제만 다루어야 한다"는 것은 일반적인 대원칙이지만 절대적인 원칙은 아니다. 이 원칙에 대한 예외는 두 가지 경우다. 첫째는 비상시국이고, 둘째는 위정자들이 요청할 때다. 전쟁이나 천재지변과 같이 비상시국일 때 공의회는 세속적인 사안을 다룰 수 있다. 하지만 이때에도 방식은 "겸허한 청원(humble petition)"이어야 한다. 장로교회가 소위 "시국 선언"과 같은 권위 있는 형식을 취하는 것은 스스로의 고백에 위배된다. 비상시국 외에 국가 위정자가 요청할 때는 교회적 사안이 아니더라도 공의회가 그 안건을 다룰 수 있다. 정교가 분리된 오늘날에도 국가는 안정적인 통치를 위해서 교회의 자문을 구하는 경우가 있다. 이때 교회는 공의회를 열어서 자신들의 입장을 정확하게 밝혀서 시민적 의무를 다할 필요가 있다. 하지만 그 공의회의 결정도 단지 "조언(advice)"에 불과하다는 것을 잊지 말아야 한다.

제32장 인간의 사후 상태와 죽은 자들의 부활

1항. 사후에 인간의 몸은 티끌로 돌아가 썩음을 보지만,[1] 그들의 영혼은 죽거나 자는 것이 아니라 불멸하는 존재이기 때문에 그것을 주신 하나님께 즉시 돌아간다.[2] 의인들의 영혼은 완전히 거룩하게 되었기 때문에 지극히 높은 하늘로 영접함을 받아 그곳에서 몸의 완전한 속량을 기다리면서 빛과 영광 중에서 하나님의 얼굴을 뵙는다.[3] 악인들의 영혼은 지옥에 던져져서 고통과 완전한 흑암 속에 지내다가 큰 날의 심판에 처하게 될 것이다.[4] 몸과 분리된 영혼을 위한 이 두 장소 이외에는 다른 어떤 곳도 성경은 인정하지 않는다.

2항. 마지막 날에, 여전히 살아있는 자들은 죽지 않고 변화될 것이다.[5] 이미 죽은 모든 자들은, 그들의 영혼과 다시 영원히 하나가 될 (비록 다른 형질이지만) 이전의 동일한 몸을 가지고 일어나게 될 것이다.[6]

3항. 불의자들의 몸은 그리스도의 능력으로 일으켜져서 치욕을 당하지만, 의인들의 몸은 성령으로 일으켜져서 존귀를 얻고 그분의 영광스러운 몸과 같게 될 것이다.[7]

---

1) 창 3:19; 행 13:36.

2) 눅 23:43; 전 12:7.

3) 히 12:23; 고후 5:1, 6, 8; 빌 1:23;
   행 3:21; 엡 4:10.

4) 눅 16:23-24; 행 1:25; 유 1:6-7;　　　6) 욥 19:26-27; 고전 15:42-44.

　　벧전 3:19.　　　　　　　　　　　　7) 행 24:15; 요 5:28-29; 고전 15:43;

5) 살전 4:17; 고전 15:51-52.　　　　　　　빌 3:21.

이는 내게 사는 것이 그리스도니 죽는 것도 유익함이라.

(빌 1:21)

서론: 마지막

「고백서」의 마지막 두 장은 두 가지 마지막을 다룬다. 하나는 인간 각 개인들의 마지막이고, 다른 하나는 세상의 마지막이다. 전자를 개인적 종말론이라고 부르고, 후자를 일반적(우주적) 종말론이라고 부른다. 이 두 마지막은 단순한 종결이 아니라 목적을 의미한다. 만약 목적을 가지지 않는다면 종말은 아무런 의미를 갖지 못할 것이다. 인간이 인생을 지혜롭고 의미 있게 살기 위해서는 두 가지 마지막, 즉 최종 목적에 대해서 잘 알아야 한다.

두 가지 마지막 중 하나는 모든 인간이 다 알고 있다. 그것은 바로 모든 인간은 죽는다는 사실이다. 하지만 왜 죽는지, 죽은 다음에 어떻게 되는지에 대해서 인간은 이성으로 알 수 없다. 이것은 오직 하나님의 계시인 성경을 통해서 알 수 있을 뿐이다. 우리의 기대와 다르게 하나님은 죽음 이후에 대해서 우리의 유익을 위해 많은 교훈을 제공하지 않고 감추셨다. 따라서 우리는 하나님의 계시 안에서 만족하면서 종말에 대해서 지나친 호기심에 빠지지 않도록 주의해야 한다.

참된 신앙을 검증하는 방법에 여러 가지가 있지만 죽음에 대한 태도 야말로 참된 신앙의 표지라고 할 수 있다. 신자 중에 자신의 죽음을 지나 치게 두려워하는 이들이 있고, 사랑하는 이의 죽음을 지나치게 슬퍼하는 이들이 있는데 평소에 성경이 죽음에 대해서 무엇이라고 하는지 정확하 게 배울 필요가 있다. 죽음은 죄로 인해서 들어왔지만, 그리스도와 연합 한 신자들에게 죽음은 더 이상 죄에 대한 형벌이 아니라 더 이상 죄를 짓 지 않게 하고 영원한 생명으로 인도하는 관문일 뿐이다.

제1항 지금 당장 죽는다면...

"자는 것이 아니라" 성경에는 죽은 사람에 대해서 "잔다"고 표현하는 경우가 있다(막 5:39). 이를 문자 그대로 이해하여 죽음 이후에 영혼은 의 식이 없는 상태에 들어간다는 영혼수면설을 주장한 사람들이 교회 역사 속에는 항상 있었다. 종교개혁 당시에는 재세례파가 이와 같은 입장을 강력하게 견지했고, 오늘날에는 여호와 증인들도 이 입장을 취하고 있 다. 심지어 루터나 영국 청교도 신학자들도 이 입장을 선호했다.[240] 하지 만 칼뱅은 처음부터 이 입장을 단호하게 반박했고 칼뱅의 견해가 개신교 회에서 주된 입장으로 자리 잡았다. 「고백서」 역시 칼뱅의 입장을 따르고

---

240 페스코, 『웨스트민스터 신앙고백서』, 472-474.

있다.

"돌아감" 죽음은 돌아감이다. 인간은 죽고 나면 몸과 영혼이 분리되어 각각 자기가 온 곳으로 돌아간다. 따라서 인간이 어디서 왔는지를 알면 어디로 가게 될 것인지도 알 수 있다. 인간이 죽음에 대해서 알지 못하는 이유는 어디에서 왔는지 알지 못하기 때문이다. 그렇기 때문에 인간은 죽으면 무(無)로 돌아간다든지 자연으로 돌아간다고 근거 없는 주장을 하기도 한다. 이와 반대로 신자들은 인간이 어디에서 왔는지 알기 때문에 어디로 가는지도 알 수 있다. 창세기를 통해 우리는 인간이 어떻게 창조되었는지를 안다. 몸은 흙으로 만들어졌고 영혼은 하나님의 영으로 창조되었다. 따라서 인간이 죽게 되면 몸은 천천히 흙으로 돌아가고, 영혼은 "즉시" 하나님께로 돌아간다. 죽음은 이중적 귀향이다. 죽음을 이렇게 이해한다면 신자들은 죽음을 두려워할 필요가 전혀 없다.

모든 인생이 흙으로 돌아가는 죽음은 자연 현상은 아니다. 죄가 들어오지 않았더라면 몸은 흙으로 돌아가지 않았을 것이다. 하지만 죄를 범한 아담에게 하나님은 이렇게 말씀하셨다. "너는 흙이니 흙으로 돌아갈 것이니라"(창 3:19). 이와 같은 벌을 통하여 하나님은 인간이 창조주 앞에서 얼마나 덧없는 존재인지를 깊이 인식하게 하셨다. "주께서 사람을 티끌로 돌아가게 하시고 말씀하시기를 너희 인생들은 돌아가라 하셨사오니 주의 목전에는 천 년이 지나간 어제 같으며 밤의 한순간 같을 뿐임이니이다(시 90:3-4).

흙으로 돌아간 몸은 그때부터 **"썩음을 본다."** 이와 반대로 불멸의 실재를 가진 영혼은 죽거나 잠자지 않고 그대로 존재한다. 죽음 이후에 달라진 것은 하나였던 몸과 영혼이 분리되는 것이고, 몸은 점점 썩기 시작한다는 것이다. 이 점에서 사후의 모든 인간은 예외가 없다. 이 썩어짐의 종노릇에서 해방되어 영광의 자유에 이르는 것이 진정한 구원이다(롬 8:21). 다윗은 이 구원을 다음과 같이 노래했다. "이는 주께서 내 영혼을 스올에 버리지 아니하시며 주의 거룩한 자를 멸망시키지 않으실 것임이니이다"(시 16:10).

"즉시" 「고백서」에서 우리가 주목해야 할 표현은 "즉시"이다. 죽음 이후 최종목적지로 돌아가기 전에 머무르는 곳이 없다는 뜻이다. 이는 죽음을 앞둔 신자들에게 한없는 위로를 주는 복음이다. 또한 임종을 맞이하는 신자들의 유족들에게도 큰 위로가 된다. 비록 이별의 슬픔이 결코 작다고 할 수 없지만 즉시 주님과 함께 있다는 사실에서 신자들은 위안을 받을 수 있다. 최근에 사용되는 '천국환송예배'라는 말은 비유적으로 사용될 수 있으나 오해의 소지를 안고 있다. 왜냐하면 이미 죽은 고인의 영혼은 즉시 하나님께로 돌아갔기 때문이다. '천국'이라는 용어도 죽어서 가는 장소라는 인식을 지나치게 줄 수 있다. 주기도문 둘째 간구에 따르면 천국은 가는 곳이라기보다는 '오는' 곳이다.

의인들의 죽음. 죽음에서 악인과 의인은 큰 차이가 있다. 죽을 때 의인의 영혼은 **완전히 거룩해진다.** 이것이 가리키는 의미에 대해서 우리는 제13장 2항을 기억할 필요가 있다. 이 항목에 따르면 이 세상에서 성화는 완전하지 않고, 이로 인해 화해할 수 없는 싸움이 신자 안에서 끊임없이 일어난다. 죽음을 통해서 신자들은 이 모든 싸움을 그치고 이미 이 싸움을 마친 선배 신앙인들과 합류한다. 이 싸움을 마친 성도들의 모임을 승리의 교회(triumphant church)라고 한다. 의인들에게 죽음이란 전투로부터의 안식이다.

완전히 거룩하게 된 영혼들은 지극히 높은 곳, 즉 삼위 하나님께서 계신 곳으로 **영접함을 받는다.** 의인에게 죽음이란 금의환향(錦衣還鄕)이다. 그들은 빛과 영광 중에서 하나님의 얼굴을 본다. 오늘날 개신교회에서 하나님의 **얼굴을 본다(visio Dei)**[241]는 개념은 생소하고 잘 사용되지 않는 표현이지만 전통적으로 이 문구는 사후 세계에서 신자들이 누릴 최고의 복을 가리키는 특별할 용어로 교회에서 사용되었다. 물론 "하나님을 본다"는 것은 비유적인 표현으로 복되신 하나님을 직접 즐긴다는 것을 의미했으며 인간의 최고 목적으로 간주되었다. 이것이 의도한 바는 소교리문답 제1문답에 잘 요약되어 있다. 사람의 제일 된 목적에서 사용된 "목적"은 영어로 "end"이며 이 단어의 일차적인 뜻은 마지막이다. "하나님을 즐거워하는 것"은 하나님을 본다는 말로 바꾸어 표현할 수 있다. 소교리문답에 따르면 사람의 가장 마지막은 하나님을 보는 것이다. 소교리문답은 첫 질문에서 '마지막'으로 시작하면서 교리문답이 가야 할 방향을 정확하게 적시하고 있다. 의인들에게 죽음은 어둠이 아니라 빛이고, 괴로움이 아니라 최고의 즐거움이다.

의인들에게 죽음은 소망 속에서 **기다림**을 의미한다. 죽음 이후 완전하게 거룩하게 된 영혼은 가장 복된 즐거움을 누리지만 그 즐거움은 아

---

[241] 개혁파 정통주의가 "visio Dei"를 어떻게 이해했는가에 대해서는 다음 논문을 참고하라. Joshua Schendel, "The Reformed orthodox and the visio Dei," *The Reformed Theological Review*, 77 (2018): 24-44.

직 완전한 것이 아니다. 왜냐하면 그 몸은 여전히 썩은 상태로 있기 때문이다. 따라서 의인의 영혼은 세상 마지막 날에 이루어질 **"몸의 완전한 속량"**을 기다린다. 기독교는 몸의 중요성을 결코 과소평가하지 않는다. 몸이 없는 영혼만의 구원은 반쪽 구원에 지나지 않는다. 이 완전한 구원이 이루어질 것이 확실하기 때문에 의인들의 영혼은 소망 가운데서 몸의 구원을 기다릴 수 있다.

악인들의 죽음. 악인들의 죽음은 의인들의 죽음과 완전히 다르다. 영접을 받는 의인의 영혼과 달리 그들은 **던짐을** 받는다. 의인들의 영접 장소는 지극히 높은 곳이지만 악인들이 던져지는 장소는 **지옥**이다. 의인들은 영광과 빛 속에서 하나님을 보지만, 악인들은 **고통**과 **어둠** 속에서 지나게 된다. 의인들은 소망 가운데 몸의 구속을 기다리지만, 악인들은 불안에 떨면서 그들에게 예약된 **큰 날의 심판을** 기다릴 것이다.

오늘날 현대 신학자들은 지옥의 존재 자체를 인정하지 않는 경향이 있다. 지옥에 대해서 반대하는 대표적인 질문 중의 하나는 "사랑의 하나님이 어떻게 지옥을 만들 수 있는가?"이다.[242] 이 반론은 상당히 그럴듯하게 들리기 때문에 반박하기가 쉽지 않다. 이 논리 자체의 허점을 드러내지 않고 단지 성경에 근거하여 믿으면 된다는 식으로 자녀들에게 가르쳐서는 안 된다. 지옥과 하나님의 사랑은 공존할 수 없는 것처럼 보이지만 깊이 성찰하면 오히려 너무나 조화가 잘 된다는 것을 알 수 있다. 질문을 이렇게 바꾸어 보자. "하나님은 지옥에 가야 마땅한 사람을 용서할

---

242 이성호, 『성도생활백과』, "도대체 어떻게 사랑의 하나님이 지옥을 만드실 수 있나요?", 225-229.

수 있을 정도로 사랑이 크신 분일까?" 우리의 피상적인 생각과 달리 지옥은 하나님의 사랑의 크기를 표현한다. 지옥이 없는 복음은 하나님의 사랑을 피상적으로 만들 뿐이다.

제3의 장소는 없다. 로마 교회는 천국과 지옥 외에 여러 장소들을 고 안했다. 세례받지 못하고 죽은 유아들이 가는 '림보(Limbo)'도 있고, 이 세 상에서 보속(補贖)을 완전히 마치지 못한 신자들이 가는 연옥(purgatory)도 있다. 이 교리에 대해서는 이미 제15장 서론에서 다루었다. 로마 교회는 회개의 복음을 왜곡했으며 그 결과 생긴 기형아가 바로 연옥이다. 성경 에서 전혀 발견할 수 없는 이 교리가 오늘날 여전히 로마 교회에서 가르 쳐지고 있는 가장 큰 이유는 보다 합리적으로 들리기 때문이다. 성경의 가르침에 만족하지 못할 때 인간의 호기심은 여러 가지 새로운 교리들을 만들어 낸다.

특강: 죽음에 대한 대교리문답의 가르침

84문: 모든 사람은 죽어야 합니까?
답: 죽음은 죄의 삯으로 오는데, 모든 사람이 죄를 지었기 때문에 모 든 사람이 한 번 죽도록 정해졌습니다.

85문: 죄의 삯이 사망이라면, 왜 그리스도 안에서 모든 죄를 용서받 은 의인들은 죽음에서 건짐을 받지 못합니까?
답: 의인들은 (세상) 마지막 날에 죽음 자체로부터 건짐을 받으며, 죽

을 때에도 사망의 쏘는 것과 저주에서 건짐을 받습니다. 그러므로 비록 그들이 죽을 때에도 그 죽음은 하나님의 사랑에서 비롯된 것이기 때문에, 죄와 비참에서 완전히 자유롭게 되어, 그들이 들어가게 된 영광 속에서 그리스도와 더 깊은 교제를 누리게 될 것입니다.

대교리문답은 신자의 죽음을 그리스도와의 연합과 교제의 관점에서 다룬다(82~90문답). 신자들도 죽지만 이 신비로운 연합 때문에 그 의미는 완전히 다르다. 신자들은 그리스도와 연합되어 있기 때문에 죽음조차도 유익하다. 하나님의 사랑에서 비롯된 죽음은 신자들을 그리스도와 더 깊은 교제로 인도하는 관문일 뿐이다. 고백서와 교리문답을 통하여 우리는 이생보다 죽음 이후가 더 낫다는 것을 확신할 수 있다.

제2항과 제3항 마지막 날에 있을 몸의 부활에 대하여

조금만 진지하게 생각하면 예상과 달리 부활의 의미가 단순하지 않다. '부활(復活)'은 죽었다가 다시 살아난다는 의미이다. 이것이 우리에게 어떤 의미를 줄까? 나사로도 부활했고, 나인 성 과부의 아들도 부활했고, 야이로의 딸도 부활했다. 하지만 그들은 모두 다시 죽었다. 이것도 부활이라고 한다면 부활은 생명 연장 외에 별 의미가 없을 것이다. 부활을 영어로 'resurrection'이라고 하는데 기본적인 뜻은 '다시 일어섬'이다. 하지만 이것이 주는 의미는 다양하다. 다시 일어섬이 영혼에게만 적용될 수도 있고, 몸에 적용된다고 하더라도 (앞에서 보았듯이) 죽기 전의 몸과 어

띤 관계가 있는지에 따라 부활은 달리 이해될 수 있다.[243]

앞에서 살펴보았듯이 인간에게 죽는 날은 절대적 의미에서 최후의 날이 아니다. 죽는 날은 인간들의 영혼들이 마지막 날을 위해서 기다리기 시작하는 날이다. 세상 마지막 날에는 두 종류의 인간들이 있다. 하나는 살아 있는 자들이고 다른 하나는 이미 죽은 자들이다. 그날에 살아 있는 자들은 죽지 않고 한순간에 변화될 것이다. 이미 죽은 자들은 이전의 동일한 몸으로 일어날 것이다. 그 몸은 영혼과 하나가 되어 영원히 살게 될 것이다. 그 이후에 더 이상 몸과 영혼이 분리되는 일은 없다. 부활의 본질은 분리된 몸과 영혼의 영원한 연합이다.

마지막 날에, 죽음 이후 계속 썩어있었던 불의한 자들의 몸과 의로운 자들의 몸은 모두 다시 일어난다. 이것이 어떻게 가능한지는 인간의 이성으로 이해할 수 없다. 불의한 자들은 **"그리스도의 능력"**으로 부활하고, 의로운 자들은 **"성령"**으로 부활한다. 불의한 자들은 **수치**스럽게, 의로운 자들은 **명예**롭게 부활한다. 특히 의로운 자들의 몸은 그리스도의 영광스러운 몸과 같이 (마친 번데기가 나비가 되는 것처럼) 변하게 될 것이다. 바울은 빌립보서 성도들에게 다음과 같이 편지했다. "그는 만물을 자기에게 복종하게 하실 수 있는 자의 역사로 우리의 낮은 몸을 자기 영광의 몸의 형체와 같이 변하게 하시리라"(빌 3:21).

매주 사도신경을 통해서 신자들은 "몸의 부활"을 믿는다고 고백한다. 부활에서 중요한 것은 영혼이 아니라 몸이다. 그럼에도 불구하고 적지

---

243 John W. Cooper, *Body, Soul & the Everlasting: Biblical Anthropology and the Monism-Dualism Debate* (Grand Rapids: Eerdmans, 1989), 79-80.

않은 신자들이 입으로는 몸의 부활을 고백하지만 머리로는 "영혼의 부활"을 떠올린다. 하지만 앞에서 간단히 살펴보았듯이 엄밀한 의미에서 영혼 자체는 죽음 이전과 이후에 아무런 변화를 겪지 않는다. 따라서 부활은 항상 "몸"의 부활을 의미하며, 이 몸의 부활이 다른 종교와 구별되는 기독교의 근본 교리 중의 하나라는 것을 잊지 말아야 한다.

성경은 부활에 대해서 많은 이야기를 하고 있지만 몸의 부활이 구체적으로 어떤 것인지에 대해서는 거의 침묵하고 있다. 이 점에서 고린도전서 15장의 가르침은 매우 중요하기 때문에 간단히 살펴보는 것이 유익할 것이다. 35절에서 바울은 부활과 관련된 아주 중요한 질문을 제기한다. "죽은 자들이 어떻게 다시 살아나며 어떠한 몸으로 오는가?" 이 질문에 대해서 바울은 다음과 같이 답변한다. "죽은 자의 부활도 그와 같으니 썩을 것으로 심고 썩지 아니할 것으로 다시 살아나며, 욕된 것으로 심고 영광스러운 것으로 다시 살아나며, 약한 것으로 심고 강한 것으로 다시 살아나며, 육의 몸으로 심고 신령한 몸으로 다시 살아나나니 육의 몸이 있은즉 또 영의 몸도 있느니라"(42-44).

부활은 죽은 자가 죽기 직전의 모습 그대로 다시 일어나는 것을 의미하지 않는다. 만약 부활이 그와 같다면 영생은 소망이 아니라 저주가 될 수도 있다. 예를 들어서 어떤 신자가 평생 장애인으로 살다가 죽었다고 가정해 보자. 변화가 없는 부활은 그에게 영원히 장애인으로 살아간다는 것을 의미할 뿐이다. 또한 대부분의 인간은 나이가 들어서 늙은 몸으로 죽는다. 그런 몸으로 다시 살아난다는 것이 어떻게 소망이 될 수 있겠는가? 몸의 부활이 우리에게 소망이 될 수 있는 이유는 썩지 않는 몸, 강한 몸, 영광스러운 몸, 신령한 몸으로 부활하기 때문이다. 하지만 그것이 구체적으로 어떤 것인지는 더 이상 알 수 없다. (몇 살의 몸으로 부활할 것인지, 부활한 몸의 무게가 얼마나 나갈 것인지, 우리의 몸이 얼마나 아름다울 것인지 등.) 우리는 성경이 가르쳐 주는 교훈에 만족하면서, 부활을 확신하면서 소망 중에 충성된 종으로 살아갈 뿐이다.

제33장 최후의 심판

1항. 하나님은 예수 그리스도를 통하여 공의로 세상을 심판하실 한 날을 정하셨다.[1] 그분은 성부로부터 모든 권세와 심판권을 받으셨다.[2] 그날에 배도한 천사들이 심판받을 뿐 아니라 [3]땅 위에 생존했던 모든 사람이 그리스도의 심판대 앞에 서서 자신들의 생각과 말과 행동에 대하여 직고하고, 선악 간에 그들이 몸으로 행한 것에 따라 보응을 받게 될 것이다.[4]

2항. 하나님이 이날을 정하신 목적은, 택자들을 영원히 구원하심으로 자신의 자비의 영광을 나타내시고, 악하고 순종하지 않는 유기자들을 저주하심으로 공의의 영광을 나타내시기 위함이다. 그날에 의인들은 영원한 생명으로 들어가서 주님의 임재로부터 오게 될 희락과 위안을 충분하게 받는다. 그러나 하나님을 알지 못하고 예수 그리스도의 복음에 순종하지 않은 악인들은 주님의 임재와 그분의 능력의 영광에서 쫓겨나서 영원한 멸망의 형벌을 받는다.[5]

3항. 그리스도께서 심판의 날이 있으리라는 것을 분명하게 확신하도록 하신 이유가 모든 인간이 죄를 멀리하고 경건한 사람들이 역경 가운데서 큰 위로를 얻도록 하기 위함인 것처럼,[6] 그날을 인간들에게 알리지 않으신 것은 그들로 하여금 모든 육적인 안도감을 떨쳐 버리게 하고, 주님께서 언제 오실지 알지 못하기 때문에 그들이 항상 깨어서 다음과 같이 응답하도록 준비하게 하기 위함이다. "주 예수여, 속히 오시옵소서! *아멘.*"[7]

---

1) 행 17:31.

2) 요 5:22, 27.

3) 고전 6:3; 유 1:6; 벧후 2:4.

4) 고후 5:10; 전 12:14; 롬 2:16; 롬 14:10, 12; 마 12:36-37.

5) 마 25:31-46; 롬 2:5-6; 롬 9:22-23; 마 25:21; 행 3:19; 살후 1:7-10.

6) 벧후 3:11, 14; 고후 5:10-11; 살후 1:5-7; 눅 21:27-28; 롬 8:23-25.

7) 마 24:36, 42-44; 막 13:35-37; 눅 12:35-36; 계 22:20.

한번 죽는 것은 사람에게 정해진 것이요
그 후에는 심판이 있으리니.

(히 9:27)

서론: "심판하러 오시리라": 심판을 사모할 수 있을까?[244]

사도신경을 통해서 신자들은 매 주일 "산 자와 죽은 자를 심판하러 오실" 성자 예수님을 고백한다. 이 고백은 오늘날 신자들에게 어떤 의미가 있을까? 아쉽게도 이 재림과 심판의 메시지는 강단에서 사라진 지가 오래된 것 같다. 풍요롭고 편리한 현대 사회에서 심판은 더 이상 환영받는

---

244 「신앙고백서」에 나타난 종말론에 대해서는 다음 논문을 참조하라. Derek Thomas, "The Eschatology of the Westminster Confession and Assembly," in ed. Ligon Duncan, *The Westminster Confession into the 21ˢᵗ Century,* vol. 2. (Fearn: Mentor, 2004), 307-379.

주제가 아니다. 교회가 세상 종말에 대하여 관심이 없고 가르치지 않은 결과 거짓 종말론이 성도들을 계속 유혹하고 있다. 성도들은 종말론이라고 하면 이단과 관련되어 있으며 뭔가 멀리해야 한다고 생각한다.

종교개혁 당시에도 거짓된 종말론이 성도들을 유린하고 있었다. 설교가 거의 시행되지 않았던 시대에 종말의 교리는 주로 그림을 통해서 전달되었다. 수많은 화가가 교회당 안에 최후의 심판을 주제로 그림을 그렸다. 그중에 가장 유명한 작품은 1541년에 미켈란젤로가 시스티나 채플 전면에 완성한 '최후의 심판'이다. 작품마다 다르겠지만 거의 모든 '최후의 심판'은 보는 이들에게 공포심을 준다는 점에서 공통점을 가지고 있다. 간단히 말하면 이 작품들은 "예수님을 믿지 않으면 큰일 난다"는 인식을 대중에 심어주기에 충분했다. 따라서 최후의 심판보다 더 강력하게 무지한 신자들을 통제할 수 있는 주제도 없었다.

거짓 종말론이 난무하는 가운데 참된 종말론을 쉽고 분명하게 분별하는 (가장) 중요한 기준이 있다면 그것은 바로 '공포심'이다. 즉 어떤 종말론을 배웠는데 공포심이 들면 그것은 거짓이고 반대로 위안을 받으면 그것은 참이라고 할 수 있다. 그 이유는 바로 "심판하러 오시리라"가 복음이기 때문이다. 우리는 이 조항이 사도신경 안에 들어 있기 때문에 복음의 본질 중 하나라는 것을 쉽게 알 수 있다. 심판이 복음이라면 신자들에게 기쁨과 위안을 줄 수밖에 없다. 오늘날 심판의 복음이 선포되지 않는다는 것은 성도들이 온전한 복음의 기쁨을 누리지 못한다는 것을 의미한다. 「고백서」에 따라 종말의 복음이 바로 선포될 때 신자들이 참된 평안을 누리고 거짓 종말론의 유혹에서 벗어나게 될 것이다.

「고백서」는 종말을 상세하게 다루지 않는다. 대표적인 예로 「고백서」는 천년 왕국에 대해서 침묵하고 있다. 여러 가지 이유가 있겠지만 가장 큰 이유는 성경이 이 교리에 대해서 명확한 가르침을 주지 않기 때문이다. 천년 왕국에 대해 오늘날 개혁주의 신학 안에서는 무천년설이 다수를 차지하고 있지만 후천년설이나 역사적 전천년설도 상당한 지지를 얻고 있다. 또한 「고백서」는 주로 미래 종말론만 다루고 있으며, 현대 종말론에서 보편화된 '실현된 종말론(already not yet)'에 대해서는 암시적으로만 언급하고 있다.[245] 이것은 그 당시 작성된 대부분의 고백서들에서 나타나고 있는 현상이기 때문에 웨스트민스터 신앙고백만의 약점이라고 할 수 없다.

제1항 의로운 심판

"심판하실 한 날을 정하셨다" 제32장에서 살펴보았듯이 죽음은 끝이 아니고 기다림의 시작이다. 이 기다림은 하나님께서 정하신 한 날, 마지막 날까지 이어진다. 이날은 마지막 날이고 또한 심판의 날이다. 죽음도 일종의 심판이라고 할 수 있지만 완전한 심판이 될 수 없다. 심지어 악인 중에는 죽을 때에도 고통이 없고 그 힘이 강한 자들도 있다(시 73:4). 죽음 이후에 악인들은 공포와 절망 속에서 지내지만 이 역시 완전한 심판은 아니다. 그들의 육체가 아직 심판받지 않았기 때문이다. 하나님은 완전

---

245 Derek, "The Eschatology of the Westminster Confession and Assembly," 315.

한 최종적 심판을 위해서 마지막 날을 정해 놓으셨다.

"의로운 심판" 이날이 신자들에게 소망의 날이 되는 이유는 이 심판이 가장 의로운 마지막 심판이기 때문이다. 오늘날 신자들이 이날을 사모하지 않는 이유는 의로운 심판에 대해서 별 관심이 없기 때문이다. 그렇다면 누가 이날을 간절히 사모할 수 있는가? 바로 "의에 주리고 목마른 자"(마 5:6), 즉 이 세상에서 가난하고 연약하여 강한 자들에게 온갖 박해와 억울함을 당한 자들이라고 할 수 있다. 타락 이후에 아벨의 피는 항상 존재했고 그 핏소리들은 하나님께 심판을 호소했다(창 4:10). 심판의 날은 하나님의 의를 사모하는 모든 의인에게 가장 복된 날이다.

심판자이신 예수 그리스도. 삼위 하나님은 "모든 권세와 심판권을 예수 그리스도께 맡기셨다." 우리는 이 사실을 통해 마지막 심판이 가장 정의로운 심판이 될 것을 확신하게 된다. 이 세상에서 가장 억울한 사람이 있다면 예수님이라고 하지 않을 수 없다. 죄가 전혀 없으신 분으로서 재판을 통해 정죄를 당하여 십자가의 저주를 담당하셨기 때문이다. 특히 요한복음은 예수님이 재판받으시는 과정을 아주 상세하기 기록하고 있는데(18:12-19:16), 이 기록을 통해 우리는 예수님께서 받은 여러 재판이 얼마나 졸속과 거짓으로 진행되었는지를 생생하게 알 수 있다. 그렇게 재판받으신 분이 다시 오셔서 심판한다고 생각해 보라! 그 심판이 얼마나 정의로운 심판이 되겠는가? 정의로운 심판을 갈망하는 자들만이 주님의 심판을 사모할 것이다. 예수님께서 재판받으신 것도 복음이지만 마지막 날에 그분이 재판하실 것도 복음이다.

심판의 대상과 방법. 심판의 대상은 배도한 모든 천사와 이 세상에서 살았던 모든 사람이다. 배도하지 않은 천사들의 심판에 대해서는 성경이 침묵하기 때문에 불필요한 호기심을 가질 필요는 없다. 모든 인간은 그리스도의 심판대 앞에서 자기가 한 일을 스스로 고백하게 된다. 자신의 말이나 행동뿐만 아니라 자기 생각까지도 자백하게 된다. 하나님의 심판은 이 자백에 따라 이루어지게 된다.

모든 것을 알고 계시는 하나님께 숨길 수 있는 것은 아무것도 없다. 우리의 생각이나 동기까지 모든 것이 하나님의 심판의 대상이 된다. 특별히 성경은 하나님께서 은밀한 것들까지도 심판하신다는 것을 강조한다. "하나님은 모든 행위와 모든 은밀한 일을 선악 간에 심판하시리라"(전 12:14). "하나님이 예수 그리스도로 말미암아 사람들의 은밀한 것을 심판하시는 그날이라"(롬 2:16). 우리는 심판에서 하나님의 두 속성, 즉 하나님의 전지성과 하나님의 의로움이 얼마나 밀접하게 연결되어 있는지를 확인하게 된다.

제2항 심판의 목적

"하나님의 영광" 심판의 목적은 하나님의 영광이다. 하나님은 의인들의 구원을 통하여 **자비의 영광**을 나타내시고, 악인들의 저주를 통하여 **공의의 영광**을 드러내신다. 시간 전에 하나님께서 이중 예정을 통하여 이중적 영광을 나타내시기로 정하셨다는 것을 우리는 알고 있다(제3장 6, 7항). 하나님의 예정은 최후의 심판에서 그대로 시행되고 그 목적도 그대로 이루어진다. 최후의 심판에서 하나님의 마지막 영광이 나타나며 천사를 포함하여 모든 인간은 하나님의 영광을 위하여 존재한다. 이 영광은 신자들에게는 자비의 영광으로, 악인들에게는 공의의 영광으로 나타난다.

"영원한 생명" 영생은 단지 죽지 않고 오래 사는 것을 의미하지 않는다. 예수님은 영생의 의미를 분명하게 가르쳐 주셨다. "영생은 곧 유일하신 참 하나님과 그가 보내신 자 예수 그리스도를 아는 것"(요 17:3)이다. 유일하신 참 하나님은 성부, 성자, 성령 삼위 하나님뿐이시며 이 하나님은 오직 예수 그리스도를 통해서 알 수 있다. 「고백서」는 영생의 의미를 다음과 같이 설명한다. **"주님의 임재**로부터 오게 될 희락과 위안을 충만하게 받는 것." 신자들에게 최후의 심판이 복음이 될 수 있는 이유는 이 심판이 영생으로 가는 길이기 때문이다. 신자들은 죽음을 통해 완전한 성화에 들어가고(제32장 1항) 최후의 심판을 통해 영생에 들어간다.

"영원한 고통과 멸망" 악인들은 영원한 고통과 멸망을 공의로운 형벌로 받는다. 영생은 **하나님의 임재로부터** 오는 희락과 위안을 받는 것이라면, 영벌은 **하나님의 임재로부터** 추방당하여 영원히 고통을 받는 것이다. 오늘날 대부분의 현대신학자들은 '한시적' 형벌을 주장하면서 이와 같은 "영원한 멸망"의 교리를 거부한다. 이들의 교리에 따르면 언젠가는 아무도 지옥에 남지 않게 되어서 지옥은 쓸모없는 장소가 되거나 평화로운 장소로 바뀌게 된다.[246]

영원한 형벌을 거부하는 자들은 기본적으로 죄의 심각성을 무시하는

---

246 지옥에 대한 여러 입장에 대해서는 다음 저서에 실린 여러 논문들을 참고하라. 크리스토퍼 모간 & 로버트 피터슨 편, 박미가 역, 『지옥론: 지옥 논쟁에 종지부를 찍은 지옥에 대한 현대적 재연구』 (서울: 은혜 출판사, 2002).

경향이 있다. 죄의 크기는 범하는 상대에 따라 달라진다. 똑같은 죄라고 하더라도, 동네 아저씨에게 짓는 죄와 대통령에게 짓는 죄는 같이 취급될 수 없다. 하이델베르크 교리문답은 이 점을 아주 정확하게 지적하고 있다. "죄는 하나님의 지극히 높으신 엄위를 거슬러 짓는 것이므로 하나님의 공의는 이 죄에 대해 최고의 형벌, 곧 몸과 영혼에 영원한 형벌을 내릴 것을 요구합니다"(11문답).

사실 유한한 이 세상에서 지은 죄에 대해서 영원한 형벌을 받는다는 것은 정의롭지 못하다고 할 수 있다. 하지만 이렇게 생각하는 이들이 하나 놓치는 것이 있다. 그것은 바로 지옥에서도 악인들은 여전히 회개하지 않고 죄를 짓는다는 사실이다. 그들은 하나님의 심판을 거부하고 혐오하면서 자신의 의를 내세운다. 결국 이 세상에서 회개하지 않는 자는 지옥에서도 회개하지 않는다. 결국 그들은 영원한 형벌을 받을 수밖에 없다.

특강: 부자와 나사로

부자와 나사로 이야기는 잘 알려졌지만 의외로 그 핵심은 흐려진 경우가 많다. 핵심을 알기 위해서는 부자와 아브라함이 주고받는 대화의 흐름을 잘 이해할 필요가 있다.[247]

1) 이 이야기의 핵심 주제는 누가 아브라함의 아들인가이다. 겉으로는

---

247 보다 상세한 것은 다음 저서를 참고하라. 이성호, 『누가복음, 복음으로 읽기』 (서울: 좋은씨앗, 2021), 200-213.

부자가 아브라함의 아들인 것처럼 보이지만(그는 계속해서 아브라함을 아버지라고 부른다), 실제로는 나사로가 아브라함의 아들이다. 나사로는 아브라함의 품에 있다. "품"은 장소적 용어가 아니라 관계를 나타내는 용어다.

2) 부자는 아브라함에게 물 한 방울을 달라고 한다. 여기에서 주의할 것이 있다. 부자는 그 일을 나사로에게 부탁하고 있다는 것이다. 부자에게 물 한 방울보다 더 고통스러운 것은 나사로가 자기가 있어야 할 자리에 있다는 것이다.

3) 아브라함이 물을 줄 수 없다면 능력 없는 아버지가 되는 것이고, 줄 수 있음에도 불구하고 주지 않는다면 무책임한 아버지가 된다. 아브라함은 자기가 줄 수 없는 이유를 설명하면서 그 이유가 지옥으로 간 부자에게 있음을 확인시킨다.

4) 아브라함의 설명을 들은 부자는 갑자기 지상에 있는 자기 형제들을 언급한다. 나사로를 보내어서 권함으로 그들이 이곳으로 오지 않게 해달라는 것이다. 겉으로 보기에 부자가 자기 형제들을 생각하는 것 같지만 이 요구 속에는 교묘한 간사함이 숨어있다. 부자는 자신이 지옥에 간 책임을 나사로를 보내어 권하지 않은 아브라함에게 돌리고 있는 것이다.

5) 하지만 아브라함은 나사로를 보낼 필요가 없다고 이야기한다. 나사로보다 더 훌륭한 선생들, 즉 모세와 선지자들을 보냈기 때문이다. 실제로 부자는 태어나서 할례를 받았고 모세와 선지자로부터 가르침을 받았다. 그렇지 않았으면 생전 처음 보는 아브라함을 아버지라고 부르지 않았을 것이다.

6) 부자는 마지막으로 "모세와 선지자보다는 죽은 자가 살아서 전하는

권면이 더 효과가 있다"고 아브라함에게 항변한다. 하지만 아브라함의 대답, 사실상 그리스도의 최종적 판결은 아주 단호하다. "모세와 선지자들에게 듣지 아니하면 비록 죽은 자 가운데서 살아나는 자가 있을지라도 권함을 받지 아니하리라"(눅 16:31). 성경을 통한 권면을 통해 회개하지 아니하면 죽어서도 회개하지 않는다. 그렇기 때문에 그들은 영원한 형벌을 받을 수밖에 없다.

제3항 그날의 성격

신자들은 심판의 날에 대해서 세 가지 사실을 분명히 알아야 한다.

1. 그날은 반드시 온다. 그리스도께서 심판의 날이 있다는 것을 확실하게 알리신 목적은 두 가지다. 하나는 모든 인간으로 하여금 죄를 짓지 않도록 억제하는 것이고, 다른 하나는 경건한 자들이 어려운 상황 속에서 큰 위로를 받도록 하기 위함이다. 불신자들도 양심을 가지고 있기 때문에 어렴풋하게 최후의 심판에 대한 감각을 가지고 있다. 이와 같은 인식으로 인하여 불신자들이 더 이상 방자하지 않고 죄를 덜 짓게 된다. 따라서 신자들은 심판의 복음을 기회 있는 대로 선포할 필요가 있다. 비록 그 복음 선포를 통해 불신자들이 신앙은 갖지 않더라도 두려움 속에서 죄를 덜 짓게 할 수는 있기 때문이다.

최후의 심판은 경건한 신자들에게 큰 위로가 된다. 최후의 심판을 정말로 믿는 사람은 모든 억울함을 보다 쉽게 참을 수 있다. 심지어 자신들의 원수를 사랑할 수 있는 사람으로 변화될 수도 있다. 불공평한 세상 속에서 신자들은 쉽게 낙심하고 절망하게 된다. 억울한 일을 당하면 자신이 스스로 정의를 실현해야 한다고 생각한다. 하지만 문제는 원수들이 신자들보다 훨씬 더 강하다는 사실이다. 바울 사도는 신자들에게 다음 권면으로 위로를 준다. "내 사랑하는 자들아! 너희가 친히 원수를 갚지 말고 하나님의 진노하심에 맡기라. 기록되었으되 원수 갚는 것이 내게 있으니 내가 갚으리라고 주께서 말씀하시니라"(롬 12:19).

2. 그날은 모른다. 「고백서」는 시한부 종말론을 단호히 거부한다. 그리스도는 우리의 유익을 위하여 그날이 언제인지 알리지 않으셨다. 하지만 많은 그리스도인이 그날을 알고 싶어 한다. 또는 그날을 아는 것이 신앙에 더 도움이 된다고 생각한다. 그런 생각에 일리가 전혀 없는 것도 아니다. 하지만 분명한 것은 그리스도께서 그날을 우리에게 알리지 않으셨다는 것이다. 그 목적에 대해서 「고백서」는 그 이유를 두 가지로 분명하게 제시한다. 1) 신자들이 육적인 안도감을 떨쳐 버리게 하려고, 2) 항상 깨어서 기도하게 하도록.

만약 그날이 언제인지 안다면 신자들은 어떻게 살아갈까? 우리는 시한부 종말론자들이 어떻게 살았는지 역사를 통해서 잘 알 수 있다. 거의 모든 시한부 종말론자들은 이 세상의 삶에 대해서 무관심하며 자신들만 구원받는다고 생각하는 경향이 매우 강하다. 성경보다는 자기들이 숭배하는 지도자들의 특별 계시에 대해서만 관심이 많다. 정작 성경을 연구하고 배우는 데에는 별 관심이 없다.

그날을 모른다면 신자들이 해야 할 일은 항상 깨어서 예비하는 것이다. 성경은 그날을 도적이 오는 날에 비유한다. 도적이 오는 것이 확실하지만 언제 올지 모른다면 집주인은 어떻게 해야 할까? 전쟁이 곧 일어나는 것이 확실하지만 그날이 언제인지 모른다면 왕은 어떻게 해야 할까? 유일한 대책은 도적이나 적군이 쳐들어올 것에 대비해서 항상 준비하는 것이다. 마찬가지로 주님께서 오실 날을 알 수 없으니 항상 준비하는 것이 지혜로운 일이다. 예수님은 마태복음 25장에서 열 처녀 비유, 달란트 비유를 통해서 항상 깨어서 그날을 준비해야 할 것을 아주 분명하게 가르치셨다.

3. 그날은 속히 온다: "주 예수여, 속히 오시옵소서! 아멘." 이제 「고백서」는 대단원의 막을 내린다. 참 신자와 거짓 신자의 차이는 이 기도로 판별할 수도 있다. 모든 신자는 주님이 가르치신 기도에 따라 "(당신의) 나라가 임하시옵소서"라고 예배 시간마다 기도한다. 하지만 신자들 사이에 차이점도 존재한다. 참 신자는 "속히 오시옵소서!"라고 기도하고, 거짓 신자는 "나중에 오시옵소서!"라고 기도한다. 그렇다면 왜 신자는 "속히 오시옵소서!"라고 기도해야 하는가? 물론 주님을 더 빨리 뵙고자 하는 소망이 있기 때문일 것이다. 하지만 주님께서 약속하셨기 때문에 우리는 확신을 가지고 담대히 응답할 수 있다.

"내가 진실로 속히 가리라!"는 예수님께서 천상에서 하신 마지막 말씀이다. 이 약속의 말씀 앞에서 모든 신자는 항상 "주 예수여, 오시옵소서. 아멘"이라고 응답해야 한다. '아멘'이 가장 많이 등장하는 신명기 27장의 용례로 볼 때 '아멘'은 축복과 저주 모두에 대한 응답이었다. 최고의 재판장이신 그리스도께서 최후의 날에 오셔서 축복과 저주를 시행하실 것이다. 우리는 예배의 마지막 시간인 축도(강복 선언)에서 이것을 경험한다.

축도 속에서 임마누엘의 복이 선포될 때 청중은 '아멘'으로 화답한다.

아멘. "진실로"라는 의미를 담고 있는 아멘은 오늘날 너무 남용되고 있다. 진실함이 결여된 아멘은 공해일 뿐이다. 잘 인식되고 있지 않지만 아멘은 상호적인 용어다. 무엇보다 예수 그리스도께서 스스로 아멘이시다(계 3:14). 아멘이신 주님은 말씀하실 때 "아멘, 아멘"(진실로 진실로)을 자주 사용하셨다. 아멘으로 하신 말씀에 대하여 신자들이 아멘으로 화답하는 것이 예배다. 신앙고백은 선포된 말씀에 대한 화답이다.

나가면서

마지막 장을 마치고 나서 한두 가지 상념을 남기려고 한다.

32장과 33장을 쓰는 동안 장례식에 이틀 연속으로 참여하게 되었다.

이 해설서는 단지 책상 위에서만 쓴 책이 아니다.

해설서를 쓸 때의 감동이 독자들에게 전달되면 참 좋겠다.

마지막 33장을 해설하면서 책 제목을 정하게 되었다.

"비록(although)"에서 "아멘(Amen)"까지.

신앙고백서의 첫 글자와 마지막 글자를 연결했는데 고백서의 본질을 잘 나타낸다고 본다.

제목을 정하고 나니 "삶이 그대를 속일지라도"라는 푸시킨의 시가 생각난다.

"비록" 우리의 삶은 여전히 고달프고, 힘들고, 어렵지만,

하나님께서 우리에게 주신 말씀에 **"아멘"**으로 화답하면서 천성을 향하여 나그네로 살아가는 것이 신자들의 삶의 방식이 아닌가 생각한다.

Memo

Memo

Memo

Memo

Memo

"비록"에서 "아멘"까지

웨스트민스터 신앙고백 해설

펴 낸 날 2022년 12월 10일 초판 1쇄
펴 낸 날 2025년 1월 20일 초판 2쇄

지 은 이 이성호

펴 낸 이 한재술
펴 낸 곳 그 책의 사람들

디 자 인 참디자인(이정희)

판   권 ⓒ 이성호, 그책의사람들 2022, *Printed in Korea.*
             저작권법에 의하여 한국 내에서 보호를 받는 저작물이므로 무단 전재와 복제를 금합니다.

주   소 경기도 안성시 공도읍 공도로 150, 107동 1502호
팩   스 0505-299-1710
카   페 cafe.naver.com/thepeopleofthebook
메   일 tpotbook@naver.com
등   록 2011년 7월 18일 (제251-2011-44호)
인   쇄 불꽃피앤피

책   값 40,000원
I S B N 979-11-85248-36-3 03230

·이 책은 출판 회원분들의 섬김으로 만들어졌습니다.